全本全注全译丛书

中华经典名著

尤学工　翟士航　王　澎◎译注

读通鉴论 四

中华书局

目 录

第四册

卷十九

卷十九

隋文帝

【题解】

隋文帝杨坚(541—604)是隋朝的开创者,小名那罗延,鲜卑姓氏普六茹,弘农华阴(今陕西华阴)人。杨坚之父杨忠是北周政权开国元勋,位至柱国、大司空、随国公。杨坚十七岁袭父爵,其长女杨丽华成为周宣帝的皇后。大象二年(580)周宣帝病危,刘昉、郑译等近臣伪造诏书,让杨坚接受遗命,辅佐其外孙周静帝宇文阐。杨坚掌权后,逐步铲除北周宗室势力,拉拢元谐、元胄、宇文忻等鲜卑贵族,收揽天下人心,于大定元年(581)二月晋封隋王。同月,周静帝下诏将皇位禅让于杨坚,杨坚即皇帝位于临光殿,定国号为"隋",改元开皇。仁寿四年(604),杨坚在仁寿宫离奇去世,在位共计二十三年。

隋文帝在位期间,攻灭陈朝,统一全国,结束了自西晋末年以来长达近三百年的分裂局面;同时,他也开创了组织严密、影响深远的三省六部制,创立科举制,制定《开皇律》,首次确立了封建制五刑体系,在服饰、仓储运输、音乐等方面亦均有创制,这些制度皆为后世所继承。王夫之从制度沿革方面充分肯定了文帝的贡献,指出隋文帝一改北魏、北周的弊政,开启了日后唐朝两百多年的承平之治,绝非因循苟且之辈,隋朝虽"无德而有政,故不能守天下而固可一天下",认为文帝"以立法而施及唐、宋,盖隋亡而法不亡也"。

　　不过,隋文帝所施行的制度中也存在弊端,比如义仓制度,王夫之就直斥此制虽有美名而实非"善政",很容易加重百姓负担,纵容基层官吏借机中饱私囊。又如均田制,王夫之认为此制与令民众休养生息的时代要求相违背,实际上只是文帝为增加缴纳赋税人口、聚敛财富而采取的措施,对百姓而言只是加重了其负担,断绝了其生路。再如职田和公廨钱制度,在王夫之看来皆"毁官箴而殃民",不仅贻害当时,其流毒也波及后世。

　　王夫之对隋文帝的批评相当尖锐,主要集中在"吝"和"伪"两方面。所谓"吝",主要是指隋文帝在对待财富和民众方面所显示出的吝啬性与残酷性。尽管由于隋初农业经济的发展,已使隋政府掌握了大量的财物,很多仓库都堆满了粮食,但由于隋文帝处心积虑地搜刮,一般农民还是没有什么储积,一遇灾荒,仍然免不了流亡之苦,连隋文帝自己也在遗诏中承认"四海百姓,衣食不丰"。所以王夫之说隋文帝是"锱铢之主",过分在乎"一己之大私",显示出统治者对被统治阶级赤裸裸的压榨与剥削。所谓"伪",一是指文帝靠有违道德的伪诈之术篡权夺位,二是指其大肆表彰纵放囚犯的王伽等人,"奖天下以伪",以至于君臣上下"相蒙以伪",彼此倾轧欺骗,"若火伏油中,得水而焰不可扑"。其标榜的所谓"德化",实际上是廉耻荡然无存的表现。所以隋朝的灭亡,在王夫之看来,实际上正与这种伪诈密不可分。文帝"始以欺人,终于自罔",误信同样伪诈的杨广、杨素等人,最终落得"身弑国亡"的下场。

一　苏威读《孝经》成乎乡原

　　圣人之道:有大义,有微言。故有宋诸先生推极于天,而实之以性,核之心得,严以躬修,非故取其显者而微之、卑者而高之也。自汉之兴,天子之教,人士之习,亦既知尊孔子而师"六经"矣,然薄取其形迹之言,而忘其所本,则虽取法以为言行，而正以成乎乡原①，若苏威、赵普之流是已。

【注释】

①乡原：指乡里言行不一、伪善欺世的人。

【译文】

　　圣人之道，有大义，也有微言。所以宋代诸位学者推求、穷究天道，而用人性来加以充实，用自己的心得来检验，并且严格地亲身践行这些道理，而不是故意把显著的道理拿来变成微妙不显的、把地位卑下的变成崇高的而已。自汉朝兴起后，经过天子的倡导，士人的学习，人们也都已经懂得尊崇孔子、师法"六经"了，然而如果只是浅薄地抓住圣人的一言一行而忘记圣人之道的根本，则即使取法圣人的言行当作自己言行的标准，也只会变成乡原，就像是苏威、赵普这类人一样。

　　苏威曰："读《孝经》一卷，足以立身治世。"赵普曰："臣以半部《论语》佐太祖取天下。"而威之柔以丧节，普之险以斁伦①，不自知也，不自愧也。以全躯保妻子之术，为立身扬名之至德；以篡弑夺攘之谋，为内圣外王之大道②；窃其形似，而自以为是，歆其荣宠者，众皆悦也。挟圣言以欺天下，而自欺其心，阉然求媚于乱贼而取容，导其君以欺孤寡、戕骨肉而无忌。呜呼！微有宋诸先生洗心藏密③，即人事以推本于天，反求于性，以正大经、立大本，则圣人之言，无忌惮之小人窃之以徼幸于富贵利达，岂非圣人之大憾哉？

【注释】

①斁伦：败坏伦常。

②内圣外王：中国古代的一种政治道德理想境界。意为内修圣人

之德,外施王者之政。语出《庄子·天下》:"是故内圣外王之道,
暗而不明,郁而不发,天下之人各为其所欲焉以自为方。"

③洗心藏密:语出《周易·系辞上》:"圣人以此洗心,退藏于密。"意
思是圣人用《周易》来净化心灵,书中的道理含藏不露,而能潜化
万物。

【译文】

苏威说:"读《孝经》一卷,足以立身、治国。"赵普说:"臣依靠半部
《论语》辅佐太祖取得了天下。"而苏威软弱而丧失气节,赵普阴险而败
坏伦常,他们不自知,也不感到惭愧。他们把保全自身和妻子儿女的方
法,当作立身扬名的至高道德;把篡权弑君的谋略,当作内圣外王的大
道;他们窃取圣人的只言片语,只求形似,却自以为是。众人羡慕他们
的官位和荣誉,都对他们感到悦服。这些人挟持圣人之言来欺骗天下,
同时也欺骗自己的心,屈意献媚来博得乱贼的欢心,引导自己的君主做
出欺凌孤儿寡母、戕害骨肉同胞的事情而无所顾忌。唉!如果没有宋
代诸位学者净化心灵、潜化万物,就人事而推究天道,反求于人性,从
而匡正大法,树立根本,则圣人的言论,就会被无所忌惮的小人窃取过
来,作为侥幸获取功名利禄的工具。这难道不是圣人会感到大为遗憾
的事吗?

普之于《论语》,以夺人为节用,以小惠为爱人,如斯而
已,外此无一似也。威则督民诵五教,而谓先王移风易俗之
道,毕于此矣。子曰:"乡原,德之贼也①。"托于道,所以贼德
也。正人心,闲先圣之道,根极于性命,而严辨其诚伪,非宋
诸先生之极微言以立大义,《论语》《孝经》为鄙夫之先资而
已矣。

【注释】

①乡原，德之贼也：语出《论语·阳货》："乡愿，德之贼也。"意思是所谓"乡愿"，是败坏道德的人。

【译文】

赵普所谓的读《论语》，就是把抢夺他人的东西当作节省用度的办法，把小惠当作爱人的表现，如此而已，除此之外同《论语》没有一点相似之处。苏威则督促百姓记诵五常之教，而自称先代圣王的移风易俗之道，全都在于此。孔子说："乡原，败坏道德的人。"因为他们假托于道，所以才会败坏道德。要端正人心，捍卫先圣之道，穷究天道人事的本源，而严格辨别真实与虚伪，如果不是宋代诸位学者穷究圣人的微言来树立大义，则《论语》《孝经》就只会沦为浅薄之人追求功名利禄的工具罢了。

二　定黄为上服之尊迄今不易

可以行之千年而不易，人也，即天也，天视自我民视者也①。民有流俗之淫与偷而相沿者矣，人也，非天也。其相沿也，不可卒革，然而未有能行之千年而不易者也。天不可知，知之以理，流俗相沿，必至于乱，拂于理则违于天，必革之而后安，即数革之，而非以立异也。若夫无必然之理，非治乱之司，人之所习而安焉，则民视即天视矣，虽圣人弗与易矣。而必为一理以夺之，此汉儒之所以纤曲涂饰而徒云云也。

【注释】

①天视自我民视者也：《尚书·泰誓》："天视自我民视，天听自我民听。"意思是上天所看到的正来自民众所看到的，上天所听到的

正来自民众所听到的。

【译文】

能够流行千年而不变易的事情，是民意，也是天意，上天所看到的正来自民众所看到的。百姓的流俗之中有泛滥与苟且的成分，历代相沿袭，这是民意，而不是天意。既然是历代沿袭，那就不可以猝然加以改革，然而却没有能够流行千年而一成不变的事情。天意不可知，只能根据道理来推知。流俗历代沿袭，必然会产生混乱，变得违背道理，这也就违背了天意，必须要加以改革才能重获安定；即使改革数次，也不是为了标新立异。如果对于某件事情没有必定要变革的道理，不关系到国家的治乱，人们已经习以为常、安于现状，则民众所看到的就应该是上天所看到的，即使是圣人也不能加以改变。可是有人却必定要根据一个道理来生搬硬套，这就是汉儒之所以事无巨细地加以涂饰、最终却只是空费口舌的原因。

改正朔，易服色，汉儒以三代王者承天之精意在此，而岂其然哉？正朔之必改，非示不相沿之说也。历虽精，而行之数百年则必差。夏、商之季，上敖下荒[①]，不能厘正，差舛已甚[②]，故商、周之兴，惩其差舛而改法，亦犹汉以来至于今，历凡十余改而始适于时，不容不改者也。若夫服色，则世益降，物益备，期于协民瞻视，天下安之而止矣。彼三王者，何事汲汲于此，与前王相竞相压于染绘之间哉？小戴氏之记《礼》杂矣，未见《易》《书》《诗》《春秋》《仪礼》《周官》之斤斤于此也。其曰夏尚玄、殷尚白、周尚赤，吾未知其果否也。莫尊于冕服，而周之冕服，上玄而下𫄸[③]，何以不赤也？牲之必骍也[④]，纯而易求耳，非有他也。夫服色者，取象于天，而天之五色以时变，无非正矣；取法于地，而地之五色以土分，无非正矣。自非庞奇艳靡足以淫人者⑤，皆人用之不可废，理无定，吾恶从知之？ 其行之千余年而不易者，民视之不疑，即可知其为天视矣。

【注释】

①敖：漫游，闲游。

②差舛（chuǎn）：差错，错乱。

③纁：黄而兼赤的颜色，似落日余晖的色泽。

④骍（xīng）：赤色的马和牛，亦泛指赤色。

⑤庞奇：纷杂奇特。

【译文】

改易正朔，变换服饰、车马、祭牲等的颜色，汉代的儒者认为三代王者上承天命的精意就在于此。难道事实果真如此吗？ 正朔必定要改变，不是为了显示本朝不延续先朝旧制。历法即使再精确，在施行数百年后也必定会产生误差。夏、商末期，朝廷上下都轻慢懈怠，不能厘正，历法的误差已经变得很严重了，所以商、周兴起后，鉴于严重的误差而更改历法。这就像从汉朝到今天，历法经过十多次修订才与现实相适应，是不容不改的。至于服色，则是随着时代日益演进，器物日益完备，为了让天下百姓的观瞻协调统一而调整，天下安于这种标准也就可以了。三代圣王，又何曾专门致力于这种事情，与前代君王在服饰颜色上争来争去呢？《小戴礼记》中的记载很驳杂，我没有看到《易》《书》《诗》《春秋》《仪礼》《周官》等典籍在这方面斤斤计较。《小戴礼记》中说夏朝尚黑、殷商尚白、周朝尚赤，我不知道是否果真如此。服饰中没有比冕服更尊贵的了，而周代的冕服，上玄而下纁，为什么不是赤色的呢？ 祭祀用毛皮为红色的牛马，是因为它们的颜色纯净而且容易得到，并非有其他的原因。服色取法于天，而上天的五色随着时间而变化，没有不是正统的颜色；取法于地，则地的五色是根据土色来划分的，也没有不是正统的颜色。只要不是过于庞杂奇特、艳丽奢靡、足以扰乱人心神的颜色,都是人们可以采用而不可废弃的,没有一定之理,我又如何能知晓呢? 那些流行千余年而没有改变的,百姓也不加以怀疑,那就可以知道也是天意了。

　　开皇元年^①,隋主服黄,定黄为上服之尊,建为永制。以义类求之,明而不炫,韫而不幽^②,居青赤白黑之间而不过,尊之以为事天临民之服可矣,迄于今莫之能易,人也,即天也。于是而知汉儒之比拟形似徒为云云者,以理律天,而不知在天者之即为理;以天制人,而不知人之所同然者即为天。凡此类,《易》《书》《诗》《春秋》《周官》《仪礼》之所不著,孔、孟之所不言,诎之斯允矣。

【注释】

　　①开皇元年:公元 581 年。开皇,隋文帝杨坚的年号,使用时间为581—600 年。

　　②韫:蕴藉。

【译文】

　　开皇元年,隋文帝穿着黄色的冕服,定黄色为尊贵的皇家服饰用色,于是成为历代相沿袭的定制。如果从义理上推求其原因,则黄色鲜明而不耀眼,含蓄而不幽深,居于青赤白黑之间而不过于偏向四色中的某一色,将黄色尊为皇帝事奉上天、君临万民的正服之色是可以的,一直到今天也不能加以变易,这是人意,也是天意。由此可以知道汉代儒者仅仅靠比拟追求形似,徒费口舌,想要以理来约束上天,却不知道上天的意志就是理的所在;想要以天来控制民众,却不知道民众所共同视为正确的事物本身即是天意所在。凡是这类《易》《书》《诗》《春秋》《周官》《仪礼》等典籍所没有记载,孔子、孟子所不曾言及的事情,都是可以驳斥、摒弃的。

三　裴政定律

今之律,其大略皆隋裴政之所定也[1]。政之泽远矣,千余年间,非无暴君酷吏,而不能逞其淫虐,法定故也。古肉刑之不复用,汉文之仁也。然汉之刑,多为之制,故五胡以来,兽之食人也得恣其忿惨。至于拓拔、宇文、高氏之世,定死刑以五:曰磬、绞、斩、枭、磔[2],又有门房之诛焉,皆汉法之不定启之也。政为隋定律,制死刑以二:曰绞、曰斩,改鞭为杖,改杖为笞,非谋反大逆无族刑,垂至于今,所承用者,皆政之制也。若于绞、斩之外,加以凌迟,则政之所除,女直、蒙古之所设也。

【注释】

①裴政:字德表,河东闻喜(今山西闻喜)人。南朝梁、北周、隋初大臣。初仕南朝梁,官至黄门侍郎、镇南府长史。后被北周俘虏,改仕北周,任少司宪,宇文泰令与卢辩依《周礼》设官立制,参定周律。隋朝建立后,主持制定《开皇律》,对后世法律影响很大。裴政数谏太子杨勇,因被出为襄州总管。在任用法严明公正,"不修囹圄,殆无争讼"。传见《北史·裴政列传》《隋书·裴政列传》。

②磬:指用绳子勒住罪犯的脖子,然后让其窒息而死。枭:斩首悬以示众。磔:以车分裂人体的一种酷刑。

【译文】

今天的律法,其大致内容都是隋朝裴政所制定的。裴政留下的恩泽可谓很长久了。千余年间,并非没有暴君、酷吏,但他们都不能肆意妄为,就是因为有确定的律法作为约束。不再使用古时候的肉刑,这是汉文帝仁德的表现。然而汉朝的刑法,多由皇帝下制书决定,所以从五胡乱华以来,禽兽一般野蛮的人吞食他人,恣行残暴之举。到了北魏、北周、北齐时代,制定五种死刑:磬刑、绞刑、斩刑、枭刑、磔刑,外加满门诛戮,这都是由于汉代刑法的不确定性引起的。裴政为隋朝制定律法,制定两种死刑:绞刑、斩刑,改鞭刑为杖刑,改杖刑为笞刑,除非犯了谋反大逆之罪,否则不会处以满门抄斩之刑。一直到今天,历代所沿用的,仍然是当初裴政所制定的刑法。至于在绞刑、斩刑之外,又加上了凌迟之刑,则这是裴政已经废除的刑罚,是后来金朝、蒙古人所重新设立的。

　　夫刑极于死而止矣,其不得不有死刑者,以止恶,以惩恶,不得已而用也。大恶者,不杀而不止,故杀之以绝其恶;大恶者,相袭而无所惩,故杀此以戒其余;先王之于此也,以生道杀人也,非以恶恶之甚而欲快其怒也。极于死而止矣,枭之、磔之、轘之①,于死者又何恤焉,徒以逞其扼腕啮龈之忿而怖人已耳。司刑者快之,其仇雠快之,于死者何加焉,徒使罪人之子孙,或有能知仁孝者,无以自容于天地之间。一怒之伸,惨至于斯,无裨于风化,而祗令腥闻上彻于天,裴政之泽斩,而后世之怒淫,不亦憯乎? 隋一天下,蠲索虏鲜卑之虐,以启唐二百余年承平之运,非苟而已也;盖有人焉,足以与于先王之德政,而惜其不能大用也。

【注释】

①轘(huàn):用车分裂人体的酷刑。

【译文】

　　刑罚到了死刑就已经是极致了,之所以不得不有死刑,是为了止恶、惩恶，是出于不得已才使用死刑的。对于犯了大恶的人，不杀他，恶行就无法停止，所以要诛杀他以断绝恶行；犯了大恶的人，相互效仿而不知道恐惧，所以杀掉犯了大恶的人来震慑其余潜在的犯罪者。先王设立死刑，是为了更多人的生路而使用死刑，不是出于对作恶者的无比憎恶而通过死刑发泄自己的愤怒。死刑已经是刑罚的尽头了，枭首、凌迟、五马分尸，对于死者又有什么区别呢，只不过是能够发泄咬牙切齿的愤恨之情而使人感到恐怖罢了。掌管刑罚的人痛快了，死刑犯的仇敌痛快了，但对于受害者和受刑者又有什么意义呢？只会白白使罪人的子孙中那些尚且懂得仁孝的人，感到没办法自容于天地之间罢了。为了发泄一时之怒，就制定如此惨绝人寰的刑罚，对于风俗教化并无益处，而只会使血腥之气惊动上天。裴政的恩泽遭到断绝，而后世的怒火泛滥，这不也是很惨痛的事吗？隋朝统一天下，解除鲜卑执政时的暴虐之政，从而开启唐朝二百多年的承平国运，并非仅是苟且而已。隋朝大概也是有贤臣的，足以靠他们推行先代圣王的德政，只是可惜他们没有受到重用罢了。

四　制左右仆射分判六部各治三官

周制：六卿各司其典，而统于天子，无复制于其上者，然而后世不能矣。《周礼》曰："惟王建国[①]。"言国也，非言天下也。诸侯之国，唯命之也，听于宗伯；讨之也，听于司马；序之也，听于司仪行人[②]。若治教政刑，虽颁典自王，而诸侯自行于国内，不仰决于六官。如是，则千里之王畿，政亦简矣，其实不逾今一布政使之所理也。郡县之天下，揽九州于一握，卑冗府史之考课，升斗铢累之金粟，穷乡下邑之狱讼，东西万里之边防，四渎万川之堙泄[③]，其繁不可胜纪，总听于六官之长，而分任之于郎署。其或修或废，乃至因缘以雠私者,无与举要以省其成,则散漫委弛而不可致诘。故六卿之上,必有佐天子以总理之者,而后政以绪而渐底于成,此秦以下相臣之设不容已也。

【注释】

①惟王建国:语出《周礼·天官·叙官》:"惟王建国,辨方正位,体国经野,设官分职,以为民极。"意思是君王建立国家。

②司仪:《周礼·秋官》之属。佐助大行人掌九仪宾客摈相之礼。

　　行人:《周礼·秋官》之属有大行人、小行人,掌朝觐聘问之事。

③四渎:四条独流入海的大川,即江、河、淮、济的总称。

【译文】

　　周朝的制度是:六卿各自掌管所属事务,而直接对天子负责,在他们之上不再设置更高官职。然而后世却无法这样做。《周礼》中说:"惟王建国。"说的是建国,而非指整个天下。对于各诸侯国,对他们下达命令,是通过宗伯;要讨伐不服从者,则由司马负责;要排列诸侯次序,则由司仪行人负责。至于治理、教化的政策法令,则虽然是由天子颁布典章,但诸侯在国内可以自行其是,不必听命于六官。如此,则方圆千里的王畿,政事也是很简单的,其实还超不过如今一个布政使所管辖的事务。在实行郡县制的天下,天子统辖海内九州,各级小官小吏的考核,一铢一厘的钱粮,穷乡僻壤的地方官司,东西万里的边防,大江大河的治理,事务繁多难以尽数,全部都要听命于六部长官,然后再交给下属的各郎署分别负责。这样有的部门尽责,有的部门却懈怠政事,甚至有趁机营私舞弊的,没办法将其中严重的加以省查,如此则各部门官员散漫怠惰,却没办法问责他们。所以在六卿之上,必定要有辅佐天子、总理大政的人,这样政事才能够有条理,逐步使国家得到良好治理。这是秦以后各代不得不设置宰相的原因。

　　乃相臣以一人而代天子,则权下擅而事亦冗,而不给于治;多置相而互相委,则责不专,而同异竞起以相挠;于是而隋文之立法为得矣。左右仆射皆相也,使分判六部,以各治三官,夫然,则天子统二仆射,二仆射统六卿,六卿统庶司,仍周官分建之制,而以两省分宰相之功,殆所谓有条而不紊者乎! 繇小而之大,繇众而之寡,繇繁而之简,揆之法象^①,亦太极生两仪,两仪生四象八卦,以尽天下之至赜,而曲成乎亹亹者也^②。法者非必治,治者其人也;然法之不善,虽得其人而无适守,抑末繇以得理,况乎未得其人邪? 以法天纪,以尽人能,以居要而治详,以统同而辨异,郡县之天下,建国命官,隋其独得矣乎! 不可以文帝非圣作之主而废之也。

【注释】

　　①法象:古代哲学术语,是对自然界一切事物现象的总称。

　　②亹亹(wěi):美盛貌。亹,同"斖"。

【译文】

　　可是宰相如果以一人而代替天子总管诸事,则会有宰相专权的风险,他所统管的事务也太过繁冗,对于治理国家不利;如果设置多个宰相,他们之间就会相互推诿,如此则事权和责任都不统一,宰相间会产生意见分歧而相互阻挠。于是隋文帝为此创设了新的制度,可以说很得当。他规定左右仆射皆为宰相,让他们分管六部,一人管三部,这样,则天子统领二仆射,二仆射统领六卿,六卿统领下属各职能部门,仍沿袭《周官》分置官吏的制度,而用二仆射分统两省的办法分理宰相的职责。这大概就是所谓的有条而不紊了吧! 由小到大,由众到寡,由繁到简,从法象上考察,也如同太极生两仪,两仪生四象、八卦一样,足以穷尽天下的精义和奥妙，从而谱写出和谐动听的乐章。有好的法令制度不一定能保证政治清明，要治理好天下关键在于人。然而如果制度不够合理，那么即使有贤人也无所适从，自然无法治理好国家，何况连合适的人也找不到呢？效仿天道，竭尽人之所能，用简要来驾驭繁杂，统一相同的事务而分辨不同的情况，在实行郡县制的天下，建立国家、设置官职，只有隋代是做得很恰当了吧！不能因为隋文帝不是有道圣王，就否定了他这方面的贡献。

五　沿河置仓递远胜于漕挽

开河以转漕，置仓以递运，二者孰利？事固有因时因地而各宜，不能守一说以为独得者，然其大概，则亦有一定之得失焉。其迹甚便，其事若简，其效若速，一登之舟，旋运而至，不更劳焉，此转漕之见为利者也。然而其运之也，必为之期，而劳甚矣。闸有启闭，以争水之盈虚，一劳也；时有旱涝，以争天之燥湿，二劳也；水有淤通，以勤人之浚治[①]，三劳也；时有冻沍[②]，以待天之寒温，四劳也；役水次之夫，夺行旅之舟以济浅，五劳也。而又重以涉险飘沉、重赔补运之害，特其一委之水，庸人偷以为安，而见为利耳。

【注释】

①浚治：疏浚。浚，疏通，挖深。

②冻沍(hù)：冻结。

【译文】

开通运河来漕运物资，与设置仓库来传运物资，哪一种更有利？事情当然是因时因地而各有所宜，不能拘泥于一种说法，将其当作自己的独见而不肯变通。然而大致来说，这两种运输方式的得失还是有一定常量的。方法便利，过程简约，见效迅速，物资一搬上船，很快就能运到目的地，不需要花费更多的劳动，这是漕运的优点。可是漕运物资，必然需要一定的时机，这就非常麻烦了。水闸的开启和关闭都有其时限，能否漕运要看运河水量的盈虚，这是第一种麻烦；气候有旱有涝，漕运要看气候是干燥还是潮湿，这是第二种麻烦；河道有时会淤塞，需要动用人力经常疏浚，这是第三种麻烦；天气寒冷河面结冰，要漕运还需要等天气转暖，这是第四种麻烦；在水浅的地方，需要人力拖运，要和周围的行旅客船争夺河边的丁夫，这是第五种麻烦。再加上在危险河段有翻船的风险，很容易遭受重大损失而被迫重运。所以完全依靠漕运来运输物资，只是庸人苟且偷安、只图眼前利益的选择罢了。

　　夫无渐可循，而致之一涂，以几速效，政之荑稗也①。岁月皆吾之岁月，纡徐之，则千钧之重分为百，而轻甚矣。置仓递运者，通一岁以输一岁之储，合数岁以终一岁之事，源源相因，不见有转输之富，日计不足，岁计有余，在民者易登于仓，在仓者不觉而已致于内，无期会促迫之苦，而可养失业之民，广马牛之畜，虽无近切，而可经久以行远，其视强水之不足，开漕渠以图小利，得失昭然矣。

【注释】

　　①荑稗：荑、稗为二草名，似禾而果实较小，亦可食，但口感不佳。这里引申为无益、有危害。

【译文】

　　在没有头绪可循的情况下，强行只用一种办法来处理，期望迅速见效，这是施政的弊端所在。其实时间有的是，慢慢来，则千钧重担也可以分为十个百钧，那负担就轻得多了。设置仓库来转运物资，每一年输送上来一年的储备,用几年的时间来完成一年量的运输,源源不断,虽然不见有转输的富余,每天计量看起来不足,一年算下来就有余了。对于百姓来说缴纳粮食变得容易,对于仓储机构来说,不知不觉粮食已经储存在了舱内,没有必须在一定期限内运输完毕的辛苦,还可以养活一些失业的百姓,增加牛马等牲畜的积蓄。虽然没有短期利益,但从长远来看却能维持下去,这与勉强克服水道本身的不利条件,开挖漕渠以图小利相比,彼此的得失可以说是很清楚了。

　　隋沿河置仓,避其险,取其夷,唐仍之,宋又仍之,至政和而始废①,其利之可久见矣。取简便而劳于漕挽者②,胡元之乱政也。况乎大河之狂澜,方忧其泛滥,而更为导以迂曲淫漫,病徐、兖二州之土乎? 隋无德而有政,故不能守天下而固可一天下。以立法而施及唐、宋,盖隋亡而法不亡也,若置仓递运之类是已。

【注释】

　　①政和:宋徽宗赵佶的年号,使用时间为 1111—1118 年。

　　②漕挽:指水陆运输。水运曰漕,陆运曰挽。挽,牵,拉车。

【译文】

　　隋代沿河设置粮仓,以规避漕运的风险,获取仓储的益处。唐代沿袭这一制度,宋朝继续沿袭,直到徽宗政和年间才开始废除此制。可见设置粮仓的益处是多么长远。只贪图简便而采用漕运,这是元代的乱政。何况大河波涛凶猛,本来还在担忧其泛滥,为何现在却又开挖渠道引导水流,使其更加缓慢迂折,从而给徐、兖两州的土地带来祸患呢? 隋朝虽然无德,但在政治上却有很多可取之处,所以不能守住天下,却固然可以统一天下。隋朝创设的制度一直延续到唐、宋时代,大概隋朝虽然灭亡,但其制度却没有随之灭亡,像设置仓库转运之类的制度就是如此。

六　义仓名美非善政

有名美而非政之善者,义仓是也。隋度支尚书长孙平始请立之①,家出粟麦一石,储之当社,凶年散之,使其行之而善,足以赈之也。抑一乡一社,有君子长者德望足以服乡人,而行之十姓百家焉可矣。不然,令之严而袛以病民,令之不严,不三岁而废矣。且即有君子长者主其事,行乎一乡,亦及身而止耳。恶有一乡之事,数十年之规,而可通之天下,为一代之法也哉?

【注释】

①长孙平:字处均,洛阳(今河南洛阳)人。北周至隋初大臣。北周时,曾助武帝杀宇文护,官至寿州刺史。尉迟迥乱时,代贺若弼镇守寿阳。隋朝建立后任度支尚书、工部尚书等职。开皇五年(585),见州县水旱灾害,百姓不能自给,"奏令民间每秋家出粟麦一石已下,贫富差等,储之间巷,以备凶年",是为义仓。历汴、许、贝、相等州刺史,俱有善政。传见《隋书·长孙平列传》。

【译文】

有些政策名义上很美好,实际上却并非善政,义仓制度就是如此。隋朝的度支尚书长孙平最早请求朝廷设立移仓,令每一家出粮食一石,储存在当地里社中,遇到灾年就将存粮分给灾民。假如这一制度得到有效实行,还是足以赈济灾民的。或许一乡一社之中,有君子长者,他们的德行和声望足以使乡民信服,然后在十户百家的范围内实行此制度是可以的。不然的话,官府的法令严厉了就会给百姓带来损害,法令不严厉,不出三年制度就荒废了。况且即使有君子长者主持此事,在一乡的范围内推行此制,也不过能维持一代罢了。仅能在一乡之内、数十年推行的制度,怎么能够指望其能在天下通行、成为一代之法呢?

行之善,而犹不足以赈荒者,假使社有百家,岁储一石,三年而遇水旱,曾三百石之足以济百家乎?倘水旱在三年之外,粟且腐坏虫蚀,而不可食也。且储粟以一石为率,将限之邪?抑贫富之有差邪?有差,而人诡于贫,谁尸其富①?家限之,则岁计不足,而遑计他年?均之为农,而有余以资义仓,其勤者也;及其受粟而多取之者,其惰者也;非果有君子长者以仁厚化其乡,而惰者亦劝于耕,以廉于取,则徒取之彼以与此,而谁其甘之?不应,抑将刑罚以督之,井里不宁而讦讼兴,何义之有?而惰窳不节之罢民②,且恃之以益其骄怠。况乎人视为不得已而束于法以应令,穅核湿腐杂投而速蠹③,仅以博好义之虚名,抑何为者邪?况行之久而长吏玩为故常,不复稽察,里胥之乾没④,无与为治,民大病而匄免不能⑤,抑其必致之势矣。

【注释】

①尸:担任,承担。

②惰窳(yǔ):懒惰懈怠。罢(pí)民:不从教化、不事劳作之民。

③穅核:指粗劣的食粮。核,糠中的粗屑。蠹:蛀蚀,朽坏。

④乾没:吞没,侵吞。

⑤匄(gài)免:乞求免除。

【译文】

即使义仓制度实行得好，也仍然可能不足以赈济灾荒。假如一社有百户人家，每年每户储存一石粮食，三年后遇到水旱灾害，那么总共三百石粮食便足以赈济百户人家吗？假如水旱灾害发生在三年以外，则粮食就会被蛀蚀而变得腐坏，没办法食用了。况且储存粮食以一石为标准，不是限制了存量吗？而且贫户、富户的负担是否有差别？有差别，则人人都会诈称自己是穷人，有谁愿意自称富人而承担富户应承担的责任呢？如果限定每家都出粮，那么穷人家本年度的粮食都不够吃，何论其他年成呢？同样是农民，能够有余粮来资助义仓的，是勤于耕种的人；在灾年受到赈济、能够多拿到粮食的，却是懒惰的人。如果不是果真有君子长者用仁厚来教化乡里，连懒惰的人都被劝导而从事农业生产，在接受粮食赈济时主动克制自己，那么义仓制度就会演变为从勤快农民手中拿走粮食交给懒惰的人，有谁会甘心这样呢？如果乡民不愿响应出粮的号召，则官府只能用刑罚来督促，那么乡里就会变得鸡犬不宁，兴起诉讼之风，如此则义仓还有什么"义"可言呢？而那些懒惰懈怠的百姓，还会因为义仓的存在而更加轻慢怠惰。何况人人都觉得是出于不得已、被法令约束才不得不按政策行事，则大家会把劣质、潮湿的粮食交上去，在仓库里只会加速腐坏，义仓仅仅博得了好义的虚名，又能产生什么作用呢？何况这种制度一旦施行得久了，地方官吏就会习以为常，不再专门稽查，乡里的胥吏差役趁机侵吞，义仓无法得到妥善管理。百姓大受其害，想要请求免除此负担也无法做到，这大概就是必然的结果了。

夫王者之爱养天下，如天而可以止矣，宽其役，薄其赋，不幸而罹乎水旱，则蠲征以苏之[①]，开粜以济之。而防之平日者，抑商贾，禁赁佣[②]，惩游惰，修陂池[③]，治堤防，虽有水旱，而民之死者亦仅矣。赋轻役简，务农重谷，而犹有流离道殣者,此其人自绝于天,天亦无如之何,而何事损勤苦之民,使不轨之徒悬望以增其敖慢哉? 故文王发政施仁,所先者鳏、寡、孤、独,所发者公家之廪④,非取之于民而以饱不勤不节之惰农也。孟子曰:"惠而不知为政⑤。"捐己以惠民,且不知养民之大经,况强以义胁民而攘之为己惠乎? 夫义仓者,一乡之善士,当上失其道、横征困民之世,行之十姓百家以苟全一隅者可也。为人上者而行之,其视梁惠王之尽心奚愈哉⑥?

【注释】

①蠲(juān):特指减免赋税。

②赁佣:受雇为佣工,这里指雇佣劳工的行为。

③陂池:池沼,池塘。

④廪:粮仓。

⑤惠而不知为政:语出《孟子·离娄下》。这是孟子评价子产的话,意思是子产仁惠却不懂治理政事的方法。

⑥梁惠王之尽心:据《孟子·梁惠王上》记载,梁惠王认为自己对于国家可谓"尽心焉耳矣",河内饥荒就把那里的民众移往河东,将河东的粮食运到河内,河东饥荒时也是如此;察邻国之政,也没有如此用心的。孟子则以"五十步笑百步"为例,因势利导地阐述"王道"的施政措施。

【译文】

　　王者爱护养育天下之人,像上天那样做就可以了。宽免百姓的徭役负担,减轻百姓的赋税;假如百姓不幸遭遇水旱灾害,就免征赋税来使民众得到复苏,开仓赈济灾民。而在平日为防备灾害发生,就要抑制商贾,禁止雇佣劳工的行为,惩罚游手好闲的懒惰之人,修建池塘,整治堤防。这样即使遇到水旱灾害，受灾而死的百姓也会变得很少。百姓的赋税和徭役负担变轻，都重视农业生产，这种情况下如果仍有流离在道边而饿死的人，那种人就纯粹是自绝于上天了，上天对他们也无可奈何。怎么能损害那些勤苦耕作的百姓的利益，从而使心怀不轨之徒产生非分之念，增强他们怠惰的程度呢？所以周文王推行仁政，优先照顾鳏、寡、孤、独者，用公家的粮食储备来接济他们，并非从百姓那里拿走粮食来喂饱那些不勤于耕作、不注意节约的懒惰农民。孟子说："子产仁惠却不懂治理政事的方法。"拿出自己的东西来给百姓恩惠，尚且算是不懂得养民的大道，何况是强行用"义"来裹挟百姓奉献财物，而自己将成果窃取过来当作政绩呢？义仓，是一乡之中的仁善人士，在朝廷无道、横征暴敛而导致百姓陷于困境的情况下，在十姓百家的小范围内加以推行、从而求得一隅之地的苟安的办法。作为君王而推行这种制度，比起梁惠王的所谓尽心养民又高明在了哪里呢？

七　隋文拒叛臣逆子以忠孝立教身死枭獍

立教之道，忠孝至矣，虽有无道之主，未有不以之教其臣子者，而从违异趣，夫亦反其本而已矣。以言教者，进人子而戒之曰："尔勿不孝"；进人臣而戒之曰："尔勿不忠"；舌敝颖秃①，而听之者藐藐，悖逆犹相寻也。弗足怪也，教不可以言言者也。奖忠孝而进之，抑不忠不孝而绝之，不纳叛人，不恤逆子，不怀其惠，不歆其利，伸大义以昭示天下之臣子，如是者，殆其好也，非其令也，宜可以正于家、施于国、推于天下而消其悖逆矣。然而隋文帝于陈郢州之叛而请降②，则拒而弗纳；突厥莫何可汗生擒阿波归命于隋③，请其死生，高颎曰："骨肉相残，教之蠹也，存养之以示宽大。"帝则从之，而禁勿杀；吐谷浑妻子叛其主请降，帝则曰："背夫叛父，不可收纳。"夫帝之欲并陈而服二虏,其情也;抑且顾君臣、父子、夫妇之大伦,捐可乘之利而拒之已峻,以是风示臣子,俾咸顺于君父,而蠲其乖悖,夫岂不能? 然制于悍妻,惑于逆子,使之兄弟相残,终以枭獍之刃加于其躬④,一室之内,戈矛逞而天性蔑,四海之称兵,不旋踵而蜂起,此又何也? 繇此而知忠孝者,非可立以为教而教人者也。以言教者不足道,固已,徒以行事立标准者,亦迹而已矣。

【注释】

①颖:笔尖。

②陈郢州之叛:指隋开皇三年(583),陈朝郢州守将张子讥派遣使节请求归降隋朝,隋文帝因为两国和好,不予接纳。事见《隋书·高祖纪》。

③突厥莫何可汗生擒阿波归命于隋:隋文帝时东西突厥分裂。东突厥莫何可汗(即阿史那·处罗侯)即位后,隋文帝遣使前往突厥册封,并赐给他鼓吹、幡旗。处罗侯打着隋朝所赏赐的幡旗和鼓吹,率军攻打西突厥阿波可汗。阿波可汗的兵众以为处罗侯得到隋军助战,纷纷望风降附,处罗侯于是生擒阿波可汗。之后他派遣使者向隋朝上书,请示如何处置阿波可汗。事见《隋书·北狄列传》。

④枭獍:旧说枭为恶鸟,生而食母;獍为恶兽,生而食父。比喻忘恩负义之徒或狠毒的人。

【译文】

树立教化之道,忠孝是最为根本的,即使有无道的君主,也没有不用忠孝来教导其臣子的。然而这种教化的效果则不尽相同,归根结底也还是取决于君王本身的表现而已。靠言辞来教导臣民的,对作子女

的会训诫道："你不要不孝"；对作臣子的会训诫道："你不要不忠诚。"即
使费尽口舌、磨秃笔尖，听从教导的人也很少，悖逆之举将会接连上演。
这不足为怪，教化本来就不能仅依靠言辞。奖励忠孝之人而加以重用，
贬抑不忠不孝之徒而断绝其仕进之路，不接纳他国的叛臣，不怜悯、姑
息悖逆之子，不感念叛臣逆子的恩惠，不为他们提供的利益动心，通过
伸张大义来向天下的臣子昭示正道，如此，则忠孝就成了君王之所好而
不是命令。这样自然可以端正家风；推行到国家和天下层面，也能消除
悖逆之举。然而隋文帝在南朝陈郢州刺史发动叛乱、请求投降隋朝时，
拒绝其请求，不予接纳；在突厥莫何可汗生擒阿波可汗，向隋朝请示处
理意见，询问是杀死他还是让他活着时，高颎说："骨肉相残，这对教化
有大害，应该留阿波可汗一条生路以示宽大。"隋文帝听从了这一意见，
禁止莫何可汗杀害阿波可汗。吐谷浑可汗的妻子和儿子背叛其君主请
求投降隋朝，隋文帝则说："对背夫叛父的人，是不能予以收纳的。"隋文
帝想要吞并陈国、威服突厥和吐谷浑，这是他的目的；但他也仍然顾及
了君臣、父子、夫妇间的重要伦常准则，放弃可乘之利而坚决拒绝结纳
叛臣。通过这些举动来告诫臣下，使他们都能效忠和服从君王，消除自
身乖张悖逆的念头，又如何做不到呢？然而隋文帝还是被强悍的妻子
控制，被逆子所迷惑，造成儿子们兄弟相残，最终自己也被儿子弑杀。
一家之内，大动干戈，人伦泯灭，四海之内的起兵者，很快就蜂拥而起，
这又是为何呢？由此可以知道，忠孝并非可以立为政教而用来教导别
人的事物。靠言辞来教化固然是不可能成功的；仅仅想用行事来树立
教化标准，同样不过是表面功夫罢了。

　　夫忠孝者，生于人之心者也，唯心可以相感；而身居君
父之重，则唯在我之好恶，为可以起人心之恻隐羞恶，而遏
其狂戾之情。文帝以机变篡人之国，所好者争夺，所恶者驯
谨也。制之于外，示彝伦之则；伏之于内，任喜怒之私；其拒

叛臣、绝逆子也,一挟名教以制人者也。幽暧之地①,鬼神瞰之②,而妻子尤熟尝之。好恶之私,始于拂性而任情,既且违情而殉物。悍妻逆子,或饵之,或胁之,颠倒于无据之胸,则虽日行饬正人伦之事,而或持之,或诱之,终以怨毒而贼害之。无他,心之相召,好恶之相激也。呜呼! 方欲以纲常施正于裔夷,而溅血之祸起于骨肉,心之几亦严矣哉! 好恶之情亦危矣哉! 故藏身之恕,防情之辟,立教之本,近取之而已。政不足治,刑赏不足劝惩,况欲以空言为求亡子之鼓乎③?

【注释】

①幽暧(ài):幽暗,昏暗。

②瞰:窥视,俯视。

③亡子之鼓:语出《庄子·天道》:"夫子亦放德而行,循道而趋,已至矣。又何偈偈乎揭仁义,若击鼓而求亡子焉?"意思是先生也只有依据着"德"去做事,遵循着"道"去行动,就算达到极点了。又何必竭尽全力地高举仁义,就好像敲着鼓去追赶逃亡的人一样呢?

【译文】

忠孝生于人的内心,只有通过心才可以使人感受得到。然而皇帝既然居于君父的重要位置,则唯有其各人的好恶,可以影响人心的恻隐羞恶之情,从而遏制其狂妄暴戾之情。隋文帝靠着机变篡夺别人的政权,他所喜好的是争夺,他所厌恶的则是驯服和谨慎。他对外发布命令,都是向臣民宣扬伦常准则;但隐藏在他内心深处的,却是放任自己喜怒情绪的私情。他拒绝接纳叛臣、逆子,是为了拿名教来控制臣民;而在私下里的幽暗之地,他的所作所为则有鬼神在窥视,而他的妻子、儿子尤其清楚他私下的真实想法。个人好恶的私情,始于遇到拂逆自己的事情时就放纵私情,接下来就会演化为有人违背自己的私情就不惜消灭他们。他的悍妻逆子,或是引诱他,或是胁迫他,使他本来就没有依靠的内心更加混乱。如此则即使他每天都做整饬人伦的事,但由于妻子、儿子的胁迫引诱,最终还是因为怨恨与恶毒而招致惨剧。这没有别的原因,都是因为心与心之间相互感染,因彼此的好恶之情而激化了矛盾。唉! 隋文帝正想要用纲常来教化周边少数民族,骨肉相残的悲剧就发生在了自己家庭中,内心不纯所带来的恶果也太严重了吧! 放任个人好恶之情也太危险了吧! 所以要靠仁义宽恕来保护自身,防止私情泛滥;树立教化的根本,应该从自身求得。仅靠政令不足以治理好国家,仅靠刑赏不足以劝善惩恶,何况是想通过空言来教化臣民,就像敲着鼓去追赶逃亡的人一样呢?

八 苏威仿周官置乡正里长徒以殃民

《周礼》:乡则比、闾、族、党①,遂则邻、里、酂、鄙②,各有长司其教令,未详其使何人为之也。就农民而为之,则比户之中,朴野之氓非所任也,其黠而可为者,又足为民害者也。且比邻之长虽微,而列于六官之属,则既列于君子而别于野人矣,舍其末耜而即与于班联③,不已媟乎④? 意者士之未执贽以见君而小试之于其乡⑤,凡饮射宾兴所进于君之士⑥,皆此属也,固不耕而有禄食,士也,非民也。唯然,则可士、可大夫,而登进之涂远,则当其居乡而任乡之教,固自爱而不敢淫泆于其乡,庶几不为民病,而教化可资以兴。然《周礼》但记其职名,而所从授者无得而考焉,则郡县之天下,其不可附托以立乡官也,利害炳然⑦,岂待再计而决哉?

【注释】

①乡则比、闾、族、党：根据《周礼》，五家为比，五比为闾，五闾为族，
　五族为党，五党为州，五州为乡。

②遂则邻、里、酂、鄙：根据《周礼》，五家为邻，五邻为里，四里为酂，
　五酂为鄙，五鄙为县，五县为遂。

③班联：朝班的行列。

④媟（xiè）：轻薄，不庄重。

⑤执贽：持礼物作为相见之礼，多指谒见师长。

⑥饮射宾兴：指饮酒礼、射礼、宾兴礼，都是周代主要用于选荐贤士
　人才的礼仪制度。

⑦炳然：明显，明白。

【译文】

根据《周礼》记载，乡之下有比、闾、族、党，遂之下则有邻、里、酂、
鄙，各有官长来负责教化和政令，不知道具体是让哪些人来做官长的。
如果让农民来担任，则家家户户中那些粗野质朴的百姓难以胜任，狡黠
的农民固然足以担任官长，却又恰恰可能会伤害百姓。况且比、邻的官
长虽然地位低微，却终归列于六官属下。则既然被列于君子行列，就和
乡野之人有所区别了，农民舍弃农具而跻身朝廷官员行列，这不也太轻
率了吗？我猜测，是由那些尚未能朝见天子的士人首先在其乡里小试
牛刀，凡是通过饮酒礼、射礼、宾兴礼等仪式被推荐给君王的士人，都属
于这一类，本来就是不用耕地也能享受俸禄，所以这是士人，不是农民。
唯因如此，则这些士人可以成为士或者大夫，其晋升的路途还很遥远，
则应当首先居于自己的乡里而承担教化之责。如此则士人本来就自
爱，而不敢在其乡里骄奢淫逸，大概不会危害百姓，教化也可以因此而兴
起。然而《周礼》中只记载了这些官长的职名，而他们被授予这些职位的
原因却无法考证。如此则在实行郡县制的天下，是不能托名周代制度而
再立乡官的。利害关系如此明显，难道还需要再三考量才能决定吗？

成周之治，履中蹈和，以调生民之性情，垂为大经大法以正天下之纲纪者，固不可以意言求合也；故曰：人也，非政也。但据缺略散见之文，强郡县之天下，铢累以肖之，王莽之所以乱天下也。而苏威效之，令五百家而置乡正，百家而置里长，以治其辞讼，是散千万虎狼于天下，以攫贫弱之民也。李德林争之①，而威挟《周礼》以钳清议之口，民之膏血殚于威占毕之中矣②。悲夫！

【注释】

①李德林(532—592)：字公辅，博陵安平(今河北安平)人。隋朝大臣，文学家。自幼聪敏，博学善文。仕北齐时，受命参修国史。入北周，授内史上士，掌诏诰。杨坚辅政，李德林参与军机及草拟文告，颇受重用。隋初，授内史令，与高颎等修律令。格令颁行后，"苏威每欲改易事条"，李德林认为格式已颁，"义须画一"，"不可数有改张"。苏威"又奏置五百家乡正"，令理民间词讼，而李德林认为"本废乡官判事"，此举"为害更甚"。曾奉诏修北齐史，未成，其子李百药续修而成今《北齐书》。传见《隋书·李德林列传》。

②占毕：指古时经师不理解经义，只是诵读书中文字以教人。比喻泥古不化。

【译文】

成周时候的政治，是实行中和之道，以调节百姓的性情。这种政策作为治国的经典准则垂范后世，以端正天下的纲纪，本来就不可以靠揣度言辞来求得合乎周制。所以说：治理国家靠的是贤能之人，而非政令。只根据缺略不全、散见于经典的文字，就想强行在实行郡县制的天下，一点一滴模仿周制，这是王莽扰乱天下的原因所在。而苏威效法王荐，下令每五百家而设置乡正一名，每一百家设置里长一名，来处理辖境内的诉讼事务，这就等于将千万只虎狼分散到天下各处，任由他们去掠夺贫弱的百姓。李德林与苏威争辩，反对他的做法，而苏威却挟持《周礼》中的文字来钳制众人的议论。百姓的膏血于是都因为苏威泥古不化而被耗尽。真是悲哀啊！

　　封建之天下分而简，简可治之以密；郡县之天下合而繁，繁必御之以简。春秋之世，万国并，五霸兴，而夫子许行简者以南面[①]，况合中夏于一王，而欲十姓百家置听讼之长以爚乱之哉[②]？周之衰也，诸侯僭而多其吏，以渔民而自尊，蕞尔之邹，有司之死者三十三人[③]，未死者不知凡几，皆乡里之猾，上慢而残下者也。一国之提封，抵今一县耳，卿大夫士之食禄者以百计。今一县而百其吏，禄入已竭民之产矣。卿一行而五百人从，今丞尉一出而役民者五百，其徭役已竭民之力矣。仁君廉吏且足以死民于赋役，污暴者又奚若也？况使乡里之豪，测畜藏以侧目，挟恩怨以逞私，拥子弟姻亚以横行，则孤寒朴拙者之供其刀俎又奚若也？《易》曰："通其变，使民不倦[④]。"君子所师于三代者，道也，非法也。窃其一端之文具以殃民，是亦不容于尧、舜之世者也。

【注释】

①夫子许行简者以南面：《论语·雍也》记载，孔子称赞其弟子冉雍（即仲弓）"居敬而行简"，认为"雍也可使南面"。

②爚（yuè）乱：炫惑扰乱。

③蕞尔之邹，有司之死者三十三人：典出《孟子·梁惠王下》："邹与

鲁哄。穆公问曰：'吾有司死者三十三人，而民莫之死也。'"邹穆
公对孟子说："我的官吏死了三十三个，但百姓中没有一个为战
事而牺牲的。"蕞尔，形容很小。邹，指邹国，春秋时期诸侯国，在
今山东邹城一带。

④通其变，使民不倦：语出《周易·系辞下》："神农氏没，黄帝、尧、
舜氏作，通其变，使民不倦，神而化之，使民宜之。"意思是通晓改
善器物和制度的方法，不断革新器用，使人民乐于使用，不觉
厌烦。

【译文】

实行分封制的天下权力分散、政事简略，正因政事简略，所以能依
靠严密的政策来治理天下；实行郡县制的天下权力集中、事务繁杂，因
为事务繁杂，所以必须靠简约的政策来统御国家。春秋时代，万国互相
兼并，五霸兴起，而孔子称赞行事简约的冉雍足以南面称王。何况是在
整个华夏都由一位君王统治的时代，为何却想要每十姓百家就设置处
理诉讼事务的官长来扰乱天下呢？周朝的衰落，是因为诸侯僭越而官
吏增多。官吏们鱼肉百姓，妄自尊大，小小的邹国，一次战事死亡的官
吏就有三十三人，没死的不知道有多少。这些人都是乡里中的狡猾之
辈，对上怠慢而对下残暴。当时一国的版图，也就相当于如今的一个县
罢了，而要食俸禄的卿、大夫、士就数以百计。如今一县要是有一百多
官吏，那么仅仅支付他们的俸禄就足以耗尽百姓的生产所得了。春秋
时卿一出行，有五百人跟从，如今如果丞尉一出就要役使五百民众，那
么徭役负担就足以使百姓竭尽力气了。即使有仁慈的君王、廉洁的官
吏，尚且足以使百姓死于赋役负担，何况是遇到贪婪残暴的君王和官吏
呢？况且，苏威的政策会使乡里中的豪门大户，凭借自己的资产而无所
顾忌，为了私人恩怨而肆意逞威，带领子弟和姻亲横行乡里，如此则那
些贫寒孤苦、质朴笨拙的百姓，怎么能不成为他们砧板上待宰的鱼肉
呢？《周易》中说："通晓改善器物和制度的方法，不断革新器用，使人民

乐于使用,不觉厌烦。"君子师法三代,是师法三代之道,而不是效法具体的法令制度。如果仅仅窃取《周礼》等经典中的只言片语就拿来祸害百姓,那么这种人在尧、舜时代也是不会被容忍的。

九　万宝常斥何妥亡国之音

声音之动,治乱之征,《乐记》言之,而万宝常以验隋之必亡[①]。顾其说非可一言竟也。有声动而导人心之贞淫者,有心动而为乐之正变者,其感应之几,相为循环,而各有其先后。谓声动而心随之,则正乐急矣;谓心动而乐随之,则乐固不能自正而待其人矣。倘于无道之世,按韶、夏之音而奏之,遂足以救其亡乎? 不可得也。虽然,未有无道之世,不崇淫声、侈哀响,而能以韶、夏之音为乐者[②]。于是而知志气之交相动,而天人之互为功矣。且以宝常之言,直斥何妥之乐为亡国之音[③],隋文何以不悦,终废宝常,而谓何妥之乐曰"滔滔和雅,与我心会",则盛世之音,必不谐于衰世之耳。其谐不谐者,天也,非人也。乃唯帝任诈以取天下,昵悍妻,狎逆子,任其好恶于非僻,则心流于邪,而耳从心尔。然则治心而后可以审音,心者其本也,音者其末与! 乃何妥衰乱惉淫之乐作,遂益以导炀帝邪淫无厌之心,而终亡其国,则乐之不正,流祸无涯,乐又本而非末矣。

【注释】

①万宝常:隋代音乐家。其父万大通曾从梁朝部将归附北齐,后图谋逃返江南,事情泄露被杀。万宝常亦因株连获罪,配充乐户,成为乐工。因其卓越的音乐才华而得到隋文帝赏识,受命用水

尺为准，来调正乐器声调；又撰写了《乐谱》六十四卷，全面论述八种音高可以递相为基调的规律。万宝常曾经听大常寺演奏的乐曲，听完之后，流泪哭泣。人们问他为什么哭，万宝常说："这乐声淫厉而悲哀，预示着天下不久将自相残杀，并且人也要差不多被杀光。"当时全国正处于全盛时期，听他说的人都认为不会这样。隋炀帝大业末年，他的话应验了。传见《北史·艺术列传》《隋书·艺术列传》。

②韶、夏之音：指《大韶》和《大夏》。据说分别为舜和禹所作之乐。

③何妥：字栖凤，西城（今陕西安康）人。隋代音乐家、学者。开皇十二年（592），以国子博士身份受命考定钟律。曾参与开皇乐议，主张采三代古乐及清商三调定律制乐。反对吸收西域胡乐入雅乐，文帝从之。又曾献上何妥车。后以国子祭酒卒于官。著有《乐要》一卷、《周易讲疏》十三卷等。传见《隋书·儒林列传》。

【译文】

音乐的变化，是国家治乱的征兆。《乐记》中记述了这一点，而万宝常用它来验证了隋朝必定要灭亡的命运。只是这其中的道理也不是一句话所能概括的。既有音乐变动而引导人心走向贞洁或淫荡的情况，也有人心先变化而后使得音乐的雅正与否发生变化的情况。这种彼此感应的情况，相互循环，而各有其先后。说声音变动引起人心变化，则端正音乐就成了当务之急；称人心先动而音乐随之变化，则音乐固然不能使自己变得端正，必须等待人来修正它。倘若在无道的时代，按照《大韶》《大夏》的音调演奏音乐，就足以挽救危亡了吗？当然是做不到的。虽然如此，在无道的时代，不崇尚淫靡之声、哀婉之乐，而能够把《大韶》《大夏》之音当作朝廷正乐的情况也是不存在的。由此就可以知道志与气交相影响，而天与人相互作用。况且万宝常曾直斥何妥所制作之乐为亡国之音，隋文帝为何感到不高兴，最终废弃万宝常的意见，而称何妥的音乐"似滔滔洪流，声音宏大响亮，浑厚典雅，非常合我的心意"？如此则盛世之音，必定在衰世之人耳中听起来不和谐。听起来是否和谐，取决于天意，而不是人的意志。可是正因为隋文帝靠诈力夺取天下，宠昵凶悍的妻子，亲近递子，听任他们恣行好恶、走向邪僻，则隋文帝的心也随之变得邪恶不正，而耳朵也就随心而变化了。如此则先修心而后才能审音，心是根本，音乐只是末节。可是何妥所制作的衰乱导淫之乐流行，更强化了隋炀帝的邪淫无厌之心，最终使得隋朝灭亡。如此则音乐不正，祸害无穷，音乐本身又不是无关紧要的末节了。

　　古先王之作乐也，必在盛德大业既成之后，以志之贞者斟酌于声容之雅正，而不先之于乐，知本也。然必斟酌于声容之雅正，以成一代之乐，传之子孙，而上无淫慝之君，流之天下，而下无乖戾之俗，则德立功成，而必正乐，亦知本也。呜呼！自秦废先王之典而乐乱，自契丹、女直、蒙古入中国毁弃法物而乐永亡。唯声音之自然者，流露于人心、耳、手、口之间，时亦先兆其治乱兴亡之理。于是乐唯天动以感人，而人不能以乐治心，召和平之气。凡先王所以治，圣人所以教，俱无可为功于天下，固有心者所留憾于无穷也。天不丧道，又恶知无圣人者兴，无师而得天之聪明，以复移风易俗之大用乎？

【译文】

　　古代圣王制作音乐，必然是在成就盛德大业之后，任用心志贞正的人来斟酌声调的雅正，而不是首先制作音乐。这是知本的表现。然而他们还是必定要斟酌声调的雅正，以作成一代之乐，传给子孙，从而使朝堂上没有荒淫邪恶的君王；此乐流播天下，下层也没有乖戾的风俗。如此则要使德行得以树立、功业得以成就，就必定要先正乐，这也是知本的表现。唉！自从秦废除先王的典章制度,音乐就陷入了混乱;自从契丹、女真、蒙古入主中原,毁弃礼乐之器,古乐就永远消亡了。唯有自然的声音,流露于人心、耳朵、手、嘴巴之间,也时常能够作为治乱兴亡的先兆。于是唯有上天改变音乐,音乐才能改变人,而人是不能主动靠音乐来修养内心,召唤和平之气的。凡是先代圣王用以治国平天下、圣人用以教化万民的办法,都不可能直接作用于今天的天下,这本来就总是使有心之士感到遗憾无穷。然而上天不会丧失其道,又如何能够知道不会有圣人兴起,无师而能得以承继上天的聪明,用以再度移风易俗,给世间带来大用呢?

古之教士也以乐,今之教士也以文。文有咏叹淫泆以宣道蕴而动物者①,乐之类也。苏洵氏始为虔矫桎梏之文②,其子淫荡以和之,而中国遂沦于夷,亦志气相召之几也。取士者有权,士之以教以学也有经,舍其大经,矜其小辨,激清繁绕,引哀怨以趋偷薄③,亦恶知其所底止哉?

【注释】

①淫泆:形容声音绵延不绝。

②虔矫:强词夺理,歪曲强辩。

③偷薄:浇薄,不敦厚。

【译文】

古时候用音乐来教育士人,如今用文章来教育士人。文章有咏叹起伏、绵延跌宕的技巧,以宣扬正道、打动世人,这是与音乐相似的地方。写作悖理狡辩、束缚人心的文章,是从苏洵才开始的。他的儿子苏轼、苏辙放荡悖乱地附和他,于是中国便沦丧于夷狄之手。这也是人的心态与上天之气交相感应的表现。选拔士人要有权衡,教育士人、使其学习,要有基本的准则。舍弃基本的原则而自夸小小的辩才,把文章写得激越昂扬、跌宕起伏、缠绵反侧,引起人们的哀怨之情,最终却使人变得浅薄,这种行为的恶果又有谁知道会有多严重呢?

一〇　辛公义刘旷诡激饰诈

以德化民至矣哉!化者,天事也,天自有其理气,行乎其不容已,物自顺乎其则而不知。圣人之德,非以取则于天也,自修其不容已,而人见为德。人亦非能取则于圣人也,各以其才之大小纯驳,行乎其不容已,而已化矣。故至矣、尚矣,绝乎人而天矣。谓其以德化者,人推本而为之言也;非圣人以之,如以薪炀火[①],以勺斛水[②],执此而取彼之谓也。夫以德而求化民,则不如以政而治民矣。政者,所以治也。立政之志,本期乎治,以是而治之,持券取偿而得其固然也,则犹诚也。持德而以之化民,则以化民故而饰德,其德伪矣。挟一言一行之循乎道,而取偿于民,顽者侮之,黠者亦饰伪以应之,上下相率以伪,君子之所甚贱,乱败之及,一发而不可收也。

【注释】

①炀:使火变旺。

②斛(jū):舀。

【译文】

以德化民是最高明的办法!所谓化,是上天所控制的事情,上天自有其理和气,他们按照一定的规律运行,万事万物都要顺从这一规律却不自知。圣人的德行,并不是取法于上天,加以效仿,而是自己去顺应这种规律行事,在别人看来就是德行的表现。普通人也不是能够取法于圣人的,而是各以其才能的大小和纯正程度,来顺应这种规律而行事,这样就会被感化了。所以说用德行感化民众,是最为高明、高尚的办法,断绝了人为的因素,而将感化的责任交给上天。将这种方式称为德化,是人们推究本源而产生的说法;并非圣人用德行来感化民众,就像用木柴烧火,用勺舀水,拿一种东西去获取另一种东西。想要用德行去感化民众,还不如靠政令来治理民众。所谓政,就是用以治理国家的手段。树立政令,本就是为了治理好国家,凭借政令来治国,就像拿着债券去索取债款一样理所当然,也还算真诚。想要依靠德行来感化百姓,就会为了感化民众而粉饰自己的德行,那么这种德行就是虚伪的。统治者凭着自己有合乎大道的一言一行,就想从民众那里得到相应的回报,愚顽的人只会轻慢对待他,狡黠的人则会同样用粉饰来回应。君臣上下虚伪相对,这是君子所非常鄙视的。混乱和败亡的危险潜伏其中,一旦爆发就不可收拾了。

　　夫为政者,廉以洁己,慈以爱民,尽其在己者而已。至于内行之修,则尤无与于民,而自行其不容已,夫岂持此为券以取民之偿哉?自汉龚、黄、卓、鲁之见褒于当代①,于是有伪人者,假德教以与民相市,民之伪者应之,遂以自标而物榜之,曰此德化之效也。东汉之末,矫饰之士不绝于策。至于三国,迄乎梁、陈,岂无循良之吏,而此风阒然②;时君之所不尚,褒宠不及,伪人茶然而返耳③。至隋而苏威剽袭“六经”之肤说以干文帝,帝利其说以诧治定功成之盛,始奖天下以伪,而辛公义、刘旷诡激饰诈之为④,毳然表见以徼荣利⑤。公义则露坐狱中以听讼,讼者系狱,则宿厅事,不归寝阁⑥;旷则称说义理,晓谕讼者,而不决其是非,遂以猎无讼之虚名,迁美官而传于史册。呜呼! 当是时也,君臣相戕,父子相夷,兄弟相残,将相相倾,其上若此,则闾巷之民,相惎、相仇、相噬、相螫,不知其何若,而公义与旷取美誉、弋大官而止,后无闻焉。无讼者,孔子之所未遑;德化者,周公之所不敢居;区区一俗吏,以掉舌于公庭,暴形于寝处,遂胜其任而愉快乎? 何易赧言而重为伪人之欺邪?

【注释】

①龚、黄、卓、鲁:指西汉的龚遂、黄霸和东汉的卓茂、鲁恭。皆为汉代著名循吏,以贤能著称。

②阒(qù)然:寂静无声的样子。

③苶(nié)然:疲惫不振的样子。

④辛公义:陇西狄道(今甘肃临洮)人。隋朝官员。北周武帝宇文邕曾召他入露门学,命他讲授道德义理。隋高祖杨坚在北周担任宰相时,授其为内史上士,参预处理机要之事。隋建立后曾任主客侍郎、岷州刺史、扬州道黜陟大使等职,在当时被视为循吏的典范。传见《北史·循吏列传》《隋书·循吏列传》。刘旷:隋朝官员。曾任平乡令、临颍令等职,享有善政清名,号为天下第一。尚书左仆射高颍向隋文帝举荐他,隋文帝下诏褒赏,擢拜莒州刺史。传见《北史·循吏列传》《隋书·循吏列传》。

⑤赩(xì)然:本指发出赤色光耀的样子,这里指刻意粉饰。

⑥寝阁:寝室,卧室。

【译文】

掌管政令的人,应当廉洁自守,仁慈爱民,只求尽到自己的责任而已。至于自己品行的修养,则与民众无关,而是出于自身对德行的追求。怎么能将自己的德行当作向百姓索取补偿和回应的资本呢? 自汉朝的龚遂、黄霸、卓茂、鲁恭在其所处时代就受到褒扬以来，就有虚伪的人假托以德行感化民众而与其进行交易，百姓中虚伪的人对其予以回应，于是这些人就自我标榜，别人也进行吹捧，称这是德化的功效。东汉末年，对于虚伪矫饰的士人的记载在史书上屡见不鲜。到了三国，一直到南朝梁、陈，难道就没有循良的官吏了吗？只是这一风气悄然消退了而已。当时的君王不推崇循吏，那些虚伪的人得不到褒赏，自然只能悻悻而归。到了隋朝，苏威剽窃、因袭"六经"中肤浅的说法来影响隋文帝，隋文帝赞许他的说法，将其当成能彰显天下大治、功业已成的办法，于是开始鼓励天下虚伪矫饰的行为，而辛公义、刘旷就用瞒天欺人的办法，刻意粉饰自己来赚取荣誉和利益。辛公义在监狱中露宿，听取诉讼，如果案件的当事人必须暂时拘禁，他就住在厅事堂里，始终不回寝室歇息。刘旷则对前来告状的人晓之以义理，却不为其决断是非，由此猎取了辖境内没有诉讼的美名，得以升迁晋级，名载史册。唉！当时君臣相互戕害，父子相互陵夷，兄弟相互残害，将相相互倾轧。朝堂上尚且如此，则普通百姓之间，相互憎恶、相互仇恨、相互吞噬、相互伤害的情况，不知道有多少，而辛公义与刘旷却只是猎取了美誉、得以升迁高位而止，不知道他们之后怎样了。所谓没有诉讼，是连孔子都无法实现的事情；所谓德化，连周公都不敢以此自居。区区一个俗吏，凭着在公堂之上卖弄口舌，或是露宿监狱之中，就足以实现圣人无法达成的目标，轻松愉快地治理好民众吗？文帝怎会如此轻易地就被虚伪的人用言辞来欺骗了呢？

夫德者，自得也；政者，自正也。尚政者，不足于德；尚德者，不废其政；行乎其不容已，而民之化也，俟其诚之至而动也。上下相蒙以伪，奸险戕夺，若火伏油中，得水而焰不可扑，隋之亡也，非一旦一夕之致也。其所云德化者，一廉耻荡然之为也。

【译文】

所谓德,首先是要自己有所心得;所谓政,首先要端正自身。单纯推崇政令治国者,往往在德行上有所不足;崇尚以德治国者,也不应废弃政令。统治者首先要顺应上天的规律而修养自身,至于化育民众,则要等到自己的真诚达到极致,才能使民众受到触动。君臣上下靠虚伪相互欺骗,奸诈阴险地彼此戕害、掠夺,就好像火焰潜伏在油中,一旦遇到水,火焰就无法再被扑灭。隋朝的灭亡,并非一旦一夕所致。其所谓的德化,其实完全就是廉耻丧尽的表现。

一一　隋均田为虐民之政

天下分争之余,兵戈乍息,则人民之生必蕃,此天地之生理,屈者极,伸者必骤,往来之数,不爽之几也。当其未定,人习于乱,而偷以生,以人之不足,食地之有余,民之不勤于自养也,且习以为常。迨其乱定而生齿蕃,后生者且无以图存,于斯时而为之君者将如之何? 蕃庶而无以绥之则乱①,然则人民之乍然而蕃育也,抑有天下者之忧也。虽然,王者又岂能他为之赐哉? 抑岂容作聪明、制法令以为之所哉? 唯轻徭薄赋,择良有司以与之休息,渐久而自得其生,以相忘而辑宁尔②。

【注释】

①蕃庶:繁盛,众多。
②辑宁:和平安宁。

【译文】

天下在经历纷争、战争刚刚平息之后,人口的繁衍增长速度必定很快。这是天地间的自然之理,被压抑得越厉害,反弹必定就越迅速,一来一往,分毫不爽。在天下尚未平定时,人们习惯于战乱,苟且偷生,人少地多,不愁食粮不足,所以百姓并不会勤于劳作以供养自己,而且对此习以为常。等到天下平定、人口增多,后来出生的人口由于资源不足而没办法生存,这个时候君王应当怎么办呢?人口众多却无法予以安置,就会产生动乱,如此则百姓骤然间繁衍增多,也是统治者值得忧虑的实情。虽然如此,王者又如何能额外赐给新增人口必要的资源呢?怎么能自作聪明、制订法令来为他们提供安身之所呢?只有靠推行轻徭薄赋的政策,选择良吏,使民众得以休养生息,时间久了百姓就能自己找到生路,君民彼此相忘,各自得到安宁。

五代南北之战争,民之存者仅矣。周灭齐而河北定,隋灭陈而天下一,于是而户口岁增,京辅、三河地少人众,且无以自给,隋乃遣使均田,以谓各得有其田以赡生也。唯然,而民困愈匦矣。

【译文】

晋、宋、齐、梁、陈五代,南北朝之间战争不断,存活的百姓寥寥无几。北周灭北齐而河北地区得以安定下来,隋灭陈以后天下重新统一,于是天下户口每年都有所增加。长安周边、三河地区变得人多地少,粮食无法自给,隋朝政府于是派遣使者推行均田制,认为这样能够使百姓各自得到土地以养活自己。但正因如此,反而加剧了百姓的困苦。

人则未有不自谋其生者也,上之谋之,不如其自谋;上为谋之,且弛其自谋之心,而后生计愈蹙。故勿忧人之无以自给也,藉其终不可给,抑必将改图而求所以生,其依恋先畴而不舍,则固无自毙之理矣。上唯无以夺其治生之力,宽之于公,而天地之大,山泽之富,有余力以营之,而无不可以养人。今隋之所谓户口岁增者,岂徒民之自增邪? 盖上精察于其数以敛赋役者之增之也。人方骤蕃,地未尽辟,效职力于为工为贾以易布粟,园林畜牧以广生殖者未遑,而亟登之版籍,则衣食不充。非民之数盈,地之力歉,而实籍其户口者之无余,而役其户口者不酌其已盈而减其赋也。乃欲夺人之田以与人,使相倾相怨以成乎大乱哉? 故不十年而盗贼竞起以亡隋。民之不辑也久矣,考其时,北筑长城,东巡泰岳,作仁寿宫,而丁夫死者万计,别宫十二,相因营造,则其搜剔丁壮以供土木也[①],不待炀帝之骄淫,而民已无余地以求生矣。乃姑为均田以塞其勾免之口,故曰唯然而民困愈亟也。

【注释】

①搜剔:搜刮掠夺。

【译文】

　　人没有不为自己谋生路的,统治者为他们筹谋生路,不如让他们自己谋求生路;统治者为他们谋求生路,将会使他们自谋生路的意志动摇,变得懈怠,其后生计将变得更为艰难。所以不要担心百姓无法自给自足,即使他们最终不能自给自足,他们也必定会改弦更张、另寻生路。如果他们依恋祖先世居的土地而不愿意离开,就必定没有使自己毙命的道理。统治者只要不夺去他们谋生的力量,减轻他们的赋役负担,则以天地之大,山川水泽资源之丰富,百姓只要有余力去经营,就都可以以此养活自己。如今隋朝所谓户口每年增加,难道仅仅是百姓数量增加吗? 大概也是朝廷为了收取赋税、征派徭役而用精密的手段统计户数,所以户数才会每年增加。人口骤然繁衍增多,土地还没有完全被开垦,人们从事工商业来换取粮食和布帛,园林畜牧这些能够拓广生计的手段还没来得及实施,朝廷就急于将新增人口登入版籍,如此则百姓的衣食自然不足。并不是人口增加,土地难以承受其需求,而是朝廷将所有人口都统计无余,按户口征收赋税、分派徭役,却不考虑人口增多的情况而减轻百姓的赋役。如今统治者竟然又想要夺人田地分予他人,这不是让百姓之间相互倾轧、相互怨恨,最终造成天下大乱吗?所以不到十年,盗贼就蜂拥而起,灭亡了隋朝。百姓不得安宁已经很久了,考察当时的情形,隋文帝北筑长城,东巡泰山,修筑仁寿宫,因此而死亡的丁夫数以万计;又相继营造十二座别宫,大量搜求丁壮劳力来服务于这些土木工程,不需要等到隋炀帝骄奢淫逸,百姓就已经没有求生的余地了。隋文帝于是姑且实行均田制,想要堵塞百姓乞求宽免赋役的渠道。所以说,正因为推行均田制,百姓的困窘程度才变得更加严重。

夫王者之有其土若无其土也,而后疆圉以不荒[①];有其民若无其民也,而后御众而不乱;夫岂患京辅、三河地少而人贫哉?邓禹之多男子也,各授以业,而宗以盛,不夺此子之余以给彼子也。宽之恤之,使自赡之,数十年而生类亦有序,而不忧人满。汉文、景得此道也,故天下安而汉祚以长。隋之速亡也,不亦宜乎!均田令行,狭乡十亩而籍一户,其虐民可知矣,则为均田之说者,王者所必诛而不赦,明矣。

【注释】

①疆圉:边境,边界。此指疆土、国土。

【译文】

君王拥有其国土上的土地,却像不拥有土地一样,这样国土才不至于荒芜；君王拥有国内全部子民，却像不拥有子民一样，其后统御众人才不至于产生混乱。哪里需要担心长安周围、三河地区地少人贫呢？邓禹儿子众多，各自授给他们产业，而宗族由此得以强盛，他并不是夺取这个儿子的东西分给另一个儿子。宽免百姓的赋役、体恤他们的劳苦，使他们自己养活自己，则几十年之后，百姓的生活就会变得井然有序，而不需要担心人满为患。汉文帝、景帝懂得这个道理，所以能使天下安宁，使汉朝国祚绵长。隋朝迅速灭亡，难道不也是应该的吗？均田的命令推行后，在土地少的地方，每十亩土地就登记一户，则其对百姓的残害程度可想而知。所以凡是主张均田的人，君王必定要将其诛杀而不能宽赦，这是很明白的道理。

一二　职田之法不可行

开皇十四年①，诏给公卿以下职田②。其时天下已定，民各守其先畴，不知何所得田以给之，史无所考，大抵其为乱政无疑矣。先是官置公廨钱③，贷民收息，诚稗政也，于是苏孝慈请禁止之④，给地以营农，意且谓此三代之法，可行无弊者，而岂其然哉？三代之国，幅员之狭，直今一县耳，仕者不出于百里之中，而卿大夫之子恒为士，故有世禄者有世田，即其所世营之业也，名为卿大夫，实则今乡里之豪族而已。世居其土，世勤其畴，世修其陂池，世治其助耕之氓，故官不侵民，民不欺官，而田亦不至于污莱⑤。郡县之天下，合四海九州之人以错相为吏，官无定分，职无常守，升降调除，中外南北、月易而岁不同，给以田而使营农，将人给之乎？贵贱无差，予夺无恒，而且不胜给矣；将因职而给之乎？有此耕而彼获者矣。而且官不习于田，一授其权于胥隶，胥隶横于阡陌,务渔猎而不恤其荒瘠,阅数十年而农非其农,田非其田,徒取沃土而灭裂之,不足以养士,而徒重困乎民也。故职田者,三代以下必不可行之法也。

【注释】

①开皇十四年:公元594年。开皇,隋文帝杨坚的年号,使用时间为581—600年。

②职田:又作职分田、公田、禄田。历代依官职品级所授的田地。国家根据官吏品秩提供土地,将收入作为其部分俸禄。

③公廨钱:隋唐时期官府经营的高利贷资本。隋开皇年间,诏省、府、寺和诸州都置公廨钱,放贷取利,以给公用。

④苏孝慈(538—602):原名慈,字孝慈,扶风武功(今陕西武功)人。西魏至隋朝时期将领。西魏时任右侍中士、旷野将军,北周武帝时被拜为持节车骑大将军,参与灭北齐之战。隋朝建立后任兵部尚书、太子右卫率、大将军等职。时陕州置常平仓,漕运不便,命受督役决渭水为渠以属河。曾上表奏请罢廨钱收息,认为此举导致官民争利,"非兴化之道","请公卿以下给职田各有差"。因支持太子杨勇而被隋文帝外放,后卒于交州任所。传见《北史·苏孝慈列传》《隋书·苏孝慈列传》。

⑤污莱:荒芜,荒废。

【译文】

开皇十四年,隋文帝下诏向公卿以下官员分赐职田。这个时候天下早已平定,百姓各自守着祖上传下来的田地,不知道朝廷是从哪里找到土地来赐给官员们的,史书中无从考证,这大概也是属于乱政无疑。自此之前,朝廷各机构和各州县都设置了公廨钱,放贷给民众以收取利息,这实在是弊政,于是苏孝慈请求禁止这种做法,改为分赐土地给官员,让他们经营农业;认为这是三代时期的遗法,可以推行于世而没有弊端。但果真如此吗？三代时的国家，疆域狭小，只不过相当于如今的一个县罢了。在国中做官的人不出方圆百里的范围，而卿大夫的子孙世代为士，所以有世禄者就有世田，这就是他们世代所经营的产业。名为卿大夫，实际上就是今天乡里的豪族而已。他们世代居住在其土地上，世代勤于经营土地，世代修筑池塘，世代管理给他们耕田的农夫，所以官员不会去侵扰民众，民众也不会欺骗官吏，而田地也不至于荒芜。在实行郡县制的天下，四海九州之内的人交错到其他地方担任官吏，官位和职守都不固定；官员的升降调任，在朝中任官或是做地方官，在南方或北方做官，都是月异更改、年年不同，分给他们职田让他们耕种，是人人都给吗？如果无论官位贵贱都无差别赐田，赐予和收回没有一定之规，那么土地就分不胜分了。如果按照职位来赐田呢，那就会出现这个官员耕种土地，中途调离，而由另一个官员来收获了。而且官员不熟悉农事，必然会完全授权给胥隶。胥隶横行乡里，专门渔猎百姓，根本就不会管这些土地是否变得荒芜贫瘠。经过数十年农耕不像农耕，田地不像田地，只是白白地把肥沃的土地浪费了；不足以养活官员，只是给百姓增加负担罢了。所以所谓职田制度，在三代以后是必定不能够加以推行的。

　　放公廨钱以收息，所以毁官箴而殃民，在所必禁者，君子与小人义利之疆畛[①]，不可乱耳。力耕者，亦皇皇求利之事也，故夫子斥樊迟为小人[②]，而孟子以不耕而食为不素餐之大[③]。有天下者，总制郡县之赋税，领以司农，而给百官之禄入，俾逸获而不与民争盈缩，所以靖小人而迪君子于正道之不易者也。禄入丰而士大夫无求于民，犹恐其不廉也，乃导之与裋褐之夫争升斗于秉穗乎[④]？苏孝慈者，知公廨钱之非道，胡不请厚其禄以止其贪，而非三代之时，循三代之迹，以徒乱天下为邪？隋文帝锱铢之主也，以为是于国无损，而可以益吏，且可窃师古之美名，遂歉然从之，溺古之士，且以为允。后世有官田，有学田，有藩王勋戚之庄田，皆沿此以贻害于天下，创制宜民者，尽举以授民而作赋，庶有瘳乎⑤！

【注释】

①疆畛：地界，界限。

②夫子斥樊迟为小人：据《论语·子路》记载，樊迟向孔子请教种植庄稼之事，孔子说："吾不如老农。"又请教学习田圃之事，孔子说："吾不如老圃。"樊迟退出后，孔子说："小人哉，樊须也。上好礼，则民莫敢不敬；上好义，则民莫敢不服；上好信，则民莫敢不用情。夫如是，则四方之民，襁负其子而至矣，焉用稼？"

③孟子以不耕而食为不素餐之大：据《孟子·尽心上》记载，公孙丑说："《诗经》说：'不白吃饭啊！'可君子不种庄稼也吃饭，为什么呢？"孟子说："君子居住在一个国家，国君用他，就会安定富足，尊贵荣耀；学生们跟随他，就会孝敬父母，尊敬兄长，忠诚而守信用。'不白吃饭啊！'还有谁比他的贡献更大呢？"

④袯襫（bó shì）：本指防雨的蓑衣，这里指穿蓑衣的人，即农夫。秉穗：收稻时遗留在田中的禾把与禾实。

⑤瘳（chài）：痊愈，使病愈。

【译文】

贷出公廨钱来向百姓收取利息，这破坏了官员的基本守则，也给民众带来了灾祸，所以必定是应被禁止的。这是君子与小人之间追求义还是利的界限，是不能混乱的。辛勤耕作，也是忙于求利的表现，所以孔子斥责樊迟为小人，而孟子将不耕作而得食看作是贡献很大的人享有的权利。统治天下的人，总管各郡县的赋税，由司农来具体负责，从而为百官发放俸禄，使得官员能够不亲自耕种就得到丰厚收入，不与小民争利,这是安定小人并引导君子走向正道的不能变易的准则。士大夫收入丰厚,没有需要向百姓索求的东西,这种情况下尚且担忧他们不廉洁,为何却主动引导他们与布衣农夫争夺一升一斗的粮食呢? 苏孝慈既然知道公廨钱不合正道,为什么不请求增加官员俸禄来制止其贪污,却在并非三代之时,遵循三代时的旧制,从而徒然扰乱天下呢? 隋文帝是个锱铢必较的君主,认为这种办法对国家没有损害,对官吏有好处,而且自己还可以窃取师法古代的美名,于是欣然接受苏孝慈的建议。沉溺于古制的人士,尚且认为其做法值得肯定。后世有官田,有学田,有藩王勋戚的庄田,都是沿用此制而给天下带来了祸害。如果有人想创立使民众便利的制度,就把这些田地都授予民众以作为赋税的来源,这样大概就可以消除前述制度的危害了吧!

一三　杨素杀人为事与文帝之惨毒合

文帝畜疑御下,芟夷有功于己者不遗余力矣。郑译、卢贲、柳裘或黜或死①,防其以戴己者戴人,固也。其戮力以混一天下者,若史万岁、王世积、虞庆则诬讦一加②,而斧锧旋及。至于贺若弼、高颎、李德林倚为心膂③,不在杨素之下④,而弼下吏几死,颎除名,德林终废。徒于杨素投胶漆之分,举天下以托之,何坦然无疑而尽易其猜防之毒也? 乃素卒比附逆广以推刃于帝,夫岂天夺其衷与? 不然,何疑其所可不疑,信其所必不可信,如斯之甚也!

【注释】

①卢贲:字子征,涿郡范阳(今河北涿州)人。初仕北周,任鲁阳太守等职。杨坚称帝,有赞助功。典宿卫,寻拜散骑常侍。因图谋废立太子杨勇,除名为民。后复起检校太常卿,参与删定周、齐

音律。历郓、虢、怀、齐四州刺史。于齐州任上遭遇民众饥荒，粮价猛涨。卢贲"闭人粜而自粜之"，因此除名为民。后又从幸洛阳，与隋文帝交谈时，"对诏失旨"，且自叙功绩，含有怨言。文帝感叹如果没有刘昉、郑译、卢贲、柳裘、皇甫绩等人，自己就不会到如此地位，但也认为这些人"皆反覆子也"。最终废卢贲于家。传见《隋书·卢贲列传》《北史·卢贲列传》。柳裘：字茂和，河东解（今山西运城）人。初仕南朝梁，后归北周。宣帝即位，授仪同三司，转御史大夫，与刘昉等人同谋引杨坚"入总万机"。因任内史大夫，参掌机密。尉迟迥、司马消难起兵之时，他陈说利害，说服并州总管李穆归心杨坚，并受命安集淮南。入隋，进位大将军，历许、曹等州刺史，在官清简。此后文帝想到柳裘的定策之功，欲加荣秩，将征而止。传见《隋书·柳裘列传》《北史·柳裘列传》。

② 史万岁（550—600）：京兆杜陵（今陕西西安）人。隋朝名将，北周沧州刺史史静之子。开皇年间，因平高智慧之乱有功，拜左领军将军。开皇十七年（597），以行军总管率军击南宁夷爨翫，破三十余部，诸夷请降。次年，爨翫复反。蜀王杨秀弹劾其受贿放纵爨翫，被除名发配。后因击突厥有功，乃复官爵。开皇末，大破犯边的达头可汗，杨素害其功，在隋文帝面前谮言史万岁，终为隋文帝所杀。传见《隋书·史万岁列传》《北史·史万岁列传》。王世积（？—599）：阐熙新国（今陕西定边西）人。北周、隋朝时期将领。北周时，以军功拜上仪同，从韦孝宽击尉迟迥，以功拜上大将军。入隋，进封宜阳郡公，授蕲州总管。进攻南朝陈时，率舟师自蕲水进发，立有战功。后被亲信皇甫孝谐诬告，为文帝所杀。传见《隋书·王世积列传》。虞庆则（？—598）：京兆栎阳（今陕西西安）人。北周、隋朝时期大臣。初仕北周，为石州总管。入隋，进位大将军，官至尚书右仆射。曾出使突厥，使其内

附。后平岭南李贤叛乱。因妇弟诬告其谋反,最终被杀。传见
《隋书·虞庆则列传》《北史·虞庆则列传》。

③贺若弼(544—607):字辅伯,洛阳(今河南洛阳)人,鲜卑族。北
周、隋朝时期名将。初仕北周,跟随韦孝宽平定淮南地区,封襄
邑郡公。隋朝建立后,拜吴州总管,参与隋灭陈之战有功,拜右
武候大将军,封上柱国,晋爵宋国公。自恃功高,心生怨怼,为隋
文帝所疏远。大业三年(607),以诽谤朝政之罪,为隋炀帝所杀。
传见《北史·贺若弼列传》《隋书·贺若弼列传》。

④杨素(544—606):字处道,弘农华阴(今陕西华阴)人。初仕北
周,拜车骑将军、仪同三司,参加平定北齐之役。隋朝建立后,于
开皇八年(588)以行军元帅身份,率水军东下攻灭陈朝,以功拜
荆州总管,封越公。后暗中帮助晋王杨广夺嫡成为太子。杨广
即位后,领兵讨平汉王杨谅叛乱,拜尚书令、太师、司徒,封楚公。
大业二年(606)去世。传见《隋书·杨素列传》。

【译文】

　　文帝怀着疑心统御臣下,不遗余力地清除曾经对自己有功的大臣。
郑译、卢贲、柳裘这些人有的被贬黜,有的被处死,这实在是为了防止他
们像当初拥戴自己一样拥戴他人登上皇位。那些竭尽全力帮助他统一
天下的人,比如史万岁、王世积、虞庆则,别人稍微加以攻击,他们就被
隋文帝处死了。至于贺若弼、高颎、李德林这些被隋文帝倚为心腹、地
位和信任程度不在杨素之下的大臣,贺若弼被下狱,几乎被处死,高颎
被除名,李德林终生不再起用。隋文帝唯独与杨素如胶似漆,将整个天
下托付给他。为什么他能对杨素坦然无疑,完全不恶毒地加以猜忌防
范呢? 可是杨素最终还是比附杨广,弑杀了隋文帝,这难道不是上天冥
冥中决定了隋文帝的心意吗? 不然的话,他为何要怀疑那些本不必怀
疑的臣子,却相信那些必定不应该相信的大臣,昏聩到了这样的地
步呢?

隋之诸臣，唯素之不可托也为最，非但颎、弼、德林之不屑与伍，即以视刘昉、郑译犹有悬绝之分①。何也？素者，天下古今之至不仁者也。其用兵也，求人而杀之以立威，使数百人犯大敌，不胜而俱斩之，自有兵以来，唯尉缭言之②，唯素行之，盖无他智略，唯忍于自杀其人而已矣。其营仁寿宫也，丁夫死者万计，皆以杀人而速奏其成，旷古以来，唯以杀人为事者更无其匹。呜呼！人之不仁至于此极，而犹知有君之不可弑乎？犹知子之不可弑父而已弗与其谋乎？文帝之项领日悬于素之锋刃而不知，岂徒素之狐媚以结独孤后而为之覆翼乎？抑帝惨毒之性、臭味与谐而相得也！

【注释】

①刘昉(？—586)：博陵望都(今河北望都)人。性格轻狡，有谋略。周宣帝时以技佞见幸，出入宫掖，宠冠一时。周宣帝病重时，召刘昉与颜之仪嘱托后事。刘昉见周静帝年幼，不能担负治国重任，又见皇后父杨坚有重名于天下，遂与郑译谋划，引杨坚辅政。杨坚于是出任大丞相，执掌朝政，以刘昉为大将军，封黄国公。后来刘昉郁郁不得志，与失职怀忿的上柱国梁士彦、宇文忻相交往。又参与梁士彦谋反，于开皇六年(586)闰八月被杀，家财田宅被抄没。传见《隋书·刘昉列传》。

②尉缭：战国时期军事家，著有《尉缭子》一书。书中多采用法家学说，主张在军队中以刑杀立威。

【译文】

隋朝的诸位大臣，唯独杨素是最不应被托付大任的。不仅高颎、贺若弼、李德林不屑与他为伍，即使将其与刘昉、郑译相比，也有天壤之别。为什么呢？杨素是天下古往今来最不仁的人。他指挥军队，靠杀人来立威,使数百人进攻强大的敌人,如果不能取胜就将其全部处死。自从有战争以来,唯独尉缭曾经主张过这种残酷方法,唯独杨素践行过这种办法。大概他并没有其他的智谋,就只会残忍杀害自己军队中的士兵罢了。他监督营造仁寿宫,死亡的丁夫数以万计,都是靠杀人而来迅速取得成效。自古以来,在一心以杀人为能事的人中,没有一个超过他的。唉!一个人不仁到了这样极致的地步,怎么还会知道君王是不可以弑杀的呢?怎么还会知道儿子不应该弑杀父亲、自己不应该参与其弑父阴谋呢?文帝的脖颈每天都悬在杨素的刀锋之下却不自知,难道仅仅是因为杨素靠狡猾谄媚巴结独孤皇后,使她做自己的保护伞吗?大概也是隋文帝残忍狠毒的性格与杨素臭味相投,所以才对他感到亲近吧?

　　故曰:君不仁,则不保其国;臣不仁,则不保其身;不仁者乐与不仁者狎而信之笃,虽天子不保其四体。素之族至其子而乃赤,犹晚矣。故恻隐之心,存亡生死之几也。夫人性之弗醇,习之不顺,恻隐之心不足以发。唯好恶之不迷,不乐与不仁者处而利赖之,恶其可损、祸其可轻乎!

【译文】

　　所以说:国君不仁,则无法保住自己的国家;臣子不仁,就无法保全自身。不仁的人喜欢与不仁的人亲近,对对方非常信任,那么即使是天子也无法保住自己的性命。杨素的家族到他儿子杨玄感那一代才被诛灭,已经算晚的了。所以恻隐之心,是生死存亡的关键。如果一个人性格不醇正,习惯不和顺,那么就不足以产生恻隐之心。只有对好恶分辨得很清楚,不喜欢与不仁之人相处,不依赖他们或是与其产生利益纠葛,那么他们的罪恶大概可以减轻、遭受的灾祸大概可以变轻吧!

一四　文帝废勇立广

太子勇耽声色、狎群小，而逆广立平陈之功，且矫饰恭俭以徼上宠、钓下誉，声施烂然[1]。文帝废勇而立广，虽偏听悍妻，致他日有独孤误我之叹，然当广恶未著、勇德有愆之日，参互相观，亦未见废立之非社稷计也，而奚以辨之哉？广之所以惑独孤者，曰阿𡡉大孝耳[2]。妇人喜啜嚅呴沫之爱，无足怪者，帝固熟察人情者，而何亦懵焉？天下有孝于父母而忍贼害其兄弟者乎？勇虽不德，然知广之陷己，终未尝求广之过暴之父母之前。广则伏地流涕曰："不知何罪，失爱东宫。"勇无言，而广亟于谮，勇犹自处于厚，而广之不仁不可掩矣。

【注释】

①声施：为世人所传扬的名声。

②阿𡡉：即杨广。据《隋书·炀帝纪》记载："炀皇帝讳广，一名英，小字阿𡡉。"

【译文】

太子杨勇沉迷声色、亲近小人，而杨广立下了灭陈的功劳，而且伪装成恭敬节俭的样子，以对上徼取宠爱，对下沽名钓誉，使自己的好名声到处传扬。隋文帝废黜杨勇太子之位而改立杨广，虽然是偏听强悍妻子的话，以至于日后有"独孤误我"的感叹，然而当杨广的恶行尚不显著、杨勇的德行有亏的时候，两人相互对照，也不见得废杨勇、立杨广不是为社稷着想的国家大计，又如何能分辨清楚呢？杨广之所以能迷惑独孤皇后，不过是让皇后觉得他是个大孝子罢了。妇人喜欢温言软语表现出来的爱，这不足为怪，但隋文帝本是熟悉人情世故的人，为何也会如此糊涂呢? 天下有孝顺父母却忍心戕害自己兄弟的人吗? 杨勇虽然无德,但他知道杨广陷害自己,却始终不曾搜求杨广的罪过以在父母面前揭露杨广。杨广则伏在地上痛哭流涕说:"不知道我犯了何罪,失去了太子的爱。"杨勇对此没有说话,而杨广却急于诋毁杨勇,杨勇尚且算是厚道,而杨广的不仁却已经无法掩饰了。

　　故人之甚不仁也易见也,父子兄弟之不若①,夫人所无可如何者也。非其懿亲与其执友②,则虽祸且相及,而固不可讦之相告,使触其怒以伤天性之恩;即其懿亲与其执友不容不告,而必谋其曲全之术;若直讦其阴私以激吾之谴责③,则必其人天性固绝于己,而忿戾以求快其私者也。夫人且然,而况同生兄弟,均为父母之子,而浸润肤受交致以激吾之怒,尚可信为大孝而可以生死存亡托之者乎?

【注释】

①不若:不善,强暴。

②懿亲:至亲。执友:志同道合的朋友。

③阴私:不可告人之事。

【译文】

　　所以一个人如果非常不仁,那是很容易看出来的,但父子兄弟之间孰贤孰奸,却是外人所无可奈何的。如果不是其至亲或好友,则即使祸患马上就要降临,也必定不能去揭发他们的隐私,触动他们彼此的怒火,从而伤害出于天性的父子兄弟之恩;即使是身为他们的至亲或好友,不能不告知他们真实情况,也一定要想办法委婉表达、争取保全其情义。如果直接揭露其隐私,来激怒一方对另一方加以严厉谴责,那么这样的人必定是天性早已泯灭,出于愤怒狠毒而只求自己能够痛快。

一般人尚且如此,何况是同胞兄弟,同为父母的儿子,却攻击、揭露兄弟来激怒父母,这样的人,怎么能相信他是大孝子,而将生死存亡的大任托付给他呢?

　　勇于见废之日,再拜泣下,舞蹈而出,终不讼广之见诬而摘其隐慝,然则使勇嗣立,隋尚可以不亡,藉令不然,亦何至逞枭獍之凶如广之酷邪? 故勇与广之贤不肖未易辨也,而广诉勇,勇不诉广,其仁心之仅存与其澌灭①,则灼然易知也。天下未有忍夺其兄之孝子,古今无有谗毁我子弟、劝令杀戮屏弃而为可托之人,两言而决之有余矣。

【注释】

①澌灭:消失干净,消亡。

【译文】

　　杨勇在被废的那天,对隋文帝拜了两拜,潸然泪下,履行完朝拜仪式后就离开了,始终不曾为自己被杨广诬陷而辩护并反过来揭发杨广的隐秘罪恶。如此则假如让杨勇即位,隋朝尚且可以不至于灭亡;即使无法避免灭亡,又何至于发生像杨广弑杀君父这样丧尽天良的事情呢? 所以杨勇与杨广之间谁更贤能不好分辨,但杨广诬陷杨勇,杨勇却不诽谤杨广,他们的仁心是尚存还是已经泯灭,则是清晰可见的。天下没有忍心夺取兄长地位的孝子,古往今来也没有进谗诋毁一个人的子弟、劝这个人杀戮、摒弃自己的子弟却仍然值得托付大事的人。用这两句话来判断杨广的善恶就绰绰有余了。

一五　以仁寿宫成赏德彝敕盗边粮一升以上皆斩

　　《传》曰:“俭,德之共也;侈,恶之大也①。”所谓德之共者,谓其敛耳目口体之淫纵,以范其心于正也,非谓吝于财而积之为利也。所谓恶之大者,谓其荡心志以外荧,导天下于淫曼也,非谓不留有余以自贫也。俭于德曰俭,俭于财曰吝,俭吝二者迹同而实异,不可不察也。吝于财而文之曰俭,是谓贪人。谚曰:"大俭之后,必生奢男",贪吝之报也。若果节耳目、定心志,以恭敬自持,勿敢放逸,则言有物、行有恒。即不能必子之贤,亦何至疾相反而激以成侈哉? 隋文帝之俭,非俭也,吝也,不共其德而徒厚其财也。富有四海,求盈不厌,侈其多藏,重毒天下,为恶之大而已矣。

【注释】

①"俭,德之共"几句:语出《左传·庄公二十四年》。

【译文】

《左传》中说:"节俭是有德行的人共同具备的特质,奢侈则是极为严重的恶行。"所谓节俭是有德行的人共同具备的特质,是指收敛耳目口体的放纵欲望,规范自己的内心,使其趋于中正,而不是指吝惜钱财,聚财图利。所谓奢侈是极为严重的恶行,是指奢侈会动摇人的心志,使其受外界扰乱迷惑,将引导天下走向放纵轻慢,并不是说钱财一点都不留,从而导致自己变得贫困。节俭作为美德叫节俭,如果只是在钱财方面节俭那就是吝啬了。节俭与吝啬表面相似,实际上却大有不同,不能不详加考察。吝啬钱财却用节俭文饰自己,这样的人就叫作贪婪之人。谚语说:"大俭之后,必生奢男。"这就是贪财吝啬的报应。如果真的节制耳目之欲,坚定心志,坚持恭敬谨慎,不敢放纵,则言之有物,行有准则。即使不能保证儿子必定贤能,又何至于使他与自己截然相反、挥霍无度呢? 隋文帝的节俭,并非节俭,而是吝啬。他并没有修养德行,而只是想增加自己的财富。他明明富有四海,却仍然贪财无厌,不断增加府库储藏。给天下带来极大的毒害,只会使他的罪恶变得严重罢了。

奚以明其然邪? 仁寿宫成,赏封德彝而擢为内史①。耳目之欲,力制而不能制也;盗边粮者升以上皆斩,积聚之贪,夸富强而唯恐不丰也。宋武藏农服以示子孙②,齐高欲黄金与土同价③,皆此而已矣。是下邑穷乡铢积丝累以豪于闾井者之情,而奚足为俭哉? 视金粟也愈重,则积金粟也愈丰;取之于人也愈工,而愈不忧其匮;而后不肖之子孙无求弗获,而以为天下之可以遂吾志欲者,莫财若也。太子勇之饰物玩、耽声色,逆广之离宫别馆,涂金堆碧,龙舟锦缆,鬵采铺池,裂缯衣树,皆取之有余,而仓粟陈红,以资李密之狼戾,一皆文帝心计之所聚,而以丰盈自侈者也。祗速其亡,又何怪乎?

【注释】

①封德彝(568—627):名伦,字德彝,观州蓨(今河北景县)人。隋朝至唐初大臣。初为越国公杨素幕僚,后负责督建仁寿宫,因功被文帝提拔为内史舍人。隋炀帝时期,受到内史侍郎虞世基倚重,后又追随宇文化及,任内史令。宇文化及败亡后,归顺唐朝,得到唐高祖李渊信任,拜中书令。不久被选为天策上将府属官,辅佐秦王李世民攻取洛阳,却暗中支持隐太子李建成,在二人之间投机取巧。唐太宗即位后,拜尚书右仆射。贞观元年(627)病逝。贞观十七年(643),阴持两端之事暴露,被追夺封赠,改谥号为缪。传见新、旧《唐书·封伦列传》。

②宋武藏农服以示子孙:据《资治通鉴·宋纪二》记载,宋武帝刘裕称帝之后,"命藏微时耕具以示子孙"。

③齐高欲黄金与土同价：据《南齐书·高帝本纪》记载，宋太祖萧道
　成性清简，即位后身不御精细之物，常说"使我治天下十年，当使
　黄金与土同价"。

【译文】

　　何以明白文帝是这样的人呢？仁寿宫建成后，他就重赏封德彝，将
其擢升为内史。他的耳目之欲，即使想要尽力克制，最终也未能克制
住。他规定凡是盗取边境储粮一升以上的人都要问斩，他贪婪地想要
积聚财富，以夸示自己国家的富强，而唯恐府库储备不够丰裕。宋武帝
刘裕收藏自己穿过的农服以向子孙展示过去的勤俭奋斗，齐太祖萧道
成想要让黄金与土同价，都不过是同样的吝啬罢了。这是穷乡僻壤之
中靠着一点一滴积累财富、最终变成乡里之间富豪的人的想法，哪里能
够称得上节俭呢？把金钱、粮食看得越重，则越会多积聚金钱、粮食；越
是巧妙地从别人那里夺取钱粮，就越不用担心匮乏。后世的不肖之子
孙没有什么追求，却把整个天下都当作能满足自己欲望的工具，认为没
有什么比钱财更重要。太子杨勇装饰器物古玩，沉迷于声色。杨广则
大肆修建离宫别馆，用黄金碧玉来装饰；制造龙舟，用锦帛当作缆绳；剪
彩色绸缎来铺盖池子；撕裂缯帛来包裹树木。这些都是从隋文帝的府
库中支取物资，却仍然绰绰有余。仓库中的谷物陈腐变红，最终落入李
密手中，助长了他的贪婪狠戾。这全都是隋文帝苦心积聚的物资，他想
用这些储备来满足自己的奢侈之心。这只会加速隋朝的灭亡，又有什
么可奇怪的呢？

　　若夫贤者之俭，岂其然哉？视金玉若尘土，锦绮若草
芥，耳目不淫，心志不惑，澹然与之相忘，而以金粟给小人之
欲，君臣父子相竞于义以贱利，其必不以为诲奢之媒审矣。
夫唯大奢之后，乃生奢男，岂俭之谓哉？

【译文】

　　至于贤者的节俭,怎么会是这样呢? 他们把金玉看作尘土,把华丽的丝绸看作草芥一般。他们不放纵耳目之欲,心志不被迷惑,淡然忘却钱财,却用钱粮去满足小人的欲望,君臣父子之间相互比拼大义而轻视利益。他们必定不会成为教唆奢侈的媒介,这是肯定的。只有在父亲过分吝啬的情况下,才会生下奢侈的儿子,怎么能说隋文帝是真的节俭呢?

一六　王伽纵囚擢雍令

　　文帝之察也,肘腋有杨素之奸而信之笃,宫闱有逆广之凶而爱之专,卒以杀身而亡国。无他,以涂饰虚伪笼天下,情以移,志以迁,而好恶皆失其本心,乐与伪人相取,狎焉而不自知也。

【译文】

　　隋文帝号称明察,但他身边有杨素这样的奸臣,却对他非常信任;宫中有杨广这样的逆子,却对他十分偏爱,最终身死其手,国家也最终灭亡。这没有别的原因,就是因为隋文帝靠虚伪粉饰来笼络天下,随着时间流逝,情感逐渐偏移,心志逐渐动摇,最终好恶都失去了本心,喜欢与虚伪的人相互利用,亲近他们却不自知。

　　王伽者[①],天下古今之伪人也,罢遣防送之卒,纵流囚李参等七十余人,与约期至京,而曰:“如致前却,当为汝受死。”参等皆如期而至。夫参等身蹈重法,固桀骜不轨之徒也,伽何恃而以死尝试其诚伪? 前乎此者,未闻伽有盛德至行足以孚豚鱼也[②],一旦而以父母之身与罪人市,岂其愚至此哉？且李参等已至京而待配于有司矣，孰使帝闻之而惊喜？则伽与参等探知帝之好虚伪以饰太平，而相约以成诡异之行，标榜自炫于帝之左右，俾得上闻。帝果为之下诏曰："官尽如王伽，刑措其何远哉！"伽乃擢为雍令矣，参等乃予宴而赦矣。帝已为伽持券而取偿，而帝不知也；非不知也，知之而固喜其饰平康以昭吾治功之盛，而欺天下也。是其为情，与王劭上《灵感志》而焚香歌诵以宣示之无以异③。唯然，故杨素伪忠，而帝且曰吾有忠臣；逆广伪孝，而帝且曰吾有孝子；情与之相得，心与之相习，不复知此外之有心理。亦将曰：文王之孝亦广，周公之忠亦素而已矣；孔子之绥来动和，亦伽而已矣。古今恶有圣贤哉？饰以为之而即可传之万世，则怀奸畜逆者，方伏刃以拟其项领，固迷而不觉。始以欺人，终于自罔，身弑国亡，若蹈火之必灼，狎水之必溺也，岂有爽哉？

【注释】

①王伽：河间章武（今河北河间）人。隋代官员。开皇末年任齐州行参军，因解送流囚时解开枷锁、与囚犯约定到京城会和并最终果真会和于京城而名声大噪，受到隋文帝嘉奖，升任雍县令。传见《隋书·循吏列传》。

②孚豚鱼：典出《周易·中孚卦》卦辞："中孚：豚鱼吉，利涉大川，利贞。"孔颖达《周易正义》曰："'中孚，豚鱼吉'者，'中孚'，卦名也。信发于中，谓之中孚。鱼者，虫之幽隐。豚者，兽之微贱。人主内有诚信，则虽微隐之物，信皆及矣。莫不得所而获吉，故曰'豚鱼吉'也。"此句大意是说，诚信施及愚钝无知的小猪、小鱼身上，

从而感化了它们，因此获得吉祥，利于涉越大河大川，利于坚守中正之道。

③王劭上《灵感志》而焚香歌诵：王劭，字君懋，晋阳（今山西太原）人。隋朝官员。隋初任著作佐郎，负责纂修史书。他竭力取媚于隋文帝，称皇帝有龙颜戴干之表，并指示给群臣观看。隋文帝大悦，赐其物数百段，并任命他为著作郎。在任期间，王劭多次上表，屡言符命，论证隋朝统治的必然性和合法性，隋文帝因此对他宠遇日隆。王劭还采民间歌谣，引图书谶纬，依约符命，捃摭佛经，撰成《皇隋灵感志》三十卷，美化隋朝的统治。隋文帝读后下令宣示天下，王劭召集诸州朝集使，洗手焚香，闭目而读之，历时甚久。隋文帝更为高兴，对王劭赏赐优洽。隋炀帝继位后，王劭改任秘书少监，数年后去世。事见《隋书·王劭列传》。

【译文】

王伽是古往今来天下的一个大大的虚伪之人。他遣散押送囚犯的士兵，释放被判处流放的李参等七十余名囚犯，与他们约定到达京城的时间，而且对他们说："如果你们在前路上逃跑，我会代替你们去受死。"李参等人果然都如期到达了京城。李参等人既然以身犯法、被判重刑，则他们本来就是桀骜不驯、心怀不轨之徒，王伽凭什么用自己的生命来试验他们是否真诚呢？在此之前，也从未听说过王伽有什么至为高尚的德行足以使愚钝无知的小猪小鱼都被感化，却在一旦之间用父母赐予的身体与罪人进行交易，他难道果真愚蠢至此吗？况且李参等人既然已经到达了京城、等待有关部门发配处置，那又是谁把这件事告诉了隋文帝、使他感到惊喜呢？看来是王伽与李参等人探知隋文帝喜好虚伪以粉饰太平，因此彼此约定做成这件不合理的事情，并在隋文帝的亲近大臣面前标榜炫耀，使得隋文帝听说了这件事情。隋文帝果然为此下诏说："如果官员们都像王伽一样，废除刑罚的日子还会远吗！"王伽于是被擢升为雍令，李参等于是被赐予酒宴而加以赦免。隋文帝已经像是拿着债券索取报酬一样被王伽利用了，自己却不知道。他也并非真不知道，即使知道了真相，也本来就喜欢粉饰太平来彰显自己品德的高尚、功业的隆重，从而欺骗天下人。所以王伽的做法，与王劭向隋文帝献上《灵感志》，并焚香歌诵以宣示书中内容并无二致。正因为如此，所以杨素假装忠诚，而隋文帝就说自己有忠臣；杨广假装孝顺，而隋文帝便说自己有孝子。他在感情上与杨素、杨广彼此投合，心中习惯了他们的虚伪，除此之外不知道有其他的心理。他还会说：文王的孝也不过跟杨广差不多；周公的忠诚也不过像杨素那样罢了；孔子安抚人心、感化世人，也不过是像王伽那样罢了。如此则古往今来哪里还有圣贤呢？做一些虚伪的事情便以为可以流芳万世，则那些心怀奸谋、准备篡逆的人，已经悄悄把刀架在了隋文帝的脖子上，他却仍然执迷不悟，无法察觉。隋文帝最开始是想用虚伪来欺骗世人，最终却连自己都欺骗了，以至于自己被弑杀，国家随之灭亡。这就像是踏在火中必定会被灼伤，过分靠近水泽必定会淹死一样，难道有不应验的时候吗？

夫圣人者，同于人者也；为创见之事，举世惊之，必有伪焉，秉正者所弗惑也。若伽者，固不容于尧、舜之世，唯不容焉，斯以为尧、舜之智与！

【译文】

圣人与一般人拥有同样的情感和心智。如果有人做了独特的事情，使得举世震惊，那么其中必定有虚伪之情，秉持正道的人是不会被其迷惑的。像王伽这样的人，本来就不容于尧、舜的时代。正因为这一点，才体现出尧、舜的智慧！

炀　帝

【题解】

隋炀帝杨广(569—618),一名英,小字阿䗙,是隋文帝杨坚与文献皇后独孤伽罗嫡次子。开皇元年(581),被册立为晋王。开皇八年(588)以领衔统帅身份参与攻灭陈朝。杨广矫情自饰,博得了文帝和独孤皇后的宠爱,在杨素等人的帮助下,于开皇二十年(600),取代其兄杨勇成为皇太子。仁寿四年(604),隋文帝病重之际意图废黜杨广,杨广旋即发动宫廷政变,隋文帝离奇死亡。杨广于当年七月正式即位,伪传遗诏赐死其兄杨勇,并软禁和废黜其他兄弟。杨广在位共计十四年,期间修通大运河,营建东都洛阳,改州为郡,革新科举选官制度,改革度量衡;对外则频繁发动战争,西征吐谷浑,三征高句丽。由于其滥用民力,穷奢极欲,引发了全国范围农民起义,天下大乱,导致隋朝崩溃覆亡。大业十四年(618),江都兵变之后,炀帝被宇文化及叛军弑杀。

王夫之对于隋炀帝的负面态度是非常鲜明的:一方面,王夫之对于隋炀帝"弑君父、杀兄弟"的行径感到极为不齿,认为这是破坏伦常、覆载不容的大罪,因而直接取消其帝称,呼之曰"逆广",这在整部《读通鉴论》中都是绝无仅有的激烈表达。另一方面,王夫之对杨广的施政作为也痛加谴责,尤其严厉批判其骄淫无度、一味聚敛,直言杨广"至不仁而敛天下之怨,非所据而踞天位之尊",认为他"毒民亟矣",终因"殃民以取灭亡",实属咎由自取。这些评价大体延续了历代否定隋炀帝的基调,显示了王夫之对于君臣父子纲常的重视以及对百姓民生的深切关照。不过,王夫之也承认,隋炀帝在才能方面并非一无是处,尤其在军事方面,杨广"少长兵间,小有才而战屡克",有能力与群雄角逐于中原,这一点不是秦二世胡亥那样的无能君主所能匹敌的。

隋末群雄并起,李渊、李世民父子最终脱颖而出,建立了唐朝。如何看待隋唐之间的这种政权更迭?原本身为隋朝臣子的李渊,其起兵代隋是否具备合法性?对此,王夫之指出:首先,隋朝取得天下的方式本就缺乏正当性,杨广更是得位不正,李渊的先祖与杨氏原本同立于北周朝堂,臣服于隋实为迫于形势之举,并非心甘情愿。如此则在隋朝无道的情况下,李氏怀着伐暴君、平寇乱的本心,代杨氏而兴,在道义上并非不可。其次,隋炀帝死后,天下早已陷于分裂,代王杨侑不足以复兴隋朝,洛阳还有越王杨侗称帝,各地农民起义军和地方割据势力自称帝或王者同样为数不少,唐朝"为余民争生死以规取天下",其天下"夺之于群盗,非夺之于隋",自然也就不存在所谓篡夺问题了。

凡六代不肖之主,皆仍其帝称,篇内独称炀帝曰逆广,以其与刘劭同其覆载不容之罪,且时无夷狄割据,不必伸广以明正统。

【译文】

凡是南方六朝的不肖之主,都仍然称其为帝,本书内唯独称隋炀帝为"逆广",是因为他犯下了同南朝宋刘劭一样为天地所不容的极端罪恶。况且当时也没有夷狄割据,所以不必通过抬高杨广的地位来昭明正统。

一　刘炫论《周礼》士多府史少而事治

　　牛弘问刘炫以《周礼》士多府史少而事治[1]，后世令史多而事不济，炫答以古之文案简而今繁，事烦政弊，为其所縈。此得其一于末，而失其一于本也。文繁而覆治重叠，追证荒远，于是乎吏求免纤芥之失，而朦胧游移，上下相蔽，不可致诘，此治道之所以敝，教令之所以不行，民人之所以重困，奸顽之所以不戢者，而非府史之劳也。苟求无摘而粗修文具，一老吏任之而有余矣。乃府史之所以冗多而不理者，权移贿行而役重，民之贪顽求利与审名避役者，竞趋于府史胥役之一途，则固有目不识文案、身不亲长官者篡入其中，而未尝分理事之劳，事恶得而理也？

【注释】

①牛弘(545—610)：本姓寮，字里仁，安定鹑觚(今甘肃灵台)人。北周至隋代大臣、学者。北周时，专掌文书，修起居注。隋文帝即位后，任礼部尚书，请修明堂，定礼乐制度。又奉敕修撰《五礼》百卷。后牛弘又任吏部尚书，掌选举用人，提倡先德行而后人才，为众人所叹服。传见《北史·牛弘列传》《隋书·牛弘列传》。刘炫(约546—约613)：字光伯，河间景城(今河北献县东北)人。隋代经学家。开皇年间奉敕修史，后与诸儒修订"五礼"，任太学博士。开皇末上表言学校不宜废，又作《抚夷论》以为辽东不可伐，均不见纳。大业初预修律令。提出《春秋》规过之论，对后世颇有影响。传见《北史·刘炫列传》《隋书·儒林列传》。

【译文】

　　牛弘问刘炫：根据《周礼》，周代士人多而官吏少，政事有条不紊。

为何到了后世，官吏变多，政事却不能处理得像原来那样好了呢？刘炫回答说：古代文案简洁而如今文案烦琐，政事庞杂细碎，因而弊政增多，这是原因所在。刘炫的回答说出了一个次要的原因，却没抓住根本的原因。文案繁杂而管理纠核之制重叠，求证追责往往上溯到很远的环节，于是官吏们为免除细微的失误而模棱两可、含糊其词，上下级之间相互蒙蔽，导致无法核查追责。这就是治理之道凋敝、政令难以通行、百姓陷入重重困境、难以令奸诈顽劣之徒的气焰收敛的原因，而不是因为官吏要处理的事情多而疲惫不堪。仅仅想求得不受责备而粗疏地处理文案事务，一个老官吏就完全能胜任。可是官吏之所以冗多而政事却难以处理好，是因为权力寻租，贿赂公行，百姓的负担加重，贪婪顽劣、谋求私利的百姓和那些想要逃避赋役的人，都争相想要担任官府的胥吏，这其中必然有目不识丁、无法处理文案、自身也不适宜作官长的人篡入其中，他们自然不曾分理过政务，那么政事如何能够处理好呢？

《周礼》之所以可为万世法者，其所任于府者谨其盖藏，所任于史者供其篆写，而法纪典籍一委之士，士多而府史固可少也。士既以学为业，以仕为道，则苟分任于六官之属者，皆习于吏事而娴于典故，政令虽繁，无难给也。周之所以久安长治，而政不稗、官不疵、民不病者①，皆繇于此。士则既知学矣，学则与闻乎道矣，进而为命士，进而为大夫，皆其所固能致者，则名节重而官坊立，虽有不肖，能丧其廉隅而不能忘情于进取，则吏道不污，而冒法以雠奸者，十不得一。

【注释】
①稗(bài)：坏败，不良。疵(cī)：引申为过失、缺点。

【译文】

《周礼》之所以能够成为后世效法的典范，在于它规定，掌管府库的官员只需要用心管好财政开支，担任史官者只需要用心记录和书写历史。至于法律纲纪和典籍方面的事，则全部委托给士人，士人多了，官吏自然可以减少。士人既然以学问为志业，以出仕作为报国之道，则只要将他们分配到六部所属部门担任属吏，他们必定会熟悉政事而能娴熟掌握典故，如此则即使政令繁杂，处理起来也不难。周代之所以能长治久安而没有弊政、官员不犯错误、百姓不陷于困窘，都是由于这个缘故。士人既然知道要学习，而学习就能够通晓治理之道，进而为官员，进而成为大夫，都是他们本来就能够实现的。如此则他们的名节贵重而官声牌坊也得以树立，即使其中有不肖之徒，丧失了操守而一心只图官位升迁，则官风也不至于完全败坏。而违法做坏事的人，十个里面还找不到一个。

　　且夫国家之政，虽填委充积，其实数大端而已：铨选者，治乱之司也；兵戎者，存亡之纽也；钱谷者，国计之本也；赋役者，生民之命也；礼制者，人神之纪也；刑名者，威福之权也。大者举其要，小者综其详，而莫不系于宗社生民纲纪风俗之大。其纤微曲折，皆淳浇仁暴之机也。而以委之刀笔之猥流，谋尽于私，而智穷于大，则便给于一时，而遗祸于久远，虽有直刚明晰之大臣，未能胜也。如唐滑涣一堂后小吏耳，郑馀庆一斥其奸①，而旋即罢相，其可畏而不可挽也如此。乃举国家之事，不属之名义自持之清流，而委之鄙贱乾没之宵小，岂非千金之堤溃于蚁壤哉？参佐清谈而浊流操柄，愈免小失而愈酿大忧，然后知《周礼》之法，卓然非后世所及。炫，儒者也，何不曙于先王立教之本而长言之，以垂为永鉴？

区区以文之繁简为言,九州混一之世,文法何易言简也!

【注释】

①郑馀庆(746—820):字居业,郑州荥阳(今河南荥阳)人。唐朝大臣,在唐德宗和唐宪宗在位时两度拜相。永贞元年(805),中书主书滑涣与内官典枢密刘光琦互相勾结,狼狈为奸。宰相杜佑、郑絪都对他们加以姑息,但郑馀庆却在议事时当众斥责唐滑涣,因此受到报复,于次年被免去宰相之职,贬为太子宾客。后来滑涣贪赃事发,郑馀庆才得以被召回朝中。传见新、旧《唐书·郑馀庆列传》。

【译文】

　　况且国家的政事,虽然看起来很繁杂,实际上也就是几个大的方面罢了:选拔官员,这关系到国家的治乱;军事,这是国家存亡的关键;钱粮,这是国家经济的根本;赋役,关系到百姓的命运;礼制,事关人与神的纲纪;法律,是向臣民施予恩威的手段。这些大的方面要抓住重点,具体的小节则要尽量详备。这些都关系到宗庙社稷的安危,关系到百姓的生机、国家的纲纪、社会的风俗。这些政事的细节,都事关社会风气是否醇厚、统治是仁慈还是残暴。如果把这些重要的政务都委托给刀笔小吏,而他们全都图谋私利,对国家大事束手无策,则即使有一时的便利,也会留下长远的祸患;即使有正直明智的大臣,也无法制服他们。如唐代滑涣不过是一个堂后小吏罢了,郑馀庆一旦斥责他的奸诈,很快就被罢相。这些小吏是如此值得畏惧,局势是如此不可挽回。国家的大事,不交给在乎名义、能坚持操守的清流,却委托给卑贱贪污的小吏,这难道不相当于花费千金修成的大堤毁于蚂蚁洞穴的侵蚀吗?清流只能以清谈为事,而浊流却操持实权,越是想避免小的过失,越是会酿成大患。然后就知道《周礼》中所立的法令制度,是远非后世所能企及的。刘炫身为儒者,为什么不先从先代圣王树立教化的根本这个角度出发详加论述,从而使之垂范后世、永为鉴戒呢?他只是从区区文案的繁简区别来谈,在九州一统的时代,哪里能轻易让文案法令变得简略呢?

二 高颎贺若弼之诛

人以才自旌,以智先人,功亦立,名亦著,所行亦不大远于正,而及其成局已终,岁时已过,则猥末局踏^①,名节不立,而抑不保其身,则汉朱儁、皇甫嵩,隋之高颎、贺若弼是已。呜呼!士苟无卓然自立之志以辅其气,而禄位子孙交集而萦之,则虽以儁与嵩秉正以匡乱者,尚困于董卓而不能立义以捐生,况颎与弼乎?当其盛也,智足以见事几,才足以济险阻,年力方强,物望方起,又遇可与有为之主,推奖以尽其用,则亿而中、为而成^②,心无顾恤而目空天下,可为也,则为也,于是而功名赫然表见于当世;曾不知其时迁世易,智尽才枯,而富贵已盈,子孙相累,暗为销谢,茶然一翁妪之姝暖^③,则诛夷已及,既不能奋起以蹈仁,复不能引身而避祸,昔之所为英豪自命者安往哉?此志士之所深悲,而君子则早知其衰气先乘,莫能自胜也。

【注释】

①猥末:琐屑卑微。局踏(jí):拘束的样子。

②亿:臆测,预料。

③姝暖:柔顺的样子。

【译文】

有些人通过才干来彰显自己,靠智慧领先别人,立下了功劳,名声显著,所作所为也近于中正;等到大局已定,时过境迁,却变得琐屑卑微、拘束局促,没办法树立名节,也难以保全自身。则汉代的朱儁、皇甫嵩,隋朝的高颎、贺若弼都是如此。唉! 如果一个士人没有卓然自立的志向来辅助自己的胆气,而俸禄、爵位、子孙这些因素都交杂在一起,萦绕在他脑海中,则即使是朱儁与皇甫嵩这样秉持正道以匡扶乱世的人,也尚且会受困于董卓而不能舍生取义,何况是高颎与贺若弼呢? 当他们在盛时,其智慧足以预料事情的发展,其才干足以克服险阻,年富力强,名声威望正在渐渐上升,又遇到能够使自己有所作为的君主,受到君主的推崇和奖励来施展自己的才干,则料事能中、做事能成,心无旁骛而目空天下,能做的事情就去做,于是能够在当世建立显赫的功名。却不曾料想随着时间的流逝、时势的变化,智慧和力量都已经穷尽,而富贵也达到了极点;有子孙后代的拖累,已然暗自衰败,就像疲倦的老翁老妇人一样柔和顺从。则当杀身之祸降临的时候,既不能奋起为仁义现身,也不再能抽身而去以求避祸,昔日那股自诩为英豪的气势这时到哪里去了呢? 这是志士所深感悲痛惋惜的,而君子则早就发现了其衰败气象,没办法自己加以克服。

　　杨广之弑君父,杀兄弟,骄淫无度,其不可辅而不相容,涂之人知之矣。颎之料敌也,目悬于千里而心喻若咫尺,弼轻杨素、韩擒虎而自诩以大将①,夫岂不能知此,而遂无以处此者? 乃不能知也,不能处也。嚅嗫于李懿、何稠佞幸之侧②,以讦广之失,其所指摘而重叹之者,又非广之大恶必致败亡者也;征散乐而已,厚遇启民可汗而已③。舍其大,讦其小,进不能抒其忠愤,退不能守以缄默,骈首以就狂夫之刃。悲哉! 曾颎与弼之铮铮,而仅与王胄、薛道衡雕虫之腐士同膏铁锧乎④? 其愚不可警,其懦不可扶,还令颎与弼自问于十年之前而岂屑尔哉？高堂曲榭，金玉纨绮，老妻弱子，系累相婴，销耗其丈夫之气，则虽有忧世之心，徒喁喁啧啧于匪人之侧，祸之已及，则瘝死屠门⑤，如在胎之羔豰矣。故曰："血气既衰，戒之在得⑥。"血气之刚，足以犯难而立功者，岂足恃哉？儶与嵩扶义以行，且不能保于既衰之后，况二子之区区者乎？衰矣而不替其盈，唯方刚而豫谨其度，制其心于田庐妻子之中，身轻而志不靡，则迨其老也，伏枥不忘千里之心，以皦皦垂光于白日⑦，而亦奚至此哉！君子者，非以英豪自见者也，然于道义名节之中自居于大矣。年弥逝而气弥昌，非颖与弼之所与也，然观于颖与弼而益知所戒已。

【注释】

①韩擒虎（538—592）：原名豹，字子通，河南东垣（今河南新安东）人。隋朝名将。初仕北周，历任新安太守，永、和二州刺史，数挫陈军。入隋，文帝因其有文武才用，"夙著声名"，拜为庐州总管。开皇九年（589），为伐陈先锋，率五百人渡江至采石，自南路直取建康，俘虏陈后主。进位上柱国。因有司弹劾其放纵士卒，未能加爵。传见《隋书·韩擒虎列传》。

②李懿、何稠：隋朝官员，当时分别任太常丞、太府卿。

③启民可汗（？—609）：亦称突利可汗，姓阿史那氏，名染干，阴山（今内蒙古中部）人。东突厥可汗，沙钵略可汗之子（一说莫何可汗之子），都蓝可汗之弟。仁寿元年（601），隋派杨素协助启民北征，启民成为东突厥大可汗。不久，铁勒十余部背达头归启民，达头逃吐谷浑不知所终，启民收其余众，并统领东方之奚、霫、室韦等，臣服于隋。大业三年（607），启民可汗南下榆林朝见隋炀帝。大业五年（609）启民再往东都洛阳朝见炀帝，同年去世。传

见《隋书·北狄列传》。

④王胄、薛道衡:隋朝著名诗人。隋炀帝自诩擅长文学创作,两人均因在隋炀帝面前展露才华、使隋炀帝感到嫉妒和难堪而被杀。

⑤瘖(yīn):同"喑",哑。

⑥血气既衰,戒之在得:语出《论语·季氏》:"及其老也,血气既衰,戒之在得。"意思是,等到老年,血气已经衰弱了,要戒除贪得无厌。

⑦皦皦:明亮洁白。

【译文】

杨广弑君父,杀兄弟,骄奢淫逸无度,他这样的人不值得辅佐,他也容不得元勋功臣,这是路人皆知的事情。高颎料敌如神,远在千里之外就能判断清楚敌军动向,好像对方近在咫尺一样;贺若弼轻视杨素、韩擒虎而自诩为大将,他们难道不能看到杨广的真面目,没有办法应对这种局面吗? 可是他们却无法看清,也无法应对。他们在李懿、何稠这些佞幸之臣的身边嘀嘀咕咕,攻击杨广的过失,可是他们所指出并为之深深叹息的,又并非杨广那些足以导致败亡的大过错,不过是征召散乐艺人罢了,不过是厚待突厥启民可汗罢了。他们舍弃杨广的大过而攻击他的小错,进不能抒发自己的忠愤之情,退不能保持缄默,于是双双引颈就戮。悲哀啊,以高颎、贺若弼的赫赫声名,居然沦落到与王胄、薛道衡这样从事雕虫小技的人一同被杀的境地? 其愚蠢不可救药,其懦弱不可匡扶。假如让十年前的高颎、贺若弼扪心自问,他们怎么会屑于这样去死呢? 高大的房屋,曲折的台榭,黄金美玉,绫罗绸缎,老妻弱子,这些束缚羁绊消耗了他们的丈夫之气,则他们即使有忧国忧民之心,也只能在心怀叵测之人旁边嘀嘀咕咕;等到大祸临头的时候,则就像还在母胎里的羊羔一样,悄无声息地死在屠夫的肉铺里。所以说:"等到老年,血气已经衰弱了,要戒除贪得无厌。"血气之勇,足以使人克服困难而立下功勋,但怎么能一直凭恃呢? 朱儁与皇甫嵩坚持道义而行事,尚且不能在衰老以后保全自己，何况是区区的高颎、贺若弼呢？要想在衰老时不失去富贵，那就唯有保持方正刚直，谨慎行事，把握分寸，不醉心于田庐、妻子，一身轻松，志气不颓败。这样等到年老时，就能做到老骥伏枥志在千里，以自己的贞洁和日月争光，而又怎么会落到这种地步呢！君子并不是凭借英雄豪气彰显自我，而是能在道义名节上保全自己的高大形象。年岁越大，气节越高尚，这不是高颎、贺若弼所能做到的，但看到他们的悲剧，可以使人更加明白自己所应该警戒的事物。

三　高丽知惧隋文攻之不克

高丽①，弱国也，隋文攻之而不克，逆广复攻之而大败，其后唐太宗征之而丧师。广虽不道，来护儿、宇文述虽非制胜之将②，而北摧突厥、吐谷浑之强③，南渡海俘杀流求④，则空国大举以加高丽，亦有摧枯拉朽之势焉；况唐太宗以英武之姿，席全盛之天下，节制兴兵以加蕞尔之小邦；然而终不可胜者，非隋、唐之不克，而丽人之守固也。隋方灭陈，高丽闻之而惧，九年而隋文始伐之，二十二年而广复伐之，则前此者，皆固结人心、择将练兵、积刍粮、修械具之日也，故不可克也。何以知其然邪？陈非高丽之与国，恃之以相援而固圉者；乃闻陈亡而惧，惧于九年之前，机发于九年之后，效著于二十二年之余，而施及于五十余年之久，其君臣之惧以终始，则能抗强大以保邦也，不亦宜乎？

【注释】

①高丽：即高句丽。相传朱蒙所建，都平壤。故地在今朝鲜半岛北部。

②来护儿(?—618)：字崇善，江都（今江苏扬州）人。隋朝名将。早年投奔隋军，参与平定陈朝以及江南叛乱，累功至上开府、大将军。大业年间进拜右翊卫大将军，以行军总管之职三次随征高句丽，平定杨玄感叛乱。后随隋炀帝巡幸江都，大业十四年(618)江都兵变，隋炀帝遇弑，来护儿一同遇害。传见《隋书·来护儿列传》。宇文述(547—617)：本姓破野头，字伯通，代郡武川（今内蒙古武川）人。隋朝名将。骁勇善战，熟习弓马，初仕北周，封濮阳郡公，击破尉迟迥叛乱，拜上柱国，封襄国公。隋文帝即位后，拜右卫大将军，参与隋灭陈之战，平定萧瓛叛乱，协助晋王杨广夺位。隋炀帝即位，参预朝政，授左卫大将军，封许国公、开府仪同三司，灭亡吐谷浑，平定杨玄感叛乱。大业十三年(617)卒于江都。传见《隋书·宇文述列传》。

③吐谷浑：亦作吐浑。原为鲜卑的一支，游牧于今辽宁凌海西北。西晋末，首领吐谷浑率众西迁至今甘肃、青海间，征服当地氐、羌部落，建立政权。

④流求：即台湾。汉魏时称东鳀(tí)、夷州，隋时始称流求，一直沿用至宋、元。

【译文】

高丽是弱国，但隋文帝进攻高丽却无法攻克，杨广再次进攻还是遭遇大败，其后唐太宗征伐高丽也损兵折将。杨广虽然无道，来护儿、宇文述虽并非总能克敌制胜的将领，但隋朝向北击败了突厥、吐谷浑这样的强敌，向南渡海消灭了流求国，则再出动倾国之兵，大举进攻高丽，也有摧枯拉朽的态势。何况唐太宗是以英武之姿，倚仗全盛的天下，统率精兵强将进攻小小的弱国。但最终却都没能取胜，这并非因为隋、唐不能克敌制胜，而是因为高丽人的防守实在坚固。隋刚灭陈，高丽得到消息后就感到很恐惧。之后过了九年，隋文帝才出兵讨伐高丽，二十二年后杨广才再次征伐高丽，则在此之前，都是高丽凝聚人心、选择合适的将领、操练士兵、储存粮草、修整军事器械和防御工事的时间,所以才变得不可攻克。何以知道事情是如此呢? 陈国与高丽并非盟国,彼此间并不能相互依靠来巩固自身的防守,可是高丽听说陈朝被灭亡后就感到恐惧。这种恐惧早在遭到隋文帝攻击的九年之前就开始了,它带来的效果在九年之后显现出来,在二十二年之后更为显著,一直延续到五十多年以后,高丽君臣始终感到恐惧忧患,因此能够抵抗强大的敌军而保全自己的国家。这难道不是理所应当的吗?

《易》曰:"其亡其亡,系于苞桑①。"孰系之? 能惧之心系之也。夫既有其国,即有其民,山川城郭米粟甲兵皆可给也。尊俎之谋臣,折冲之勇士,役意以求,激奖以进,抑不患其无才,不知惧者莫与系之耳。蜀汉亡,而孙皓不惧;高纬亡,而叔宝不惧;孟昶亡,而李煜不惧;迨及兵之已加,则惴惴然而莫知所应,旁皇四顾,无所谓苞桑矣。朽索枯桩,虽系之,其将何济焉? 虽然,惧者,自惧也,非惧人也。智者警于心以自强,愚者夺其魄以自乱,突厥之震慑,而降服争媚以交攻,抑不如其无惧也。谯周畏魏而挠姜维之守,蜀汉以亡,亦惧者也;宋高畏女直而忍称臣之辱,大雠不雪,亦惧者也;惧而忘其苞桑,与不惧者均,闻丽人之已事,尚知愧夫!

【注释】

①其亡其亡,系于苞桑:语出《周易·否卦》爻辞:"九五,休否,大人吉。其亡其亡,系于苞桑。"意思是有戒惧危亡之心,便有像物体系在桑树根上那样稳固的态势。苞桑,桑树根。

【译文】

《周易》中说:"有戒惧危亡之心,便有像物体系在桑树根上那样稳固的态势。"靠什么来维系呢？靠着懂得戒惧的心来维系。统治者拥有国家，自然就拥有百姓，那么山川、城郭、粮食、甲兵都可以得到保障。出谋划策的谋臣，冲锋陷阵的勇士，只要留意搜求这些人才，奖励他们以激起他们的报效之情，就不必担心没有人才可用，不懂得戒惧的人则不会去这样做。蜀汉灭亡了，而孙皓却不感到恐惧；北齐的高纬亡国了，而南朝陈叔宝却不感到恐惧；后蜀孟昶亡国了，而南唐后主李煜却不感到恐惧。等到敌军兵临城下时，他们就惴惴不安、不知如何是好，彷徨四顾，自然也就无所谓可依赖的"苞桑"了。腐朽的绳子、干枯的树桩，即使系上了，又有什么用呢？虽然如此，所谓恐惧，是自己感到恐惧，而不是恐惧别人。智慧的人在心中保持警惕以使自己强大，愚蠢的人丧魂落魄而自行陷入混乱。突厥被隋朝所震慑，不仅降服隋朝，还争先谄媚隋朝、彼此相互攻击，那么这还不如不恐惧。谯周畏惧曹魏而阻挠姜维进行防守，蜀汉因此而灭亡，这也是恐惧引起的悲剧。宋高宗畏惧女直而忍受向金人称臣的屈辱，没办法报仇雪耻，也是恐惧引起的悲剧。因为恐惧而忘记了可依赖的"苞桑"，与不懂得恐惧是一样的。这些人听到高丽的往事，尚且知道愧疚吗？

四　王薄等聚众攻剽

秦与隋虐民已亟，怨深盗起，天下鼎沸而以亡国，同也。然而有异焉者，胡亥高居逸乐于咸阳，销兵孤处，而陈胜、吴广起于江、淮，关中悬远，弗能急为控制，迨其开关出击，而六国之兵已集，势不便也。隋方有事于高丽，九军之众一百一十三万人连营渐进，首尾千余里，会于涿郡，而王薄拥众于长山[①]，刘霸道集党于平原[②]，张金称、高士达、窦建德群起于漳南、清河之间[③]，去涿数百里耳，平芜相属，曾无险隘之隔；此诸豪者，不顾百万之师逼临眉睫，而纠乌合之众，巽立于其旌麾相耀、金鼓相闻之地,则为寇于秦也易,而于隋也难。夫岂隋末诸豪之勇绝伦而智不测乎?迨观其后,亦如斯而已,而隋卒无如之何,听其自起自灭、旋灭旋起、以自毙于江都。且逆广非胡亥匹也,少长兵间,小有才而战屡克,使与群雄角逐于中原,未必其劣于群雄也,则隋末之起兵者尤难也。然而群雄之得逞志以无难者,无他,上察察以自聋,下师师以自容,所急在远而舍其近,睨盗贼为疥癣,而自倚其强,若是者,乘其所忽而回翔其间,进可以徼功,退固有余地以自藏,而又何慑焉?

【注释】

①王薄(?—622):齐郡邹平(今山东邹平)人。隋末农民起义军领袖。隋大业七年(611),王薄因兵役繁重,与同郡孟让以长白山为据点发动农民起义,自称"知世郎",作《无向辽东浪死歌》,号召农民参加起义军。山东农民纷纷响应。大业八年(612),起义军扩大至数万人,王薄率起义队伍转战于山东中部地区。唐武德二年(619),王薄率众投奔宇文化及,驻守聊城。窦建德攻聊城时,王薄开门引窦军擒宇文化及。同年降唐,被任命为齐州总管。武德五年(622)为仇家所杀。长山:今山东邹平东部和淄博市区西北部。其事散见于《新唐书·高祖本纪》等。

②刘霸道:本为平原(今山东平原)豪强,累世仕宦,倚仗家财集结宾客。大业七年(611),刘霸道发动起义,以负海带河、地形险阻的豆子航为根据地,聚众十余万人,号称"阿舅军"。其事见于《资治通鉴·隋纪五·炀皇帝上之下·大业七年》。

③张金称、高士达:隋末农民起义领袖,大业七年(611)在河北清河、漳南一带聚众起义。后被隋太仆卿杨义臣击败诛杀。漳南:

县名。在今河北故城东北。清河：县名。在今河北清河。

【译文】

秦朝与隋朝都非常暴虐，残害百姓，使百姓怨气深重，盗贼兴起，天下大乱，国家因此灭亡，这是相同的。然而两个朝代的情况也有不同之处：胡亥是在咸阳城中高高在上地安逸玩乐，销毁天下兵器而独据关中；而陈胜、吴广则在江、淮一带起事，关中因为与其相距遥远，无法立即予以控制，等到秦军开函谷关向东出击时，六国军队已经集结起来，形势就大为不利了。而隋朝当时正征伐高丽，九军将士有一百一十三万人之众，结成连营渐次进兵，首尾绵延千余里，在涿郡会合；而王薄率众人在长山起义，刘霸道在平原集结党羽作乱，张金称、高士达、窦建德一同从漳南、清河之间起事，离涿不过数百里罢了，中间都是平原，没有险要的关隘阻隔。这几位豪强，不顾朝廷百万军队的威胁迫在眉睫，而纠集乌合之众，傲立于旌旗飘扬、金鼓相闻的地方，则在秦朝做盗贼很容易，在隋朝却很难。难道是隋末的诸位豪杰勇力绝伦而智慧高深莫测吗？从后来的情况看，他们的才智也不过尔尔，而隋炀帝最终却对他们无可奈何，听任其自起自灭、旋灭旋起，自己最终死在了江都。况且杨广不是胡亥所能比拟的，他自小成长于军中，小有军事才能而屡次取得战争胜利，假如他与群雄在中原角逐，他未必会比群雄表现得拙劣。如此则隋末起兵的人处境尤为艰难。然而群雄最终都毫不费力地各据一方，这没有别的原因，这是因为隋炀帝自恃明察而装聋作哑；臣下规规矩矩，为保全自己而不敢进言。他们急于进攻远方的高丽而置近处的盗贼于不顾，倚仗自己强大而将盗贼看得无足轻重。在这种情况下，起义军乘着隋朝的轻敌大意而纵横驰骋，进可以建立功业，退也本来就有余地来保全自己，又有什么可忧患的呢？

虎之猛也，而制于猏；即且之毒也[①]，而困于蜗；其所轻也。故杨玄感、李密以公侯之裔，世领枢机，门生将吏半于朝右,金钱衣币富将敌国,而兵起两月,旋就诛夷,唯隋之忌之也夙而防之也深,一闻其反,全力以争生死,而山东诸寇起自草莱,不在独夫心目之中,夫且曰"以玄感之势倾天下而可如韩卢之搏兔,此区区者其如予何哉!"故群雄败可以自存,而连兵不解,卒无如之何也。高颎、贺若弼而既诛夷矣,正逆广骄语太平、鞭笞六宇之日也②,群雄不于此而兴,尚奚待哉?于是而王薄等之起兵二年矣,仅有一张须陀者与战而胜③,逆广君臣直视不足畏而姑听之。然则诸起兵者,无汉高、项羽耳,藉有之,岂待唐公徐起太原,而后商辛自殪于牧野哉④?

【注释】

①即且:即蝍蛆。蜈蚣的别名。

②六宇:天地四方。

③张须陀(565—616):字果,弘农阌乡(今河南灵宝)人。隋朝将领。开皇十七年(597),从史万岁击西爨,以功授仪同。炀帝即位,随杨素击平汉王杨谅。农民起义爆发后被任命为河南道黜陟讨捕大使,率军平定数股农民军。大业十二年(616),兴兵攻打瓦岗军,兵败战死。传见《北史·节义列传》《隋书·诚节列传》。

④商辛:指商纣王,号帝辛。殪(yì):死。

【译文】

老虎非常凶猛,但对刺猬却无可奈何;蜈蚣毒性很大,却对付不了蜗牛。这是因为刺猬和蜗牛是他们所轻视的对象。所以杨玄感、李密作为公侯后裔,世代掌管朝廷大政,门生故吏布满半个朝廷,家中资财富可敌国,但起兵不到两月,就迅速遭到剿灭,这是因为隋朝对他们本来就深为顾忌,很早就防备他们,一听说他们造反,就使出全力与他们争生死。而山东诸贼寇起自草莽,隋炀帝不把他们放在心上,而且还说"杨玄感眼看有要倾覆天下的态势,最终我们却像韩卢与兔子搏斗一样消灭了他,这些小小的毛贼又能把我怎么样呢!"所以群雄一时失败也可以保存力量,聚众不散,隋朝廷最终对他们无可奈何。高颎、贺若弼被杀,正是杨广骄傲地宣称太平、鞭笞天下的时候,群雄不在此时兴起,还要等到什么时候呢?于是王薄等人起兵两年有余,却仅有一个张须陀与他们作战并取得了胜利,杨广君臣完全认为起义军不值得畏惧而姑息放纵他们。如此则诸位起兵者中,不过是没有汉高祖、项羽这样的英雄罢了,假如有的话,怎么还要等到李渊在太原徐徐起兵,然后隋炀帝才像商纣王在牧野自取败亡一样毙命于江都呢?

至不仁而敛天下之怨,非所据而踞天位之尊,起而扑之,勿以前起者之败亡,疑其强不可拔也。杨玄感死,而隋旋以亡,大有为者,知此而已。

【译文】

隋炀帝至为不仁,招致天下人的怨恨,本不该继位却窃据天子之位,招致群雄起兵讨伐。不要因为之前起兵的人遭遇败亡,就怀疑其强大而不可战胜。杨玄感死后,隋朝也迅速灭亡,想要大有作为的人,懂得这个道理就可以了。

五　大业之乱

圣人之大宝曰位,非但承天以理民之谓也,天下之民,非恃此而无以生,圣人之所甚贵者,民之生也,故曰大宝也。秦之乱,天下蜂起,三国之乱,群雄相角,而杀戮之惨不剧,掠夺之害不滋,唯王莽之世,隋氏之亡,民自相杀而不已。

王莽之末,赤眉、尤来、铜马诸贼遍于东方,延于西陇,北极赵、魏,南迤江、淮,而无有觊觎天步僭名号以自雄者。赤眉将败,乃拥刘盆子以盗名,而盆子不自以为君,贼众亦不以盆子为君也。大业之乱,自王薄、张金称,起于淄、济,窦建德、刘元进、朱燮、管崇、杜伏威、刘苗王、王德仁、孟让、王须拔、魏刀儿、李子通、翟让①,攘臂相仍,凡六年矣,无有以帝王自号者。其尤妖狂者,则有知世郎、历山飞、漫天王、迦楼罗王之号②。非徒无定天下之心,而抑无草窃割据之志;非徒不为四海所推奉,而抑不欲为其类之雄长。于是而淫掠屠割,举山东、河北、淮左、关右之民,互相吞龁,而愿弱者缩伏以枕藉,流血于郊原。其惨也,较王莽之末而加甚焉。至大业十二年③,而后林士弘始称帝于江南④,窦建德、李密踵之,自命为王公,署官僚,置守令。虽胥盗也,民且依之以延喘息。而抒采既刘⑤,萌蘖稍息⑥,唐乃起而收之,人始知得主之为安,而天下以渐而定矣。

【注释】

①刘元进、朱燮、管崇:皆为隋末江南农民起义首领。大业九年(613),余杭人刘元进率众响应杨玄感反隋,拥众数万,旋即被吴郡人朱燮、晋陵人管崇推为天子,进据吴郡,置百官,朱燮、管崇均为仆射。后隋炀帝命王世充发淮南兵攻刘元进,三人均被杀。刘苗王:离石(今山西离石)人。少数民族首领。大业十年(614)举兵造反,自称天子。王德仁:大业十年(614)聚众数万,于林虑山为盗。孟让:齐郡(今山东济南)人。大业九年(613)起义,与王薄联合,攻占长白山,转战山东诸郡。后为隋军所败。王须

拔:上谷(今河北易县)人。大业十一年(615)起兵反隋,拥众十余万,自称漫天王。后攻幽州,中流矢身亡(一说为王世充所败,亡归突厥)。魏刀儿:上谷(今河北易县)人。大业十一年(615)随王须拔起义,自称历山飞。后为窦建德所杀。李子通:东海丞(今山东枣庄)人。初入长白山起义军左才相部,不久有众万人。后率部与杜伏威合兵。大业十一年(615)称楚王。终为杜伏威所败。

②知世郎、历山飞、漫天王、迦楼罗王:分别为隋末农民起义首领王薄、魏刀儿、王须拔、朱粲的绰号。

③大业十二年:公元616年。

④林士弘(? —622):饶州鄱阳(今江西鄱阳)人。隋末南方农民起义军领袖。为人豪迈爽直,好武功,通谋略。大业十二年(616),林士弘随同乡操师乞率众起义,任大将军,攻占豫章郡。操师乞战死后,林士弘继领其众,众至十余万。初称南越王,后称帝,国号楚,定都豫章,年号太平。一度据有北起九江、南达番禺的广大地区。武德五年(622)战败投降唐朝,后又退守安成山洞,不久病死。传见新、旧《唐书·林士弘列传》。

⑤捋(luō)采既刘:语本《诗经·大雅·桑柔》:“菀彼桑柔,其下侯旬,捋采其刘,瘼此下民。”意思是桑叶被采尽,枝干变秃。

⑥萌蘖:植物长出新芽,比喻事物的开端。

【译文】

圣人把天子之位称作大宝,这不但是指天子秉承上天意志治理百姓,天下民众不依靠天子就无法生存下去,还指圣人将百姓的生存看作极为重要的事,所以称天子之位为大宝。秦末大乱,天下豪杰蜂拥而起。三国之乱时,群雄相互角力,而杀戮的灾难并不惨烈,也较少滋生掠夺之害。唯独在王莽时代和隋朝灭亡之际,百姓相互残杀不已。王莽末期,赤眉、尤来、铜马等盗贼遍布东方,向西绵延到龙溪一带,最北到赵、魏故地，向南则到江、淮一带，而其中并没有觊觎天子之位、僭称天子名号来称雄的人。赤眉快要败亡的时候，才拥戴刘盆子为帝以盗名，而刘盆子不把自己当作君王，赤眉军也不把刘盆子当作自己真正的君王。隋末大乱中，自王薄、张金称起兵于山东淄河、济河流域，窦建德、刘元进、朱粲、管崇、杜伏威、刘苗王、王德仁、孟让、王须拔、魏刀儿、李子通、翟让等相继起事，经过六年，没有自称帝王的。其中尤为妖邪狂妄的，则有知世郎、历山飞、漫天王、迦楼罗王等名号。他们不仅没有安定天下之心，而且也没有窃取名义、割据一方的志向；不仅不被四海之人所推奉，而且自身也不愿做同类中的领袖和强者。于是他们四处奸淫掳掠，整个山东、河北、淮北、关东地区的百姓互相吞噬，而老弱者的尸体纵横相枕，平原郊野上流血遍地。其惨烈状况，比王莽末期还要严重。到了大业十二年，林士弘才首先在江南称帝，窦建德、李密随后也效仿其做法，自命为王公，任命官僚，设置地方官员。虽然本质上都是盗贼，但百姓得以暂且依附他们以苟延残喘。而其后主要盗贼势力被消灭干净，新生的盗贼力量萌芽不够快，唐朝又起来收服了天下，人们才得以重新懂得有天子的好处，而天下也逐渐安定下来。

夫盗也，而称帝王，悖乱之尤，名实之舛甚矣，然而虚拥其名，尚不如其无名也。既曰帝矣，曰王矣，为之副者，曰将相矣，曰牧守矣，即残忍颠越，鄙秽足乎诃笑，然且曰此吾民也，固不如公然以蛇豕自居、唯其突而唯其螫也。故位也者，名也，虽圣人有元后父母之实，而天下之尊之以位者，亦名而已。君天下而天下保之，君天下而思保其天下，盗窃者闻风而强效焉，则名位之以敛束暴人之虔刘，而翕合离散之余民者，又岂不重哉？宝也者，保也，人之所自保也。天下有道，保以其德；天下无道，保以其名；故陈胜起而六王立，汉室沦而孙、曹僭，祸且为之衰减。人不可一日而无君，天佑下民，作之君，作之师，伪者愈于无，况崛起于厌乱之余以乂安四海者哉[①]！

【注释】

①乂安：安定，平定。

【译文】

身为盗贼而自称帝王，这是非常悖乱荒谬的事情，名与实之间的差距实在太大。然而虚拥帝王之名，终究与完全没有帝王之名不同。既然自称帝王，则他们的部下则称将相、称牧守，即使他们再残忍悖乱，粗鄙愚蠢得足以令人发笑，但他们尚且还会把民众当作自己的子民，不会公然以毒蛇、野猪自居，不会像野猪一样撞人、像毒蛇一样咬人。所以天子之位，是名号，即使是圣人当真有作为百姓君王父母的实际身份，而天下推崇他为帝王，也不过是名义而已。君临天下而天下人都拥护他，君临天下而想着保护天下子民，则盗窃名义者也会闻风效仿。如此则名位足以约束暴虐之人的行动，使其有所收敛，使天下离散的残存百姓得以重聚，又怎会不重要呢？所谓"宝"，就是保，是指人的自我保护。天下有道，则用德行来自保；天下无道，则用名位来自保。所以陈胜起义而六国之王纷纷复立，汉王室沦丧而孙权、曹操僭称帝号，灾祸尚且有所减弱。人不可以一天没有君王，上天护佑下界的民众，为他们设置了君王，设置了师长，即使是假冒的也比没有强，何况是崛起于天下厌恶战乱之时、目的是为了安定天下局势呢？

六　李渊以纵酒纳贿自晦

忌天下之强，而奖之以弱，则以自弱而丧其天下，赵宋是已。然弱者，暴之反也，故外侮不可御，而内不失民也。

忌天下之贤，而驱之不肖，于是而毒流天下，则身戮国亡，不能一朝居矣。逆广之杀高颎、贺若弼也，畏其贤也；薛道衡、王胄、祖君彦一词章吟咏之长耳①，且或死或废，而无以自容，非以天子而求胜于一夫也，谓贤者之可轧己以夺己，而不肖者人望所不归，无如己何也。故虞世基、宇文述、裴矩、高德儒之猥贱②，则委之腹心而不疑；乃至王世充之凶顽，亦任之以土地甲兵之重；无他，以其耽淫嗜利为物之所甚贱，而无与戴之者也。唐高祖以才望见忌，几于见杀，乃纵酒纳贿，托于污行，则重任之使守太原，以为崛起之资。夫人君即昧于贤不肖之分，为小人之所挠乱，抑必伪为节制之容，饰以贞廉之迹，而后可以欺昏昏者以雠其奸；未有以纵酒纳贿而推诚委之者，此岂徒逆广之迷乱哉？自隋文以来，欲销天下之才智，毁天下之廉隅，利百姓之怨大臣以偷固其位者，非一朝一夕之故矣。

【注释】

① 祖君彦（？—618）：范阳遒（今河北涞水）人。容貌短小，博闻强记，擅长写作文章。曾被薛道衡推荐给隋炀帝，但隋炀帝忌妒其才能，未予任用。后来成为李密部下记室，负责草拟军书羽檄。李密战败后，为王世充所杀。传见《隋书·文学列传》《新唐书·祖君彦列传》。

② 虞世基、宇文述、裴矩、高德儒：皆为隋炀帝亲近信任的大臣。虞世基（？—618），字懋（一说"茂"）世，小字播郎，会稽余姚（今浙江余姚）人。隋朝大臣。博学多才，兼善草隶。初仕陈，官至尚书左丞。入隋，拜内史舍人。炀帝重其才，迁内史侍郎。与苏

威、宇文述等参掌朝政。传见《隋书·虞世基列传》《北史·虞世基列传》。裴矩(? —627),字弘大,河东闻喜(今山西闻喜)人。北周时,参相府记室事。入隋,为给事郎。曾参与攻陈,与高颎收陈图籍。大业年间,与苏威、宇文述、虞世基等人一同掌握朝政。降唐后仍受推崇。《隋书》与新、旧《唐书》皆有传。高德儒,炀帝时为亲卫校尉。曾看见孔雀,自称为鸾,奏报祥瑞于隋炀帝。大业十三年(617)李渊起兵,李世民攻克西河后,历数其罪,将其诛杀。其事散见于《新唐书·太宗本纪》《资治通鉴·隋纪》等。

【译文】

　　顾忌天下人的强大,而设法诱导鼓励其变弱,最终因为弱化了自身而丧失了天下,宋朝就是如此。然而弱是暴虐的反面,所以宋朝虽然无法抵御外侮,对内却并未失去民心。国君顾忌天下的贤才而驱赶他们、试图使其变得无能,于是毒害流播天下,自己身死、国家灭亡,得不到一天的安宁。杨广诛杀高颎、贺若弼就是如此。他畏惧他们的贤能。薛道衡、王胄、祖君彦不过有一点辞章吟咏的特长罢了,尚且或被处死、或被废黜,没办法在朝廷容身,并不是隋炀帝因为是天子所以就必定要胜过任何一个人,而是因为他觉得贤能的人可能反对自己并夺取皇位,而不肖的人不像他们一样众望所归,所以对自己构不成威胁。所以虞世基、宇文述、裴矩、高德儒这样猥琐卑贱的人,都被杨广当作心腹而不加怀疑;甚至像王世充这样凶残顽劣的人,杨广也对他委以重任,让他统管土地和兵马。这没有其他的原因,只是因为这些人沉溺于享乐、贪图私利,被世人瞧不起,因此没有拥戴他们的人。唐高祖因为才能和声望而被忌恨,几乎被杀,于是纵酒行贿,假装做出各种污秽之举,于是得以被委以守卫太原的重任,为后来崛起奠定了根基。作为君王,即使分辨不清贤能和不肖之徒,被小人所阻挠扰乱,也必定要假装有所节制,用忠贞廉洁的行迹掩饰自己,然后才可以欺骗糊涂的人来达到自己的目的。从没有君王会因为一个人纵酒行贿而诚信委任他的,这难道仅仅是因为杨广昏庸糊涂吗?自从隋文帝以来,隋朝君主就想消除天下的才智之士,毁掉天下人的操守,利用百姓怨恨大臣的情绪来帮助自己坐稳皇位,这并非一朝一夕的缘故。

　　呜呼!为人君者,唯恐人之修洁自好,竭才以用,择其不肖而后任之,则生民之荼毒,尚忍言乎?以宇文化及之愚劣①,可推刃以相向,夫岂待贤于己者而后可以亡己哉?祇以贼天下,使父子离而为涂莩。故天下之恶,莫有甚于恶天下之贤而喜其不肖者也。天子以之不保天下,士庶人以之不保其身,斩宗灭祀、鬼祸不解者,皆此念为之也,可不畏哉!

【注释】

①宇文化及(?—619):代郡武川(今内蒙古武川西)人。北周左翊卫大将军宇文述之子。杨广为晋王时,宇文述曾参与策划拥立杨广为太子,炀帝即位后,对宇文化及等倍加信赖。农民起义爆发后,宇文化及随炀帝到江都,大业十四年(618)策划禁卫军兵变,弑杀隋炀帝。后率军北归,被李密击败,退走魏县,自立为帝,国号"许",年号"天寿"。次年被窦建德击败擒杀。传见《隋书·宇文化及列传》。

【译文】

　　唉!作为君王,唯恐别人修养自身、洁身自好,不想着人尽其才,却偏要选择不肖之徒加以任用,则百姓遭受荼毒的惨状,还能使人忍心讲吗?以宇文化及的愚蠢卑劣,尚且可以弑杀隋炀帝,又何必非等到比杨广更贤能的人才会使其灭亡呢?最终只会祸害天下,使得父子离散,双双成为路边的死尸。所以天下之恶,没有比厌恶天下的贤才而乐于看到不肖之徒更恶劣的了。天子因此不能够保住自己的天下,普通人因此不能保全自身,宗庙社稷断绝,隐秘不测的灾祸无法消除,都是这一念头造成的,能不令人感到畏惧吗?

七　广聚谷黎阳雒口诸仓

语曰:“明君贵五谷而贱珠玉。”五谷之所以贵者,不可不务白也,迷其所以贵,而挟之以为贵,则违天殃人而祸必及身。所以贵者何也? 人待之以生也。匹夫匹妇以之生,而天子以生天下之人,故贵;若其不以生天下之人而奚贵焉? 积则不可以约为藏,藏则易以腐败而不可久,不能如珠玉之韫千金于一椟[1],数百年而缄之如新也。故聚之则不如珠玉远矣,散之则以生天下而贵莫甚焉。《传》曰:“财聚则民散,财散则民聚[2]。”谓五谷也。若夫钱布金银之聚散,犹非民之甚急者也。聚钱布金银于上者,其民贫,其国危;聚五谷于上者,其民死,其国速亡。天之生之也,不择地则散,而敛之以聚,是违天也;人之需之也,不终日以俟,而积之以久,是殃民也;故天下之恶,至于聚谷以居利而极矣。

【注释】

①韫:包含,积蕴。

②“《传》曰”几句:财聚则民散,财散则民聚,语出《礼记·大学》:“是故财聚则民散,财散则民聚。”意思是君王聚财敛货,民心就会失散;君王散财于民,民心就会聚在一起。

【译文】

常言说："明君看重五谷而轻视珠玉。"五谷之所以贵重，这是不能不说清楚的。如果对于五谷贵重感到迷惑，而只是将其贵重当作资本，那么就必定会违背天意、祸害民众，最终会殃及自身。五谷为什么贵重呢？因为人们要靠五谷来活下去。普通百姓要靠食用五谷为生，天子要靠五谷来养活天下之人，所以五谷贵重。如果五谷不能使天下人维持生存，又怎会贵重呢？那五谷本身就不适合作为储藏物。储藏的五谷容易腐败，没办法长久储存，不能像玉那样价值千金却只需要一个木盒来容纳，即使经过数百年依然像新的一样。所以积聚粮食远远比不上积聚珠玉。如果将粮食分散给天下，养活百姓，那就没有比粮食更贵重的了。《传》中说："君王聚财敛货，民心就会失散；君王散财于民，民心就会聚在一起。"这说的是五谷。至于钱币、布匹、金银的聚散，则不是百姓所急迫需求的。如果统治者聚敛钱币、布匹、金银，百姓就会变得贫困，国家就会变得危险；如果统治者聚集五谷，百姓就会死亡，国家就会迅速灭亡。上天让五谷生长，不选择一个集中的区域而是分散在各地，统治者将五谷聚敛在一起，就是违背了天意；百姓需要五谷来生存，不能一天没有，而统治者却要长期储存粮食，这是祸害百姓。所以天下之恶，到了聚敛五谷以求利就算到了极致了。

为国计者曰："九年耕，必有三年之蓄。"此谓诸侯有百里之封，当水旱而告籴于邻国，一或不应，而民以馁死，故导民以盖藏，使各处有余以待匮也。四海一王，舟车衔尾以相济，而敛民之粟，积之窖窌①，郁为麹尘②，化为蛾蚁，使三旬九食者茹草木而咽糠秕③，睨高廪大庾以馁死④，非至不仁，其忍为此哉？

【注释】

①窖窌(jiào)：收藏东西的地洞。窌，地窖。

②麹尘：酒曲上所生的菌。这里指发霉后产生的霉菌。

③三旬九食：三十天中只能吃九顿饭。形容家境贫困。

④高廪大庾：高大的粮仓。廪，粮仓。庾，露天的谷仓。

【译文】

　　筹划国家大计的人说："耕种九年，必定要有足以应付三年之需的粮食储备。"这是针对古时候诸侯国方圆只有百里的情况而言的。一旦遇到水旱灾害，向别国请求购买粮食，别国不答应，百姓就会饿死，所以要引导百姓储存粮食，以备粮食匮乏时使用。在四海之内只有一位君王的情况下，发生灾荒完全可以用舟车源源不断地从别处运送粮食以救济，却要从百姓手中征收粮食，将其储藏在仓库中，使其发霉腐烂，化作蛾子蚂蚁的食物，使那些家境困难的百姓只能吃树皮和糠秕度日，眼看着高大的粮仓而饿死。如果不是至为不仁，怎么忍心这样做呢？

　　隋之毒民亟矣，而其殃民以取灭亡者，仅以两都六军宫官匠胥之仰给，为数十年之计，置雒口、兴雒、回雒、黎阳、永丰诸仓，敛天下之口食，贮之无用之地，于是粟穷于比屋，一遇凶年，则流亡殍死，而盗以之亟起，虽死而不恤，旋扑旋兴，不亡隋而不止。其究也，所敛而积者，祇为李密聚众、唐公得民之资，不亦愚乎？隋之富，汉、唐之盛未之逮也，逆广北出塞以骄突厥，东渡海以征高丽，离宫遍于天下，锦绮珠玉狼戾充盈①，给其穷奢，尚有赢余以供李密、唐公之抎散②，皆文帝周于攘聚之所积也。粟者财之本也，粟聚则财无不聚，召奢诲淫，皆此粟为之也。贵五谷者，如是以为贵，则何如无贵之为愈哉？

【注释】

①狼戾：散乱堆积。

②扮（huī）散：分散。

【译文】

隋朝毒害百姓太严重了，而其祸害民众、自取灭亡的行为中，仅为了供应东西两都军队、官吏、工匠差役们的口粮消耗，做几十年的长远打算，设置了雒口、兴雒、回雒、黎阳、永丰等多所仓库，将天下百姓的口粮征收上来，贮藏在无用之地。于是百姓家中粮食匮乏，一遇到灾年，百姓就流离失所、饥饿而死。盗贼因此迅速兴起，即使被杀头也源源不断，刚被扑灭就迅即再兴起，不灭亡隋朝就不停止。归根结底，隋朝从天下征收上来、积存起来的粮食，最终只充当了李密聚众、唐公得到民心的资本，这不也是很愚蠢吗？隋朝的富庶，以汉、唐的强盛也比不上。杨广北出边塞以向突厥炫耀国威，东渡渤海以征伐高丽，离宫遍布天下，锦绣绮罗、明珠宝玉将府库堆积满了，以满足炀帝的穷奢极欲，尚且有盈余来供李密、李渊分散给众人。这都是文帝苦心搜刮所积累的物资。粮食是财富的根本，粮食聚集则百物也随之聚集，招致炀帝奢侈淫逸的作风，都是源于这些积累的粮食。用这样的方式来"重视"五谷，则还不如不看重五谷呢！

天子有四海之赋，可不忧六军之匮；庶人有百亩之田，可不忧八口之饥。靳柏腹者之饔飧①，夺勤耕者之生计，居贱籴贵，徒以长子弟之骄奢，召怨家之盼望，何如珠玉者，非人之所待以生，而思夺之者之鲜也。上好之，下必甚焉。粟朽于仓，人殣于道，豪民逞，贫民毙，争夺兴，盗贼起，有国破国，有家亡家，愚惽不知，犹托之曰莫贵于五谷，悲夫！

【注释】

①枵（xiāo）腹：空腹，饥饿。枵，空居。饔飧（sūn）：饭食。飧，晚饭。

【译文】

天子拥有四海之内的赋税，就可以不必担忧军队粮食匮乏；庶人拥有百亩田地，就可以不必担心全家挨饿。从吃不饱饭的嗷嗷待哺者口中夺走粮食，夺去勤于耕作者的生计，用低价大量买进粮食，抬高了市场上的粮食价格，最终只会助长子弟的骄奢之情，招致心怀怨恨者的非分之想。粮食怎么比得上珠玉呢？珠玉不是人们维持生计必备的物资，想要抢夺珠玉的人是很少的。皇帝有所爱好，则下面的官员必定会变本加厉。粮食在仓库里腐朽，百姓在道路旁挨饿，豪强趁机横行，贫民则被饿死，争夺之风兴起，盗贼纷纷起兵，则有国破国，有家亡家。愚昧无知的人尚且把没有比五谷更珍贵的说法当作托词，真是悲哀啊！

八　唐高可行吊伐而伪托禅让

隋之得天下也逆，而杨广之逆弥甚，李氏虽为之臣，然其先世与杨氏并肩于宇文之廷，迫于势而臣隋，非其所乐推之主也，则递相为王，惩其不道而代兴，亦奚不可？且唐公幸全于猜忌而出守太原以避祸，未尝身执朝权，狐媚以欺孤寡，如司马之于魏、萧氏之于宋也。奉词伐罪，诛独夫以正大位，天下孰得而议其不臣？然其始起，犹托备突厥以募兵，诬王威、高君雅以反而杀之①，不能揭日月而行吊伐，何也？自曹氏篡汉以来，天下不知篡之为非，而以有所授受为得，上习为之，下习闻之，若非托伊、霍之权，不足以兴兵，非窃舜、禹之名，不足以据位，故以唐高父子伐暴君、平寇乱之本怀，而不能舍此以拔起。呜呼！机发于人而风成于世，气之动志，一动而不可止也如此夫！

【注释】

①诬王威、高君雅以反而杀之：王威、高君雅，隋朝将领。大业十二年(616)，隋炀帝派王威、高君雅同为太原副留守，监视李渊。次年，刘武周反隋，同年五月十五，开阳府司马刘政会前来呈给李渊密信，密信中说王威、高君雅勾结突厥谋反，李渊遂将二人收押。五月十七，突厥兵至太原城下，大家相信了王威、高君雅勾结突厥。李渊以此为借口，杀死了王威、高君雅。事见《新唐书·刘文静列传》《旧唐书·高祖本纪》。

【译文】

隋朝得天下的途径是不正当的，而杨广得天下的方式尤为大逆不道。李氏虽然身为隋朝臣子，但其先祖与杨氏并立于北周的朝堂之上，迫于形势而被迫向隋朝称臣，并不是出于心甘情愿地推举杨坚、杨广作自己的君主。则李氏取代杨氏而称帝，惩罚隋朝的不道而代之兴起，又怎么不可以呢？况且李渊在杨广猜忌之下侥幸脱身，出守太原以避祸，不曾亲身执掌朝廷大权，不曾如同司马氏对待曹魏、萧氏对待刘宋皇室一样，靠狐狸般的谄媚狡诈来欺负孤儿寡母。如此则李渊奉正词而伐有罪，诛杀独夫以正大位，天下有谁能指责他违背臣节呢？然而李渊在起兵之初，尚且要托词防备突厥以招募士兵，诬陷王威、高君雅谋反而诛杀他们，不能光明正大地吊民伐罪，这是为什么呢？自从曹氏篡夺汉朝江山以来，天下不知篡位是不正当的，而把禅让和受禅当作政权合法性的来源。上层习惯这套做法，下面的臣民也司空见惯，如果不依托如同伊尹、霍光一样的大权，就不足以兴兵；如果不是窃据舜、禹的名义，就不足以占据皇位。所以即使是像唐高祖父子这样以讨伐暴君、平定寇乱为本来目的的人，也不能不按照这一规则行事而直接发难。唉！许多做法由人开启其端，在世上形成风气，风气影响人们的心志，心志一动就不可止息，竟到了这样的地步！

自成汤以征诛有天下，而垂其绪于汉之灭秦；自曹丕伪受禅以篡天下，而垂及于宋之夺周。成汤秉大正而惧后世之口实，以其动之相仍不已也，而汉果起匹夫而为天子。若夫曹丕之篡，则王莽先之矣。莽速败而机动不止者六百余年，天下之势，一离一合，则三国之割裂始之，亦垂及于五代之瓜分而后止。金元之入窃也，沙陀及捩臬鸡先之也[①]，不一再传之割据耳，乃亘五百余年而不息，愈趋愈下，又恶知其所终哉？夫乘唐高之势，秉唐高之义，以行伐暴救民之事，唐高父子固有其心矣，而终莫能更弦改辙也，数未极也。非圣人之兴，则俟之天运之复，王莽、沙陀之区区者，乃以移数百年之气运而流不可止。自非圣人崛起，以至仁大义立千年之人极，何足以制其狂流哉？

【注释】

①捩(liè)臬鸡：石敬瑭的父亲。

【译文】

自从成汤依靠征伐暴君而拥有天下以来，其流风余绪一直持续到汉灭暴秦；自从曹丕假装受禅让而篡夺了天下，这种模式一直持续到北宋篡夺后周。成汤秉持正道而担心其做法成为后世起兵的口实，因为风气一旦影响心志，效果就会持续很久，而汉朝高祖果然以匹夫身份而登上了天子之位。至于曹丕篡汉，则王莽篡汉是其先导。王莽迅速败亡，而这种风气的影响却持续了六百多年。天下的形势一离一合，则是从三国割裂天下开始，一直延续到五代瓜分天下才结束。金、元入主中原、窃取皇位，是沙陀人以及石敬瑭之父捩臬鸡等人作为先导的，他们建立的政权不过是传不到两三代的割据政权罢了，但这一模式居然延续了五百多年而不停止。天下格局越来越糟糕，又哪里知道什么时候会终止呢？凭着唐高祖所处的形势，秉持唐高祖的大义，来做征伐暴君、拯救黎民的大事，唐高祖父子本来就是有这种志向的，却最终没能改变禅让、受禅的模式，这是因为隋朝天数未尽。如果不是圣人兴起，就必须要等到天命的循环往复。王莽、沙陀人这样不值一提的人物，却改变了数百年的气运，造成了不可止息的影响。如果不是有圣人崛起，依靠至仁大义来树立千年之中为人的准则，如何足以制止这种狂乱的风气呢？

九　刘文静劝用突厥

唐起兵而用突厥，故其后世师之，用回纥以诛安、史，用沙陀以破黄巢，而石敬瑭资契丹以篡夺，割燕、云，输岁币，疽病中国而自绝其胤；乃至宋人资女直以灭辽，资蒙古以灭金，卒尽沦中原于夷狄，祸相蔓延不可复止。夫唐高祖则已早知之矣，既已知之，而不能不用突厥者，防突厥为刘武周用以袭己于项背[①]，可与刘文静言者也；假突厥之名以恐喝河东、关中，而遥以震惊李密，则未可与刘文静言者也。乃所资于突厥者数百人，而曰"无所用多"，则已灼见非我族类者之不可使入躏中国以戕民而毁中外之防，故康鞘利仅以五百人至[②]，而高祖喜，其破长安，下河东，上陇以击薛仁杲[③]，出关以平王世充，皆不用也，则高祖岂疏于谋而不忧后患者？然而机一发而不可止，则大有为于天下者，一动一静之际，不容不谨，有如是哉！

【注释】

①刘武周(？—620)：河间景城(今河北交河)人。隋朝末年地方割

据群雄之一。初为马邑校尉,大业十三年(617)起兵反对隋朝,依附突厥部落,受封为定杨可汗。不久率军占据存有充足食粮和库绢的晋阳,攻陷河东大部地区,并大破裴寂、齐王李元吉所率唐军,直逼关中。武德三年(620)为秦王李世民所败,弃城北逃突厥,被突厥人杀害。传见新、旧《唐书·刘武周列传》。

②康鞘利仅以五百人至:康鞘利,突厥将领。义宁元年(617)六月,受始毕可汗之命出使太原,与李渊展开接洽。七月,率领五百骑兵、两千马匹作为援兵随刘文静来到李渊处。事见《资治通鉴·隋纪八·恭皇帝下·义宁元年》。

③薛仁杲(?—618):河东汾阴(今山西万荣)人。隋末唐初陇西割据军阀,西秦霸王薛举长子。身材魁梧雄壮,骁勇善战,号称"万人敌"。大业十三年(617)四月,随父薛举起兵,割据陇西之地。薛举称帝后,被册立为太子。武德元年(618)正式继位。与进攻陇西的唐军在浅水原展开大战,为秦王李世民所败,率军投降唐朝,后被押送长安斩首。其事散见于新、旧《唐书·高祖本纪》等。

【译文】

唐高祖起兵时利用了突厥的力量,所以唐代后世皇帝效仿其做法,利用回纥以平定安史之乱,利用沙陀人击破黄巢。而石敬瑭依靠契丹人的力量篡夺了后唐江山,割让燕、云十六州给契丹,每年向其输送岁币,给中国带来巨大灾难,也自己断绝了自己的血脉。以至于北宋君臣借助女真人灭辽,借助蒙古人灭金,最终使得中原沦丧于夷狄之手,祸害蔓延而无法停止。唐高祖对这种做法的危害早就知道了,既然已经知道,却仍不能不利用突厥的力量,是为了防止突厥为刘武周所用而从侧后方袭击自己,这是他能够告诉刘文静的意图;假借突厥之名以恐吓河东、关中,而震惊远处的李密,这一意图则是不能告诉刘文静的。可是他借用突厥人的军队不过数百人,而说"不需要借用太多",则已经清楚地看到，不能让非我族类者进入并蹂躏中原，从而戕害民众、毁坏中外之大防。所以康鞘利仅率五百人作为援兵到来，而唐高祖很高兴。后来李渊击破长安，攻下河东，进入甘肃以攻击薛仁杲，出关以平定王世充，都不利用突厥人的武装，则高祖岂是疏于谋略而不担忧祸患的人？然而弩机一旦触发就无法停止，则想要在天下大有作为的人，一动一静都不容得不谨慎，就像唐高祖这样啊！

勿恃势之盈而可不畏也，勿恃谋已密而可不虞也，勿恃用之者浅而祸不足以深也。矢之发也，脱于彀者毫末①，而相去以寻丈；三峡之漩，投以勺米而不息，则大舟沉焉；事会之变，不可知而不可狎，固若此也。能用突厥者高祖耳，不能用者相习而用之，无其慎重而贪其成功，又恶容辞千古祸媒之罪乎？若夫唐之用突厥而终未尝用者，则固难一二与庸人言也。

【注释】

①彀（gòu）：张满的弓。毫末：毫毛的末端。比喻极其细微。

【译文】

不要自恃自身态势居于满盈而认为危险不值得畏惧，不要自恃自己的谋略严密就可以不用担心意外，不要自恃自己利用和依赖夷狄的程度浅就认为祸害不会太深。发射箭矢时，在箭矢脱离弓箭时有细微的差距，射击的结果也会有数丈差距；三峡的漩涡，投入一勺米都会不停息地转动，而大船将会在此处沉没。事情的变化，无法预先知晓，也无法轻视疏忽，道理是一样的。能较好利用突厥的不过是唐高祖罢了，无法很好利用突厥的人习惯于效仿高祖的做法，不够慎重而又贪图成功，又哪里能够推卸千古以来灾害的传播者之罪名呢？至于唐朝名义上利用突厥却始终不曾实际利用过突厥的奥妙,则本来就很难向庸人透露和解释一二。

一〇　温大雅复李密殪商辛执子婴书[①]

言生乎心者也,成乎言而还生其心。繇心而生言,心之不贞,发于言而渐泄矣,其害浅;繇言而成事,繇事而心益以移,则言为贞邪之始几,而必成乎事,必荡其心,其害深;故曰:"生于其心,害于其政[②]。"卒然言之,以为可为而为之,未有不害于政者也。故君子之正天下,恒使之有所敬忌而不敢言。小人之无忌惮也,卒然言之,而祸不可戢也。

【注释】

①本节标题"温大雅复李密殪商辛执子婴书",似当作"李渊复李密殪商辛执子婴书"更合文意。温大雅是李渊之记室参军,秉李渊之意图回复李密之书,不过代笔而已,故正文中王夫之亦不曾提及温大雅。

②生于其心,害于其政:语出《孟子·公孙丑上》:"生于其心,害于其政;发于其政,害于其事。"意思是偏颇过激的言论从心里产生出来,会危害政治。

【译文】

言语产生于内心的思想,思想转化成语言,又反过来形成新的思想。由内心思想而产生言论,如果内心不够贞正纯洁,说出的话就会暴露这一点,这样的危害还比较浅。如果通过言语而做成某些事情,通过这些事情内心思想被进一步改变,那么言语就成了影响内心纯正或邪恶的缘由,而必定会影响事情的处理,必定会毒害人的内心,则其危害很深。所以说"偏颇过激的言论从心里产生出来,会危害政治"。突然说出某些言语，认为某些事情可以做了就去做，则没有不对政治产生危害的。所以君子匡正天下，总是使人们有所敬畏和顾忌，而不敢随便发言。小人无所忌惮，随意突然发表言论，而其造成的祸害就不可收拾了。

　　李密之与唐公，皆隋氏之世臣也，逆广虽不道，俱尝北面事之，未尝如嵇绍之于晋，有父母之雠也。逆广不可以君天下，密欲夺之，唐公欲夺之，一也。唐公起，明知掩耳盗铃之不足以欺天下，而必令曰："犯七庙及代王宗室者①，夷三族。"密则任祖君彦怨怼之私，昌言之曰："殪商辛于牧野，执子婴于咸阳。"于是而唐公得挟义以折之曰："所不忍言，未敢闻命。"呜呼！密与唐之兴丧，自此决矣。夫唐岂不以逆广为纣，而睨代王侑为怀玺面缚之子婴乎？然令其遽出诸口而有所不能也。其不能者何也？不敢与不忍也。非畏逆广与微弱之代王也，自畏其心之鬼神也。故人至于言之不怍，而后人无可如何矣；人无可如何，而鬼神之弗赦必矣。

【注释】

①代王：指代王杨侑（605—619）。弘农华阴（今陕西华阴）人，隋朝第三位皇帝。隋炀帝杨广之孙，元德太子杨昭第三子。初封陈王，后改封代王。隋炀帝亲征高句丽时，留守长安。大业十一年（615），被拜为太原太守，留镇京师。大业十三年（617）李渊攻入长安，拥立其为皇帝，年号义宁。义宁二年（618）被李渊废黜，降封酅国公，闲居长安。武德二年（619）去世。传见《隋书·恭帝纪》。

【译文】

李密与唐高祖，都是世代作为隋朝的臣子，杨广虽然不道，两人毕竟都曾作为臣子侍奉过他，不像西晋与嵇绍的关系那样，有杀害父母的仇恨。杨广不能做天下的君主，李密想要夺取其皇位，李渊也想夺取其皇位，目的是一样的。李渊起兵后，明知自己掩耳盗铃的做法不足以欺骗天下人，却仍然必定要下令："凡是敢于侵犯隋朝七庙及代王宗室亲属的人，诛灭三族。"李密则任由祖君彦发泄私人对杨广的怨恨，号召说："像武王在牧野战胜并杀死商辛那样杀死杨广，像项羽在咸阳抓捕子婴那样捉拿代王。"于是李渊得以趁机用大义来批驳李密说："你所说的话是我不忍心听的，所以我不敢从命。"唉！李密与唐朝的兴盛和衰亡，由此就已经决定了。唐高祖难道不把杨广当作商纣王，而轻视代王杨侑，将其看作怀着印玺、反绑双手的子婴吗？然而想要让李渊直接把这样的话说出口却是做不到的。为什么做不到呢？因为不敢和不忍。所谓不敢，不是畏惧杨广和微弱的代王，而是畏惧自己心中的鬼神。所以人到了肆无忌惮发言而不觉得惭愧的地步，后人就对他无可奈何了；人们对他既然无可奈何，则鬼神必定不会赦免他的罪过。

故圣人欲正人心，而亟正者人之言。心含之，口不能言之，则害止于心；心含之，口遂言之，则害著于外；心未必信之，口遽言之，则还以增益其未至之恶，而心与事猖狂而无所讫止。言之有怍[①]，而心有所忌，事有所止，则事虽不顺，鬼神且谅其不敢不忍之犹存，而尚或佑之。心叛于理，言叛于心，可言则言，以摇天下于蔑彝伦、逞志欲之大恶，然后恶满于天下，而天之殛之也不爽。故唐之报密则折之也，非果有不忘隋之忱悃也[②]，挈不敢不忍以告天下[③]，而还自警其心，卒以保全杨氏之族而宾之。其享有天下，而李密授首于函谷，言不可逞，天不可欺，不亦信夫！

【注释】

①怍（zuò）：羞惭。

②忱悃（kǔn）：真诚。

③挈：提，举。这里引申为执、持。

【译文】

所以圣人想要端正人心，首先急待端正的就是人的言论。如果心中怀有邪念但嘴巴不说出来，则其危害便只限于自己的内心；如果心中怀有邪念嘴巴便说出来，那么危害就会显现于外。如果自己对于某些荒谬邪恶的观点尚不能确信，嘴巴就已经先把它们说了出来，则会反过来增加自己内心的邪恶，使其达到原本不曾到达的恶劣程度，而自己的内心与自己的行为就会变得猖狂无忌，没有止境。如果一个人对于某些邪恶念头说出来有愧怍之感，而内心中有所顾忌，行为也有限制和分寸，则其行径虽然不是顺乎天理人情，但鬼神尚且能体谅到他的不敢与不忍之心还存留着，就或许还会护佑他。如果自己内心的想法违背了天理，自己的言论违背了内心的想法，只要能说就全部说出来，以动摇天下人心，使其陷于蔑视伦常、一心只求实现自己志向和欲望的大恶，然后罪恶就充斥于天下，而上天就会诛灭他，从来没有差错和例外。所以唐高祖在写信回复李密时用道义批驳他，并非果真是有不忘隋朝的真诚忠心，而是想将自己的不敢与不忍之心昭告天下，而这又反过来对自己内心给予了警戒，最终使其保全了杨氏宗族而以宾客之礼对待隋杨皇室。李渊最终得以享有天下，而李密则在函谷关被杀，说话不能随心所欲，不能欺侮上天，的确是如此啊！

一一　徐洪客劝李密向江都取独夫

徐洪客者①，不知其为何许人，即其言而察之，大要一险陂无忌之游士，史称莫知所之，盖亦自此而死耳，非能蠖屈鸿飞于图功徼利之世者也。其上书李密曰："米尽人散。"以后事验之，人服其明矣。乃曰："直向江都，执取独夫。"密为隋氏世臣，假令趋江都执杨广，又将何以处之哉？项羽，楚之世族，秦其雠也，而杀子婴、掘骊山之墓，则天下叛之。杨广俨然君天下者十三载，密以亲臣子弟侍于仗下，一旦屠割之如鸡豚，以密之很，于是乎固有踌躇而不敢遽者。故殪商辛、执子婴，乃祖君彦忿怼之谰言，非密之所能任也。天下之大难，以身犯之者死；业已为人君，而斩刈之者凶；业已为人臣，而直前执杀其君者，必歼其类。夫密亦知捣江都杀杨广徒受天下之指数而非可得志也。洪客险陂而不恤名义之小人，恶足以知此乎？

【注释】

①徐洪客：籍贯、生卒不详。隋末泰山道士，曾向李密上书提出若干策略，其后不知所终。其事见于《资治通鉴·隋纪八·恭皇帝下·义宁元年》。

【译文】

徐洪客，不知他是哪里人。从他的言辞来考察，大体上不过是一个阴险诡谲、无所顾忌的游士罢了。史书上称他不知所终，大概也是在隋末唐初就死去了，他并非是在贪图功劳、追求利益之风盛行的时代里能屈能伸的人。他上书李密说："粮仓里的米用尽了，人心也就离散了。"后来发生的事情验证了他的说法，人们因此佩服他有先见之明。可是他说："要直接向江都进军，抓获独裁暴君隋炀帝。"李密世代为隋朝臣子，假如他率军直趋江都、抓获了杨广，又将如何处置他呢？项羽，是楚国的累世贵族，秦朝是其仇敌，可是他杀了秦王子婴、掘开骊山的秦王墓,天下就纷纷背叛了他。杨广俨然作为天下的君主已经有十三年了,李密作为炀帝亲信大臣的子弟曾侍奉于他,一旦之间就要像杀鸡宰猪一样屠杀他,以李密的狠毒,在此时尚且感到踌躇而不敢立即那样做。所以诛杀商纣王、抓获子婴,是祖君彦出于个人怨恨之情而发出的狂言,不是李密所能承担的责任。弑君是天下的大难,以身犯难的人会死。一个人如果已经做了君主,那么斩杀他是不吉利的。如果自己身为人臣,而直接向前诛杀曾是自己主君的人,必定会导致自己的族类被诛灭。李密也知道直捣江都、杀死杨广只会白白受天下人的指责而无法实现自己的志愿。徐洪客是个阴险诡谲、不顾名义的小人,又怎会足以知道这个道理呢?

或曰:杨广之逆,均于刘劭,非但纣匹也,执杀之也何伤? 曰:密之起也,乘其乱而思夺之乎? 抑愤其覆载不容之罪,为文帝讨贼子如沈庆之之援戈而起乎? 此密所不能自诬其心而可假以为名者也。

【译文】

有人说:杨广的大逆不道,与刘劭是一样的,但还不及商纣王那样恶劣,抓住他并将其处死有什么不可以的呢? 回答是:李密起兵,是乘着隋朝混乱的机会想要夺取其江山吗? 他大概也是对隋炀帝为天地所不容的倒行逆施而感到愤慨,是为隋文帝讨伐贼子,就如同南朝沈庆之揭竿而起、讨伐刘劭一样吧? 这就是李密之所以无法欺骗自己的内心而将这当作起兵借口的原因。

或曰:慕容超、姚泓亦尝君其国矣,宋武直前破其国而俘斩之都市,又何也? 曰:宋武未尝臣彼,而鲜卑与羌不可以君道予之者也。徐魏公之纵妥懽^①，拘此义而不知通，而岂以例隋氏哉？悬纣首于太白^②，未知其果否也？即有之，而三代诸侯之于天子，不纯乎臣，非后世之比也。君彦忿戾以言之，洪客遂欲猖狂而决行之，自绝于天，窜死草间而无以表见，宜矣。或乃跻之鲁仲连之高谊^③，不已过与！

【注释】

①徐魏公：指明代开国功臣徐达，封魏国公，故称。妥懽：指元顺帝妥懽帖木儿。

②太白：指太白旗。

③鲁仲连：战国后期齐国人。有计谋但不肯做官，常周游各国排难解纷。秦军围赵都邯郸，鲁连以利害进说赵魏大臣，劝阻其尊秦为帝。齐国要收复被燕国占据的聊城时，又写信劝说燕将撤守。齐王打算给予官位，他便逃到海上。传见《史记·鲁仲连邹阳列传》。

【译文】

有人说：慕容超、姚泓也曾经当过国君，宋武帝刘裕直接攻破其都城、将他们俘虏并斩首于市场上，这又是为什么呢？回答是：刘裕不曾向这两个人称臣，而对于鲜卑与羌人，也不能讲君道。徐达当年放走元顺帝，正是拘执于这一大义而不知变通，但这种情况怎能拿过来比附隋末的情况呢？据说周武王曾把商纣王的头悬挂在太白旗上，不知是否果真有此事？即使有，而三代诸侯对于天子而言，也不是单纯的臣子，这不是后世所能比拟的。祖君彦出于私怨而喊出抓获、诛杀隋炀帝的口号，徐洪客于是想要遵循这种猖狂的计划行事，自绝于上天，最终在逃亡中毙命于草莽之间，实在是罪有应得。有的人认为他像鲁仲连一样高风亮节，不是太过分了吗！

一二　炀帝不道见弑有死贼之人

择君而后仕,仕而君不可事则去之,君子之守固然也。失身于不道之君而不能去,则抑无可避之名义矣。徒人费、石之纷如、贾举、州绰之不得为死义①,以其从君于邪也;苟不从君于邪,则其死也,不可更责以失身。故宋殇、宋闵皆失德之君,而无伤乎孔父、仇牧之义②。当凶逆滔天、君父横尸之日,而尚可引咎归君,以自贷其死乎?

【注释】

①徒人费:春秋时齐襄公的内侍。齐襄公外出游猎时受伤,返回宫中时因丢失了一只鞋而发怒,鞭挞徒人费。公孙无知等人趁机发动叛乱,徒人费假装加入叛军,却在进入宫中后向齐襄公通报叛乱情况,并为齐襄公抵御叛军,终因寡不敌众而战死。石之纷如:齐襄公的臣子,与徒人费一道抵御叛军,被叛军杀害。其事见于《左传·庄公八年》。贾举:齐后庄公内侍,齐后庄公六年(前548),齐后庄公与崔杼之妻通奸,多次去崔杼家,还把崔杼的冠赏给别人,崔杼十分怨恨庄公。而贾举也曾被齐后庄公鞭笞。于是二人串通,贾举故意把齐后庄公的侍从武士拦在外面而自己进入院子,让崔杼弑杀齐后庄公的行为得逞。其事见于《左传·襄公二十五年》。州绰:州绰,初为晋国栾氏家将,后来栾盈为士匄所逐,州绰逃往齐国,被好勇的齐后庄公任用。崔杼发动叛乱时,坚持抵抗,齐后庄公死讯传来,州绰不愿苟活而为齐、晋两国所笑,于是便撞石墙自杀。其事见于《左传·襄公二十五年》。

②孔父:即孔父嘉。宋国大臣,出身于宋国公族。受宋穆公临终委托而拥立宋公子夷为国君,是为宋殇公。宋国太宰华父督垂涎

孔父嘉之妻,对宋殇公不满,于是发动叛乱,杀害孔父嘉和宋殇公。其事见于《左传·桓公二年》。仇牧:宋闵公大臣。以勇力著名的南宫长万因受到宋闵公侮辱而弑君,仇牧听到消息后赶到现场,当面斥责南宫长万,被南宫长万杀害。其事见于《左传·庄公十二年》。

【译文】

选择君主而后出仕做官,如果出仕后发现君王不值得侍奉,就离开他,这是君子保持自身操守的方式。失身于无道之君而未能尽早离开,也就没有逃避君臣大义的理由了。徒人费、石之纷如、贾举、州绰等人无法被承认是死义之臣,是因为他们跟随君王走向邪路。只要不跟随君王走向邪路,则其死亡,就不能被指责为丧失操守。所以宋殇公、宋闵公都是失德的君王,却并不损伤孔父、仇牧为他们尽忠的大义。在逆贼犯下滔天罪恶、君父被杀而横尸当场的时候,怎么能把责任都推到君王身上,从而使自己免于死亡呢?

　　杨广之不道而见弑于宇文化及,许善心、张琮抗贼以死①,当斯时也,虽欲不死而不得也。麦孟才、沈光讨贼而见擒②,麾下千人无一降者;李袭志保始安③,闻弑哭临,坚守而不降于萧铣④,岂隋氏之能得人心?而顿异于宋齐以来王谧、褚渊恬不知愧之习者,何也?十三载居位之天子,人虽不道,名义攸存,四海一王,人无贰心,苟知自念,不忍目击此流血宫庭之大变也。唐高祖闻变而痛哭,岂杨广之泽足以感之?而又岂高祖之伪哀以欺世乎?臣主之义,生于人心,于此见矣。故庄周曰:"无所逃于天地之间⑤。"君子恶其贼人性之义,有以夫!

【注释】

①许善心(558—618)：字务本，高阳北新城(今河北徐水西南)人。隋朝大臣，曾任秘书丞，受命整理国家藏书，仿阮孝绪《七录》，更著新目为《七林》。义宁二年(618)宇文化及弑杀杨广，许善心拒绝到朝堂谒贺，为宇文化及所害。传见《北史·许善心列传》《隋书·许善心列传》。张琮(? —618)：隋朝将领，在江都之变中被宇文化及杀害。

②麦孟才、沈光：隋朝将领。隋炀帝到江都后，二人为扈从军的成员。宇文化及弑杀杨广后，二人谋划在显福宫邀击宇文化及，事泄被杀。其事见于《隋书·宇文化及列传》。

③李袭志：字重光，金州安康(今陕西安康)人。本为隋朝官员，隋末战乱时，募兵坚守始安郡，先后打退萧铣、林士弘、曹武彻等割据势力。大业十四年(618)三月，宇文化及弑杀隋炀帝杨广。李袭志听说隋炀帝遇弑后，率领吏民为隋炀帝哭吊三天，并断然拒绝了部下割据称雄的建议。不久，萧铣再次进攻始安，李袭志终因缺粮无援，兵败被俘。唐朝消灭萧铣后，李袭志策动岭南六十余州郡归顺唐朝，被任命为桂州总管，参与平定辅公祏叛乱。后以光禄大夫、汾州刺史之职退休，卒于家中。传见新、旧《唐书·李袭志列传》。

④萧铣(583—621)：南兰陵(今江苏武进)人，隋末唐初地方割据军阀，梁武帝萧衍六世孙。大业十三年(617)起兵于罗川县，自封梁王。义宁二年(618)称帝于岳阳，国号梁，年号鸣凤，设置百官。势力范围东至九江，西至三峡，南至交趾，北至汉水。武德四年(621)为李孝恭和李靖所败，归降唐朝，被押往长安处死。传见新、旧《唐书·萧铣列传》。

⑤无所逃于天地之间：语出《庄子·人间世》："臣之事君，义也，无适而非君也，无所逃于天地之间。"意思是臣子对君王的义务在

天地间没有可以逃避的地方。

【译文】

　　杨广大逆不道,被宇文化及弑杀,许善心、张琮抗击逆贼宇文化及而死,在当时的情况下,两人即使想要不死也做不到。麦孟才、沈光讨伐叛贼宇文化及而被擒获,麾下一千人没有一个投降的;李袭志守卫始安郡,听到隋炀帝被弑杀的消息后,痛哭流涕,率人凭吊炀帝,坚守始安而不投降于萧铣,这难道是因为隋朝能够得到人心吗? 这与南朝宋、齐以来王谧、褚渊等人恬不知耻的恶习截然不同,为什么呢? 隋炀帝毕竟是在位十三年的天子,虽然无道,但君臣名义尚存,四海之内共尊他为唯一的帝王,人们没有二心。只要尚且有良知的人,都不忍心看到这种宫廷流血的大事变。唐高祖听到江都兵变的消息而痛哭,难道是杨广的恩泽足以感动李渊吗? 又或者是唐高祖假装悲哀而想要欺骗世人?君臣之间的大义,产生于人的内心之间,通过这件事就可以看出来了。所以庄周说:"臣子对君王的义务在天地间没有地方可以逃避。"君子憎恶败坏人性大义的行为,是有缘故的啊!

卷二十

唐高祖

【题解】

唐高祖李渊(566—635)，字叔德，陇西成纪(今甘肃秦安)人，是李唐王朝的开国皇帝。李渊出身北周关陇贵族世家，袭封唐国公。大业十三年(617)，被隋炀帝任命为太原留守。当时隋朝已土崩瓦解，李渊设计杀死太原副留守王威、高君雅，起兵于晋阳，旋即与李建成、李世民等率兵南下，攻克霍邑，招降关中起义军，顺利攻取长安，拥立隋炀帝之孙代王杨侑为帝，自领大丞相，加封唐王。义宁二年(618)，隋炀帝遇弑后，李渊逼迫隋恭帝杨侑禅位，建立唐朝，年号武德。称帝后，先后击败陇西的李轨和薛举父子，击退并州的刘武周和宋金刚，招降瓦岗军李密等人，擒获河北夏王窦建德，迫降洛阳郑王王世充，荡平长江以南诸割据势力，完成了统一全国的大业。武德九年(626)六月，玄武门之变后，册立李世民为皇太子，不久禅位，自称太上皇。贞观九年(635)病逝。

李渊在夺取天下、建立唐朝的过程中所扮演的角色，是一个后世热衷探讨的问题。在李世民显赫的军事功绩映照下，李渊的光芒似乎多少被遮盖了。对于这一问题，王夫之也在本篇中阐述了自己的看法。他指出，在隋末群雄并举的情况下，李渊不急于"争天下之先"，而是首先"相时之所疾苦，审己之非横逆"，等待"天时人事"皆具备的时机，"徐起以与天下休息"，其意念之深，他人"诚不可及"。正是这种"静审天人之几"的老成持重，帮助他开启了唐朝近三百年的国祚。他进一步指出，人们常能看到取天下过程中李世民的勇略与大志，却忽略了高祖的慎重之心，殊不知李世民所表现出的锐气和进取精神，恰与李渊老成持重、顾全大局的性格形成一种微妙的互补。两人既能保持战略思想上的一致，又彼此帮衬，从而最终开创了大唐王朝。

李渊在位期间，在制度层面颇有建树。一是确立了"三公总大政于上，六省典机务于中，九寺分庶政于下"的官制，成为其后历代官制建构的重要蓝本。王夫之认为，这套制度较为周密，在权力的分合、职能的划分上均颇具合理性，加上唐代多才臣、能臣，所以高祖确立的这套制度保证了唐朝立国二百多年中"有失国之君，而国终存"。后世对唐朝官制的改动，并不都具备合理性。二是确立了租庸调制度。王夫之认为在郡县制背景下，租庸调制"酌情度理，适用宜民"，是历代赋税制度中较为合理的制度，在促进农耕、保障民生、保证国用方面均可圈可点。对于制度的沿革，王夫之强调，"一代兴，立一代之制"，制度建设的关键在于"鉴古酌今，以通天下之志而成其务"，在于"参古以宜民"，决不能"循名责实"、拘泥于旧制陈迹而不知变通。这种制度观建基于贯通古今的历史透视，无疑值得读者加以深入思考。

一　高祖不遽取天下

《易》曰："汤、武革命，应乎天而顺乎人[①]。"圣人知天而尽人之理，《诗》《书》所载，有不可得而详者，千世而下，亦无从而知其深矣。乃自后世观之，承天之祐，受人之归，一六宇而定数百年之基者，必有适当其可之几，盖亦可以知天、可以知人焉。得天之时则不逆，应人以其时则志定，时者，圣人之所不能违也。唐之取天下，迟回以起，若不足以争天下之先，而天时人事适与之应以底于成，高祖意念之深，诚不可及也。

【注释】

①汤、武革命,应乎天而顺乎人:语本《周易·革卦》象辞:"汤武革
命,顺乎天而应乎人。"意思是商汤、周武王革除前朝之天命,上
顺天时,下应人心。

【译文】

《周易》中说:"商汤、周武王革除前朝之天命,上顺天时,下应人
心。"圣明的君主知晓天命并洞悉人间的情理,《诗经》《尚书》中的记载
有些地方不甚清楚,千年以后,更是无从理解其中的深意了。从后世眼
光来看,秉承上天的护佑,受到百姓的衷心支持,统一天下、奠定数百年
基业的君主,必定要遇到合适的时机,既可以知晓天命,也可以洞悉人
情。得到上天赐予的时机则不会违逆上天的意志,在合适时机顺应民
意则可以万众一心,所以时机,是圣明君主所不能够违背的。唐朝夺取
天下,起兵时颇为迟疑,看起来似乎不足以先争得天下,而天时、人事却
恰恰与其相适应,引导其走向了成功。唐高祖思虑之精深,实在让人望
尘莫及。

天之理不易知矣,人之心不易信矣,而失之者恒以躁。
杨广之播虐甚矣,而唐为其世臣,受爵禄于其廷,非若汤之
嗣契、周之嗣稷,建国于唐、虞之世,元德显功,自有社稷,而
非纯乎为夏、商之臣也。则隋虽不道,唐未可执言以相诘。
天有纲,则理不可逾,人可有辞,则心不易服也。故杨广恚
高祖而屡欲杀之,高祖处至危之地,视天下之分崩,有可乘
之机,以远祸而徼福,然且敛意卑伏而不遽起;天下怨隋之
虐,王薄一呼,而翟让、孟海公、窦建德、李密、林士弘、徐圆

朗、萧铣、张金称、刘元进、管崇、薛举、刘武周、梁师都、朱粲群起以亡隋①,唐且安于臣服,为之守太原、御突厥而弗动。至于杨广弃两都以流荡于江都,李密已入雒郖②,环海无尺寸之宁土。于斯时也,白骨丘积于郊原,孤寡流离于林谷,天下之毒痛又不在独夫而在群盗矣③。唐之为余民争生死以规取天下者,夺之于群盗,非夺之于隋也。隋已亡于群盗,唐自关中而外,皆取隋已失之宇也。然而高祖犹慎之又慎,迟回而不迫起,故秦王之阴结豪杰,高祖不知也,非不知也,王勇于有为,而高祖坚忍自持,姑且听之而以静镇之也。不贪天方动之几,不乘人妄动之气,则天与人交应之而不违。故高祖以五月起,十一月而入长安立代王侑,其明年二月,而宇文化及遂弑杨广于江都。广已弑,代王不足以兴,越王侗见逼于王世充④,旦夕待弑,隋已无君,关东无尺寸之土为隋所有,于是高祖名正义顺,荡夷群雄,以拯百姓于凶危,而人得主以宁其妇子,则其视杨玄感、李密之背君父以反戈者,顺逆之分,相去县绝矣。

【注释】

①孟海公(?—621):济阴(今山东曹县)人。隋末农民起义领袖。大业九年(613)起兵反隋,据周桥,众至三万,自称录事。唐武德四年(621)被窦建德所俘。建德败亡,他被唐军俘至长安杀死。其事见于《新唐书·高祖本纪》。徐圆朗:兖州(今山东兖州)人。隋末起义军领袖。曾据兖州起兵,依附李密。后归窦建德。刘黑闼起兵,徐圆朗响应,并自号鲁王。终败于唐兵,为人所杀。传见新、旧《唐书·徐圆朗列传》。薛举:兰州金城(今甘肃兰州)

人。隋末唐初陇西割据军阀。善射骁武,家产巨万,交结豪猾,以致雄于边朔。初为金城府校尉。大业十三年(617)与其子薛仁杲举兵反隋,自称西秦霸王,建元秦兴,尽据陇西之地。唐武德元年(618)于高墌大败唐军。后病死。传见新、旧《唐书·薛举列传》。

②雒郛:洛阳外围。

③毒痡(fū):毒瘤,毒害。

④越王侗:即杨侗(604—619),字仁谨,弘农华阴(今陕西华阴)人。隋炀帝杨广之孙、元德太子杨昭次子。初封越王,隋炀帝每次出巡,杨侗皆奉命留守东都洛阳。大业十四年(618)宇文化及弑杀隋炀帝后,杨侗被元文都等人拥立为皇帝,年号皇泰。皇泰二年(619)杨侗被迫禅位给王世充,不久为王世充所害。谥号恭皇帝,史称皇泰主(帝)。传见《隋书·越王侗列传》。

【译文】

天理不容易知晓,人心不容易信任别人,出现失误的人往往是犯下了急躁的错误。杨广已然十分暴虐,但李氏世代为隋朝臣子,在朝廷上接受其爵位和俸禄,不像商汤的君位传自契、周武王的君位传自稷那样,早在尧舜时代就已经建国,具有深厚的德行和显赫的功劳,原本就拥有社稷,并非纯粹是夏、商的臣子。如此则隋炀帝虽然无道,李渊也没法用言辞来诘责他。上天有纲常,则天理不可逾越;人固然有逾越天理的说辞,但这样就很难让众人心服了。所以杨广忌恨高祖而屡次想要杀死他,高祖处于极端危险的境地,看着天下分崩离析,有可乘之机,可以远离祸患而博得福分,然而尚且压抑自己的志向、暂时蛰伏而不迅速起兵。天下都怨恨隋朝的暴虐,所以王薄振臂一呼,而翟让、孟海公、窦建德、李密、林士弘、徐圆朗、萧铣、张金称、刘元进、管崇、薛举、刘武周、梁师都、朱粲等势力群起而要灭亡隋朝,李渊此时尚且安于臣服隋朝,为隋朝守卫太原、防御突厥,而不轻举妄动。等到杨广放弃东、西两都而流荡到江都时,李密已然进入洛阳外围,此时四海之内已没有一寸安宁的土地。在这个时候,百姓的白骨在郊外原野上堆得像山一样高,孤儿寡母流落于丛林和山谷之中,毒害天下的又不再是暴君而是众多盗贼。唐高祖为给残余的百姓争得生路而夺取天下,是从群盗手中夺得的,而不是从隋朝手中夺得的。隋朝已被群盗所灭亡,唐朝自关中以外的土地,都是收复隋朝的失地而来。尽管如此,唐高祖仍然慎之又慎,徘徊迟疑而不立即起兵。所以秦王李世民私下结交豪杰,高祖是不知情的;实际上并非不知情,而是秦王勇于有所作为,而唐高祖则隐忍自持,所以姑且听任秦王自行其是而以静来镇抚局势。不贪图上天意志转移的苗头,不乘人轻举妄动之气,则天与人交相应和而不相违背。所以高祖自五月起兵,十一月就攻入了长安,拥立代王杨侑。第二年二月,宇文化及在江都弑杀了杨广。杨广已被弑杀,代王不足以复兴隋朝;越王杨侗受到王世充逼迫,早晚有被弑杀的风险。隋朝已经没有真正的君主了,关东没有一寸土地还属于隋朝所有,于是高祖名正而义顺,扫荡群雄,从而将百姓从凶残危险的处境中拯救出来;而人们得到了明君,得以安置自己的妻子儿女。则唐高祖与杨玄感、李密这样背叛君父、反戈相向的逆臣相比,一顺一逆,有天壤之别。

故解杨广之虐政者,群盗也,而益之深热;救群盗之杀掠者,唐也,而予以宴安。惟唐俟之俟之,至于时至事起,而犹若不得已而应,则叛主之名可辞;而闻江都之弑,涕泗交流,保全代王,录用隋氏宗支,君子亦信其非欺。人谓唐之有天下也,秦王之勇略志大而功成,不知高祖慎重之心,持之固,养之深,为能顺天之理、契人之情,放道以行,有以折群雄之躁妄,绥民志于来苏,故能折棰以御枭尤①,而系国于苞桑之固,非秦王之所可及也。

【注释】

①枭尤：枭雄。

【译文】

所以解除杨广暴政的，是群盗，但他们加重了天下水深火热的灾难；从群盗烧杀戮掠中拯救百姓的，是唐朝，唐朝给了百姓安宁。只有唐朝能坚持等待时机，到了时机已到、事到临头之时，尚且像是处于不得已而被迫响应，如此则可以推卸叛主之名。而唐高祖听闻炀帝在江都被杀，涕泗横流，保全了代王的性命，录用隋朝宗室支脉，君子也相信这些做法不是欺骗之举。人们说唐朝能拥有天下，是因为秦王有勇有谋、志向远大而能成就大事，却不知道高祖有慎重之心，能够长期坚持；韬光养晦，能够顺应天理和人情。根据大道来行事，所以能够超越浮躁的群雄，使百姓得到休养生息；所以能够战胜群雄，把国家构筑在稳固的基础之上。这不是秦王所能比拟的。

嗚呼！天子之尊，非可志为拟也；四海之大，非可气为压也。相时之所疾苦，审己之非横逆，然后可徐起以与天下休息，即毒众临戎，而神人罔为怨恫；降李密，禽世充，斩建德，俘萧铣，皆义所可为、仁所必胜也，天下不归唐，而尚谁归哉？慎于举事，而所争者群盗也，非隋也；非恶已燀而将熄之杨广也，毒方兴而不戢之伪主也。有唐三百载之祚，高祖一念之慎为之，则汤、武必行法以俟命，其静审天人之几者，亦可仿佛遇之矣。

【译文】

唉！天子至尊，不能仅靠志向来比拟；四海广大，无法用气势来压服。观察时势以洞悉民众疾苦，审视自己的正义性，确认自己不是蛮横暴逆的一方,然后可以慢慢起来图谋大事,使民众得以休养生息。即便这一过程中需要损害百姓利益而使用军事手段,也不会招致天神和民众的怨恨。李渊降服李密,擒杀王世充,斩杀窦建德,俘虏萧铣,这些都是大义所允许、因为仁义而必定能取胜的事情。天下不归于唐,还能归于谁呢? 李渊在起兵问题上非常慎重,他所争斗的对象是群盗,不是隋朝;起兵并非因为厌恶已经奄奄一息的隋炀帝,而是为了对付那些正在毒害天下而难以讨平的伪君主。唐朝三百年的国祚,都是唐高祖一念之谨慎造就的。如此则商汤、周武王必定要践行天道而静待天命,他们冷静地审视天意和人事的隐微预兆,李渊差不多也可以与其相提并论了。

二　李密斥隋为商辛子婴后复降隋

李密以杀翟让故[①],诸将危疑,一败于邙山[②],而邴元真、单雄信亟叛之[③];密欲守太行、阻大河以图进取,而诸将不从,及相帅以降唐,则欣然与俱,而密遂以亡。项羽杀宋义,更始杀伯升,皆终于败,其辙一也。然则令项羽杀汉王于鸿门,犯天下之忌,愈不能以久延,而昧者犹称范增为奇计,鄙夫之陋,恶足以知成败之大纲哉?

【注释】

①翟让(? —617):东郡韦城(今河南滑县)人。隋末瓦岗农民起义军领袖。初为东郡法曹,犯法亡命至瓦岗,聚众起义,势力日渐增强。大业十二年(616),李密在参加杨玄感起兵失败后,投奔瓦岗军,翟让听从其建议,积极策划发展势力,扩大影响。随着李密在瓦岗军中声威大振,翟让自觉不如李密,于是推李密为瓦岗军首领,上尊号为"魏公",李密则任翟让为司徒。后来两人因

权力而渐生嫌隙，最终翟让被李密杀害。其事见于新、旧《唐书·李密列传》。

②邙山：在今河南洛阳北。

③邴元贞：两《唐书》作"邴元真"。本为县吏，因犯罪而亡命，加入瓦岗军，被翟让任命为书记。后来得到李密赏识，被任为长史。邴元贞为人贪鄙狡薄，在王世充大败李密于邙山后，偷偷引王世充攻入洛口，致使李密大败，被迫降唐。后被李密故将杜才干杀死。其事见于新、旧《唐书·李密列传》。单雄信（？—621）：曹州济阴（今山东曹县西北）人，隋末唐初将领。勇武过人，早年与同郡徐世勣一起加入翟让的瓦岗义军反隋。后翟让被杀，李密与王世充偃师之战时，单雄信归降王世充。王世充被李世民击败后，单雄信被斩首。传见《新唐书·单雄信列传》。

【译文】

李密因为杀害翟让的缘故，导致诸将陷入人人自危的境地，刚刚在邙山战败，而邴元贞、单雄信就迅速背叛了他。李密想要依托太行山、黄河来图谋进取，但诸将却不愿听从其计策；等到他决定统率军队投降唐朝，诸将却欣然与他一道投降，而李密最终被杀。项羽杀掉宋义，更始帝杀害刘缜，最终都陷于失败，如出一辙。然而假如项羽在鸿门宴上杀了汉王刘邦，犯了天下人的大忌，那就更不可能长久维持其统治了，而愚昧的人尚且称赞范增的计策为奇计。鄙陋之人如何足以知道成败的关键所在呢？

夫驭物而能释其疑忌者，虽未能昭大信于天下，而必信之于己。信于己者，谓之有恒，有恒者，历乎胜败而不乱。己有以自立，则无惧于物，而疑忌之情可以不深。李密者，乘人以斗其捷，而无能自固者也。密，隋之世臣也，无大怨于隋，而已抑无可恃之势，无故而畜乱志以干杨玄感，玄感败，亡命而依翟让，隋有恨于密，密固无恨于隋，而檄数其君之罪，斥之如仆隶，且既已欲殪商辛、执子婴矣，则与隋不两立，而君臣之义永绝。乃宇文化及弑立，而趋黎阳以逼之于河上，密惧雒阳之议其后，又幸盖琮之招己[①]，奉表降隋，以缓须臾之困，而受太尉尚书令之命。夫炀帝，密之所欲殪之于牧野者也[②]，而责化及曰："世受隋恩，反行弑逆。"越王侗，密之所欲执之于咸阳者也，而北面称臣，受其爵命；则诸将视之如犬豕，而知其不足有为，尚谁为之致死以冀其得天下哉？其降隋也，非元文都之愚[③]，未有信之者也；其降唐也，唐固不信其果降也。反而自问，唐公见推之语而不惭，念起念灭，而莫知所据，匹夫无志，为三军之帅而可夺，其何以自立乎？《易》曰："不恒其德，或承之羞[④]。"咎可补也，凶可贞也，人皆可承以羞，而死亡不可逃矣。故诸将之亟于背密而乐于归唐也，羞其所为而莫之与也。密死而不能掩其羞，岂有他哉？无恒而已矣。

【注释】

① 盖琮：杨侗的部下。在宇文化及率军北上时，盖琮上书建议杨侗、王世充招降李密，杨侗等于是任命盖琮为通直散骑常侍，携带敕书赐予李密以招降，李密于是上表请降。其事见于《资治通鉴·唐纪一·高祖神尧大圣光孝皇帝上之上·武德元年》。

② 牧野：在今河南淇县西南。

③ 元文都（？—618）：洛阳（今河南洛阳）人。隋朝大臣。初仕北周，入隋后历任内史舍人、太府少卿、司隶大夫、东都留守等职。

隋炀帝死后,拥立越王杨侗为帝,被拜为内史令、左骁卫大将军,封为鲁国公。武德元年(618)因私通李密,被王世充诛杀。传见《隋书·诚节列传》。

④不恒其德,或承之羞:语出《周易·恒卦》爻辞:"九三,不恒其德,或承之羞,贞吝。"意思是不能恒守德行的人,常常会受到羞辱。

【译文】

能够消除自己的疑忌来驾驭他人的人,即使未能向天下昭示大的信用,也必定能够对自己讲信用。对自己讲信用,就称之为有恒心;有恒心的人,遇到胜败都不会产生混乱。自己有足以自立的凭恃,则不会恐惧他人,怀疑猜忌的心理就不会很严重。李密是个乘他人之虚而走捷径、没有能力巩固自身的人。李密是隋朝的世臣,与隋朝并无大怨,而自己也没有可凭借的势力,却平白无故地心怀异志,参与到杨玄感的谋反中;杨玄感兵败后,他为了逃命而依附翟让。隋朝有怨恨李密的理由,李密却固然没有怨恨隋朝的理由,而他却在檄文中数落其君王的罪过,像斥责奴仆那样斥责他。况且他既然已经想要像武王杀死商纣、项羽擒获子婴那样对待其君王了,则他与隋势不两立,而君臣之义便永远断绝了。可是宇文化及弑君自立,其军队直趋黎阳,将李密逼到了黄河边上,李密害怕王世充从背后攻击他,又为盖琮招降自己感到庆幸,于是奉表投降隋朝,以舒缓须史的困窘,接受了越王杨侗赐予的太尉、尚书令职务。炀帝本是李密想要在牧野杀死的对象,可他却责备宇文化及说:"你世代受隋朝恩典,却反而犯下弑君谋逆的罪行。"越王杨侗本是李密想要在咸阳捉拿的对象,他却向越王北面称臣,接受其爵位和官职。如此则诸将他看作猪狗的同类,而知道他不足以有所作为,还有谁愿意为他效死而希望他得到天下呢?他投降隋朝,除了像元文都那样的蠢货,没有人相信他是真心投降;他投降唐朝,唐朝君臣本来就不相信他果真会投降。反躬自问,李密面对李渊推崇自己的言辞而不感到惭愧,念头随起随灭,而不知道依据何在。匹夫若无坚定志向,即使身为三军之帅也可被他人夺取地位,他何以能自立于世呢?《周易》中说:"不能恒守德行的人,常常会受到羞辱。"过错可以弥补,凶兆可以占问,人人都能承受羞辱,而死亡却不可逃脱。所以诸将之所以急于背离李密而乐于归降唐朝,就是因为为他的所作所为感到羞耻,而没有人再支持他。李密死了也不能掩盖其所受的羞辱,这难道有其他的原因吗?只是因为他没有恒心而已。

三　李密降唐高祖授以光禄卿

制天下有权,权者,轻重适如其分之准也,非诡重为轻、诡轻为重,以欺世而行其私者也。重也,而予之以重,适如其数;轻也,而予之以轻,适如其数;持其平而不忧其忒[1],权之所审,物莫能越也。

【注释】

① 忒:差错。

【译文】

控制天下要有权,所谓"权",是指使轻重都恰如其分的标准,而不是把重当成轻、把轻当作重,从而欺骗世人、实现自己的私欲。如果某些事物分量重,那就予以相应的重视,使其恰如其分;如果某些事物分量轻,那就不给予过度的重视,使其恰如其分。坚持公平原则就能避免差错,用权来审视事物,没有什么事物能超越这种审视。

李密弃土释兵,拥二万人以降唐。密之乱天下也,有必诛之罪,而解甲以降,杀之则已重矣。北有建德,东有世充,密独间关来归,为天下倡,当重奖之以劝天下者也;而本为隋之乱臣,天下之残贼,厚待之,则又已重矣。密之狙诈乐祸而骄，虽降唐而无固志，缓之须臾，则跳梁终逞，宜乎厚防以制其奸，不可遽抑而激之怨。而众叛援孤，力穷智屈，疑之重则又本轻，视为轻而又若重；审其所适然之数者，权也。高祖授之以光禄卿，一闲冗之文吏，而司进食之亵事，使执臣节于殿陛，一若不知其狡黠凶很者然①，此之谓能持权以制天下者也。非故扬之，非故抑之，适如其稽颡归命之情形②，而澹然待之若进若退之间。呜呼！此大有为者之所以不可及也。

【注释】

①凶很：凶恶狠毒。

②稽颡：古代一种跪拜礼。屈膝下拜，以额触地，表示极度的虔诚。

【译文】

　　李密放弃地盘和军权，率两万人投降唐朝。李密扰乱天下，犯下了必定应被诛杀的罪过，但他毕竟已解甲归降，如果杀掉他则处置过重。此时天下的割据势力，北有窦建德，东有王世充，唯独李密辗转来投降，为天下人充当了榜样，应当重重奖赏他以鼓励天下人归降；可他本来是隋朝的乱臣，是残害天下的贼寇，厚待他又未免过分。李密诡诈，唯恐天下不乱，且骄傲自负，即使投降了唐朝也并非出于坚定的信念，不过是想暂时缓一缓，最终会像跳梁小丑那样图谋一逞。所以应该对他严加防范以制止他的奸谋，不能立即压抑他从而使他产生怨恨之情。李密众叛亲离、孤立无援，力量和才智都陷于枯竭，如果严重地怀疑他，则他本来分量就比较轻；如果太过于看轻他，则他终究有一定重要性。要审视清楚他的分量，就需要权衡斟酌。唐高祖授予他光禄卿之职，这是个清闲冗余的文官职位；而让他司掌进食之类的卑贱琐事，在朝堂上作为臣子效劳，就像完全不知道他如何狡诈凶狠一样。这就是所谓的能够用权衡来制伏天下。既不故意拔高他，也不故意压抑他，而是采取与他主动祈求投降这一情形相适应的措施，淡然地对待他，使其处于若进若退之间。唉，这正是大有作为的人令别人望尘莫及之处啊！

　　于是而密无可怙之恩，抑无可讼言之怨，诈无所雠，恶无所施，不得已而孤骑叛逃，一有司之禽捕而足矣。使其志悛而终顺与？则饱之以禄，安之以位，一如孟昶、刘继元之在宋[①]，而不至如黥布、彭越之菹醢以伤恩也[②]；密之不然，自趋于死，而抑无怨矣。于是而知天下之至很者，无很也；至诈者，无诈也；量各有所止，机各有所息，以固然者待之而适如其分，则于道不失而险阻自消。天下定于一心之平，道本易也；而非大有为者，不足以与于斯。

【注释】

①刘继元(？—992)：本姓何，太原(今山西太原)人。五代时期北汉君主，北汉世祖刘崇的外孙，睿宗刘钧的外甥、养子。刘继元在其义兄刘继恩在位时任太原尹，北汉天会十二年(968)刘继恩为侯霸荣刺杀，刘继元被司空郭无为迎立为帝。刘继元为人残忍嗜杀，天会十三年(969)宋太祖赵匡胤亲征北汉，因久攻不下而退兵。广运六年(979)宋太宗赵光义再度征伐北汉，刘继元投降，被任命为右卫上将军，封彭城郡公。淳化三年(992)去世。传见《宋史·世家列传·北汉刘氏》。

②菹醢(zū hǎi)：一种酷刑，将人剁为肉酱。常施于谋反者。

【译文】

　　这样一来，李密没有可凭恃的恩宠，也没有可以抱怨的话，他的狡诈无处运用、凶恶无处施展，不得已而只能单骑叛逃，只需要相关部门的官员就足以捕获他了。假如他真能悔改前恶，始终保持顺从，应该如何处置呢？那就应该给他提供足够的俸禄，用官位来安抚他，就像宋朝对待孟昶、刘继元那样，而不至像汉高祖残酷地将黥布、彭越剁为肉酱那样伤害恩义。李密不能始终顺从，自取死路，那他也没什么可抱怨的。于是可以知道天下至为狠毒的，是不狠毒；至为奸诈的，是不奸诈。事物的轻重各有其限度，机变也有其局限，按照事物本来的重要性来恰如其分地对待它们，则不会违背道义，可以消除艰难险阻。心中能够持平，天下就能平定，大道本来就很简单。而不能大有作为的人，是不足以领悟这个道理的。

四　徐世勣不献黎阳为盗贼之信义

　　徐世勣始终一狡贼而已矣。其自言曰"少为亡赖贼"，习一定而不可移者也。夫为盗贼而能雄长于其类者，抑必有似信似义者焉，又非假冒之而欺人亡实也；相取以气，相感以私，亦将守之生死而不贰。如萤之光，非自外生，而当宵则耀，当昼则隐。故以其似信似义者，予之以义之能执、信之能笃、而重任之，则一无足据，而适以长乱。其习气之所守者在是，适如其量而止，过此则颠越而不可致诘。其似信似义者亦非伪也，愈真而愈不足任也。

【译文】
　　徐世勣始终不过是一个狡猾的盗贼罢了。他自称"年轻时是个无赖的盗贼"，习气一旦形成就很难再改变。他作为盗贼而能够成为盗贼中的首领和佼佼者，也必定有类似信义的品质，这并非为了欺骗他人而假冒；与别人意气相投，用恩惠来相互感化，也会保守彼此间的承诺而不惜生死。就像萤火虫的光，不是来自外界，而每到晚上就会闪耀，白天光芒则会隐藏起来。所以如果因为他有类似信义的品质，就称赞其坚守信义、非常真诚，而委以重任，则其并不值得依靠，反而还会助长混乱。他们的习气操守就是这个程度而已，授予与其能力、品行相称的职位就已经足够，超过这一限度就会导致混乱而无法收拾。徐世勣身上类似信义的品质并非虚假，但越是真实，就越不值得委以重任。

　　世勣受李密之命守黎阳①，魏徵安集山东②，劝之降唐，而世勣籍户口士马之数，启密使献之，己不特修降表，高祖称之曰："不背德，不邀功，真纯臣也。"遂宠任之，以授之于太宗，而终受托孤之命。世勣之于此，亦岂尽出于伪以欺高祖而邀其宠遇乎？其所见及是，其所守在是，盖尝闻有信义而服膺焉，以为是可以卓然自命为豪杰也，故以坦然行之，而果为高祖之所矜奖。若其天性之残忍，仅与盗贼相孚，而智困于择君，心迷于循理，可以称英君之任使，不可以折暗主之非僻，则祇以铮铮于群盗之中，而遽许之以纯臣，高祖、太宗知人之鉴，穷于此矣。夫不见其降于窦建德，质其父而使为将，遂弃父而欲袭曹旦以归唐乎③？故其为信义也，盗贼之信义也，察于利以动，任于气以逞，戕性贼恩，亦一往而不恤，遽信其为纯臣而任以安定国家之大，鲜不覆矣。曾子曰："临大节而不可夺，君子人也④。"惟君子而后可以履信而守义，非小人之所能与，殆鱼跃之不可出沼，鸟步之不可越域也矣。

【注释】

①黎阳：今河南浚县。

②魏徵(580—643)：字玄成，钜鹿(今河北巨鹿)人。早年遭遇隋末战乱，曾投奔瓦岗起义军，武德二年(619)随李密归降李唐。当时李密部将李勣尚且占据着山东地区，魏徵毛遂自荐，请求安抚山东。被批准后，魏徵写信给李勣，成功劝李勣投降。魏徵后成为唐太子李建成身边掌管图籍的太子洗马，为其出谋划策。李建成被杀后，他得到唐太宗的宽宥和任用。太宗即位后，任谏议大夫，以敢于犯颜直谏著称。后担任侍中、光禄大夫等职，封郑国公。传见新、旧《唐书·魏徵列传》。

③曹旦：窦建德之妻曹氏的哥哥，后为窦建德大将。屡建战功。攻略河南，击败李世勣。被封为行台。窦建德在虎牢关之战中被李世民生擒后，曹旦率部以山东之地降唐。其事见于新、旧《唐书·窦建德列传》。

④临大节而不可夺，君子人也：语出《论语·泰伯》："可以托六尺之孤，可以寄百里之命，临大节而不可夺也。君子人与？君子人也。"意思是面临生死存亡的紧急关头而不动摇屈服，这样的人是君子。

【译文】

徐世勣受李密的命令把守黎阳，魏徵安抚山东，劝徐世勣投降唐朝，而徐世勣登记了自己辖境内户口、士兵、马匹的数量，禀告给李密，让他上奏朝廷，自己则不特意撰写降表上奏朝廷。唐高祖称赞他说："不违背道德，不邀功请赏，真是纯粹的大臣。"于是开始宠信和任用他，并将他留给唐太宗，最终徐世勣在唐太宗临终前接受了托孤大任。徐世勣在这件事上，难道是完全出于虚伪而欺骗唐高祖、邀取其宠信吗？他的见识就是那样，他的操守也是那样。他大概也曾听闻信义之说而服膺其道理，认为这样做便可以卓然自命为豪杰，所以能够坦然地做这件事，而果然被唐高祖赏识称赞。至于他天性残忍，只与盗贼相互信任，智力上不足以选择明君，思想上不足以遵循道义，可以胜任明君的任用，不能够纠正昏君的过失，那么他就只能在盗贼中出类拔萃，而唐高祖、太宗竟称赞他是纯粹的臣子。他们素来号称知人善任，在这一点上却失误了。他们没有看到徐世勣曾投降窦建德，窦建德将他的父亲作为人质而任命他为将领，他却弃父亲于不顾，而想要袭击曹旦以归降唐朝吗？所以他的信义，不过是盗贼的信义罢了，察觉到利益就行动，凭意气行事，即使戕害人性和父子亲情也完全不顾及，怎么能够贸然相信他是纯粹的臣子足以担负安定国家的大任呢？这样做很少不遭遇失败。曾子说："面临生死存亡的紧急关头而不动摇屈服，这样的人是君子。"只有君子才能履行诺言、坚守道义，小人是做不到的，这就像鱼儿再跳跃也跳不出池沼，鸟儿步行终究无法走出很远的距离一样。

五　苏威必不可容

拔魏徵于李密，脱杜淹、苏世长、陆德明于王世充①，简岑文本于萧铣②，凡唐初直谅多闻之士，皆自僭伪中被濯而出者也③。封德彝、宇文士及、裴矩不伏同昏之诛④，而犹蒙宠任。盖新造之国，培养无渐渍之功，而隋末风教陵夷，时无岩穴知名之士可登进之以为桢干⑤，朝仪邦典与四方之物宜，不能不待访于亡国之臣，流品难以遽清，且因仍以任使，唐治之不古在此，而得天下之心以安反侧者亦此也。乃何独至于苏威而亟绝之？盖苏威者，必不可容于清明之世，苟非斥正其为匪人，则风教蔑、廉耻丧、上下乱，而天下之祸不可息也。

【注释】

①杜淹、苏世长、陆德明：皆为王世充部下，后归降唐朝，被李世民征辟为文学馆学士，在其后的贞观时代受到重用。

②岑文本(595—645)：字景仁，邓州棘阳(今河南新野)人。唐朝大臣。自幼聪慧敏捷、博通经史，十四岁为父申冤，辞情激切，由此知名。萧铣在荆州称帝后任命其为中书侍郎。武德四年(621)唐河间郡王李孝恭平定荆州，岑文本力劝其约束士兵、安抚民众。贞观元年(627)被唐太宗任命为秘书郎，不久迁中书舍人，掌管机要文件，参与撰写《周书》。后官至中书令、参知政事。贞观十九年(645)，从征辽东，卒于途中。传见新、旧《唐书·岑文本列传》。

③袚濯：清除污垢使变得清洁。

④封德彝、宇文士及、裴矩：皆为隋炀帝在位时期的旧臣。唐代建立后受到唐高祖李渊和唐太宗李世民的重用，担任宰相之职。

⑤岩穴：借指隐居之士。桢干：古代筑土墙时用的木柱。比喻事物的根基或能担负重任的人。

【译文】

　　唐高祖从李密旧部中提拔了魏徵，从王世充旧部中选拔出杜淹、苏世长、陆德明等人才，从萧铣旧部中拔擢岑文本。凡是唐初正直博学的大臣，都是从僭伪政权旧臣中选拔出来的。封德彝、宇文士及、裴矩等人没有因为曾是隋炀帝旧臣而被治罪，反而受到唐高祖的宠信和任用。大概在建国之初，在培养人才方面尚无显著功绩，而隋末教化衰落，当时没有隐居的贤士可以被任用、作为朝廷的栋梁，所以朝廷的礼仪典制和治理四方的适宜方略，不能不向亡国之臣访求。流品难以迅速澄清，所以暂且按照之前的职务对其加以任用。唐代政治不合古法之处在于此，而其能得天下之心、时心怀不安的人得以安心的原因也在于此。但是为何唐朝廷断然拒绝任用苏威呢？大概苏威是必定不能在政治清明的时代里被容忍的人。如果不直接将他指斥为行为不正的人，那么风俗教化就会被轻视、人们的廉耻就会沦丧、上下秩序就会混乱，而天下的灾祸就难以止息。

隋文之待威也,固以古大臣之任望之;威之所以自见者,亦以平四海、正风俗为己功,天下翕然仰之以为从违,隋可亡,而威不可杀。故宇文士及、王世充、李密皆倚威以收人望,威亦倚其望以翱翔凶竖之庖俎,锋镝雨集,膏血川流,而威自若也。是则兵不足以为强,险不足以为固,天子之位不足以为尊,而无有如威之重者,士亦何惮而不学威,迂行腐步、累岸以逍遥邪①? 媚于当世也似慎,藏于六艺也似正,随时迁流也似中,以老倨骄而肆志也似刚,杀之无名,远之不得,天下且以为道之莫尚者,而导世以偷污,为彝伦之大贼,是可容也,孰不可容也? 明王之所必诛勿赦者,唐姑拒之而弗使即刑,其犹姑息怜老、仁过而柔乎! 若德彝、士及、裴矩之流,天下知贱恶之矣,虽复用之,不足以惑人心而坏风化,杀之可也,赦之而器使之,亦讵不可哉?

【注释】

①累(ào)岸:傲岸,高傲。累,同“傲”。

【译文】

隋文帝对待苏威,本来就是把他当作古代忠良大臣加以任用、寄予厚望。苏威用以表现自己的办法,也是把平定四海、匡正风俗当作自己的功劳。天下都欣然仰慕他,听从他的意见。隋朝可以灭亡,而苏威却不能杀。所以宇文士及、王世充、李密皆倚重苏威来收拢人心,苏威亦倚靠自己的威望在凶残顽劣的枭雄间周旋,即使是枪林箭雨、血流成河,苏威也能镇定自若。如此则拥有军队也不足以强大,凭恃险阻也不足以稳固,天子之位也不足以独尊,而没有人能像苏威那样拥有威望。士人又有什么可怕的,而不去效仿苏威,迂腐行事、高傲自大地逍遥处世呢? 苏威谄媚当世统治者而看起来很慎重,潜心于六艺之中好像很正经,随时势而变化好像很中庸,倚老卖老、随心所欲看起来很刚强,要杀他没有正当的名义,要疏远他又做不到,天下人尚且认为没有谁比他的道义更高尚了。而他却把世人引向苟且和污秽,是毁坏纲常的大贼,这样的人可以容忍,那什么人不能容忍呢?像他这样的人,圣明君王必定要诛杀他而绝不宽赦,而唐朝只是姑且拒绝任用他而不施以刑罚,大概还是姑息和怜悯老人、待人宽恕、仁慈过度而变得柔弱了吧!像封德彝、宇文士及、裴矩这样的人,天下都知道鄙夷和厌恶他们的为人,即使再任用他们,也不足以迷惑人心而破坏风俗教化,杀掉他们固然可以,赦免他们并任用他们,又有什么不可以的呢?

六　徙王世充于蜀

薛仁杲、萧铣、窦建德或降或杀而皆斩,唯王世充赦而徙蜀,此不可解之惑也。唐高君臣当大法可伸之日,而执生杀之权,夫岂茫焉而罔正如此。世充,隋之大臣也,导其主以荒淫,立越王而弑夺之,其当辜也,固也;乃世充力守东都,百战以扞李密,而其篡也,在炀帝已弑之后,使幸而成焉,亦无以异于陈霸先。而唐立代王,旋夺其位,有诸己者不可非诸人,唐固不能正名以行辟也。且取世充与仁杲、建德、萧铣较。世充者,操、懿以后之积习也。建德、仁杲以匹夫,铣以县令,忽乘丧乱,遂欲窃圣人之大宝以自居,则张角、黄巢之等匹,尤不可长之乱,而无可原之情矣。

【译文】

薛仁杲、萧铣、窦建德或是在战斗中被杀,或是在投降后被杀。唯独王世充投降后被赦免死罪,受命迁徙到蜀地,这看起来是难以索解的令人疑惑之处。唐高祖君臣在大法得以伸张的时候,手执生杀之权,怎么会茫然无措、如此不公正呢？王世充是隋朝的大臣，引导其君主走向荒淫的道路，立越王为帝而又弑杀了他、夺取皇位，他罪当被杀，这是肯定的。可是王世充奋力守卫东都洛阳，经过多次战役抵挡了李密的进攻；而他篡位则是在隋炀帝被弑杀之后，假如他侥幸成功，也与当初陈霸先的情况相同。而唐高祖立代王为帝，很快就篡夺了其皇位，自己也犯的罪过不能拿来责备别人，所以唐朝本来就没办法端正名分、对群雄公允地施予刑罚。姑且将王世充与薛仁杲、窦建德、萧铣来进行比较。王世充是继承了曹操、司马懿等权臣篡位的积习；而窦建德、薛仁杲是以匹夫身份，萧铣以县令身份，忽然间就利用天下大乱的机会，打算窃取皇位、自立为帝。他们与张角、黄巢是一类人，这种人决不能被容忍以助长其悖逆气焰，所以没有值得被原谅的理由。

　　《春秋》于里克、宁喜弑其君而其伏诛也①，书曰"杀其大夫"；齐豹杀公孟②，阳虎窃玉弓③，未有弑逆之大恶也，而书曰"盗"。贵近之臣，或以亲，或以旧，或以才，为国之柱石，先有成劳于国，而人心归之，然后萌不轨之心以动于恶，欲效之者，固未易也。且人主与之相迩，贤奸易辨，而可防之于早也；辨之弗明，防之不夙，渐酿坚冰之至，人主亦与有罪焉。若夫疏远小臣如萧铣，亡赖细民如建德、如仁杲，始于掠夺，攫穷民而噬之，乌合势成，遂敢妄窥天位，则四海之广，枭桀饮博之徒，苟可为而无不可为，人君居高而莫察，有司拘法而难诛，决起一旦而毒流天下，则虽人主之失道有以致之，而蚁穴一穿，金堤不保，祁寒暑雨之怨咨④，皆可为稂粗棘矜之口实；及其溃败乞降，犹可以降王之礼恣其徜徉，则人何惮而不杀越平人以希富贵；况当初定之天下，众志未宁,此扑而彼兴,岂有艾乎?

【注释】

①里克(?—前650):春秋前期晋国卿大夫,晋献公的股肱之臣、太子申生的拥护者。"骊姬之乱"中,掌握军权的里克曾杀死先后为晋国君主的骊姬之子奚齐、卓子。晋惠公即位后,对里克心怀猜忌,派郤芮率兵包围里克家,里克自尽而亡。《左传·僖公十年》记载此事称:"晋杀其大夫里克。"宁喜:亦称宁悼子。春秋时期卫国卿大夫,宁殖之子。卫献公被权臣宁殖、孙林父所逐,逃亡在外。卫殇公即位后宁喜接替其父成为卿大夫。后来献公派人私下与宁喜约定,如果宁喜能助其复位,则"政由宁氏,祭则寡人"。宁喜于是攻杀孙林父,杀卫殇公,迎献公复位,但不久即被献公攻杀。《左传·襄公二十七年》记载此事称:"卫杀其大夫宁喜。"

②齐豹杀公兄:据《左传》记载,卫灵公之兄姬絷轻侮齐豹、北宫喜、褚师圃等人,而公子朝与卫襄夫人宣姜通奸,四家便共同发起叛乱,齐豹以伏兵杀死姬絷,后来卫灵公指挥平叛,北宫喜的家宰攻杀齐豹。《左传·昭公二十年》记载此事称:"秋,盗杀卫侯之兄絷。"

③阳虎窃玉弓:阳虎本为季平子手下家臣,因才能和功绩逐渐成为季氏家臣的领袖。到季桓子在位时期,阳虎已经成了季氏家族实际上的掌权者,季桓子形同傀儡。后来,阳虎试图通过政变彻底消灭三桓势力,于是劫持鲁定公和叔孙州仇,发兵攻打孟孙氏,先胜后败。其间,阳虎跑入鲁国宫室,窃取了鲁国的镇国之器宝玉和大弓。次年,重新执政的"三桓"发兵进攻阳关,阳虎自知不敌,烧毁城门,趁乱逃出,投靠了齐景公。《左传·定公八年》记载此事称:"盗窃宝玉、大弓。"

④祁寒：严寒。

【译文】

《春秋》对于里克、宁喜弑杀其君而最终被杀的事情，都记载为"杀其大夫"。齐豹杀卫灵公之兄姬絷，阳虎盗窃鲁国宝器宝玉和大弓，并没有犯下弑君篡位的大罪，而《春秋》均称他们为"盗"。尊贵亲近的大臣，或是因为与皇帝的亲缘关系，或是身为先朝旧臣，或是因为自身才能成为国家的柱石，他们首先对国家有功劳，所以人心才能归附于他们，然后他们萌生了不轨之心，图谋叛逆。其他人想要效仿他们，本来也不容易。况且君主与他们亲近，容易分辨他们是忠还是奸，因而可以提早防备他们。如果不能明辨其忠奸，不能及早做防备，渐渐酿成篡逆的事变，则君主也有其罪责。至于像萧铣这样疏远的小臣，或是像窦建德、薛仁果这样的无赖平民，始于掠夺百姓，攫取穷苦百姓的财富、吞噬他们的生命，凑成乌合之众，于是就敢狂妄地窥探天子之位。如此则以四海之广大，那些桀骜不驯、饮酒赌博的无赖，只要能效仿他们便都会效仿，君王居于高位而无法察觉，有关部门受法律限制而难以诛杀他们。他们一旦起来造反，毒害就流布天下，则即使是因为君主失道而导致他们造反，而蚂蚁的洞穴一旦贯穿堤坝，那坚固的堤坝就难以保全了。严寒、酷暑、暴雨等灾难，都能成为暴民造反的口实。等到他们溃败而乞求投降时，尚且可以享受投降君王的礼遇而逍遥自在，那么人们又有什么可怕的而不靠杀人越货来取得富贵呢？何况在天下初定之时，民众的心志尚未安定，这些造反势力此起彼伏，还如何能有安宁之日呢？

　　自东汉以后，权臣之篡者，成而为曹魏、六朝；未成而败，为王敦、桓温、刘毅、沈攸之、萧颖胄、王僧辩；倏成而速败，为桓玄、侯景；乃及隋之亡，而天下之势易矣，人皆可帝，户皆可王，是匹夫狂起之初机也。唐及早惩之，正草泽称尊之大罚，然且有黄巢之祸，延于朱温而唐以亡：使弗惩焉，则暗主相承，政刑无纪，闾井之匹夫，几人帝而几人王，生民之流血，终无已日矣。若权臣受将相之托，为功于国，而逼夺孤幼，则不待正铁钺于世充而无有继之者。高祖相世运之迁，大权之移，祸萌之变，而贳世充、诛三僭，其亦审矣，而岂贸责以张弛乎？已天下之乱者义也，而义固随时以制宜者也。世充可诛也，建德、铣、仁杲尤不可贷者也，非昧于治乱之几者，可执一切之义以论得失也。

【译文】

　　自东汉以后，权臣篡位的，成功者有曹魏、六朝；篡位失败的，有王敦、桓温、刘毅、沈攸之、萧颖胄、王僧辩；侥幸成功而又迅速失败的，则有桓玄、侯景。等到隋朝灭亡时，天下的形势已经发生了变化，人人都能称帝，家家都能称王，这是匹夫狂妄地起来篡位的发端。唐朝及早对其予以惩戒，对出身平民而妄称尊号者予以严厉惩罚，然而唐朝尚且有黄巢之祸；延续到朱温时，唐朝就最终灭亡了。假如不对草莽称帝者予以惩戒，暗弱的君主代代相承，政治和刑罚没有纲纪，则民间的匹夫不知有几人称帝、几人称王，百姓血流遍地，于是便始终没有宁日了。至于权臣被委以将相大任，为国家立下功劳而逼迫孤立且年幼的君主、篡夺其皇位，则不诛杀王世充，也没有人会起来效仿他。唐高祖审视时势的变迁，看到大权的转移、祸患的发生而赦免王世充，诛杀薛仁杲、萧铣、窦建德三人，他的行为也是很审慎的，怎么能贸然责备他宽严失当呢？平息天下的混乱要靠道义，而道义本来就要因时制宜。王世充固然可杀，窦建德、萧铣、薛仁杲相比之下更加不可被赦免，这并非那些不懂得治乱关键的人，可以拘泥于所谓整齐划一的义来随意讨论得失的事情。

七　封德彝策突厥

言有不可以人废者,封德彝之策突厥是已[1]。突厥拥众十五万寇并州,郑元璹欲与和[2],德彝曰:"不战而和,示之以弱,击之既胜,而后与和,则恩威并著。"斯言也,知兵筹国相时之善术也。唐之不能与突厥争,始于刘文静之失策,召之入而为之屈,权一失而弗能速挽矣。中国初定,而突厥席安,名有可挟,机有可乘,唐安能遽与突厥争胜哉?然当百战之余,人犹习战,故屡挫于刘黑闼而无朒缩之心[3],则与战而胜可决也;所难者,锐气尽于一战,而继此则疲耳。奋起以亟争,而藏拙于不再,速与战而速与和,则李神符、萧颙之功必成[4],而郑元璹之说必黜矣。

【注释】

①封德彝之策突厥:据《资治通鉴·唐纪六》记载,武德五年(622)突厥颉利可汗犯边,率十五万骑兵入雁门,侵犯并州,又派兵侵犯原州。唐高祖向大臣问计,太常卿郑元璹认为"战则怨深,不如和利"。而中书令封德彝认为突厥入侵,必有轻中国之意,认为我们兵弱不敢交战;不如发兵出击,取胜后再讲和。高祖最终采纳封德彝的建议。《旧唐书·封德彝列传》亦有所载。

②郑元璹(shú,?—646):荥阳开封(今河南开封)人。隋时以父功荫袭沛国公,任右武候将军,改封莘国公。唐初任太常卿,数次出使突厥。其事散见于新、旧《唐书·突厥列传》等。

③刘黑闼(?—623):贝州漳南(今河北故城东北)人。隋末唐初割据将领。少时与窦建德为好友。隋末从郝孝德参加瓦岗军,李密战败后为王世充俘虏。后逃回河北,依附窦建德,被封为汉东

郡公。以骁勇多谋著称。窦建德死后，刘黑闼召集窦建德旧部
起兵，自称汉东王。与唐朝多次交战，先被李世民击败，后在李
建成平定河北时战死。传见新、旧《唐书·刘黑闼列传》。

④李神符（578—651）：陇西成纪（今甘肃秦安）人。唐朝宗室、官
员、将领，唐高祖李渊的堂弟。李渊称帝后，封李神符为襄邑郡
王、并州总管。武德五年（622），李神符击败东突厥进犯，因功授
任太府卿。后升任检校扬州大都督。武德五年（622）八月，东突
厥颉利可汗率众侵犯唐朝边境。李神符率军在汾水东面与东突
厥军队交战，击败东突厥，斩杀五百人，俘获战马两千匹。接着，
李神符在沙河北面击败东突厥，擒获东突厥大臣乙利达官，缴获
颉利可汗所乘战马与铠甲，进献长安报捷。李神符因功授任太
府卿。传见新、旧《唐书·宗室列传》。萧颛：当为萧颛。萧颛，
唐初将领，武德五年（622）时任汾州刺史，击败入侵的突厥军队，
斩首五千余级。其事见于《新唐书·突厥列传》。

【译文】

有道理的言论不能因为其出于某些人之口就予以废弃，封德彝为
应对突厥而做出的谋划就是这样。突厥十五万军队入侵并州，郑元璹
想要与他们和谈，封德彝说："如果不经过战斗就讲和，等于向敌人示
弱。先抗击他们，取得胜利后再讲和，则能收到恩威并济的效果。"这句
话是懂得军事、审视时局、为国筹划的极好的策略。唐朝不能与突厥抗
争，始于刘文静的失策。当初他力主招突厥军队入援而不得不暂且屈
服于他们，主动权一旦失去就很难迅速挽回。中原刚平定，而突厥长期
安定，有可挟持的名义，有可乘之机，唐朝如何能立即与突厥争胜呢？
然而唐朝毕竟刚历经百战，民众、军队尚且习惯于战斗，所以尽管屡次
受挫于刘黑闼，仍没有退缩之心。如此则与突厥战斗，是可以一次取胜
的。困难之处在于，这一战将会耗光锐气，而此后就会陷于疲惫。奋起
而立即抗击突厥，以掩盖无法再战的缺陷，速战速和，如此则一定能成

就李神符、萧颎那样的军事功绩,而郑元璹讲和的建议也必定能实现。

　　夫夷狄者,不战而未可与和者也,犬絷项而后驯,蛇去齿而后柔者也。以战先之,所以和也;以和縻之,所以战也;惜乎唐之能用战以和,而不用和以战耳。知此,则秦桧之谋,与岳飞可相辅以制女直,而激为两不相协以偏重于和,飞亦过矣。抗必不可和之说,而和者之言益固,然后堕其所以战而一恃于和,宋乃以不振而迄于亡。非飞之战,桧亦安能和也;然则有桧之和,亦何妨于飞之战哉? 战与和,两用则成,偏用则败,此中国制夷之上算也。夫夷狄者,诈之而不为不信,乘之而不为不义者也,期于远其害而已矣。

【译文】

　　对于夷狄,不与他们交战就不能与其讲和。狗脖子上先套上绳子后才能变得温驯,蛇去掉毒牙后才能变得柔顺。先与其交战,是为了其后讲和;用和议来羁縻夷狄,是为日后的战事做准备。可惜唐朝能以战求和,却不能用和以备战。懂得了这个道理,则秦桧求和的谋略与岳飞抗金的主张是可以相辅相成、共同作用于制伏女真人的。最终这两种观点却相互冲突激荡,变成了偏重于求和,岳飞也是有过错的。坚持必定不能与女真讲和的观点,那些主张讲和的人意见也会更坚定,然后就消除了战斗的资本而完全依赖于讲和。宋朝于是积弱不振,一直持续到南宋灭亡。如果不是岳飞坚持抗金,秦桧又哪里能成功讲和? 然而有秦桧这样的人讲和,又哪里妨碍了岳飞抗金呢? 战与和,兼用则成功,偏用则失败,这是中国制伏夷狄的上佳策略。对于夷狄,欺骗他们也不算不讲信义,乘他们之危也不算不义,最终目的只不过是为了避免遭受其祸害罢了。

八　唐初官制

唐初定官制，三公总大政于上，六省典机务于中，九寺分庶政于下；其后沿革不一，而建国之规模，于此始基之矣。一代兴，立一代之制，或相师，或相驳，乃其大要，分与合而已。周建六官，纯乎分也，秦统以一相一尉而合，汉承之而始任丞相，后任大将军，专合于一，而分职者咸听命焉。唐初之制，三公六省与九寺之数相匹，所重在合，而所轻在分。于九寺之上，制之以六省，六省之上，莅之以三公，统摄之者层累相仍，而分治者奉行而已，长短以时移，得失各有居也。然而唐多能臣，前有汉，后有宋，皆所不逮，则劝奖人才以详治理，唐之斟酌于周者，非不审也。

【译文】

唐初制定官制，三公在上面总揽大政，六省在中间各自掌管机要事务，九寺则在下分领庶务。其后各代制度沿革不一，而建国的大致框架，从这里开始就大致奠定了。一个朝代兴起，创立一代的制度，或是效仿前代，或是加以变革，至于其要旨，不过是分与合而已。周朝设六官，这是纯粹分散职权，秦朝在其上设立丞相、太尉来统合大权。汉代继承秦制，开始时集权于丞相，其后集权于大将军，权力完全合于一官，而其他分守各职的官员不过是听命于此官罢了。唐初的制度，所设三公六省与九寺的数量相匹配，重点在于合，而相对轻视分。在九寺之上，设置六省分别统辖；在六省之上，再以三公来总领。层累地加以统摄，而分掌政务的部门则只需要奉行决议。制度的优缺点随着时间推移而变化，各有其得失。然而唐代多能臣，前有汉，后有宋，两代都比不上唐，如此则奖励人才以促进国家治理，是唐代对周代制度加以斟酌的结果,并非不够审慎周密。

国家之务,要不出于周之六官,分其事而各专其职,所以求详于名实也;因名责实,因实课功,无所诿而各效其当为,此综核之要术也。然而有未尽善者存焉,官各有司,司各有典,典各有常,而王之听治,综其实,副其名,求无过而止;因循相袭,以例为师,苟求无失,而敬天勤民、对时育物、扬清激浊、移风善俗之精意,无与消息以变通之。实可稽也,不必其顺乎理;名可副也,不必其协于实;于是而任国家之大政者,且如府史之饰文具以求免谪,相为缘饰,以报最于一人之听睹[1],而人亦不乐尽其才。故周制使冢宰统六典以合治之[2],而冢宰既有分司,又兼五典,则大略不失,亦不能于文具之外,斟酌人情物理、天时事变之宜,与贤不肖操心同异之隐,以求详于法外,自非周公之才,亦画诺坐啸而已[3]。于是而知唐初之制,未尝不善也。

【注释】

①报最:指长官考察下属,把政绩最好的列名报告给朝廷。

②六典:指古代六方面的治国之法,即治典、教典、礼典、政典、刑典、事典。

③画诺:指古代主管官员在文书上签字,表示同意照办。坐啸:闲坐吟啸。

【译文】

国家的政务,主要内容不超出周代六官职守之外。六官分掌政事而各司其职,这是求得名实相符的途径。根据名而责求实绩,根据实效而考核功绩,各部门无法推卸自己的责任而只能各负其责,这是综合考核的重要办法。然而这种办法也有不完美之处。官吏各有其职守,职守各有其典制,典制各有其常法,而君王听取政务,综合其实绩以求符合其名义,所以官吏们只求没有过失罢了。于是各自因循沿袭,以旧事例为效法对象,只求没有过失。则恭敬上天而为民众操劳、顺应时节而长养万物、激浊扬清、移风易俗的精微之意,就没法与时更替、加以变通了。如果实际情况可以核查,那就不会强求合乎道理;如果名声与职务相称,也不一定合乎实际。于是担当国家大政的人,也会像地方官府中的官吏那样涂饰文辞以避免被处罚,相互缘饰,以求在被上报给皇帝时获得好评,因而每个人都不乐意充分发挥自己的才干。所以周代制度中令冢宰统领六典来综合治理事务,而冢宰既有自己分掌的领域,又兼领其他五典,如此则大略没有过失;也不能在文辞之外,斟酌人情物理、天时事变的因素,与贤能或不肖者有同样的心思和隐衷,以求免于被法律所惩罚。只要不是像周公那样的大才,也只能在文书上签字并闲坐吟啸罢了。由此可以知道唐初的制度,也未尝不是好的制度。

六省者,皆非有执守者也,而周知九寺之司;三公者,虽各有统也,而兼领六省之治;九寺各以其职循官守、副期会、依成法以奉行①,而得失之衡,短长之度,彼此相参以互济。与夫清浊异心,忠佞异志,略形迹以求真实之利病,则既以六省秉道而酌之,又有三公持纲而定之,互相融会以求实济于宗社生民之远图,岂循名按实、缘饰故例以苟免于废弛之诛者所能允协于宗社生民之大计哉?故责名实于分者,详于法而略于理;重辨定于合者,法或略而理必详。不责人以守法拘文之故辙,而才可尽;能会通于度彼参此之得失,而智日生。于是乎人劝于天下之务,而耻为涂饰,以下委于谄习法律之胥史，致令天下成一木偶衣冠、官厨酒食之吏治，则唐之多能臣也，其初制固善也。

【注释】

①期会：谓在规定的期限内实施政令。多指有关朝廷或官府的财物出入。

【译文】

六省都没有固定的主管事项而细密详备地执掌对九寺的管理；三公虽然各自有统辖的政务，却又兼领六省的事务；九寺各自依据其职责居官守职，实施政令，依据已经存在的法律行事。而这几者之间的得失与短长，可以彼此相互参照以和衷共济。对于官员内心是清廉还是贪浊，是忠诚还是奸佞，忽略其形迹而求得了解真实的利弊，如此则既以六省秉持治理之道而加以斟酌，又有三公把持纲领而定下框架，彼此互相融会，以求切实服务于宗庙社稷和百姓的长远前途。那些循名责实、缘饰旧例、只想求得免于因政务废弛而受惩罚的做法，岂能够与宗庙社稷和百姓的长远利益相协调？所以由各个部门审查官吏的名实，就会详于法令而略于道理；经过多次论辩而最终由主官决定的，则或许会忽略法令，但必定会在道理方面比较详备。不强求下属走恪守法规、拘泥文辞的老路，而可以人尽其才；能够参照彼此的得失加以揣度，达到融会贯通，则每天都会增长才智。于是每个人都受到勉励去尽心政事，以粉饰为耻辱。如果把基层的政务委托给熟悉法律条文的胥吏，就会致使天下官吏都形同穿戴衣冠的木偶一般装模作样，尸位素餐。如此则唐代多能臣，是因为其最初的制度就很合理。

夫郡县之天下，其治九州也，天子者一人也，出纳无讽议之广，折中无论道之司，以一人之耳目心思，临六典分司之烦冗，即有为之代理者，一二相臣而止，几何不以拘文塞责、养天下于痿痹，而大奸巨猾之胥史，得以其文亡害者、制宗社生民之命乎？国家之事，如指臂之无分体也；夫人之才，如两目之互用，交相映而合为一见也。取一体而分责之，无所合以相济，将司农不知司马之缓急，司马不知司农之有无，竟于廷而偾于边，所必然者。刑与礼争而教衰，抚字与催科异而政乱^①，事无以成，民无以靖，是犹鼻不择味，口不择香，背拥重纩而不恤胸之寒^②，虽有长才，徒为太息，固将翱翔于文酒琴弈之中，而不肖者持禄容身，不复知有清议，贤愚无别，谁复戮力以勤王事哉？是故三公六省无专职，而尽闻国政以佐天子之不逮，国多才臣，而虽危不亡，唐之所以立国二百余年，有失国之君，而国终存，高祖之立法持之也。

【注释】

①抚字：抚育爱护。指对百姓的安抚体恤。催科：催收租税。租税有科条法规，故称。

②重纩（kuàng）：厚丝绵。亦指用厚丝绵制的衣被。

【译文】

在实行郡县制度的天下，治理天下九州的，是天子一个人，他在决策和发出政令时既没有广泛议论的建议可供采纳，也没有与其坐而论道、对各种意见加以折中调和的相关部门。以一个人的耳目心思，来处理六部的烦冗事务，即使有作为天子代理者的人，也不过一两个宰相罢了，如何能避免因为拘泥文辞、敷衍塞责而使天下养成痿痹的恶习，而极为奸诈狡猾的胥史，得以用他们看似无害的文案来控制宗庙社稷和百姓的命运呢？国家的事务，就像手指和手臂一样没有相互分开的情况;人的才能,就像两只眼睛相互协作、交相作用而服务于看清事物。将本是一体的事务分开来加以责求,而没有使其合作共济的机制,则会出现司农不知道司马所管理事务的缓急,司马不知道司农所掌管物资的有无。双方在朝廷上论争而边关因此受害,这是必然的结果。刑与礼相争而教化衰落,抚育休养的政策与逼迫加征赋役的政策南辕北辙,导致政令混乱,事情难以办成,百姓不得安宁。这就像是鼻子不分辨气味,嘴巴不知道选择香臭,背上穿着两层丝绵衣服却不顾胸前寒冷。即使有卓越的才华,也只能徒劳叹息,因此就只能翱翔于文辞、美酒、琴瑟、对弈之中;而不肖之人拿着俸禄只求自保,不再知道有清议这回事。贤能与愚蠢显不出差别,谁还会尽力为君王的政事操劳呢? 所以三公六省没有专职,而参与所有的国家政务以辅佐天子、弥补其力不能及之处。所以国家多有才能的大臣,即使面临危险也不会灭亡,唐朝之所以能立国二百多年,其间也有失国之君,而国家却始终能维持存在,就是因为唐高祖所创立的制度在发挥作用。

后世合六官而闻政者,台省也①。乃职在纠参,则议论失平,而无先事之裁审;联六官而佐治者,寺监也,乃仰承六官,则任愈析,而专一职之节文;故言愈棼而才愈困②。鉴古酌今,以通天下之志而成其务,非循名责实泥已迹者之所与知久矣。

【注释】

①台省:初指汉代尚书台、曹魏中书省,在唐代指御史台和尚书、中书、门下三省。

②棼(fén):纷乱。

【译文】

后世将六官职能合在一起,来使其处理国家政务的部门,是御史台和三省。可是其职责在于纠核百官，所以其议论难免有失平允，也没办法在事前进行审查和裁决。与六官联合而共同辅佐国家治理的，是各寺监，可是各寺监上承六官旨意，职责分化更为具体，只负责专一职位的相关事务和文案。所以议论越是纷繁，越令人感到无所适从。对照古代，斟酌当今，会通天下人的志向与愿望而处理好国家事务，这远不是那些循名责实、拘泥于以往事例的人所能参与和知晓的事情。

九 初定均田租庸调法

租、庸、调之法[①]，拓拔氏始之，至唐初而定。户赋田百亩，所输之租粟二石，其轻莫以过也；调随土宜，庸役两旬，不役则输绢六丈。重之于调、庸，而轻之于粟，三代以下，郡县之天下，取民之制，酌情度理，适用宜民，斯为较得矣。

【注释】

①租、庸、调之法：唐代前期的赋税制度。租、庸、调是向受田课丁征收田租、户调和力庸三者的合称。源于北魏至隋代以均田制为基础的租、调、力役制度。

【译文】

租、庸、调制度，从北魏开始实行，到唐初这一制度被正式确定下来。每一户缴纳一百亩土地的赋税，每年缴纳两石租粟，没有比这再轻的岁租了。调则随土产而确定缴纳项目和数量，丁壮每年服役二十天，如果不服役则缴纳六丈绢布。重点征收调和庸，而征收粮食方面数额要求不高。在三代以下实行郡县制的天下，向百姓征收赋税的制度中，能够斟酌情理，比较适用并方便百姓的，这算是比较好的了。

地之有稼穑也，天地所以给斯人之养者也。人之戴君而胥匡以生也，御其害，协其居，坊其强以淫①，抚其弱以萎，君子既劳心以治人，则有力可劳者当为之效也。地产之有余者，桑麻金锡茶漆竹木棕苇之属，人不必待以生，而或不劳而多获，以资人君为民立国经理绸缪之用，固当即取于民以用者也。酌之情，度之理，租不可不轻，而庸、调无嫌于重，岂非君以养民、民以奉公之大义乎？故曰"明君贵五谷"。谷者，民生死之大司也。箕敛以聚之上，红朽盈而多豢不耕之人，下及于犬马，则贱矣；开民之利，劝之以耕，使裕于养，而流通其余，以供日用之需，所以贵之也；示民以不爱其力以事上，而重爱其粟，虽君上而不轻与，则贵之也至矣。故惟重之于庸，而轻之于租，民乃知耕之为利，虽不耕而不容偷窳以免役，于是天下无闲田，而田无卤莽②，耕亦征也，不耕亦征也，其不劝于耕者鲜矣。

【注释】

①坊：同"防"。

②卤莽：荒地上的野草，引申为荒废。

【译文】

　　土地出产庄稼，这是大自然赐予人类的生存资料。百姓拥戴君主而相互匡扶以求得生存，抵御灾害，和睦协调地共同生活，防范豪强横行，抚慰老弱病残。君子既然劳心治理百姓，则身强力壮能够劳作的人自然应当为其效劳。土地上的额外出产，如桑、麻、金、锡、茶、漆、竹木、棕榈、芦苇等，人们不依赖它们为生，有时候不用付出太多辛劳就能收获很多，可以用以资助君王安邦定国、筹谋经营之用，本来就应当从百姓那里拿来为国家所用。斟酌情理，租不能不轻，而庸、调重一些也无妨，这难道不是君王赖以养民、百姓用以奉公的大义吗？所以说"明君把五谷看得很贵重"。五谷粮食,关系到百姓的生死。向百姓征收粮食,将其积聚在朝廷手中,很多会腐败变质,而且会豢养更多不耕种的人;甚至连狗马都要吃仓库里的粮食,如此粮食就会被看轻。如果使民众有利可图,劝勉他们耕种粮食,使他们有足够赡养自己的粮食而把多余的粮食拿出去交易,从而满足日用需求,那么粮食就会被看重了。向百姓表示国家不吝惜使用民力侍奉君上,但却很看重其生产的粮食,即使是君王也不轻易给予其粮食,则粮食的贵重就达到了极致。所以只有征收庸重些,征收租很轻,百姓才能懂得耕种的好处。即使不耕种也没办法偷懒逃避赋役,于是天下就不会有荒废的田地,田地中没有荒芜废弃的部分。耕种也要征收租和庸,不耕种也要征收租和庸,那么不从事耕作的人就很少了。

且按唐开元户数凡九百六十一万九千有奇,户租二石,为租千九百二十三万有奇,以万历清丈所定[①],夏秋税粮二千六百六十三万有奇较之,其差无几也。田百亩而租二石,几百而取一矣,而可给二百二十万人之食以饷兵,而不止三年之余。一粟之取也薄,而庸、调之取绢绵土物也广,则官吏胥役百工之给,皆以庸、调之所输给之,使求粟以赡其俯仰,皆出货贿以籴粜于农民,而耕者盐酪医药昏丧之用,粟不死而货贿不腾。调、庸之职贡一定于户口而不移,勿问田之有无,而责之不贷,则逐末者无所逃于溥天率土之下,以嫁苦于农人。徭不因田而始有,租以薄取而易输,污吏猾胥无可求多于阡陌,则人抑视田为有利无害之资,自不折入于强豪,以役耕夫而恣取其半。以此计之,唐之民固中天以后乐利之民也;此法废而后民不适有生,田尽入于强豪而不可止矣。

【注释】

①万历:明神宗朱翊钧的年号,使用时间为1573—1620年。

【译文】

况且按照唐代开元时期的统计,户数一共九百六十一万九千多户,每户田租两石,一共收租一千九百二十三万多石,与明朝万历年间清丈土地时所确定的数额,即夏秋税粮共两千六百六十三万多石相比,没有多大差别。每一百亩田而交两石田租,相当于税率几乎只有百分之一,作为军粮就可以供给二百二十万人的口粮了,而不止是三年耕种就能剩余一年的量。收取的田租较少,而庸、调收取绢、绵等土产物,范围很广,则官员、胥吏、差役、百工的给养,都靠庸、调收上来的物资解决。让这些人自行购买粮食解决三餐,则他们会把得到的物资卖给农民以换取粮食;而农民生活所需的盐、酪、医药、婚丧用品,都可以由此得到,粮食和货物的流通都很顺畅。调、庸的额度是基于户口而不变的,不论是否有田地,都必须缴纳,如此则那些从事商业的人就没法逃避缴纳调、庸的义务,不能将负担转嫁给农民。徭役不按照田地征发,因为田租轻,所以容易输送。贪官污吏没办法额外多捞取油水,如此则人们都会将田地视为有利无害的资产,自然不会折价卖给豪强,使他们役使农夫、自己不耕种却能拿走一半的土地产出。以此看来,唐代的农民算得上是尧、舜时代以后得到实利最多的。租庸调之法废除后,百姓无以为生、其土地都落入豪强之手的情形就无法禁止了。

役其人,不私其土,天之制也;用其有余之力,不夺其勤耕之获,道之中也;效其土物之贡,不敛其待命之粟,情之顺也;耕者无虐取之忧,不耕者无幸逃之利,义之正也。若夫三代之制,田税十一,而二十取一,孟子斥之为小貉①,何也?三代沿上古之封建,国小而君多,聘享征伐一取之田,盖积数千年之困敝,而暴君横取,无异于今川、广之土司②,吸齕其部民③,使鹄面鸠形④,衣百结而食草木。三代圣王,无能疾出其民于水火,为撙节焉以渐苏其生命⑤,十一者,先王不得已之为也。且天子之畿,东西南北之相距,五百里而已。舟车之挽运,旬日而往还,侯国百里之封,居五十里之中,可旦输而夕返。今合四海以供一王,而馈饷周于远塞⑥,使输十一于京边,万里之劳,民之死者十九,而谁以躯命殉一顷之荒瘠乎?弗获已而折色轻赍之制以稍宽之,乃粟之贵贱无恒,而定之以一切之准,墨吏抑尽废本色,于就近支销而厚取其值,且使贱粜以应非时之诛求,自非奸诡豪强,未有敢名田为己有者。若且不察而十一征之,谁为此至不仁之言曰中正之制,以剿绝生民之命乎?

【注释】

①孟子斥之为小貉:据《孟子·告子下》记载,孟子说:"貉国,五谷不能生长,只能长黍子;没有城墙、宫廷、祖庙和祭祖的礼节,没有诸侯之间的往来送礼和宴饮,也没有各种衙署和官吏,所以二十抽一便够了。如今在中原国家,取消社会伦常,不要各种官吏,那怎么能行呢?做陶器的人太少,尚且不能够使一个国家搞好,何况没有官吏呢?想要比尧舜十分抽一的税率更轻的,是大貉小貉;想要比尧舜十分抽一的税率更重的,是大桀小桀。"

②土司:元、明、清王朝为加强对西北、西南地区少数民族的统治,在部分少数民族聚居区设置土官,由少数民族首领充任并世袭。

③吸齕(hé):剥削,压榨。

④鹄面鸠形:面容枯槁,形体瘦削。

⑤撙节:节制,调节。

⑥馈饟(yùn):运送粮饷。

【译文】

役使百姓而不占有他们的土地,这是上天的规定;使用农民有余的力气,而不夺走他们勤勉耕作的收获,这是中正之道;征收各地的土产物资,而不征收百姓赖以活命的粮食,这是顺应情理的要求;农民没有被压榨剥削的痛苦,不耕种的人没办法逃避赋役而获利,这是道义的要求。至于夏、商、周三代的制度,田税为十取其一,而后世有二十取一的税率,孟子斥责其像小貉国一样糟糕,为什么呢?三代沿袭上古封建制度,国家小而封君众多,聘享征伐的开支全部取自田地,这大概是数千年积累下的弊政。而暴君横征暴敛,与今天四川、广西等地的土司残酷压榨其部民,使其面容憔悴、身形瘦削,穿着补丁摞补丁的衣服,吃树皮野草为生没什么区别。三代的圣王,没办法将百姓立即从水火之中拯救出来,只能加以调节以求使其缓缓复苏。十取其一的税率,是三代圣王不得已而定下的。况且天子的王畿,东西南北相距不过五百里而已;舟车运输,十天就能来回。侯国只有百里封地,住在距离四周各五十里的中央地带,则运送税粮早上出发晚上就能回家。如今四海之内只尊奉一位皇帝,而需要供应粮食的地方遍及边塞地区,让百姓将十分之一的收获运送到京城周边,万里路途的辛劳导致百姓十分之九都死去了,谁会让自己的生命为区区一顷土地而失去呢?出于不得已只能允许百姓缴纳折色银以稍稍减轻其负担。可是粮食贵贱不定,如果强行定一个统一标准,那么贪官污吏就会完全废弃原来的规定,就近卖出粮食以获取厚利,并且会强迫百姓低价卖出粮食以备其不时征派。只要不是奸诈的豪强,就没有敢占有土地的。对此不明察而坚持十取其一的税率,是谁说出了这是中正的制度这样不仁、实际上却是将百姓逼上死路的话呢?

乃若唐之庸,重矣,以后世困农而恣游民之逋役则重也,以较三代则尤轻。古者七十二井而出长毂一乘①,步卒七十二人,九百亩而一人为兵。亩百步耳,九百亩,今之四百亩而不足也。以中则准之,凡粮二十石有奇而出一兵。无岁不征,无年不战,死伤道殒,复补伍于一井之中。唐府兵之未尽革也,求兵于免租免庸之夫,且读杜甫《无家》《垂老》《新婚》三别之诗,千古犹为堕泪。则三代之民,其死亡流离于锋矢之下,亦惨矣哉!抑且君行师从,卿行旅从,狩觐、会盟、聘问、逆女、会葬,乃至游观、畋猎,皆奔走千百之耕夫于道路,暑暍冻瘘、饥渴劳敝而死者②,不知凡几,而筑城、穿池、营宫室、筑苑囿之役不与焉,其视一岁之庸,一户数口而折绢六丈者,利害奚若也?论者不体三代圣王因时补救不得已之心,而犹曰十一取民,寓兵于农之可行于今也,不智而不仁,学焉而不思,亦忍矣哉!后王参古以宜民,唐室租、庸、调画一仁民之法,即有损益,无可废矣。

【注释】

①长毂:指兵车。

②暍(yē):中暑。

【译文】

至于唐代的庸,却是很重。从后世农民因此陷入困窘,只能放任游民逃避徭役的情况看,确实是重了,但与三代相比较还是很轻的。古代每七十二井就要出一辆兵车以及步卒七十二人,每九百亩土地就要有一人当兵。当时每亩不过百步罢了,当时的九百亩,还不到今天的四百亩。用中等标准推算,相当于每二十石多一点的粮食就要出一名士兵。每年都要征兵,每年都要作战,战斗中死伤或是在路途中殒命的,还要再从一井之中选人来替补。唐代府兵制度尚未完全革除，从免租免庸的男丁中选拔士卒，而读杜甫《无家别》《垂老别》《新婚别》三首诗，千古之后的人们尚且为诗中描绘的悲惨情形而落泪。如此则三代的百姓，在锋矢之下死亡流离，也是极为悲惨的！而且君王出行，一个师的军队要跟从；上卿出行，一个旅的士兵都要跟从；朝觐、会盟、聘问、迎女、会葬，乃至于游览、打猎，都要使千百农夫在道路上奔走。因为中暑或挨冻，或是因饥渴疲劳而死的人，不知道有多少；而筑城、凿池、营造宫室、修筑园圃之类的工作还不计算在内。这与租庸调制度下每一年需要承担的力庸，一家数口才需要折绢六丈相比，哪个对百姓更有利呢？议论的人不体谅三代圣王根据时势加以补救的不得已之心，而尚且声称对百姓十取其一、寓兵于农的制度在如今也能施行，既不智也不仁。只知道效仿而不懂得思考，也真是残忍啊！后世帝王参考古代的制度而制定适合如今百姓的制度，对于唐代租、庸、调整齐画一而泽惠百姓的制度，即使要加以损益，也不应该完全废除。

一〇　张镇周都督本州

古者士各仕于其国，诸侯私其土，私其人，既禁士之外徙，而羁旅之臣，新君有其情不固之疑，三代圣王欲易之而不能也。乃其为卿大夫者，类以族升，则役于相习之名分，而民帖然以受治，农之子恒为农，虽有隽才，觊望之情不生[①]，赏罚施于比邻，而恩怨不起。乃逮周之季，世禄之家迭相盛衰，于是陈、鲍、高、国、栾、郤、赵、范且疑忌积而起寻戈矛，兄弟姻亚互修怨于顾盼之间，而蹀血覆宗，亦人伦之大斁矣。法与情不两立，亦不可偏废者也。闾井相比，婚媾相连，一旦乘权居位，而逮系之、鞭笞之，甚且按法以诛戮之，憯焉不恤，曰"吾以奉国法也"，则是父子、昆弟、夫妇、朋友之恩义,皆可假君臣之分谊以摧抑之,而五伦还自相贼矣。于是乎仁心牿丧②,而民竞于权势以相离散,非小祸也。若欲曲全恩义,而觟法以伸私③,则法抑乱,而依倚以殃民者不可胜诘。然则除诸侯私土私人之弊政于九州混一之后,典乡郡、刺乡州、守乡邑,其必不可,明矣。

【注释】

①觖(jué)望:因不满意而怨恨。

②牿(gù)丧:受遏制而沦丧。

③觟(wěi)法:枉法,歪曲法律。觟,同"觟"。

【译文】

古代士人各自在自己国家做官,诸侯将国家的土地和民众当作自己的私有物,禁止士人向国外迁徙;而对那些寄居他国的臣子,新国君就会怀疑他们的忠诚不够牢固。这是三代圣王想要改变却做不到的情况。于是做卿大夫的人,大体上都是因为家族关系而得到提升,彼此受到相沿袭的名分的影响;而百姓服服帖帖地接受统治,农民的儿子永远是农民,即使其中有优秀的人才,也不会因不满而产生怨恨之情。所以赏罚被施予比邻的家庭中,也不会产生恩怨。可是到了周朝末年,世卿世禄之家交替盛衰,于是陈、鲍、高、国、栾、郤、赵、范之间都逐渐积累起巨大的猜忌,从而引起操戈纷争。兄弟姻亲之间在平时积累起怨恨,最终酿成宗族覆灭的血腥惨烈后果,这也是对人伦的大破坏。法与情势不两立,二者是不可偏废的。居住在同一同井的邻居,互通婚姻,一旦当权居位,就要逮捕和关押从前的邻居,鞭笞他们,甚至按照法律诛杀他们,完全不顾及情形有多悲惨,说"我这是在奉行国法"。如此则父子、兄弟、夫妇、朋友之间的恩义,皆可假托君臣名分和义务来加以摧残,父子、兄弟、夫妇、君臣、朋友之间相互残害。于是仁心因受遏制而沧丧,百姓竞相追逐权势,相互离心离德,这不是小祸。如果想要曲为保全恩义,而不惜歪曲法律以讲私情,则法律也会被扰乱,而倚仗私情来祸害百姓的行为更是追究不过来。如此则在九州一统的情况下废除了诸侯私人占有土地和人民的弊政后,让官员出任本郡太守、本州刺史、本县县令,必定是不可以的,这是很明显的道理。

　　张镇周①,舒州人也,为其州都督,召亲故酣饮十日,贻以金帛,泣与之别,曰:"今日得与故人欢饮,明日都督治百姓耳。"此何异优人登场,森然君臣父子之相临,而歌舞既阕②,相聚而食,相狎而笑邪?恻隐不行,而羞恶之心亦渐灭尽矣。故官于其乡,无一而可者也。君欲任贤以治民也,奚必其乡;欲为民以择吏也,奚必其乡之人;士出身事主而效于民也,又岂易地之无以自效。君不为士谋安,士抑不自谋其安,致法与情之两掣,甚矣其昧于理也。韩魏公以守乡郡而养老,亦朱买臣衣绣之荣耳③,况如镇周之加刑罚于父老子弟而憯莫之恤乎!

【注释】

①张镇周:舒州同安(今安徽潜山)人。本是隋朝将领,大业六年(610)曾受命率军征伐流求,斩杀其国王,俘虏万余人。唐武德三年(620)降唐,被任命为左武候将军。后曾任淮南道行军总管、舒州总管、寿州都督、舒州都督等职。其事见于《隋书·陈棱列传》《隋书·炀帝纪》等。

②阕:终了。

③朱买臣(? —前115):字翁子,会稽吴(今江苏苏州)人。西汉大臣。家贫好学,不治产业,卖薪自给。至长安诣阙上书,待诏公

车。因严助推荐,得武帝召见,拜为中大夫。曾奉命与丞相公孙弘论辩置朔方郡之便。因东越数次反叛后又归服,朱买臣请求发兵破越,拜为会稽太守,令其治船备粮。此后与横海将军韩说等击破东越。武帝曾问其"富贵不归故乡,如衣绣夜行,今子何如?"后告发御史大夫张汤暗中所做不法之事,张汤自杀,而他也因此被诛。传见《汉书·朱买臣传》。

【译文】

张镇周是舒州人,被朝廷任命为舒州都督后,召亲朋故旧来一起痛饮十天,赠给他们金帛,哭泣着与他们告别,说:"今日得以和故人欢乐饮酒,明天起我就要作为都督治理百姓,公事公办了。"这与戏子登台演出,在舞台上俨然是君臣父子,等歌舞演出结束后聚在一起吃饭、相互亲近欢笑有什么区别呢? 不仅恻隐之心没有了,连羞恶之心也泯灭殆尽。所以在自己家乡做官,没有一点是可取的。君王如果想要任命贤臣治理百姓,何必一定派他到自己家乡任职呢? 想要为百姓选择好官吏,何必一定要找本地人呢? 士人出来侍奉君王、为百姓效劳,又哪里会换了地方就没办法效力了呢? 君王不为士人筹谋安定之道,士人也不为自己筹划安定之道,致使法与情相互掣肘,这太愚昧不懂道理了。韩琦年老时得以回到家乡相州担任知州以养老,这也是如同朱买臣锦绣还乡那样的荣耀罢了,何况是像张镇周那样对家乡父老子弟施加刑罚、残酷而无所怜悯呢?

一一　建成世民之废立

谓高祖之立建成为得適长之礼者,非也。立子以適长,此嗣有天下,太子诸王皆生长深宫,天显之序,不可以宠嬖乱也。初有天下,而创制自己,以贤以功,为天下而得人,作君师以佑下民,不可以守法之例例之矣。抑谓高祖宜置建成而立世民者,亦非也。睿宗舍宋王成器而立隆基①,讨贼后以靖国家,隆基自冒险为之,事成乃奉睿宗以正位,睿宗初不与闻,而况宋王? 则宋王固辞,而睿宗决策可也。太原之起,虽繇秦王,而建成分将以向长安,功虽不逮,固协谋而戮力与偕矣。同事而年抑长,且建成亦铮铮自立,非若隋太子勇之失德章闻也,高祖又恶得而废之? 故高祖之处此难矣,非直难也,诚无以处之,智者不能为之辩,勇者不能为之决也。君子且无以处此,而奚翅高祖②?

【注释】

①睿宗舍宋王成器而立隆基:指唐隆政变之后,睿宗复位,与侍臣议立皇太子。依照嫡长子继承制度,长子宋王李成器应为太子,但侍臣们都说平王李隆基有圣德,定天下,"又闻成器已下咸有推让",认为应该立平王为皇太子,"以副群心"。最终睿宗立李隆基为皇太子。事见《旧唐书·玄宗本纪》。

②翅:通"啻",但,只。

【译文】

认为唐高祖立李建成为太子符合立嫡长子的礼法,这是不对的。立嫡长子,这是针对从先王手中继承江山的君王而言的,其太子与诸王皆生长于深宫之中,所以上天所昭示的先后次序,不能因后妃受宠而加以改变。而在刚刚夺取天下的创业之时,由自己创立制度,以贤能和功劳为考量因素,为天下而选择太子,使其日后作为君王、师长以庇佑百姓,那就不能拘泥于立嫡长子的成例了。也有人认为唐高祖应该舍弃李建成而立李世民,这也不对。唐睿宗舍弃宋王李成器而立李隆基,因为李隆基讨伐贼后韦后、安定国家,这是他冒险所做的事情,事成之后才奉睿宗为皇帝,睿宗最初并未参与讨伐韦后,何况是宋王呢? 所以宋王既然力辞太子之位，那睿宗直接决策就可以了。太原起兵，虽然主要是靠秦王李世民，但李建成也曾分率部队攻向长安，虽然没能成功，但他也是曾参与谋划并为夺取天下贡献了力量的。他与李世民共同从事夺取天下的大业，而他又年长，况且李建成也能卓然自立，不像隋文帝太子杨勇那样丧失德行而被别人知道，高祖又怎么能够废掉他呢？所以唐高祖面对这一立太子的困局是很艰难的，不仅艰难，完全就是没办法处置。智者不能帮他分辨，勇者也不能替他做出决断。君子都没办法处理这种情况，何止是唐高祖呢？

　　处此而无难者，其唯圣人乎！泰伯之成其至德者[①]，岂徒其仁孝之得于天者厚乎？太王、姜女以仁敬孝慈敦彝伦修内教于宫中者[②]，其养之也久矣。《诗》之颂王季也，曰"则友其兄"[③]。王季固不以得国而易其兄弟之欢也。王季无得国之心，而泰伯可成其三让之美，一门之内，人修君子长者之行，而静以听夫天命。故王季得国，犹未得也；泰伯辞国，犹未辞也；内教修而礼让兴，让者得仁，而受者无疑于失义。邠人之称太王，曰"仁人也"[④]。岂一朝一夕之故哉？

【注释】

①泰伯：也称太伯，是周太王古公亶父长子。因太王有意传位给小儿子季历（即王季），为成全父亲，太伯携其弟仲雍逃到吴地，建立吴国。其事见于《史记·吴太伯世家》。

②姜女：周太王的妃子，也称太姜。

③则友其兄：语出《诗经·大雅·皇矣》："则友其兄，则笃其庆，载锡之光。"意思是友爱他的两位兄长，致使福庆不断增添，天帝赐

他无限荣光。

④仁人也：语出《孟子·梁惠王下》："邠人曰：'仁人也，不可失也。'"

【译文】

面对这种处境也不感到为难的，大概只有圣人了吧！泰伯之所以能够成就其至高德行，难道仅仅是因为他的仁孝得自上天的厚赐吗？周太王和王妃姜女用仁敬孝慈在宫中强化伦理纲常和内在修养的教育，用这种方式培养其子女已经很久了。《诗经》赞扬王季，称"则友其兄"。王季当然不会用兄弟之间的和睦情义来换取君位。王季没有取得君位的野心，而泰伯能成就三次辞让嗣君之位的美行，一门之内，人人都修君子长者之德行，而安静地听从天命的安排。所以王季当上国君，如同没有当上；泰伯辞让嗣君之位，如同并未辞让。内在修养提高了，礼让之风就能兴起，主动辞让者得到了仁德，而接受礼让的人也不被怀疑丧失了兄弟之义。邠人称赞太王，说他"是仁德之人"。这难道是一朝一夕的缘故吗？

唐高祖之守太原，纵酒纳贿以自蔵①，宫人私侍，而尝试生死以殉其嗜欲，则秦王矫举以奋兴，一唯其才之可以大有为，而驰骋侠烈之气，荡其天性，固无名义之可系其心，建成尤劣焉，而以望三后忠厚开国之休②，使逊心以听高祖之命，其可得乎？高祖之不能式谷其子③，既如此矣；而所左右后先者，又行险徼幸若裴寂之流而已④。东宫天策士各以所知遇为私人，目不睹慈懿之士⑤，耳不闻孝友之言，导以争狷而亟夺其恻隐，高祖若木偶之尸位于上，而无可如何，诚哉其无可如何也！源之不清，其流孰能澄汰哉？

【注释】

①薉(huì)：污秽，肮脏。

②三后：指三个君主或诸侯，所指不一。一说周的三个先祖太王、王季、文王，一说夏、商、周的开国君主。

③式谷：以善道教导子辈，使之为善。

④裴寂(573—632)：字玄真，蒲州桑泉(今山西临猗)人。裴寂在隋末任晋阳宫副监，与唐高祖交好，后参与策划太原起兵，将晋阳宫物资充作军用。唐朝建立后，裴寂担任尚书右仆射，曾征讨宋金刚，虽大败而回但仍深受宠信。此后升任左仆射、司空等要职。贞观三年(629)，裴寂受僧人法雅牵连，被免官削邑，放归原籍。后流放静州，率家僮讨平山羌叛乱。不久病逝。传见新、旧《唐书·裴寂列传》。

⑤慈懿：慈爱善良。

【译文】

唐高祖镇守太原时，通过放纵饮酒、收取贿赂来自污；他私下让晋阳宫宫女侍奉自己，冒着生命危险满足自己的私欲。如此则秦王李世民勇武奋起，完全凭借自己的才能而大有作为。他纵横驰骋的侠烈豪气涤荡了自己的天性，本来就没有可以束缚他内心的名义。李建成尤其恶劣，而想要让他们两个效仿三代帝王忠厚开国的高尚事迹，使其虚心听从高祖的命令，能够办得到吗？唐高祖不能用善道教育儿子，使其为善，已然如此；而他身边的人，又只有不惜犯险、心存侥幸的裴寂之流而已。东宫和天策府的士人都因为受太子和秦王知遇而成为其私人亲信，太子和秦王看不到慈爱善良的士人，听不到仁孝友爱的言辞，手下争相引导他们相互争斗，都急于消除其恻隐之心。唐高祖就像木偶一样在皇帝职位上尸位素餐，而对此无可奈何。他是确实无可奈何啊！源头的水不清，那么下游的水怎么可能清澈呢？

后世之不足以法三代者，此也，非井田封建饰文具以强民之谓也。王之所以王，霸之所以霸，圣之所以圣，贼之所以贼，反身而诚①，不言而喻。保尔子孙，宁尔邦家，岂他求之哉？自非圣人，未有能免于祸乱者。立適之法，与贤之权，皆足以召乱，况井田封建之画地为守者乎？

【注释】

①反身而诚：语出《孟子·尽心上》："反身而诚，乐莫大焉。"意思是反躬自省。

【译文】

后世不足以效法三代的，就在于这一点，而不是效法井田制、封建制、修饰虚文、强迫百姓复古。王之所以为王，霸之所以为霸，圣人之所以为圣人，贼之所以为贼，只要反躬自省，其原因就不言而喻了。保全子孙，安定国家，除此之外难道还有其他的追求吗？只要不是圣人，就没有能免于祸乱的人。立嫡长子的制度，与立贤能者的权变，都足以招致祸乱，何况是在井田制、分封制时代画地为守的诸侯呢？

一二　魏徵王珪不能早辞宫僚

魏徵、王珪必死于建成之难乎①？曰：未见其可也。事太宗而效忠焉，有以异于管仲之相桓公乎？曰：有异焉，而未为殊异也。《传》曰："食焉不辟其难②。"非至论也。君子之身，天植之，亲生之，生死者，名义之所维，性情之所主，而仅以殉食乎？君臣之义，生于性者也，性不随物以迁，君一而已，犹父之不可有二也。管仲，齐之臣，齐侯其君也③；徵、珪，唐之臣，高祖其君也。仲之事子纠，齐侯命之，徵、珪之事太子，高祖命之。天之所秩，性之所安，义之所承，君一而已。即以食论，仲食齐侯之食，徵、珪食高祖之食，子纠、建成弗与焉，而况君子之死，必不以殉食乎？故无知者，齐襄之贼，管仲不共戴天之雠也。使唐高而蒙篡弑之祸，徵、珪有死有亡，而必不可一日立于其廷，子纠、建成，君臣之分未定，奚足为之死邪？为之死，是一日而有二君矣。胥为君之子也，或废或立，君主之，当国之大臣引经衷道以裁之，为宫僚者，不得以所事者为适主，而随之以争。建成以长，世民以功，两俱有可立之道，君命我以事彼，则事彼而已矣；君命我以事此，则事此而已矣。高祖初未尝以荀息之任任徵与珪④，使以死拒世民也。则建成死，高祖立世民为太子，非敌国也，非君雠也，改而事之，无伤乎义，无损乎仁，奚为其不可哉？

【注释】

①王珪(570—639)：字叔玠，太原祁(今山西祁县)人。隋文帝时曾任太常治礼郎，后因受叔父王颇犯罪牵连，逃遁终南山。唐朝建立后，历任世子府咨议参军、太子中舍人、太子中允，成为隐太子李建成的心腹，后因杨文干事件被流放。贞观年间，被唐太宗征召回朝，历任谏议大夫、礼部尚书、侍中等职。传见新、旧《唐书·王珪列传》。

②食焉不辟其难：语出《左传·哀公十五年》："季子曰：'食焉，不辟其难。'"意思是既然食用主君的俸禄，就不应躲避祸难。

③齐侯：这里指齐襄公。姜姓，吕氏，名诸儿，齐釐公长子，春秋时期齐国第十四位国君，公元前698—前686年在位。前686年，齐襄公遭连称、管至父、公孙无知等人所杀，公孙无知自立为君。

前685年，雍廪袭杀公孙无知，齐襄公之弟公子小白战胜公子纠，回国即位，是为齐桓公。

④荀息(？—前651)：姬姓，原氏，名黯，字叔。春秋时期晋国大臣。最初辅佐曲沃武公灭亡晋国大宗，取得晋国君位，出任大夫。晋武公灭荀国后以荀国旧地赐予原黯，故以荀为氏，史称荀息。荀息此后又辅佐晋献公，晋献公临终前，任命他为相国，将辅佐新君的大任托付给他。荀息以股肱之力帮助新君奚齐、卓子继位，后来在里克、丕郑发动的政变中被杀。其事见于《左传·僖公二年》。

【译文】

魏徵、王珪必定应当为李建成殉难吗？回答是：不见得应当如此。他们两个事奉太宗而为其效忠，与当初管仲做齐桓公的宰相有区别吗？回答是：有区别，但区别不大。《左传》中说："既然食用主君的俸禄，就不应躲避祸难。"这不是至为正确的说法。君子的身体，是上天所赐，父母所生，是名义所维系，性情所主宰，怎么能仅因为食人俸禄就舍身殉难呢？君臣之义，生于天性，天性不随外物而改变。君王只有一个而已，就像一个人不可能有两个父亲一样。管仲，是齐国的臣子，齐侯是他的君主；魏徵、王珪是唐朝的臣子，唐高祖是其君主。管仲事奉公子纠，是受齐侯的命令；魏徵、王珪事奉太子，是受唐高祖的命令。上天所定下的秩序，人性求得安心的需求，道义的传承关键，就在于只侍奉一位君王而已。即使以俸禄而言，管仲食用齐侯给予的俸禄，魏徵、王珪食用唐高祖给予的俸禄，公子纠、李建成并没有给予其俸禄。何况君子之死，必定不应该仅仅为食人俸禄而殉难呢？所以公孙无知，是齐襄公的贼臣，是管仲不共戴天的仇敌。假如唐高祖遭遇被篡位、弑杀的灾祸，魏徵、王珪就只有殉死或逃亡两条路可选，而必定不能在贼臣的朝廷上多待一天。公子纠、李建成与管仲、魏徵、王珪的君臣名分尚未确定，哪里值得为他们殉死呢？如果为他们殉死，那就等于说他们同时侍奉两位君王了。李建成、李世民都是高祖的儿子，他们谁被立为太子或被废黜，都应该由君王做主，由朝廷上的大臣引用经典、折中道理来加以裁断。作为宫僚的人，不应该将其所事奉的对象当作正主，而跟随他去参与争斗。李建成是长子，李世民则立有大功，两个人都有被立为太子的理由，受君王命令事奉那一个，仅仅事奉他就可以了；受君王命令事奉这一个，那就只事奉这一个好了。唐高祖最初不曾像晋献公托孤于荀息那样把托孤大任交给魏徵、王珪，让他们拼死抗拒李世民。如此则李建成死了，高祖立李世民为太子，李世民对于魏徵、王珪而言既不是敌国君主，也不是自己君王的仇敌，改而事奉他，不会损害义和仁，又有什么不可以的呢？

然则徵、珪之有异于管仲者，何也？襄公弑，纠与小白出亡于外，入而讨贼，不幸而兄弟争，仲之所不谋也。子纠败，仲因于鲁，桓公释之而使相，仲未尝就公求免以自试也。建成、世民之含毒以争久矣，知其必有蹀血宫门之惨，不能弭止其慝，抑不能辞宫僚以去之，欲徼幸以观变，二子之志偷矣。太子死，遽即秦王而请见，尤义之所不许也，斯则其不得与管仲均者也。夫魏徵起于群盗之中，幸自拔以归唐，功名之士耳。“介于石，不终日”①，而后可以知几。亦恶足以及此哉？

【注释】

①介于石，不终日：语出《周易·豫卦》爻辞：“六二，介于石，不终日，贞吉。”意思是耿介如石，不需要等到一天终了就能领悟欢乐必须适中的道理。

【译文】

然为魏徵、王珪的情况跟管仲还是有区别。什么区别呢？齐襄公被弑杀后，公子纠与公子小白都流亡在外，他们回国讨贼，不幸而兄弟相争，这是管仲所不曾预先谋划的。公子纠争位失败，管仲被囚禁在鲁国，齐桓公释放了他，让他担任宰相，管仲未曾向齐桓公请求宽赦自己的罪过并起用自己。李建成、李世民各自怀着狠毒心思争斗已经很久了，魏徵、王珪知道两人必定会酿成喋血宫门的惨祸，不能制止这种罪恶行径，也不能辞去官僚职位离开他们，而是想要寻求侥幸而静观局势变化，他们两个的志向是很苟且的。太子一死，他们立即去找秦王，请求接见，这尤其是为大义所不容许的。如此则他们自然不能与管仲等量齐观。魏徵起于群盗之中，幸而得以自拔，归顺唐朝，不过是个功名之士罢了。"耿介如石，不需要等到一天终了就能领悟欢乐必须适中的道理"，然后才足以知晓事情变化的隐微征兆。魏徵、王珪他们又哪里足以懂得这个道理呢？

太　宗

【题解】

　　唐太宗李世民(598—649)是唐高祖李渊嫡次子,其母为太穆皇后窦氏。他少年从军,擅长骑射,曾前往雁门关参与解救隋炀帝的军事行动。隋末天下大乱,李世民力促李渊于晋阳起兵,以右领军大都督身份同其兄李建成一道率军攻入长安。唐朝建立后,李世民作为前线统帅,先后击败陇西的李轨和薛举父子,击退并州的刘武周和宋金刚,擒获河北的窦建德,迫降洛阳的王世充,重创窦建德余部刘黑闼和徐圆朗,立下赫赫战功,被李渊拜为天策上将,封秦王。其后李世民与太子李建成的矛盾日益激化。武德九年(626),李世民发动“玄武门之变”,杀死李建成和齐王李元吉,逼迫李渊册立其为太子。不久李渊禅位,李世民正式即位,次年改元贞观。李世民在位期间(626—649),对内完善制度,拔擢贤才,虚心纳谏,厉行节约,劝课农桑,与民休息,开创“贞观之治”;对外攻灭东突厥与薛延陀,征服高昌、龟兹、吐谷浑,重创高句丽,被北方各族共同尊称为“天可汗”。贞观二十三年(649)逝世。

　　李世民通常被认为是中国古代最为杰出的英明君主之一。王夫之在本篇中对于太宗也抱持相当正面的态度,充分肯定太宗的才能与治国之道,对于贞观年间的诸多制度设施加以细致分析和点评,从中不难看出,贞观之治乃是王夫之心目中国家治理的重要典范,具备相当的剖析、借鉴价值。王夫之尤其肯定太宗广开言路、虚心纳谏的博大胸襟，认为其"未能受谏，安能谏人"之语实为"知本之论"，只有君臣各自"虚其心而广其明"，才能推动国家治理的进步；若大臣只知道直言极谏，自身却不能容纳不同的意见，做不到平心静气、坦荡无私，则进谏难免沦为朋党之争的工具，祸及国家。这一认识实际上也体现了王夫之对于明代政治中谏官、朋党问题的深切思索，将现实关切融入历史评论之中，是王夫之论史的一贯特征。

正因为太宗身上寄寓着王夫之对于明君英主的殷切期许，故而王夫之对于太宗的不足之处，也不吝批评之词。这种批评主要集中在私德方面："玄武门之变"中李世民"亲执弓以射杀其兄，疾呼以加刃其弟"，在向来重视伦理道德的王夫之看来，自然是"穷凶极惨"、泯灭人伦之举；而其后史官修史时隐讳其事，太宗却下令"直书其事"，王夫之对于这一不掩饰己恶的行径痛加鞭挞，视为恻隐羞恶之心完全泯灭的体现。实际上，对于太宗"直书其事"的命令，亦有学者解读为太宗暗示史官隐讳事实、美化自己，与王夫之的认识大相径庭。孰是孰非，无疑需要读者深入思考。王夫之还诟病太宗对于太上皇李渊未能恪尽孝道，在与李勣等大臣的相处中也玩弄权术诡诈。在王夫之看来，正是这些私德上的缺陷，使得太宗在治理天下的过程中无法将儒家的仁义与"大公"贯彻到极致，因而给"贞观之治"留下了诸多缺憾。将君王个人品德与国家治理的成效挂钩，在今天看来多少有牵强之感，但考虑到王夫之所处时代的道德主义氛围，以及其儒家教育背景，其实并不难以理解。透过王夫之的史论，体察道德观念对于其历史认识的影响，无疑也是读者需要时时留意的。

一　魏徵谓隋炀自恃隽才

《书》曰："能自得师者王，谓人莫己若者亡[①]。"夫人即丧心失志迷惑之尤者，长短、虚实、大小、有无、清浊、得失、明暗,皎然分画于前,知则知之,能则能之,眇者穷于视②,跛者困于趋,恶得诬其心之所未喻,而谓多闻善虑者之不若己哉! 然则谓人不己若者,抑实有不己若者在也。太宗曰:"炀帝文辞奥博,是尧、舜,非桀、纣,行事何其相反。"魏徵曰:"恃其隽才,骄矜自困,以至覆亡。"然则炀帝之奥博,固有高出于群臣之上者,不己若,诚不若己矣,而人言又恶足以警之哉?

【注释】

①能自得师者王,谓人莫己若者亡:语出《尚书·仲虺之诰》。意思是能够自己寻得贤德的人作为老师事奉的人可以称王,声称谁也比不上自己的就会灭亡。

②眇者:指盲人。眇,原指一只眼睛失明,后来也指双目失明。

【译文】

《尚书》中说:"能够自己寻得贤德的人作为老师事奉的人可以称王,声称谁也比不上自己的就会灭亡。"一个人即使丧失了心志,变得尤为迷惑,长短、虚实、大小、有无、清浊、得失、明暗也能皎然明了于眼前。知道就是知道,能做到就是能做到,盲人受困于视觉,瘸子受限于行走,哪里能够将自己心中根本不明白的道理强行扭曲,说那些博学多闻、善于思考的人比不上自己呢? 如此则声称别人不如自己的人,或许确实有他人所不及之处。唐太宗说:"隋炀帝的文辞精深广博,也懂得称赞尧、舜而否定桀、纣,为什么他的行事与其文章精神相反呢?"魏徵说:"隋炀帝凭着他的过人才智,傲慢自满,作茧自缚,所以才导致国家覆亡。"如此则隋炀帝的精深广博,确实有高出群臣之处,他说别人比不上他,这方面别人确实比不上他,那么别人的言论又如何足以使他警戒呢?

　　夫人主之怙过也，有以高居自逸而拒谏者矣，有以凭势凌人而拒谏者矣。然忠直之士，卓然不挠，虽斥窜诛夷而不恤以言黜，而暴君不能夺其理，则身虽诎而道固伸也。且恃位而骄，恃威而横，浮气外张，而中藏恧缩①，迨乎虚憍稍息②，追忆前非，固将曰：是吾所不知不能，而终不可诬者也。则谏者之言，或悔而见庸矣③。唯夫多闻广识而给于辩者，知是其所是而非其所非，则言者不惮其威，而惮其小有才之辩慧。言之大，则以为夸也；言之切，则以为隘也；察情审理，拟议穷年，而彼已一览而见谓无余；引古证今，依类长言，而时或旁征之有误；则自非明烛天日，断若雷霆者，恒惴惴焉恐言出而反为所折，抱忠而前、括囊而退者④，十且八九矣。

【注释】

①恧（nǜ）缩：惭愧而退缩。

②虚憍：虚浮而骄矜。

③庸：用，采用。

④括囊：结扎袋口，比喻缄口不言。

【译文】

　　君王坚持过错而不肯改正，有的是靠高居君位、自我放纵而拒绝纳谏，有的则是倚仗权势、盛气凌人而拒绝纳谏。然而忠诚正直之士，坚持正义，不屈不挠，即使因进献忠言而被贬逐、罢官甚至被杀戮也不在乎，而暴君无法驳倒其正理，则这些忠臣虽然自身受委屈，但道理却得到了伸张。而且君王倚恃君位而骄傲，凭恃威权而专横，虽然浮气外张，但心中却隐藏着愧疚和软弱。等到其虚浮骄矜之气稍稍平息，追忆此前自己犯的错，就会说：是我所不知道的道理、做不到的事情，终究没办法歪曲道理啊。如此则进谏者的话，或许会因君王后悔而被采纳。只有博闻广识而擅长论辩的人，知道什么是对的、什么是错的，如此则进言的人不怕其威严，而忌惮他稍有才气的论辩和聪慧。如果言辞涉及面较广，就会被君王视为浮夸；如果紧切具体事务而进言，则会被认为过于狭隘；审视情理，为草拟进谏的文字而耗费很长时间，则君王读过奏章就会宣称自己对此早已一览无余；如果引古证今，用相类似的事情加以类比，则有时难免有旁征之误。这样如果自己不像明烛或太阳那样洞悉明白，像雷霆那样有决断力，那么便总是会惴惴不安、恐怕自己说出的话反而会被君王驳倒。如此则怀着忠心上前想要进谏、最终却闭嘴而退的人，就会有十之八九了。

且夫尧、舜之是，彼且是之矣，吾恶得以尧、舜进之；桀、纣之非，彼且非之矣，吾恶得以桀、纣戒之。彼固曰：使我而为人臣，以称说干人主，吾之琅琅凿凿以敷陈者，更辩于此也，彼诚不我若，而爱我若父，责我若子，为笑而已矣。天下虽大，贤人君子虽众，谁肯以强智多闻见屈于我而不扪舌以自免于辱乎①？故人不己若，危亡之媒也；谓人不己若，而其危亡必矣。太宗君臣之知此也，是以兴也。不然，太宗之才，当时之臣无有能相项背者，唯予言而莫违，亦何所不可乎？

【注释】

①扪（mén）舌：按住舌头，比喻不说话或不发声。

【译文】

况且尧、舜的正确之处，君王已经予以肯定，我怎么能用尧、舜的道理再劝谏他呢？桀、纣的错误之处，君王已经予以否定，我又怎么能用桀、纣的事例来劝诫他呢？君王将会说：假使我作为臣子，用我的言辞进谏君主，那么我的陈说议论洋洋洒洒，一定会比你的话更有说服力。你完全比不上我，却自称像敬爱父亲一样敬爱我，要求我像儿子一样顺从你的话，这只是搞笑而已。天下虽大，贤人君子虽多，谁肯因为在博闻强智方面不如我而不闭嘴以自免于被辱呢？所以别人比不上自己，是通向危亡的媒介；称别人不如自己，则其必定会陷于危亡。太宗君臣懂得这个道理，所以能够兴起。不然，以太宗的才华，当时的臣子没有能望其项背的，如果他命令别人只管听从自己的话而不能违背，又有什么不可以的呢？

　　呜呼！岂徒人主哉？士而贤智多闻，当世固出其下，则欲以取择善之益也难矣。"以能问于不能，以多问于寡"①，颜子之所以大也②。虽然，人知其能与多矣，问之虽勤，且欲告而中讷，则问为虚设，而祇益其骄；惟若无若虚之情发于不容已，而问必以诚，然后人相忘于寡与不能，以昌言而不怵。太宗之问孔颖达也③，几知学矣，乃固以多能有实自居，而矜其能问，亦何足以测颜子之心哉？孔颖达不能推极隐微以格君心，太宗之骄所繇未戢也。

【注释】

① 以能问于不能，以多问于寡：语出《论语·泰伯》："曾子曰：'以能问于不能，以多问于寡；有若无，实若虚，犯而不校。昔者吾友尝从事于斯矣。'"意思是自己有才能却向没有才能的人请教，自己知识多却向知识少的人请教。

② 颜子：即颜回。字子渊，亦称颜渊。春秋末鲁国人。孔子弟子。安贫乐道，敏惠好学，在孔门中以德行著称，被后世儒家尊为"复圣"。

③孔颖达(574—648)：字冲远，一作仲达、冲澹，冀州衡水(今河北
　衡水)人。唐初经学家，孔子的第三十一世孙。隋大业年间任太
　学助教，入唐后任国子祭酒。曾奉唐太宗命编纂《五经正义》，融
　合了南北诸多经学家的见解，是集魏晋南北朝以来经学大成的
　著作。传见《旧唐书·孔颖达列传》《新唐书·儒学列传》。

【译文】

唉！又岂止君王适用于这个道理呢？士人如果贤能聪慧、博学多闻，当世之人都比不上他，则他想要择善而从就很难办到了。"自己有才能却向没有才能的人请教，自己知识多却向知识少的人请教"，这是颜渊之所以伟大的原因。虽然如此，别人知道他博学多闻，他即使勤于向别人提问，别人即使想要回答他也会因为才能不足而无法回答，如此则问题成了虚设，只会增加其骄傲。只有虚怀若谷发自内心地向别人求教，带着真诚提问，才能使别人忘却自身的才能不足，能够无所顾忌地回答而不会胆怯。太宗向孔颖达咨询问题，可以说近乎懂得学问之道了，可是内心却本来就以博学多闻、有才能而自居，认为能向别人问学是值得肯定的表现，那么他又如何能够理解颜渊的用心呢？孔颖达不能将隐微之情阐发到极致以规训和引导君王的内心，则太宗的骄傲之情因此难以收敛。

二　太宗从封德彝言不劳百姓以养宗族

宗室人才之盛，未有如唐者也，天子之保全支庶而无猜无戕，亦未有如唐者也。盖太宗之所以处之者，得其理矣。高祖欲强宗室以镇天下，三从昆弟之属皆封王爵①，使循是而不改，则贵而骄，富而溢，邪佞之士利赖之而导以放恣，欲强之，适以贻其灾而必至于弱，晋、宋之所以自相戕灭而终于孤立也。太宗从封德彝之言，而曰天子养百姓，岂劳百姓

以养己之宗族乎？以公天下者，即以安本支而劝进其贤能。德彝，佞人也，于此而几乎道矣。

【注释】

①三从昆弟：又称族兄弟，指与自己同一高祖、不同曾祖的同辈男性。

【译文】

自古以来，宗室人才的兴旺，没有能超过唐朝的。天子能够保全支庶宗族而对其没有猜忌之心，不加以戕害，也没有能够比得上唐代的。大概太宗之所以能很好地处理宗室问题，是因为他懂得了其中的道理。高祖想要强化宗室以镇守天下，凡是族兄弟一律封王爵，令后世遵循此政策而不能加以更改。如此则宗室子弟因为身份尊贵而骄横，因为富裕而自满，邪恶奸佞的人为谋取利益而诱导其走向放荡恣肆。本来想要强化宗室力量，最终却反而给他们带来了灾祸，使其最终必定变弱。西晋、南朝宋之所以发生宗室自相残杀、最终导致天子孤立的事情，就是因为这个原因。太宗听从封德彝的话，而说天子抚养百姓，怎么能劳烦百姓来奉养自己的宗族呢？以天下为公的君王，就应该安定皇室和宗室支庶，而鼓励和任用其中的贤能之士。封德彝是个奸佞小人，但他在这件事上已经近乎懂得治理之道了。

为天子之懿亲，妾媵广，生养遂，不患其不蕃衍也；远于十姓百家鸡犬锥刀之鄙猥，不患其无可造之材也。而强慧者得势而狂，愿朴者温饱而自废，于是乎非若刘濞、司马伦之自戕以亡，则菽麦不分，如圈豚之待饲而已矣。夫节其位禄之数，登之仕进之涂，既免于槁项无闻之忧①，抑奖之于德业文章吏治武略之美，使与天下之英贤汇进而无所崇替，固将蒸蒸劝进而为多士之领袖以藩卫天家。故唐宗室之英，相者、将者、牧方州守望郡者，臻臻并起^②，而耻以纨袴自居，亦无有梦天吠日、觊大宝而干甸师之辟者^③。施及于今，陇西之族犹盛焉，不亦休乎！孟子曰："亲之欲其贵也，爱之欲其富也^④。"富贵者，其可以非所宜而长有之乎？制之有等，授之有道，而后欲贵者之果能贵，欲富者之果能富也，义之至、仁之尽也，大公行而私恩亦遂矣。

【注释】

①槁项：枯槁羸弱。

②臻臻：茂盛、繁盛的样子。

③甸师：《周礼》中记载的古代官名。主管王室祭祀、丧事以及对王室宗亲和有爵位的贵族的死刑执行。

④亲之欲其贵也，爱之欲其富也：语出《孟子·万章上》。意思是对所喜爱的人，就想他能富起来；对所亲近的人，就想他的地位能优越起来。

【译文】

作为天子的至亲，宗室之家妻妾众多，生产和养育的条件便利，不用担忧子孙后代无法繁衍昌盛；也远胜于百姓人家卑微拮据的困窘条件，不用担心子孙后代中没有可造之才。而强力聪慧的人得势而狂妄，朴实谨慎的人满足于温饱而自暴自弃，于是除非像刘濬、司马伦那样在皇族内部自相残杀以至于灭亡，就会变得分不清豆子和麦子，就像猪圈中的猪等待被饲养一般。如果节制赐予宗室子弟的爵位和俸禄，让他们能够走上仕途，既可以免于担忧宗室子弟终生默默无闻，也可以鼓励其追求品德、文章、吏治、武略等，使他们与天下的英才贤士一道效力于朝廷而不至于任其盛衰，则他们肯定会积极进取，成为天下人才的领袖以拱卫天子。所以唐朝宗室中的英杰,成为宰相、将军、州郡长官的,比比皆是,都耻于以纨绔子弟自居,也没有因为做着春秋大梦、觊觎皇帝宝座而最终被施以极刑的人。一直到今天,陇西李氏一族仍然很繁盛。这不是美谈吗?孟子说:"对所喜爱的人,就想他能富起来;对所亲近的人,就想他的地位能优越起来。"所谓富贵,如果不是一个人本来就应该得到的,难道能够长久持有吗?按照一定的等级制定宗室待遇的规范,按照道义来授予其爵禄,其后想要使谁尊贵起来他便能尊贵起来,想要使谁富裕起来他便能富裕起来,如此仁至义尽,天下大公之道得以践行,私情恩惠也得以实现。

　　然则周道亲亲,而文昭武穆,施及邢、茅、蒋、胙与毕、召之裔[1],皆分茅土,岂非道与?曰:此武王、周公定天下之微权,而千古之未喻者也。古之天下,人自为君,君自为国,百里而外,若异域焉,治异政,教异尚,刑异法,赋敛惟其轻重,人民唯其刑杀,好则相昵,恶则相攻,万其国者万其心,而生民之困极矣。尧、舜、禹、汤弗能易也;至殷之末,殆穷则必变之时,而犹未可骤革于一朝;故周大封同姓,而益展其疆域,割天下之半而归之姬氏之子孙,则渐有合一之势;而后世郡县一王,亦缘此以渐统壹于大同,然后风教日趋于画一,而生民之困亦以少衰。

【注释】

①施及邢、茅、蒋、胙与毕、召之裔:邢、茅、蒋、胙,西周的四个同姓封国,其国君皆为周公之后裔。毕、召,指毕公和召公,皆为与周武王和周公旦同辈的宗室大臣。

【译文】

然而周朝的立国之道在于亲近宗室，而文王、武王的直系子孙，以及邢、茅、蒋、胙与毕、召等宗族后裔，都被赐予封土，这难道不符合道义吗？回答是：这是周武王、周公旦为了安定天下而进行的略微调整的权宜之道，而千年以来一直不为人所理解。古代的天下，人人自为君王，每个君王都有其国家，百里之外，就像是异域一样。各国之间政策不同，教化风尚不同，刑法不同，赋税轻重由各国国君决定，对民众的刑罚也由国君决定。国家间关系好就彼此亲昵，关系差就相互攻伐，各国心思各不相同，而百姓的处境艰难到了极点。尧、舜、禹、汤都没办法改变这一局面。到了殷商末年，大概已经到了山穷水尽，必须改变的地步了，但仍然不可能在短时间内就完全革除此前的积弊。所以周代大封同姓诸侯，而更加拓展其疆域，将天下的一半都交给姬氏的子孙统治，则天下渐渐有了合一的趋势。而后世实行郡县制，天下只有一位君王，也因此天下大同逐渐得以实现，风俗教化日趋统一，而百姓的困境也稍稍得到了缓解。

故孔、孟之言治详矣，未尝一以上古万国之制欲行于周末，则亦灼见武王、周公绥靖天下之大权，而知丘民之欲在此而不在彼。以一姓分天下之半，而天下之瓦合萍散者渐就于合，故孟子曰"定于一"[①]。大封同姓者，未可即一而渐一之也。春秋之战亟矣，而晋、鲁、卫、蔡、曹、滕之自相攻也鲜，即相攻而无掬指舟中、焚茨侵海之虐[②]。当其时，异姓庶姓犹错立于外，而同姓者不能绝援以自戕，此周之所以亲亲；而亲亲者非徒亲也，实以一姓之兴，定一王之礼制，广施于四海，而渐革其封殖自私、戕民搆乱之荼毒也[③]。

【注释】

①定于一:语出《孟子·梁惠王上》:"卒然问曰:'天下恶乎定?'吾对曰:'定于一。'"意思是天下统一才能安定。

②掬指舟中、焚茨侵海之虐:掬指舟中,船里被砍断的手指可以捧起来。形容战败后的惨烈场面。焚茨侵海,指鞌之战时,晋国军队击败齐军,"焚雍门之茨,侵车至海"。即焚烧雍地的蓬门,用于侵伐的战车向东一直到大海边。

③搆(gòu)乱:作乱,叛乱。

【译文】

所以孔子、孟子谈论治理国家的言论已经很详尽了,他们从不曾主张将上古诸侯万国的制度在周代末期推行,他们已经清楚地洞悉了武王、周公绥靖天下的权宜之策,而知道百姓的愿望在于统一而非重新分裂。所以依靠同姓来分掌天下的一半,而后天下本来分散的格局开始渐渐趋向统一,所以孟子说"定于一"。大封同姓,是因为不能立即实现统一,因而便设法使其渐渐统一。春秋时期战争频仍,而晋、鲁、卫、蔡、曹、滕等姬姓国家自相攻伐的情况很少见,即使相互攻击也不会出现极端惨烈的状况。当时,异姓、庶姓诸侯尚且在外面错落存在,而同姓诸侯之间不能相互断绝援助而自相残杀,这是周朝实现亲亲之道的原因。而亲亲之道不仅仅是为了同姓间的亲近,实际上是以一姓的兴起,定下天下一王的礼制,将其推广到天下去,而逐渐革除诸侯间割据自私、残害百姓、制造祸乱的积弊和流毒。

至于汉,六国废,韩、彭诛,而欲以周道行之,则七国、衡山、淮南之祸,骨肉喋血而不容已。然则人主即欲建本支以镇天下,亦无如节其位禄、奖其仕进、公其黜陟之足以育才劝善,而祐子孙之令祚以巩固维城,奚必侈予以栈枋之豢养①,假借以优俳之衮黼②,使之或偾而狂,或茸而萎哉？邓禹享大国之封,且使诸子各分一艺以自立,曾有天下者以公天下为道,将使人竞于姱修③,而授子孙以沉溺之具,亦仁过而流于不仁矣。是故亲亲之杀④,与尊贤互用而相成,唯唐为得之,宜其宗室之多才,独盛于今古也。

【注释】

①栈枥:马棚和马槽。

②衮黼:衮衣和黼裳。古代帝王或上公的礼服。

③姱(kuā)修:品德美好高尚。

④杀:压抑,抑制。

【译文】

到了汉朝,原来的六国被废,韩信、彭越等异姓王被诛杀,而想要实行周朝的亲亲之道,则七国之乱、衡山王、淮南王叛乱的灾祸相继发生,骨肉自相残杀,势不两立。如此则君王即使想要广建支庶子弟以镇守天下,也不如节制其爵位俸禄、鼓励宗室子弟跻身仕途、公正地对其予以赏罚升黜足以培育人才、勉励其向善。而保佑子孙福祚长久、国运巩固,又何必要用优厚的条件来豢养他们,假借优伶艺人的皇袍给他们,使其或败坏发狂,或萎靡不振呢？邓禹享有广大的封国,尚且使自己的儿子各自分守一艺以自立,那么拥有天下的人应该以天下为公,理应使人都追求美好高尚的品德,却授予子孙足以令其沉溺的工具,这就是过于仁慈而流于不仁了。所以对亲亲之道有所约束,与尊崇贤臣而参用宗室的政策相辅相成,唯独唐朝做得很好。所以唐朝宗室多人才,兴旺状况超越古今,也是理所应当的。

三　谏官随宰相入阁议事非永制

太宗制谏官随宰相入阁议事①,故当时言无不尽,而治得其理。然则以是为尽听言行政之理乎？抑有未尽然者。治惟其人，不惟其法。以王珪、魏徵为谏议大夫，房玄龄、杜如晦为宰相②，而太宗之明，足以折中群论而从违不爽，则可矣。必恃此以立为永制，又奚可乎？命官图治之道，莫大乎官各明其守，而政各任于其人。庶务分治于六官，其属详其目，其长持其纲，皆有成宪之可准也。或举，或废，或倚法而挟奸私，或因时而为斟酌，各以其所效之成能为得失；然而有待于天子宰相之裁成者，则太宗之制，令五品以上更宿内省，以待访问，固善术也。下有利病得达于上，而上得诘其勤怠公私以制其欺；若夫小有过误，则包含教戒而俟其改。如使谏官毛举细过以相纠，则大体失而争党起于细微，乱世之所以言愈棼而事愈圮也。

【注释】

①太宗制谏官随宰相入阁议事：指贞观元年（627），朝廷下制文，要求从今以后中书省、门下省以及三品以上官员入阁议事，"皆命谏官随之"，有失误立即进谏。事见《资治通鉴·唐纪八·太宗文武大圣大广孝皇帝上之上·贞观元年》。

②房玄龄（578—648）：名乔，以字行，齐州临淄（今山东淄博）人。唐朝名相。隋开皇时举进士，累补隰城尉。唐兵入关中，归李世民，任秦王府记室。参谋策划，罄竭心力，知无不为，广收人才。武德九年（626）参与策划玄武门之变，擢为中书令，后官至尚书左仆射。前后为相二十余年，尽心竭力，选贤立政，议法处令，意在宽平，时称"良相"。传见新、旧《唐书·房玄龄列传》。杜如晦（585—630）：字克明，京兆杜陵（今陕西西安）人。隋末任滏阳尉。唐兵入关中，秦王李世民引为府兵曹参军，常从征讨，筹谋

机密。武德九年(626)参与玄武门之变,擢兵部尚书,后官至尚书右仆射,与房玄龄共掌朝政。当时天下新定,台阁规模及典章制度皆二人裁定。"如晦长于断,而玄龄善谋",世称良相,必曰房、杜。传见新、旧《唐书·杜如晦列传》。

【译文】

唐太宗下制书令谏官随从宰相入阁议事,所以当时言无不尽,而国家得到了良好治理。然而,因此就能认为这已经完全合乎听言行政的道理了吗?也有并不完全符合之处。治理国家靠的是人,而不仅依赖于法度。以王珪、魏徵为谏议大夫,房玄龄、杜如晦为宰相,而以唐太宗的英明,足以折中群臣的议论从而做出正确的判断,这样的条件下此制度当然可行。但如果一定要以此种制度为定制,又怎么可以呢?任命官员以求治理之道,没有比官员各自明确其职责、政事各自委任给相应的人更重要的事情了。日常事务由六部分别负责处理,六部属下详细处理具体事宜,六部长官则总揽大纲,都有成型的条例可供参考。官员们或被举荐,或被废黜,或倚靠法令而裹挟奸诈私心,或根据时势而进行斟酌,朝廷都能够依据他们的政绩来考察他们的得失。然而这毕竟有待于天子宰相最终加以裁断,所以太宗定下的令五品以上官员轮替在内省值夜以待访问的制度,固然是很好的制度。下级有利弊得失的意见可以传达给上级,而上级也得以通过审查其是勤劳还是懈怠、是奉公还是挟私来杜绝其欺骗行为。如果下级官员小有过失,则予以包容,进行教导劝诫,等待其改正。如果让谏官列举官员们细碎的过失而加以弹劾,则丧失了大体,导致党争从细微开始。这就是乱世之所以言论越纷杂、事情越处理不好的原因。

宰相者,外统六官,内匡君德,而持可久可大之衡,以贞常而驭变者也。君心之所自正,国体之所自立,国本之所自固,民生之所自安,非弘通于四海万民数百年之规而不役于一时之利病者，不足以胜其任。故古者三公论道，所论者道耳，不能与任气敢言之士，争一言一事之可否；而论道于君，抑不在摘人间细政，绳举动之小愆，发深宫之纤过，以与君竞，徒自媒而与天子不亲；故与谏官同者未必是，而其异者未必非也。诡随谏官而避其弹射，则可以应一事而不可以规大全；逆折谏官而伸其独见，则几事不密，而失其正色立朝之度。若夫宰相而果怀私以病国，固谏官所必抗正以争，而非可使与辩讼于一堂，竞偶然之得失者也。

【译文】

宰相对外统驭六部，对内匡正君德，肩负着维持国家长治久安的大任，以贞常来驾驭时势的变化。君心靠他来匡正，国体靠他来树立，国本靠他来巩固，民生靠他来安定。如果不是能够融会贯通四海万民数百年之规制而不被一时的利弊所牵绊的人，是不足以胜任宰相的。所以古时候三公论道，所论的是道，而不能与那些凭借气势而敢于发言的士人，争论一句话一件事是否可行。而向君王论道，也不在于摘取世间细碎的政事，纠正小的差错，揭发深宫中的小过失，以与君王争胜，徒然使自己与天子无法保持亲近关系。所以宰相与谏官意见相同时未必就正确，与谏官意见不同时也未必错误。如果宰相诡诈地与谏官保持一致以避免被其弹劾，则虽然可以应对某一具体事务，却不可以为天下大局做好规划；如果反驳谏官、提出自己的独到见解，则很可能泄露机密，使自己失去从容立于朝廷的风度。如果宰相果真怀着私心危害国家，则谏官必定要坚持正义、进行抗争，而不能让谏官与宰相在同一厅堂中互相论辩，争论偶然的得失。

夫谏官职在谏矣。谏者，谏君者也，征声逐色，奖谀斥忠,好利喜功,狎小人,耽逸豫,一有其几而必犯颜以诤;大臣不道,误国妨贤,导主贼民,而君偏任之,则直纠之而无隐。若夫群执事之修坠,则六官之长核其成,执宪之臣督其失,宰相与天子总大纲以裁其正,初不藉谏官之毛举鸷击、搜剔苛求、以矜辨察①;老成熟虑之讦谟②,非繁称曲说、矫举异同于俄顷者,所可诧风裁以决定者也③。

【注释】

①毛举:列举不重要的小事。

②讦(xū)谟:远大宏伟的谋划。

③风裁:风宪,风纪。

【译文】

谏官的职责在于进谏。所谓进谏,就是指劝谏君王。如果君王沉溺声色,奖励阿谀之辈而贬斥忠直之士,好利喜功,亲近小人,耽于逸豫,一旦有这个苗头,谏官就必定要犯颜进谏以抗争。如果大臣无道,耽误国事,妨害贤能,引导君主残害民众,而君王对其偏偏委以重任,则谏官应该直接予以弹劾而无所隐讳。至于各具体办事官员的得失,则自有六部官员核查其政绩,监察官员监督其是否有过失。宰相与天子总揽大纲而公正裁决,最初就不需要靠谏官对他们吹毛求疵地加以猛烈攻讦以彰显自己善于论辩和明察。所以老成谋国、深思熟虑的大任,不是那些卖弄言辞、争辩一时异同的人,所能根据风闻加以裁决的。

故天子诚广听以求治,则宰相有坐论之时,群臣有待问之时,谏官有请对之时,而不可有聚讼一堂、道谋筑舍之时。官各有其守,政各任其人,分理而兼听之,惟上之虚衷以广益,岂立一成法以启争端,可为不易之经乎?

【译文】

所以如果天子确实想要广泛听取意见以治理好国家,则宰相自有坐而论道之时,群臣自有等待被君王问询之时,谏官自有请求君王召对之时,而不能让这些人在同一厅堂内互相论辩、聚讼纷纭。官员各有其职守,政务各自委任给具体的人,由其分别处理,而君王则兼听各方意见,虚心地博采众长。怎么能够立下一成不变之法以挑起争端,以其为不可变易的常制呢?

四　旱蝗赦非仁

旱饥而赦,以是仁民,非所以仁之也。太宗曰:“赦者,小人之幸,君子之不幸。”亦既知之矣;而贞观二年以旱赦天下[①],信道不笃,知不可而复为,非君师之道矣。

【注释】

①贞观二年以旱赦天下:贞观二年,公元 628 年。据《资治通鉴》记载,时年关内大旱饥荒,“民多卖子以接衣食”。太宗命令拿出皇宫府库中的金银财物赎回被变卖的子女们,送还给他们的父母,并下诏大赦天下。

【译文】

遇到旱灾饥荒而大赦天下,以为这是仁爱民众的表现,实际上却并不符合仁爱民众之道。唐太宗说:“大赦天下,是小人的幸运,却是君子的不幸。”他对这个道理也是明白的。而贞观二年因为遭遇旱灾,太宗还是下令大赦天下。不能坚定地相信大道,明知不可而仍然这么做,这并不符合君师之道。

夫赦亦有时焉而可者,夷狄盗贼僭据上国,蚩蚩之氓胁从以徼幸①,上不能固保其民,使群陷于逆,则荡涤而矜全之可耳。旱饥之民,流离道殣者,类不能为奸恶;而奸恶之徒,虽旱饥而固不至于馁瘠者也。如曰衣食不足,而非僻以起,则夫犯者在未饥以前,固非为饥所迫,而奚所恤哉? 省囚系以疏冤滞,宥过误以恤惷愚②,止讼狱以专农务,则君上应行之政,无岁不宜,而不待旱饥。至于旱饥之岁,豪民擅粟以掠市子女,游民结党以强要斧贷,甚且竞起为盗以攘杀愿懦③;非法不惩,非刑不戢;而更纵不轨之徒,使无所创艾以横行郊邑,又岂非凶年之大蠹哉?

【注释】

①蚩蚩:无知的样子。氓:百姓。

②惷(chǔn)愚:愚蠢。

③攘杀:掠夺毁坏。愿懦:老实懦弱,这里指老实懦弱的百姓。

【译文】

大赦天下在有些时候也是可行的。夷狄盗贼僭越礼制、犯上作乱,愚昧无知的百姓因为心存侥幸而被迫追随他们,君王不能保护好自己的百姓,使民众沦陷于逆贼之手,则通过大赦荡涤其前罪而怜悯保全他们也是可以的。遭遇旱灾饥荒的百姓,凡是四处流离甚至饿死在道边的,都是不可能做出奸恶之事的人;而真正的奸恶之徒,即使遭遇饥荒旱灾也不至于挨饿受苦。如果说因为衣食不足,所以才会犯下罪行,则那些犯法的人本来就是在饥荒之前犯罪的,肯定不是为饥饿所迫,为什么要顾惜他们呢? 通过理清冤狱来减少罪案囚犯数量,宽宥过错失误来安抚愚蠢之人,使百姓能停止诉讼而专心农务,这些都是君上应该做的事情,没有哪年不适合做这些事,根本不需要等到旱灾饥荒之时。到了旱灾饥荒的时候,豪强大族专擅粮食、囤积居奇,趁机盘剥掠夺百姓,逼他们卖儿卖女;游民纷纷结党以强行要求买卖粮食,甚至竞相起来成为盗贼,掠夺和杀戮那些朴实懦弱的百姓。这些行为,不用法令就无法严惩,不用刑罚就没法制止。而用大赦来纵容这些不轨之徒,使他们无所忌惮地横行乡野,这难道不是在凶年中具有极大破坏力的事情吗?

蠲逋欠,减租庸,所以救荒也。困于征输者,朴民也。蠲免与赦罪并行于一纸,则等朴民于奸宄,名不正,实不符,亦重辱吾衽席之赤子矣①。不杂赦罪之令于蠲租之诏,尤人君扶正人心之大权,而时君不察,曰"以此答上天好生之心",天其乐佑此顽民以贼凋零之孑遗乎? 体天心以达民隐,非市恩之俗吏所得与焉久矣。

【注释】

①衽(rèn)席:卧席,借指太平安居的生活。

【译文】

免除百姓拖欠的赋税,减少他们缴纳租和庸的额度,这是救荒的办法。为缴纳和运输赋税物资所困扰的,是朴实的百姓。如果在同一诏书内宣布免除赋税与赦免罪行,则是将朴实的百姓看作与奸佞不法之徒等同。名不正,实不符,也严重地侮辱了黎民百姓。不在免除赋税的诏书中掺入赦免罪行的命令,尤其是人君扶正人心的关键所在,而在位的君王却不能明察这一点,说"以此来报答上天的好生之心"。上天难道乐意保佑那些顽劣之徒以使其残害凋零的幸存百姓吗? 体察上天的好生之心以解除百姓的困境,这不是卖弄恩情、邀取人心的庸俗官吏所能办到的事情,历来如此。

五　驳正当设于杂判既陈宰相方审敕旨未下之际

唐制:军国大事,中书舍人各陈所见,谓之五花判事,而宰相审之,此会议之始也;敕旨既下,给事中黄门侍郎驳正之,则抄参封驳之始也①。夫六官之长贰,各帅其属、庀其事、以待军国之用②,乃非体国如家者,则各炫所长、匿所短,互相推移而避其咎。使无总摄而通计之者,将饰文具以应,而不恤国事之疏以倾也,此不可听庶司之泛应,而无与折中之者也;统之以宰相,而推诿自私之弊去矣。然宰相之贤者,且虑有未至而见有或偏,不肖者之专私无论也;先以中舍之杂判,尽群谋以迪其未达,而公论以伸,则益以集而权弗能擅,其失者庶乎鲜矣。犹且于既审之余,有给事之驳正以随其后,于是而宰相之违以塞,而人主之恣以绳,斯治道之至密,而恃以得理者也。

【注释】

①抄参:又称科参。明朝由吏、户、礼、兵、刑、工六科给事中掌管。凡内外所上章疏发下,分类抄出,参署付有关执行部门,以驳正其违误。封驳:指皇帝有失宜的诏命,封还而驳奏。

②庀(pǐ):治理。

【译文】

唐朝制度规定:遇到军国大事,由中书舍人各自陈述自己的见解,称之为"五花判事",而由宰相加以审查裁断,这是集体商议政事的开始。皇帝的诏书起草好以后,由给事中、黄门侍郎对其中的不当内容加以驳正,这是抄参封驳制度的开始。六部的正副长官,各自统率其下属官员处理政事,以备军国大计之用。如果不是能够像体谅自家事务一样体谅国事的人,则会各自炫耀其长处、隐匿其短处,互相推诿以避免得咎。假如没有加以总摄、进行统筹规划的人,则官员们必将涂饰文辞来应付上级,而不顾国家政事可能因此而败坏,甚至造成社稷倾覆。这就是不能只听任各部门泛泛应付，而没有加以折中总摄之人的原因。由宰相来统筹其事，而各部官员互相推诿、自私自利的弊端就能避免了。然而即使是贤能的宰相，尚且会因为思虑不周而有偏颇之处，更别说不够贤能的宰相会专权谋私了。先以中书舍人交杂判事，充分将各方意见表达出来以避免思虑不周，而公论得以伸张；在此基础上集中审查裁断的权力，则宰相不能擅权，出现过失的情况就会很少了。而且在宰相审查裁断之后，还有给事中加以驳正，于是宰相的违失会被杜绝，君王的错误得到纠正。这种治国之道至为缜密，凭借它就能深得治国之理了。

虽然，杂判者，陈于其先也；驳正者，施于其后也；中舍之议已集，宰相之审已定，始起而驳之，自非公忠无我之大臣，纯白知通之给谏，参差相左，而给事与宰相争权，则议论多、朋党兴，而国是以乱。然则驳正之制，当设于杂判陈而宰相方审、敕旨未下之际，以酌至当之宜，是非未著，而从违皆易，斯群臣之能尽，而宰相之体不伤。唯公议已允，而宰相中变以舞法者，然后给事封还而驳正之，不尤可达人情、定国是，而全和衷之美乎？太宗谓王珪曰："论难往来，务求至当，舍己从人，亦复何伤，或护己短，遂成怨隙。"盖虑此矣。立法欲其彻乎贤不肖而俱可守，法不精研，而望人之能舍己从人也，亦不可得之数已。中舍各抒所见，而给事折之以从违，宰相持衡而断之，天子裁成以行之，合人心于协一，而宫省息交竞之情，事理得执中之用，酌古鉴今，斯可久之良法与！

【译文】

虽然如此，杂判是在宰相审查裁断之前提出意见；驳正则是在审查裁断之后进行的。中书舍人的议论已经被集中起来，宰相审查已定，这个时候负责封驳的官员才起来驳正，只要不是公忠体国、不求私利的大臣，纯粹而又懂得通变的谏官，意见就会参差不同；而谏官与宰相争权，则会造成议论繁多、朋党兴起，国政因此会变得混乱。如此则谏官驳正的制度环节，应当设置在杂判已经陈述完意见而宰相刚刚审查过、正式的敕书圣旨还未下达之际，从而斟酌意见，选择合乎适宜的最佳方案。此时是非尚未完全明确，要对草案加以更改很容易。这样群臣的意见能够得到充分表达，而宰相的大体也不至于受损。只有当集体商议已经得出允当结论，而宰相对这一意见加以改变、试图徇私舞弊时，给事才应该封还诏书而加以驳正。这样难道不是尤其可以通达人情、确定国家大政方针，而保全和衷共济之美吗？唐太宗对王珪曰："人的见解各有不同，如果往来辩论务求准确恰当，放弃个人见解从善如流，又有什么不好呢？有人护己之短，于是产生仇怨隔阂。"大概已经考虑到这一点了。立下法度而想要使贤能和不肖之人都能遵守，如果法度本身不够精审，却指望别人能够放弃个人见解，听从他人意见，这也是不可能办到的事情。中书舍人各抒所见，而给事根据其意见是否允当而进行驳正，宰相掌握大权而进行决断，最终由天子裁定以付诸实施，使人心能够协调一致，而三省也各自收敛相互竞争的想法，事情得以折中处理。斟酌古今，这也是可以长久维系的良法吧！

近世会议遍及九卿，而唐之杂判专于中舍，其得失也孰愈？夫九卿各有典司者也，既与其属参议其所修之职以待举行，固有一成之见而执为不可易者，假有大兵大役，司马、司空务求其功之成，而司农务求其用之省，则其不相协而异同竞矣。唐、宋之给舍①，皆历中外、通众理、而待枚卜之选者也，兼知盈诎成败之数，以酌时之所可行，则彼此不相妨而以相济，杂判而驳正之足矣，何用询及专司之官以生嚚讼哉②？如有议成敕下，而九卿不可奉行者，自可复陈利病以更为酌改，无容于庙议未审之前，豫为异论以相掣。国事之所繇定，惟其纲纪立以一人心而已；会议者，大臣免咎之陋术，其何利之有焉。至于登进大臣、参酌大法、裁定大礼，则惟天子之乾断与宰相之赞襄，而参以给舍之清议；六官各守其典章，而不可有越位侵官之妄。如使采纷呶之说③，以模棱而求两可，则大臣偷，群臣竞，朋党兴，机密泄，其弊可胜言哉？

【注释】

①给舍：给事中及中书舍人的合称。

②嚚（yín）讼：奸诈而好争讼。

③纷呶（náo）：纷乱喧哗。

【译文】

近世集中商议国事，九卿都参与，而唐代的杂判专由中书舍人负责，这两者哪个更好呢？九卿各有其职守，既然他们要与各自的僚属共同参议其所负责的具体事务以待实行，那么他们肯定会有固定的意见，并且将其当作不可更改的观点。假如有大的军事行动或是工程，司马、司空都要求务必保证行动成功，而司农则务求节省用度，双方诉求相左，意见难以协调一致。唐、宋的给事中和中书舍人，都是在朝内外均任过职、通晓众理、有待被委以重任的官员，他们对事情成败利钝的情况有全面的了解，能够斟酌时势以确定政策是否可行，如此则他们彼此不会相互妨碍，而是会相互补充，那么先杂判而后驳正就足够了，何必要询问有关部门的长官从而导致聚讼纷纭呢？如果议论已定、诏书下达，而九卿认为其中有不可奉行的内容，那他们自可以再上书陈述利弊，请求斟酌和更改政策，完全不应该让他们在朝廷集体商议尚未完毕、宰相尚未进行审查之前，就预先提出不同意见来制约。国家大政方针的确定，只有依靠树立纲纪以统一人心而已。集体商议国事，是大臣试图规避责任的浅陋伎俩，有什么好处呢？至于任用大臣、参酌大法、裁定大礼，则只有由天子裁断、由宰相加以辅助，并参考给事中和中书舍人的清议；六部长官各自遵守其典章，而不能有越位侵权的非分之想。假如采用纷杂喧哗的意见，造成模棱两可的局面，则大臣苟且偷安，群臣相互争斗，朋党会兴起，机密会被泄露，其弊端能说得完吗？

不周知天下之务，不足以决一事之成；宰相给舍无所偏私，以周知为道者也。不消弭人情之竞，不可以定国事之衡；杂判驳正慎之于前，而画一必行于后，议论虽详而不至于争竞者也。太宗曰："或成怨隙，或避私怨，顺一人之情，为兆民之患，亡国之政，炀帝之世是也。"斯言韪矣。

【译文】

如果不广泛了解天下的事务，就不足以决断某一具体事务。宰相和给事中、中书舍人无所偏私，应该以广泛了解天下的事务作为应该遵循的大道。如果不消弭官员间相互竞争的状况，就不可以定下国家的大政方针。前面的杂判和驳正都保持谨慎，则其后政策施行的时候必定能够整齐划一，即使议论再详细而不至于使官员之间相互竞争甚至争斗。唐太宗说："有的因此产生仇怨隔阂，有的为了避开私人恩怨，明知其错误也不加驳正。顺从顾及某个人的脸面，造成万民的灾患，这是亡国的政治，隋炀帝时代就是如此。"这句话真是正确啊。

六　太宗善于论治而斁伦亏德

读太宗论治之言，我不敢知曰尧、舜之止此也，以视成汤、武王，其相去无几矣。乃其斁彝伦，亏至德，杂用贤奸，从欲规利，终无以自克，而成乎大疵。读史者鉴之，可以知治，可以知德，可以知学矣。

【译文】

读唐太宗论述治国之道的言论，我不敢认为古代圣王尧、舜也不过如此，但将他与商汤、周武王相比，则相差无几。可是他破坏人伦纲常，在盛德上有亏，混杂任用贤臣和奸臣，纵欲趋利，终生无法克服这些缺点，因而给自己留下了大的瑕疵。读史的人以此为鉴，可以懂得治理之道，可以懂得德行之道，可以懂得学习之道。

气者，发以嘘物，而敛以自摄其心者也。闻见之善，启其聪明，而随气以发敛。其发也，泄其藏以加于物。故言者，所以正人，而非以正己也。己有余，而不忍物之不足，则出其聪明以迪天下之昏翳而矫之以正，子不忍于父，臣不忍于君，士不忍于友，圣人君子道不行而不忍于天下后世，于是而言之功大矣。若夫受天命作君师，臣民之责，服于躬、载于一心，则敛气以摄聪明，而持天下于心，以建中和之极，故曰"汤、武身之也"[1]。身正而天下正，不以言也。故《仲虺之诰》[2]，仲虺言之也；《咸有一德》[3]，伊尹言之也；《旅獒》[4]，召公言之也；《无逸》[5]，周公言之也；而汤、武无言以自鸣其道而诏群臣。推而上之，大禹、皋陶、益、稷各尽言以进尧、舜,而尧、舜执中之训,迨及倦勤逊位之日,道不在己,而后以诏舜、禹。然则尧、舜惟不忍于后世,禹、皋、益、稷、伊、莱、周、召惟不忍于君,而不容已于言。下此者,虽躬行未逮,而进忠于上,亦不必以言过其行责之,其忠也,即其行也。今太宗之言,非尧、舜、汤、武之言,而伊、莱、周、召之言也。任尧、舜、汤、武之任,而夺伊、莱、周、召之言以为己言,则下且何言之可进,而闻善之路穷。盖太宗者,聪明溢于闻见,而气不守中,以动而见长者也。其外佟,其中枵,其气散,其神瞀^⑥,其精竭,其心驰,迨乎彝伦之攸斁,至德之已亏,佞幸外荧,利欲内迫,而固无以自守;及其衰年而益以泛滥,所必然矣。

【注释】

①汤、武身之也:语出《孟子·尽心上》:"孟子曰:'尧舜,性之也;汤武,身之也;五霸,假之也。'"意思是商汤、周武王是亲身践行仁义。

②《仲虺之诰》:《尚书·商书》中的一篇,主要内容是商汤的宰相仲虺与商汤关于政权合法性和治国之道的对话。

③《咸有一德》:《尚书·商书》中的一篇,内容为伊尹对太甲说的话。大意是天命无常,只有经常修德,才可保住君位;停止修德,就会失去君位。

④《旅獒》:《尚书·周书》中的一篇,内容是当时任太保的召公奭告诫武王不要"玩人丧德,玩物丧志"。

⑤《无逸》:《尚书·周书》中的一篇,内容是周公劝诫成王不要荒淫逸乐。

⑥瞀(mào):眼睛昏花。

【译文】

　　所谓气,散发出来可以吹拂万物,收敛起来则可以控制自己的心神。耳听善言,目见好事,可以启发一个人的聪明才智,而聪明才智会随着气散发或收敛。散发的时候,就会将内心中所蕴藏的东西施加到外物之上。所以言语是用来匡正别人的,而不是用来匡正自己的。自己有余,而不忍心外物的不足,则会用自己的聪明才智来启迪天下那些昏庸盲目的人,矫正其错误。儿子不忍心父亲有所不足,臣子不忍心君王有所不足,士人不忍心朋友有所不足,圣人君子不忍心天下大道不行而遗祸后世。如此说来,言辞的作用是很大的。至于受天命而作君主,肩负治理民众的责任,由自己亲身践行大道,一心一意,则需要收敛气息以控制自己的聪明才智,用心来秉持天下,从而达到万事和谐的最高境界。所以说"商汤、周武王是亲身践行仁义"。自己行为端正则天下皆正,不是靠言辞做到的。所以《仲虺之诰》,是仲虺说的话;《咸有一德》,是伊尹说的话;《旅獒》,是召公说的话;《无逸》,是周公说的话,而商汤、周武王并不曾用言语来宣扬自己的治理之道并以此诏令群臣。依此规律向上追溯,可以推知大禹、皋陶、益、稷等各自都曾以言辞进谏尧、舜,而尧、舜坚守中庸之训,一直等到退隐逊位之日,大道已不在自己身上,然后才以言辞下诏给舜、禹,告知大道。如此则尧、舜唯独不忍心后世有所不足,禹、皋陶、益、稷、伊尹、莱公、周公、召公唯独不忍心其君王有所不足,而不能容忍自己缄口不言。比这次一等的,即使不能亲身践行大道,但能够向君上进献忠言,也不必因为其言辞超过了其自身行为而加以责备,其忠诚本身就是其行为的表现。如今太宗的言辞,并非尧、舜、商汤、周武王之言,而是伊尹、莱公、周公、召公之言。太宗肩负尧、舜、汤、武一般的大任,却将伊尹、莱公、周公、召公的话夺过来当作自己的话,则臣下还有什么言辞可以进献呢? 这样听闻善言的路就被堵塞了。大概唐太宗聪明才智四溢,而气不能守定中和,所以以行动而见长。所以尽管外在华丽,内心却很空虚,其气息耗散,神志昏乱,精力衰竭,心志松弛,等到做出败坏伦常的事情,至德已经有亏,奸佞之臣在外扰乱迷惑,他逐利的欲望在心中逼迫着自己,而没办法守住自身本元。所以他到了衰老之际昏乱更甚,这是理所当然的事情。

　　呜呼!岂徒帝王为然哉?自修之士,有见而亟言之,德不崇,心不精,王通之所以不得为真儒也。况扬雄、韩愈之利欲熏心者乎?故《鲁论》之言言也[1],曰慎、曰后从、曰讷、曰讱、曰耻、曰怍[2],圣狂之辨,辨于笔舌,可畏也哉!

【注释】

①鲁论:即《鲁论语》。《论语》的汉代传本之一。相传为鲁人所传,是今本《论语》的来源之一。

②讱(rèn):迟钝。

【译文】

　　唉!难道只有帝王是如此吗?进行自我修养的士人,一有见解就急忙发表言论,道德不够崇高,心志不够精深,这就是王通之所以无法成为真儒的原因。何况是像扬雄、韩愈那样利欲熏心的人呢?所以《鲁论语》中谈到言辞的正确标准时,用了谨慎、后从、木讷、迟钝、知耻、惭愧等词汇,圣贤与狂生的区别,就体现在文字和言语上,真是可畏啊!

七　突厥既亡太宗命安抚西突厥种落

　　夷狄之势,一盛一衰,必然之数也。当其衰而幸之,忘其且盛而无以御之,故祸发而不可止。夫既有其土,则必有其人以居之,居之者必自求君长以相保,相保有余而必盛,未有数千里之土,旷之百年而无人保之者也。已盛者而已衰矣,其后之能复盛者鲜矣,而地已旷,人必依之,有异族、有异类、而无异土。衰者已衰,不足虑也,继之以人,依其土而有之,则族殊类异,而其偪处我边徼也同①。突厥之盛,至颉利而衰②,既分为二,不能相比,于是乎突厥以亡,迄于五代而遂绝。夫岂特夷狄为然哉?五帝、三王之明德,汉、唐、宋之混一,今其子孙仅存者不再兴,而君天下者不一姓,况恃强不逞之部落乎?

【注释】

①偪(bī)处:紧靠。偪,迫近,靠近。

②颉利(579—634):姓阿史那氏,名咄苾,突厥族,启民可汗之子,东突厥可汗。620年继其兄处罗之位为可汗。颉利可汗即位后,兵马强盛,阻挠唐朝统一,后又连年侵唐边地。626年,唐太宗亲临渭水,与颉利隔水而语,结渭水便桥之盟。629年,唐太宗派李靖、李勣出兵与薛延陀可汗夷男等夹攻颉利,次年大败颉利于阴山。颉利被擒送长安,太宗赐以田宅,授右卫大将军。634年死于长安。其事见于新、旧《唐书·突厥列传》。

【译文】

夷狄的势力,一盛一衰,交相循环,这是必然的规律。中原王朝在夷狄衰弱时感到庆幸,忘记了其将再度强盛而没有抵御的办法,所以夷狄之祸一旦发生就无法止息。既然有养育夷狄的土地,那么就必定要有人去那里居住,在那里居住的人必定会寻求君主或酋长来统率以保护自己。如果互相保护的力量有余,就会转向强盛,从来不会出现数千里的土地在长达百年的时间里一直保持空旷、而没有人聚居并起来自保的情况。已经强盛过的部族在衰弱以后,能够再度强盛的是很罕见的;而土地已然空旷,人们必定要依附于某一势力。所以有异族,有异类,而没有异土。衰落的部族已然衰落,不足为虑,但继他们之后的人,占据其原有土地而聚居,则尽管与之前的部族族类不同,但其迫近和威胁我边境地区的情形是相同的。突厥的强盛,到颉利的时候已经衰落,整个突厥一分为二,彼此不能团结,于是突厥政权因此灭亡,到五代时期族群已经灭绝。难道仅仅夷狄是如此吗?以五帝、三王的明德,汉、唐、宋皆曾统一华夏,但如今其子孙后代硕果仅存者均没办法再度兴起,而君临天下者尚且不止一姓,何况是自恃强大而为非作歹的部落呢?

夫其人衰矣亡矣,其土则犹故也,天不能不为之生种姓,地不能不为之长水草,后起者不能戢止其戎心;曾无虑此,而可以其一族之衰为中国幸邪? 其族衰,其地无主,则必更有他族乘虚而潜滋暗长于灌莽之中。故唐自贞观以后,突厥之祸渐息矣,而吐蕃之害方兴,继之以契丹,皆突厥两部之域也。颉利禽而御楼受俘,君臣交庆,其果以是为中国永安之祚哉?

【译文】

突厥部族的人虽然衰落凋零了,但其生活的土地仍然存在,上天不能不使此地再产生其他种姓的少数民族,大地也不能不让此处滋长水草,于是后起的少数民族不可能不滋生称雄逞强之心。怎么能不考虑到这种情况,而仅把突厥一族的衰亡当作华夏的幸事呢? 突厥部族衰落,其原本生活的土地无主,就必然会再有其他部族乘虚而入,暗中在草木丛生的原野之中滋长着自己的势力。所以唐代自贞观以后,突厥之祸渐渐平息,但吐蕃的祸害却方兴未艾;接下来又有契丹作乱,他们都活动在东西突厥曾聚居的区域内。颉利被俘虏后,唐朝举行御楼受俘仪式,君臣交相庆贺,但这果真足以作为华夏永保安宁的福祚吗?

西突厥种落散在伊吾①，太宗命李大亮安抚之②，贮粮碛口以赈之③，未尝非策也，而大亮之不奉行也何居？施之以德者，制之以威也。已衰者，存之不足为忧，存已衰者，则方兴者不能乘无主以擅其地，则前患息而后衅可弭。盛衰之形，我得而知，而无潜滋暗长之祸，虽暂劳暂费，而以视糜财毒众以守边，割地纳贿以丐免④，其利害奚若邪？株守安内之说为讦谟，岂久远之大计哉？

【注释】

①伊吾：今新疆哈密地区。

②李大亮（586—644）：京兆泾阳（今陕西泾阳）人。原为隋将，李渊起兵后，李大亮归附唐朝，辅助李渊开国有功。贞观年间，历任交州都督、凉州都督、西北道安抚大使、剑南道巡省大使等职。贞观八年（634）领兵击败吐谷浑，贞观十五年（641）击败薛延陀番将。唐太宗征讨高句丽，李大亮受命协助房玄龄驻守长安，不久去世。传见新、旧《唐书·李大亮列传》。

③碛（qì）口：今哈密东部星星峡一带。

④丐免：乞免。

【译文】

西突厥的残部分散在伊吾地区，唐太宗命李大亮安抚他们，在碛口贮存粮食以赈济他们。这未尝不是良策，但李大亮却不奉命行事，他是何居心呢？对待夷狄，要用德行给予恩惠，用威势来加以控制。已经衰落的部族，让他们存在下去也不足为患，保留已然衰落的部族，则那些正在兴起的部族就没办法乘着已衰部族原本聚居区域无主而擅自占有其地，如此则前患可以被平息而后患也可以被消弭。夷狄盛衰的形势，我方始终能够知晓，这样就没有新的夷狄悄然滋长势力的隐祸。虽然暂时要耗费劳力和资财,但与劳民伤财地守备边境、割地赔款以祈求和平相比,哪个危害更大呢?把守株待兔、安定内部的说法当作经国大略之说,难道是可靠的长远大计吗?

八 魏徵淳浇之论

魏徵之折封德彝曰:"若谓古人淳朴,渐至浇讹①,则至于今日,当悉化为鬼魅矣。"伟哉其为通论已。

【注释】

①浇讹:浮薄虚伪。

【译文】

魏徵驳斥封德彝说:"如果说古时候的人淳厚朴实,后来渐渐变得浮薄虚伪起来,那么到了今日,就应该全部化为鬼魅了。"他这番博雅通变之论真是太伟大了!

立说者之患,莫大乎忿疾一时之流俗,激而为不必然之虑,以鄙夷天地之生人,而自任以矫异;于是刻核寡恩成乎心,而刑名之术,利用以损天地之和。荀卿性恶之说,一传而为李斯①,职此故也。且夫乐道古而为过情之美称者,以其上之仁,而羡其下之顺;以贤者匡正之德,而被不肖者以淳厚之名。使能揆之以理,察之以情,取仅见之传闻,而设身易地以求其实,则尧、舜以前,夏、商之季,其民之淳浇、贞淫、刚柔、愚明之固然,亦无不有如躬阅者矣。唯其浇而不淳、淫而不贞、柔而疲、刚而悍、愚而顽、明而诈也,是以尧、舜之德,汤、武之功,以于变而移易者,大造于彝伦,辅相乎天地。若其编氓之皆善邪？则帝王之功德亦微矣。

【注释】

①荀卿性恶之说，一传而为李斯：指荀子认为"人之性恶，其善者伪也"，强调人的本性生来就是恶的，善则是后天教育的结果。而李斯曾从荀卿学帝王之术。

【译文】

立论之人的大患，没有比因一时的流俗而愤恨、被其所刺激而产生并非必然的思虑，从而鄙夷天地所养育的人民、故意自我标举以求与众不同更严重的了。这样做会使自己性格变得刻薄寡恩，利用刑名之术来损害天地的和谐。荀子所谓人性本恶之说，传给弟子后催生出李斯那样的人，就是因为这个缘故。况且喜欢谈论古时候的事而给予其过分美誉的人，因为当时上层的仁德，便羡慕下层民众的恭顺；因为贤者的匡正之德，就把淳厚之名给予了那些本来不肖的人。假如能够依据道理来推断，依据情理来考察，结合仅见的传闻，设身易地地探求当时的实情，则尧、舜以前，夏、商末年，其民众是醇厚还是浮薄、是贞正还是淫乱、是刚强还是柔弱、是愚蠢还是明智便都能够看清了，全部都好像自己亲身所经历一般。正因为当时的民众浮薄而不醇厚、淫乱而不贞正、柔弱而疲敝、愚蠢而顽劣、明智却诡诈，所以尧、舜的德行，汤、武的功绩，才能够使其本性发生变化，从而为整肃纲常做出大贡献，有助于天地的和谐。如果当时的百姓都善良正直呢？那么古代帝王的功德也就很微不足道了。

唐虞以前，无得而详考也，然衣裳未正，五品未清，昏姻未别，丧祭未修，狉狉獉獉①，人之异于禽兽无几也。故孟子曰："庶民去之，君子存之②。"舜之明伦察物，存唐、虞之民所去也，同气之中而有象，况天下乎？若夫三代之季，尤历历可征焉。当纣之世,朝歌之沉酗,南国之淫奔③,亦孔丑矣④。数纣之罪曰"为逋逃萃渊薮"⑤,皆臣叛其君、子叛其父之枭与豺也。至于春秋之世,弑君者三十三,弑父者三,卿大夫之父子相夷、兄弟相杀、姻党相灭,无国无岁而无之,蒸报无忌⑥,黩货无厌,日盛于朝野,孔子成《春秋》而乱贼始惧,删《诗》《书》,定《礼》《乐》,而道术始明。然则治唐、虞、三代之民难,而治后世之民易,亦较然矣。

【注释】

①狉狉(pī)榛榛(zhēn):草木丛杂,野兽出没。指远古混沌未开的景象。

②庶民去之,君子存之:语出《孟子·离娄下》:"人之所以异于禽兽者几希,庶民去之,君子存之。"意思是人和禽兽的差异就那么一点儿(即仁义),普通人抛弃它,君子保存它。

③南国之淫奔:《诗经》中《周南》《召南》都是"南国"之风,"南国"泛指洛阳以南直到江、汉地区。《周南》《召南》中有许多大胆的爱情表白和赤裸裸的恋爱生活的描写,称为"淫奔"。

④孔丑:十分丑恶。

⑤为逋逃萃渊薮:语出《尚书·武成》:"为天下逋逃主,萃渊薮。"意思是天下罪人都聚集到纣的身边。

⑥蒸报:指与母辈或晚辈亲属淫乱。

【译文】

尧舜以前的情况,没办法详细考察出来,然而当时服饰制度尚未确定,社会等级秩序还不清晰,婚姻制度尚不完善,丧葬祭祀的礼仪尚未完全建立,混沌未开,人与禽兽的区别并不大。所以孟子说:"普通人抛弃仁义,而君子保存仁义。"舜明于伦常,能体察万物,保存唐、虞两部落的普通百姓,他的同胞兄弟中尚且有象这样的愚顽之辈,何况当时的天下呢? 至于夏、商、周三代的末期,其情形尤其历历可征。商纣王在位时期,朝歌的贵族沉溺于饮酒,南国的淫奔,都是很丑恶的现象。后来《尚书》列举纣王罪恶的时候称"天下罪人都聚集到纣的身边",那些罪人都是作为臣子背叛其君主、作为儿子背叛其父亲的枭与獍一般的狠毒之人。到了春秋时代,弑杀国君事件有三十三起,其中弑父事件有三起,而卿大夫之间父子相残、兄弟相杀、姻亲相灭的事件,没有哪个国家、没有哪一年不发生。当时的人无所顾忌地与母辈或晚辈亲属淫乱,喜欢财货而贪得无厌。这种风气在朝堂上日益兴盛,直到孔子撰成《春秋》后,乱贼才开始感到恐惧;孔子删定《诗》《书》,制定《礼》《乐》后,道术才在天下变得明晰起来。如此则治理尧、舜、夏、商、周三代的百姓困难,而治理后世的百姓容易,这是显而易见的。

　　封德彝曰:"三代以还,人渐浇讹。"象、鲧、共、骓、飞廉、恶来、楚商臣、蔡般、许止、齐庆封、鲁侨如、晋智伯[①],岂秦、汉以下之民乎? 子曰:"斯民也,三代之所以直道而行也[②]。"春秋之民,无以异于三代之始。帝王经理之余,孔子垂训之后,民固不乏败类,而视唐、虞、三代帝王初兴、政教未孚之日,其愈也多矣。战国之末,诸侯狂逞,辩士邪诬,民不知有天性之安,而趋于浇,非民之固然也。秦政不知而疾之如寇,乃益以增民之离叛。五胡之后,元、高、宇文驵戾相踵,以导民于浇,非民之固然也。隋文不知而防之若雠,乃益以增民之陷溺。逆广嗣之,宣淫长佞,而后民争为盗。唐初略定,夙习未除,又岂民之固然哉? 伦已明、礼已定、法已正之余,民且愿得一日之平康,以复其性情之便,固非唐、虞以前茹毛饮血、茫然于人道者比也。以太宗为君,魏徵为相,聊修仁义之文,而天下已贴然受治,施及四夷,解辫归诚③,不待尧、舜、汤、武也。垂之十余世而虽乱不亡,事半功倍,孰谓后世之天下难与言仁义哉?

【注释】

①蔡般:即蔡灵侯,姬姓名般,春秋时期蔡国君主。其父蔡景侯在位时,不理国政,沉湎女色,甘心做楚国的臣下,不被当成诸侯国君看待。姬般于是跟几个心腹合谋,弑杀了蔡景侯。许止:春秋时期许悼公之子。悼公生疟疾,太子止献上药物,悼公服药后去世,《春秋》因此记载许止弑君。许止因父亲之死而十分悲伤,不久也哀痛而死。庆封:姜姓,庆氏,春秋时齐国大夫。公元前548年,崔杼杀齐后庄公,拥立景公,庆封担任左相,一度欲杀不肯归附的晏婴。前546年,庆封乘崔氏内乱,灭崔氏而当国。他耽于酒色,不理国政,很快遭到田氏、鲍氏、栾氏、高氏联合反对,只好奔鲁,后又奔吴,最终被楚国杀死。侨如:姬姓,叔孙氏,名侨如,谥宣,又被称为叔孙宣子、叔孙侨如。鲁成公时担任卿。他与鲁成公的母亲穆姜私通,想要除掉季文子和孟献子而夺取他们的家产,结果反被众大夫放逐。他被迫逃亡到楚国,在那里又与齐灵公的母亲声孟子私通,后因惧怕败露,又逃到卫国。

②斯民也,三代之所以直道而行也:语出《论语·卫灵公》:"子曰:'吾之于人也,谁毁谁誉? 如有所誉者,其有所试矣。斯民也,三代之所以直道而行也。'"意思是因为有了这样的民众,所以夏、商、周三代能直道而行。

③解辫:解散发辫。少数民族多结发辫,解开发辫意味着改用汉人服饰,故用来代指归顺汉族政权。

【译文】

封德彝说:"夏、商、周三代以后,民众逐渐变得浮薄虚伪。"象、鲧、共公、驩兜、飞廉、恶来、楚国的商臣、蔡国太子般、许国太子止、齐国的庆封、鲁国的侨如、晋国的智伯等乱臣贼子，难道是秦、汉以后的子民吗？孔子说："因为有了这样的民众，所以夏、商、周三代能直道而行。"春秋时的民众，与夏、商、周三代初始时的民众并无不同。在古时候的帝王经营治理之余，在孔子垂训之后，民众中都本来就不乏败类，而将这时的民众与尧、舜、三代帝王初兴、政治和教化尚未展开时的民众相比，他们还是要好得多。战国末期，诸侯之间征伐不休，游说之士以邪说欺瞒世人，民众不知道有天性所赋予的安定，而趋于浮薄，并非民众本来就如此。嬴政不懂得这一点而仇视民众，将他们看作贼寇，于是更加剧了百姓的离心离德。五胡十六国之后，北魏元氏、北齐高氏、北周宇文氏相继统治中原，将民众引向浮薄虚伪，并非民众本性如此。隋文帝不懂得这一点而像防备仇敌一样防备民众，更加剧了百姓的反叛和堕落。杨广继承帝位，荒淫无度，任用奸佞，而后百姓便争相去做盗贼。唐初天下刚刚大体平定，百姓的旧习气还未完全去除，又岂是百姓本性如此呢？在伦常已经明晰、礼仪已经制定、法令已经确定的情况下，百姓还是愿意得到一天的平静安宁，以恢复其本来的性情，他们本来就不是尧、舜以前茹毛饮血、对人道茫然无知的原始人所能比拟的。以唐太宗为君王，以魏徵为宰相，只需要稍微修正改进一些仁义的典章制度，天下百姓就服服帖帖地接受治理，这也影响到周边的少数民族，使他们纷纷归顺，不需要等待尧、舜、汤、武这样的圣君来完成这样的大业。唐朝延续十几代，即使遭遇动乱也没有灭亡，事半而功倍，谁说不能同后三代以后的天下讲论仁义呢？

邵子分古今为道、德、功、力之四会①，帝王何促而霸统何长？霸之后又将奚若邪？泥古过高，而菲薄方今以蔑生人之性，其说行而刑名威力之术进矣，君子奚取焉？腥风扇，民气伤，民心之待治也尤急，起而为之，如暑之望浴也，尤易于隋、唐之际哉！

【注释】

①邵子分古今为道、德、功、力之四会：邵雍将"道德功力"与"皇帝王霸"相对应，以"道德功力"为体，以"化教劝率"为用。其中，认为历史有"皇帝王霸"各个阶段，不同阶段的治理方式也不同。

【译文】

邵雍将从古至今分为道、德、功、力四个阶段，那么按照他的划分，帝王时代何其短促而霸统时代何其漫长呢？霸统时代之后又将是如何呢？他对古代推崇过高，而对当今之世妄自菲薄，蔑视民众的人性。他的说法盛行，则刑名威力之术就会得到进用，君子怎么能采纳这种说法呢？暴力苛政盛行，百姓的元气受到损伤，百姓心中企盼太平的心理尤其急迫，这个时候如果能起来施行仁义，则百姓会像夏天盼望沐浴一样对其寄予厚望，隋、唐之际尤其是这样一个合适的时机啊！

九　能受谏乃能谏人

太宗曰："未能受谏，安能谏人。"此知本之论也。夫唯穷凶之主，淫虐无择，则虽以虚衷乐善之君子，陈大公无我之言，而亦祇以危身；非此者，君之拒谏而远君子，洵失德矣，谏者亦恶能自反而无咎哉？凡能极言以谏者，大抵其气胜者也；自信其是，而矜物以莫及，物莫能移者也。其气胜，则其情浮；自矜而物莫能移，则其理窒。上以事君，下以莅众，中以交于僚友，可其所可，而否其所否，坚于独行，而不乐物之我违；唯如是也，乃以轻宠辱、忘死生、而言之无忌。其贤者，有察理未精、达情未适之过，而执之也坚；其次则气动而不收，言发而不止，攻异己而不遗余力，以堕于媢忮①，

而伤物已甚；则人主且窥其中藏，谓是哓哓者之但求利己
也②。其言不可夺，而心固不为之感，奚望转石移山于片
语乎？

【注释】

①媢恌(mào zhì)：妒忌，忌恨。

②哓哓(xiāo)：争辩不止的样子。

【译文】

　　唐太宗说："自己不能接受劝谏，怎么能够劝谏别人呢？"这是懂得根本的说法。只有在遇到穷凶极恶的君主，他们荒淫残暴而不能择取善言时，即使以虚心乐善的君子，向他们陈述大公无私的谏言，也只会危及自身。如果不是这种情况，那么君王拒绝纳谏而远离君子，确实是失德的表现。但进谏的人反躬自省，自己就没有过错吗？凡是能够极力直言进谏的人，大抵都是以气势取胜，相信自己的意见是正确的，而以为别人都比不上自己，别人也无法使自己改变主张。他们以气势取胜，则其性情浮华不实；自命不凡且拒绝改变主意，则其在道理上就会陷于阻塞。以这种方式上事奉君王，下治理百姓，中与同僚友人相处，认可自己所认同的事情，否定自己不认同的事情，坚持特立独行，而不乐意别人的意见与自己相背。正因如此，他们才能够轻视宠辱，忘记死生，无所顾忌地发表言论。其中的贤者，有体察道理不够精审、揣摩情理不够贴切的过失，却坚持己见而不肯改变。比他们更差的则是气势浮动而不知收敛，一味发表言论而不懂得停止，不遗余力地攻击异己，堕落到记恨他人的地步，对其他人造成了严重的损害。如此则君王从中窥见这些进谏者的心思，认为他们喋喋不休地进谏只是为了图利。所以尽管进谏者的言辞不容反驳，但君王的心却不会被他们的言辞打动，如何能够指望以只言片语起到移山转石的功效呢？

惟虚则公，公则直；惟明则诚，诚则动；能自受谏者，所以虚其心而广其明也，谏者之能此者鲜矣。事上接下，其理一也。君不受谏，则令焉而臣民不从；臣不受谏，则言焉而天子不信。位不可恃，气不可任，辩不可倚，理不可挟，平情好善、坦衷逊志者，早有以动人主之敬爱，而消僚友之疾忌，圣而周公，忠而孔明，用此道也。婞直予智^①，持一理以与当宁争得失^②，自非舜、禹以刍荛之道待之^③，其不以启朋党而坏国是也，难矣哉！

【注释】

①婞(xìng)直：倔强，自以为是。

②当宁：本指皇帝临朝听政，后泛指皇帝。宁，指古代宫室门内屏外之地，君主在此接受诸侯的朝见。

③刍荛(ráo)：割草打柴的人。

【译文】

只有虚心才能够公正，公正才能理直；只有明达才能做到真诚，真诚才能打动人。自己能够接受劝谏的人，都是因为虚心而广泛增进自己的明达，进谏的人能够做到这一点的是很少的。侍奉君上与接受臣下谏言，其道理是一致的。君王不接受劝谏，则他下达的命令臣民不会听从；臣下不接受劝谏，则他的谏言皇帝不会相信。不能凭恃地位，不能意气用事，不能依赖辩才，不能裹挟道理压迫别人。心情平和、乐善好施、坦诚谦逊的人，本来就有办法打动君王，赢得其敬爱，消除同僚的嫉妒。像周公那样的圣人，像诸葛孔明那样的忠臣，都是采用这样的办法。凭恃聪明而自以为是，坚持一条道理而与君王争得失，只要君王不能像舜、禹对待割草打柴的人那样虚心对待他们，则他们很难不引起朋党之争，从而败坏国事！

一〇　魏徵马周非能格君之大人

唯大人为能格君心之非[①]。君心之非，亦易见也；所以格之者，天理民彝之显道，人皆与知，亦易能也。然而断之于大人之独得，而谏诤之臣不足与焉，于魏徵、马周见之矣。君心无过，而过在事，则德不足而言有当，下逮于工瞽而言无不效[②]。若夫心，则与心相取者也，心之有非，必厚自匿而求以胜物。进言者，其言是也，其人非也，其人虽无大非，而心不能自信，于是则匿非求胜者，将曰旁观而言之，吾亦能为此言，试以此言于汝，汝固不受也。言还其言，而心仍其心，交相谪而祇益其怨恶。如能隐忍以弗怨恶足矣，奚望格哉？

【注释】

①唯大人为能格君心之非：语本《孟子·离娄上》：“孟子曰：‘人不足与适也，政不足间也。唯大人为能格君心之非。’”意思是只有德位兼备的人才能够纠正君王内心的错误。大人，德位兼备的人。

②工瞽（gǔ）：古代乐官。

【译文】

只有德位兼备的人才能够纠正君王内心的错误。君王内心的错误，也是容易看到的；而纠正其错误，靠的是天理人伦的显明道理，人人都懂得，所以也是容易办到的。然而孟子断定只有德位兼备的人才能纠正君王内心过失，而谏诤之臣则做不到，这从魏徵、马周身上就能看出来。如果君王内心没有过错而错在具体的事情上，则即使德行不足的人，只要言辞得当，哪怕身份低微如乐官，也能够取得进言的成效。

至于内心,则需要用心来影响,如果一个人心中有错误,那么他就必定会隐藏自己的错误而求求胜过别人的办法。进言的人,如果进谏的言论很正确,但其为人方面有缺陷,则即使他没有大过,其内心也无法自信起来,于是就隐匿过失而寻求胜过别人。他将会说:从旁观者角度而言,我也能够说出与进言者相似的话;如果试着把同样的话拿来劝谏你,你肯定不会接受。言论还是曾经的言论,心还是曾经的心,交相指责只会增强怨恨。如果能隐忍不言,不激起怨愤就足够了,哪里能指望纠正对方内心的过失呢?

　　唐太宗不恤高祖之温清视膳,处之卑㴑之大安宫①,而自如九成宫以避暑,嫁其女长乐公主,敕资送倍于长公主。此岂事之失哉? 其懵不知恤者,仁孝忘于心也。马周言之,魏徵言之,皆开陈天理民彝之显教,以思动其恻悱也。乃周言不听,决驾以行,于徵之言,则入谋之长孙皇后而后勉从,使后而如独孤、武、韦也②,徵死矣。人自有父子,人自有兄弟,一念之蔽,忽焉不觉,直辞以启之,以自亲其亲,岂难知而难从者乎? 而二子者,君所信受者也,卒不能得此于君,则其故可思矣。徵之起也,于群盗之中,事李密而去之,事隐太子而去之;周则挟策干主,余于才而未闻其修能之自洁者也;以此而欲警人子之心于不容已之愧疚,奚可得哉?

【注释】

①卑㴑(jiǎo):低洼潮湿。

②独孤:指隋文帝皇后独孤氏。武:指武则天。韦:指中宗韦皇后。

【译文】

唐太宗不体恤其父唐高祖的冷暖和饮食起居,将他安置在低洼潮湿的大安宫中，而自己则到九成宫去避暑；他的女儿长乐公主出嫁，赐给她的嫁妆数倍于高祖的女儿长公主。这难道只是具体事情上的失误吗？他僭越礼制、不体恤父亲，是因为心中忘记了仁孝。马周进言劝谏，魏徵也进言劝谏，都是陈述天理人伦的显明大道，希望能打动他的恻隐之心。可是马周的谏言太宗根本不听，坚持起驾赴九成宫。对于魏徵的进谏，太宗则入宫与长孙皇后商议后才勉强接受。假如长孙皇后是像隋文帝独孤皇后、武则天、中宗韦后那样的人，魏徵必死无疑。人人有父子，人人有兄弟，因为被一个念头所蒙蔽，没办法觉察自己的错误，这个时候直言启发他，使他亲近自己的亲人，这难道是难懂并难以付诸实践的道理吗？而马周和魏徵，都是皇帝平素所信任并能接受其谏言的人，最终却不能劝太宗回心转意，则其中的缘故显然值得思考。魏徵起家于群盗之中，曾经事奉李密却抛弃了他，曾经事奉隐太子却最终舍弃了他；马周则凭恃自己的策略来影响君主，才华有余，却没听说过他能洁身自好、修养品德。以他们两个这种情况，想要劝诫太宗，使其赤子之心警醒、能够懂得愧疚，怎么可能办得到呢？

　　夫大人者，苟以其言格君心之隐慝，贤主乐之，中主愧之，庸主弗敢侮之，何至以太宗之可与言而斥为田舍翁邪[1]？不幸而遇暴主以杀身，亦比干之自靖自献于先王，而非滕口说以听凶人之玩弄[2]，岂易言哉？大人者，正己而物正，己之正非一旦一夕之功矣。

【注释】

①斥为田舍翁：指有一次太宗罢朝回到宫中，怒气冲冲地说："会须杀此田舍翁。"长孙皇后问其故，太宗说魏徵常在朝堂上羞辱自己。长孙皇后遂身穿朝服于庭，对因有魏徵这样正直的臣子而

显示太宗的开明表示祝贺,太宗转怒为喜。事见《资治通鉴·唐纪十·太宗文武大圣大广孝皇帝上之下·贞观六年》。

②滕:张口放言。

【译文】

德位兼备的人假如用其言辞来纠正君王内心中隐藏的错误,则贤明的君主乐于接受,中等的君主会感到愧疚,庸暗的君主也不敢侮辱他,何至于像唐太宗这样本能够接受谏言的人,却将进谏的魏徵斥为田舍翁呢?德位兼备的人假如不幸遇到暴君而因进谏丢了性命,也是像比干那样为先王而不惜献身,而不是信口放言、听任凶顽之人的玩弄。进言难道是容易的吗?德位兼备的人,首先端正自己,别人也会随之变得端正,端正自身并不是一朝一夕之功。

一一 太宗用权术纵囚

言治者而亟言权,非权也,上下相制以机械,互相操持而交雠其欺也。以仪、秦之狙诈,行帝王之大法,乱奚得而弭,人心风俗奚得而不坏哉?王伽之诈也,与李参朋奸而徼隋文之赏,唐太宗师之,以纵囚三百九十人,而三百九十人咸师参之智,如期就死。呜呼!人理亡矣。好生恶死,人之情也,苟有可以得生者,无不用也。守硁硁之信①,以死殉之,志士且踌躅而未决,况已蹈大辟之戮民乎?

【注释】

①硁硁(kēng):固执坚定的样子。

【译文】

谈到治理国家,总有人热衷谈论权术,实际上这并非权术,而是君臣上下以机巧诡诈相互制约,各怀鬼胎而相互欺骗。以张仪、苏秦的诡诈之术,来实行帝王的大法,混乱怎么可能被消弭,人心和风俗怎么可能不败坏呢? 王伽非常狡诈,和李参朋比为奸,以邀取隋文帝的奖赏。唐太宗效仿其做法,放走死囚犯三百九十人,而这三百九十人全都效仿李参的伎俩,如期到规定地点接受死刑。唉! 为人之理至此已经沦丧了。好生恶死,这是人之常情,只要能有活下来的办法,人们没有不采用的。坚守信用,不惜为守信而死,仁人志士尚且会踌躇不决,何况是那些触犯了死刑的囚犯呢?

　　太宗之世,天下大定,道有使,州有刺史,县有令尉,法令密而庐井定①,民什伍以相保,宗族亲戚比闾而处,北不可以走胡,南不可以走粤,囚之纵者虽欲逋逸,抑谁为之渊薮者? 太宗持其必来之数以为权,因亦操其必赦之心以为券,纵而来归,遂以侈其恩信之相孚,夫谁欺,欺天乎? 夫三百九十人之中,非无至愚者,不足以测太宗必赦之情,而徼幸以逃;且当纵遣之时,为此骇异之举,太宗以从谏闻,亦未闻法吏据法以廷争;则必太宗阴授其来归则赦之旨于有司,使密谕所纵之囚,交相隐以相饰,传之天下与来世,或惊为盛治,或诧为非常,皆其君民上下密用之机械所笼致而如拾者也。

【注释】

①庐井:庐舍与井田。泛指房舍田园。

【译文】

　　唐太宗时代,天下大定,每个道有按察使、处置使等,每州有刺史,每县有县令、县尉,法令严密而居民的房屋田产都很固定。百姓在伍内和什内遵行连保制度,宗族亲戚都比邻而居,北不可以逃到胡人那里,南不能逃到广东地区,那些被临时释放的死囚犯就是想要逃亡,又有谁能为他们提供藏身之所呢？唐太宗深知这些囚犯必定会如期来到京城，所以将这当作可利用的权术，囚犯也把自己必定会被赦免当作定心丸，所以死囚犯被临时释放后又都回到长安。唐太宗于是用这件事来夸耀自己的恩德信义，这能骗得了谁呢？欺骗上天吗？在三百九十名囚犯中，并不是没有至为愚蠢的人，没办法揣摩到太宗必定赦免他们的意图，而心怀侥幸想要逃跑；况且当太宗决定释放死囚犯的时候，做出如此惊世骇俗的举动，太宗又以接纳谏言而闻名，也没听说过有司法官员根据法律条文来在朝廷上据理力争。如此则必定是太宗已经偷偷把囚犯如果回来受刑就赦免他们的旨意下达给了有关部门，让他们秘密传达给被释放的死囚，上下相互隐瞒，共同粉饰。这一事件传到天下与后世，有的人惊讶地将其视为盛世才有的事情，有的人则诧异地认为这是非常之事。这都是唐太宗君臣秘密使用机巧之术所炮制出来的事件，用以笼络人心，看起来却易如反掌。

　　古所未有者，必有妄也；人所争夸者，必其诈也。王道平平①，言僻而行诡者，不容于尧、舜之世。苏洵氏乐道之，曰"帝王之权"②，恶烈于洪水矣。

【注释】

①王道平平：语出《尚书·洪范》："无偏无党，王道荡荡；无党无偏，王道平平。"意思是王道平允朴实。

②苏洵氏乐道之，曰"帝王之权"：苏洵在其文集中并没有直接使用过"天子之权"的说法。不过苏洵确实很重视权变，在《春秋论》中，苏洵指出圣人作《春秋》的根本目的是假天子之权以行赏罚之事。赏罚之权，本自天子。周自东迁以后，赏罚之权当在平王，但平王昏庸，又因鲁为周公封国，而《春秋》实为周公之法，故"天子之权，夫子固明以与鲁也"。

【译文】

自古所没有的事,必定是有虚妄之处的;人们所争相夸赞的事情,必定有伪诈成分。王道是平实的,言辞邪僻而行动诡诈的人,是不能容身于尧、舜时代的。苏洵对太宗释放死囚犯一事津津乐道,称其为"帝王之权",其罪恶真是比洪水还要严重。

一二　罪上封事者讦人细事

《传》曰:"为人君而不知《春秋》之义,前有谗而不见,后有贼而不知①。"《春秋》之义,何义也? 適庶明,长幼序,尊卑别,刑赏定,重农抑末,进贤远奸,贵义贱利,端本清源,自治而物正之义也。知此,则谗贼不足以逞,而违此者之为谗贼,不待摘发而如观火。舍是,乃求之告讦以知之,告谗告贼,而不知告者之为谗贼也,宜其迷惑失守,延谗贼于肘腋,而以自危亡也。

【注释】

①"为人君"几句:语出《史记·太史公自序》:"故有国者不可以不知《春秋》,前有谗而弗见,后有贼而不知。"

【译文】

《史记·太史公自序》中说:"身为国君而不懂得《春秋》之义,前有进谗言之人而看不见,后有奸贼而不知道。"《春秋》之义是什么呢? 就是指嫡庶分明,长幼有序,尊卑有别,刑赏严明,重农抑商,进用贤臣而远离奸佞,贵义贱利,正本清源,修养自身而使他人也能随之变得端正。懂得这个道理,则奸贼不足以得逞,而违背《春秋》大义的人就是奸贼,不需要别人揭发就能洞若观火地看清楚。舍弃这一大义,却想通过让人告发的方式来发现奸贼,则只见有人揭发进谗之臣和奸臣,却不知道揭发的人自己就是进谗之臣或奸贼。这样的君主自然难免被迷惑而失去理智，将奸贼延揽到自己身边，从而自取灭亡。

　　人主明其义于上以进退大臣，大臣奉此义以正朝廷，朝廷饬此义以正郡邑，牧之有守令，核之有观察采访之使，裁之有执宪之大臣。苟义明而法正，奸顽不轨者恶足以恣行而无忌？即有之，亦隐伏于须臾，而终必败，奚事告讦乎？告讦兴，则赏罚之权全移于健讼之匹夫，而上何贵有君，下何贵有执宪之臣哉？

【译文】

　　君王能够在朝堂上明晓春秋大义，以此决定大臣的进退，大臣奉行此义以端正朝廷纲纪，朝廷申饬此义来使得郡县遵守正道，有郡守县令管理民众，各道有观察使、采访使等审核案件和官吏，有执法的大臣负责裁决。只要大义明确而法令端正，则顽劣奸诈、图谋不轨的人哪里能够横行无忌呢？即使有，也不过是在短期内隐藏埋伏罢了，最终必定会败亡，有什么必要推行告发制度呢？告发之风一旦兴起，则赏罚的大权就完全转移到善于诉讼的匹夫手中了，那么君王的尊贵，执法大臣的威严，不都荡然无存了吗？

　　且夫为人告讦者，洵不道矣，而愿朴柔懦之民，能奋起以与奸顽争死命者，百不得一也。非夫险诐无惮之徒，恶有暇日以察人之隐慝，而持短长操必胜之术，以与官吏豪强角逐。忘尊卑，轻祸福，背亲戚，叛朋友，吏胥胁其长官，奴隶制其主伯，正《春秋》之义所斥为谗贼，必杜绝其萌蘖者也。

知其害而早绝之，则谗无不见，贼无不知，昭昭然揭日月以
与天下相守于法纪，吞舟漏网之奸，其得容于政简刑清之日
者，盖亦寡矣。太宗曰："朕开直言之路，以利国也，上封事
者讦人细事，当以谗人罪之。"而其时吏不殃民，民不犯上，
蘖矣哉！

【注释】

①蘖：同"蘖"。树木砍去后重生的枝条。亦泛指物始生。

【译文】

况且告发别人的人，本来就是无道之人，而朴实懦弱的百姓，能够
奋起与奸诈顽劣之徒拼死相争的，一百个里还找不出一个。所以如果
不是阴险狡诈、无所忌惮之徒，哪里有闲暇来探察别人的隐匿罪恶，从
而抓住别人的把柄，设好必胜的计策，以与官吏豪强来角逐呢？他们忘
记尊卑，轻视祸福，背弃亲戚，背叛朋友，身为僚属而胁迫其长官，身为
奴隶而反过来控制其主人，这正是春秋大义所指斥的奸贼，必定要将这
种行为的苗头杜绝。知道这种行为的危害而早日加以杜绝，则没有识
不破的谗言，没有看不透的奸诈，像日月一样昭明，使得天下都遵守法
纪。即使有吞舟漏网的奸贼，其中能够在政治简朴、刑罚清明的条件下
容身的，大概也是非常少的。太宗说："朕开直言之路，是为了利国，有
上奏疏揭发别人小的过失的人，应当当作进谗言之人而予以惩罚。"所
以在唐太宗时代，官吏不祸害百姓，百姓不犯上作乱，他的做法真是太
正确了！

一三　斥权万纪请采银

银之为用，自宋以上，用饰器服，与黄金珠玉等，而未得
与钱、布、粟、帛通用于民间。权万纪请采银宣、饶①，而太宗

斥之,亦犹罢采珠以惩侈耳。后世官赋民用以银为主,钱、布、粟、帛皆受重轻之命于银。夫银,藏畜不蚀,炼铄不减^②,藏之约而赍之也易^③,人习于便利,知千百年之无以能易之矣。则发山采矿,无大损于民,而厚利存焉,庸讵不可哉?然而大害存焉者,非庸人之所知也。

【注释】

①权万纪(?—643):京兆万年(今陕西西安)人。唐初大臣,因直谏而取得太宗信任,得到升迁,担任持书御史。后来调为吴王李恪王府长史,吴王敬畏其刚直。当时齐王李祐不遵法纪,太宗于是调他为齐王长史。他多次劝谏齐王,齐王因此对其怀恨在心,于贞观十七年(643)射杀权万纪,随即谋反。当年三月,太宗诛杀齐王,追赠权万纪齐州都督、武都郡公。传见《新唐书•权万纪列传》。宣:今安徽宣城。饶:今江西上饶。

②炼铄:销溶。

③赍(jī):携带。

【译文】

在宋代以前,白银主要被用来装饰器物、服装,与黄金珠玉等作用相同,而不曾像钱币、布、粟、帛那样在民间通用。权万纪请求在宣州、饶州采掘银矿,而太宗斥责他,其用意与禁止采珍珠以惩戒奢侈相同。后世官方和民间日常所用都以银为主,而钱币、布、粟、帛都要由银来决定其价值。银久藏而不会腐蚀,被熔炼后重量也不会减轻,容易储藏和携带,人们习惯于其便利,由此可以知道即使再过千百年也没什么东西能取代银的地位。如此则开矿采银,对民众没有大的损害,而其中有厚利,怎么就不能允许采掘了呢?然而实际上允许采掘银矿有大害,这不是庸人所能明白的。

　　奚以明其然邪？银之为物也，固不若铜、铁为械器之必需，而上类黄金，下同铅、锡，亡足贵者。尊之以为钱、布、粟、帛之母，而持其轻重之权，盖出于一时之制，上下竞奔走以趋之，殆于愚天下之人而蛊惑之也。故其物愈多，而天下愈贫也。采之自上，而禁下之采，则上积其盈，以笼致耕夫红女之丝粟，而财亟聚于上，民日贫馁而不自知。既以殚民之畜积矣，且大利之孔①，未可以刑法禁塞之也。严禁民采，则刑杀日繁，而终不可戢。若其不禁而任民之自采乎？则贪惰之民，皆舍其穑事，以徼幸于诡获，而田之污莱也积；且聚游民于山谷，而唯力是视以取盈，则争杀兴而乱必起。一旦山竭泽枯，游民不能解散，而乱必成；即幸不乱也，耕者桑者戮力所获，养游民以博无用之物，银日益而丝粟日销，国不危，民不死，其奚待焉？自非参百年之终始以究利病者，奚足以察此哉？

【注释】

　　①孔：窟窿，漏洞。

【译文】

　　何以能明白这一点呢？银这种东西，本来就不像铜、铁那样是制作器械必需的材料，而上类似黄金，下与铅、锡等同，没什么珍贵之处。将银抬高到钱、布、粟、帛之母的地位，使其控制钱、布、粟、帛的价值轻重，大概是出于一时的权宜之制。而举国上下竞相奔走以趋向白银，几乎就是愚弄天下之人并蛊惑他们。所以白银越多，天下越贫困。如果君王自己开采银矿，而禁止百姓开采，则君王府库的白银积蓄会很多，可以拿来大量购买农夫、织女生产的丝绸和粮食，这样财富就会迅速聚集在君王手中，百姓却日益陷入贫困而自己却不知道。既然朝廷忌惮民间积蓄白银，而且采银能带来大利，则不能用刑法来堵塞这条生财之路。如果严禁民间采银，则刑罚杀戮每天都很频繁，最终也无法杜绝民间采银。如果不禁止采银而听任民众自行采掘呢？那贪婪怠惰的百姓，都会舍弃耕作，希望侥幸得到白银，而田地中将会变得杂草丛生；而且采银使游民聚集在山谷中，游民们只凭力气大小来牟取利益，则相互之间必定会有争斗，从而引发混乱。一旦银矿枯竭，游民不能解散，必定酿成祸乱。即使侥幸不乱，耕田种桑的人辛勤劳作所收获的粮食丝绸，要拿来养游民从而博取无用之物，则白银每天增加而丝绸粮食日益减少，如此则国家怎会不陷入危机，百姓怎能不死亡呢？如果不是能够参考百年的历史来探究利病的人，哪里足以体察到这一点呢？

　　呜呼！自银之用流行于天下，役粟帛而操钱之重轻也，天下之害不可讫矣。钱较粟帛而赍之轻矣，藏之约矣，银较钱而更轻更约矣；吏之贪墨者，暮夜之投，归装之载，珠宝非易致之物，则银其最便也。不然，泛舟驱车，衔尾载道，虽不恤廉隅者不敢也。民之为盗也，不能负石粟、持百缣①，即以钱而力尽于十缗矣②，穴而入、箧而胠者③，其利薄，其刑重，非至亡赖者不为，银则十余人而可挟万金以去。近自成化以来④，大河南北单骑一矢劫商旅者，俄顷而获千缗之值。是银之流行，污吏箕敛、大盗昼攫之尤利也，为毒于天下，岂不烈哉？无已，杜塞其采炼之源，而听其暗耗，广冶铸以渐夺其权，而租税之入，以本色为主，远不能致而后参之以钱，行之百年，使银日匮而贱均铅锡，将耕桑广殖，墨吏有所止而盗贼可以戢，尚有瘥乎⑤？

【注释】

①缣(jiān)：双丝织成的细绢。

②缗(mín)：串起来的一千文铜钱。

③胠(qū)：撬开，打开。

④成化：明宪宗朱见深的年号，使用时间为1465—1487年。

⑤瘥(chài)：病愈。

【译文】

唉！自从白银流行于天下、控制了粟帛并操纵了钱币的轻重后，给天下带来的危害就无法停止了。相较于粮食布帛，钱币更轻，因而容易携带，也更便于储藏，而白银比钱更轻更容易储藏。贪官污吏，趁着夜色将贪污挪用公款、收取贿赂所得运回家中，珠宝并非容易得到和搬运的东西，白银则是最便利的。不然的话，用车和船装载这些不法所得，在道路上排成长队，即使不顾廉耻和操守的人也不敢这样做。百姓要是做盗贼，没办法背负一石粮食或是携带一百匹缣，即使是直接盗窃钱币，其力气也最多携带一万文铜钱。他们挖洞穴进入别人家、撬开箱子盗取财物，得利微薄，受到的刑罚却很重，所以不是无药可救的无赖不会这样做。如果是盗窃白银，那么十几个人就能偷走价值万金的白银。近代自成化年间以来，在黄河南北单枪匹马抢劫商旅的强盗，很短时间内就能获取价值十万文钱的白银。如此则白银的流行，大大便利了贪官污吏聚敛钱财、江洋大盗白天公然攫夺财富，对天下的毒害，难道不是很严重吗？对于这种情况，没有别的办法，只能从源头上杜绝白银的采掘冶炼，而听任市面上的白银暗中消耗，广泛地冶铸钱币以渐渐削夺白银的统治地位。而朝廷收取租税，要以粮食布帛为主，路途遥远不便运输时再参用钱币。如此坚持一百年，使白银日渐匮乏而逐渐变得与铅锡一样不值钱，则农业和蚕桑业将获得很大发展，贪官污吏有所收敛而盗贼之患得以平息，这样不就能解决问题了吗？

天地之产,难得而不易贸迁者,以安民于所止而裕之也;帝王之政,繁重而不取便安者,以息民之偷而节其溢也。旦斸诸山^①,夕煅诸冶,径寸而足数十人之衣食,奸者逞,愿者削^②,召攘夺而弃本务,饥不可食,寒不可衣,而走死天下者,唯银也。采矿之禁,恶可不严哉? 权万纪之削夺,有余辜矣。

【注释】

①斸(zhú):挖。

②愿:质朴,恭谨。

【译文】

天地造就的物产,其中难得而不容易进行贸易和流转的,是用于使百姓安居乐业并走向富裕的。帝王施政,其中繁重而不迁就一时便利的政策,是为了制止百姓的苟且而节制其泛滥。早上从山中采掘出矿石,傍晚在炉中冶炼,一寸见方的一小块就足以供给几十人的衣食。奸邪之人图谋一逞,朴实的人被剥削。采银会招致攘夺,使农民放弃务农的本务。饿了不能当饭吃,冷了不能当衣服穿,却能够使得天下人为之劳碌奔波至死的,只有白银有这样的力量。所以针对采矿的禁令,怎么能不严厉呢? 权万纪仅仅被削夺官职,实在不足以抵偿他的罪过。

一四 太宗以府兵弱天下

贞观十年^①,定府兵之制,大约与秦、隋销兵,宋罢方镇之意略同。府兵者,犹之乎无兵也,而特劳天下之农民于番上之中^②,是以不三十年,武氏以一妇人轻移唐祚于宫闱,李敬业死而天下靡然顺之^③,无有敢伸义问者,非必无忠愤之思兴,力不能也。唐之乱亟矣,未有三十年而无大乱者,非能如汉、宋守成之代,晏安长久也。非玄宗罢府兵,改军制,则安、史、怀恩、朱泚、河北、西川、淮、蔡之蜂起,唐久为秦、隋,恶能待懿、僖之昏乱,黄巢起而始亡哉?

【注释】

①贞观十年:636 年。

②番上:指府兵制下的府兵定期轮番执勤,以承担京师宿卫或本州戍卫任务。

③李敬业(636—684):即徐敬业,曹州离狐(今山东菏泽)人。李勣之孙,唐代将领。早年因父亲早逝而继承祖父英国公爵位,出任眉州刺史等职。武则天废黜中宗李显、睿宗李旦帝位并临朝称制后,李敬业与骆宾王等人在扬州起兵反抗武则天,军队一度多达十余万,但最终被武则天的军队击败,李敬业被部下所杀。传见新、旧《唐书·李敬业列传》。

【译文】

贞观十年,唐太宗确立了府兵制度,其用意大体与秦、隋两代销毁兵器、宋代罢除藩镇相同。所谓府兵,就相当于无兵,而只是劳扰天下的农民定期轮番执勤。所以不出三十年,武则天就以一介妇人身份轻而易举地在宫闱之中夺取了唐朝政权。李敬业一死,天下便都驯服地接受了武则天的统治,没有敢出来伸张大义、声讨武则天的。并不是众人没有忠诚与义愤之心不想复兴唐朝,而是力不能及。唐朝的动乱极为严重,没有哪三十年不发生大乱的,不像汉、宋那样的守成朝代,能够保持长久的国内和平。如果不是唐玄宗后来罢除府兵,改革军制,则安禄山、史思明、仆固怀恩、朱泚、河北三镇、西川刘辟、淮、蔡吴元济等叛贼蜂拥而起,唐朝早成了像秦、隋一样的短命王朝,哪里能等到唐懿宗、僖宗昏乱无道、黄巢起兵之后才开始走向灭亡呢?

府军之制,散处天下,不论其风气之柔刚、任为兵与否也;多者千二百人,少者百人,星列棋布于陇亩,乃至白首而不知有行陈,季冬习战①,呼号周折,一优人之戏而已。三百人之团正,五十人之队正,十人之火长,编定而代袭之,无问其堪为统率否也。尤可嗤者,兵械甲装,无事则输之库,征行而后给之,刃锈不淬,矢屈不檠②,晴燥不润,雨潦不暴,甲龇胄穿,刀刓弓解,典守之吏,取具而止,仓卒授之而不程以其力,莫能诘也。甲与身不相称,攻与守不相宜,使操不适用之顽金,衣不蔽身之腐革,甚则刿挠竹以为戈矛③,漆败纸以为盾橹,其不覆军陷邑者几何也? 狃为故事,而应以虚文,徒疲敝其民于道路,一月而更,而无适守者无固志,名为有兵六百三十四府,而实无一卒之可凭;故安、史一拥番兵以渡河,而两都瓦解。盖天宝初改府兵易旷骑④,而因循旧习,未能蠲积玩之弊以更张也。

【注释】

①季冬:冬季的最后一个月,即农历十二月。

②檠(qíng):矫正弓弩的器具。

③刿(yǎn):削,刮。挠竹:大竹。

④旷(guō)骑:唐玄宗时,因宿卫京师的府兵大量逃亡,玄宗于开元十一年(723)采纳宰相张说的建议,以招募方式选拔京兆、蒲、同、岐、华等州府兵和白丁,每年宿卫两个月,免除出征、镇守负担,称长从宿卫。开元十三年改称旷骑。安史之乱后,旷骑名存实亡。

【译文】

府兵制度下,军队分散于天下各地,不论各地的风气是柔和还是刚强、当地的人是否具备当兵打仗的条件。府兵部队多的一千二百人，少的一百人，在农田中星罗棋布，其中甚至有头发白了还根本不懂战阵之事的人。在冬季最后一个月练习军事，喊喊口号、排排队型，不过相当于伶优演戏而已。领导三百人的团正，领导五十人的队正，领导十人的火长，都是最初编定后就世代沿袭的，根本不管这些人是否胜任统帅。尤其可笑的是，兵器和甲胄，在没有战事的时候就上交国库，等到府兵被征发后才授给其兵器，刀锈了也不重新淬下火，弓箭弯曲了也不加以矫正。器具因天晴而干燥，也不知道适当润湿下；器具因下雨而潮湿，也不知道晾晒下。甲胄破损穿孔，刀钝弓弛，负责看守府库的官员，只管奉命拿取器具而已，仓促授给士兵，而根本不管士兵的具体个人情况。甲胄与士兵身材不相称，攻守器具不配套，使士兵拿着不适合其使用的破烂武器，穿着不能蔽体的腐朽甲胄，甚则削大竹子作戈矛，将腐败的纸涂上漆当作盾和橹。这种情况下，不丧师失地，还能怎样呢？久而久之，有关人员都按惯例行事，用虚文应付朝廷，白白地让百姓在道路上疲敝。一个月轮值一次，而那些还没有掌握自身职责要求的技能的士兵自然也没有坚定的斗志。所以唐朝名义上有六百三十四府之兵，而实际上却没有一兵一卒可以凭恃。所以安禄山、史思明一率番兵渡过黄河，唐朝长安、洛阳两都就立刻瓦解。大概天宝初年唐玄宗虽然将府兵制改为彍骑，但天下仍因循旧制，没能革除积累下的各种弊端，从而彻底地改弦更张。

　　后世论者，泥古而不知通，犹曰兵制莫善于唐，则何如秦、隋之尽销弭而犹不驱农民以沦死地乎？详考府兵之制，知其为戏也，太宗之以弱天下者也。欲弱天下以自弱，则师唐法焉可尔。

【译文】

后世的论者,拘泥于古制而不知变通,仍然说兵制没有比唐代更好的了。若果真如此,则秦、隋两代将兵器全部销毁以消弭战争隐患,而尚且不将农民驱赶进死地,难道不是更好吗? 详细考察府兵制度,就可以知道其完全是儿戏,是唐太宗用来削弱天下的手段。想要削弱天下的力量从而使自己也被削弱,那就效法唐朝府兵制好了。

一五　无忌等以免受茅土为幸

太宗以荆王元景、长孙无忌等为诸州刺史①,子孙世袭,而无忌等不愿受封,足以达人情矣。夫人之情,俾其子孙世有其土,世役其民,席富贵于无穷,岂有不欲者哉? 知其适以殄绝其苗裔而祸天下,苟非至愚,未有不视为陷阱者也。周之大封同姓与功臣也,圣如周公,贤如吕、召,而固不辞,其余非不知居内之安,而无不利有其国以传之奕世,何至于无忌等之以免受茅土为幸乎? 时为之,则人安之,时所不可为,非贪叨无已、怀奸欲叛者,固永终知敝而不愿也②。

【注释】

①荆王元景:指李元景(618—653)。唐高祖李渊第六子、唐太宗李世民的异母弟。武德三年(620)被封为赵王。贞观十年(636)徙封荆王,授荆州都督。贞观十一年(637)太宗任命李元景等为世袭刺史,但不久即罢世袭之制。唐高宗即位后进位司徒。永徽四年(653),因卷入房遗爱谋反案而被赐死。传见《旧唐书·高祖二十二子列传》《新唐书·高祖诸子列传》。长孙无忌(594—659):字辅机,洛阳(今河南洛阳)人,鲜卑族。唐朝初期政治家,太宗文德皇后同母兄。年轻时与唐太宗是布衣之交,进而结为

姻亲。晋阳起兵后,长孙无忌前往投效太宗,跟随唐太宗征战四方,成为其心腹谋臣,参与策划了玄武门之变。贞观年间,官至司空、司徒兼侍中、检校中书令,封赵国公,在凌烟阁功臣中位列第一。立储之争时,支持外甥李治,成为顾命大臣。永徽年间,拜太尉、同中书门下三品,主持修订《唐律疏议》,反对"废王立武"。显庆四年(659)被许敬宗诬陷,削爵流放黔州,自缢而死。传见新、旧《唐书·长孙无忌列传》。

②永终知敝:语出《周易·归妹卦》之《象辞》:"泽上有雷,归妹。君子以永终知敝。"意思是君子应该保持夫妇之道,使其长久而预知、防范其敝坏。

【译文】

唐太宗任命荆王李元景、长孙无忌等人为诸州刺史,子孙世袭,而长孙无忌等人不愿受封,他们算是足以通达人情了。所谓人之常情,让自己的子孙世代拥有其受封之州的土地,世代能够役使土地上的民众,无穷无尽地保有富贵,难道有不想要这些的吗?但如果知道这样做只会给自己的子孙后代带来灭顶之灾,并给天下带来祸患,那么只要不是极端愚蠢的人,没有不把这视为陷阱的。周代大封同姓和功臣,像周公那样的圣人,像吕牙、召公那样的贤者,都不推辞受封。其余的人并非不知道在天子身边任职的安逸,但都把拥有国家的封土当作有利之事,可以世代相传,怎么到了长孙无忌等人这里,他们会把不受封土当作幸事呢?如果时势允许,则人们会安于接受封土;如果时势不允许,则只要不是贪得无厌、心怀奸诈而想要反叛的人,当然都会知道接受封土的弊端而不愿接受了。

马周曰:"孩童嗣职,万一骄愚,兆庶被殃,国家受败。"则不忍毒害见存之百姓,宁割恩于已亡之一臣;稍有识者,固闻之而寒心也。故夫子之论治,参《鲁论》而居其一,而不及于封建;作《春秋》,明王道,而邾、郳之受爵不登于策①,城卫迁杞皆不序其功②。然则当春秋之世,固有不可复行者矣,况后世乎? 柳宗元之论出③,泥古者犹竞起而与争;勿庸争也,试使之行焉,而自信以必行否也? 太宗曰:"割地以封功臣,古今通义,而公薄之,岂强公以茅土邪?"强人而授之国,为天下嗤而已矣,恶足辩?

【注释】

①邾、郳之受爵不登于策:《春秋·隐公元年》载:"三月,公及邾仪父盟于蔑。"《左传》对此解释道:"公及邾仪父盟于蔑,邾子克也。未王命,故不书爵。曰'仪父',贵之也。"意思是按照春秋一般的记事规则,应该称邾仪父(即曹克)为"邾子"(邾为子爵之国),但因为邾仪父当时尚未得到周王正式册命,所以不书爵位。《春秋·庄公五年》载:"秋,郳犁来来朝。"《左传》解释道:"五年秋,郳犁来来朝,名,未王命也。"意思是郳犁来当时尚未获得周王正式策爵,所以直呼其名。

②城卫迁杞:指齐桓公在狄人攻破卫国都城后,于前658年春率诸侯在楚丘帮助卫国筑新都城;前646年,齐桓公邀集诸侯在缘陵为杞建都,迁杞于此以避淮夷。

③柳宗元之论:指柳宗元所著《封建论》。该论分析了分封制和郡县制产生的客观原因,赞扬肯定了郡县制的出现。认为惟郡县制可保证贤者居上,不肖者居下,而秦朝的灭亡根源在其政,不在其制。

【译文】

马周说:"让孩童继承其父的职位,万一他是个骄奢愚蠢之辈,那么众多百姓就要遭殃,国家也会因此败落。"这是不忍毒害仍存于世上的百姓,而宁愿割舍对一个已经死去的臣子的恩义。稍有见识的人,听到这样的话自然都会寒心。所以孔子谈论治理之道,参照《鲁论语》但只遵循其中的一部分主张,不谈及封建;他撰著《春秋》,彰明王道,而不把邾、郳之君的爵位写进去,也不褒扬齐桓公率诸侯为卫国建城、迁移杞国的功劳。如此则在春秋时代,世袭制就已经有不能再维系之处了,何况是在后世呢?柳宗元的《封建论》一出,那些泥古不化的人尚且纷纷起来与他论争。其实不必论争,让那些主张复古的人真的实行封建制试试,他们有自信这种制度必定可行吗?唐太宗说:"割地以封功臣,是古今通义,而你们却表示鄙薄,难道是我强迫你们接受封土的吗?"强迫别人非要授予其封国不可,这只能令天下人耻笑而已,有什么可争辩的呢?

一六　制嫂叔之服

　　贞观改服制,嫂、叔、夫之兄、弟之妻,皆相为服,变周制也。古之不相为服者,《礼传》言之详矣。嫂不可以母道属,弟之妻不可以妇道属,所以定昭穆之分也。嫂叔生而不通问,死而不为服,所以厚男女之别也。唐推兄之敬,而从兄以服嫂;推弟之爱,而从弟以服其妻;所以广昆弟之恩也。周谨乎礼之微,唐察乎情之至,皆道也,而周之义精矣。

【译文】

　　贞观年间更改服制,规定嫂子和小叔子、丈夫的兄长和弟弟的妻子之间都要相互服丧,这就改变了周制。古代哪些亲戚之间不相互服丧,《礼传》中已经说得很详尽了。嫂子不能以母道论,弟弟的妻子不能以妇道论,这是为了确定昭穆的顺序。叔嫂之间活着的时候不对面说话,死后不相互服丧,这是为了严守男女之别。唐代推广敬重兄长之义,所以规定弟弟随从兄长而为嫂嫂服丧；推广友爱弟弟之义，而令兄长随从弟弟为其妻服丧，这是为了增强兄弟之间的恩情。周代礼制注重谨小慎微、防微杜渐，唐代礼制则体察情感的至深至厚，都符合道义，而周礼之义更加精深。

　　虽然，抑有说焉。礼以定万世之经，则必推之天下而可行，尽乎事之变而得其中者也。有人于此，少而失其父母，抑无慈母乳母之养，而嫂养之，长而为之有室，则恩与义两不得而忘也。生藉之以生，死则恝然而视若行道之人①，心固有所不安矣。在礼，舅之妻、从母之夫、无服者也，而或曰："同爨缌②，鞠我之恩而不如同爨乎？"其不忍不为服，必也。有人于此，少孤而兄养之，已而为之纳妇，自纳采以至于请期，称主人者皆兄也。既娶而兄犹为家政之主，未异宫而兄死，其妇视夫之兄有君道焉。且兄而居长，则固小宗之宗子也；合小宗之男女为之服，而弟之妻独否，一家之所统尊，顾可傲岸若宾客乎？继父，无服者也，同居而为之成室家、立亲庙，则服期。夫之兄可为小宗，而成其家室，以视继父之同居而异姓者奚若？抑义之不得不为服者也。《礼》有之，子思之哭嫂也③，为位而哭，不容已于哭也。可为之哭，则可为之服。君子恶夫涕之无从，而服之，不亦可乎？

【注释】

①恝（jiá）然：漠不关心、冷淡的样子。

②同爨（cuàn）缌：同灶炊食。指同居，不分家。《礼记·檀弓上》云："或曰：'同爨缌。'"孔颖达疏曰："既同爨而食，合有缌麻

之亲。"

③子思之哭嫂:语出《礼记·檀弓上》:"子思之哭嫂也为位,妇人倡
　踊。"意思是子思哭其嫂,就讲究亲疏的序列,由他的妻子先跳跃
　跺脚地哭,然后他才跟着哭。

【译文】

　　虽然如此,唐代改制还是有其充分理由的。礼是用来确定万世之
常规的,则礼制必定要具备推广到天下的可行性,必须要完全涵盖事情
的各种变化情况而居于中道。假如有人年少时就失去了父母,也没有
慈母、乳母来养育他,而是由嫂嫂养育,等他长大后又为他娶妻成家,则
从恩与义两方面而言,他都不应该忘记嫂嫂的恩德。自己既然是靠着
嫂嫂才能活下来,那么嫂嫂死了,自己却漠不关心,视为过路之人,那么
心中自然有所不安。根据礼制,对于舅舅的妻子、从母的丈夫,都不应
该为其服丧。而有人会说:"既然同灶炊食就需要为其服丧,那么养育
我长大的恩情难道还比不上同灶饮食吗?"所以必定不忍心不为其服
丧。有人很小就失去父母,由兄长养育成人,成人后兄长又为其娶妻,
自纳采到请期这些仪式中,称主人的都是其兄长。妻子娶进门后,兄长
仍然是家政之主,还没等到分家兄长就死了,那么对于弟弟的妻子而
言,对待丈夫的兄长应该如同对待君长之道。况且哥哥居长,则本来就
是小宗的宗子,那么整个小宗的男女都为其服丧,而唯独弟弟的妻子不
服丧,则她对待一家上下的尊长,难道可以像宾客一样傲岸吗? 对于继
父,是不用服丧的;但如果自己与继父同居,继父为自己娶妻成家、建立
亲庙,那就应该为继父服丧一年。丈夫的兄长可以做小宗,而为自己的
弟弟娶妻成家,这与一同居住但异姓的继父相比如何呢? 也是出于大
义而不能不为其服丧的。《礼记》中就有记载,说子思为嫂嫂而哭,讲究
亲疏的序列,是出于自身的情感流露而去哭。既然能为嫂嫂哭泣,那就
可以为她服丧。君子厌恶没有缘由的哭泣,那么为嫂嫂服丧而哭,不也
是可以的吗?

上古之世，男女之别未正，昭穆之序未审，故周公严之于此而辨之精。后世男女正而恩礼暌[①]，兄弟之离，类起于室家之猜怨，则使相为服以奖友睦之谊，亦各因其时而已。《礼》曰："时为大[②]。"百王相承，所损益可知也。圣人许时王以损益，则贞观之改周制，可无疑已。

【注释】

①暌（kuí）：背离。

②时为大：语出《礼记·礼器》："礼，时为大，顺次之，体次之，宜次之，称次之。"意思是讲究礼仪的原则是首先要顺应时代的发展变化。

【译文】

上古时代，男女有别的规则尚不严格和正式，昭穆次序也不够清晰，所以周公制定礼制时在这方面很严格，分辨得很清晰。后世男女间避嫌的规则逐渐严格，而恩情、礼法却出现相悖的情况。兄弟间离心离德，大体上都源于家庭内部的猜忌和怨恨。所以让他们之间相互服丧，也可以鼓励兄弟友爱和睦，这也只能由时代的发展变化所决定而已。《礼记》中说："讲究礼仪的原则是首先要顺应时代的发展变化。"百王相承，其间的增删变革是可以得知的。圣人允许当世的君主对前朝制度加以适时调整，如此则贞观年间改革周制，是不应受到质疑的。

一七　岑文本引黄石公使贪说

自言兵者有使贪之说，而天下之乱遂不可弭。岑文本引黄石公之言[①]，以请释侯君集私高昌珍宝之罪[②]，用此说也。乃阿史那社尔以降虏而独能不受君集之赂[③]，夷狄之法，严于中国，中国安能不为夷狄屈哉？败其军，拔其城，灭其国而贪其所获，武人之恒也。然而君以之怒其臣，臣以之叛其君,主帅以之恶其偏裨,偏裨以之忿其主帅,兵以之恋剽获而无战心,民以之受掠夺而争反畔,功已成,乱已定,不旋踵而大溃,古今以此而丧师失地、致寇亡国者不一也。贪人败类,而可使司三军之命以戡乱宁民而定国乎?

【注释】

①黄石公之言:指黄石公《军势》中的"记人之功,忘人之过,宜为君者也"这句话。

②侯君集(?—643):豳州三水(今陕西旬邑)人。唐初名将。早年以勇武著称,入秦王府随李世民征战,逐渐被李世民赏识,后与尉迟恭力劝李世民发动玄武门事变。唐统一后,侯君集随李靖攻吐谷军,后又领大军灭高昌国。得胜还朝后却因讨灭高昌时私取宝物而被下狱,得释后开始心生怨恨,与太子李承乾勾结谋反。贞观十七年(643),侯君集因太子李承乾谋反事受到牵连被处死。传见新、旧《唐书·侯君集列传》。

③阿史那社尔(?—655):出身突厥王族,处罗可汗次子。原为东突厥拓设,设牙旗于漠北,统帅铁勒、薛延陀等部族。后被薛延陀击败,率部西迁,趁西突厥内乱,夺取其近半国土,自称都布可汗。但后来又被薛延陀击败,只得逃奔高昌国。贞观九年(635)率部投奔唐朝,被封为左骁卫大将军,尚衡阳长公主,拜驸马都尉。此后,社尔随侯君集平高昌,封毕国公,又先后参加征讨高句丽、薛延陀的战争,屡立军功。贞观二十一年(647)率领铁勒、突厥部众十万人击败龟兹,并迫使于阗国王臣服。永徽六年(655)去世。传见新、旧《唐书·阿史那社尔列传》。

【译文】

　　自从谈兵者有了所谓可以让将领贪财的说法后,天下的混乱就不可消弭了。岑文本引用黄石公的话,请求太宗宽恕侯君集私占高昌珍宝的罪过，用的就是这套说辞。可是阿史那社尔身为投降的异族将领，却唯独能不接受侯君集的馈赠，可见夷狄之法比华夏还要严。如此则华夏如何能不被夷狄所征服呢？打败敌军，攻克其城池，灭亡其国家，而贪图战争所获得的珍宝，这是武人的一贯行为。然而君王因此而对臣下发怒，臣下因此背叛其君主，主帅因此而厌恶其部将，部将因此而怨恨其主帅，士兵因为贪恋剽掠所获物资而丧失作战之心，民众因受到掠夺而争相反叛，本已取得了大功，平定了混乱，没过多久便又陷入大溃败，古往今来因这一原因而丧师失地、招来贼寇并最终亡国的案例屡见不鲜。贪得无厌的败类，怎么能让他们掌握三军将士的命运，授予其戡乱安民、安定国家的重任呢？

汉高之于项羽，非其偏裨也；其于怀王，君臣之分未定也；而封府库以待诸侯，樊哙屠狗者能明此义，乃以平项羽之怒，而解鸿门之厄。项羽不知，终以取怨于天下。诲盗而人思夺之[1]，《大易》岂欺我哉[2]？唐下侯君集于狱，宋征王全斌而使之待罪[3]，法所必饬也；终释君集而薄罚全斌，示不与争利也；两得之矣。故言兵者之言，皆乱人之言尔，岑文本恶足以知此哉！

【注释】

①诲盗：引诱人偷盗、做坏事。

②《大易》：即《周易》。

③宋征王全斌而使之待罪：宋乾德二年（964），大将王全斌以西川行营凤州路都部署身份率军三万攻后蜀，连克兴州、利州、剑门等地，使后蜀皇帝孟昶奉表投降。王全斌入成都后，纵兵掳掠，残杀降兵及平民，激起后蜀军民反抗，影响极坏，因而被宋太祖

召回都城,令中书省问清其罪状,公示天下后降其为崇义军节度观察留后。事见《宋史·王全斌列传》。

【译文】

汉高祖并非项羽的部将,他与怀王之间的君臣之分也尚未确定,但他攻陷咸阳后封府库以等待诸侯到达,樊哙身为屠狗之人尚且能明白这个道理,于是得以平息项羽的怒火,从而解除了鸿门宴上的危机。项羽不懂得这个道理,最终因此而招致天下人的怨恨。引诱别人做盗贼,自然会招致别人图谋抢夺自己的东西,《周易》中的话岂是在骗我?唐太宗将侯君集下狱,宋太祖则将王全斌征召回都城,让他等待判罪,这是申饬法令、严明律例所必须做的;唐太宗最终释放了侯君集,而宋太祖也对王全斌从轻处罚,这是为了表明朝廷不与将领争利。这样做两全其美。所以谈兵者的话,都不过是乱人之言罢了,岑文本哪里足以懂得这些呢?

一八　诏诸州有犯十恶者勿劾刺史

太宗诏诸州有犯十恶罪者勿劾刺史①,则前此固有劾之之法,而戴州所部有犯者②,御史以劾刺史贾崇,亦循例以劾之也。此法不知所自昉③,意者苏威当隋之世,假儒术、饰治具、以欺世,其创之乎?

【注释】

①十恶罪:指古代十种不可赦免的罪名,即谋反、谋大逆、谋叛、恶逆、不道、大不敬、不孝、不睦、不义、内乱。

②戴州:治所在今山东成武。

③昉(fǎng):起始,起源。

【译文】

唐太宗诏令诸州若有犯十恶重罪的人,不必因此弹劾该州刺史。

这说明在此之前有法令规定某州有人犯十恶重罪的,刺史应当受到弹劾。而戴州所辖地区有犯十恶罪的人,御史因此弹劾戴州刺史贾崇,也是遵循惯例而进行弹劾的。这一法令不知起源于何处,大概是苏威在隋代的时候,假托儒术、粉饰治理政绩以欺世盗名时创设的制度吧?

曾子曰:"上失其道,民散久矣①。"久者,周失道而后鲁失之②,鲁君失而后卿大夫无不失也;上者,端本清源,归责于天子之辞也。民有大逆,君逾月而后举爵,自艾而已。治之不隆,教之不美,天子不自惭恧而以移罪于刺史乎? 民犯大逆,而劾及刺史,于是互相掩蔽,纵枭獍以脱于网罟,天下之乱,风俗之坏,乃如河决鱼烂而不可止。隋末寇盗遍天下,而炀帝罔闻,刃加于颈,尚不知为谁氏之贼,皆苏威之流,置苛细之法,自诩王道,而以涂饰耳目、增长谗贼者致之也。

【注释】

①上失其道,民散久矣:语出《论语·子张》:"曾子曰:'上失其道,民散久矣。'"意思是统治者不按正道行事,民心离散已经很久了。

②周失道而后鲁失之:指周宣王喜爱鲁武公的小儿子戏,要立戏为鲁国的太子。周朝的樊仲山父劝谏宣王,认为废长立幼,不顺情理,且会使诸侯纷纷效仿,导致天子的政令不行,最终"民将弃上"。结果周宣王不听劝阻,最终立戏为鲁国太子。戏即位后又被武公长子括之子伯御联合鲁人攻杀,伯御即位。此后,周宣王讨伐并诛杀伯御,更立鲁孝公。自此以后,"诸侯多畔王命"。事见《史记·鲁周公世家》。

【译文】

曾子说："统治者不按正道行事,民心离散已经很久了。"所谓"久",是指周先失道而后鲁国也失道,鲁君失道而后卿大夫也都失道。所谓"上",是正本清源,归责于天子的说法。百姓犯有大逆之罪,则君王要在一个月后才能重新饮酒,这只是对自己的惩罚而已。政治搞得不好,教化不够成功,难道天子自己不感到惭愧,却要将罪责转移到刺史身上吗?百姓犯了大逆之罪,却要弹劾刺史,于是刺史和百姓相互掩蔽真相,将大逆不道之徒放走,使他们逃脱法网,天下的混乱,风俗的败坏,便都像河决鱼烂那样无法制止了。隋末盗贼遍布天下,而隋炀帝却听不到相关的消息,等到刀刃架在脖子上了,尚且不知道是哪一股贼寇来杀自己,这都是因为苏威之流设置苛刻细碎的法律,自诩为王道,从而涂饰耳目、增长谀贼的做法导致的结果。

惩贪而责保荐之主,戢盗而严漏捕之诛,详刑而究初案之枉;皆教之以掩蔽,而纵奸以贼民之法也。必欲责之上,以矜民之散,亦自天子之自为修省而已,下者其何责焉!

【译文】

惩治贪污犯而追究当初举荐他的人的责任,缉捕盗贼时严厉惩罚官吏的漏捕之罪,复审案件时追究初审时的错判之过,这都是教官吏们掩盖真相,从而放纵奸贼、残害百姓的法律。如果一定要追究上级的责任,以抚恤离散的百姓,那也应该由天子来进行自我反省罢了,下面的官吏有什么罪责呢?

一九　命吕才刊定阴阳杂书适以长乱

小道邪说,惑世诬民,而持是非以与之辩,未有能息者也,而反使多其游词,以益天下之惑。是与非奚准乎？理也,事也,情也。理则有似是之理,事则有偶然之事,情则末俗庸人之情,易以歆动沉溺不能自拔者也。以理折之,彼且援天以相抗,天无言,不能自辩其不然。以事征之,事有适与相合者,而彼挟之以为不爽之验。以情夺之,彼之言情者,在富贵利达偷生避死之中,为庸人固有之情,而恻隐羞恶之情不足以相胜。故孟子之辩杨、墨,从其本而正其罪曰"无父无君",示必诛而不赦也;若其索隐于心性,穿凿于事理者,不辩也。君子之大义微言,简而文,温而理,固不敌其淫词之曼衍也。

【译文】

大道以外的歪理邪说,扰乱社会,欺骗百姓,但如果秉持是非标准与其进行论辩,则从没有让歪理邪说偃旗息鼓的案例,反而会使其有更多的游说之词,增加天下人的困惑。是与非有什么标准呢？标准就是理、事、情。理有似是而非之理,事则有偶然之事,情则有鄙陋庸俗之情,这些都是容易让一般人动心、沉溺其中而不能自拔的东西。如果想用理来使持邪说之人折服,那么对方就会搬出天意来对抗。上天无言,不能亲自与其争辩,否定其说法。如果用事例来验证,则恰好有能够与邪说相符合的事例,对方当然会利用这些事例,宣称自己的理论经得起验证。如果用情感来与邪说对抗,那么对方所利用的情感,本来就是追求富贵利禄、趋生避死,这本来就是庸俗之人的普遍情感,而其恻隐羞恶之情不足以胜过这种情感。所以孟子与杨朱、墨子进行论辩时,从根本上将其罪责定义为"无父无君",以显示其罪过是必定要受到诛戮而不容宽恕的。如果孟子从心性方面索隐,从事理方面穿凿附会,那就根本辩不清了。所以君子的大义微言,简练而有文采,温和而合乎道理,本来就不如歪理邪说的粗鄙之言传播速度快。

　　太宗命吕才勘定阴阳杂书[①]，欲以折其妄而纳民于正，然而妄终不折，民终不信，流及于今，日以增益，且托为吕才之所定以疑民者；折之于末，而不拔其本，宜其横流之不止矣。夫此鄙猥不经之说，何足定哉？定之而孰必信之？乍信之而孰与守之？且托于所定以乱人道之大经，如近世择婚以年命，而使配耦非其类者，金曰才所定也，历官乃以赘敬授民时之简末[②]。呜呼！祸亦烈哉！

【注释】

①吕才(？—665)：唐初博州清平(今山东临清)人。精通阴阳、方伎、舆地、历史，善乐律。唐太宗于贞观三年(629)将其召入弘文馆，参论乐事，又命其删定阴阳家书，诏颁天下。高宗永徽初年，参与修订《文思博要》及《姓氏录》。传见新、旧《唐书·吕才列传》。

②敬授民时：指将历法付予百姓，使知时令变化，不误农时。后代指颁布历书。

【译文】

　　唐太宗命令吕才勘定阴阳术数等杂书，想要借此驳斥这些书中的虚妄之言，将民众纳入正道。然而这些书中的虚妄之言始终没有被驳倒，百姓也始终不相信正道。一直到今天，阴阳术数的影响日益增强，而且都找托词称这是吕才当初勘定的内容，以此来使民众陷入疑惑。如果只驳斥细枝末节而不批倒其根本，那么歪理邪说自然会肆意流行、难以平息。阴阳术数这种鄙陋猥琐、荒诞不经的邪说，哪里值得勘定呢？即使官方勘定了以后，又有谁必定会相信呢？即使有最初相信的人，那么谁又能始终坚信呢？况且邪说还会以吕才所勘定的东西以扰乱人道纲常。如近代以来依据年命来择婚而使得配偶与自己族类都不相合,大家却都说这是吕才所勘定的,历官于是将这部分内容附在向民众颁赐的历书末尾。唉!危害也是很严重的啊!

　　夫才所据理、征事、缘情以折妄者,宅经也,葬法也,禄命也。三者之不可以妖妄测阴阳,而贼民用、蔑彝伦、背天理、干王制,不待智者而洞若观火。先王虑愚民之受罔而迷也,为著于《礼经》曰:"假于时日卜筮以疑众,杀①。"刑当其辜,勿与辩也。然且贪懦之俗,徼幸锋端之蜜,苟延蟪蛄之生,日向术人而谋行止,忘亲蔑性,暴骨如莽而不收,争夺竞讼以求得,为君师者,尚取其言而删定之,不亦傎乎②!

【注释】

①假于时日卜筮以疑众,杀:语出《礼记·王制》:"假于鬼神时日卜筮以疑众,杀。"意思是假托鬼神、时日、卜筮来招摇撞骗以蛊惑人心者,应当杀掉。

②傎(diān):同"颠"。

【译文】

吕才用以驳倒虚妄之言的理、事、情三方面依据,是宅经、葬法、禄命。但这三者都是不能容许被用于以妖术来测度阴阳,从而危害民众、践踏伦常、违背天理、破坏王法的。即使不是智者,也能对这一点洞若观火。先王考虑到愚民可能会受到欺骗而变得迷惑,于是在《礼经》中为此说道:"假托鬼神、时日、卜筮来招摇撞骗以蛊惑人心者,应当杀掉。"那些蛊惑人心的人被处死是罪有应得,这不容争辩。然而贪婪懦弱的流俗之人,贪图一点点刀尖上的蜂蜜一般的甜头,想苟且延长自己蝼蚁一般的生命,每天都要向阴阳术士请教自己应当做什么、不当做什么,忘记了亲人、蔑视天性,白骨暴露在荒野上他们也不知道收敛,相互争夺诉讼以求得利，作为君王和师长的人，尚且要将阴阳术士的言论拿来进行删定，这不是颠倒本末吗！

　　夫王者正天下之大经，以务民义，在国则前朝后市，在野则相流泉、度夕阳，以利民用，而宅经废矣。贤者贵，善人富，有罪者必诛，诡遇幸逃之涂塞，而禄命穷矣。慎终追远，导民以养生送死之至性，限以时，授以制，则葬法诎矣。然而有挟术以鬻利者，杀其首，窜其从，焚其书，而藏之者必诛不赦，以刚断裁之，数十年而可定。舍此不图，屑屑然与较是非于疑信之间，咸其辅颊舌以与匪人争，其以感天下，亦已末矣。吕才之定，适以长乱，言虽辩，谁令听之？

【译文】

　　王者用以端正天下的大道，是专心于人道。在国家层面则应保持"前朝后市"的格局，在民间则应根据流泉、夕阳等进行建设规划，以利于百姓生活，如此则宅经就变得无用了。使贤者尊贵，使善人富裕，使有罪者必定受到惩罚，堵塞那些诡诈之人侥幸求利的路途，则禄命之说就变得式微了。慎终追远，引导民众抚养生者、安葬死者，遵从亲情天性，对时间加以限制，颁布一定的葬礼制度，如此则葬法之说也就苍白无力了。如此而仍有挟持术数以求利的人，则应杀死其首领，贬斥其随从，焚烧其书籍，凡是收藏阴阳术数之书的人必定诛杀而不宽恕。以刚强和决断加以裁判，经过数十年歪理邪说才能被根除。舍弃这一策略不用，却费尽口舌地与操持歪理邪说之人在是非疑信之间论辩，即使能感动天下，也为时已晚。吕才勘定阴阳杂书，恰恰会助长混乱，其言辞虽然巧辩，又有谁去听他的呢？

二〇　知高宗不能克家而拘于嫡长

立子以適，而適长者不肖，必不足以承社稷，以此而变故起于宫闱，兵刃加于骨肉，此人主之所甚难，而虽有社稷之臣，不能任其议也。魏王泰投太宗之怀[①]，曰："臣今日始得为陛下子。"褚遂良即以此折泰之奸[②]，伟矣；而唐几亡于高宗，遂良致命以自靖，弗能靖国焉。故曰人主之甚难，而社稷臣不能任其议也。

【注释】

①魏王泰：即李泰（620—652）。字惠褒，小字青雀。唐太宗第四子，生母为文德皇后长孙氏。李泰才华出众，好士爱文学，在诸王中尤受唐太宗宠爱。贞观十二年（638）李泰开始主编名著《括地志》，历时四年完成。贞观十七年（643），太子李承乾谋反，李泰意欲争取储君之位，唐太宗为保全李承乾、李泰、李治三人，改封李泰为顺阳王，徙居均州郧乡。贞观二十一年（647）进封濮王。永徽三年（652）死于郧乡。传见新、旧《唐书·太宗诸子列传》。

②褚遂良（597—659）：字登善，杭州钱塘（今浙江杭州）人。唐初大臣。隋末时追随薛举，为通事舍人。归顺唐朝后，历任起居郎、谏议大夫、中书令。贞观二十三年（649），与长孙无忌同受太宗遗诏辅政。后因坚决反对立武则天为后，被贬为潭州都督。武后掌权后，迁桂州都督，再贬爱州刺史，卒于任上。传见新、旧《唐书·褚遂良列传》。

【译文】

按照宗法制度，应该立嫡长子为继承人。但如果嫡长子不肖，那么他必定不足以承担社稷重任，因此就会导致宫闱中发生变故，骨肉之间兵刃相向。这对于君王来说是非常艰难的处境，即使有社稷之臣，也没办法胜任议论此事的职责。魏王泰投到太宗怀抱中，说："臣今日才开始得以成为陛下您的儿子。"褚遂良立即以这句话来揭露魏王的奸诈，这是很了不起的。但唐朝几乎亡于高宗之手，褚遂良冒死实现了自己立李治的目的，却不能安定国家。所以说立嫡问题对君王而言很难办，而社稷之臣也没办法胜任议论此事的职责。

　　丹朱不肖，尧以天下与舜，圣人创非常之举，非后世所可学也。舜立而丹朱安虞宾之位①，魏王不窜，能帖然于高宗之世哉？太宗能保高宗之容承乾与泰②，而不能必泰安于藩服以承事高宗，则抑情伸法以制泰，事有弗获已者；自投于床，抽刀欲刎，呜呼！英武如太宗，而欷歔以求死也③，亦可悲矣哉！

【注释】

①虞宾：指虞舜以宾礼待尧子朱丹。

②承乾：李承乾（？—645），字高明，唐太宗嫡长子，母为文德皇后长孙氏。武德三年（620）封恒山郡王，迁中山王。太宗即位，立为皇太子。好声色游猎，不听人谏。因患足疾，惧魏王李泰受宠代立，于是与汉王李元昌、朝臣侯君集等谋变。事泄后被废为庶人。传见新、旧《唐书·太宗诸子列传》。

③欷歔（xī xū）：哭泣后不自主地急促呼吸，抽搭。

【译文】

　　丹朱不肖，尧把天下交给舜。圣人开创了这一非常之举，不是后世所能效仿的。舜的地位确立后，丹朱安于身为虞舜宾客的地位。若魏王不被贬逐，他能在高宗时代服服帖帖吗？太宗能保证高宗容得下李承乾与李泰，却不能保证李泰必定会安于藩王身份，接受高宗的统治。则太宗压抑情感、伸张法度以制约李泰，是不得不那样做。为了立嫡问题，唐太宗一度扑倒在床上，抽刀想要自刎。唉！像太宗这样英武的皇帝，尚且会唏嘘流泪，想要一死了之，这也真是太可悲了！

或曰："立適长而不能贤，择人以辅之，勿忧矣。"似也；太宗之世，忠直老臣，无有过魏徵者，固以师保之任任之矣。乃徵尝为建成之宫僚，效既可睹。徵以正月卒，而承乾以四月反，徵即不死，固无能改于其德，大难兴，徵为袁淑而已，纥干承基之流^①，于徵何惮焉？

【注释】

① 纥干承基(604—656)：出身关陇没落士族。隋朝末年投入唐军，武德末年在北疆抗击突厥，后来被太子李承乾招致门下，成为李承乾的卫士。曾被派去刺杀于志宁。后来太子听说齐王李祐在齐州谋反，对纥干承基说："东宫西墙，距大内正好二十步左右，谋划大事，岂是齐王所能比的！"李祐谋反的事牵连到纥干承基，纥干承基因此被关押在大理寺的狱中，按罪当处死。贞观十七年(643)四月初一，纥干承基上书告发太子谋反，最终李承乾被废，唐太宗任命纥干承基为祐川府折冲都尉，封爵平棘县公。高宗即位之初，改授广州番禺府折冲都尉。显庆元年(656)去世。其事见于《资治通鉴·唐纪》。

【译文】

有人说："如果所立的嫡长子不够贤能，那就选择合适的人来辅佐他，这不需要担忧。"这句话听起来很对。太宗时代，忠诚正直的老臣中，没有能超过魏徵的，太宗也本来就把担任太子师保的重任交给了他。可魏徵曾做过李建成太子宫的宫僚,其成效有目共睹。魏徵正月去世,而李承乾四月谋反,魏徵即使不死,也无法改变其品德。大难兴起,魏徵也只能做个像袁淑那样的人而已,纥干承基这些人,对于魏徵又有什么可忌惮的呢?

　　教者,君父之反身也①,非可仅责之师保也。光武废东海、立明帝、而汉道昌,东海亦保其福禄,不待审也,光武之为君父者无愧也。太宗蹀兄弟之血于宫门,早教猱以升木②,审逐其所宠爱,以徇长孙无忌之请,知高宗之不能克家而姑授之,置吴王恪之贤以陷之死③,夫亦反身不令,故无以救其终也。汉文守藩代北,际内乱而无窥觊之心,迎立已定,犹三让焉,然有司请建太子,犹迟久而不定,诚慎之也,非敢执嫡长以轻天位,况太宗之有惭德也乎?

【注释】

①反身:反过来要求自己,自我约束。

②教猱以升木:教猴子爬树,比喻教唆坏人干坏事。猱,古书上说的一种猴。

③吴王恪:即李恪(619—653)。唐太宗第三子。因英武果敢而得到太宗喜爱。贞观元年(627)封汉王,次年改封蜀王,贞观十年(636)封吴王。永徽四年(653)受房遗爱谋反案牵连,被太尉长孙无忌借机诬陷致死。神龙元年(705)得以平反,以国公之礼葬于高阳原。传见新、旧《唐书·太宗诸子列传》。

【译文】

教育太子,这是身为君父应当以身作则的事情,不能仅仅将其交给师保。光武帝废东海王而立明帝,使得汉道昌盛,东海王也得以保全其福禄,不需要对他加以贬逐,光武帝作为君王和父亲都问心无愧。而唐太宗和自己的兄弟在玄武门浴血死斗,早就给儿子们树立了坏榜样。他贬逐自己所宠爱的魏王李泰,以顺从长孙无忌立李治为太子的请求,明知高宗的能力不足以保全家业却姑且将储君之位授给他,放任贤能的吴王李恪陷入死地。太宗就是因为自身树立了坏榜样,所以最终没办法挽救局面。汉文帝作为藩王驻守代北,遭遇朝廷内乱而没有觊觎皇位之心,等群臣迎立其为皇帝的方针已经确定后,尚且多次辞让君位;然而有关部门请求立太子,文帝尚且徘徊良久而不能确定储君,这确实是慎重的表现,不敢仅考虑嫡长子继位的原则而轻视天位。何况太宗这种自己品德上就有污点的人呢?

二一　无忌言太子仁恕

长孙无忌曰:"太子仁恕,实守文之德。"此佞者之辩也。太宗不能折之,遂立治而不改,唐几以亡。仁恕者,君德之极致,以取天下而有余,况守文乎? 无忌恶知仁恕哉! 不明不可以为仁,不忠不可以为恕。

【译文】

长孙无忌说:"太子仁爱宽容,确实有遵循先世法度的德行。"这是奸佞之人的巧辩。太宗没办法驳斥他的观点,于是立李治为太子,此后不再更易储君,唐朝几乎亡于李治之手。所谓仁爱宽恕,是君王之德的极致,靠仁爱宽恕来取天下都绰绰有余,何况是守文呢? 长孙无忌哪里懂得仁恕呢? 不明不能称作"仁",不忠不能称作"恕"。

仁者,爱之理也,而其发于情也易以动,故在下位而易动于利,在上位而易动于欲。君子之仁,廓然曙于情之贞淫,而虚以顺万物之理,与义相扶,而还以相济。故仁,阴德也,而其用阳。若遇物而即发其不忍之情,则与嚅呢呴沫者相取,而万物之死生有所不恤。阴德易以阴用,而用以阴,乃仁之贼,此高宗之仁也。

【译文】

所谓仁,乃是爱之理。因为它是从人的情感中生发出来的,所以容易变动。处于下位者其仁常被利所打动,处于上位者其仁常被欲望所打动。君子之仁,对人情感的忠贞或放纵看得非常廓然明朗,又能虚怀若谷地顺从万物发展的规律,与义相辅相成。所以仁是阴德,但其应用则是以阳的方式。假若有人遇到他人就生发出不忍之情,那么他就会一味放任其同情之心,而不顾万物的死生。阴德容易以阴的方式被应用,而一旦以阴的方式应用,就成了仁之贼,这就是高宗的仁。

恕者,推己以及人,仁之牖也。以己之欲,推之于物,难之难者也。难之难者,以其所推者己之欲也。故君子之恕,推其所不欲以勿施于人,而不推其欲以必施,以所欲者非从心而不逾矩,未可推也。然而不欲者,亦难言矣。夺己之声色臭味,而使不集于康,固人之所不欲也;以此而不欲夺人,则屈己之道,屈天下之情,以求免于人之快悒[①],皆可曰恕,而以纵女子小人金壬谗佞者弥甚[②]。忠也者,发己自尽之谓。尽己之所可为,尽己之所宜为,尽己之所不为而弗为,而后可以其不欲者推于物而勿施。不然,人且呼吁以请,涕泣以干,陈其嫳屑之私[③],以匍伏而待命,女子小人金壬谗佞未能得志之日,方挟此术以怵我,而己于义利理欲之情未定,则见为不可拂而徇之,以恣其奸邪,皆曰是不可欲者勿施焉,恕也。

【注释】

①怏悒(yàng yì):郁郁不乐的样子。

②金壬(rén):小人,奸人。

③媟(xiè)狎:狎昵,不庄重。

【译文】

所谓恕,是推己及人,它是仁的窗口。根据自己的欲望,推想他人的情形,这是难上加难的事情。之所以难上加难,是因为推想他人情形的依据是自己的欲望。所以君子的恕,是不把自己所不想要的事物施加给他人,而不是将自己想要的事物一定施加给别人。由于自己的欲望达不到从心所欲而不逾越规矩的地步,所以不能将其推及他人。然而自己不想要的事物,也是很难说的。夺去自己对声音、颜色、嗅觉、气味的感知和享受,使其变得不健全,这当然是人们所不想要的。据此而不想剥夺他人在这方面的感知与享受,则需要使自己的道受委屈,使天下的情感受委屈,以求免于遭受别人的怨恨。这些都能称作恕,而这种恕尤其会导致对于女子、小人、奸佞的放纵。所谓忠,是指将自己的能力全部都发挥出来。尽自己所能去做事,将适宜做的事都一一去做,自己不应去做的事情坚决不做,然后才可以真正做到不把自己所不想的东西强行施加到别人身上。不然的话,人们将呼叫着请愿,哭泣着干扰我们的判断,陈述自己轻慢而不庄重的私人诉求,匍匐在地上等待命令。女子、小人、奸佞之人在还没能得志的时候,就会用这种伎俩来吓唬我们,而我们自己的义利理欲之情还没有确定,则眼见他们的请求不可拂逆,于是便顺从了其要求,使其得以恣意放纵其奸邪。综上所述,就是说自己所不应追求的东西不能施加给他人,这就是恕。

故仁恕者,君子之大德,非中人以下所能居之不疑者也。高宗竟以此而不庇其妻子,不保其世臣,殃及子孙,祸延宗社。长孙无忌恶足以知仁恕哉？挟仁恕之名以欺太宗,而太宗受其罔,故曰佞者之辩也。太宗明有所困,忠有所诎,遂无以折佞人之口而使雠其邪,此三代以下,学不明,德不修,所以县绝于圣王之理也①。

【注释】

①县(xuán)绝：相差极远。

【译文】

所以仁恕是君子的大德,并非中人以下所能坚信不疑、始终践行的。高宗竟然因为所谓"仁恕"而最终无法庇护自己的妻子儿女,不能保住元勋功臣,殃及子孙,祸及宗庙社稷。长孙无忌哪里足以懂得仁恕呢？他挟持仁恕之名以欺骗太宗,而太宗受到他的欺骗,所以说他的话是佞者的巧辩。太宗的英明被杂事所困,使得忠臣被冤枉,于是没有办法驳斥奸佞之臣的妄言,使其得以兜售自己的奸计。这就是三代以下的帝王学问不明、德行不修,与上古圣王的大道相差甚远的原因。

二二　太宗命直书六月四日事

负慝而畏人知,掩之使不著,以疑天下,小人之伪也。其犹畏人知也,有不敢著、不忍著之心,则犹天良之未尽亡也。抑不著而使天下疑,则使天下犹疑于大恶之不可决为,而名教抑以未熸。无所畏,无所掩,而后恶流于天下,延及后世,而心丧以无余。太宗亲执弓以射杀其兄,疾呼以加刃其弟,斯时也,穷凶极惨,而人之心无毫发之存者也。史臣修高祖实录,语多微隐,若有怵惕不宁之情焉①,夫人皆有之心也,且以示后世,与宋太宗烛下斧影之事同其传疑②,则人固谓天伦之不可戕也。而太宗命直书其事,无畏于天无惮于人而不掩,乃以自信其大恶之可以昭示万世而无惭,顾且曰"周公诛管、蔡以安周,季友鸩叔牙以存鲁"③,谁欺乎?周公之诛管、蔡,周公不夺管、蔡之封也;季友鸩叔牙,季友不攘叔牙之位也。建成、元吉与己争立,而未尝有刘劭之逆,贻唐室以危亡,而杀之以图存,安忍无亲,古人岂其口实哉?

【注释】

①怵惕:恐惧警惕。

②宋太宗烛下斧影之事:即"斧声烛影"。据《续湘山野录》等宋代文献记载,宋开宝九年(976)十月壬午夜,太祖赵匡胤召其弟晋王赵光义议事,内容左右不得闻。席间有人遥见烛光下赵光义时而离席,有逊避之状。不久天降大雪,又有人听见太祖引柱斧戳地,并大声说:"好为之。"当夜宋太祖即去世,赵光义继位,是为宋太宗。"斧声烛影"的记载,含蓄地暗示了宋太宗杀兄篡位或夺侄之位的可能性,但也没有下断言,引起后世颇多争议。

③季友鸩叔牙:据《左传》记载,鲁庄公兄弟四人,庄公为长,庆父、叔牙、季友次之。庄公无嫡子,他病重时,向叔牙询问立嗣之事,叔牙表示支持庆父继位。庄公又问季友,季友表示想立庄公庶子子般。最终在围绕君位的争夺中兄弟反目,季友借庄公之命将叔牙鸩杀。

【译文】

身负罪恶而畏惧别人知道,千方百计地掩饰罪过而不使自己的邪恶暴露出来,以此来迷惑天下,这是小人虚伪的表现。但这样的小人尚且畏惧别人知道自己的罪恶,有不敢也不忍让自己的邪恶暴露的念头,则其天良尚未完全泯灭。掩饰自己的恶行使天下人疑惑,则使得天下尚且会因为怀疑而领悟到决不能犯下大恶,而名教因此没有被毁灭。可是如果对罪恶无所畏惧,无所掩饰,然后罪恶就会流播天下,流传后世,然后人心就会沦丧无余。太宗亲自执弓箭射杀其兄李建成,大声喊叫着让别人杀死其弟李元吉,这个时候,他穷凶极恶,作为人的良心已经丝毫不存在了。史臣修撰《高祖实录》时,对此事多用隐晦之语记载,就如同恐惧警惕、心神不宁一般,这是常人常有的想法。如果就用这样的文字传示后世,那"玄武门之变"就与宋太宗"烛下斧影"之事一样疑者传疑,则别人肯定将会说终究是不能戕害天伦的。而太宗却命令史官直书其事,不畏惧上天,也不忌惮人,不掩饰自己的恶行,却自信自己的大恶可以昭示万世而没什么可惭愧的,而且说"周公诛杀管叔、蔡叔以安定周朝社稷,季友鸩杀叔牙以保存鲁国"。他这是想欺骗谁呢?周公确实诛杀了管叔、蔡叔,但他却并未剥夺管、蔡两国的封地;季友确实鸩杀了叔牙,但季友并不曾夺取叔牙的地位。李建成、李元吉与李世民争夺储君之位,却不曾像刘劭那样犯下弑杀父亲的大逆,使得唐王室陷入危亡,而李世民却杀掉他们以图自身生存。他残忍而不顾亲情,古人的事例岂是可以被他当作口实的?

　　且周公之不得已而致天讨也,《鸱鸮》之怨[①],《东山》之悲[②],有微辞,有隐痛,祸归于商、奄,而不著二叔诛窜之迹;东人之颂公者,亦曰四国是皇[③],不曰二叔是诛也。过成于不忍疑,事迫于不获已,志窘于不能遂,言诎于不忍明,天下后世勿得援以自文其恶,观过而知仁,公之所以无惭于夙夜也。若夫过之不可掩,而君子谓其如日月之食者,则惟以听天下后世之公论，而固非己自快言之以奖天下于戕恩。况太宗之以夺大位为心，有不可示人之巨慝乎？至于自赦直书，而太宗不可复列于人类矣。

【注释】

①《鸱鸮(chī xiāo)》：《诗经·豳风》中的一篇。诗中描写母鸟在鸱鸮抓去它的小鸟之后，为了防御外来的再次侵害，保护自己的小鸟，不怕辛劳。通篇以母鸟的口吻，逼真地传达出既丧爱雏、复遭巢破的鸟禽之伤痛。《毛诗序》曰：“《鸱鸮》，周公救乱也。成王未知周公之志，公乃为诗以遗王，名之曰《鸱鸮》焉。”

②《东山》：《诗经·豳风》中的一篇。以周公东征为历史背景，以一位普通战士的视角，叙述东征后归家前悲喜交集的内心感受。《毛诗序》曰：“《东山》，周公东征也。周公东征三年而归，劳归士。大夫美之，故作是诗也。”朱熹则认为此诗是周公为慰劳东征归来的将士所作的一首诗。

③四国是皇：指匡正四方之国平息了叛乱。

【译文】

况且周公出于不得已而被迫征讨武庚、管、蔡叛军，《诗经》中《鸱鸮》的哀怨，《东山》的悲伤，其中有微辞也有隐痛，将制造祸乱的责任推给商、奄，而不写明管叔、蔡叔被诛杀、流放的事迹。东方之人赞颂周公，也称赞“匡正四方之国平息了叛乱”，而不说诛杀了管叔、蔡叔。周公的过错是由于他不忍心怀疑自己的兄弟管叔、蔡叔造成的，到了不得已的时候才被迫东征，因为时势所迫而无法贯彻自己“亲亲”的志向，也不忍心昭明兄弟的罪责，所以言辞上显得理屈。天下后世不能援引周公的案例来粉饰自己的罪恶，通过观察过错来了解仁的本质，这是周公白天黑夜都不必愧疚的原因所在。如果罪过不可掩饰，君子就会称其像日食、月食一样，只能听从天下后世的公论，而不是自己为了言语痛快,就鼓励后世戕害兄弟间的骨肉恩情。何况太宗以夺取皇帝之位为目标,有不可示人的巨大罪恶呢? 到他自己下敕书要求直书"玄武门之变"时,太宗已经不能再与人类同列而与禽兽无异了。

既大书特书以昭示而无忌矣,天子之不仁者,曰吾以天下故杀兄弟也;卿大夫之不仁者,亦曰吾以家故杀兄弟也;士庶人亦曰吾以身故杀兄弟也。身与家之视天下也孰亲? 则兄弟援戈矛以起,争田庐丝粟之计,而强有力者得志焉,亦将张胆瞋目以正告人曰:吾亦行周公、季友之道也。蛇相吞,蛙相唉,皆圣贤之徒,何惮而弗为哉? 史者,垂于来今以作则者也,导天下以不仁,而太宗之不仁,蔑以加矣。万世之下,岂无君子哉? 无厌然之心,恻隐羞恶,两俱灰烬,功利杀夺横行于人类,乃至求一掩恶饰伪之小人而不易得也,悲夫!

【译文】

既然把天子的罪恶大书特书以昭示其无所顾忌,那么后世不仁的天子,就会说我是为了天下而杀兄弟;不仁的卿大夫,也会说我是为了家族而杀兄弟;士人、庶民也会说我是因为保全自身而杀兄弟的。自身、家族与天下相比,哪个更亲? 按照这种说辞,那么兄弟之间兵刃相向争夺土地、房屋、丝绸、粮食等,而强壮有力的人将会得志,他也将瞪大眼睛大胆地正告别人说:我也是在践行周公、季友之道。蛇相互吞噬,蛙相互残杀,既然有圣贤作先例,那普通人又有什么可忌惮而不去效仿其自相残杀的做法呢? 历史,是垂于后世让后人当作立身行事之典则的,而唐太宗引导天下走向不仁,则他的不仁可谓无以复加了。万世之下,难道就没有君子了吗? 没有掩饰罪恶之心,则恻隐羞恶之情便沦丧无余,为追逐功利而相互残杀抢夺的行为就会在人类中蔓延,甚至到了连想要找到一个掩盖自己罪恶、虚伪粉饰自己的小人都不容易的地步,真是悲哀啊!

二三　太宗以亲征高丽困于安市

隋之攻高丽而不克也,君非其君,将非其将,士卒怨于下,盗贼乱于内,固其宜矣。唐太宗百战以荡群雄,李世勣、程名振、张亮[①],皆战将也,天下抑非杨广狼戾以疲敝之天下,太宗自信其必克,人且属目以待成功,乃其难也,无异于隋,于是而知王者行师之大略矣。

【注释】

①程名振(? —662):洺州平恩(今河北曲周东南)人。唐初将领。早年在窦建德麾下,后投李渊,先后跟随李世民、李建成打败刘黑闼,屡立战功,封东平郡公。贞观十八年(644)起,多次率军攻打高丽。龙朔二年(662)去世。其事散见于新、旧《唐书·高宗本纪》等。张亮(? —646):郑州荥阳(今河南荥阳)人。唐初大臣、将领。早年以务农为业,后投瓦岗军,随徐世勣降唐。在房玄龄的推荐下,担任秦王府车骑将军。贞观年间,曾担任沧海道行军大总管,随军远征高句丽。贞观二十年(646),张亮被告谋反,被斩于西市。传见新、旧《唐书·张亮列传》。

【译文】

隋朝进攻高丽而不能攻克,是因为君主非圣明之君,将领非能胜之将,士卒在军中抱有怨恨,盗贼在国内掀起叛乱,所以战败就是理所当然的事了。唐太宗身经百战而荡平了群雄,李世勣、程名振、张亮都是能征善战的将领,天下也不再是昔日杨广残暴统治下疲敝不堪的天下,太宗自信必定能荡平高句丽，人们也都对其成功拭目以待。可是太宗征伐高句丽的艰难，与当初隋朝无异，由此便可以知晓王者行军作战的大略了。

　　太宗自克白岩①，将舍安市不攻②，径取建安③，策之善者也，而世勣不从。高延寿、高惠真请拔乌骨城④，收其资粮，鼓行以攻平壤⑤，而长孙无忌不可。乃以困于安市城下，而狼狈班师。夫世勣、无忌岂不知困守坚城之无益？而阻挠奇计，太宗自策既审，且喜闻二高之言，而终听二将以迁延，何也？唯天子亲将，胜败所系者重，世勣、无忌不敢以万乘尝试，太宗亦自顾而不能忘豫且之戒也⑥。向令命将以行，则韩信之度井陉，刘裕之入河、渭，出险而收功；即令功堕师挠，固无系于安危之大数，世勣、无忌亦何惮而次且哉⑦？

【注释】

①白岩：今辽宁辽阳东北。

②安市：今辽宁海城南营城子。当时为高句丽领土。

③建安：今辽宁盖州。

④高延寿、高惠真：本为高句丽将领，在安市之战中被唐军击败，投降唐朝，被太宗分被封为鸿胪卿、司农卿。乌骨城：今辽宁凤城边门镇。

⑤平壤：今朝鲜平壤。

⑥豫且：古代寓言中的一位渔夫。《史记·龟策列传》记载："江使神龟使于河，至于泉阳，渔者豫且举网得而囚之。"刘向《说苑·正谏》则记载："昔白龙下清泠之渊。化为鱼，渔者豫且射中

其目。”

⑦次且：犹豫不前。

【译文】

太宗在攻克白岩后，准备舍安市城而不攻，直取建安城，这是很好的作战策略，但李世勣却不同意。高延寿、高惠真请求先攻克乌骨城，收取此地的物资和粮食，然后一鼓作气攻克平壤，而长孙无忌认为这不可行。于是唐军竟因此困于安市城下，最终只能狼狈班师。李世勣、长孙无忌难道不知道困守坚城没有好处吗？可他们却阻挠奇计。太宗自己既然已经做好了谋划，而且听到高延寿、高惠真的建议也很高兴，但却最终听任李世勣、长孙无忌迁延时日，这是为什么呢？因为唯独天子亲自率军作战，胜败关系尤为重大，李世勣、长孙无忌不敢让万乘之尊的皇帝去冒险尝试，太宗也顾虑自身，不忘神使在水中被渔夫豫且捕获的教训。假如是君王派遣将领去作战，则可以像韩信偷渡井陉、刘裕直入黄河、渭水流域那样，冒险而取得成功。即使没能成功，军队覆灭，也不会关系到社稷的安危存亡，那么李世勣、长孙无忌还有什么可忌惮的而犹豫不前呢？

苻坚不自将以犯晋，则不大溃以启鲜卑之速叛；窦建德不自将以救雒，则不被禽而两败以俱亡；完颜亮不自将以窥江，则不挫于采石，而国内立君以行弑；佛狸之威，折于盱眙；石重贵之身，禽于契丹；区区盗贼夷狄之主，且轻动而召危亡，况六宇维系于一人而轻试于小夷乎？怯而无功，世勣、无忌尚老成持重之谋也。不然，土木之祸，天维倾折，悔将奚及邪？王钦若诋寇准以孤注，钦若诚奸，准亦幸矣；鼓一往之气，以天子渡河为準之壮猷①，几何而不误来世哉？《春秋》书从王伐郑②，讳其败以讥之，射肩而后，王室不可复兴,桓王自贻之也。故曰天子讨而不伐。

【注释】

①以天子渡河为準之壮猷:指景德元年(1004),辽兵大举南下,悬师深入宋境。王钦若、陈尧叟请求真宗迁都南逃。寇準力排众议,请帝亲征。当时辽军直扑澶州城下,真宗因寇準与殿前都指挥史高琼的催促,渡过黄河登澶州城。宋军士气大振。事见《宋史·寇準列传》。

②《春秋》书从王伐郑:指《春秋·桓公五年》记载:"蔡人、卫人、陈人从王伐郑。"此次周、郑之战,周军队战败,周桓王被郑军射中肩膀,颜面尽失。通常《春秋》记载天子的军事行动皆称"讨",此处用"伐",后世经学家多认为有讥讽之意。

【译文】

符坚如果不亲自率军侵伐东晋,也不会遭遇大溃败,从而引发鲜卑迅速反叛。窦建德如果不亲自率军援救洛阳王世充,他也不会被李世民所擒,从而导致他和王世充双双战败而死。完颜亮如果不亲自率军、意欲渡江消灭南宋,他也不会在采石遭遇重挫,使得国内另立君主、他自己被弑杀。北魏太武帝拓跋焘的威风,在盱眙遭到挫败。石重贵亲自率军攻契丹,结果被契丹生擒。区区盗贼夷狄的君王,尚且会因为轻动而招致危亡,何况一人维系天下安危的君王轻易地在小夷身上冒险呢?由于害怕太宗遭遇危险因而没能取得军事上的成功,这是李世勣、长孙无忌老成持重的谋略。不然的话,酿成像"土木堡之变"那样君王被敌人擒获、天维倾折的悲剧,还来得及后悔吗?王钦若诋毁寇準力请宋真宗驾临澶渊是孤注一掷,王钦若确实是奸臣,但寇準也确实是心存侥幸。鼓起一往无前的气势,以天子渡河来实现寇準的雄伟计划,有多大概率不会带来遗祸后世的危险呢?《春秋》记载周桓王伐郑时写道"从王伐郑",这是隐讳桓王战败的结局而讥讽桓王。周桓王被郑军射中肩膀以后，周王室就再不能复兴了，这是周桓王自己酿成的苦果。所以说天子"讨而不伐"。

二四　刘洎见杀非淫刑

刘洎之杀①，谓褚公谮之者②，其为许敬宗之污诬③，固已。乃使褚公果以洎之言白于太宗，亦讵不可哉？太宗征高丽，留守西京者，房玄龄也；受命辅太子于定州者，高士廉、张行成、高季辅、马周④，而洎以新进与焉，非固为宗臣，负伊、周之独任也。兵凶战危，太宗春秋已高，安危未决也，太子柔弱，固有威福下移之防。洎于受命之日，遽亢爽无忌而大言曰⑤："大臣有罪，臣谨即行诛。"然则不幸而太宗不返，嗣君在疚⑥，玄龄之项领，且县于洎之锋刃，而况士廉以下乎？又况其余之未尝受命者乎？

【注释】

①刘洎之杀：刘洎（？—646），字思道，荆州江陵（今湖北江陵）人。唐初大臣，在贞观年间官至宰相，以敢于直谏著称。刘洎在立储之争时支持魏王李泰，并在太宗东征时辅佐太子李治监国，兼任太子左庶子。贞观十九年（645）十二月，唐太宗征高句丽后班师返回定州，在途中患病，刘洎与中书令马周前去探视。褚遂良传问太宗起居时，刘洎哭着道："圣上患有痈疽，令人忧惧。"褚遂良却向唐太宗上奏道："刘洎曾说：'朝廷大事不足忧虑，只要依循伊尹、霍光的故事，辅佐年幼的太子，诛杀有二心的大臣，便可以了。'"不久，唐太宗病愈，并向刘洎询问此事。刘洎据实回答，而马周也为他作证，但褚遂良却坚持自己的说法。唐太宗于是赐死刘洎。刘洎在武则天当政时得以平反。事见新、旧《唐书·刘

　　洎列传》。

②褚公：即褚遂良。

③许敬宗(592—672)：字延族，杭州新城(今浙江杭州)人。唐朝大臣。早年投奔瓦岗军，成为李密记室。李密兵败后，投奔唐朝，被秦王李世民召为秦府十八学士之一。贞观年间负责修国史，并参与《武德实录》《贞观实录》的撰写工作，但被诟病记事曲从迎合，甚至有污蔑、美化之辞。唐高宗永徽五年(654)因支持"废王立武"，开始受到武则天赏识，于龙朔三年(663)被拜为太子少师、同平章事。咸亨元年致仕。传见《旧唐书·许敬宗列传》《新唐书·奸臣列传》。

④高士廉(577—647)：名俭，以字行，渤海蓨(今河北景县)人。北齐宗室，唐朝宰相。隋时举文才甲科，补治礼郎。唐武德五年(622)累迁雍州治中。参预玄武门之变。贞观元年(627)授侍中，甚见亲重，后官至尚书右仆射。曾与韦挺等刊正天下谱牒姓氏，撰成《氏族志》。传见《旧唐书·高士廉列传》《新唐书·高俭列传》。张行成(587—653)：字德立，定州义丰(今河北安国)人。唐朝宰相。隋末，举孝廉，为谒者台散从员外郎。王世充于洛阳称帝，以其为度支尚书。唐初，应制举乙科，累补殿中侍御史，纠劾不避权戚。太宗曾言及山东、关中人，意有同异，张行成奏言"天子四海为家，不容以东西为限"。自此有大政事，令与参议。贞观十九年(645)太宗攻高丽，令与高士廉同掌机务，辅太子监国。高宗即位后，官至尚书右仆射。传见新、旧《唐书·张行成列传》。高季辅(597—655)：名冯，以字行，德州蓨(今河北景县)人。唐朝宰相。贞观初年，擢监察御史，弹纠不避权贵。累转中书舍人，数上书言时政得失。后官至中书令。太宗攻高丽时，与高士廉同掌机务，辅太子监国。传见新、旧《唐书·高季辅列传》。

⑤亢爽：直爽。

⑥在疚：在忧病之中，即居丧。

【译文】

　　称刘洎被杀是由于被褚遂良诬陷，这本来就是许敬宗修史时的污蔑之辞。可是即使褚遂良果真把刘洎的话告诉了唐太宗，又有什么不可以的呢？太宗征高丽，负责留守西京的，是房玄龄；受命在定州辅佐太子的，是高士廉、张行成、高季辅、马周，而刘洎是以新进高官的身份参与辅佐太子的，并非本来就是同宗之臣，身负伊尹、周公那样单独辅佐太子的重任。战争充满危险，太宗年事已高，安危未定，太子柔弱，本来就有大权旁落的危险。刘洎在受命辅佐太子之日，就直爽无忌地放出大话："大臣有罪，臣当立即予以诛罚。"如此则太宗要是不幸无法活着返回国内，嗣君居丧，那么房玄龄的脖子就会处在刘洎高悬的锋刃下，何况高士廉等人呢？又何况其余那些不曾接受辅佐太子之命的大臣呢？

　　人臣而欲擅权以移国者，必立威以胁众，子罕夺宋公之柄①，用是术也。而曹操之杀孔融，司马懿之杀曹爽，王敦之杀周顗、戴渊，无所禀承，犹无择噬；矧洎已先言于当宁②，挟既请之旨，复何所忌以戢其专杀乎？魏王泰未死，吴王恪物望所归，洎执生杀之权以诛异己，欺太子之柔，唯其志以逞，何求而不得？然则伊、霍之事，洎即不言，抑必有其情焉；且又恶知洎之狂悖，不果有是言哉？

【注释】

①子罕夺宋公之柄：子罕，子姓，乐氏，名喜，子罕是其字。春秋时期宋国人。宋国权臣，以贤德著称，具有很高的声望，在宋平公、

宋桓侯时代逐渐掌握了国家大权,甚至隐隐架空了宋国国君。

②矧(shěn):况,况且。当宁:皇帝。

【译文】

身为人臣而想要擅权篡国者,必定要树立威信以胁迫众人。子罕夺取宋国国君的权力,用的就是这个办法。而曹操杀害孔融,司马懿诛杀曹爽,王敦诛杀周颉、戴渊,都根本不禀报、请示天子,更是无所区别地滥杀。况且刘洎已经事先对太宗说过他会立即施予诛罚的话了,他挟持着已经请过的旨意,还有什么可忌惮的,怎么会收敛其专杀的大权呢?魏王李泰还没有死,吴王李恪为众望所归,刘洎操持生杀大权以诛杀异己,欺负太子柔弱,完全按照自己的意志行事,有什么他追求不到的呢?如此则伊尹、霍光废立君王之事,刘洎即使不说,也必定有这样的想法。况且又怎么知道以刘洎的狂妄悖逆,不会果真说过这样的话呢?

或曰:洎"谨即行诛"之对,刚而戆耳,非能有不轨之情也。曰:所恶于强臣者,唯其很耳。戆者,很之徒也。无所忌而函之心,乃可无所忌而矢诸口,遂以无所忌而见之事。司马师、高澄、朱温、李茂贞唯其言之无忌者①,有以震慑乎人心,而天下且诧之曰:此英雄之无隐也。当其曰"谨即行诛",目无天子,心无大臣,百世而下,犹不测其威之所底止,而可留之以贻巽辏之冲人乎②?使褚公果劝太宗以杀洎,亦忠臣之效也。

【注释】

①李茂贞(856—924):原名宋文通,字正臣,深州博野(今河北蠡县)人。唐末五代时期藩镇军阀。初入镇州博野军,击败黄巢部

将尚让。光启二年（886）因护卫唐僖宗有功，拜武定节度使，赐名李茂贞。光启三年（887）护送唐僖宗返回长安，拜凤翔节度使。此后他割据城池，干涉朝政，引发唐昭宗不满。景福年间他打败朝廷部队，杀害宰相杜让能、李谿和韦昭度。唐朝灭亡后，他继续割据凤翔，同光二年（924）病死。传见《旧五代史·世袭列传》《新五代史·杂传》。

②巽（xùn）软：怯懦。冲人：年幼的人，此指唐高宗李治。

【译文】

有人说：刘洎"谨即行诛"的答话，不过是刚正憨直的表现罢了，并不是他有不轨之情。对此我的回答是：我憎恶强横之臣的地方，就在于其凶狠。鲁莽憨直，就是凶狠的潜在前兆。心中有无所顾忌的想法，就可能会无所顾忌地说出来，然后就可能无所顾忌地将其付诸实施。司马师、高澄、朱温、李茂贞就是因为说话时无所顾忌，因而得以震慑人心，而天下将会诧异道：这是英雄无所隐讳的表现。当刘洎说出"谨即行诛"四个字的时候，就已经目无天子，心无大臣，百世之后，尚且无法测度其威势会到达什么样的地步，怎能将这样的人留给软弱怯懦的年幼国君呢？假如褚遂良果真力劝太宗诛杀刘洎，那也是他身为忠臣报效国家的表现。

或曰：唐处方兴之势，而长孙无忌、房玄龄、李世勣以开国元臣匡扶王室，洎虽狂，无能为也。曰：人之可信以无妄动者，唯其慎以言、虑以动而已。不可言而言之，则亦不可为而为之。朱泚孤军无助而走德宗，苗傅、刘正彦处张浚、韩世忠之间而废宋高，皆愚戆而不恤祸福者也。藉曰洎为文吏，兵柄不属焉，范晔、王融亦非有兵之可恃，又孰能保洎之无他乎？使伏其辜，非过计而淫刑，审矣。

【译文】

有人说：当时唐朝正处于方兴未艾的态势，而长孙无忌、房玄龄、李世勣等人以开国元勋的身份匡扶王室，刘洎虽然狂妄，但并不能有什么作为。对此我的回答是：一个人要想被相信不会妄动，就只有审慎发言、深思熟虑后再行动这一条途径而已。能说出不该说的话，那就能做出不该做的事。朱泚在长安孤军无助，但却能发动兵变赶走德宗，苗傅、刘正彦处于张浚、韩世忠两位大将之间，却能废黜宋高宗，这些都是愚蠢鲁莽而不顾后果的人。如果借口说刘洎是文官，不掌握兵权，那么范晔、王融也没有可以凭恃的军队，却照样谋划作乱，谁又能保证刘洎没有同样的野心呢？杀掉刘洎，让他为自己的罪行付出代价，很明显这并不是考虑太多而滥施刑罚。

二五　太宗信《秘记》成武氏之篡夺

星占术测，乱之所自生也。史言《秘记》云①："唐三世之后，女主武王，代有天下。"谁为此《秘记》者，其繇来不可考也。太白之光②，群星莫及，南北之道，去日近而日夺其光，去日远则日不能夺，而昼见五纬之出入③，历家所能算测，而南北发敛，历法略而古今无考，使有精于步测者，亦常耳。而太史守其曲说，曰"女主昌"，与所谓《秘记》者相合，太宗不能以理折之，而横杀李君羡以应之④；李淳风又曰"天之所命，人不能违"⑤，以决其必然，武氏之篡夺，实斯言教之也。

【注释】

①《秘记》：古代占验术数、预言未来的书籍。

②太白：太白星，即金星。

③五纬：古代对太白、岁星、辰星、荧惑、镇星的合称，即金、木、水、

火、土五颗行星。

④李君羡(593—648)：洺州武安(今河北武安)人。唐朝将领,初从李密、王世充,后率领其部属归附李渊,成为李世民麾下将领。从征王世充、窦建德、刘黑闼,参与抗击突厥,因功升任左武候中郎将,封武连县公。贞观二十二年(648),当时有"女主武王有天下"的谣言,李君羡因小名"五娘子",官职左武卫将军、封号武连县公、属县武安县皆有"武"字,受到李世民疑忌,被贬官。不久又被御史罗织罪名弹劾。最终以勾结妖人、图谋不轨的罪名被处决。传见新、旧《唐书·李君羡列传》。

⑤李淳风(602—670)：岐州雍县(今陕西凤翔)人。唐代天文学家、数学家、史学家,精通天文、历算、阴阳之术,长期任职于太史局。他曾设计浑天黄道仪,编定《麟德历》和《十部算经》,并修撰《晋书》《梁书》《陈书》等史书的天文、律历、五行志。传见《旧唐书·李淳风列传》《新唐书·方技列传》。

【译文】

星相占卜之术,是祸乱产生的源头。史书记载《秘记》中说："唐三世之后,女主武王将取代李氏而拥有天下。"究竟是谁撰著了这部《秘记》,其源流已经考证不清楚了。太白星的光亮群星都比不上,其南北运行之道,离太阳近就会被太阳的光辉盖过,离太阳远则太阳光无法掩盖其光辉。白天见到金、木、水、火、土五颗行星的出入,是历家所能推算测定的,而南北之道的发散与收敛,历法中是省略的,古今也没有考证清楚,假如有精于步测的人,也是很平常的。而太史坚持其错误的主张,称"女主昌",与所谓《秘记》的说法相合。唐太宗不能用道理来驳倒这种说法,便无端杀掉李君羡来响应这一说法。李淳风又说"天之所命,人不能违",来表明这样的事情必然发生。所以武则天篡夺唐朝江山,实在是这些言论教导的结果。

　　凡篡夺之祸，类乘乎国之将危，而先得其兵柄，起而立功以拯乱，然且迟回疑畏而不敢骤；抑有强干机智之士，若荀攸、郗虑、刘穆之、傅亮、李振、敬翔之流①，赞其逆谋，而多畜虎狼之将佐，为之爪牙，然后动于恶而人莫能御。今武氏以一淫妪处于深宫，左右皆傅粉涂朱猥媟之贱士，三思、懿宗、承嗣辈②，固耽酒嗜色之纨袴，一强项之邑令可鞭笞而杀之庸竖也。乃以炎炎方兴之社稷，淫风一拂，天下归心，藏头咋舌于枷棓薰灼之下③，莫之敢抗，武氏何以得此于臣民哉？天下固曰：前圣之《秘记》然也，上天之垂象然也；先知如淳风者，已曰天之所命，人不能违也。淳风曰：当王天下。武氏曰：吾当王也。淳风曰：杀唐子孙殆尽。武氏曰：吾当杀也。呜呼！摇四海之人心，倾方兴之宗社，使李氏宗支骈首以受刃，淳风一言之毒，滔天罔极矣。

【注释】

①李振、敬翔：后梁太祖朱温的心腹谋士。

②三思、懿宗、承嗣：指武则天的侄子武三思、武懿宗、武承嗣。

③咋（zé）舌：咬着舌头。形容因吃惊、害怕而说不出话。枷棓（bàng）：枷锁和棍棒。

【译文】

　　凡是篡权夺位的祸乱，大体上都发生在国家将要陷入危亡的时候。篡权者首先得到国家的兵权，起来立功以平定祸乱，然后尚且要心怀疑虑畏惧地徘徊一番，而不敢骤然篡位。也有精明强干的机智之士，像荀攸、郗虑、刘穆之、傅亮、李振、敬翔之流，帮助权臣谋划叛逆作乱。篡权者也会多豢养虎狼般的将佐作为其爪牙，然后才实施篡位恶行，别人没办法制止他们。如今武则天以一介淫妇身份处于深宫之中，左右都是涂朱傅粉、猥亵轻慢的卑贱之士,武三思、武懿宗、武承嗣等人,本来就是耽于酒色的纨绔子弟,一个性格刚直、不肯低头的县令就能鞭笞甚至杀掉他们这样庸俗无能的家伙。可是唐朝蒸蒸日上的社稷,经过淫风一吹拂,天下人就归心于武则天,在棍棒枷锁的威胁之下藏头咋舌,不敢反抗。武则天何以能让臣民如此呢? 天下人都会说:前圣所撰写的《秘记》都是这样说的,上天垂示的天象也这样说;像李淳风那样的先知,也说过这是天之所命,是人力所不能违抗的。李淳风说:"当王天下。"武则天说:"我应当成为天下的君王。"李淳风说:"杀唐室子孙殆尽。"武则天说:"我应当将唐王室子孙杀戮殆尽。"唉! 动摇四海之人心,倾覆方兴未艾的唐朝的宗庙社稷,使李氏宗室子孙纷纷引颈受戮,李淳风一句话所造成的流毒,就已经是罪恶滔天了。

甚哉,太宗之不明也! 正妖言之辟,执淳风而诛之,焚《秘记》、斥太史之妄,武氏恶足以惑天下而成乎篡哉? 有天下而不诛逐术士、敬授民时、以定民志,则必召祸乱于无穷。人有生则必有死,国有兴则必有亡,虽百世可知也,恶用此哓哓者为[1]?

【注释】

[1]哓哓(xiāo):吵嚷,唠叨。

【译文】

唐太宗真是太不明智啦! 假如他能驳斥妖言,抓住李淳风并将其杀掉,焚毁《秘记》、斥责太史的虚妄,武则天哪里足以迷惑天下而成功篡夺唐朝江山呢? 拥有天下而不诛杀和驱逐术士、颁布历书以安定民志,则必然会招致无穷的祸乱。人有生则必然有死,国有兴则必然有亡,即使是很长远的未来也可以预见,哪里用得着李淳风这种人胡说八道呢?

二六　敕高宗亲任世勣

以利为恩者，见利而无不可为。故子之能孝者，必其不以亲之田庐为恩者也；臣之能忠者，必其不以君之爵禄为恩者也；友之能信者，必其不以友之车裘为恩者也。怀利以孝于亲、忠于君、信于友，利尽而去之若驰，利在他人，则弃君亲、背然诺，不旋踵矣，此必然之券也。故慈父不以利畜其子，明君不以利饵其臣，贞士不以利结其友。

【译文】

把利益当作恩德的人，见到有利可图就没什么事情是不能做的了。所以能够孝顺父母的子女，必定不会把父母提供的土地房屋等财产当作他们对自己的恩德；能够忠诚于君主的臣子，必定不会把君王赐予的爵禄当作恩德；能够诚信对待朋友的人，必定不会把朋友赠予的车马裘服当作恩德。怀着图利之心去孝敬父母、忠于君王、诚信待友，利益一旦消耗完就会立即远离父母、君王、朋友而去；如果别人那里能提供利益，则他们会立即背弃君王和父母、违背诺言，这是必然的。所以慈父不用利益来蓄养其子，明君不以利益来引诱其大臣，正直忠贞之士不以利益来结交朋友。

太宗迁李世勣为叠州都督[①]，而敕高宗曰："汝与之无恩，我死，汝用为仆射，以亲任之。"是已明知世勣之唯利是怀，一夺予之间而相形以成恩怨，其为无赖之小人，灼然见矣；而委之以相柔弱之嗣君，不亦愚乎！长孙无忌之勋戚可依也，褚遂良之忠贞可托也，世勣何能为者？高祖不察而许为纯臣,太宗不决而托以国政,利在高宗,则为高宗用,利在武氏,则为武氏用,唯世勣之视利以为归,而操利以笼之,早已为世勣所窥见,以益歆于利,"家事"一言②,而社稷倾于武氏,所必然矣。若谓其才智有余,任之以边陲可矣,锢之于叠州,唐恶从而乱哉!

【注释】

①叠州:今甘肃迭部。

②"家事"一言:永徽六年(655),李治欲废王皇后,立昭仪武氏(武则天)为皇后,怕朝中大臣反对,于是召李世勣与长孙无忌、于志宁、褚遂良等顾命大臣商议。李世勣称病不到,而褚遂良坚决反对"废王立武"。事后,李治暗中询问李世勣说:"朕打算立武昭仪为皇后,褚遂良固执己见,以为不可。褚遂良是顾命大臣,这件事应该怎么办呢?"李世勣回答说:"这是陛下的家事,何必更问外人!"李治自此坚定了"废王立武"的决心,而李勣也因此得到了李治和武则天的信任。事见《新唐书·李勣列传》。

【译文】

　　唐太宗将李世勣贬为叠州都督,而告诫高宗说:"你对他没有恩情,我死后,你任命他为仆射,这样你就对他有恩惠了,就可以放心重用他了。"太宗这分明是早已明知李世勣唯利是图,一贬官一升官,就会对君王产生怨恨或感激之情。如此则他是个无赖小人,这是清晰可见的;但却委任他作为宰相去辅佐柔弱的嗣君,不也是很愚蠢吗? 长孙无忌作为元勋重臣兼外戚,是可以依赖的;褚遂良忠诚正直,是值得托付的。李世勣能做些什么呢? 唐高祖不能明察而轻率赞许他是纯臣,太宗犹豫不决而将国政托付给他。利益在高宗那里,则李世勣为高宗所用;利益在武则天那里,则为武则天所用。正因为李世勣一心只贪图利益,而太宗操持利益来笼络他,这一点早就被李世勣所窥测到,因而他变得更加贪图利益。他对高宗说废王立武是"家事"那句话,使得社稷最终倾覆在武则天手中,这是必然的结果。如果说李世勣才智有余,那对他委以边疆重任就可以了。如果把他禁锢在叠州,唐朝还怎么会发生祸乱呢?

卷二十一

高　宗

【题解】

　　唐高宗李治(628—683)是唐太宗李世民第九子,其母为文德顺圣皇后长孙氏。贞观五年(631)被封为晋王。因其同母兄太子李承乾与魏王李泰争夺储位,相继被废,他于贞观十七年(643)被册立为皇太子,于贞观二十三年(649)太宗去世后即位。唐高宗在即位之初,继续执行贞观年间的各项政治经济制度,勤于政事,国家维持了稳定发展的局面,史称"永徽之治"。显庆五年(660)以后,高宗身体欠佳,影响处理政务,武皇后乘机开始参与国家大事,此后朝政大权逐渐向武皇后手中转移。高宗在位期间,对外先后攻灭西突厥、百济、高句丽,大大拓展了唐朝的版图。弘道元年(683)高宗去世。

　　唐高宗的性格,后世多以"暗弱"或"柔懦"来概括。在王夫之看来,高宗固然暗弱,但暗中有微明、弱中有暴怒,这种性格特征使得高宗很容易被别有用心之人看透和利用,继而凌驾于其上。张公艺以"百忍家声"献予高宗,常被视为加剧了高宗的懦弱性格,然而王夫之却认为,高宗并未领会真正的"忍"之道,其性格中其实有着残忍多疑的一面。正是因为其"不忍于先""无恒于后",所以武皇后等人才得以利用这一性格缺陷来控制他。王夫之在论史时擅长揣摩历史人物的性格与心理,对于高宗的性格剖析正是一个典型。

高宗在位时,魏玄同上书,建议恢复周、汉两代允许中央和地方重臣各自征辟僚属的制度。实际上,这种局部复古的制度设想在历朝历代都常常被提出甚至一定程度上付诸实践。王夫之对于这种局部复古的制度观颇不以为然。他认为,"一代之治,各因其时",每个时代的制度都要与其所处的历史环境相适应,构成一个有机的整体,即"建一代之规模"。在历史环境变动不大的情况下,这套制度自然可以通过斟酌损益的方式加以微调,大体沿袭下来。但时移世易,旧的制度愈发难以适应新的历史环境,"穷则必变",只有通过制度革新才能重新与时势相适应。既然整体的旧制度及其依存的环境均已发生巨变,那么试图从旧制度中机械地截取某一部分,杂糅于新的制度中,重新施行于新的环境,自然是行不通的。王夫之指出,知人安民,乃是"帝王之大法",读古人书、研究古代制度,要搞清楚制度是如何建立的,又是如何适应其历史环境、达到知人、安民的效果的。王夫之这种通透的制度观,背后蕴涵着反对复古、主张革新的进步的历史观,无疑需要读者深入体会。

一　太宗与高宗舅无忌谋立吴王恪致恪罹祸

房遗爱狂驶[①],与妇人谋逆以自毙,而荆王元景、吴王恪骈首就戮,李道宗亦坐流以死[②]。呜呼！元景之长而有功,恪之至亲而贤,道宗之同姓而为元勋,使其存也,武氏尚未能以一妇人而制唐之命也。夫长孙无忌之决于诛杀,固非挟私以争权,盖亦卫高宗而使安其位尔。乃卫高宗而不恤唐之宗社,则私于其出,无忌之恶也。原其所自失,其太宗之自贻乎！

【注释】

①房遗爱(？—653)：齐州临淄(今山东淄博)人。房玄龄次子。妻

子为唐太宗女高阳公主。唐高宗时,房遗爱被任命为房州刺史。永徽四年(653),房遗爱和妻子高阳公主阴谋发动宫廷政变,废掉高宗,拥立高祖第六子荆王李元景为帝,但是事不机密,计划被泄露,涉事人员均被逮捕。高宗派长孙无忌审理此案,长孙无忌借此机会将吴王李恪也牵连进来,最终李元景、李恪、房遗爱、高阳公主、薛万彻、柴令武、巴陵公主等全部被杀。传见新、旧《唐书·房遗爱列传》。狂骏(ái):狂妄愚蠢。

②李道宗(? —653):字承范,陇西成纪(今甘肃秦安)人。唐朝初年宗室大臣,唐高祖李渊的堂侄。李道宗先后参与破刘武周、王世充,灭东突厥、吐谷浑,征高句丽等诸多战役,战功显赫,被封为江夏王。永徽四年(653),在房遗爱谋反案中遭长孙无忌、褚遂良的陷害,被流放象州,于途中病死。传见新、旧《唐书·宗室列传》。

【译文】

房遗爱狂妄愚蠢,与其妻高阳公主阴谋造反结果自取灭亡,而荆王李元景、吴王李恪与他们一同被杀,李道宗也因被牵连进此案而遭到流放,死在途中。唉!李元景辈分和年纪长,又有功劳,李恪身为高宗至亲而又贤能,李道宗身为同姓宗亲又是开国元勋,如果这些人还活着,那么武则天就难以一个妇人之身而控制唐朝的命运。长孙无忌做决断诛杀这些人,本来也不是挟持私情以争夺权力,大概也是为了保卫高宗而使他能够安于皇帝之位而已。可是为保卫高宗却不顾唐朝的宗庙社稷,则是出于偏爱自己的亲外甥,这是长孙无忌的罪恶。而追究他过失的源头,大概也是唐太宗自留祸根吧!

承乾废,魏王绌,太宗既知恪之可以守国也,则如光武之立明帝,自决于衷,而不当与无忌谋。如以高宗为嫡子而分不可紊,则抑自决于衷,而尤不当与无忌谋。疑而未决,则在廷自有可参大议之臣,如德宗之于李泌,宋仁宗之于韩琦,资其识以成其断。唯无忌者,高宗之元舅也,而可与辨高宗与恪之废立乎?乃告无忌曰:"雉奴弱①,恪英果类我,我欲立之。"事既不果,无忌所早作夜思以疑恪、忌恪、畏恪之怨己而欲剿绝其命者,终不忘矣。唐无夹辅之亲贤,而己以先后已谢之威灵,不能敌房帷之亲宠,终亦必亡者,皆其所懵焉不顾者矣。太宗一言之失,问非其人,而不保其爱子,不永其宗祧。《易》曰:"君不密,则失臣②。"岂徒君臣,父不密,且失其子矣。无忌怙外戚以为览固之图,太宗不察焉,顾谓无忌曰:"公以恪非己之甥邪?"愈发其隐,而无忌之志愈憯矣③。房玄龄、褚遂良之赞立高宗,义之正也;太宗之疑于立恪,道之权也;无忌之固请立高宗,情之私也。挟私而终之以戕杀,无忌之恶稔④,而太宗不灼见而早防之,不保其子,不亦宜乎!

【注释】

①雉奴:唐高宗李治的小名。

②君不密,则失臣:语出《周易·系辞上》:"乱之所生也,则言语以为阶。君不密则失臣,臣不密则失身,机事不密则害成。"意思是君王若言语不慎、不能保守机密,则会给臣下带来危害。

③憯(cǎn):锋利。

④稔(rěn):积久。

【译文】

　　李承乾已被废黜太子之位,魏王也被贬斥,唐太宗既然知道李恪是可以守住国家的人,就应该像光武帝立明帝那样,自己做出决断,而不应当与长孙无忌商议。如果认为唐高宗李治是嫡子,嫡庶名分不能混乱,所以要立李治,那也应该自己决定,而尤其不应当与长孙无忌商议。若是心存疑虑而尚未做出决断的话,那么在朝廷上自有可以参与商讨大计的大臣,如德宗与李泌商议,宋仁宗向韩琦咨询一样,借助他们的见识来帮助自己做出决断。唯有长孙无忌,是高宗的亲舅舅,怎么能与他讨论高宗和李恪的废立问题呢? 可是太宗却告诉长孙无忌说:"李治软弱,李恪像我一样英武果敢,我想要立他为储君。"事情最终并未如此发展,但长孙无忌每天早晚都怀疑李恪、猜忌李恪、畏惧李恪怨恨自己因而想要断绝其性命,始终对此念念不忘。唐朝皇帝会因为李恪等人的死而失去辅佐自己的亲近、贤能宗室,而长孙无忌自己凭借已故的长孙皇后的威灵,敌不过高宗亲近和宠爱的后妃,因而终究必定走向灭亡,这些他全都看不到了、顾不上了。太宗一句话的失误,没有问对人,因而便不能保全其爱子,不能永葆宗庙社稷。《周易》中说:"君王若言语不慎、不能保守机密,则会给臣下带来危害。"岂止是君臣,父亲不能保守机密,也会给儿子带来危害。长孙无忌凭恃自己的外戚身份而想要长久保持这种地位,太宗没能察觉,却对长孙无忌说:"你是因为李恪不是你自己的亲外甥吗?"这更加揭露了长孙无忌的隐秘想法,而长孙无忌之志因此变得更加坚定。房玄龄、褚遂良赞成立高宗为储君,是秉持正当大义;而太宗对立李恪有疑虑,是出于政治的权衡;长孙无忌坚持请求立高宗为储君,则是出于私情。挟持私情而最终对李恪痛下杀手,长孙无忌的罪恶由来已久,而唐太宗却没能洞察这一点而及早防备,因而无法保全自己的儿子,这不也是理所当然的吗?

　　或曰:褚公受顾命辅国政,不能止无忌之奸,且道宗之窜,公实与谋,岂亦挟私以翦宗子乎? 夫房遗爱已探无忌之意旨,诬恪以求自免,言已出而若有征,褚公未易任其无患,恪且死,骂无忌而不及公,则谓公之陷道宗者,亦许敬宗之诬，史无与正之与？

【译文】

有人说，褚遂良受太宗临终顾命辅佐高宗处理国政，却不能制止长孙无忌的奸计，而且李道宗被贬逐，褚遂良实际上参与了此事的谋划，他难道也是挟持私情来剪除宗室吗？房遗爱已经看清长孙无忌的意图，因而诬陷李恪以求自免，他的话一说出来，好像是有证据，褚遂良也难以保证不杀李恪没有后患。李恪快被杀的时候，大骂长孙无忌而没有骂褚遂良，则称褚遂良诬陷李道宗的话，大概也是许敬宗诬陷他吧，可史书怎么没有纠正这种诬陷的记载呢？

二　无忌疾李义府之奸不密不决致祸

刘文成公自言"疾恶太甚，不可为相"①。相者，贤不肖之所取裁，以操治乱之枢机者也，好善不笃，恶恶不严，奚可哉？刘公之言何以云邪？今绎其语而思之，太甚云者，非不能姑纵之谓也，谓夫恶之而不如其罪之应得，不待其恶之已著，而擿发之已亟也②。形于色，发于言，无所函藏，而早自知其不容，一斥为快，而不虑其偾兴以旁出也③；如是以赞人主赏罚之权，而君志未定，必致反激以生大乱。赵高邑为总宪④，欲按崔呈秀之贪⑤，而考核未速，嗔恨先形，乃使投权奄以杀善类，古今之如此者多矣，然后知刘公之自知明而审几定也。

【注释】

①刘文成公自言"疾恶太甚，不可为相"：刘文成公，指刘基。字伯温。明初名臣，辅佐朱元璋建立了明朝。据《明史·刘基列传》

记载,李善长辞去丞相一职后,朱元璋曾就丞相人选问题与刘基讨论,认为刘基比杨宪、汪广洋、胡惟庸等人更适合担任丞相,刘基回答说:"我太疾恶如仇了,又不耐烦处理繁杂事务,如果勉强承担这一重任,恐怕要辜负皇上委托。天下何患无才,只要皇上留心物色就是了。这几个人确实不适合担任丞相之职。"后来,杨宪、汪广洋、胡惟庸都因事获罪。

②擿(tī)发:揭露。

③偾(fèn)兴:爆发。

④赵高邑:指赵南星(1550—1627)。字梦白,号侪鹤,别号清都散客,高邑(今河北高邑)人。明代后期著名的政治家、东林党的首领之一。万历二年(1574)进士。万历年间任吏部考功郎中、吏部文选员外郎,屡次因直言劝谏皇帝而被贬为庶民。明光宗即位后被起复,拜为左都御史、吏部尚书。当时,魏忠贤为首的阉党权势日盛,赵南星着力拔擢东林党人,与阉党展开激烈斗争,但最终斗争失败,他被迫引咎辞职,遭到流放,最终死在流放地。传见《明史·赵南星列传》。总宪:明代对都察院左都御史的称呼。

⑤崔呈秀(1584—1627):蓟州(今天津蓟州区)人。明末阉党"五虎"之首。熹宗天启初年任御史,巡按淮、扬,期间因赃私被都御史高攀龙举报,遭朝廷革职,等候处置。于是投奔阉党头子魏忠贤,叩头涕泣,乞为养子。魏忠贤当时受到朝廷大臣们的交相攻击,正想寻求外援,因此收留了他,为他鸣冤叫屈恢复了官职。崔呈秀从此成为阉党的中坚,协助魏忠贤打击异己,致使东林党人几乎全被贬谪,他自己则官至兵部尚书,势倾朝野。崇祯帝即位后,阉党被定为逆党,朝廷下诏捉拿处治崔呈秀,崔呈秀自缢而死。传见《明史·阉党列传》。

【译文】

刘基说自己"太疾恶如仇了,因而不能担任丞相"。丞相要裁定百官是贤能还是不肖,掌握国家治乱的关键,如果不能诚挚地喜爱贤人,不能严厉地憎恶恶人,怎么能行呢? 刘基为什么要这样说呢? 今天揣摩刘基的话,加以仔细体味,所谓太疾恶如仇,并不是指不能姑且放纵恶人,而是指厌恶恶人的程度超过其罪有应得的程度,不等到其恶行显著,就急于揭发惩罚他们。这种厌恶表现在脸色上,表现在言语中,无从隐藏,而早就自知容不下恶人,对他们斥责一番以求自己痛快,而不顾虑这会使恶人愤怒爆发而生出其他奸计。以这样的方式来辅助君主行使赏罚大权,而君王的想法尚不确定,必定会招致恶人的激烈反应,从而催生大乱。赵南星身为左都御史,想要惩治崔呈秀贪污之罪,在还没有审清案情的时候,就已经流露出愤恨之情,这最终使得崔呈秀投靠魏忠贤,帮助他诛杀正直善良的人士。古往今来像这样的情况是很多的,想到这些之后,就可以明白刘基有很强的自知之明,对事情发展走向的判断也很精准。

　　长孙无忌之恶李义府[1],正矣;既熟察其凶险之情,则不宜轻示以机而使之自危。乃不待其罪之著见而无可逃,而遽欲谪之于蜀徼;抑不能迅发以决行,而使得展转以图徼幸。于是义府之奸,迫以求伸,用王德俭之谋,请立武氏,一旦超擢相位,而无忌不能不坐受其穷。然则为相臣者,不能平情以审法,持法以立断,徒挟恶恶之心,大声疾呼,赪颜奋袂[2],与小人争邪正,以自祸而祸国也有余。好恶赏罚,治乱之枢机,持之一念,岂易易哉!

【注释】

①李义府(614—666):瀛州饶阳(今河北饶阳)人。唐高宗时大臣。早年以荐举入仕,李治为东宫太子时担任太子舍人。李治即位

后任命李义府为中书舍人,兼修国史,加弘文馆学士。永徽六年(655)李义府因得罪宰相长孙无忌,被贬为壁州司马。敕书尚未下达门下省,他便已秘密获知,并与中书舍人王德俭商量对策。王德俭道:"皇帝想立武昭仪为皇后,但又害怕宰相不同意,所以尚未正式提出。你若能推助此事,定可转祸为福。"李义府遂代替王德俭值夜,趁机叩门上表,请求废黜王皇后,改立武昭仪。唐高宗大喜,召见李义府并收回贬官敕书,将他留居原职。"废王立武"成功后,李义府成为武后的心腹大臣,得以升任宰相。他任相期间,广结朋党,卖官鬻爵,权势熏天,妄行不法之事。龙朔三年(663),因私下请术士望气,被贬官流放嶲州。乾封元年(666)忧愤而死。传见《旧唐书·李义府列传》《新唐书·奸臣列传》。

②赪(chēng)颜:脸色因羞愧或愤怒而发红。赪,同"赪"。

【译文】

长孙无忌厌恶李义府,是正当合理的;但他既然已经充分了解了李义府为人的凶险,就不应当轻易将机密展示给他从而使其感到自危。可是长孙无忌却不等李义府的罪行显著无疑、无处可逃时再动手,而想要立即将他贬黜到蜀地的边境去;而且做出决定后也没能雷厉风行地付诸实施,而使得李义府能够辗转寻得生机,设法寻求侥幸。于是李义府的奸诈,在迫不得已的情况下便施展出来。他采纳王德俭的计谋,向高宗请求立武氏为皇后,于是立即被超常提拔为宰相,而长孙无忌不能不白白地承受此事的窘迫。如此则身为宰相的人,不能平心静气地行使权力,手握权力不能当机立断,只是徒然怀着厌恶恶人之心,大声疾呼,愤怒地挥动双臂,与小人争邪正,只会祸害自己同时也祸害国家。好恶赏罚,这是国家治乱的关键,操持在一念之间,这难道能轻易改变吗?

韩魏公之处任守忠也①,其气不迫,而后其断不疑,函之从容,而决之俄顷,故守忠弗能激出以反噬。申屠嘉一失之邓通,再失之晁错②,皆疾恶甚而无持重之断,以一泄而易穷也。刘公之言,为万世大臣之心法,允矣③。

【注释】

①韩魏公之处任守忠:据《宋史·宦者列传》记载,宋仁宗时,宫内近侍任守忠权势炙手可热,从宣政仁和使一直升到入内都知。宋仁宗因没有皇太子,特别留意帝位继承人问题,任守忠趁机建议立昏庸软弱的人,以便窃取大权。英宗即位以后,任守忠又乘皇帝有病之机,在两宫中挑拨离间,使她们不和。宰相韩琦决定除掉任守忠。知谏院司马光首先出来指斥任守忠离间两宫是国家的大害,要求将他斩首示众。吕诲也上疏弹劾任守忠。皇帝见到奏疏后没有立即给出意见。第二天,韩琦要求开一道空头的皇帝敕令,欧阳修立即签发,赵概对他提出责难,欧阳修说:"尽管让他自己往上写就是了,韩公必定自有办法。"不一会儿,韩琦坐在政事堂上,召任守忠立在庭下,说:"你有罪应当伏正。"于是就责成蕲州地方官将其安置于蕲州,拿来空头敕令填上交给了任守忠,当日把他押走,唯恐稍有怠慢,事情会突然发生变化。任守忠的党羽史昭锡等人,见任守忠被逐,都树倒猢狲散般地逃往南方去了。朝廷内外,无不拍手称快。韩魏公,指韩琦。封魏国公,故称。

②申屠嘉一失之邓通,再失之晁错:申屠嘉一失之邓通,参见卷四"元帝一"条注。再失之晁错,指汉景帝即位后晁错担任内史,受宠当权。丞相申屠嘉因自己的意见不被景帝采纳,怨恨晁错。申屠嘉听闻晁错为行己便于内史衙门南面另开一门,而此门对着太上皇庙的外墙,便打算以此来"奏请诛错"。晁错的门客中

有人知道此事后告诉晁错，晁错连夜进宫向景帝自首。第二天，申屠嘉上朝后奏请诛杀晁错，景帝替晁错辩解，认为其无罪。罢朝后，申屠嘉对他的长史说"悔不先斩错，乃先请之，为错所卖"，回家后便吐血而死。事见《史记·张丞相列传》。

③允：确实，果真。

【译文】

宋代韩琦处置任守忠时，气度不急不躁，而后当机立断而没有丝毫疑虑。先是从容不迫地涵养气势，而后在瞬间做出决断，所以任守忠没办法进行反击。申屠嘉先是在处置邓通时犯错，又在处置晁错时犯错，都是因为太过疾恶如仇而没办法做到稳重果断，所以机密一旦泄露就会陷入困境。刘基的话，可以作为万世大臣的心法。

三　高宗偶怒武氏上官仪不能持重渐导

至弱之主，必有暴怒；至暗之主，必有微明。使弱以暗者，必无偶见之明、无恒之怒，则巨奸犹不测其所终，而未敢凌乘以逞；明乍启而可蔽，怒忽动而旋移，然后伎俩毕见，可迫驾其上而无所复忌，君子之欲辅之以有为也，难矣。而抑有道焉：苟知其明之不审而怒之易移，则豫防其明与威之不可继，而因间抵隙，徐以养之，使积之厚而发之以舒，庶乎其有济矣。即其不济，而在我有余地，以待他日之改图；在彼无增长之威，以成不可拔之势。故惟慎重以持权者，能事昏主、宰乱朝，而消其险阻，斯大臣之所以不易得也。

【译文】

至为软弱的君主，也必定有暴怒的时候；至为昏庸的君主，也必定有稍微明智的时候。假如软弱昏庸的君主根本没有一点偶然的明智、不时发作的暴怒，那么大奸臣尚且难以测度其秉性和底细，因此不敢凌驾在帝王之上逞凶逞能；稍微有点明智而很快又被遮蔽，怒气忽然发作而很快又被消解，然后君王的伎俩就完全被看穿了。于是奸臣便可以凌驾于其上而不再有所顾忌，君子即使想要辅佐他，使其有所作为，也很难了。但仍然是有办法的：只要知道这种君王的明智不能持久、怒气容易转移，则应该豫防其明智与威严不可延续的情况，而利用有利的时机，慢慢地涵养其明智与威严，使其厚积而徐发，这样就能办成大事。即使不能办成，而我方也有余地，可以等待他日再做打算；另一方面奸臣也难以增强自己的威势而变得难以被驱逐和消灭。所以唯有慎重而懂得权衡的人，才能事奉昏君、主宰混乱的朝廷，而消除其险阻。这是大臣之所以难得的原因所在。

　　高宗以厌祷故怒武氏而欲废之[①]，使其废也，社稷之福也。虽然，废后大事也，恶有倏然怒之，倏然言之，而即倏然废之者乎？倏然言之，即可倏然废之，则其人虽不废，亦无能害于国凶于家矣。悍狡如武氏，而可以偶然之忿黜之须臾乎？懦夫之懦也，惟其忿怒偶发而悻悻不能俄顷待也。暴雨之盈沟浍[②]，操舟而泛之以指江海。上官仪之不审[③]，愚亦甚矣哉！使于此持重以处而渐导以机，从容谓帝曰：后之不可为天下母，臣等固知之而未敢言也，今幸上知之矣，而固未可轻也，姑宽之以观其骄，渐疏之以观其怨，斟酌于心，而正告群臣，悔前此之过，然后正祖宗之家法，与天下共黜之，臣且达上意于公忠体国之大臣，咸使昌言以昭天下之公论，今未可以一纸诏书快须臾之怒也。如此，则高宗之志可渐以定，武氏之恶可察而著，忠直之言可牖而纳，佞幸之党可次而解,而懦夫易消之怒,以无所发而蕴于中,武氏之涕泣无所施,而危机自阻。其终废也,社稷以宁,即不终废也,亦何至反激其搏噬、劫群臣以使风靡哉?上官仪之不及此也,识不充,守不固,躁率而幸成于一朝,丧身殃国,仪欲辞其咎而不能矣。

【注释】

①厌祷:以巫术向鬼神祈祷。

②沟浍(kuài):田间水道。浍,田间水渠。

③上官仪(约608—665):字游韶,陕州陕县(今河南三门峡)人。唐朝大臣。上官仪早年曾出家为僧,后以进士及第,历任弘文馆直学士、秘书郎、太子中舍人等职。龙朔二年(662)被拜为宰相。麟德元年(664)皇后武则天引道士入宫,行厌胜之术,被宦官王伏胜告发。当时唐高宗常被武则天压制,对她已有不满,意欲将她废为庶人,便密召上官仪商议。上官仪道:"皇后专恣,海内失望,宜废之以顺人心。"高宗便命他起草废后诏书。武则天得到消息,向高宗申诉辩解。高宗又不忍废后,因怕武后怨怒,便说:"这都是上官仪教我的。"武则天于是派人诬陷上官仪谋反,将其下狱处死。传见新、旧《唐书·上官仪列传》。

【译文】

唐高宗因为武则天私下找术士向鬼神祈祷的事情而发怒,想要废掉其皇后之位。假如真能废掉,那是社稷的福分。尽管如此,废黜皇后是大事,怎么能忽然间发怒、忽然说出要废皇后的话,而后忽然就废黜皇后了呢?如果忽然间说要废后,便可以真的忽然间废掉皇后,那么这样的皇后即使不被废,也不能对国对家产生什么危害。像武则天那样凶悍狡猾的皇后,怎么可能凭借偶然的愤怒便在须臾之间就把她废黜呢？懦夫的懦弱，正在于其愤怒偶然爆发而过不了多久就会烟消云散。暴雨令田间的水渠都涨满了，于是便驾着船想要直达江海。上官仪不够审慎，也真是太愚蠢了！假如他在这个时候能够稳重行事，慢慢等待时机，从容地对高宗说：皇后不可为天下之母，臣等本来就知道，但不敢说出来，如今幸而圣上您已经知道了。但武皇后本来就不容轻视，不如姑且宽恕她来看看她有多骄横，逐渐疏远她看她会有多怨恨您，在心中斟酌如何处置她，而后正告群臣，悔悟此前的过失，然后正祖宗的家法，与天下共同废黜她；并且我会向那些公忠体国的大臣传达您的意志，使他们都可以一起倡言，从而昭示天下的公论。如今切不可以一纸诏书来发泄自己须臾之间的怒火以图痛快。如此，则高宗的心志可以逐渐变得坚定，武则天的恶行可以被察觉而变得显著，忠诚正直的言论可以由此被采纳，佞幸之党可以被逐步瓦解，而懦夫容易被消解的愤怒，因为无处发泄而蕴藏于胸中。则武则天哭泣哀求的伎俩无处施展，而危机自然会消除。若是最终废黜了武则天，社稷会因此变得安宁；即使最终没能废掉她，又何至于反过来刺激她拼死一搏、劫持群臣从而使其服从自己的意志呢？上官仪没能这样做。他的眼界不够广阔，意志不够坚定，轻率急躁，想要在一朝之内取得成功，结果丢掉性命还连累了国家。上官仪是没办法推卸自己的责任的。

　　虽然，论者曰："彼昏不知，不可与言，仪之不智以亡身，与京房等"，则非也。身为大臣，有宗社之责焉。缄口求容，鄙夫而已矣。仪忠而愚者也，未可以苛求也。

【译文】

　　尽管如此，有议论的人说："高宗昏庸无知，不能与他谈论大事。上官仪不够聪明，因而丢掉了性命，与京房犯了一样的错误。"这种观点则是错误的。身为大臣，有保卫宗庙社稷的责任，如果缄口不言以求自保,那就只是粗鄙匹夫而已了。上官仪是忠诚而又愚蠢的人,不能对他加以苛求。

四　高宗见胁悍妇内不能忍

张公艺以百"忍"字献高宗①,论者谓其无当于高宗之失,而增其柔懦,亦恶知忍之为道乎!《书》曰:"必有忍,乃克有济②。"忍者,至刚之用,以自强而持天下者也。忍可以观物情之变,忍可以挫奸邪之机,忍可以持刑赏之公,忍可以畜德威之固。夫高宗乍然一怒,听宦者之辞,而立命上官仪草诏以废武氏,是惟无激,激之而不揣以愤兴,不忍于先,则无恒于后,所以终胁于悍妇者正此也。

【注释】

①张公艺以百"忍"字献高宗:张公艺(578—676),郓州寿张(今山东阳谷)人。北齐至唐朝时期人,因治家有方而累受旌表。唐高宗去泰山封禅时,车驾过寿张,听闻张公艺九世同居,和睦相处,因而也慕名过访。他问张何能九世同居,张公艺回答说:"老夫自幼接受家训,要慈爱宽仁。我没有特殊的才能,仅能以诚意待人,不过一个'忍'字而已。"于是请赐纸笔,连写一百个"忍"字献给高宗。高宗连连称善,赠绢百端,以彰其事。事见《旧唐书·孝友列传》。

②必有忍,乃克有济:语出《尚书·君陈》:"必有忍,其乃有济;有容,德乃大。"意思是必定要能够容忍,才能成就大事。

【译文】

张公艺将一百个"忍"字献给高宗,议论的人称他的举动不但没能纠正高宗的过失,反而增加了他的懦弱。这些人又怎么懂得忍的道理呢!《尚书》中说:"必定要能够容忍,才能成就大事。"忍,是至为刚强之人才能运用的,用以使自己变得更强大从而能够操持整个天下。忍可以观察万事万物的变化,忍可以挫败奸邪的阴谋,忍可以保持刑罚赏赐的公正,忍可以积蓄德行和威势,使其变得稳固。高宗因为瞬间的愤怒,听信宦官的话,而立即命上官仪草拟诏书以废黜武则天。所以只能不激怒他。如果激怒了他,他的愤怒就没办法蕴藏在心中以待有朝一日发泄出来。前面不能忍住愤怒,则后面也就难以保持恒心,这就是高宗之所以最终被悍妇所胁迫的原因所在。

　　夫能忍者,岂桎梏其羞恶是非之心以使不行哉?不任耳而以心殉之而已矣。任耳而以心殉之者,如急水之触矶、沸膏之蘸水^①,谮愬甫及而颜颊耳热^②,若高天厚地之无以自容,正哲妇奸人所乘之以制其命者也。故王后伉俪之恩,太子贤、太子忠毛里之爱^③,长孙无忌渭阳之情^④,闻谮即疑,而死亡旋及,一激即不能容,他日悔之而弗能自艾,不忍于耳,即不忍于心,高宗之绝其天良,恶岂在忍哉?

【注释】

①矶:水边突出的岩石或石滩。

②谮愬(sù):谗毁攻讦。

③毛里之爱:指父母对子女的恩情。语本《诗经·小雅·小弁》:"不属于毛,不离于里。"

④渭阳之情:春秋时秦康公送其舅重耳返晋,直到渭阳(即渭水之北)。后世遂以"渭阳之情"代指甥舅间的情谊。

【译文】

所谓能忍,难道是指束缚自己的羞恶是非之心以使其不发挥作用吗？只是指不轻易听信别人的话从而让心来为之付出代价罢了。轻易听信他人而用心付出代价的人，就像是湍急的水流触到水边突出的岩石或石滩、沸腾的油接触到水一样，一听到诋毁攻讦的话就脸红耳热，好像高天厚地之间无处让自己安身了一样，这正好被狡猾悍妇和奸佞之人所利用以控制他。所以以王皇后与高宗的夫妇伉俪之恩，太子李贤、太子李忠与他的父子之爱，长孙无忌与他的甥舅之情，高宗尚且听到谗言就开始怀疑他们，随即令这些人走向了死亡。愤怒一被激发就不能容忍别人，等到他日再后悔莫及，却无法改正自己的过失。不能在听到谗言时忍耐，就是不能在心中忍耐，高宗断绝了自己的天良，哪里是因为能忍呢？

公艺之忍而保九世之宗，唯闻言不信而制以心也，威行其中矣。不然，子孙仆妾噂沓背憎以激人于不可忍①，日盈于耳，尺布斗粟，可操戈戟于天伦，而能饬九世以齐壹乎？

【注释】

①噂（zǔn）沓背憎：当面谈笑，背后憎恨。噂沓，议论纷纷。

【译文】

张公艺靠能忍而保全九世同居的大家庭，正是因为他听到别人的话不立即轻信而是用心来权衡，这其中就彰显了他的威望。不然的话，子孙、奴仆、妻妾当面谈笑、背后憎恨，激怒别人而使其不能容忍，这样的话每天都灌满耳朵，天长日久地积累，必定会造成同室操戈的恶果，怎么能将九世同居的家庭整饬得团结和睦呢？

五　五品上以同御史往边州注拟

居重驭轻，先内后外，三代之法也。诸侯各君其国，势且伉乎天子^①，故县内之选^②，优于五服^③，天子得人以治内，而莫敢不正，端本之道也。郡县之天下，以四海为家，奚有于远近哉？

【注释】

①伉：对等，匹敌。

②县内：畿内，王都及其周围千里以内的地区。

③五服：分封制时代，王畿外围以五百里为一区划，由近及远分为甸服、侯服、绥服（宾服）、要服、荒服，合称五服。服，即服事天子之意。

【译文】

居重驭轻，先内后外，这是三代之法。诸侯各自统治其国家，势力几乎能与天子抗衡，所以对王畿内官员的选拔，优先于王畿外围的五服。天子得到人才来治理畿内，而诸侯没有敢行为不正的，这是端正根本之道。在实行郡县制的天下，天子以四海为家，还哪里有必要区分远近呢？

畿辅之内与腹里尚文之郡邑，去朝廷也近，吏之贤不肖易以上闻，且其人民近天子之光而畏法深，名教兴而风俗雅，虽中材莅之，亦足以戢其逸志，而安其恒度。至于荒远杂夷之地，其民狃于顽陋犷戾^①，而诗书礼乐之文，非所喻也，其吏欺其愚而渔猎之，民固不知有天子，而唯知有长吏，则贪暴之吏，唯其所为，而清议不及；乃民夷积怨，一激以兴，揭竿冒死，而祸延于天下。如是，则轻边徼长吏之选，就近补调，使充员数，善不加擢，恶不降罚，俾其贪叨恣日暮涂穷之倒逆，离叛相寻，兵戈不戢，内治虽修，其能遥制之哉？

前之定天下者,芟菁棘②,夷溪峒③,威服而恩抚之,建郡县以用夏变夷,推行风教,力甚勤、心甚盛也。乃割弃不理,授之卑茸狼戾之有司④,以殴之于乱⑤,溥天之下,特有此蟊贼之区宇,是亦可为长太息矣! 故与其重内也,不如其重外也。内虽不綦乎重⑥,而必不轻也;外不重,则永轻之矣。

【注释】

①狃:拘泥,因袭。

②芟(shān):割。菁棘:荆棘。

③溪峒:古代对我国西南地区苗族、侗族、壮族等少数民族聚居地的统称。

④卑茸:低劣混乱。

⑤殴:同"驱"。

⑥綦:极。

【译文】

国都周围与国家腹地中尚文的郡县,距离朝廷近,官吏的贤能或不肖容易被朝廷所知晓。况且这些地方的人民亲近天子的光辉而非常畏惧法律,所以礼教兴盛而风俗典雅,即使是由中等才能的官员去管理,也足以安定百姓的志趣,使他们安于恒定的制度。至于荒远而又有夷族杂居的地方,那里的居民习性顽劣鄙陋、粗犷强悍,而诗书礼乐之文不是他们所能懂得的。那里的官吏欺负他们愚蠢而对他们加以剥削。百姓本来就不知道有天子,而只知道有官吏,如此则贪婪残暴的官吏为所欲为,而没有议论能影响到他。于是百姓和夷族积攒起怨恨之情,一旦受到刺激就会爆发出来,冒死揭竿而起,其祸害会蔓延到整个天下。如此,则轻视边疆地区官吏的选拔,就近补调官吏使其滥竽充数。对好的官吏不加以提拔,对作恶的官吏不加以惩罚,使其得以肆意作恶、倒行逆施,只会导致叛乱不断,兵戈不休。即使内地治理得很好,难道能够遥制边疆地区吗？前代平定天下的人,割除荆棘,抚平夷族,用威势使蛮夷服从朝廷,用恩德来安抚他们,建立郡县以用夏变夷,改善风俗教化,用力甚勤,用心甚为良苦。可如今朝廷却对边疆地区弃之不理,将权力授给卑微无能而又狠毒的官员,使其将百姓驱赶到叛乱的阵营中去。普天之下,竟然有这样蟊贼当道的区域,这是何等令人为之长叹的事情啊！所以与其重视内地,不如重视边境地区。即使不是至为重视内地,内地也必定不会被轻视;如果不重视边疆地区,则边疆地区就永远被轻视了。

　　唐初,桂、广等府①,官之注拟②,一听之都督,而朝廷不问,治之大累也。边徼之稍习文法者,居其土,知其利,则贪为之,而不羡内迁;中州好名干进之士,恶其陋,而患其绝望于清华,则鄙夷之而不屑为。仪凤元年③,始遣五品以上同御史往边州注拟,庶得之矣,犹未列于吏部之选也,后世统于吏部,以听廷除,尤为近理。然而县缺以处劣选,且就地授人,而虽有廉声,不得与内擢之列,吏偷不警,夷怨不绥,民劳不复,迨其叛乱,乃勤兵以斩刘之,亦惨矣哉！千年之积弊,明君良相弗能革也,可胜悼哉！

【注释】

①桂、广:即桂州(治所在今广西桂林)、广州(治所在今广东广州)。

②注拟:唐代选官的一种制度。指应试获选者先由尚书省登录,经考询后再按其才能拟定官职。

③仪凤元年:公元 676 年。仪凤,唐高宗李治的年号,使用时间为676—679 年。

【译文】

唐初桂州、广州等地区官员的注拟工作,完全听凭各州都督处置,而朝廷不加以过问,这是对国家治理极为不利的。边境地区稍微熟悉文法的人,居于自己的故土,知晓其中的利益,则贪图做边疆地区官员以图利,而不向往升迁到内地;中原地区喜好名声、追求升官的士人,厌恶边疆地区的鄙陋,担心在那里任职会使自己无缘清要显贵的官职,则鄙夷边疆地区的官职而不愿去那里任职。仪凤元年,朝廷才开始派遣五品以上同御史前往边州进行官员注拟工作,这是近乎正确的做法,但仍未把边境地区官员的选拔列入吏部选官的统一范畴。后世将边疆和内地官员的选拔统一交给吏部,由朝廷任命官员,这更加近于合理。然而如果边疆地区的县中出现官员空缺,吏部会把考核中成绩不好的候选人派去任职,而且就地拜官,则即使这些官员有清廉的名声,也不得被纳入内地升迁的行列。如此则官吏苟且度日而缺乏警惕,夷族民众有怨恨得不到安抚,百姓的沉重徭役难以得到免除,等到他们发动叛乱,朝廷才派兵去消灭他们,这也太残酷了!这千年的积弊,明君良相也没能加以革除,真是太令人伤心了!

八闽、东粤①,昔者亦荒陋之区也,重守令之选,而贤才往牧,今已化为文教之邦,何独邕、桂、滇、黔、阶、文、邛、雅之不可使为善地乎②?不勤兵而服远,不劳中国而化夷俗,何所嫌而弗为也?人士厌薄之私心,假重内轻外之说以文之,明主之所弗徇,而尚奚疑焉?

【注释】

①八闽:今福建地区。东粤:今广东地区。

②邕、桂、滇、黔、阶、文、邛、雅:唐代边境地区州名,大致在今广西、

云南、贵州、甘肃南部和四川南部、西部一带。

【译文】

福建、广东，昔日也是荒远鄙陋的地区，由于重视对那里郡县官员的选拔，派遣贤才去那里进行管理，如今已经变成了文教之邦。为何唯独不能让邕州、桂州、滇州、黔州、阶州、文州、邛州、雅州等边疆地区也变成善地呢？不依靠军队镇压而使远方民众服从，不动用中原地区人力物力而逐渐改变边疆地区的风俗，这样的政策有什么可嫌弃的，为何不去实施呢？士人们怀着厌恶去边疆地区任职的私心，假借重内轻外的说法来加以粉饰，英明的君主不应该被这种说法所迷惑，这有什么值得怀疑的呢？

六　遣使赈饥宜呕察有司之廉能

赈饥遣使，民有迎候之劳，如刘思立所言者[①]，未尽然也，所遣得人，则民不劳矣。若其不可者，饥非一邑，而生死之命县于旦夕，施之不急，则未能速遍，而馁者已死矣；施之急，则甫下车而即发金粟[②]，唯近郭之人得逾分以霑濡[③]，而远郊不至。且府史里胥，党无籍之游民，未尝饥而冒受；大臣奉使，尊高不与民亲，安能知疾苦之为何人，而以有限之金粟专肉白骨邪？此徒费国而无救于民之大病也。

【注释】

①刘思立所言：刘思立(？—682)，宋州宁陵(今河南宁陵)人。唐代大臣，高宗时担任御史。当时河南、北大旱，高宗下诏派遣御史中丞崔谧等分道进行赈济抚慰，刘思立认为这会妨碍农事，建议只责成州县贷给百姓种子农具等，到秋收后再派遣使者赈济。高宗听从了其建议。事见《资治通鉴·唐纪十八·高宗天皇大

　　圣大弘孝皇帝中之下·仪凤二年》。

②下车：指新官到任。

③霑濡：蒙受恩泽。

【译文】

　　为赈济饥民而派遣使者，会给百姓带来迎接等候使者的负担，正如刘思立所言。但情况也未必全都如此，如果派遣的使者合适的话，则百姓并不会因此而变得辛劳。如果派遣的是不合适的使者，闹饥荒的不止一个县，百姓的性命危在旦夕，如果不能紧急施予粮食，则还没来得及赈济完毕，饥民就已经死了。如果紧急施予，刚一到任就立即发放金钱和粮食，则只有离城郭较近的人能超越其本来配额而享受到赈济物资，远郊的饥民则得不到赈济。况且郡县的胥吏差役，勾结没有户籍的游民，在并未受灾挨饿的情况下冒领赈济物资；大臣奉命出使灾区，地位崇高而不与百姓亲近，哪里能知道到底哪些人真有疾苦，而以有限的金钱、粮食专门赈济真正有需要的人呢？这就是白白浪费国家物资却不能拯救饥民的重大弊端。

　　且不特此也。饥民者，不可聚者也。饵之以升斗锱铢，而群聚于都邑以待使者，朴拙之民，力羸而恤其妇子，馁死而不愿离家以待命；豪捷轻狷之徒①，则如跋扈之鱼②，闻水声而鼓鬣③，弃其采橡栭、捕禽鱼可以得生之计④，而希求自至之口实，固未能厌其欲而使有终年之饱也。趋使者于城郭，聚而不散，失业以相噂沓⑤，掠夺兴以成乎大乱，所必然已。

【注释】

①轻狷（juàn）：轻狂偏急。

②跋扈：鱼虾跳跃的样子。

③鬣(liè)：鱼颔旁的小鳍。

④橡梠(lǚ)：橡子和芋头。

⑤嗼杳：议论纷纷。

【译文】

而且危害还不止如此。饥民是不能任其聚集的。如果用一点点赈济物资来吸引饥民，那么饥民就会群聚于郡城、县城以等待使者到来。那些朴拙的百姓，力气微弱而又顾惜其妻子儿女，宁愿饿死而不愿离家去城里以等待使者到来；而那些豪强地痞，则像跳跃的鱼一样，听到水声而就鼓起颔旁的小鳍，放弃采集橡子芋头、捕捉禽鸟鱼类等可以得生的活计，而希望能不劳而获，所以朝廷的赈济根本就不能满足这些人的欲望，让他们始终能吃饱。饥民为等待使者而前往城郭，聚而不散，失去了其本业，议论纷纷，掠夺的行为日益增多，最终酿成大乱，这是必然的结果。

夫亦患无良有司耳。有良有司者，就其地，悉其人，行野而进其绅士与其耆老，周知有无之数，而即以予之，旦给夕归，仍不废其桑麻耕种、采山渔泽之本计，则惠皆实而民奠其居，仁民已乱之道，交得而亡虞也。故救荒之道，蠲租税，止讼狱，禁掠夺，通籴运，其先务也；开仓廪以赈之，弗获已之术也。两欲行之，则莫如命使巡行，察有司之廉能为最亟。守令者，代天子以养民者也，民且流亡，不任之而谁任乎？授慈廉者以便宜之权，而急逐贪昏敖惰之吏①，天子不劳而民以苏，舍是无策矣。

【注释】

①敖惰：傲慢怠惰。

【译文】

这也是担心没有好的地方官员罢了。如果有好的地方官员，他们身在本地而熟悉本地的百姓，到田野中去考察，召集当地的士绅和年长者，通过交谈以全面了解百姓所需要的赈济，并立即给予相应的物资。早上出去发放钱粮，晚上就能回城，使百姓仍不放弃其本来种植桑麻庄稼、采集山林果实、捕捉鱼虾的本业。这样给予切实的优惠使得百姓得以安居乐业，则仁爱民众、止息祸乱一举两得，就不再有需要担心的祸患了。所以救荒之道，减免租税、止息诉讼、禁止掠夺、畅通粮食买卖的渠道，是需要最先做的事情；开仓赈济灾民，这是不得已情况下采取的办法。如果两方面政策都想实行，则没有比任命使者巡行各地、监察各地官员是否廉洁贤能更急迫的了。郡守县令是代替天子以抚养百姓的人，百姓即将陷入不得不流亡的困境，不把赈济百姓的责任交给他们还能交给谁呢？授予仁慈廉洁的官员便宜之权，而迅速驱逐那些贪婪昏庸、傲慢怠惰的官吏，不需要劳动天子就可以使百姓复苏，除此之外别无他法。

七　李世勣为姊一念之仁

李世勣之安忍无亲也：置父于窦建德之刃下而不恤①；强其婿杜怀恭与征高丽，而欲杀之以立法②；付诸子于其弟，而使怒则挝杀之。顾于其姊病，为之煮粥燎须，而曰："姊老勣亦老，虽欲为姊煮粥，其可得乎？"蔼然天性之言，读之者犹堪流涕。繇此言之，则世勣上陷其父于死，而下欲杀其子与婿，非果天理民彝之绝于心也？天下轻率寡谋之士，躁动而忘其天性之安，然其于不容已之慈爱，是惟弗发，发则无所掩遏而可遂其情。唯夫沉鸷果决者，非自拔于功利之陷溺，则得丧一系其心，而期于必得，心方戚而目已怒，泪未收而兵已操，枭獍之雄心不可复戢，彼固自诧为一世之雄也，而岂其然哉？盖无所不至之鄙夫而已。刚则不恤其君亲，柔则尽捐其廉耻，明知之而必忍之，虽圣人亦无如之何也。有时而似忠贞矣，有时而似孝友矣，非徒似也，利之所不在，则抑无所吝而用其情也。世勣之于单雄信，割肉可也③，为姊而燎须，何所吝邪？利无可趋，害无可避，亦何为而不直达其恻隐之心，以发为仁者之言哉？

【注释】

①置父于窦建德之刃下而不恤：据《旧唐书·李勣传》记载，武德二年（619）窦建德擒宇文化及之后，进攻李勣，李勣力屈投降。窦建德收押了李勣的父亲，"从军为质"，令李勣再次镇守黎阳。次年，李勣自己脱身回到京城。

②强其婿杜怀恭与征高丽，而欲杀之以立法：杜怀恭，为李世勣的女婿。李世勣出征高句丽时，想让杜怀恭同行，说是要他建立功勋。杜怀恭一开始以家贫为由推辞，李勣答应接济他家；杜怀恭又以无奴仆、马匹为由推辞，李世勣又答应如数供给。杜怀恭无话可说，便躲进岐阳山中，对人说："英国公（即李世勣）是想拿我开刀，来警示他人。"李世勣听说后，流泪说："杜郎（杜怀恭）散漫不知拘束，若到了战场上，或许确有此事。"便不再提此事。时人评论说："英公（李世勣）是严正执法之人，杜怀恭的考虑颇为深远。"事见《资治通鉴·唐纪十七·高宗天皇大圣大弘孝皇帝中之上·乾封元年》。

③世勣之于单雄信，割肉可也：李世民平定王世充后，李世勣的结拜兄弟单雄信被唐军俘获，依例被判处死刑。李世勣上表请求用自己的官爵为他免死，但李渊不许。单雄信临受刑的时候，李

世勣对着他号啕痛哭，割下自己大腿上的肉给单雄信吃，说："生死永诀，此肉与你一同入土。"单雄信死后，李世勣收养了他的儿子。事见《旧唐书·李勣列传》。

【译文】

李世勣残忍而不顾亲情。他将父亲置于窦建德的刀刃之下而不顾；强迫其女婿杜怀恭与他一同征高句丽，而想要杀掉他来严肃军法、警诫他人；他将自己的几个儿子托付给弟弟，告诉弟弟说如果儿子中有操行不轨、交结恶人的，立即打死。只有在他姐姐生病时，他亲自为姐姐煮粥，以至于被火烧到了胡须。他说："姐姐年纪大了，我也老了，即使想要年年为姐姐煮粥，又怎么可能呢？"这是出于天性的赤诚话语，读到这句话的人都忍不住为之流泪。由此而言，则李世勣上将其父置于死地，下想要杀死自己的儿子与女婿，并非果真是心中已经泯灭了天理和伦常吗？天下性情轻率而缺乏谋略的人，容易躁动而忘记了自己的天性，然而对于发自内心的慈爱之情，平时不表现出来，一旦慈爱之情爆发就没有办法掩饰，必定要将这种情感释放出来。只有深沉果断的人，如果不把自己从功利的泥潭中解脱出来，则心中就只关心利益得失而一心想要得到利益。心中还在忧愁而眼中已经冒出怒火，眼泪还未擦干就已经拿起了武器，像是反噬父母的猛兽一般的雄心无法收敛，这种人还会自认为是一世之英雄。然而事实果真如此吗？大概也不过是无所不为的鄙夫而已。刚强的时候就不顾及自己的君主和双亲，柔和的时候就完全放弃自己的廉耻，明知自己的情感却一定要压抑住，即使圣人也对这种人无可奈何。这种人有时看似忠贞，有时看似孝顺友爱，不仅仅是看起来像，如果不是关乎利益，则它们也并不吝惜表现自己的情感。李世勣可以在与单雄信诀别时割自己的肉给他吃，为姐姐煮粥而烧到胡须，他又有什么可吝惜的呢？没有利益驱使，也没有需要躲避的祸患，那他们又怎么会不直接表达自己内心中的恻隐之情，说出像仁者一样的话语呢？

　　籍甲兵户口上李密而使献①,知高祖之不以为己罪也;太宗问以建成、元吉之事而不答②,事未可知,姑为两试,抑知太宗之不以此为嫌也;年愈老,智愈猾,高宗问以群臣不谏,而曰"所为尽善,无得而谏",知高宗之不以己为佞也。则以党义府、敬宗,赞立武氏,人自亡其社稷,己自保其爵禄,恻隐羞恶是非之心,非不炯然内动,而力制之以护其私,安忍者自忍其心,于人何所不忍乎? 故一念之仁,不足恃也,正恶其有一念之仁而矫拂之也。夫且曰吾岂不知忠孝哉? 至于此而不容不置忠孝于膜外也③。为鄙夫,为盗贼,为篡弑之大逆,皆此而已矣。

【注释】

①籍甲兵户口上李密而使献:指李密降唐之后,李密过去所统辖的地盘由李勣占据,无所归属。李勣对长史郭孝恪说:"魏公既然归顺大唐,如今这些土地人口,是魏公所有。如果我上表请功,就是利用主上的失败,据为己功。"他认为应该详细统计州县名数与军人户口,"总启魏公,听公自献",于是派使者送信给李密。后来高祖知道此事,称赞李勣为"纯臣"。事见《旧唐书·李勣列传》。

②太宗问以建成、元吉之事而不答:据《资治通鉴·唐纪七》记载,武德九年(626),长孙无忌、高士廉等人"日夜劝世民诛建成、元吉"。李世民犹豫不决,向李靖和李勣问计谋,他们皆推辞。

③膜外:身外。

【译文】

　　李世勣将武器装备和户口登记造册,交给李密而让他献给唐高祖,是因为他知道高祖不会把这当成他的罪过;太宗向他询问李建成、李元吉的事情而他不回答,是因为争夺太子之位的事情结果还未可知,所以姑且双方都不得罪,也知道太宗不会因此便嫌恶他。他年纪越大,就越狡猾,高宗问他群臣为何不进谏,而他回答说"陛下所为都是善政,所以群臣没什么可进谏的",知道高宗不会因此把自己当作奸佞之臣。他与李义府、许敬宗结为同党,帮助武则天成为皇后,李氏丢掉了自己的江山社稷而他却保全了自己的爵禄,其恻隐羞恶是非之心并非没有萌动,而是用强力压制住了这种情感从而保护自己的私利。残忍的人连自己的内心都能残忍对待,对于别人还有什么不忍心做的事呢? 所以一念之仁是不值得凭恃的,正因为一个人有一念之仁,但他却强行消除仁念,这才可恶。这种人还会说我难道不知道忠孝吗? 到了这时候就不容不把忠孝置于身外了。做鄙陋之人,做盗贼,犯下篡权弑君的大逆之罪,都是如此而已。

八　魏玄同改铨选为辟召实不可行

魏玄同上言欲复周、汉之法[①],命内自三公省寺,外而府州,各辟召僚属,而不专任铨除于吏部。其言辩矣,实则不可行也。一代之治,各因其时,建一代之规模以相扶而成治,故三王相袭,小有损益,而大略皆同。未有慕古人一事之当,独举一事,杂古于今之中,足以成章者也。王安石惟不知此,故偏举《周礼》一节,杂之宋法之中,而天下大乱。

【注释】

①魏玄同(617—689):字和初,定州鼓城(今河北晋县)人。进士出身,早年任长安县令、司列大夫,因曾与上官仪文章唱和,被发配流放到广东,后遇到大赦才被召回。后累官至吏部侍郎,不久拜相。永昌元年(689)遭周兴诬陷,被武则天赐死于家中。传见新、旧《唐书·魏玄同列传》。

【译文】

　　魏玄同上书高宗,想要恢复周、汉两代的制度,下令朝内自三公省寺以下,朝外至于各府州,都由其长官各自征召僚属官员,而不将选拔任命官员的事务全都交给吏部统一负责。其言论很有说服力,但其建议实际上根本不可行。每一朝代的统治政策,都是根据其所处的时代,建立一代的典章制度以与时势相适应,帮助本朝更好地治理天下,所以三王均承袭前代制度,只是有些小的损益变革,而大体上都是相同的。从没有羡慕古人在某一事情上做得恰当,便单独拿出这一件事、将这一古代制度杂糅于现在的制度之中而足以自成格局的。王安石正是因为不懂得这个道理,所以偏举《周礼》中的一节,将其杂糅于宋代制度之中,从而导致了天下大乱。

　　周之所以诸侯大夫各命其臣者,封建相沿,民淳而听于世族,不可得而骤合并以归天子也。故孔子之圣,天子不得登庸,求、路之贤[①],鲁、卫之君不能托国,三代之末流亦病矣。汉制:三公州郡各辟掾曹,时举孝廉以贡于上,辟召一听之长官,朝廷不置冢宰,盖去三代未远,人犹习于其故,而刺史太守行法于所部,刑杀军旅赋役祀典皆得以专制,则势不得复为建属吏以掣之。其治也,刑赏之施于三公州郡者,法严明,而诬上行私者不敢逞;适其乱也,三公州郡任非其人,而以爱憎黜陟其属吏,于是背公死党之习成,民之利病不得上闻,诛杀横行,民胥怨激,而盗贼蜂起,则法敝而必更,不可复矣。

【注释】

　　①求、路:指孔子的弟子冉求和子路。

【译文】

周代之所以由诸侯、大夫各自任命其臣子,是因为封建制度下诸侯、大夫世代承袭,百姓淳朴而听命于这些世族,因此不可能在骤然间便统合起来,听命于天子一人。所以像孔子这样的圣人,周天子没有办法加以进用;冉求、子路这样的贤才,鲁、卫两国的国君也没办法将国政托付给他们。所以夏、商、周三代末期还是有很多弊病的。汉代的制度规定:三公和州郡长官各自征辟僚属,当时地方举孝廉以供朝廷选用,而是否征召他们完全由地方长官决定,朝廷不设立吏部。大概当时距离三代还不太远,人们仍然习惯于旧制,而刺史、太守在其所辖范围内施行法度,刑罚、军旅、赋役、祭祀、典礼都由其个人决断,如此则势必不能再由朝廷为他们设置属吏以掣肘。在承平时代,刑罚赏赐由三公和州郡长官决定,制度严明,那些诬陷上司、图谋私利的人不敢出来作乱。但遇到时势混乱,三公和州郡长官并非合适的人选,他们依据自己的爱憎来决定其属吏的升降,于是官吏就会养成背公死党的习性。百姓的疾苦没办法让朝廷知晓,肆意诛杀的行径流行,百姓都充满怨恨而情绪激动,因而盗贼蜂拥而起。如此看来,汉代这种制度已经出现了弊端,一定要更改调整,不可予以恢复。

　　汉之掾吏,视其长官犹君也,难而为之死,死而为之服衰,各媚其主,而不知有天子。然则使为公敛处父之据成不堕①,祝聃之射王中肩②,皆可自命为忠而无忌。大伦不明,倒行逆施,何所不可哉?且其贡于天子者,一唯长吏之市恩,而天子无以知其贤奸,抑无考核之成宪以衡其愚哲。三公之辟召,则唯采取名誉于州郡,于是虚誉日张,雌黄在口,故处士之权日重,朋党兴而成乎大乱。故曹孟德惩其敝而改之③,总其任于吏部,此穷则必变之一大机会也。既变矣,未有可使复穷者矣。

【注释】

①公敛处父之据成不堕：公敛处父是鲁国公族孟孙氏的家臣。鲁
定公十二年（前498），孔子为打击三桓势力而推行"堕三都"之
政，准备毁掉季孙氏、叔孙氏、孟孙氏各自的私邑。叔孙氏先堕
毁了郈邑，费邑宰公山弗扰则起兵反鲁，但被鲁国军队击败。之
后身为成邑宰的公敛处父对孟懿子说："毁掉成邑，齐国人必能
直抵国境北门。成邑是孟氏的保障，没有成邑，就没有孟氏。我
不准备毁掉。"这年冬十二月，鲁定公领兵包围成邑，没有攻下。
堕三都最终失败。事见《左传·定公十二年》。

②祝聃之射王中肩：鲁桓公五年（前707），周天子与郑庄公交恶，于
是带领蔡、卫、陈三国军队伐郑。最终周军队战败，周桓王被郑
军将领祝聃射中肩膀，颜面尽失。事见《左传·桓公五年》。

③故曹孟德惩其敝而改之：指曹操曾三下求贤令，强调"唯才是
举"，用人不重虚誉。事见《三国志·魏书·武帝纪》。

【译文】

汉代官府中的辅佐官吏，将其长官看作君主一般，遇到危难不惜为
他而死，长官死去要为其服丧，各自讨好其长官，而不知道有天子。如
此则假如让他们做出像公敛处父占据成邑而抗拒国君堕毁此城、像祝
聃射中周天子肩膀的事情，他们也都可以自命为忠诚而无所顾忌地去
干。君臣之间的伦常不明，倒行逆施，对他们来说有什么不能做的呢？
况且这些属吏中能够被推荐给天子的，完全都是靠其长官卖弄恩惠而
推荐，而天子无从知晓被推荐者是贤能还是奸诈，也没有考核这些属吏
的固有制度以衡量其聪明或愚蠢。三公征辟属吏，则只依据其在州郡
的名誉，于是沽名钓誉之风日益盛行，拥有话语权的人普遍信口雌黄，
所以隐士的权力日益加强，朋党兴起，最终酿成了大乱。所以曹孟德鉴

于这一制度的弊端而加以改革，将选拔和考核官员的权力统一交给吏部，这是穷则必变的一大转折。既然制度已经发生了变革，就不可能再倒退到原来的状态。

法无有不得者也，亦无有不失者也。先王不恃其法，而恃其知人安民之精意；若法，则因时而参之礼乐刑政，均四海、齐万民、通百为者，以一成纯而互相裁制。举其百，废其一，而百者皆病；废其百，举其一，而一可行乎？浮慕前人之一得，夹糅之于时政之中，而自矜复古，何其窒也！

【译文】

没有一无是处的制度，也没有完美无缺的制度。先王并不依赖其制度，而依赖其知人安民的诚意。至于制度，则根据时势的需要，配合礼乐刑政等手段，使四海均等、万民一心、任何人都能执行，以一套成熟而纯粹的制度来加以相互约束和控制。如果制定一百条制度而废弃其中一条，那么全部一百条制度的运行都会受到影响；如果废除了一百条制度却再复兴其中一条，那么这一条制度难道可行吗？虚慕前人的某一成功经验，将其相应制度杂糅进当代制度之中，而自诩为复古，这是何等呆板愚昧的表现啊！

魏、晋以下，三公牧守不能操生杀兵农之权，教化不专司于己，而士自以其学业邀天子之知；乃复使之待辟于省寺府州之众吏，取舍生乎恩怨，奔竞盛于私门，于此不雠，自媒于彼，廉耻丧，朋党立，国不能一日靖矣。唐之乱也，藩镇各树私人以为爪牙，或使登朝以为内应，于是敬翔、李振起而亡唐[①]。他如罗隐、杜荀鹤、韦庄、孙光宪之流[②]，皆

效命四方，而不为唐用。分崩瓦解，社稷以倾，亦后事之明
验矣。

【注释】

①敬翔、李振：唐末士人，后梁太祖朱温的心腹谋士，辅佐朱温建立
　后梁。

②罗隐、杜荀鹤、韦庄、孙光宪：均为唐末士人，后分别成为吴越王
　钱镠、宣州节度使田頵、前蜀高祖王建、荆南节度使高季兴的
　谋臣。

【译文】

　　魏、晋以后，三公和州郡长官不再能操纵生杀予夺和军事、农业方
面的大权，教化也不再专由他们负责，而士人自己依靠其学问来获取天
子的注意和赏识。这时候再让士人们等待各省、寺、府、州长官的征辟，
其取舍会产生各种恩怨。士人们在各长官府邸中奔走竞争，在这里不
能实现自己的诉求，就去另一处投机请托。廉耻沦丧，朋党兴起，国家
就没有一天的安宁了。唐代进入混乱时期后，藩镇各自培养私人为爪
牙，有的藩镇还会把其培养的士人送到朝廷充当内应，于是敬翔、李振
这些人就逐渐起来灭亡了唐朝。其他如罗隐、杜荀鹤、韦庄、孙光宪之
流，都效命于四方藩镇，而不为唐朝所用。天下分崩瓦解，社稷因此倾
覆，这也是征辟制度决不能复行的明证。

　　夫吏部以一人而周知士之贤否，诚所不能如玄同之虑
者。然士之得与于选举也，当其初进，亦既有诸科以试之
矣。君子不绝人于早，而士之才能亦以历事而增长，贪廉仁
暴，亦以束于法而磨砺以劝于善。其有坏法乱纪、蠹政虐民
者，则固有持宪之臣，操准绳以议其后。若夫偏材之士，有

长此短彼之疑，则因事旁求，初不禁大臣之荐举。然则吏部总括登进之法，固魏、晋以下人心事会之趋，而行之千年不可更易者也。

【译文】

　　吏部以一人之力而想要全面地了解士人是否贤能，确实很难办到，正如魏玄同所忧虑的那样。然而凡是得以参与官吏选举的士人，在其进入官场之初，也已经通过了诸科考试。君子不早早拒绝别人，而士人的才能也会随着经历诸多事务而日益增长，无论本来是贪婪还是廉洁，是仁慈还是残暴，都会因为法律的约束而遭到磨砺，从而被引导着日益向善。其中有违法乱纪、害政虐民的人，则自然有掌管司法的大臣操持准绳来决定对他们的惩罚。至于那些仅在某方面有特殊才能的人士，因为有擅长某种事务而不擅长其他事务的嫌疑，则应该根据政务所需而加以访求，最初不应该禁止大臣荐举此类人才。如此则吏部总揽选任官员之法，本来就是魏晋以后人心与事情变化的共同趋势，是施行千年而不可变易的。

　　读古人之书以揣当世之务，得其精意，而无法不可用矣。于此而见此之长焉，于彼而见彼之得焉，一事之效，一时之宜，一言之传，偏据之，而曰"三代之隆、两汉之盛恃此也"，以固守而行之者王安石，以假窃而行之者王莽而已，何易繇言哉？知人安民，帝王之大法也，知之求其审也，安之求其适也，所以知、所以安，非一切之法窜乱于时政变迁之中，王不成王，霸不成霸，而可不偾乱者也[①]。庸医杂表里、兼温凉以饮人，强者笃，弱者死，不亦伤乎！

【注释】

①偾(fèn)：败坏，搞糟。

【译文】

读古人的书以揣摩当世的事务，如果能得到其精意，则没有不能借鉴采用的制度。在某一方面看到古代制度的长处，在另一方面看到古代制度做得好的地方，因为某一事务上的成效、某一制度适宜于一时、某一句话流传至今，便偏颇地将其当作依据，而说"三代的昌隆、两汉的兴盛都是依赖这些东西"，固守古制而在当代推行复古政策的人不过是王安石，靠假借古制名义而推行复古政策的不过是王莽而已。为何这样说呢？知人安民，是帝王的大法，要知人就是追求明白详尽，要安民就是追求适用性，知人安民靠的不是以一刀切的法令来将古制杂糅于时政之中，那样只会造成王不成王，霸不成霸，怎么能不导致混乱呢？庸医混淆表里病症、兼用温凉之药来给别人喝，强壮的人会变得更强壮，而病弱的人则会一命呜呼，这难道不是令人悲哀的事情吗！

中　宗伪周武氏附于内

【题解】

唐中宗李显(656—710),原名李哲,是唐高宗李治第七子、武则天第三子,唐睿宗李旦的同母兄。李显初封周王,后改封英王,在章怀太子李贤遭废黜后被立为皇太子。弘道元年(683)即皇帝位,皇太后武则天临朝称制。光宅元年(684)被武则天和宰相裴炎等共废为庐陵王,软禁于均州、房州等地。圣历元年(698)李显被武则天召还洛阳,复立为皇太子。神龙元年(705)张柬之等发动政变,拥护李显复位。此后其皇后韦氏、女儿安乐公主等把持权力,左右朝政。景龙四年(710)六月李显暴毙,《旧唐书》《资治通鉴》等均称其是被韦皇后、安乐公主合谋毒死的。李显前后共在位五年半。

纵观中宗的一生,绝大多数时间内都受制于其母亲、妻子和女儿,在政治上少有主见,庸碌无为,颇受诟病。王夫之对中宗的批评也比较激烈,认为他天性荒淫昏乱,“狂惑”糊涂,屡经忧患仍执迷不悟,尽管还没有暗弱到愚蠢的地步,却毫无疑问不是一位能有所作为的君主。

从高宗在位后期一直到神龙元年,唐代政治舞台上的真正主角毫无疑问是武则天。在轻视女性、重视纲常的古代,对于武则天的评价向来以负面为主。王夫之基于固有的纲常伦理观念,对武则天自然也充满厌恶,称其为“嗜杀之淫妪”,痛斥其“妖淫凶狠”的行径,愤怒地抨击其"怀滔天之恶""毒流天下",为"鬼神之所不容,臣民之所共怨"。基于这种立场,王夫之对武则天的施政表现同样颇多批评。比如武则天时期开殿试之先河,常被认为是科举史上的一件大事。王夫之认为,武则天此举的动机,是她以妇人身份而窃取天下,唯恐士人不拥戴自己,所以剥夺相关部门的选才权限,兜售自己的私惠,试图笼络士人、使其忘却君臣大义,从而巩固自身的权位。王夫之的这一认识,与其鲜明的负面立场密切相关,显然是有所偏颇的。不过,尽管王夫之极力否定武则天,他还是认为,神龙政变中中宗和张柬之不加害武则天的做法是正确的,因为他们毕竟曾是武则天的臣子,以臣弑君、以子杀母终究是违背基本纲常的。同时他也承认,武则天时期人才繁盛,为高宗所不及。他认为,就此意义而言,高宗柔弱昏暗、败坏人心、流毒天下,其危害甚至超过了武则天的淫虐。

自显庆到景龙年间,君王昏庸,女性干政屡见不鲜,酷吏横行,政变频繁发生,唐朝高层政治的混乱达到了极致,但国家却不至于灭亡,这是什么缘故呢?王夫之认为,这某种程度上是由于朝廷中君子与小人间的关系决定的:君子与小人相互刺激,陷入你死我活的残酷党争,则难免像汉末党锢之祸那样玉石俱焚,从而导致国家的灭亡;而如果君子和小人以某种方式达成微妙平衡,彼此间不爆发致命的冲突,则朝政尚有转圜余地,国家不至于灭亡。归根结底,是否发生党祸,直接关系着国家的生死存亡,君子要极力避免党祸。这一认识,源于对历代兴亡经验的总结,也包含着王夫之对于明朝党祸危害的沉痛反思。

一　武氏能呕废中宗由高宗无可托之大臣

中宗嗣位两月,失德未著,而武氏与裴炎呕废而幽之[①]。三叶全盛之天子[②],如掇虚器于井灶之间[③],任其所置,百官尸位,噤无敢言者,武氏何以得此于天下哉?国必有所恃以立。大臣者，所恃也。大臣秉道，而天子以不倾。即其怀奸，而犹依天子以自固，唯其任重而望隆，交深而位定，休戚相倚而情不容不固也。而高宗之世，大异于是。高宗在位三十四年，尚书令、仆、左右相、侍中、同平章事皆辅相之任，为国心膂者也，而乍进乍退，尸其位者四十三人。进不知其所自，退不知其所亡，无有一人为高宗所笃信而固任者。大臣之贱，于此极矣。长孙无忌、褚遂良、于志宁、高季辅、张行成，太宗所任以辅己者也，贬死黜废，不能以一日安矣，保禄位以令终，唯怀奸之李勣耳。自是而外，若韩瑗、来济、杜正伦、刘仁轨、上官仪、刘祥道，较无覆悚之伤④，而斥罪旋加，幸免者亦托于守边以免祸。若其他窃位怀禄之宵小，勿论李义府、许敬宗之为通国所指数；即若宇文节、柳奭、崔敦礼、辛茂将、许圉师、窦德玄、乐彦玮、孙处约、姜恪、阎立本、陆敦信、杨弘武、戴至德、李安期、张文瓘、赵仁本、郝处俊、来恒、薛元超、高智周、张大安、崔知温、王德真、郭待举、岑长倩、魏玄同者，皆节不足以守箅库⑤，才不足以理下邑，或循次而升，或一言而合，或趋歧径而诡遇，竞相踵以赞天工。至其顾命托孤委畀九鼎者⑥，则裴炎、刘景先、郭正一二三无赖之徒也⑦。呜呼！恶有任辅弼大臣如此之轻，而国可不亡者乎？

【注释】

①裴炎（？—684）：字子隆，绛州闻喜（今山西闻喜）人。唐初大臣。唐高宗调露二年（680）以黄门侍郎之职被拜为宰相。唐高宗临终前委任他和刘景先、郭正一为顾命大臣，命其辅佐唐中宗。嗣

圣元年(684)正月，唐中宗欲封岳父韦玄贞为侍中，又欲任命乳母之子为五品官，裴炎极力反对，中宗负气说："我就算把国家让给韦玄贞都没什么，何况区区一个侍中。"裴炎非常恐惧，于是与太后武则天共同废黜中宗，改立唐睿宗。不久后裴炎因反对立武氏七庙而得罪武则天，加上他主张还政睿宗，于是被诬告谋反，斩首于洛阳都亭。传见新、旧《唐书·裴炎列传》。

②三叶：三代。

③虚器：中空的器具。

④覆𫗧(sù)：本指鼎中的美食倾覆，喻指因力不胜任而败事。𫗧，鼎中的美食。

⑤䉛库：仓库。

⑥委畀：委托，托付。

⑦刘景先(？—689)：本名刘齐贤，魏州观城(今山东莘县)人。高宗朝右相刘祥道之子。在唐高宗晚年和唐中宗、唐睿宗初次在位期间担任宰相。光宅元年(684)因替被指谋反的宰相裴炎辩护而得罪武后，被逮捕流放。永昌元年(689)再次被酷吏构陷，自缢于狱中。其事见于新、旧《唐书·刘祥道列传》。郭正一(？—689)：定州鼓城(今河北晋州)人。贞观年间担任弘文馆学士。高宗永淳中，迁中书侍郎、同中书门下平章事，封颍川县男。武后称制后，被罢为国子祭酒，出为检校陕州刺史，不久为周兴所诬陷，遭处死。传见《旧唐书·文苑列传》《新唐书·郭正一列传》。

【译文】

中宗继位才两月，尚没有显著的失德表现，而武则天与裴炎便迅速将其废黜并幽禁起来。作为传承三代的全盛唐朝的天子，中宗就像是井灶中的坛坛罐罐被轻松拾取一样，任凭武则天等人处置，百官尸位素餐，没有敢于出来为天子说话的。武则天何以能够这样被天下所畏惧服从呢？国家必定要有所依靠才能保持稳固。大臣就是国家所依靠的对象。大臣秉持正道，天子便不至于倾覆。即使有大臣心怀奸诈，但他们仍需要依靠天子来巩固自身地位。大臣只有深受天子重用才能获得崇高声望。君臣之间交情越深，大臣的地位才越稳固，所以君臣之间休戚与共相互依靠，他们的感情自然不能不牢固。而高宗在位时，情况却与此大不相同。高宗在位三十四年，尚书令、仆射、左右相、侍中、同平章事都是宰辅之臣，是国家的骨干、支柱，而担任这些职位的大臣们却都骤进骤退，前后担任这些职位的共计四十三人。他们被提拔时不知道被擢升的原因，被贬黜时也不知道自己犯了什么过失，没有一个人是被高宗所坚定信任而能够长期担任宰辅的。大臣的卑贱，在这种情况下可谓到了极致。长孙无忌、褚遂良、于志宁、高季辅、张行成，这是受太宗委任以辅佐高宗的老臣，纷纷被贬黜甚至被杀，没办法得到一日的安宁；保全俸禄和官位、得到善终的，只有心怀奸诈的李勣罢了。除此之外，像韩瑗、来济、杜正伦、刘仁轨、上官仪、刘祥道等人，尽管没有不能胜任而导致政事败坏的过失，却都迅速被加上罪名、受到斥责，其中的幸免者也只能自托守边以求免祸。至于其他窃取官位、只图俸禄的宵小之辈，且不论李义府、许敬宗这种受到举国上下指责唾骂的对象；即使是像宇文节、柳奭、崔敦礼、辛茂将、许圉师、窦德玄、乐彦玮、孙处约、姜恪、阎立本、陆敦信、杨弘武、戴至德、李安期、张文瓘、赵仁本、郝处俊、来恒、薛元超、高智周、张大安、崔知温、王德真、郭待举、岑长倩、魏玄同等人，也都是节操不足以胜任仓库管理的岗位，才能不足以治理落后的县，有的是依照履历而获得晋升，有的是因为一句话与高宗相合，有的是自己主动踏上歧途以求侥幸。这些人前赴后继地竞相迎合天子，至于最终接受高宗临终顾命的大臣，则只有裴炎、刘景先、郭正一这两三个无赖之徒。唉！哪里有如此轻率地任用宰辅大臣，而国家却可以免于灭亡的道理呢？

　　夫高宗柔懦之主也。柔者易以合,然而难以离也,乃合之易而离之亦易者,何也? 惟其疑而已矣。疑者,己心之所自迷,人情之所自解者也。刚而责物已甚也,则疑;柔而自信无据也,则疑;两者异趣同归,以召败亡一也。刚不以决邪正,而以行猜忮;柔不以安善类,而以听谗谀;猜忮生于心,谗谀兴于外,于是乎人皆可相,人皆不可相也,人皆可斥而可诛也。为大臣者,视黄阁为传舍①,悠悠于来去,而陌路其君亲,不亦宜乎! 孟子曰:"王无亲臣矣②。"无亲臣,则不可以为父母,裴炎片语之失意,而废中宗如扪虱于裈中③,复奚恤哉? 夫相代天工,天之所畀、人之所归也;天下不能知其姓字,逆臣不屑奉为蓍龟④,艳妻宵小,怗长存之势,以役骤进骤退之鄙夫,谈笑而移宗社,一多疑之所必致也。审察乱源,可以知所繇来矣。

【注释】

①黄阁:汉代丞相、太尉和汉以后的三公官署厅门涂成黄色,故后世以黄阁指宰相官署。传舍:古代供行人休息住宿的处所。

②王无亲臣矣:语出《孟子·梁惠王下》:"王无亲臣矣,昔者所进,今日不知其亡也。"意思是天子没有亲近的臣子了。

③扪(mén):握,捉。裈(kūn):有裆的裤子。

④蓍龟:本指占卜用具,后来引申为借鉴、镜鉴。蓍,蓍草。龟,龟甲。

【译文】

　　高宗是个柔和懦弱的君主。柔和的人容易与他人聚合,然而却难以与别人分离,可是高宗却既能轻易与别人聚合,也能轻易与别人分离,这是为什么呢? 只是因为他疑心重而已。所谓疑心,就是自己的心陷入迷惘，那么与他人的情感联系自然就被消解了。性格刚强而对别人过于苛求，则会产生疑心；性格柔和而没有自信的凭据，也会产生疑心。两者殊途同归，同样都会招致败亡。刚强没有被用来裁决邪正，却用来猜忌别人；柔和没有被用来安抚善良之人，却被用来听信谗言和阿谀奉承的话。猜忌之情产生于心中，外界又有谗言和阿谀奉承，于是在这样的君王看来，人人都能做宰相，人人都不能做宰相，人人都可以被斥责甚至被诛杀。那么身为大臣的人，将宰相官署当作旅店，悠然地来来去去，把自己的君王看作陌路之人，不也是理所应当的吗！孟子说："天子没有亲近的臣子了。"没有亲近的臣子，则不可以为人父母，裴炎因为中宗的只言片语没能合乎其心意，就像在裤子里抓住虮子一样废掉了中宗，哪里还有什么怜悯之情呢？宰相代替天子执政，是上天所赐予、人心所趋向的结果。天下不能知道其姓名，逆臣不屑尊奉其为标杆，天子的后妃和宵小之辈，倚仗自己长存的权势，役使宰相这种骤然进退的浅薄匹夫，在谈笑间就转移了宗庙社稷的命运，这完全是君王多疑所必然导致的恶果。仔细审察祸乱的根源，就可以知道祸乱究竟从何而来。

二　李敬业非讨武氏之人

伸天下之大义，而执言者非其人，适以堕义，而义遂不可复伸。齐桓公不责楚之僭王①，自反其不足以伸大义，宁阙焉而若有所俟，虽无可俟，楚终惴惴然疑且有责之者，天下亦颙颙然几有责之者②，故曹、桧之大夫，犹敢秉公论以讴吟③，而楚终不敢灭宗周、迁九鼎，义以不褒而未遽堕也。夫齐桓，方伯也，固执言伸义之人也，奚为不可？然而不可者，内省其情，求以雄长诸侯而霸之，非果恤宗周、欲以复宗周之绪也。非其情则非其人矣，自问而知之，天下皆知之，乱贼亦具知之。其情不至，其人不足畏，乃徒号于天下曰："吾以伸大义也。"天下弗与，乱贼弗惮，孤起无援，终以丧败，则乱贼之焰益炎，而天下之势一扑而不可复张。义之不可袭取，而必本于夫人之心，亦严矣哉！

【注释】

①齐桓公不责楚之僭王：指齐侵蔡后伐楚，楚成王派使者对齐桓公说齐楚"风马牛不相及"，何故伐楚。齐桓公责以"苞茅不入"和"昭王之不复"事，未责问楚国称王。事见《左传·僖公四年》。

②颙颙(yóng)：肃敬的样子。

③讴吟：歌吟，歌唱。

【译文】

要伸张天下的大义，如果声称要这么做的人并非合适之人，那么只会败坏大义，从而使得大义不再能被伸张。齐桓公不责备楚国国君僭称王号，是自知其力量不足以伸张大义，所以宁可不立即伸张大义，而是等待时机。即使没有等到合适的时机，楚国也始终惴惴不安，怀疑将会有人出来指责其僭称王号，天下人也都保持肃敬的姿态，仿佛有人真的要责备楚国的罪过。所以曹、桧两国的大夫，尚且敢秉持公论而吟唱批评楚国的诗歌，而楚国始终不敢灭掉宗周、迁走九鼎。大义因为没有被亵渎，所以不会立即败坏。齐桓公是方伯，本来就是能够仗义执言、伸张大义的人，如果真那么做又有什么不可以呢？然而他没有那样做，是因为他省视自己的意图，是为了成为诸侯之长而做霸主，并不是果真体恤怜悯宗周、想要恢复宗周的统治。既然他的意图不纯，自然不是合适的伸张大义之人，他扪心自问能够知道这一点，天下也都知道这一点，连乱贼都清楚地知道这一点。伸张大义的真情不足，则这个人不值得畏惧，可是他却徒劳地向天下宣告说："我是为了伸张大义。"天下人不愿意参与他的行动，乱贼不忌惮他，他孤起无援，最终走向败亡，则乱贼的气焰更加嚣张,而天下的局势一经打击就再也无法重振了。所以大义是不能够被袭取的,必定出于自己的本心才行,这也真是严厉啊!

　　李敬业起兵讨武氏,所与共事者,骆宾王、杜求仁、魏思温①,皆失职怨望,而非果以中宗之废为动众之忧也。敬业以功臣之裔,世载其奸,窥觎闲隙,朝权不属,怀忿以起,观其取润州、向金陵②,以定霸基而应王气,不轨之情,天地鬼神昭鉴而不可欺,徒建鼓以号于天下曰:"吾为霍子孟、桓君山之歌哭也③。"内挟代唐之私,外假存唐之迹,义可取也,则宵人之巧谲,但能淋漓慷慨为忠愤之言,而即佑于天、助于人,天其梦梦、人其胥有耳而无心乎④?于是兵败身死,而嗣是以后,四海兆人之众,无有一夫焉为唐悲宗社之沦没,皆曰"义不可伸,贼不可讨"。天移唐祚,抑将如之何哉!

【注释】

①骆宾王:字观光,婺州义乌(今浙江义乌)人。唐代著名诗人。唐高宗仪凤三年(678)任侍御史,因事下狱,遇赦而出。调露二年(680)任临海丞,因犯罪而被迫辞官。光宅元年(684)跟随徐敬业起兵讨伐武则天,撰写《为徐敬业讨武曌檄》。徐敬业败亡后,下落不明。传见《旧唐书·文苑列传》《新唐书·文艺列传》。杜求仁(?—684):相州洹水(今河北魏县)人。唐朝官员,宰相杜正伦的侄子。光宅元年(684)因被降职为黝县令,心怀不满,与徐敬业、唐之奇等以恢复庐陵王的帝位为口号起兵,担任右长史。叛乱不到一个月就以失败告终,杜求仁与徐敬业、唐之奇等一同被杀。其事见于新、旧《唐书·李敬业列传》。魏思温:原为监察御史,因犯法被贬黜,心怀不满,投奔李敬业,成为其核心谋

士。扬州叛乱失败后被处死。其事见于新、旧《唐书·李敬业列传》。

②润州：今江苏镇江润州区。金陵：今江苏南京。

③霍子孟：指霍光。骆宾王《为徐敬业讨武曌檄》中有"霍子孟之不作，朱虚侯之已亡"之语，意思是没有像霍光、朱虚侯刘章那样扫清外戚，还政于皇帝的人。桓君山：当为袁君山，即东汉大臣袁安。据《后汉书·袁安列传》记载，东汉和帝时，袁安见天子幼弱，外戚专权，噫呜流涕。

④梦梦：昏乱，不明。

【译文】

李敬业起兵讨伐武则天，与他共事的人，如骆宾王、杜求仁、魏思温等，都是因为失去职位而产生怨恨所以参加叛乱，而不是果真因为中宗被废而被激起义愤。李敬业作为功臣李勣后裔，世代奸诈，觊觎权力，窥伺时机，因为得不到朝廷权力，因而怀着愤怒之情起兵。观察他攻取润州、兵锋指向金陵以求奠定霸业根基而顺应王气的举动，其图谋不轨的心思，早已被天地鬼神所明察，根本没法欺骗他们。他徒劳地设置旗鼓，向天下宣告说："我要效仿霍光、袁君山那样为朝廷大权旁落而哭泣作歌。"他心中怀着代替唐朝的私心，对外假冒保存唐朝的行迹，如果他所谓的大义可取，那么小人奸巧诡诈，只是能慷慨淋漓地说些忠诚而愤慨的言论，就被上天所庇佑、获得别人的支持拥护，则上天何其昏聩、民众何其有眼无珠、愚昧不明呢？于是他最终兵败身死，而自此以后，四海亿兆之人，再没有一个人为唐朝宗庙社稷的沦丧感到悲哀，都说"大义无法伸张，乱贼无法讨伐"。上天要灭亡唐朝，臣民又有什么办法呢！

　　大义之堕，堕于敬业之一檄也，无情之文，巧言破义，贞人之泪，为奸人之诽笑，而日月昏霾，妖狐昼啸，复谁与禁之哉？故敬业之败，武氏之资也；敬业之起，宾王之檄，必败之符也。忠臣孝子以无私之志伸不容已之义,虽败虽歼,不患无继我以兴者,唯孤情之在两间,焄蒿绚缊①,百衄百折②,流血成川,积骸如莽,而不能夺也。群不逞之徒,托义以求盈,而后义绝于人心,悲夫!

【注释】

①焄(xūn)蒿:祭祀时祭品所发出的气味。绚缊:烟气弥漫、混沌的样子。

②衄(nù):挫伤,挫败。

【译文】

大义的堕落,就是堕落于李敬业的一纸檄文。这篇檄文缺乏真诚的情感,用巧妙的语言破坏了大义,使忠贞之士的眼泪化作了奸人的讥笑,而日月昏暗不明,妖狐在白天长啸,还有谁能制止呢?所以李敬业的失败,是武则天进一步篡权的资本;李敬业起兵,骆宾王的檄文,就是其必败的征兆。忠臣孝子靠无私的意志来伸张发自内心的大义,即使遭到败亡,也不担心没有承继自己使命而再度起义的人,自己的孤忠之情在天地之间弥漫开来,即使遭遇无数失败挫折,哪怕血流成河,积骸如山,自己的志向也不会被改变。那些心怀诡诈的失意之徒,假托大义名分以求实现自己的私愿,而后大义就在人心中断绝了,真是可悲啊!

三　裴炎请武后归政被杀

自霍光行非常之事,而司马懿、桓温、谢晦、傅亮、徐羡之托以雠其私,裴炎赞武氏废中宗立豫王①,亦其故智也。不然,恶有嗣位两月,失德未彰,片言之妄,而为之臣者遽更置之如仆隶之任使乎?炎之不自揣也,不知其权与奸出武氏之下倍蓰而无算②，且谓豫王立而己居震世之功，其欲仅如霍氏之乘权与懿、温之图纂也，皆不可知；然时可为，则进而窥天位，时未可，抑足以压天下而永其富贵；岂意一为武氏用，而豫王浮寄宫中，承嗣、三思先己而为捷足也哉？其请反政豫王也，懿、温之心，天下后世有目有心者知之，而岂武氏之不觉邪？家无甔石之储③，似清；请反政于豫王，似忠；从子伷先忘死以讼冤④，似义；以此而挟滔天之胆，解天子之玺绂以更授一人，则其似是而非者，视王莽之恭俭诚无以过。而武氏非元后，己非武氏之姻族，妄生非分之想，则白昼攫金，见金而不见人，其愚亦甚矣。

【注释】

①豫王：指唐高宗李治第八子、唐中宗李显同母弟、后来成为唐睿宗的李旦。

②倍蓰(xǐ)：数倍。蓰，五倍。

③甔(dān)石：少量的粮食。甔，坛子一类的瓦器。

④从子伷先忘死以讼冤：伷，指裴伷先(667—753)，绛州闻喜(今山西闻喜)人。唐代宰相裴炎的侄子。尚未到弱冠之年即出任太仆丞，受裴炎被污谋反一事牵连，被贬为庶人，流放岭南。他在被处罚后求见武则天，反对她立武氏子侄为继承人，武则天大怒，下令对其施予杖刑，流放南中，后来又因裴伷先潜逃回原籍而改为流放北庭。后来唐中宗复位，裴伷先被赦免并封赏，官至工部尚书、东京留守。传见《新唐书·裴伷先列传》。

【译文】

自从霍光开废立天子的先河以后，司马懿、桓温、谢晦、傅亮、徐羡之等人都托名效仿霍光以实现自己的私欲，裴炎帮助武则天废黜中宗而立豫王李旦为新皇帝，也不过是效仿他们的旧伎俩罢了。不然的话，哪有皇帝继位才两个月、尚无明显的失德表现、仅因为只言片语的狂妄，身为臣子的人就像更换仆隶一样将其废黜的事情呢？裴炎不自量力，不知道他的权术与奸诈比武则天差不知多少倍，尚且认为豫王登上皇位，自己就能自居拥立天子的不世之功。他的欲望是仅像霍光那样掌握大权还是像司马懿、桓温那样图谋篡逆，这无法知晓；然而假如有能够作为的时机，则他可以进而窥伺皇位，时机若不成熟，他也足以拥有压倒天下的权势而永保富贵。他哪里能想到自己一旦被武则天所利用，而豫王在宫中孤立无援，武承嗣、武三思已经捷足先登，比他更快地实施篡权行动了呢？他请求武则天将朝政大权还给豫王，其想效仿司马懿、桓温篡权的心思，天下后世凡有目有心的人都能看清楚，难道武则天会觉察不到吗？裴炎家中没有一坛一石粮食的储备，看起来很清廉；他请求武则天还政豫王，看起来很忠诚；他的侄子裴伷先舍生忘死替他鸣冤，看起来很正义。然而他却借此来怀着滔天的胆子，将天子的玉玺、印绶解下来交给其他人，则他似是而非的清廉、忠诚、正义，与王莽伪装的恭敬、俭朴、诚恳相比也不遑多让。而武则天并非元后，裴炎自己也不是武则天的亲戚，却妄生非分之想，就像白天偷别人的金子，眼中只见金子而不见有人，他也真是太愚蠢了。

　　自炎奸不雠而授首于都市，而后权奸之诈穷，后世佐命之奸，无有敢藉口伊、霍以狂逞者，刘季述、苗傅、刘正彦以内竖武夫骤试之而旋就诛夷，不足以动天下矣。炎之诛死，天其假手武氏以正纲常于万世与！

　　【译文】
　　自从裴炎的奸计没能得逞而在都城街市上被斩杀后，权奸的诡计暴露无遗,后世那些身为宰辅的奸臣,没有再敢借口效仿伊尹、霍光以实现自己私欲的了。刘季述、苗傅、刘正彦以宦官、武夫的身份骤然尝试篡权夺位,但很快就被诛灭,已经不足以震动天下了。裴炎被诛杀,大概是上天假借武则天之手以匡正万世的纲常吧!

四　府兵不置监军

将各有其军而国强,将各有其军而国乱。唐之季世,外夷之祸浅,国屡破、君屡奔而不亡,然天下分裂,以终于五代,皆此繇也。

【译文】

　　将领各自拥有其军队而国家强盛,但将领各自拥有其军队也会给国家带来祸乱。唐朝末年,外夷之祸不严重,但国都屡屡被攻破、国君屡次被迫出奔而国家没有灭亡,然而天下却陷于分裂,最终被五代所终结,都是由于这个缘故。

　　将各有其军,于是监军设焉。中人监军①,唐之大蠹也。其始以御史监之,较中人为愈矣,然即以御史监军,而军不败者亦鲜矣。既命将以将兵,而必使御史监之者,亦势之不容已也。将各有其军,而骄悖以僭叛者勿论已;即其不然,朝廷之意指不行于疆埸,而养寇以席权,恧缩以失机,迁延以糜饷,情事之所必有,而为国之大患。天子大臣不能坐受其困,则委之监军以决行上意,故曰不容已也。然而其军必败,未有爽焉者矣。

【注释】

①中人：宦官。

【译文】

　　将领各自拥有其军队，所以就设立了监军一职。宦官监军，这是唐朝的重大弊端。刚开始的时候是以御史充任监军，这比宦官监军要好些，但即使是以御史监军，而军队不因此陷于失败的情况也是很罕见的。既然已经任命将领统率军队了，而又必定要派御史来监军，这也是为形势所迫、不得已而为之的做法。将领各自拥有其军队，而骄横悖逆、拥兵叛乱的就不说了；即使将领不这么做，朝廷的意旨没办法在边境上实现，而将领养寇以揽权，因懦弱退缩而失去战机，因拖延时机而白白耗费粮饷，都是必然会出现的情况，这会成为国家的大患。天子和大臣不能坐着忍受将领这些行为带来的困境，则委托监军来监督将领执行朝廷的旨意，所以说这是为形势所迫的不得已之举。然而设了监军的军队必定会失败，没有不如此的。

　　监军者而与将合，则何取于监军？而资将以口实，曰：夫监军者，目击心知而信以为必然矣。监军者而与将异，于是将不能自审其进止，以听之与兵不习、于敌不审之人。《传》有之曰："将得其人，而使刚愎不仁者参焉，则败①。"监军者，非必刚愎不仁也，而御史者，以风裁无惮于大吏，持文法以责功效者也。责功效者必勇于进，则刚；持文法而无所惮，则愎；居朝端、习清晏、而不与士卒之甘苦相喻，则不仁。业任之以刚愎不仁之任，虽柔和之士，亦变其素尚而勉为决裂。且柔和之士，固不乐受监军之任；其乐任者，必其喜功好竞以尝试为能者也。

【注释】

①"将得其人"几句：语本胡安国《春秋传》："将非其人则败；虽得其人，使亲信间之则败；以刚愎不仁者参焉，而莫肯用命则败。"

【译文】

　　监军者如果与将领总是意见一致，那还设监军干什么呢？这只会给将领以口实，他们会说：监军亲眼看见情势、心中明白状况，所以才把我们的行动当作必然的结果。监军者如果与将领意见不一致，则将领不能自己决定军队的行动，而要听命于不熟悉士兵、不详细了解敌情的人。《春秋传》中说："如果有称职的将领，而让刚愎不仁的人参与军事决策，则必定会失败。"监军不一定都是刚愎不仁的人，而御史因为可以闻风奏事而不畏惧封疆大吏，靠秉持法令条文而责求监察对象的功效。责求功效者必定勇于进取，就会刚强；秉持法令条文而无所忌惮，就会固执己见。他们平时居于朝堂之上，习惯清平安宁而不与士卒同甘共苦，所以他们不仁。既然已经被任命为监军，职责本就刚愎不仁，则即使是本来柔和的士人，也会改变自己平时的习惯而勉强变得坚定果断。况且柔和之士，本来就不乐意接受监军的任务。乐于担任监军的人，必定是好大喜功、喜欢竞争攀比、勇于尝试的人。

　　且夫朝廷之使监军，其必有所属意矣。天子有欲速之心，宰相有分功之志，计臣恤馈饷之难①，近寇之荐绅冀驱逐之速②；将虽无养寇畏敌之情，而在廷固疑其前却；操此为虑，则自非少年轻锐、挟智自矜、以傲忽元戎者③，固莫之使也。无敢死之心，无必胜之谋，无矜全三军之生死以固邦本之情，抑无军覆受诛之法以随其后，如是而不挠将以取败也，必不得矣。乃其设之之繇，则惟将各有其军，而天子大臣不能固信之也。

【注释】

①计臣：掌管国家财赋的大臣。馈饷：运送粮饷。

②荐绅：缙绅，指有官职或做过官的人。

③傲忽：傲慢，轻忽。

【译文】

况且朝廷派遣监军，必定是有其用意的。天子有想要迅速取得功效的心思，宰相则有分功的想法，掌管财赋的大臣顾虑运输粮饷的困难，接近贼寇的缙绅则希望能迅速驱逐敌人。将领即使没有养寇畏敌的心理，而朝廷本来也会怀疑其前进或后退的意图。如果怀着这种打算选择监军，则如果不是年少轻锐、凭恃智力而自夸、对将领傲慢轻忽的人，本来朝廷就不会让其担任监军。没有敢死之心，没有必胜的谋略，没有怜悯、关心三军生死以巩固国本的感情，也没有全军覆没后监军要被诛杀的法律规定，在这种情况下监军想要不阻挠将领从而招致失败，也必定是做不到的。至于监军设立的理由，则正是由于将领各自拥有其军队，而天子、大臣不能坚定地相信他们。

　　唐初府兵方建，军政一统于天子，授钺而军非其军，振旅而众非其众，故虽武氏之猜疑，而任将以勿贰，李孝逸、程务挺以分阃立效之元戎①，杀之流之而不敢拒命，则亦无所用监军为矣。非武氏之能将将也，府兵定、军政一、而指臂之形势成也。然其始府兵初建于用武之余、而兵固竞，则将可无兵，而唯上之使。一再传而府兵之死者死、老者老矣，按籍求兵而弱不堪用矣，势必改为召募，不得不授将以军矣；故监军复设而中人任之，庸主忮臣所不容已之乱政也。夫任将以军，而精于择将，慎于持权，天子之明威行于万里，而不假新进喜功之徒、挠长子之权，夫乃谓之将将；唯西汉为能然，岂武氏所可逮哉？

【注释】

①李孝逸：陇西成纪（今甘肃秦安）人。唐朝宗室、将领，唐高祖李
渊的堂侄。曾两度率军抵御吐蕃军队的侵犯，又以左玉钤卫大
将军、扬州道行军大总管身份率军平定了李敬业的叛乱。李孝
逸素有名望，自平定徐敬业之乱后，更是声望甚重，因此遭致武
承嗣等人的忌恨和陷害，于垂拱二年（686）被武则天贬为施州刺
史。同年冬天再遭诬陷，被削除名籍，流放儋州，不久病死。其
事散见于《旧唐书·忠义列传》等。程务挺（？—684）：洺州平恩
（今河北曲周）人。唐朝名将。少随父亲程名振征战，以勇力闻
名。调露二年（680）随裴行俭击破西突厥阿史那伏念。嗣圣元
年（684）出任左武卫大将军、单于道安抚大使。同年十二月，裴
炎被斩于洛阳都亭，程务挺上书为裴炎辩冤，触怒武则天而被杀
害。传见新、旧《唐书·程务挺列传》。

【译文】

唐初府兵制度刚刚建立，军政事务都受天子统辖，将领被授予节
钺，但其统帅的军却并非其私人军队，其整顿训练的军队也不是其私人
武装。所以即使像武则天那样充满猜疑的人，任用将领时也没有三心
二意。李孝逸、程务挺身为分掌一方军务、立下赫赫战功的将领，被诛
杀、被流放而不敢抗拒皇命，则也没有任用监军的必要了。这并不是因
为武则天能够统御将领，而是因为府兵制度确立、军政统一，朝廷统御
将领就像是手臂指挥手指那样的形势已然形成。然而刚开始府兵制度
是在朝廷用武之余创建，而士兵本来就很有战斗力，所以将领可以不拥
有自己的士兵，而只听从朝廷的指挥。等经过一两代人后，府兵死的
死、老的老，想要按照籍贯征兵，征上来的士兵都羸弱而不堪用，所以军
队势必要改为招募制，这就不得不把军队授给将领。所以复设监军而

让宦官担任,这是昏庸君王、充满猜忌之情的大臣出于不得已而施行的乱政。任命将领统帅军队,而精心选择将领,慎重地秉持权力,则天子的辉煌威势能在万里之内传播,而不需要假借那些好大喜功的新进之徒的力量阻挠将领的军事行动,这才称得上"将将"。只有西汉做到了这一点,这难道是武则天所能企及的吗?

五 狄梁公仕武氏以正自处

涉大难,图大功,因时以济,存社稷于已亡而无决裂之伤,论者曰"非委曲以用机权者不克",而非然也,亦唯持大正以自处于不挠而已矣。以机权制物者,物亦以机权应之,君子固不如奸人之险诈,而君子先倾;以正自处,立于不可挠之地,而天时人事自与之相应。故所谓社稷臣者无他,唯正而已矣。孔融之不能折曹操以全汉者,忼慨英多而荡轶于准绳者不少[1],操有以倒持之也。周颛、戴渊密谋匡主而死于王敦,几以亡晋,夫亦自有咎焉。愤而或激,智而或诡,两者病均,而智之流于诡者,其败尤甚。虽有奇奸巨憝杀人如莽之气焰,而至于山乔岳峙守塞不变之前[2],则气为之敛,而情为之折。呜呼!斯狄梁公之所以不可及也[3]。

【注释】

①忼慨:激昂,愤激。英多:才智过人。荡轶:放纵,不受约束。

②乔:高耸。

③狄梁公:指狄仁杰。

【译文】

冒着巨大的风险,图谋建立大功,根据时势来进行相应行动,保存将要灭亡的社稷而没有受到决裂的危害,议论的人说"如果不是委曲求全、善于使用权谋、见机行事的人是做不到的"。事实并非如此,只有心怀正气才能使自己变得不可阻挠。靠权谋来制服他人的人,别人也会用权谋来回应他,君子本来就不如奸诈之人阴险狡猾,所以君子会先在斗争中失败。如果以正道自处,立于不可阻挠的地位,则天时、人事自然会做出响应。所以所谓的社稷之臣并没有其他特别之处,只是守正道罢了。孔融不能阻止曹操擅权以保全汉朝,是因为他为人激昂愤慨、才智过人但却作风放荡,不符合礼法规范的要求,所以曹操有他的把柄可以抓。周颛、戴渊密谋匡救君王却死于王敦之手,几乎导致了晋朝灭亡,他们自己也是有责任的。愤怒有时会流于过激,聪明有时会流于诡诈,两者的弊病是相同的。而聪明流于诡诈的人,其失败的情形尤其悲惨。即使有奸诈无比、罪大恶极、杀人如麻的气焰,在像山岳一样坚定沉着、恪守原则而神色不变的人面前,气焰也会为之收敛,情感也会为之折服。唉! 这就是狄仁杰之所以不可企及的原因所在啊。

或曰:"公之所以得武氏之心而唯言是听,树虎臣于左右而武氏不疑,此必有巽人之深机①,以得当于武氏,而后使为己用。"考公之生平,岂其然乎? 当高宗时,方为大理丞,高宗欲杀盗伐昭陵柏者②,公持法以抗争,上怒浼加而终不移③;及酷吏横行之际,为宁州刺史④,以宽仁获百姓之心;再刺豫州,按越王贞之狱⑤,密奏保全坐斩者六七百家,当籍没者五千余口免之;此岂尝有姑尚委随而与世推移以求曲济之心乎? 其尤赫然与日月争光者,莫若安抚江南而焚淫祠一千七百余所⑥。是举也,疑夫轻率任气者亦能为之,而固不能也。鬼神者,即人心而在者也。一往而悍然以兴,气虽盛,心之惴惴者若或掣之,昧昧之士民,竞起而挠之,非心服于道而天下共服其心者,未有不踟蹰而前却者也⑦,故曰赫然与日月争光者也。繇此思之，唯以道为心，以心为守，坦然无所疑虑，其视妖淫凶狠之武氏，犹夫人也，不见可忧，不见可惧。请复庐陵⑧，而树张柬之等于津要⑨，武氏灼见其情而自不能违，岂有他哉？ 无不正之言，无不正之行，无不正之志而已矣。

【注释】

①巽人：卑顺灵活之人。

②昭陵：唐太宗李世民的陵墓。

③洊（jiàn）：屡次。

④宁州：今甘肃宁县。

⑤越王贞：指越王李贞（? —688）。唐太宗第八子。先后被封为汉
　王、原王、越王。武则天当政时，李贞因起兵反抗失败而饮毒自
　尽。传见新、旧《唐书·太宗诸子列传》。

⑥安抚江南而焚淫祠一千七百余所：据《旧唐书·狄仁杰传》记载，
　狄仁杰曾为江南巡抚使，因"吴、楚之俗多淫祠"，他奏毁淫祠一
　千七百所，唯留夏禹、吴太伯、季札、伍员四祠。

⑦踟蹰：徘徊，犹豫。

⑧庐陵：即唐中宗李显，被废黜为庐陵王。

⑨树张柬之等于津要：张柬之（625—706），字孟将，襄州襄阳（今湖
　北襄阳）人。唐朝宰相。早年以贤良方正科入试，擢中书舍人，
　因论事得罪武则天，被贬黜到合州、荆州等地。后得到宰相狄仁
　杰两次举荐，迁洛州司马、刑部侍郎。后再得姚崇推荐，被拜为
　中书侍郎、同平章事。神龙元年（705）正月，联合桓彦范、敬晖等
　人，乘武则天生病之机发动神龙政变，拥立唐中宗李显复位，复
　辟唐朝。但不久遭韦后和武三思排挤，被流放泷州，愤懑而死。

事见新、旧《唐书·张柬之列传》。

【译文】

有人说："狄仁杰之所以深得武则天欢心而对他的话言听计从,他在武则天身边安插虎臣而武则天也不怀疑他,他必定有所谓'异人'的深沉心机,能够得到武则天的赞赏和信服,然后才能利用这一点来实现自己的目的。"考察狄仁杰的生平,难道果真如此吗? 在唐高宗在位时,狄仁杰正担任大理丞,高宗想要诛杀偷偷砍伐昭陵柏树的人,狄仁杰依据法律与高宗抗争,高宗屡次对他发怒,但他始终不改变意见。等到酷吏横行之际,他担任宁州刺史,靠宽厚仁慈获得百姓的赞许。后来他又担任豫州刺史,负责审查越王李贞谋反案,通过向武则天密奏保全了原本受牵连要被处斩的六七百户人家,使本来被判处籍没家产的五千多人免于遭受这种惩罚。就此而言,狄仁杰难道曾经有过姑且随波逐流、随着时间推移委曲求全以达到保全李唐社稷的心思吗? 他的作为中尤其赫然能与日月争光的,莫过于安抚江南时焚毁淫祠一千七百多所。这一举动,有人怀疑轻率任性的人也能办到,而实际上那些人根本办不到。鬼神是因为人心中相信才存在的,如果有人凭着一往无前的气势想要捣毁祭祀鬼神的场所,气势虽盛,但其心中却惴惴不安,好像鬼神在掣肘一样。愚昧无知的士人和民众,竟相起来阻挠其焚毁淫祠,如果不是内心服从于正道而能使天下人共同佩服其心的人,则没有不踌躇不前的。所以说狄仁杰此举是赫然能与日月争光的。由此想来,正因为心中怀着正道,以心为藩篱,坦然而无所疑虑,所以狄仁杰将淫靡凶狠的武则天也看得与一般人一样,看不到她有什么值得忧虑的地方,也看不到她有什么值得畏惧的地方。他请求恢复庐陵王李显的储君之位,而将张柬之等人安排在关键岗位上,武则天能清楚地看到他的意图自己却不能加以阻止,这难道有别的原因吗? 只是因为狄仁杰平素没有不正的言论,没有不正的行动,也没有不正的志向而已。

　　或曰:"公苟特立自正,无所用其机权,则胡不洁身不仕,卓然而无能浼辱①?乃姑事之而后图之,则抑权也,而非正也。"曰:武氏无终篡之理,唐无可亡之势,天下愦愦弗之察耳②。三思、承嗣以无赖小人淫昏醉梦而结市井椎埋之党③,逐声狂吠。庸人视之,如推车于太行之险;大人君子视之,一苇可杭之浅者也④,秉正治之而有余,何为弃可为之时,任其燔乱,以待南阳再起,始枭王莽于渐台,而贻中原之流血乎?天下无正人而后有妖乱,丛狐山魈足以惑人之视听⑤,武氏亦犹是而已。范我驰驱⑥,无求不获,公亦坦然行之,而何机权之足云!

【注释】

①浼(měi)辱:蒙受屈辱。

②愦愦:昏庸,糊涂。

③椎埋之党:指偷盗、抢劫、杀人的恶徒。

④一苇可杭:指用一捆芦苇做成一只小船就可以通行过去。杭,渡。

⑤山魈(xiāo):山中的精怪。

⑥范我驰驱:典出《孟子·滕文公下》:"吾为之范我驰驱,终日不获一。"意思是按照规矩法度去驾车奔驰。

【译文】

　　有人说:"如果狄仁杰果真坚守正道,不运用心机谋略,那他何不洁身自好、不去出仕呢?这样他便能免于蒙受屈辱。可是他却姑且事奉武则天,而后再图谋恢复李唐社稷,则这也是权宜之术,而非正道。"对此,我的回答是:武则天并没有最终篡夺唐朝的道理,唐朝也没有真要灭亡的态势,只是天下人昏聩,无法察觉这一点罢了。武三思、武承嗣身为无赖小人，醉生梦死、痴心妄想，勾结市井无赖作为党羽，就像狗追逐声音狂吠一样。在庸人看来，想推翻他们就像在险峻的太行山道上推车一样困难；可在大人君子看来，就像用一捆芦苇做成一只小船就可以通行过去。秉持正道对付他们绰绰有余，为什么要放弃大有可为的时机，任由武三思等人作乱，就像汉末一直等到南阳刘氏起兵、才最终将王莽斩首于渐台、却使得中原地区流血成河那种情况一样呢？天下没有了正人，然后就有妖出来作乱，丛林中的狐妖、山中的精怪，都足以迷惑人的视觉和听觉，武则天及其家族也不过是如此而已。只要按照规矩法度去做出应对，就没有什么不能得到，狄仁杰也是坦然去做这些事的，哪里能称得上是运用心机谋略呢？

六　陈子昂谏开道雅州击蕃

　　夷狄之蹂中国，非夷狄之有余力，亦非必有固获之心也，中国致之耳。致之者有二，贪其利、贪其功也。贪其货贿而以来享来王为美名，于是开关以延之，使玩中国而羡吾饶富，以启窃掠之心。故周公拒越裳之贡①，而曰："德不及焉，不享其贡。"谓德能及者，分吾利以赉之，使受吾豢养，而父老子弟乐效役使以不忍叛也。不然，贪其利而彼且以利为饵，惑吾臣民之志，则猝起而天下且利赖之以不与争；且其垂涎吾锦绮珍华而不得遂者，畜毒已深，发而不可遏也。契丹、女直皆始以贡来，而终相侵灭，其必然者一也。贪不毛之土，而以辟土服远为功名，于是度越绝险，逾沙碛、梯崇山、芟幽箐以徼奇捷②；不幸而败，则尾之以入，幸而胜，而馈饷相寻，舟车相接，拔木夷险，梁水凌冰，使为坦道。蔿贾曰③："我能往，寇亦能往。"推此言之，我能往，寇固能来，审矣。故光武闭关,而河、湟巩固。天地设险以限华夷,人力不通,数百里而如隔世,目阻心灰,戎心之所自戢也。中国之形势,东有巨海,西有崇山。山之险,不敌海之十一也。然胡元泛舟以征倭④,委数万生灵于海岛,而示以巨浪之可凌,然后倭即乘仍以犯中国;垂至于嘉靖,而东南之害为旷古所未有。巨海且然,况山之蹠实以行、相蹑以进者乎⑤?铲夷天险以启匪类之横行,其必然者又一也。二者害同,而出于贪君佞臣不知厌足之心,一而已矣。

【注释】

①周公拒越裳之贡:参见卷七"安帝四"条注。

②幽箐:偏僻的竹林。

③蒍贾(? —前606):蒍氏,名贾,字伯嬴。郢(今湖北荆州)人。春秋时楚国司马。楚庄王三年(前611),楚国发生灾荒,庸、麇率群蛮、百濮反楚,有人主张迁都,他力主出兵镇压,平息了骚乱。庄王六年,率楚军救郑,俘获了晋将解扬。斗般为令尹时,子越为司马,他为工正(掌百工之官),他诬陷斗般,使斗般被杀。子越继为令尹,他任司马,不久被子越杀死。其事见于《左传·宣公四年》。

④胡元泛舟以征倭:指元世祖忽必烈于至元十一年(1274)派兵远征日本,因台风将大部分战船毁坏,以致失败。至元十八年(1281)再次派兵出征日本,结果还是以失败告终。

⑤蹠(zhí)实:指兽类足踏实地而行。

【译文】

　　夷狄之所以踩蹦华夏,并不是因为夷狄有多余的力量,也不是因为其有必定能得手的信心,而是华夏政权自己招致的。招致的情况有两种:贪图利益、贪图功绩。贪图夷狄的奇珍异宝,而冠以朝贡献纳的美名,于是开关将夷狄请进中原,使他们轻忽中国而美慕中原的富饶,从而勾起其盗窃掠夺之心。所以当初周公拒绝越裳国的贡品,而说:"我的德行不能及于越裳国,所以不能享受其贡奉。"这是说自己德行所能影响到的范围内,将自己的利益分享给他族民众,使其接受自己的豢养,而其父老子弟乐意为自己效力,所以才不忍背叛朝廷。不然的话,贪图夷狄的利益,对方就会把利益当成诱饵,来迷惑华夏臣民,如此则即使夷狄骤然崛起,天下人也会因尚且依赖其利益而不与其斗争。况且夷狄垂涎中原的锦绣河山、物华天宝而不能得逞,本身就已经积蓄了很深的怨恨和歹毒心思,一旦爆发就难以阻遏。契丹、女真刚开始都是以进贡名义来到中原的,最终却灭亡了华夏政权,其必然性是一致的。贪图夷狄所居的不毛之土,而以开疆拓土、威服远方夷狄为功名,于是不惜翻越艰难险阻,越过沙漠,攀上高山,在荒僻的丛林中开路,以求获得出其不意的胜利。假如不幸而战败,敌人就会尾随中原军队进入内地;假如幸运地获胜,而为了运输补给,舟车络绎不绝,砍伐树木、铲平险阻,在水上架桥、消除冰凌,以使从中原到边地的路途成为坦道。蒍贾说:"我们能去到的地方,敌寇也能够到达。"推此而言,则我方能够到达的地方,敌寇当然也能来,这是很明显的。所以光武帝关闭玉门关,而河、湟地区得以巩固。天地设置险要以限制华夷之间的联系,人力难以打通这些险阻,相隔数百里就如同隔世,目光被险要地势所阻断,相互往来的心思自然就消退了,所以双方作战的念头自然也就有所收敛。中国的地理形势,东有大海,西有崇山峻岭,山的险峻,不敌海的十分之一。然而蒙元曾以舟师征讨日本,结果在海岛上损失数万人,却向日本方面展示了巨浪也是可以被克服的,然后日本就乘船越过大海来侵犯中国。到了嘉靖年间,东南地区的倭寇为害到了旷古未有的地步。大海尚且如此,何况大山是可以实实在在供人行走、能够容许人相继进入的呢?铲平天险开启了匪类横行的开端,同样是必然的结果。两种情况造成的危害是相同的,都是源于贪婪君主、奸佞大臣不知满足的心理,这不过是必然的结果罢了。

　　吐蕃之为唐患,祸止于临洮①,则专力以捍之也犹易。武氏欲发梁、凤、巴蜑②,自雅州开道以击之③,陈子昂曰④:"乱边羌,开隘道,使收奔亡之众为乡导以攻蜀,是借寇兵而为贼除道,举全蜀以遗之也。"其言伟矣!事虽暂止,而此议既出,边臣潜用之以徼功,严武、韦皋虽小胜而终贻大害⑤。明而熟于计者,见终始之全局,洞祸福之先几,可为永鉴。然而后世君臣犹不悟焉,天维倾,地极坼,有自来矣。

【注释】

①临洮:今属甘肃。

②梁:梁州,治所在今陕西汉中。凤:凤州,今陕西凤县及甘肃徽县、两当县地区。巴蜑(dàn):生活于重庆地区的一支少数民族。

③雅州:治所在今四川雅安。

④陈子昂(661—702):字伯玉,梓州射洪(今四川射洪)人。唐代诗人。陈子昂年轻时慷慨任侠,因上书论政得到武则天重视,被任命为右拾遗,直言敢谏。两度从军边塞,对边防事务颇有远见。圣历元年(698)陈子昂在家乡居丧期间,权臣武三思指使射洪县令罗织罪名对其加以迫害,陈子昂最终冤死狱中。传见《旧唐书·文苑列传》《新唐书·陈子昂列传》。

⑤严武(726—765):字季鹰,华州华阴(今陕西华阴)人。唐朝中期大臣。初为拾遗,后任成都尹。两次镇蜀,击退了吐蕃的入侵,以军功封郑国公。永泰元年(765)因暴病逝于成都。传见《旧唐书·严武列传》。韦皋(746—805):字城武,京兆万年(今

陕西西安)人。唐代中期名臣。唐德宗建中四年(783)任陇州
节度使,贞元元年(785)出任剑南西川节度使。韦皋在蜀地二
十一年,使南诏重新与唐朝通好,多次击败吐蕃入侵军队,立下
卓越战功。唐顺宗永贞元年(805)去世。传见新、旧《唐书·韦
皋列传》。

【译文】

吐蕃作为唐朝的外患,其危害范围止于临洮,如此则集中力量防御
吐蕃的侵袭还是比较容易的。武则天想要征发梁州、凤州的军队和巴
地的蛮民,从雅州开道来进攻吐蕃,陈子昂说:"国家扰乱边地羌人,开
通险要通道,使他们得以收集逃亡种族,作为向导以进攻边地,这是借
给敌人兵马,为敌人清除道路,等于把全部蜀地送给他们。"他的这番话
真是高明啊!进攻吐蕃的事情虽然暂时中止,但这一方案一经提出,边
臣都偷偷采用这一方案以求建功,严武、韦皋虽然取得了小胜,最终却
酿成了大害。明智而谙熟计谋的人,能够看清从始至终的全局,洞察祸
福的先兆,所以其行为足以供后世借鉴。然而后世的君臣仍然不能明
白其深意,最终天倾地陷,是有其缘由的。

七　陈子昂非但文士之选

陈子昂以诗名于唐,非但文士之选也,使得明君以尽其
才,驾马周而颉颃姚崇,以为大臣可矣。其论开间道击吐
蕃,既经国之远猷;且当武氏戕杀诸王、凶威方烈之日,请抚
慰宗室,各使自安,撄其虓怒而不畏[①],抑陈酷吏滥杀之恶,
求为伸理,言天下之不敢言,而贼臣凶党弗能加害,固有以
服其心而夺其魄者,岂冒昧无择而以身试虎吻哉?故曰以
为大臣任社稷而可也。

【注释】

①虓（xiāo）怒：暴怒。

【译文】

陈子昂以诗作闻名于唐朝，其实他不但是优秀的文士，假如能有明君重用他，使他充分发挥才干，则他能够凌驾于马周之上而与姚崇抗衡，所以将他作为大臣是完全可以的。他关于开辟小道进攻吐蕃的议论，是足以治理好国家的远大谋划；况且他在武则天戕杀李姓诸王、凶狠威势正盛的时候，请求武则天抚慰宗室，使其各自能够安心，面对武则天的怒火也不感到畏惧；他也曾痛陈酷吏滥杀的恶行，请求为受害者伸张正义，敢于说天下人不敢说的话，而贼臣凶党不能加害于他。则他本来就是有能够使贼臣凶党心服、夺取其气魄的本事，难道他是冒昧轻率、毫无选择而以身试险吗？所以说把他作为能够维护社稷的大臣是完全可以的。

载观武氏之世，人不保其首领宗族者，蔑不岌岌也，而子昂与苏安恒、朱敬则、韦安石皆犯群凶、持正论而不挠①；李昭德、魏元忠、李日知虽贬窜②，而终不与傅游艺、王庆之、侯思止、来俊臣等同受显戮③。繇是言之，则武氏虽怀滔天之恶，抑何尝不可秉正以抑其妄哉？而高宗方没、中宗初立之际，举国之臣，缩项容头，以乐推武氏，废夺其君，无异议者。向令有子昂等林立于廷，裴炎、傅游艺其能魑奸慝以移九鼎乎？

【注释】

①苏安恒、朱敬则、韦安石：武则天在位时官员，皆因直言敢谏触怒武则天而遭到贬黜。

②李昭德(？—697)：京兆长安(今陕西西安)人。唐朝大臣。早年以明经及第，历任御史中丞、陵水县尉、夏官侍郎等职。武周建立后以凤阁侍郎之职拜相。任相期间，打击酷吏，反对立武氏为太子，力保李唐皇室的皇位继承权。但因恃宠专权，引起朝臣不满，被贬为南宾县尉。万岁通天二年(697)被酷吏来俊臣与皇甫文备诬告谋反，遭斩首。传见新、旧《唐书·李昭德列传》。李日知(？—715)：郑州荥阳(今河南荥阳)人。武则天在位时任大理丞，以执法公正、铁面无私著称。唐睿宗时官至同中书门下平章事。传见《旧唐书·孝友列传》《新唐书·李日知列传》。

③傅游艺(？—691)：卫州汲(今河南卫辉)人。因支持武则天革姓受命、改朝换代而受到赏识，被提拔为凤阁鸾台平章事，拜鸾台侍郎，赐姓武氏。后被人告发谋反，下狱自杀。传见《旧唐书·酷吏列传》《新唐书·奸臣列传》。王庆之：武则天统治时期官员。靠谄媚武则天、请立武承嗣为太子而受到武则天青睐。但不久逐渐变得傲慢不敬，被武则天赐死。其事见于《旧唐书·岑长倩列传》等。侯思止(？—693)：雍州醴泉(今陕西礼泉)人。本性无赖诡谲，曾事渤海高元礼。载初元年(690)诬告舒王李元名等谋反，授游击将军。后按制狱，苛酷日甚。最终为李昭德杖杀。传见新、旧《唐书·酷吏列传》。来俊臣(651—697)：雍州万年(今陕西西安)人。凶险阴毒，不事生产。因告密为武后信用，累迁侍御史，审案皆称武后旨意。天授二年(691)任左台御史中丞，审刑严酷，常逼囚自诬。后因得罪武氏诸王、太平公主等人被杀。传见新、旧《唐书·酷吏列传》。

【译文】

从史书记载看，在武则天统治时期，无法保全自己的脑袋和宗族的大有人在，而陈子昂与苏安恒、朱敬则、韦安石都曾触犯奸臣恶人，秉持正论而不屈不挠；李昭德、魏元忠、李日知等人虽遭到贬黜、流放，而始终没有同傅游艺、王庆之、侯思止、来俊臣等人一道受到朝廷的诛戮。由此而言,即使武则天怀有滔天的罪恶,又何尝不能秉持正道来压抑其狂妄呢?而在高宗刚刚去世、中宗刚刚即位的时候,举国之臣都缩着头和脖子,乐意推戴武则天为皇帝,废黜李唐皇帝,没有持异议的人。假如当时有陈子昂等人林立于朝廷,则裴炎、傅游艺这些人难道能成功实现他们的奸邪计划、夺取唐朝的江山社稷吗?

夫人才之盈虚,视上之好恶。无以作之,其气必萎;无以檗之①,其体必戾②。乃武氏以嗜杀之淫姬,而得人之盛如此;高宗承贞观之余泽,有永徽之初治③,而流俗风靡,不能得一骨鲠之士,何也?善善而不用,恶恶而不去,目塞而暗,耳塞而聋,其足以挫生人之气,更甚于诛杀也。人之有心,奖之而劝,故盛世之廷多正士;激之而亦起,故大乱之世有忠臣;废针石以养痏,而后成一痿痹之风俗,则高宗之柔暗以坏人心、毒天下,剧于武氏之淫虐,不亦宜乎!灭唐者,文宗也;灭宋者,理宗也。唐之复兴于开元,尚太宗未斩之泽与!不然,何以堪高宗三十余年曀曀之阴邪④?

【注释】

①檗:矫正。

②戾:病,邪。

③永徽:唐高宗李治的第一个年号,使用时间为650—655年。

④曀曀(yì):阴沉昏暗的样子。

【译文】

人才的多寡,取决于皇帝的好恶。如果没有振作士人之心的方法,则其气必定萎靡;如果没有矫正士人品行的办法,则其形体必定沾染病邪。可是武则天作为嗜好杀戮的荒淫之妇，却能够得到如此多的人才；高宗承贞观之治的余泽，也有永徽之治，但流于形式，以至于不能得到一位骨鲠之士，这是为什么呢？欣赏善良之士却不能加以重用，厌恶奸恶之徒却不能驱逐它们，眼睛被遮蔽而看不清东西，耳朵被堵塞而变聋，足以挫伤士人的心气，这一危害比诛杀士人还要严重。人有善心就进行奖励，劝勉其继续向善，所以在盛世朝廷中多正直之士；如果进行反向刺激，人心也能被激发起来，所以在大乱之世也有忠臣。如果放弃治疗疾病而任由其发展，然后造成萎靡麻痹的风俗充斥天下，则高宗的柔弱昏庸，对人心的破坏、对天下的毒害，比武氏的淫乱暴虐还要严重，这不是理所当然的吗？灭亡唐朝的，是唐文宗；灭亡宋朝的，是宋理宗。唐在开元时期复兴，尚且是太宗的余泽没有完全断绝吧！不然的话，天下何以能承受高宗三十多年阴沉昏暗的统治呢？

八　武氏廷试贡士市私恩

策贡士于殿廷，自武氏始。既试之南宫[①]，又试之殿廷，任大臣以选士，不推诚以信，而以临轩易其甲乙，终未见殿廷之得士优于南宫，徒以市恩遇于士，而离大臣之心。故至于宋而富郑公欲请罢之[②]，其说是已。虽然，勿谓贡士之策异于汉武之策问贤良也。贡士之取舍，人才进退之大辨，轻于其始，则不得复重之于后。天子以天之职求天之才而登进之，使委之有司，弗躬亲以莅之，则玩人而以亵天。其弊也，士愈轻而贡举愈滥，又奚可哉？有道于此，付试事于南宫，而所拔者缄其文以献之上，上与大臣公阅而定其甲乙，庶乎不疑不亵得进贤之中道，惜乎富公之言不及此也。

【注释】

①南宫:指礼部。

②富郑公欲请罢之:富郑公,指北宋名臣富弼。封郑国公,故称。
据《宋史·选举志》记载,富弼认为"历代取士,悉委有司,未闻天
子亲试",至唐朝武则天后才有此举。且"礼部次高下以奏,而引
诸殿廷,唱名赐第,则与殿试无以异矣",于是诏罢殿试。

【译文】

让通过会试的贡士在殿廷上接受皇帝的策问,这是自武则天在位
时开始的。既然已经在礼部进行了会试,又在殿廷上进行殿试,任命大
臣来选拔士人,却不推心置腹地信任大臣,而以亲临殿试进行考察的方
式来更改考试的名次。我终究没有看出殿试选拔出的士人哪里优于礼
部会试选拔出的人才,只是皇帝白白卖弄恩德给那些参加殿试的人罢
了,却造成了负责会试的大臣的离心离德。所以到了宋代,富弼想要请
求朝廷废除殿试,其意见是很正确的。尽管如此,也不能说贡士的策问
与汉武帝时的贤良策问就有所不同了。贡士的取舍,是关系到人才进
退的大事,如果在最初轻率从事,则在之后就没办法使其变得慎重了。
天子依据上天授予的职责来求取上天造就的人才而加以录用,假如将
此事完全委托给有关部门,天子不亲自加以过问,则等于轻视人才、亵
渎上天。其弊端在于,士人地位会越来越轻,而贡举取士会变得越来越
泛滥。这又怎么可以呢?有一种解决方案,就是将考试事务交给礼部,
而会试选拔出来的人才,将其试卷密封起来献给朝廷,皇帝与大臣一道
公开阅卷而评定其名次。如此则既无邀买人心的嫌疑,也不会亵渎上
天的意志,可谓符合进用贤才的中正之道,可惜富弼没能谈到这方面的
内容。

士之应科而来者,贤愚杂而人数冗,故授之所司,以汰
其不经不达之冒昧;而天子亲定其甲乙,则以崇文重爵,敬

天秩,奖人才,而示不敢轻,此亦易知易行之道。而自武氏以来,迄千余年,议选举者,言满公车,而计不及此者,后世人主之心,无以大异于武氏也。夫武氏以妇人而窃天下,唯恐士心之不戴己,而夺有司之权,鬻私惠于士,使感己而忘君父,固怀奸负慝者之固然也。后世人主,承天命,缵先猷[①],作君作师,无待私恩以固结,而与大臣争延揽以笼络天下,顾使心膂猜疑,互相委卸,不亦悖乎! 天子而欲收贡士为私人,何怪乎举主门生怀私以相市也。此朋党之所以兴,而以人事主之谊所繇替也。

【注释】

①缵(zuǎn):继承。先猷:先世圣人的大道。

【译文】

　　士人为了获取功名而来参加考试,其中贤愚混杂、人数众多,所以要把具体考试事务交给有关部门负责,以淘汰其中既不博通也不明达的冒昧之士。而天子亲自确定被录取考生的名次,则是为了显示崇尚文治、重视官爵、敬重上天、奖励人才,表示不敢轻视这些的姿态。这也是容易知晓、容易践行的方案。可是自武则天以来,迄今一千多年,议论选举制度的人言论繁多,却没有能够提出这种方案的人。后世君主的心思与武则天并没有大的不同。武则天以妇人身份而窃取天下,唯恐士人心中不拥戴自己,于是侵夺有关部门的权限,向士人卖弄私惠,使其感激自己而忘记君父,本来就是怀着奸邪心思的人本来的面目。后世的君王,上承天命,继承先圣的大道,作为君王和导师不需要卖弄私恩来邀买人心,却与大臣争相延揽参加科考的士人以笼络天下人心,反而使得心腹大臣们陷入猜疑之中,互相推卸责任。这难道不是太荒悖了吗? 身为天子却想要收贡士为私人门生,那举主门生怀着私情相互交易又有什么值得奇怪的呢？这就是朋党之所以兴起，而臣子事奉君主的情谊发生变化的原因所在。

九　上表请改唐为周者六万人

王莽之后，合天下士民颂功德劝成篡夺者，再见于武氏，傅游艺一授显秩，而上表请改唐为周者六万人，功若汉、唐，德若汤、武，未闻有此也。孟子曰："得乎丘民为天子[①]。"其三代之余，风教尚存，人心犹朴，而直道不枉之世乎！若后世教衰行薄，私利乘权，无不可爵饵之士，无不可利囮之民[②]，邱民亦恶足恃哉？盗贼可君，君之矣；妇人可君，君之矣；夷狄可君，君之矣。孔子曰："天下有道，则庶人不议[③]。"后世庶人之议，大乱之归也。旦与之食，而旦讴歌之；夕夺之衣，而夕诅咒之；恩不必深，怨不在大，激之则以兴，尽迷其故。利在目睫而祸在信宿[④]，则见利而忘祸；阳制其欲而阴图其安，则奔欲而弃安。赘婿得妻，而谓他人为父母；猾民受贿，而讼廉吏之贪污。上无与惩之，益进而听之，不肖者利其易惑而蛊之，邱民之违天常、拂至性也，无所不至，而可云得之为天子哉？

【注释】

①得乎丘民为天子：语出《孟子·尽心下》："是故得乎丘民而为天子，得乎天子为诸侯，得乎诸侯为大夫。"意思是得到百姓的认可便可能成为天子。丘民，泛指百姓。

②囮(é)：引诱。

③天下有道，则庶人不议：语出《论语·季氏》："天下有道，则政不

在大夫。天下有道，则庶人不议。"意思是执政者治理天下有方，百姓就不会议论政事。

④信宿：连住两夜，也表示两夜。

【译文】

王莽之后，全天下的士人、百姓为某人歌功颂德、最终成功劝其篡夺他人江山社稷的案例，在武则天身上再度发生。傅游艺一旦被授予高官显位，上表请求改唐为周的人就有六万人之多。像汉、唐那样功绩赫赫，像商汤、周武王那样的有德君主，都不曾听说有这样的待遇。孟子说："得到百姓的认可便可能成为天子。"这大概是指在三代之后，此前的风俗教化尚存，人心尚且淳朴，而直道尚未变得扭曲的时代吧！像后世那样教化衰落、德行浅薄，人们为了私利而运用权势，没有不能用爵位引诱的士人，没有不能用利益引诱的百姓，百姓又哪里值得凭恃呢？盗贼可以作君王，则拥戴其为君王；妇人能够作君王，则拥戴其为君王；夷狄可以作君王，则拥戴其为君王。孔子说："执政者治理天下有方，百姓就不会议论政事。"后世庶人的议论，正是大乱的根源。早上给百姓食物，对方晚上就会唱歌赞颂自己；晚上夺走其衣服，则其晚上就会诅咒你。恩不必深，怨不在大，一旦被激发就会爆发出来，将原本的心智都丢掉了。利在眼前而祸在两日以后，则见利而忘祸；表面上节制自己的欲望而实际上却贪图安乐，则是为了欲望而不顾安危。赘婿得到了妻子，而称他人为父母；狡猾的百姓收取贿赂，而状告廉洁的官吏贪污。君王没办法惩罚这种行为，反而更多地延进这些人，听任他们的倒行逆施，不肖的人庆幸皇帝容易被迷惑，更卖力地蛊惑他，百姓于是违背天常、拂逆上天所赋予的美善品性，没有什么干不出来的事情。这样一来，还能说得到了这种百姓之心的人就能做天子吗？

以贤治不肖，以贵治贱，上天下泽而民志定。泽者，下流之委也，天固无待于其推崇也，斯则万世不易之大经也。

【译文】

以贤者治理不肖之徒,以尊贵者治理卑贱之徒,如同天在上而川泽在下一样,只有讲究上下尊卑的等级,百姓的心志才能安定。川泽是居于下流的,高高在上的天本来就不需要依靠川泽的推崇,这是万世不容变易的根本原则。

一〇　武攸绪非隐逸不可曲贷

逸民之名^①,君子所甚珍也。商、周历年千岁,而《鲁论》授以其名者七人^②,则固与汤、武颉颃,为不世出之英,流风善世,立清和之极,非其人岂胜任哉?辞禄归老,保身家,要美名,席田园之乐,遂许之为逸民,则莽可为周公,操可为文王,朱泚、黄巢逐无道之君可为汤、武矣。

【注释】

①逸民:古代指节行超逸、避世隐居的人。

②《鲁论》授以其名者七人:语本《论语·微子》:"逸民:伯夷、叔齐、虞仲、夷逸、朱张、柳下惠、少连。"

【译文】

逸民的美名,是君子所非常珍视的。商、周两代共计一千多年历史,而在《鲁论语》中被授予"逸民"之名的仅有七人,则逸民本来就是足以与商汤、周武王不相上下的不世出的英杰。其流风遗韵有利于世,为天下树立了清静和平的极致典范。如果不是这样的人,怎么能担得起逸民的美名呢?如果一个人辞去官爵,告老归乡,以保全自身和家人、获取美名、享受田园之乐,就将他称为逸民,则王莽也能做周公,曹操也能做文王,朱泚、黄巢驱逐无道的君主便也能做商汤、周武王了。

武攸绪者①,武氏之族,依逆后而起,无功可录,窃将军之号,冒安平王茅土之封,与攸暨等乘武氏之篡②,拥衮冕而南面称孤,凡六年矣。唐之子孙杀者囚者殆无遗类,而攸绪兄弟以皇族自居,不知此六年之内,何面目以尸居于百僚之上,而犹自矜曰恬澹寡欲,将谁欺乎?官虽卫而位侯王,虽极天下之多欲者亦厌足矣,犹曰寡欲,将必为天子而后为多欲邪?盖至是而武氏之势已浸衰矣,三思、承嗣淫昏而非懿、操之才,武氏知天下之必归于唐,而意已革,逾年而中宗召返东都矣。攸绪畏祸之且及,引身以避祸,席安荣尊富于嵩山之下,兔脱禄、产之诛③,福则与诸武共之,祸则全身以违众,就小人而论之,三思、承嗣之愚犹可哀矜,而攸绪之狡尤甚矣哉!使三思、承嗣而为曹丕、司马炎也,攸绪俨然以懿亲保其社稷,其肯就峰阴溪侧冬茅椒而夏石室乎④?予之以隐逸之名,名何贱也?以法论之,免其殊死可尔,流放之刑,不可曲为贷也⑤。

【注释】

①武攸绪(655—723):并州文水(今山西文水)人。武则天的从父武士让之孙。武则天以太后身份临朝称制后,武攸绪被任命为太子通事舍人,天授元年(690)被封为安平郡王,并历任殿中监、扬州大都督府长史、鸿胪少卿、千牛卫将军等职。万岁通天元年(696)十月,武攸绪放弃一切官爵,隐居于嵩山,开元十一年(723)病死。传见《旧唐书·外戚列传》《新唐书·隐逸列传》。

②攸暨:指武攸暨(663—712)。并州文水(今山西文水)人。武则天伯父武士让之孙。武则天掌权后,先封武攸暨为千乘郡王,任

命其为右卫中郎将,后杀武攸暨之妻,令其娶太平公主为妻。神
龙年间拜司徒,封定王,武攸暨固辞不受,随例降封乐寿郡王。
武延秀等被诛后,又降封为楚国公。延和元年(712)逝世。传见
新、旧《唐书·外戚列传》。

③禄、产:即吕禄、吕产。

④茅椒:用茅草做顶、椒泥涂壁的房屋。

⑤贷:饶恕。

【译文】

　　武攸绪是武则天的亲族成员,依附武则天这个逆后而起家,没有值
得褒赏的战功,却窃取将军的封号,冒领安平王的封爵与土地,与武攸
暨等人一起乘着武则天篡位,自己也身着衮衣和冕而南面称孤,时间长
达六年之久。这期间唐朝宗室子孙几乎都被杀或被囚禁,而武攸绪兄
弟却以皇族自居。不知在这六年之中,他是以什么面目尸位素餐地居
于百官之上,却尚且自夸恬淡寡欲,他是想欺骗谁呢? 官居扈卫将军而
位列侯王,即使是天下欲望最多的人也应该对此感到满足了,武攸绪却
仍然称自己寡欲,他难道一定要成为天子,然后才算多欲吗? 大概到了
万岁通天元年的时候,武则天的势力已经渐渐衰弱,武三思、武承嗣都
荒淫昏庸,没有像司马懿、曹操那样的才能,武则天知道天下最终必然
归于唐朝,因而其心意已然改变,转过年中宗就被武则天召回了东都。
武攸绪畏惧灾祸波及自己,于是抽身而去以避祸,在嵩山下安享尊荣富
贵,免于像西汉外戚吕禄、吕产那样被诛杀。如果有福分则与武氏家族
共同享受,如果遇到祸事则能保全自身,不顾武氏家族众人的死活。如
果就小人而言,武三思、武承嗣的愚蠢尚且值得悲哀和怜悯,而武攸绪
的狡猾比他们恶劣多了! 假如武三思、武承嗣像曹丕、司马炎那样成功
登上皇位,则武攸绪俨然以至亲身份捍卫其社稷,怎么会隐居在荒凉的
山峰背阳面、小溪边上,冬天住在用茅草做顶、椒泥涂壁的房屋,而夏天
睡在石室中呢? 如果给予他隐逸的美名,则逸民的名声将会变得何其

卑贱？如果以执法而论，免去武攸绪的死刑是可以的，但流放之刑，是不能歪曲事实而予以免除的。

一一　狄梁公荐张柬之敬晖

知人之哲，其难久矣。狄公之知张柬之、敬晖①，付以唐之宗社，何以知其胜任哉？夫人所就之业，视其器之所堪；器之所堪，视其量之所函；量之所函，视其志之所持。志不能持者，虽志于善而易以动，志易动，则纤芥之得失可否一触其情，而气以勃兴，识以之而不及远，才以之而不及大，苟有可见其功名，即规以为量，事溢于量，则张皇而畏缩。若此者，授之以大，而枵然不给②，所必然矣。

【注释】

①敬晖(？—706)：字仲晔，绛州太平(今山西襄汾)人。唐朝大臣。武则天在位时期，敬晖因为官清廉而受到赏识，被拜为中台右丞。神龙元年(705)他与桓彦范、张柬之等人一同发动神龙政变，拥立唐中宗复辟，被任命为侍中。后遭到韦皇后与武三思的排挤，被夺去实权。神龙二年(706)武三思借五王诬陷韦后一案将敬晖流放到琼州，然后又命周利贞假传圣旨，将其杀死于流放途中。传见新、旧《唐书·敬晖列传》。

②枵(xiāo)然：空虚的样子。

【译文】

长期拥有能够慧眼识人的眼光是非常困难的。狄仁杰了解张柬之、敬晖，将恢复唐朝宗庙社稷的重任交付给他们，是如何知道他们能胜任的呢？人所能成就的功业大小，要看其器度的大小；其器度的大小，则要看一个人气量的大小；气量的大小，则要看其志向的坚定程度。

如果不能坚持志向,则即使有向善的志气,也容易动摇;志向容易动摇,则细微的得失便会触动其情绪,于是脾气一触即发,即使能认识到问题所在也看不长远,即使有一定的才干也成不了大气候。只要遇到能看得到的功名,就会想要以自己的气量去获取,可是事情的难度超出了自己的气量,则陷入张皇失措的情绪,畏缩不前。像这样的人,如果委以大任,其必然会因为自身的空虚而无法成功。

夫以宗社之沦亡,而女主宣淫,奸邪窥伺,嗣君幽暗,刑杀横流,天下延颈企踵以望光复,此亦最易动之情矣。则欲立拔起之功,以反阴霾之日月,似非锐于进取者不能。狄公公门多士,而欲得此义奋欻兴之人①,夫岂难哉?然前此者,李敬业、骆宾王以此致败,徒以增逆焰而沮壮夫之气,其成败已可睹矣。故虽有慷慨英多捐生效节之情,公弗与也。张柬之为蜀州刺史②,奏罢姚州之戍③,泸南诸镇一切废省④,禁南夷之往来;敬晖为卫州刺史⑤,突厥起兵,欲取河北,诸州发民修城,晖不欲舍收获而事城郭,罢使归田;公于此乃有以得二公之器量,而知其可以大任焉。

【注释】

①欻(xū):快速,迅速。

②蜀州:今四川崇州。

③姚州:今云南姚安。

④泸南:泸水以南。

⑤卫州:今河南新乡一带,治所在今河南卫辉。

【译文】

宗庙社稷面临沦丧的危险,而女皇公然淫乱,奸邪之人窥伺政权,嗣君软弱昏暗,刑罚和杀戮横行,天下人都伸长脖子、踮起脚尖盼望李唐王朝光复,这是最容易触动人的情感的场景。在这种情势下想要立下拨乱反正的大功,荡涤遮挡日月光芒的阴霾,似乎不是锐于进取的人就办不到。狄公门下多才士,而想要找到这样因大义而兴奋、想要迅速起来反抗的人,难道会很困难吗? 然而在此之前,李敬业、骆宾王就是因此而招致了失败,白白助长了武则天的气焰,使得壮士的气势受到打击,则其成败已经能够看清楚了。所以即使有慷慨激昂、才智过人、愿意为恢复宗庙社稷而舍弃生命以报效李唐王朝的人,狄仁杰也不把大任交付给他们。张柬之做蜀州刺史时,上奏请求罢去姚州的戍卒、泸水以南诸镇建制统统废除、禁止与南夷往来;敬晖做卫州刺史时,突厥起兵想要攻取河北,诸州都征发百姓修筑城池,敬晖不想舍弃收获粮食的时机而让百姓去修城郭,于是罢除徭役,让百姓回到田中劳动。狄仁杰正是通过这些事才看出张柬之、敬晖的器量,而知道他们是可以承担大任的。

　　持之不发者,藏之已固也;居之以重者,发之不轻也;敛之以密者,出之不测也;不为无益之功名者,不避难成之险阻也。故武氏任之而不疑,群奸疑之而不敢动,臣民胥信其举事之必克,而乐附以有成,善观人而任者,于此求之而失者鲜矣。

【译文】

　　能持重待机而不轻易诉诸行动,是因为在心中已经埋藏下了牢固的信念;能持重居于高位,是因为不会轻易地发难行动;细密周到地收敛自身,是为了保证起事时能出人意料;能做到不追求无益的功名,是因为不回避成事面临的艰难险阻。所以武则天任用张柬之、敬晖而不加怀疑；众奸诈小人尽管对他们有疑心，却不敢动他们；臣民都相信他们一定能够完成大业，所以乐意依附他们以求成功。善于观察别人以便将大任授给他，通过这种方式来选择合适的人，很少会发生失误。

一二　崔神庆请召太子用手敕玉契

读《文王世子》之篇①，而知古者天子诸侯之元子日侍于寝门②，而损益衣食皆亲执其事，无异于庶人之父子；天性之恩，既不以尊位而隔，孝养之礼，抑且以居高而倡，乃当大位危疑、奸邪窥伺之日，受顾命、传大宝，亦相与面授于衽席之侧③，德不偷而道立，道不失而祸亦消，皇哉弗可及已④！

【注释】

①《文王世子》：《礼记》中的一篇，内容主要是以周文王、周武王、周成王的案例讲周代对于世子以及其他贵族子弟的教育。

②元子：天子和诸侯的嫡长子。

③衽席：卧席。

④皇：大，美好。

【译文】

读《礼记·文王世子》一篇，可以知道古时候天子和诸侯的嫡长子要每日在其父卧室门口侍候，父亲衣食的增减损益都要由他亲自过问和效劳，与庶人父子间的相处并无二致。父亲对儿子出于天性的恩情，并不会因为地位尊崇就有所隔阂；儿子对父亲尽孝，履行赡养义务，也因身居高位而更具倡导意义。甚至当皇位继承存在危机和疑虑、奸邪窥伺大权的时候，太子接受父皇临终顾命、继承皇位，也是在父亲卧榻之侧，面对面接受父亲的授予。如此在德行上没有苟且亏损之处，所以君王之道得以确立；不失正道，祸患自然也就消除了。文中所记载的情形真是太美好了,令人望尘莫及!

后世子道之衰,岂尽其子之不仁哉?君父先有以致之也。宫嫔多,嬖宠盛,年已逾迈,而少艾盈前①,于是不肖者以猜妒怀疑,即其贤者亦以嫌疑为礼。太子出别宫,而朝见有度、侍立有时、问安有节,或经旬累月而不得至君父之前,离析毛里之恩,虚拥尊严之制,戕性斁伦,莫之能改。故其为害也,父子不亲而谗间起,嬖宠怙权而宦寺张。秦政之于扶苏,晋惠之于太子遹,隋高之于太子勇,坐困于奸贼,召之不为召,诬之不能白,杀之不能知,而祸乱极矣。

【注释】

①少艾:年轻美丽的女子。

【译文】

后世身为人子之道衰落,难道都是因为做儿子的不仁吗?实际上是身为君父的人首先自己有过错而酿成的苦果。他们妃嫔众多,受宠者也多,自己已经年迈,但身边满是年轻美丽的女子,于是不肖的君主会因为怀疑太子有猜疑妒忌之心而预为防备,即使是贤德的君王,也会出于让太子避免嫌疑的考虑而制定与太子相关的礼仪规制,拉开彼此的距离。太子出居别宫,只能在固定的时间朝见父亲,侍立在父亲身边的时间受到限制,向父亲问安也必须有节制,有时候经旬累月都没办法来到君父跟前相见。父子之间的感情变得疏离,父子间空有尊崇而严格的制度,实际上却损害着父子间的感情、破坏着伦常,却没有办法改变这种情况。所以这种情况的危害,就是父子之间关系不再亲密,谗言悄然出现,受宠妃嫔倚仗其权势而横行无忌,宦官的权力也得以扩张。秦始皇嬴政与扶苏,晋惠帝与其太子司马遹,隋文帝与其太子杨勇,都是父亲被奸贼所困，想要招太子前来而无法做到，太子受人诬陷而没办法辩白。父亲或儿子被杀而对方无法知道，如此祸乱可谓到了极致。

道二：仁与不仁而已矣。绝父之慈，禁子之孝，尚安足与问祸福乎？无已，则如崔神庆之请于武氏①，太子非朔望朝参，应别召者，降手敕玉契，以防奸慝，此三代以下仁衰恩薄必不可废之典也。神庆之言此者，虑诸武之假旨以召太子而害之也。其人虽不肖，其言之为功亦伟矣。不然，夜半一人传呼，而太子蹈白刃以瘝死，何从而知其真伪哉？后世人君处疏暧疑贰之势，防奸杜祸，建为永制可也。

【注释】

①崔神庆：贝州武城（今河北故城）人。出身清河崔氏，少举明经，武则天时累迁并州长史、礼部侍郎，数次上疏论时政，迁为太子右庶子。后因受张昌宗案牵连而被流放钦州，死于流放地。传见新、旧《唐书·崔神庆列传》。

【译文】

道有二途：无非仁与不仁而已。如果断绝父亲的慈爱，禁止儿子的孝心，则父子之间尚且足以询问彼此的祸福吗？没有别的办法，则只能像崔神庆向武则天请求的那样，太子如果不是每月初一、十五定期入朝参拜父皇，在其他时间应皇帝召唤，则皇帝需要亲自下达手敕、盖上玉玺，以防奸邪小人从中作梗。这是在三代以后仁爱衰落、恩情凉薄的背景下必定不可废弃的制度。崔神庆这样请求，是考虑到武氏诸王可能会假传圣旨以召太子入宫，从而加害他。崔神庆这个人尽管不肖，但他这个建议的功劳也是很大的。不然的话，夜半时分一个人传召、呼叫太子，而太子就可能身陷刀剑丛中，没有开口辩解的机会就被杀，如何能知道传召的真伪呢？所以后世君主面临父子间相互疏离、互相猜疑的形势，要防止奸佞、杜绝祸患，则将崔神庆的建议定为永久的制度就可以了。

一三　中宗君臣不得加刃于武氏

罪者，因其恶而为之等也，而恶与罪亦有异焉。故先王之制刑，恶与罪有不相值者，其恶甚而不可以当辜，其未甚而不可以曲宥，酌之理，参之分，垂诸万世而可守，非悁悁疾恶、遂可置大法以快人情也[1]。

【注释】

①悁悁（yuān）：愤怒的样子。

【译文】

所谓罪，是根据其作恶程度的高低而划分等级的，而恶与罪也是有所不同的。所以先王制定刑罚时，一个人所作之恶与其罪责也有相互不匹配的时候，有时即使作了很多恶的人也不能额外加以惩处，有时作恶没那么严重也不应歪曲律法予以宽宥。要斟酌道理，把握分寸，才能垂之万世而使后世都能按照这种法律来行事，并不能因为疾恶如仇就额外设置严厉的刑罚以使人们感到痛快。

武氏之恶，浮于韦氏多矣，鬼神之所不容，臣民之所共怨，万世闻其腥闻，而无不思按剑以起，韦氏之恶，未如是之甚也。然以罪言，则不可以韦氏之罪加之武氏。法者，非以快人之怒、平人之愤、释人之怨、遂人恶恶之情者也；所以叙彝伦、正名分、定民志、息祸乱，为万世法者也。故唯弑父与君之贼，自其子之外，人皆得而杀之；苟其为枭獍矣，则虽他恶无闻，人无余怨，而必不可贷。

【译文】

　　武则天的罪恶，比起韦皇后要严重得多，连鬼神都无法容忍她，臣民共同怨恨她，千秋万代都能闻到其腥臭气息，没人不想着持剑而起、诛杀武则天。韦皇后的罪恶，则尚且没有这么严重。然而从罪的角度说，则不能将韦氏所受的惩处加到武则天身上。所谓法律，并不是为了供人发泄怒火、平息愤怒、化解怨恨、满足厌恶罪恶心理的；而是为了整饬伦常、匡正名分、安定民心、平息祸乱，从而成为千秋万世所遵循的制度。所以只要是那些弑杀父亲或君王的贼人，除了其儿子之外，每个人都可以抓住他们、将其处死；只要一个人做出了弑杀君父的事情，则即使没听说他犯了什么其他罪过，别人对他也没有多余的怨恨，也必定不能宽恕他。

　　玄宗起而斩韦氏于宫中，允矣。凡唐室之臣民，尝以母后事韦氏者，无不可手刃以诛之。若武氏，则虽毒流天下，歼戮唐宗，恶已极，神人之怨已盈，而唐室之臣曾改面奉之为君者，不可操刃以相向，况中宗其子而张柬之其相乎？无已，则锢中宗于房州、废豫王为皇嗣之日，犹可诛也。中宗归而受皇太子之封矣，柬之奉太子以诛幸臣，非可杀武氏之日矣；迁之别宫，俟其自毙，行法如是焉可耳。许柬之以杀武氏，旦北面而夕操戈，奉其子以杀其母，而曰"法所宜伸也"，乱臣贼子，因缘以起，何患无言之可执，而更孰与致诘乎？

【译文】

　　玄宗起兵将韦皇后斩杀于宫中，这是正当的。凡身为李唐臣民、曾将韦氏当作国母、皇后来事奉的人，都可以将韦氏亲手诛杀。至于武则天，虽然其流毒遍及天下，破坏了唐朝的宗庙社稷，罪大恶极，人神共愤，但那些身为李唐大臣而曾经改节将其尊奉为君主的人，却不能对她兵刃相向，何况中宗毕竟是她的儿子而张柬之是她任命的宰相呢？若逼不得已，则当初她将中宗禁锢于房州、废豫王为皇嗣的时候，尚且是可以诛杀她的。但等到中宗从房州归来而被她册封为皇太子后，张柬之是奉太子名义以诛杀幸臣为由发动政变的，这时候不是合适的诛杀武则天的时机；将她迁到别宫，等待她自己死去，执法到这个地步就可以了。如果允许张柬之诛杀武则天，等于早上还作为臣子事奉君王而晚上就要弑君，侍奉其子却杀害其母，还说"这是为了伸张法度"，那么乱臣贼子就会趁机起来作恶，他们还哪里需要担心没有足够的借口可找，那么还有谁能从道义上驳倒他们吗？

　　恶武氏者，责柬之之不行诛，求快恶恶之心，而不恤法之伸诎，又何取焉。唯加以则天皇帝之称，而使三思等仍窃禄位，则失刑矣。文姜非躬弑而但与闻[①]，哀姜与弑而所弑者其子[②]，《春秋》不夺夫人之称，许齐桓之讨哀姜，而不使鲁人伸法，则中宗君臣不得加刃于武氏明矣。以上皆武氏时事。

【注释】

①文姜非躬弑而但与闻：据《左传》记载，鲁桓公的夫人文姜出嫁前，便与其兄齐襄公私通。鲁桓公十八年（前694）春，文姜和鲁桓公来到齐国，再度与齐襄公私通。鲁桓公得知此事后，怒责文姜，文姜将鲁桓公的责骂告诉齐襄公，齐襄公于是在宴席上将鲁桓公灌醉，令公子彭生杀害了鲁桓公。

②哀姜与弑而所弑者其子：据《左传》记载，鲁庄公的夫人哀姜无

子,其姊妹叔姜亦为庄公妾,生启方,后为鲁闵公。哀姜与鲁庄
公异母弟庆父通奸,想立庆父为国君,于是杀害了鲁闵公。后来
国人暴动,哀姜逃到邾国,被齐国引渡回国后杀死,将其尸体交
给鲁国,鲁国以国君夫人之礼将其安葬。

【译文】

　　憎恶武则天的人,指责张柬之没有诛杀她,是为了满足自己厌恶恶
人的一时痛快,却没有考虑到法度是否会因此而受到损害。他们的意
见又有什么可取之处呢? 唯有张柬之等给武则天加上"则天皇帝"的称
号的做法,使得武三思等人仍能窃取俸禄和爵位,这就属于刑罚不当
了。春秋时鲁桓公夫人文姜虽然并非亲自动手弑君,但她是知道弑君
之事的;鲁庄公夫人哀姜亲自参与弑君,而她所弑杀的还是其庶子鲁闵
公,《春秋》一书中也并未剥夺文姜、哀姜两人的夫人称号,准许齐桓公
讨伐哀姜,却不让鲁人伸张正法。如此看来唐中宗君臣不能杀害武则
天,这是很明显的道理。以上都是武则天时期的史事。

一四　武氏迁居上阳姚元之流涕呜咽

　　武氏迁于上阳宫①,姚元之涕泗呜咽②,以是出为亳州刺
史,张柬之、敬晖恶足以察元之之智术哉? 武氏废,二张诛,
而诸武安于磐石;中宗淫昏,得之性成,痼疾而不悟③;其不
能长此清晏也,众人不知,而智者先见之矣。元之之智,垂
死而可以制张说④,方在图功济险之日,百忧千虑,周览微
察,早知五王之命县于诸武之手⑤,固不欲以身试其戈矛,以
一涕谢诸武而远引以出,故其后五王骈戮而元之安。或持
正以居功,或用智以祈免,忠直之士不屑智士之为,而通识
之士不尚婞直之节⑥,其不相为谋也久矣。

【注释】

①武氏迁于上阳宫：指神龙政变后，武则天退位，徙居上阳宫。事见《旧唐书·则天皇后本纪》。上阳宫，唐朝皇宫，位于神都洛阳西北侧的洛水高岸。

②姚元之：即姚崇。

③疢（chèn）疾：疾病，忧患。

④元之之智，垂死而可以制张说：据《新唐书·姚崇列传》记载，姚崇担任同州刺史时，张说曾因旧怨，唆使赵彦昭弹劾他。姚崇拜相后，张说非常惶恐，到岐王府中暗通款曲。一日，姚崇在退朝后故意落在后面，并在唐玄宗询问时称有足疾。玄宗问道："是不是很痛？"姚崇答道："我心里担忧，痛楚不在脚上！岐王是陛下爱弟，张说是朝中辅臣，他秘密出入岐王家中，恐怕岐王要为张说所误，所以我很担忧。"唐玄宗因此将张说贬到相州。

⑤五王：指神龙政变中的五位功臣，即张柬之、敬晖、崔玄暐、桓彦范、袁恕己五人，他们是这次政变的主要策划者和实施者，在唐中宗李显登基后不久被封为郡王。不过封王后没过多长时间，他们就先后遭到武三思、韦皇后等人的诬陷和打压，最终张柬之、崔玄暐在被贬途中病死，敬晖、桓彦范、袁恕己则在被贬途中被杀。

⑥婞直：倔强，刚直。

【译文】

武则天被迁移到上阳宫后，姚崇流泪呜咽，因此被外放到亳州当刺史。张柬之、敬晖哪里足以明白姚崇的智谋呢？武则天被废，张宗昌、张易之被杀，而武氏诸人却仍安如磐石；中宗荒淫昏庸，是出于其已经成型的性格，即使历经忧患仍不醒悟。所以中宗君臣不可能长久享受目前的清静安宁。众人不知道这一点，而智者却可以提前预见到。以姚崇的智慧，在垂死之时尚且能制服张说；此时正处于图谋建功、经历险境之时,他百忧千虑,遍览大局而又能洞察隐微,早知道五王的命运就握在武氏诸人手中。他本来就不想拿自己的生命来冒险,所以他才用为武则天哭泣的方式来故意获罪,好被贬出京外以避祸,所以后来五王都被害死而唯独他安然无恙。有人秉持正道却居功自傲,有人运用智谋以求免于灾祸。忠诚正直之士对智谋之士的做法感到不屑,而那些有通识的士人则不崇尚倔强刚直的节操,所以这两种人很久以来就不相为谋。

或曰:蔡邕一叹而受刑[1],元之弗虑,智亦疏矣。曰:邕不与诛卓之谋,而元之赞兴复之计,五王虽怒,不得以邕之罪罪元之,元之何惴焉? 邕受董卓之辟于髡钳之中,而王允不因卓而显;元之虽见庸于武氏,柬之固武氏之相也,元之无惮而称武氏曰旧君,武氏岂但元之之旧君乎? 不得执以为辞,苟责以蔡邕之罪,元之所熟审而无嫌者也。夫其诡于自全,而贞概不立[2],诚不足为忠矣。而五王际国步之倾危,诛二竖子,废一老妪,谋定崇朝[3],事成指顾,非有补天浴日之艰难[4],乃得意以居,环列相位,裂土称王,鸣豫以翱翔,心忘慴怛[5],则以视大臣孙肤引咎之忱[6],阴雨苞桑之计[7],道亦褊矣。废其母,立其子,奸人未戢,宗社飘摇,不可涕也,亦未可笑也;又恶知元之之涕,非以悲五王之终穷而唐社之未有宁日也与?

【注释】

①蔡邕一叹而受刑:参见卷五"平帝三"条注。

②贞概:端庄严谨,为人方正。

③崇朝：从天亮到早饭时。比喻时间短暂。

④补天浴日：指女娲炼五色石补天和羲和给太阳洗澡两个神话故事。比喻力挽危厄，功勋极大。

⑤憯（cǎn）怛：忧虑，悲痛。

⑥孙肤：典出《诗经·豳风·狼跋》："公孙硕肤，赤舄（xì）几几。"意思是公孙大腹便便，脚穿红鞋踏着稳步。比喻大臣进退从容，无所往而不宜。

⑦苞桑：语本《周易·否卦》爻辞："其亡其亡，系于苞桑。"孔颖达曰："若能其亡其亡，以自戒慎，则有系于苞桑之固，无倾危也。"故后世常用"苞桑"喻指帝王能经常思危而不自安，国家就能巩固。

【译文】

有人说，东汉末年蔡邕因为一声感叹就遭到处刑，姚崇没有考虑到这种风险，他的智谋也是有疏失的。回答是：蔡邕并未参与诛杀董卓的谋划，而姚崇却参与了兴复李唐的谋划，五王即使为姚崇流泪感到愤怒，也不能把蔡邕那样的罪名加到姚崇身上，姚崇有什么可担心的呢？当年蔡邕是在被流放期间受到董卓征辟的，而王允却并非靠董卓而显达，姚崇虽然受到武则天任用，但张柬之本来也是武则天的宰相，姚崇毫无忌惮地称武则天为其旧君，武则天难道只是姚崇的旧君吗？所以张柬之等人绝不可能将他为旧君哭泣当成理由，拿蔡邕的罪名苛责他。这是姚崇早就考虑清楚的，所以知道自己不会有嫌疑。姚崇为了保全自己而使出诡计，称不上端庄方正，确实算不上忠诚的典范。而五王在国家面临存亡危机的紧要关头，诛杀张易之、张昌宗，废黜武则天这个老妇人，在很短的时间内就定下谋划，迅速成功地付诸实施，并非经历了像女娲炼五色石补天、羲和给太阳洗澡那般的艰难，却洋洋得意，以功臣自居，个个跻身于宰相行列，裂土称王，过分安逸地翱翔，心中忘记了忧患。如果拿古时候大臣时刻警惕自己在其位不谋其事、时刻居安思危的标准来对照,他们也算是偏离正道了。废黜中宗之母而拥立中宗,朝廷中的奸臣尚未被剪除,宗庙社稷仍处于风雨飘摇之中,这个时候不能哭,也不能笑。又如何能知道姚崇的哭泣,不是为五王最终会遭遇悲惨下场而唐朝的社稷仍然没有安宁之日而伤心呢?

一五　张柬之不诛诸武

狄公之与张柬之,皆有古大臣之贞焉,故志相输、信相孚也。中宗初复,薛季昶曰[1]:"产、禄犹在,草根复生。"而柬之不诛诸武,欲使上自诛之,以张天子之威。以斯言体斯心,念深礼谨,薄一己之功名,正一王之纲纪,端人正士所繇异于功名之士远矣。

【注释】

[1]薛季昶(?—706):绛州龙门(今山西河津)人。唐代官员。参与张柬之、桓彦范等发动的神龙政变,因功被封为银青光禄大夫,拜户部侍郎。中宗即位后,他建议张柬之等人对诸武采取行动,但张柬之等人不以为意。不久诸武反扑,薛季昶被贬为儋州司马。张柬之等五人遇害的消息传来,他知道自己也不能免祸,于是置办棺椁,沐浴更衣,饮毒自尽。传见《旧唐书·良吏列传》《新唐书·薛季昶列传》。

【译文】

狄仁杰与张柬之,都有古时候大臣的忠贞,所以他们志向一致,彼此信任。中宗刚复位不久,薛季昶说:"像西汉外戚吕产、吕禄那样的人仍然存在于朝中,需要担心他们像草根复生一样卷土重来。"而张柬之却不去诛杀武氏诸人,他想要让中宗亲自诛杀他们,从而张显天子的威严。以张柬之的这句话来体察他的心情,可谓思虑深远而礼数严谨,将一己功名看得很轻，一心要端正天子独尊的纲纪，这正是那些品行端庄方正的人与追逐功名之士大相径庭的原因所在。

　　中宗之不可与有为而不知揣，非暗也。赵汝愚曰："社稷有灵，当无此患。"人臣为其所可为，而谨守臣节，不与天子争威福之柄，知此而已。其不济与？社稷之不幸也，荣辱生死又何恤焉？且使中宗之淫昏不如是之甚乎？春秋已富，曾正位于受终之日矣。乃既斩二张，复诛诸武，王铁在手①，唯己所为，无所待命，怀贞事主者，自怵惕而不敢宁，固非薛季昶以利害居心者所能知也。

【注释】

①王铁：帝王的法制。

【译文】

　　在明知中宗不足以有所作为的情况下，张柬之不知道去揣摩自身安危，并不是因为他昏庸愚昧。赵汝愚说："假如社稷有上天、先祖保佑，则应当不会有这样的祸患。"大臣应该做自己所能做的事情，而谨守臣子的礼节，不与天子争夺权柄，只是因为张柬之懂得这个道理罢了。假如这种做法不能见效，会如何呢？那就是社稷的不幸了，既如此哪里还顾得上考虑个人的荣辱生死呢？假如中宗的荒淫昏庸没有严重到这个地步呢？他年纪已经不小，是以太子身份正当地登上皇帝之位的。既然张柬之等人已经诛杀了二张，那么若再诛杀武氏诸人，依靠手中的权力和法制，其行动完全由自己决定，不必等待皇帝的命令，则凡怀着忠贞事奉君主的人，心中都会感到恐惧警惕而无法安宁。这本来就不是薛季昶这样心中盘算利害的人所能懂得的。

　　刘幽求曰[①]:"三思尚在,公等终无葬地。"成何等事,而早以葬地系其心乎? 绛侯之尽诛诸吕,文帝尚在藩服,而国无君,非中宗不违咫尺之比也,然绛侯且不免对吏之辱[②],而几不保。中宗而果有为也,柬之不待天子之命,广行诛戮,又足以保其勋名乎? 乃其淫昏如彼矣,其后三思伏诛,且割太子首以献宗庙[③],宗楚客复起而乱唐[④],相王几不免焉[⑤],则诸武虽诛,未见五王得免于走狗之烹也。均之不免,而秉臣节以蒙大难,不尤无疚于心与?

【注释】

①刘幽求(655—715):冀州武强(今河北武强)人。唐朝大臣。进士出身,在武周官至朝邑尉。景云元年(710)刘幽求辅佐李隆基发动唐隆政变,拥立唐睿宗,因功封徐国公,被睿宗拜为宰相。先天元年(712)刘幽求谋诛太平公主,因事泄流放岭南。先天二年政变后,被召回朝中,担任尚书左丞相兼黄门监。开元三年(715)在赴任郴州途中病逝。传见新、旧《唐书·刘幽求列传》。

②绛侯且不免对吏之辱:指汉文帝诏令列侯就国,让周勃率先回到封地。周勃回到封地后"自畏恐诛",常身披铠甲,"令家人持兵以见之"。此后有人上书告发周勃谋反,廷尉捕捉周勃治罪,而狱吏逐渐欺凌侮辱他。事见《史记·绛侯周勃世家》。

③太子:指李重俊(? —707),系唐中宗李显第三子。神龙二年(706)被立为皇太子。但因不是韦后亲生,颇受猜忌,安乐公主等人也多次请求唐中宗废掉李重俊,立自己为皇太女,李重俊地位受到威胁。神龙三年(707)七月,李重俊与李多祚、李承况等人发动兵变,诛杀武三思父子,而后攻打宫城,意图杀死韦皇后等人,却受阻于玄武门外,因士卒倒戈而失败。他在逃奔终南山

途中被部下杀死。唐睿宗年间追谥为"节愍"。传见《旧唐书·
高宗中宗诸子列传》《新唐书·三宗诸子列传》。

④宗楚客(？—710)：字叔敖，蒲州河东(今山西永济)人。唐朝大
臣，其母为武则天从父姊。高宗时举进士，武则天时累迁户部侍
郎，并在神功元年(697)、长安四年(704)两度被任命为宰相。唐
中宗时官至中书令，成为韦后心腹，在景龙政变中协助韦后击败
李重俊。景龙四年(710)六月李隆基发动唐隆政变，率兵诛杀韦
后，宗楚客也在政变中被杀。传见新、旧《唐书·宗楚客列传》。

⑤相王：指中宗之弟、后来的唐睿宗李旦。他于武则天登基后被封
为相王，中宗复位后加号安国相王。

【译文】

　　刘幽求说："武三思尚在，你们诸位终将死无葬身之地。"张柬之等
人所成就的是何等的大业，怎么会早早把死后是否有葬身之地放在心
上呢？西汉绛侯周勃将诸吕全部诛杀，文帝当时尚在藩王之位上，而国
家没有君王，并非像中宗有皇太子的正当身份那样，然而绛侯尚且难免
受到狱吏的侮辱，几乎性命不保。中宗若果真是有为之君，则张柬之不
等待天子的命令，广泛进行杀戮，又如何能保住自己的功勋和名声呢？
可是中宗却是那样的荒淫昏庸，之后武三思虽然伏诛，中宗却还是割下
了太子李重俊的首级以献给宗庙。宗楚客不久再度起来扰乱唐朝，相
王李旦也几乎难以幸免。如此则即使诛杀了武氏诸人，也不见得五王
最终能免于"狡兔死、走狗烹"的命运。既然一样难免一死，蒙受大难时
仍能秉持臣子的节操，难道不是尤其会感到无愧于心吗？

　　论者惜季昶、幽求之言不用，而嗤柬之之愚，其愚不可
及也。豫谋祸福者，不足以见贞士之心，久矣。唐多能臣而
鲜端士，于柬之有取焉，所以与狄公有芥珀之投也①。

【注释】

①芥珀之投：指像磁石吸引针、琥珀吸引细小物体一样相互投缘和契合。

【译文】

论者惋惜薛季昶、刘幽求的话没有被采纳，嘲笑张柬之的愚昧，其实这种愚昧正是别人所不可企及的。豫先谋划祸福的人，不足以体察忠贞之士的内心。唐朝能臣很多，但端庄方正的人却很少，因此格外需要张柬之这样的人。所以他与狄仁杰是像磁石吸引针、琥珀吸引细小物体一样相互投缘和契合的。

一六　李日知魏元忠诸人隳节韦氏

李日知、魏元忠、唐休璟、韦安石当武氏之世①，折酷吏之威，斥宣淫之魂，制凶竖之顽，怀兴复之志，张挞伐之功，皆自命为伟人，而为天下所属望者也。及其暮年，潦倒于韦氏淫昏之世，与宵小旅进旅退，尸三事之位，濡需于豢养，殆无异于鄙夫。呜呼！士之欲保名义于桑榆，诚如是之不易乎？义者，无往而不与人并立者也，旦取之，而义立于旦矣；夕取之，而义立于夕矣；天下服之，而己亦乐以自见。夫然，则可辱、可穷、可死而无所息，故曰"怯夫慕义，无不勉焉"②。若夫立乎险阻之余，回念畴昔，而复自叹其昔之危也，则百炼之刚，必有绕指之柔，相为终始者矣。

【注释】

①唐休璟（627—712）：本名璿，字休璟，以字行，京兆始平（今陕西兴平）人。唐朝宰相、名将。早年以明经擢第，历任营州户曹、安西副都护、持节陇右诸军州大使等职，后在洪源谷大败吐蕃，升

任右武威、右金吾二卫大将军。长安三年(703)被拜为宰相。神龙二年(706)致仕,但不久又被起复。传见新、旧《唐书·唐休璟列传》。韦安石(651—714):京兆万年(今陕西西安)人。在武后、中宗、睿宗年间,四次被拜为宰相。他生性持重,武后时数次当面折辱张易之兄弟,被陆元方赞为"真宰相"。睿宗时又不肯依附太平公主,曾力保唐玄宗的太子之位。传见新、旧《唐书·韦安石列传》。

②怯夫慕义,无不勉焉:语出司马迁《报任安书》:"且勇者不必死节,怯夫慕义,何处不勉焉!"

【译文】

李日知、魏元忠、唐休璟、韦安石在武则天当政时期,敢于挫败酷吏的淫威,敢于痛斥荒淫的生活方式,敢于制止凶狠顽劣之徒的图谋,胸怀兴复李唐的志向,伸张挞伐奸佞的功业。他们都自命为伟人,深受天下人的看重和期待。等他们到了晚年,却潦倒于中宗淫乱昏庸、韦皇后掌权乱政的时代,与宵小之徒同进同退,在三公宰辅之位上尸位素餐,苟且偷安,满足于被豢养的状态,大概也与鄙俗之人没什么区别了。唉!士人想在晚年保全自己的声誉,确实都是如此不容易吗?所谓义,是无处不与人并立的。一个人早上选择了义,则义便在早上确立;晚上选择了义,则义便在晚上确立。天下都佩服义,而义也乐意展现自己的存在。如果是这样,则一个人可以被侮辱,可以忍受贫穷,可以面对死亡,也绝不会停止践行义,所以说"怯懦的人仰慕大义,没有不因此变得勤勉努力的"。至于在度过艰难险阻之后,回想往昔情景,而再次感叹自己昔日是处于何等危险的境地中,则即使有千锤百炼一般的刚强,也必定有缠绕手指一般的柔情,两者是相互一致、彼此始终相伴的。

武氏之杀人呕矣,杀愈惨而人愈激,激以为义,非必出于伪,而义终不固。迨乎武氏已老,杀心已灭,韦氏继起,柔奸不酷，激之也不甚，而义之不固者潜消暗馁，以即于亡。于是后起之英，已笑其衰颓，顾夷然曰"此吾少壮之所尝为，而今不尔者也"，则一荼然以退而不可复兴矣①。故君子养之以静，持之以坚，审于大小轻重之宜，而参终始于一念，无激也，斯无随也，知柔知刚，百夫之望②，夫乃谓之精义以利用而志不渝也。

【注释】

①荼(nié)然：疲惫不振的样子。

②知柔知刚，百夫之望：语出《周易·系辞下》："君子知微知彰，知柔知刚，万夫之望。"意思是君子详察细微之兆就能明确推知结果，懂得柔也懂得刚，如此会成为百姓所寄予希望的对象。

【译文】

武则天太急于杀人了，她的杀戮越是残酷，人们越悲愤，悲愤产生向往正义之心，这并非一定是出于虚伪的情感，但这种义终究是不牢固的。等到武则天已经年老，杀心已渐渐泯灭，韦氏继她而起，她不像武则天那样强硬残酷，要显得柔和一些，所以对民众的刺激不强烈，而那些向往正义之心不够坚定的人便悄然渐渐失去了正义感。于是后起的英杰，就会笑话其衰败颓废，他们只是平静地说"你们现在的举动是我年轻时曾经做过的，只是如今我不再这样做了而已"，如此则一旦疲惫地退缩，正义感此后就无法再复兴了。故君子用静来涵养正义感，坚定地秉持正义的信念，审视大小轻重的分寸，而使自己的正义感始终保持稳定，不会受刺激而波动。这样就不会随波逐流，懂得柔也懂得刚，会成为百姓所寄予希望的对象。这才算是善于利用自己的正义感而又矢志不渝。

一七　武韦之世无党祸

唐自显庆迄乎景龙[①]，五十有五年，朝廷之乱极矣，艳妻接迹，昏主死亡而不悟，嬖倖之宣淫，酷吏之恣杀，古今所未有也。取唐之懿僖、宋之徽钦而絜之[②]，十不敌一焉，然而彼速亡而此犹安者，其故何也？人之邪正不两立，政之善恶不并行，纯则治，杂则乱，所固然矣。虽然，尤恶其相激相反而交为已甚也。已甚者，小人之忮毒也，进而陷君子以反其类，于是而国为之空；国既空矣，乃取君子之政，无论宗社生民存亡死生之所系，抑非必其心之所不欲，而概反之，以泄其忿怒，推以及于言语文字之不合者，皆架以为罪，而坐之死亡；天下乃箝口绝笔，以成乎同恶相扇之势，此唐、宋之所以亡，与汉末党锢之祸若出一辙也。

【注释】

①显庆：唐高宗李治的年号，使用时间为 656—661 年。景龙：唐中宗李显的年号，使用时间为 707—710 年。

②絜：度量，衡量。

【译文】

唐朝从显庆到景龙年间，一共五十五年，朝廷的混乱达到了极点。专权干政的后妃接连不断出现，昏庸的君主直到死也不醒悟，受宠的后妃飞扬跋扈，酷吏恣意杀戮，这是古今所未有的事情。即使把唐懿宗、唐僖宗、宋徽宗、宋钦宗时期拿过来与此相互比较，那些时期的混乱程度也是远远不及这一时期的。然而那些时期国家迅速衰亡，而这一时期唐朝仍能保持安定，是什么缘故呢？正邪之人不能两立，善恶之政不能并行，纯粹会导致政治清明，驳杂则会导致混乱，这是理所当然的。尽管如此，尤为糟糕的是正邪善恶相互激荡、相互对抗从而导致双方都越过了一定的界限。在这种情势下，小人依靠其阴险狠毒，积极构陷君子，打击其同类，于是国家的栋梁之材为之一空。国家既然人才空虚，小人便会将君子所推行的政策，无论是否关系到宗庙社稷和百姓的生死存亡，无论这些政策中是否有些并非其内心反感的，都一概予以废止，以发泄自己的怨恨和愤怒；甚至会推及那些言语文字与自己一派不合的人，统统给他们安上罪名，将其置于死地。天下于是被迫闭口封笔，于是便造成奸恶之徒相互煽动的态势。这是唐、宋之所以灭亡的原因所在，与汉末党锢之祸如出一辙。

　　武、韦之世，自长孙无忌、褚遂良以忠蒙诛夷之祸亦憯矣，然杀是人则祸尽于其人，为其所汲引与所同事者安处无惊也；则苟不力触奸邪之矗怒①，而犹绰乎其有以自居。若夫贞观、永徽之善政，虽不能厘定而修明之，初不听奸邪之变易。武、韦所自为异议以乱典常、蛊众志者，丧祭之虚文，选举之冒滥而已；边疆之守，赋役之制，犹是太宗之遗教也。杀君子而不蔓引其类，故斩艾虽憯，而陈子昂、苏安恒、李邕、宋务光、苏良嗣之流②，犹得抒悃昌言而无所诎③；乃至守正不阿、效忠不贰如狄仁杰、宋璟、李日知、徐有功、李昭德，皆列上位而时伸其志④。其宣力中外者，则刘仁轨、裴行俭、王方翼、吉顼、唐休璟、郭元振、姚元之、张仁愿悉无所掣曳以立功名；乃至杨元琰、张说、刘幽求诸人同事俱起⑤，而被害者不相及。奸邪虽执大权，终不碍贤臣登进之路，驱天下以一于淫惨，则乱自乱也，亡自可不亡也，或摧之，或扶之，两不相撄，而天下犹席以安也。

【注释】

①奰（bì）怒：愤怒。

②李邕（678—747）：字泰和，扬州江都（今江苏扬州）人。武周长安初年（701），内史李峤及监察御史张廷珪共同举荐他词高行直，堪为谏官，召拜左拾遗。曾力谏武则天准御史中丞宋璟所奏，弹劾侍臣张昌宗兄弟。后仕至北海太守，人称"李北海"。传见《旧唐书·文苑列传》《新唐书·文艺列传》。宋务光：字子昂，汾州西河（今山西汾阳）人。神龙初年受诏上书，反对委武三思典机要，旋以监察御史巡察河南道，以考课第一，进拜殿中侍御史。传见《新唐书·宋务光列传》。苏良嗣（606—690）：雍州武功（今陕西武功西北）人。唐朝宰相。高宗时，为周王府司马，遵循法度，数度匡谏。垂拱元年（685）拜纳言，封温国公，后迁文昌左相。曾遇薛怀义于朝，薛怀义傲慢无礼，他叱左右击其颊。传见新、旧《唐书·苏良嗣列传》。

③抒悃（kǔn）：表达诚挚的想法或意愿。

④徐有功（641—702）：名弘敏，字有功，洛州偃师（今河南偃师东南）人。唐朝大臣，名儒徐文远之孙。载初元年（690）为司刑丞。当时酷吏周兴、来俊臣等滥害无辜，他执法平恕，每廷争狱事，存活数十百家。武则天知其正直，素敬重之，屡擢为狱官。官至司刑少卿、司仆少卿。传见新、旧《唐书·徐有功列传》。

⑤杨元琰（640—718）：字温，虢州阌乡（今河南灵宝）人。初为平棘令，考课第一，擢永宁军副使。历任六州刺史、二都督，以清白著称。长安中，张柬之代为荆州长史，与密谋匡复唐室事。后与张柬之等定计诛杀张易之兄弟，迎中宗复位。传见新、旧《唐书·杨元琰列传》。

【译文】

武则天、韦皇后当政的时候，长孙无忌、褚遂良等人因忠诚李唐而蒙受杀身之祸，可谓十分悲惨。然而被杀的这些人只被追究其自身罪责，被他所举荐、引进或是与其在朝堂上共事的人并不会受到波及。如此则只要身为大臣不极力引得奸邪之人盛怒，则尚且有自处的余地。至于贞观、永徽时期遗留下来的善政，即使不能加以厘定、重新修明政治，最初也不至于听任奸邪变易过去的法令。武则天、韦皇后为搞乱典章常制、蛊惑众人之心而自作主张的事情，主要是丧葬、祭祀方面的一些空文，或是选举官吏过于泛滥而已；边疆的防御政策，征收赋役的制度，仍然遵循太宗的遗教。由于武则天等杀君子而不株连其同类，所以尽管杀戮很残酷，但陈子昂、苏安恒、李邕、宋务光、苏良嗣等人，仍然得以尽情抒发自己的意见、倡言无忌，不愿意屈意服从。至于那些坚守正道、刚直不阿、效忠朝廷、忠贞不贰的人，比如狄仁杰、宋璟、李日知、徐有功、李昭德，都得以位居要职而伸展自己的志向。那些在国内外作战效力的人，如刘仁轨、裴行俭、王方翼、吉顼、唐休璟、郭元振、姚元之、张仁愿等，都得以无所掣肘地建立了功名。至于杨元琰、张说、刘幽求这些一同参与神龙政变等行动的人，也并没有全部被株连。奸邪之人虽执掌大权，却始终没有妨碍贤臣升迁和建功的道路；尽管使得天下一同遭遇惨祸，但乱归乱，终究没有导致国家灭亡。有人想要摧毁国家，有人尽力扶持朝局，两方谁也无法相互遮蔽，而天下尚且得以保持安定。

夫小人之毒不可扑者，莫甚于与君子争名；君子之自贻以戚者，莫甚于与小人竞气。武、韦、太平淫虐方逞之日，小人利得其欲，而自安于小人；君子自靖其诚，而不待抑小人求伸其君子；故小人之毒浅，而君子之志平，水火不争，其毒不烈，所固然矣。夫名者，君子之实也；气者，小人之恃以凌物者也。君子惜名已甚，而气乘之，小人于是耻荣名之去己，而亦饰说以干誉；然后公忠正直之号，皆小人之所弋获，一旦得志以逞，则尽取君子题以奸党而诛殛之，空其禄位，招致私人，而朝廷倏易其故。及其败露，直道乍伸，义激气矜者，抑用其术以铲绝败类。数十年之中，起伏相互，风静而波犹不息，君无适信，吏无适守，民无适从，乃至取边疆安危之机，小民膏血之资，旦此夕彼以各快其施，如痎疟之炎抱火而寒履冰也①。呜呼！锻铁者屡反其钳椎，疗病者疾易其栀附②，其不折以亡也，岂可幸哉？甚矣使气而矜名者之害烈也！

【注释】

①痎（jiē）疟：指经年不愈的疟疾，患病者秋则寒甚，冬则寒轻，春则恶风，夏则多汗。

②栀附：指栀子和附子两味中药。栀子苦寒，可泻火除烦，清热利湿，凉血解毒；附子辛温大热，可散寒止痛。二药一热一寒，一温一清。

【译文】

小人无法被揭露的阴险毒计中，没有比与君子争名更厉害的了；君子自己给自己招来不痛快的行为中，没有比和小人斗气更糟糕的了。武则天、韦皇后、太平公主操持政权、大发淫威的时候，小人因为得以满足自己的欲望而感到有利，所以安于自己的小人之举；君子自己平衡内心，而不需要通过压抑小人来伸张君子的志向。所以小人的狠毒程度较轻，而君子的志向平允，就如水火不相争，所以其危害不那么严重，这是理所当然的。所谓名，就是君子的实；所谓气，就是小人用以欺凌他人的凭恃之物。君子太过怜惜自己的名声，于是气便乘虚而入；小人耻于荣誉和名声远离自己，于是也粉饰自己的言辞来获取名誉。然后公忠正直的名声，都被小人所窃取。一旦他们得志，便会把所有君子都冠以奸党名号，杀戮殆尽。君子所留下的俸禄和官位，小人就拿来招致私人党羽，而朝廷的格局在极短时间内就为之大变。等到小人的恶劣行径败露，直道刚得以伸张，那些被义愤和怒气驱使的君子，也会用和小人一样的手段来铲除小人的党羽。于是数十年之内，君子与小人此起彼伏，风已经停息但波浪却难以停止，君王不知道该信任谁，官吏不知道该遵循哪一方的政令，百姓无所适从。君子和小人甚至会拿关系边疆安危的决策、百姓的膏血来互相争斗，政令朝三暮四，只为满足自己一派的一时痛快。就像经年不愈的疟疾一样，在炎热的夏天感觉好像抱着炉子，寒冷的冬天感觉身体像是踩在冰上。唉！炼铁的人用铁钳和铁锤不断反复锻打生铁，治病的人不断变换寒热药物，想要生铁不断、病人不死，能幸运地做到吗？那些过于吝惜名声、放任情绪的人所造成的危害真是太严重了！

宋仁宗，贤主也，吕夷简、夏竦①，非大奸也，相激以争，而石介以诗受斫棺之僇②。流波所荡，百年不息。无罪可加，而苏轼以文词取祸③；有罪可讨，而蔡确亦以歌咏论刑④。免役非殃民之秕政，而司马公必速改于一朝；维州非宗社之急图，而李文饶坚持其偏见⑤。虽君子之乍升，亦且以敛怨而妨国家之大计；况小人之骤进，唯人是苛、唯政是乱者，又遑恤倾危之在旦夕乎？唐武宣、宋神哲之可与有为也，顾不如高宗之柔暗、中宗之狂惑，观其朝右之人与邦国之政而可知矣。国无党祸而不亡，为人君者弭之于其几，奚待祸发而无以救药乎？

【注释】

①吕夷简（979—1044）：字坦夫，寿州（今安徽凤台）人。咸平三年（1000）登进士第，宋仁宗天圣六年（1028）被拜为同平章事、集贤殿大学士，明道二年（1033）罢相，不久复职。景祐三年（1036）因与王曾争事，二人同时罢相。康定元年（1040）再次拜相，后因病以太尉致仕。传见《宋史·吕夷简列传》。夏竦（985—1051）：字子乔，江州德安（今江西德安）人。北宋中期大臣。大中祥符三年（1010）被选为国史编修官，联合王旦等同修《起居注》，参与编写千卷本《册府元龟》。天圣七年（1029）被拜为参知政事，仁宗庆历七年（1047）被召为宰相，因谏官、御史认为夏竦与另一宰相陈执中不合，不可使两人共事，改任枢密使，次年复相。皇祐三年（1051）奉诏监修黄河堤决，因疾病归京师，不久死于宰相任上。传见《宋史·夏竦列传》。

②石介以诗受斫棺之僇（lù）：庆历三年（1043），宋仁宗起用范仲淹、富弼、欧阳修、杜衍等人担任高官要职，进行改革，是为"庆历新政"。石介作《庆历圣德诗》赞扬革新派，指责反对革新的夏竦等人为大奸。夏竦等人怀恨在心，命佣人模仿石介笔迹，伪造了一封石介给富弼的信，内容是计划废掉仁宗另立新君。范仲淹等人无法自辩清白，只好请求外放，变法遂告失败。庆历五年（1045）范仲淹等人相继罢职，石介也被列为朋党，贬为濮州通判，不久病卒。石介死后仍受到夏竦等人的攻击，说他实际上没有死，是逃到北方胡邦去了。石介因此险遭发棺验尸，最后经吕夷简劝谏宋仁宗，杜衍等人也为其担保才得以幸免。事见《宋史·儒林列传》。僇，通"戮"，杀戮。

③苏轼以文词取祸：指苏轼遭遇"乌台诗案"一事。元丰二年（1079）三月，苏轼由徐州调任湖州知州。他作《湖州谢上表》，内有"陛下知其愚不适时，难以追陪新进；察其老不生事，或能牧养

小民"几句话。时任御史何正臣上表弹劾苏轼,称苏轼用语暗藏讥刺朝政,御史李定也曾指出苏轼四大可废之罪。于是苏轼被御史台的吏卒逮捕,解往京师,受牵连者达数十人。最终苏轼被贬为黄州团练副使。事见《宋史·苏轼列传》。

④蔡确亦以歌咏论刑:指蔡确因"车盖亭诗案"而遭贬谪。北宋宣仁太后听政后,起用旧党,排斥新党。元祐四年(1089)知汉阳军的吴处厚指前任宰相、新党领袖蔡确游安州车盖亭所作诗中,用唐上元年间郝处俊谏高宗传位于武后事影射高太后,控告其讪谤之罪。旧党梁焘、刘安世等赞成此说。最终蔡确因此事被流放岭南新州六年,死于贬所。事见《宋史·奸臣列传》。蔡确(1037—1093),字持正,泉州晋江(今福建晋江)人。宋神宗年间官至右相,参与元丰、熙宁变法,在王安石罢相后逐渐成为新党领袖。哲宗即位后升任左相,但因执政的宣仁太后支持旧党,屡遭贬谪,最终死于贬所。传见《宋史·奸臣列传》。

⑤维州非宗社之急图,而李文饶坚持其偏见:唐文宗时,李德裕镇守西川,吐蕃维州守将悉怛谋降唐,率部众投奔成都。维州地处险要,是蜀地控制吐蕃的关键之地,李德裕命虞藏俭率军镇守维州,并向朝廷陈述占据维州的重要性,建议攻打吐蕃,得到朝臣的赞同。牛僧孺却因与李德裕有隙,上言反对道:"吐蕃疆域广阔,幅员万里,失一维州,无损国力。如今唐蕃和好,约定罢减边防戍守兵力,我们怎能失信。吐蕃在原州蔚茹川蓄有战马,如出兵直取平凉原,三日便能抵达咸阳桥。到时长安危急,即便西川收复一百个维州,又有何用?李德裕的建议,徒使我国丢弃诚信,有百害而无一利。"唐文宗于是命李德裕将维州归还吐蕃,并将悉怛谋等人全部送还。结果悉怛谋等人都被吐蕃残忍杀害。李德裕也因此深恨牛僧孺。事见《旧唐书·李德裕列传》。李文饶,即李德裕(787—849),文饶是其字,小字台郎,赵郡赞皇(今

河北赞皇)人。唐代杰出政治家。唐宪宗时宰相李吉甫之子。在唐宪宗、穆宗、敬宗、文宗四朝屡次出任重要地方节度使,一度入朝为相,但因党争倾轧,多次被牛党排挤出京。唐武宗即位后,李德裕入朝为相,执政五年,外攘回纥,内平泽潞,裁汰冗官,制驭宦官,功绩显赫,史称"会昌中兴"。唐宣宗继位后,忌惮他位高权重,将其贬为崖州司户。大中三年(849)病逝于崖州。传见《旧唐书·李德裕列传》。

【译文】

宋仁宗是贤德的君主,吕夷简、夏竦也都不是大奸大恶之徒,但两个人因不和而相互争斗,石介便因为几句诗而险些遭受死后棺材被砍开的刑罚。他们争斗的流波所及,百年之内都不得消停。有些人分明没有能安上的罪名,比如苏轼,却因为文辞而招致灾祸;有些人有值得声讨的罪行,比如蔡确,也因为诗歌而被处刑。免役法本不是祸害民众的弊政,而司马光却一定要在一天之内将其革除;维州并非关系到宗庙社稷安危的紧要地方,而李德裕却一定要坚持自己的偏见。即使是君子,刚得到权柄时,也会为了报复宿怨而妨害国家的大计。何况是小人骤然间得到提拔,于是对任何人都严厉苛刻、面对一切以往法令都要加以改变,他们又哪里顾得上体察国家危在旦夕的情形呢?唐武宗、唐宣宗、宋神宗、宋哲宗都是可以有所作为的君王,其结局却不如柔弱昏庸的唐高宗、狂妄迷惑的唐中宗,通过观察其朝堂上的重要臣子和国家的政令就能明白原因所在了。国家没有党祸就不会灭亡,身为君王者需要将朋党的隐患消弭于萌芽阶段,怎么能等到灾祸发生、局势已经无可挽回的时候才察觉呢?

一八　临淄王诛韦氏不启相王

临淄王之诛韦氏[1],不启相王。豪杰之识,有暗合于君子之道者,此类是也。臣受命于君,子受命于父,勿敢专焉,正也。信诸心者非逆于理，成乎事者不疚于心，则君父虽加以尤而不避。唯豪杰以心为师，而断之于事，夫君子之靖乃心以制义者，亦如此而已矣。推而至于圣人，舜之不告而娶②，亦如此而已矣。理者，生于人之心者也，心有不合于理，而理无不协于心。故豪杰而不可为圣贤者有矣，未有无豪杰之识而可为圣贤者也。

【注释】

①临淄王：即后来的唐玄宗李隆基。

②舜之不告而娶：典出《孟子·离娄上》："不孝有三，无后为大。舜不告而娶，为无后也。君子以为犹告也。"意思是舜在娶妻之时没有按照一般礼仪的要求事先禀告父母，是担心禀告父母会使婚姻受阻，造成没有后代的结果。君子认为他不告而娶实际上和禀告了一样。

【译文】

临淄王李隆基起兵诛杀韦皇后之前，并没有启奏其父相王李旦。豪杰的胆识，有时候会与君子之道暗合，这就是一个近似的案例。臣子受命于君王，儿子受命于父亲，不敢独断，正是合乎正道的。但若是自己内心中相信要做的事不违背天理，事情办成后内心也不感到愧疚，则即使君王、父亲会加以责备，自己也不应该逃避。豪杰以自己的心为导师，果断行事，君子安定自己的内心而依据道义来行事，也不过如此而已。推及圣人身上，则舜不禀告父母就娶妻，也不过是如此而已。所谓理，产生于人的内心，如果心中有不合于理的想法，理就没办法与心相协调。所以身为豪杰者不一定能做圣贤，但没有豪杰胆识却可以做圣贤的人是不存在的。

临淄王曰:"事不成,以身死,不以累王。"亦未有以信其必然也。然以相王之温厚柔巽,全身于刑杀横行之日,则亦可冀其或然耳。且微临淄之举事,王亦岌岌矣。宗楚客、叶静能日谋杀王奉韦氏以夺唐祀①,韦氏不诛,王固不能再全于凶妪之手,临淄不忍言耳。实则谓事不成而王危,不举事而王亦危,以必危之势,求全王而使嗣大统,势不两立,徒畏王之优柔而挠成算,告则兵不得起,宁无告也。以安社稷,以讨乱贼,以救王于颠危,在此举矣。崔日用业以宗楚客害王之谋告②,而犹需迟不决乎? 故临淄之不告,孝子之道也。即一事一念而言之,大舜之不告而娶,奚必远哉? 是以知临淄之可与大有为也。生于薉乱之世③,驰逐于声色狗马之中,而所与游者王琚之流④,故终于浊乱而亏其天彝,亦不幸而不奉教于君子乎!

【注释】

①叶静能:唐中宗时任尚衣奉御,因擅长道术而被中宗和韦皇后赏识,被升为国子祭酒,后又加金紫光禄大夫。

②崔日用(673—722):滑州灵昌(今河南滑县)人。唐中期大臣。早年受宰相宗楚客举荐而任新丰县尉,逐渐成为宗楚客的亲信,在太子李显复位为唐中宗后被骤然擢升为兵部侍郎。中宗李显暴崩后,投靠临淄王李隆基一党,得知宗楚客意欲谋害李旦的消息后向李隆基传递消息,因此功在相王李旦即位后升任宰相。其后又为李隆基制定谋划,发动先天政变除掉太平公主一党。开元十年(722)卒于并州大都督府长史任上。传见新、旧《唐书·崔日用列传》。

③薉乱:秽乱。

④王琚(? —746)：怀州河内(今河南沁阳)人。唐中期大臣。为人颇有才略，好玄象合炼之学。中宗、睿宗在位时，与李隆基交好，参与先天政变，受到李隆基宠信，得以参预大政，时号内宰相。后因被小人进谗言而遭疏远，出仕外郡，最终被李林甫构陷，自缢而死。传见新、旧《唐书·王琚列传》。

【译文】

　　李隆基说："起兵之事如果不成，我将会自杀，不会连累相王。"这句话也不能当作必然能践行的话。然而以相王李旦的温厚柔顺性格，他在刑杀横行的时候应该尚且能保全自身，则也值得期待事情果真可以那样发展。况且如果没有李隆基出来举事，相王也已经处于岌岌可危的境地了。宗楚客、叶静能等人每天都在谋划杀掉相王、奉韦氏为天子，篡夺唐朝社稷，不诛杀韦皇后，相王李旦势必不能从凶狠的妇人手下再次幸免，只是李隆基不忍心直说罢了。他的话实际上是说，起兵之事不成功，相王将处于危险之中；如果不起兵反抗，相王同样处于危险之中。既然面对的是相王必定会陷入危险之中的态势，想要求得保全相王而使他能继承大统，正邪已然势不两立，这时候与其白白担心相王优柔寡断会阻挠已经定好的起兵计划、向他禀告则无法起兵，那宁可不向他禀告。要安定社稷，要讨伐乱贼，要从危险之中拯救相王，全都依赖起兵这一举动了。崔日用已经将宗楚客要谋害相王的阴谋告知了李隆基，则李隆基还有什么可犹豫不决的呢？所以李隆基不事先禀报李旦就起兵，是在践行孝子之道。即使就一件事、一个念头而言，大舜不禀告父母就娶妻，和这又能有多少差别呢？所以由此可知李隆基是可以大有作为的人。李隆基生于秽乱的时代，生活在声色狗马之中，而与他交游的是王琚之辈，所以玄宗最终还是陷于污浊混乱之中而伦常有亏，这也是不能受教于君子所招致的不幸吧！

卷二十二

睿 宗

【题解】

唐睿宗李旦(662—716)是唐高宗李治第八子、武则天第四子、唐中宗李显同母弟。嗣圣元年(684)武则天废皇帝李显为庐陵王,改立李旦为皇帝,并临朝称制,裁决一切政事。天授元年(690)武则天正式称帝,改国号为周,李旦被降为皇嗣,赐姓武氏,迁居东宫。圣历二年(699)李旦被复封为相王。神龙元年(705)李旦参与神龙政变,拥立中宗李显,因功被拜为宰相,加号安国相王。景云元年(710)李旦之子李隆基联合太平公主发动唐隆政变,李旦再次成为皇帝,改元景云。此后,太平公主与皇太子李隆基争权,李旦于先天元年(712)禅位于李隆基,称太上皇,仍把持朝廷大权。先天二年(713)李隆基发动先天政变,赐死太平公主。李旦遂正式归政于玄宗,退居百福殿颐养天年,开元四年(716)在百福殿病逝。李旦前后两次登基,一共在位八年,真正掌权时间仅有两年。

景云二年(711)唐睿宗下令分置二十四都督,负责监察所部刺史以下官员,当时的朝臣多以为都督权重难制,请求罢除,于是改置十道按察使分察各地,按察使自此逐渐成为国家监察体系中的重要环节。对于这一中央与地方关系史上的重要事件,王夫之予以了格外关注。他首先肯定,罢除都督的意见是正确的,因为都督本就权重,若加持以监察之权,则必然造成权利畸重、尾大不掉的态势。安史之乱后节度使跋扈、削弱中央权威的局面正是例证。元代行省权重,不利于中央统治,也是同样的道理。由此看来,监察之权势必要掌握在朝廷手中。那么,朝廷应派遣什么样的官员来承担监察地方之任呢? 王夫之认为,所谓"秩卑望重"的御史显然是不行的,因为地方上的刺史任重秩尊,御史爵位太轻不足以立事,刺史必然怀有规避之心,朝廷就难以达成监察的目的。所以势必要以二品、三品的京官担任按察使,只负责纠察,而不授以生杀财赋之权,这样既具备足够权威,又能避免专权行私。唐以后的按察使制度分为二途:一为专官,久任于地方;一为特遣,临时派遣,事毕即还。王夫之指出,二者"利害各半",若想"收其利,免其害",最好的办法是采用特遣使者的方式,但将复命期限延长,使者由大臣兼任,并且不把特遣期间的表现作为升迁的依据。王夫之的这一制度设想,建立在通贯考察历代按察使制度利害得失的基础上,具备相当的合理性,值得后世加以重视和借鉴。

一　韦凑请夺太子重俊谥

国无正论,不可以立。睿宗表章死于武、韦之祸者,太子重俊与焉,韦凑斥之为乱贼[①],请夺其节愍之谥,论之正者也。

【注释】

①韦凑斥之为乱贼:指睿宗即位后改葬中宗太子李重俊,"优诏加谥"。韦凑上书进言,认为李重俊悖礼叛逆,不可褒谥。事见《旧唐书·韦凑列传》。韦凑(? —722),京兆万年(今陕西西安)人。唐中期大臣,曾任少府少卿、通事舍人、太原尹兼节度支度营田大使等职。唐睿宗时他曾数次上书议论时政得失,多被采纳。

传见新、旧《唐书·韦凑列传》。

【译文】

国家若没有正论，就不可以立国。睿宗表彰死于武则天、韦后之祸的人，中宗的太子李重俊也在受表彰之列。韦凑斥责李重俊是乱贼，请求剥夺其谥号"节愍"，这就属于正论。

　　重俊之恶，非但蒯聩之比也[①]。或曰：韦氏不诛，而中宗弑，祸深于南子；三思逸产、禄之诛，而乱天下，恶剧于宋朝[②]；重俊诛之，视蒯聩为愈矣。曰：非然也。君子之恶恶也，诛其意；而议刑也，必以其已成之罪，而不可先其未事早施以重辟。三思谋篡于武氏之世，既不成矣，韦氏之行弑[③]，在重俊死后之二年。当其时，篡弑未形而亿其必然，以称兵向阙，欲加刃于君母，其可乎？且夫重俊之起，非果忧社稷之危，为君父除伏莽之贼也。韦氏以非其所出而恶之，三思、崇训逢其恶而欲废之[④]，重俊不平，而快一朝之忿，恐不得立而持兵胁君父以争之，据鞍不下，目无君父，更何有于嫡母？充其恶之所至，去商臣、刘劭也无几，非但如蒯聩之恶丑声而逆行也。则重俊之恶，浮于蒯聩，奚容以韦氏、三思之罪为之末减哉？

【注释】

①蒯聩（？—前478）：即蒯瞆，姬姓，卫灵公之子，卫出公的父亲，春秋时期卫国国君，前480—前478年在位。蒯瞆做太子时，与卫灵公夫人南子关系不好，南子与宋国公子朝（即"宋朝"）私通，蒯瞆知道南子私通之事后，非常愤怒，准备朝见南子时趁机刺杀

她,结果被南子察觉,蒯聩被迫逃亡宋国。公元前 493 年卫灵公去世,南子想要让公子郢即位,公子郢却让位于蒯聩之子姬辄,是为卫出公。公元前 480 年,蒯聩与其姐孔伯姬合谋,胁迫孔悝弑杀卫出公,卫出公闻讯逃至齐国,蒯聩得以即位,是为卫后庄公。公元前 478 年,石圃联合匠人攻打卫后庄公,蒯聩在逃亡途中被杀。其事见于《左传》。

②宋朝:春秋时宋国公子,以美貌闻名。据《左传·定公十四年》记载,卫灵公曾为其夫人南子召宋朝,使他们相会于洮。

③韦氏之行弑:景龙四年(710)六月,唐中宗李显暴毙。据《旧唐书·中宗本纪》记载,当时安乐公主志欲韦皇后临朝称制,从而希望能立自己为皇太女,"自是与后合谋进鸩"。中宗"遇毒",崩于神龙殿。《资治通鉴》亦载韦皇后与安乐公主"相与合谋",毒杀中宗。

④崇训:指武崇训。武三思的次子,唐中宗李显与韦皇后之女安乐公主的丈夫。

【译文】

　　李重俊的罪恶,不是春秋时的蒯聩所能比的。有人说:李重俊没能诛杀韦皇后,之后中宗就被弑杀,韦后带来的灾祸比南子还要严重;武三思逃脱了像西汉外戚吕产、吕禄那样被清除的命运,结果扰乱了天下,他的罪恶比宋公子朝还严重;李重俊诛杀了武三思,比起蒯聩来是要好一些的。回答是:并非如此。君子厌恶恶,是厌恶恶的意图;而讨论一个人应当受什么刑罚,则必定要依据他已经犯下的罪行,而不能在别人犯下罪行前就提早对其施以重刑。武三思在武则天时代图谋篡夺皇位,但已经宣告失败了;韦皇后犯下弑君的罪行,是在李重俊死亡两年后。在李重俊起兵的时候,韦后等人篡权弑君的罪行并未真正发生,却因为猜测他们必然会这么做,就率兵杀向皇宫,想要诛杀皇后,这难道是可以的吗?况且李重俊起兵,并不是果真担忧社稷的危机,想要为君父除去隐藏的敌人。韦皇后因为李重俊不是自己亲生儿子而厌恶他，武三思、武崇训迎合韦皇后的厌恶之情也想废掉他，李重俊心中感到不平，想要发泄一时的愤恨，害怕自己将来无法继承皇位，所以率兵胁迫自己的君父以实现自己的目标。他坐在马鞍上不肯下来，目无君父，哪里还把嫡母放在眼里呢？所以如果最大程度揣测他的恶意，则他与弑父篡权的商臣、刘劭相差无几，绝不仅仅是像蒯聩那样厌恶国君夫人的丑恶名声而犯下大逆不道的罪行。如此则李重俊的罪恶，比蒯聩要严重，怎么能拿韦后、武三思的罪行来减轻李重俊的罪责呢？

　　韦氏淫纵以蛊上，三思、崇训怀逆以思逞，其已露也，人得而诛之，非但临淄王也；其未露也，唐有社稷之臣，废韦氏，讨诸武，法之所得行也，而独重俊则不可。申生自靖而不得谥为孝[①]，重俊何节之可称，而奚足愍乎？

【注释】

①申生（？—656）：春秋时期晋献公与夫人齐姜之子，晋国太子。齐姜死后，晋献公立骊姬为夫人，并生下儿子奚齐。骊姬为使其子奚齐成为继承人，大肆诋毁太子申生，离间晋献公与申生的关系。晋献公二十一年（前656），在骊姬的多次阴谋陷害之下，申生最终自缢而死。其事见于《左传》。

【译文】

　　韦皇后邪恶放纵，蛊惑君王，武三思、武崇训心怀逆谋想要篡权夺位，如果其罪恶已经暴露出来，则人人得而诛之，不仅是李隆基可以那样做。在其罪恶暴露之前，唐朝若有社稷之臣，废黜韦后，讨伐诸武，则法度也能由此得到伸张，而唯独李重俊则不能那么做。申生自缢而死，不能得到"孝"的谥号，李重俊有什么值得称赞的节操，而足以当得起

"愍"这个谥号呢?

夫韦氏、三思之谋危宗社,重俊兴兵之名也。苟有其名,子得以犯父而杀母,乱臣贼子谁则无名,而大逆安所戢乎?韦凑之论,所以大正人纪而杜乱萌也,惜乎睿宗之知而不能决也。

【译文】

韦皇后、武三思图谋危害宗庙社稷,这是李重俊兴兵的名义。如果只要有这个名义,身为人子者就能冒犯父亲、诛杀母亲,则乱臣贼子谁没有可利用的名义,那么大逆不道的风气如何能止息呢?韦凑的议论,是可以匡正人伦纲纪而杜绝祸乱萌芽的,可惜睿宗明白这一点却不能做出决断。

二　苏颋终制

夺情之言扬于廷[①],人子之心丧于室矣。蝇蚋不嘬生而嘬死,有以召之也,而况纷呶自辩以与公论相仇[②]!史嵩之、李贤、张居正、杨嗣昌之恶[③],滔天而无可逭矣[④]。

【注释】

①夺情:按照儒家礼制,官员遭父母丧应弃官居家守制,称为"丁忧"。服丧期满再行补职。古代朝廷有时遇到重要官员父母去世,特别下诏要求其不弃官服丧,而是以素服办公,称为"夺情"。

②纷呶(náo):纷乱喧哗。

③史嵩之(1189—1257):字子由,一作子申,鄞县(今浙江宁波)人。南宋大臣,权相史弥远之侄。嘉熙四年(1240)被宋理宗拜为右

丞相兼枢密使,都督两淮、四川京湖军马。淳祐四年(1244)遭父
丧,宋廷对其夺情起复,后史嵩之因力主和议,为公论所不容而
长期闲居。传见《宋史·史嵩之列传》。

④逭(huàn):逃,避。

【译文】

夺情的言论如果充斥朝廷,则身为人子的孝心就在每家每户沦丧
了。苍蝇不叮活着的生物而叮死了的东西,这是有东西在招引他,何况
喋喋不休地为自己辩护会导致与公论相对立呢!史嵩之、李贤、张居
正、杨嗣昌的罪恶,可谓是恶行滔天而无法逃避惩罚的。

　　唐欲夺苏颋之情①,李日知衔睿宗之命至颋家谕之,日
知见其哀毁,不敢发言,人子于此,岂更有言之可出诸口乎?
耳闻命而心裂,目对客而神伤,人且自疚曰:斯言也,胡为而
至于我之前? 君不我谅,我之为臣可知矣;友不我恤,我之
为子可知矣;我诚禽兽也乎! 而忍使吾亲有禽兽之子乎?
至于敦趣不已②,而待我之固辞,罪已通于天矣。又从而为
之辞,以冀苟留,则犬豕不食其余,弗问人也。

【注释】

①苏颋(670—727):字廷硕,京兆武功(今陕西武功)人。唐中宗时
任中书舍人,其父苏瑰担任同中书门下三品,父子二人同在朝中
掌管枢密,荣耀一时。景云元年(710)苏瑰病逝,唐睿宗命将苏
颋夺情,授为工部侍郎。苏颋上表推辞,唐睿宗又命李日知前去
传旨。李日知回奏道:"臣见到苏颋悲痛欲绝的样子,实在不忍
心说什么,担心他会发生意外。"唐睿宗只得允许苏颋守孝三年。
唐玄宗时苏颋与宋璟一同拜相,任相四年。开元十五年(727)病

逝。传见新、旧《唐书·苏颋列传》。

②敦趣：敦促。

【译文】

　　唐朝廷想让苏颋夺情起复，李日知带着睿宗的命令到苏颋家传达旨意。李日知见苏颋因哀伤而损坏了身体，于是不敢再发言提夺情的事。同样身为人子的他在那种情形下，难道还有其他的话能说出口吗？苏颋耳朵听到了君王的命令而心中如同撕裂一般痛苦，眼睛对着客人而黯然神伤，是个人都会内心感到愧疚：夺情起复这样的话，为什么要有人说给我听呢？君王不体谅我，我作为臣子的优劣可想而知；朋友不能体谅我，我作为人子的优劣可想而知。难道我确实就成了禽兽吗！我怎么忍心让我的父母有禽兽一样的儿子呢？至于朝廷不停敦促我起复，而等待我坚决推辞，我的罪恶已经通天了。若又听从命令让说出一番配合的话，希望自己能苟且留下来，这就像猪狗都不吃的垃圾一样，哪里还需要问人愿不愿意接受。

　　夫人之恶，有待吹求而始显者，有不待吹求而无不著者。夺情之恶，一言以折之，一峰、念菴、幼玄之参劾①，其犹赘辞乎！子曰："女安，则为之②。"奚足辩哉？丧亲若苏颋者可矣。

【注释】

①一峰、念菴、幼玄之参劾：一峰，即罗伦。念菴，当为"复庵"之误，指吴中行。罗纶、吴中行参劾事参见卷七"安帝一七"条注。幼玄，即黄道周（1585—1646）。字幼玄，又字螭若、螭平，号石斋，漳州漳浦（今福建漳浦）人。天启二年（1622）进士。崇祯年间翰林侍读学士。崇祯十一年（1638），重臣杨嗣昌、陈新甲、方一藻皆有家

丧,崇祯帝对其"夺情"起用,黄道周连上三疏,指责此三人不忠不孝。后因激烈反对杨嗣昌私下议和而遭贬斥。南明隆武帝时,任吏部尚书兼兵部尚书、武英殿大学士。因抗清失败被俘,于隆武二年(1646)壮烈殉国。传见《明史·黄道周列传》。

②女安,则为之:典出《论语·阳货》:"宰我问:'三年之丧,期已久矣。君子三年不为礼,礼必坏;三年不为乐,乐必崩。旧谷既没,新谷既升,钻燧改火,期可已矣。'子曰:'食夫稻,衣夫锦,于女安乎?'曰:'安。''女安,则为之。夫君子之居丧,食旨不甘,闻乐不乐,居处不安,故不为也。今女安,则为之!'"女,通"汝"。

【译文】

人的罪恶,既有需要加以审察才能够体现出来的,也有不需要加以审察就体现无遗的。夺情的罪恶,用一句话就能加以批判,罗伦、吴中行、黄道周的参奏弹劾,还不都是多余的话!孔子说:"你若感到安心,就那样做好了。"这哪里还有什么辩解的余地呢?父亲或母亲去世,像苏颋这样的做法是可取的。

三　姚宋不早诛窦怀贞徒请安置公主

太平公主谋危太子①,宋璟、姚元之请令于东都安置,睿宗曰:"朕唯一妹,岂可远置东都。"悲哉其言之乎! 自武氏之殄唐宗,惨杀其子而不恤,于是高宗之子姓,上及于兄弟,芟夷向尽,所仅存者三人而已。父暗而不能庇其生,母憯而不难置之死,又继以韦氏、宗楚客之淫凶,睿宗之与公主,其不与中宗同受刃者,幸也。原隰之哀②,伊谁相惜,凋残已尽,仅保二人。《诗》不云乎:"将恐将惧,惟吾与汝③。"况其在同气之亲乎? 故姚、宋之言,社稷之计也;睿宗之蠹然伤心④,亦讵可决于一旦哉?

【注释】

①太平公主谋危太子：据《资治通鉴·唐纪二十六》记载，太平公主起初觉得太子李隆基年少，并未放在心上。不久又惮其英武，想改立暗弱之人为太子，并安插耳目来监视太子举动。后同益州长史窦怀贞等结为朋党，"欲以危太子"；还曾乘辇车在光范门内拦住宰相，"讽以易置东宫"。宋璟、姚崇见此，请求睿宗将宋王李成器和豳王李守礼外放为刺史，而将太平公主与武攸暨安置到东都洛阳。睿宗顾念兄妹之情，当时并未同意安置太平公主于东都。

②原隰（xí）之裒（póu）：典出《诗经·小雅·常棣》："死丧之威，兄弟孔怀。原隰裒矣，兄弟求矣。"意思是生死存亡重大时刻来临之际，兄弟之间总是互相深深牵挂。无论是谁流落异乡抛尸原野，另一个历尽苦辛也要找到他。原隰，原野。裒，用手刨土放置于筐中。

③将恐将惧，惟吾与汝：语出《诗经·小雅·谷风之什》："将恐将惧，维予与女。"意思是当年担惊受怕时，唯有我帮你分忧虑。

④嘻（xī）然：悲伤痛惜的样子。

【译文】

太平公主图谋危害太子，宋璟、姚崇请求睿宗将其安置到东都洛阳，唐睿宗说："我只有她一个妹妹，怎么能将其远远安置到东都呢？"睿宗的这句话真令人感到悲伤啊！自从武则天屠灭李唐宗室、残酷杀死自己的儿子而在所不惜，于是高宗的儿子们，上及于高宗的兄弟们，几乎被诛戮殆尽，幸存下来的不过中宗、睿宗、太平公主三人而已。父亲昏庸暗弱，无法保护子女们免受屠戮；母亲残忍好杀，很容易就能将他们置于死地。武则天之后又有韦皇后、宗楚客这样猖狂凶狠的人掌权，睿宗与太平公主没有与中宗一同被杀，已经是很幸运了。同胞兄弟姐妹间，谁能彼此相互怜惜；睿宗的兄弟姐妹已经凋零殆尽，只保住了睿宗和太平公主二人。《诗经》中不是说"将恐将惧,惟吾与汝"吗?何况两人还是同父同母的至亲兄妹呢?所以姚崇、宋璟的话是为江山社稷所做的谋划。而睿宗听到后悲痛伤心,怎么能马上做出决断呢?

公主之习于悍戾也,耳习于牝鸡之晨①,目习于倾城之哲,贞士且不保其贞,而况妇人?其蔑视宫闱,操废置之权,朝章家法,亦未可遽责以顺者。虽然,岂遂无以处之哉?公主之忌太子也,尚含恶怒而未发。窦怀贞以远州长史遽起不轨之心②,导其邪而为之结党,俄而迁侍中矣,同三品矣,为左仆射平章军国重事矣,于是崔湜、萧至忠、岑羲竞起比附以取相③,李日知、韦安石衰老庸沓而无能正,刘幽求孤立以争而流窜及之。于斯时也,姚、宋位大臣,系物望,得与睿宗之密勿,夫岂不可早声怀贞之恶,以弭湜、羲、至忠之奸?而党援未削,遽欲取睿宗患难倚存之一妹,正国法以摈斥之,睿宗之心戚,而群奸之计得矣。无怀贞、湜、羲、至忠,则公主之恶不足以发,徒远公主,而群奸在位,翟茀方涉蒲州,召命旋还京邸④,其必然之势矣。

【注释】

①牝(pìn)鸡:母鸡。古时常用"牝鸡司晨"即母鸡报晓来比喻女性主持或干预政事。

②窦怀贞(?—713):字从一,京兆始平(今陕西兴平)人。进士出身,唐中宗时官至御史大夫,依附于韦皇后,迎娶韦皇后乳母。唐隆政变后,杀妻请罪,被贬为濠州司马。转而依附太平公主,迅速得到升迁,官至尚书右仆射、平章军国重事。开元元年

(713)唐玄宗继位后,窦怀贞勾结太平公主意欲作乱,阴谋泄露,唐玄宗率先发动先天政变,诛杀太平公主党羽,窦怀贞畏罪自杀。传见《旧唐书·外戚列传》《新唐书·窦怀贞列传》。

③崔湜(671—713):字澄澜,定州安喜(今河北定州)人。早年进士及第,先后依附于武三思、上官婉儿、韦皇后,官至中书侍郎、同平章事。唐隆政变后,他转而依附太平公主,升任同中书门下三品,并进中书令。开元元年(713)唐玄宗发动先天政变,崔湜被流放岭南,途中被赐死。传见新、旧《唐书·崔湜列传》。萧至忠(?—713):沂州丞(今山东临沂)人。唐中宗时因依附武三思被擢升为御史中丞,景龙元年(707)拜相。唐隆政变后,萧至忠依附太平公主,后在先天政变中被杀。传见新、旧《唐书·萧至忠列传》。岑羲(?—713):字伯华,南阳棘阳(今河南新野)人。贞观名臣岑文本之孙。景云元年(710)、先天元年(712)两度被拜为宰相。唐玄宗继位后,岑羲依附太平公主,在先天政变中被杀。传见新、旧《唐书·岑羲列传》。

④翟茀(fú)方涉蒲州,召命旋还京邸:指景云二年(711)二月,唐睿宗将太平公主安置在蒲州。同年五月,太子李隆基请求将太平公主召回京师,睿宗表示回意。事见《资治通鉴·唐纪二十六·睿宗玄真大圣大兴孝皇帝下·景云二年》。翟茀,古代贵族妇女所乘的一种车子,车帘两边或车厢两旁以翟羽(长尾野鸡的毛)为饰。蒲州,今山西永济。唐朝时此地为河中府府治所在,是长安与洛阳之间的要冲。

【译文】

太平公主习惯了强横跋扈的作风,她耳闻目睹了太多妇人当政、玩弄权术的事情,在这种情况下即使是忠贞之士都无法保全自己的忠贞,何况是一介妇人呢?她蔑视宫廷规矩,操纵任免官员的大权,朝廷的章程和家法,都无法让她迅速由逆转顺。尽管如此,难道就没有办法处置她了吗？太平公主忌恨太子，心中怀着恶意和愤怒，但还没有爆发出来。窦怀贞身为遥远州郡的长史，怀有不轨之心，引导太平公主走向邪路，与她结为同党，很快得以升任侍中、同中书门下三品、左仆射平章军国重事，于是崔湜、萧至忠、岑羲这些人竞相起来效仿窦怀贞，以求获得相位。李日知、韦安石已经衰老平庸，无法加以纠正；刘幽求孤立无缘，独自抗争结果被贬黜。在这个时候，姚崇、宋璟身为重臣，为天下众望所归，得以在睿宗身边参与机密要务，他们难道不应该早早声讨窦怀贞的恶行，以消弭崔湜、岑羲、萧至忠等人的奸诈图谋吗？在没有削弱太平公主党羽的情况下，就想要用国法来纠正她这个与睿宗患难与共的唯一亲妹妹的行为，对她加以排斥，睿宗自然心生悲痛，而众奸臣的诡计便也都得逞了。没有窦怀贞、崔湜、岑羲、萧至忠这些人，则公主的邪恶不足以爆发出来；如果只是把太平公主安置到远方去，而众奸臣依旧在位，则公主的车辇刚到蒲州，睿宗就召她回长安，这是必然的。

　　睿宗之不忍于公主者，性之正也，情之不容已也，患难与偕，义之不可忘也。若怀贞辈之于唐，九牛之一毛耳，无德望之系人心，无勋劳之在社稷，流放窜殛①，且命下而夕伏辜，一白简之劳而已②。姚、宋何惮而不为乎？卒使睿宗不能保其恩，玄宗不能全其孝，公主不能免于死，群奸恶已盈而始就诛，唐之社稷又岌岌矣，姚、宋不能辞其咎矣。

【注释】

①殛（jí）：杀死。

②白简：指古代弹劾官员的奏章。

【译文】

睿宗不忍心疏远太平公主，是出于品性的端正，是出于不能自已的真实情感。他与公主患难与共，是不可能忘记彼此间的情义的。至于窦怀贞这样的人，对于唐朝而言，不过是九牛之一毛罢了。他们没有德行、威望来聚拢人心，对于江山社稷也没有功劳，则将他们流放到边远地区甚至是加以诛杀，早上下达命令晚上他们就得伏法，这只不过需要姚崇、宋璟呈上弹劾的奏章而已。姚崇、宋璟有什么可忌惮的，为什么不这样做呢？结果最终使得睿宗不能保全其恩义，玄宗不能全其孝道，公主不能免于一死，众奸臣直到恶贯满盈才最终伏法，唐朝的社稷再度处于岌岌可危的状态中。对此姚崇、宋璟是难辞其咎的。

　　唐初之习气，士大夫过惜其类而相容忍，贤奸并列而不相妨，宁得罪于天子，而不结怨于僚友，以宋璟之刚，弗能免也，元之之智以图全，又何望焉！

【译文】

　　唐初的习气，是士大夫过分怜惜其同僚，彼此相互容忍；贤臣与奸臣并列而不相互妨碍，宁可得罪天子，也不愿与同僚结怨。以宋璟的刚直，尚且不能免俗；姚崇一向靠聪明保全自己，又哪里指望得上呢！

四　李景伯卢俌言既遣御史按察十道可罢置都督

　　按察使之设，自景云二年始①，观李景伯、卢俌之言②，则所遣者御史也。时议分天下为十道，道遣一使按察；又分二十四都督，纠察所部刺史以下善恶。嗣以景伯、俌上言生杀之柄任太重、用非其人、为害不小而罢之。罢之诚是也，而景伯、俌谓御史秩卑望重，奸宄自禁，则有未当者。何也？官之得人与不得，不系乎秩之崇卑也。唐之刺史，汉之太守也，守郡而兼刺察之任，其权重矣。任重秩尊，而使卑秩者临其上以制之，则爵轻；爵轻则不足以立事，而规避以免责。刺史怀规避之心，则下吏侮之，豪民胁之，而刑政不修。新进之士，识不足以持大体，而乐毛击以诧风裁③；贤者任私意而亏国计民生深远之永图，不肖者贪权利而无持纲挈领匡扶之至意，秩卑者望奚重哉？徒奖浮薄以灰牧守之心。故景伯、倩之言，非治理之经也。命卿贰以行④，但任以纠察，而不授以生杀兵戎财赋之权，又何任太重而专私为害之忧乎？

【注释】

①景云二年：公元 711 年。

②李景伯、卢倩(fú)之言：李景伯、卢倩，唐睿宗时分别任太子右庶子和太子舍人。景云二年唐睿宗分遣使者赴全国十道巡视考察，又下诏在全国分置二十四都督，负责纠举检察所辖区域内州县官吏的善恶得失。李景伯、卢倩等进言说："都督独掌生杀大权，权势太重，如果任用了不称职的人，那么所造成的危害就太严重了。现在御史的品位俸禄都很卑微，但是声望都很高，陛下派他们按时巡察地方，为非作歹之徒自然不敢横行。"后来睿宗罢去所有新置的都督，只是设置了十道按察使而已。事见《资治通鉴·唐纪二十六·睿宗玄真大圣大兴孝皇帝下·景云二年》。

③毛击：借琐碎事务加以责难或攻击。风裁：风宪，风纪。

④卿贰：明清时期二品、三品的京官，特成一个阶级，称为"卿贰"。卿，是指大理寺正卿等三品官员。贰，是指各部侍郎。

【译文】

按察使的设立，是从景云二年开始的。从李景伯、卢倩上奏睿宗的话看，则被派遣到各地担任按察使的都是御史。当时朝中有动议要将天下分为十道,每道派遣一位按察使负责监察;又分设二十四都督,负责纠察其辖区内刺史以下官员的善恶。后来李景伯、卢备上奏指出都督所掌握的生杀权柄太重,如果任用了不称职的人,那么所造成的危害就太严重了,因此废除了都督。废除都督是正确的,但李景伯、卢备称御史品位俸禄卑微而声望高,可以使奸邪之辈自行收敛,则是有不当之处的。为什么呢?官职是否能找到合适的人来担任,并不取决于其品级俸禄的高低。唐朝的刺史,相当于汉代的太守,负责管理一州,兼负纠察属下官吏的重任,其权力是很大的。既然刺史职责重大、品级俸禄高,那么让品级俸禄低的人居于其上来驾驭他们,则此时的官爵就显得轻了;爵位轻则不足以成事,他们便会设法规避过错以求免责。刺史既然怀有规避之心,则下面的属吏将会欺侮他,豪强大族将会胁迫他,刑罚和政令就都很难搞好。新进的士人,其见识不足秉持大体,乐于借琐碎事务对官员加以责难或攻击,以夸耀自己的刚正不阿;贤能的人任由自己的私人意愿行事,导致在事关国计民生的深远谋划方面有所欠缺;不肖的人则贪图权力和利益,没有持纲挈领、匡扶社稷的至诚意愿,那么这些品级俸禄低微的人哪里声望高了呢?所以以御史为按察使只会白白鼓励那些浮薄之士,令州郡长官感到灰心丧气。所以李景伯、卢备上书中说的话,并非治理天下的常道。如果任命二品、三品的京官出任按察使,只让他们负责纠察官吏,而不授给他们生杀予夺、军事、财赋方面的权力,又何须担心他们职权太重而专权谋私、危害国家呢?

按察使之设,后世踵之,而其法有二:一专官也,一特遣也。专官者,任之久而官于其地,其利也,久任则足以深究民情、博考吏治,不以偶尔风闻、瞥然乍见之得失而急施奖抑;其害也,与郡邑习处而相狃,不肖之吏,可徐图诉合以避纠劾[①]。特遣者,出使有时,复命有程,闲行亟返[②],不与吏亲,事止参纠,他无适掌,使毕仍复其官。其利也,职有专司,威有独伸,无狎习比昵之交,无调停迁就之弊;其害也,风土未谙,利病不亲,据乍然之闻见,定臧否于一朝,贤者任气,而不肖者行私。此二者利害各半,而收其利,免其害,则无如特遣而缓之以期,任之大臣而不以为升迁之秩;则代天子以时巡而民不劳,代诸侯之述职而事不废,因时制宜,慎择人而饬法以简,斯为得中之道乎③!

【注释】

①䜣(xī)合:谓受感而动,和合融洽。

②闲行:潜行,微行。

③得中:适当,适宜。

【译文】

按察使的设置,后世有所继承,而其具体方式有两种:一是设立专职官员,二是特别派遣使者前往地方。专职官员任职时间久且就在当地任职,其好处是任期长足以深究民情、广泛考察吏治情况,不会根据偶尔的风闻或是偶然间目睹的得失来紧急加以奖励或贬抑。其危害是与郡县官员长期相处,彼此亲近,不肖的官吏会慢慢试图讨好、迎合他们以避免被纠劾。特别派遣使者,使者出使有一定的时限,对其回朝复命也有时间要求,使者潜行察访、不与地方官吏亲近,其职责仅限于纠察弹劾官吏,没有其他任务,出使完毕仍恢复原来的官职。这样做的好处,是使者有专职专责,能够独自彰显威望,不会与地方官吏亲近、勾结,没有调停迁就的弊端。其危害则是使者对各地风土不够熟悉,不熟悉各地吏治的利弊,依据偶然间的所见所闻,在很短的时间内就确定好坏、奖惩,贤能的使者容易由着脾气行事,而不肖的使者则会以权谋私。这两种方式利害各占一半,而想要取得其好处,避免其危害,则不如特别派遣使者到各地而将复命期限延长,任命大臣为使者而不把其任此职期间的表现作为升迁的依据。如此则使者代替天子按时巡察地方,百姓不必辛劳;使者代替诸侯述职,政事也不至于荒废。因时制宜,慎重选择使者人选而令其简明切要地整饬法令,这才是适宜之道吧!

若夫过任都督,使之畸重,则天下且不知有朝廷,而唯知有都督。节度分疆,而唐室以裂;行省制命,而元政不纲;皆此繇也。则景伯、俌之请罢之,诚定论也。

【译文】

至于过分给予都督权力,使其地位过重,则天下人将不知道有朝廷,而只知道有都督。节度使分掌唐朝的疆土,李唐王朝因此陷于四分五裂;行省控制了政令,结果元朝的政治变得缺乏纲纪,都是由于这一原因。如此则李景伯、卢俌请求废除都督,这确实是定论。

玄　宗

【题解】

唐玄宗李隆基(685—762)，是唐睿宗李旦第三子，其母为窦德妃。李隆基生性英明果断，多才多艺。初封楚王，后改封临淄王。唐隆元年(710)六月，李隆基与太平公主联手发动"唐隆政变"，消灭韦后集团，拥立睿宗即位。先天元年(712)，李旦禅位于李隆基，但仍与太平公主共同把持实权。先天二年(713)，李隆基发动"先天政变"，赐死太平公主，真正取得了国家最高统治权，改元开元。玄宗在位前期，勤于政事，任用姚崇、宋璟、张九龄等贤臣，拨乱反正，并在政治、经济、军事、文化各方面积极进行革新和整顿，巩固并发展了唐朝政权，开创了空前的繁荣局面，史称"开元之治"。但玄宗在位后期，逐渐怠慢政务，生活上奢靡腐化；政治上宠信李林甫、杨国忠等人，致使朝政混乱；在边疆问题上出现政策失误，重用安禄山等胡人将领，使其势力和野心膨胀，最终酿成了长达八年的安史之乱，直接导致了唐朝中衰。天宝十五载(756)叛军攻陷长安、洛阳，玄宗逃往蜀地，太子李亨于灵武即位，尊其为太上皇。至德二载(757)玄宗返回长安，宝应元年(762)病逝于长安神龙殿。

唐玄宗早年的励精图治为唐的高度繁荣做出了重大贡献，但他晚年的失误也给唐朝人民带来了巨大灾难，诚如王夫之所言，"其治乱之相差为尤县绝"。玄宗晚节不保的原因，是历代学者热衷探讨的话题。

王夫之认为,开元之治在天宝年间的崩坏,与贞观、元和之治无法善终实有相通之处。他指出,一般才智的君主,血气方刚时大多心智未全、志向未坚,又缺乏经验,容易受外界诱惑,滋生怠惰心理;等到其年富力强后,见闻日广,浮荡的志气收敛,厌倦了声色娱乐,就能够懂得自身修养的重要性,改过向善。而玄宗与太宗、宪宗却都是年轻时即颇有作为,建立了显著的功勋,面对这种特殊情况,他们没能摆正修德与立功的关系,一味追求立功而忽视自身修养,自然容易志得意满,因一时的成功而"逸豫",最终酿成了有善始而无善终的悲剧。

安史之乱因何而爆发,也是历代学者所注目的话题。王夫之在本篇中,主要从兵制和军事力量的空间格局两方面进行了分析。一些学者认为,玄宗改府兵制为募兵制,对于安史之乱的爆发起到了刺激和加速作用。对此,王夫之不以为然,他指出,府兵制积弊已久,"穷之必变",进行兵制改革实属必要。从效果来看,二十万府兵的裁撤并没有引起大的动荡,反而减轻了相关民众的负担,是值得肯定的。在他看来,问题出在府兵制虽然废除,但长期累积的积弊却并未同步消失,依然困扰着朝廷;替代府兵制的长从宿卫、矿骑制度本身还在探索之中,没能立即生效,这就使得边将趁机而入,窃取府兵制下原本积累的军事资源,用以蓄养私人武装力量,自立军府,这才使他们具备了叛乱的本钱。而从军事空间格局看,玄宗设立十节度使,绝大部分在边疆,边军强盛而内地武备废弛,军事空间格局明显外重内轻、外强内弱。而玄宗却还自诩居轻御重,殊不知强枝弱干的结果必然是一旦边将萌生异心,裹挟边军反叛,朝廷即无还手之力,一败而无以为继。所以,王夫之认为,在国家腹地必须驻扎重兵,保证国家能掌控足够的军事力量,决不能"虚其腹心"而"委专征之权于边将"。实际上,外重内轻的军事格局也正是明代军事部署的显著特征,这在相当程度上导致了明末军事上的失败。所以王夫之的这番议论,既是对安史之乱历史教训的总结,也包含着对明代灭亡教训的沉痛反思。

一　杨相如疏言法贵简而能禁

言治道者,至于法而难言之矣。有宋诸大儒疾败类之贪残,念民生之困瘁,率尚威严,纠虔吏治,其持论既然,而临官驭吏,亦以扶贫弱、锄豪猾为己任,甚则醉饱之愆,帘帏之失[1],书篓之馈[2],无所不用其举劾,用快舆论之心。虽然,以儒者而暗用申、韩之术,将仁恕宽平之言,尧、禹、汤、文、孔、孟其有奖乱之过与?

【注释】

① 帘帏:帘幕。这里指代卧室。

② 篓(shà):扇子。

【译文】

谈论国家治理之道的人,谈到法的时候就很难讲清了。宋朝诸位大儒痛恨败类的贪婪残酷,体谅民生的艰难,都崇尚威严,主张严厉监督和纠察吏治。他们既然已经秉持这样的观念,那么到他们担任官职、统御属吏的时候,也同样以扶持贫弱、铲除豪强与狡猾习民为己任,甚至对于官吏醉酒之后的过错,私生活方面的过失,书籍、扇子一类的馈赠,全部都加以纠举弹劾,从而获取了舆论的欢心。尽管如此,身为儒者却暗中采用申不害、韩非的法家伎俩,难道能够用仁爱忠恕、宽和平易的话为依据,说尧、禹、汤、周文王、孔子、孟子都犯下了鼓励混乱的过错吗?

仁而弱,宽而纵,崇情以斁法[1],养奸以病民,诚过矣。然使其过也,果害于国,果贼于民,则先王既著之于经,后世抑守之以律,违经破律,取悦于众,而自矜阴德,则诚过矣。

欲谢其过,抑岂毛举瘢求、察人于隐曲②,听惰民无已之怨讟③,信士大夫不平之指摘,辱荐绅以难全之名节,责中材以下以不可忍之清贫,矜纤芥之聪明,立难撄之威武也哉? 老氏以慈为宝④,以无为为正,言治言学者所讳也。乃若君子之言,曰宽、曰简、曰不忍人、曰哀矜而勿喜,自与老氏之旨趣相似而固不同科,如之何以羞恶是非之激发妨其恻隐邪?

【注释】

①骫(wěi):同“委”。

②毛举瘢(bān)求:吹毛求疵。瘢,皮肤上的斑点。

③怨讟(dú):怨恨诽谤。

④以慈为宝:语出《老子》第六十七章:“我有三宝,保而持之:‘一曰慈,二曰俭,三曰不敢为天下先。’”

【译文】

过于仁厚而导致软弱,过于宽和而导致放纵,过于尊崇情感而捐弃法律,姑息养奸而给民众带来祸患,这确实是过失。然而如果这种过错果真有害于国家,果真会祸害民众,则先代圣王将“仁恕宽平”写入经典,后世也将其作为律条来遵守,违背经典、破坏法律以取悦大众,而自认为积了阴德,这确实是过错。但想要避免这种过错,难道就应该吹毛求疵、窥察别人的隐情,听从懒惰民众无休无止的怨恨诽谤,相信士大夫不够公允的指责挞伐,用难以保全的完美名节为标准来折辱高级官员,用难以忍受的清贫为标准来责求中等才智以下的官员,自恃细微的聪明,以树立他人难以抗拒的威严吗? 老子将慈爱当作至宝,将无为当作正道,这是谈论治学的人所避讳的话题。至于像儒家君子所宣称的宽和、简易、怜悯体恤别人、悲悯他人而不沾沾自喜,本身都与老子的旨趣有相似之处,只是不同道而已,为什么要用羞恶是非这样的话来刺激别人，妨碍其恻隐之心呢？

　　绝人之腰领，死者不可复生矣；轻人之窜逐，弃者不可复收矣；坏人之名节，辱者不可复荣矣。唯夫大无道者，怙终放恣，自趋死而非我杀之，自贻辱而非我辱之，无所容其钦恤耳。苟其不然，于法之中，字栉而句比之①；于法之外，言吹而行索之；酒浆婢妾之失，陷以终身，当世之有全人者，其能几也？恶非众恶，害未及人，咎其已往，亿其将来②，其人虽受罚而不服，公议亦或然而或否，欲坚持以必行而抑自诎矣。徒为繁密之深文，终以沮挠而不决，一往恶恶之锐气，亦何济于惩奸，而祇以辱朝廷羞当世之士邪？

【注释】

①栉：梳理。

②亿：臆测，预料。

【译文】

　　斩断人的腰和脖子，人一死就不可以复生了；轻易将别人贬谪到偏远地区，人一旦被抛弃就无法再回收了；破坏别人的名节，名节一旦受辱就无法再恢复荣耀了。只有那些确实大逆不道的人，放纵恣肆而死不悔改，他们是自取死路而不是别人逼迫的结果，是自取其辱而不是别人侮辱他们，所以对待这种人不必加以怜悯体恤。如果对方本不是那样大逆不道的人，却要在法律范畴内通过审查字句来寻找其过失，在法律之外吹毛求疵地找寻其语言行动中的失误，以至于仅因喝醉酒后或者是婢女侍妾方面的过失就终身受困，当世符合完美标准的人，又能有几个呢？恶并非危害众人之恶，也不曾真正伤害他人，却因为以往的过错而被追究处罚，预料自己的将来也会受此影响，则官员即使受了处罚,内心也不服气。众人的议论对此也是或赞成或反对,但自己却非要坚持这样做,最终给自己带来困扰。徒劳地用繁杂细密的法律条文来苛责别人,最终却因为受到阻挠而犹豫不决,则一往无前、厌恶恶行的锐气,对于惩处奸邪之辈又有什么帮助呢?只会辱没朝廷、羞辱当代的士人罢了。

　　夫曰宽、曰不忍、曰哀矜,皆帝王用法之精意,然疑于纵弛藏奸而不可专用。以要言之,唯简其至矣乎! 八口之家不简,则妇子喧争;十姓之间不简,则胥役旁午①;君天下,子万民,而与臣民治勃溪之怨②,其亦陋矣。简者,宽仁之本也;敬以行简者,居正之原也。敬者,君子之自治,不以微疵累大德;简者,临民之上理,不以苛细起纷争。礼不下于庶人,不可以君子之修,论小人之刑辟;刑不上于大夫,不可以胥隶之禁,责君子以逡巡③。早塞其严刻之源,在创法者之善为斟酌而已。

【注释】

①旁午:交错,纷繁。

②勃溪:争吵,争斗。

③逡巡:有所顾虑而徘徊不前或退却。

【译文】

　　所谓宽和、怜悯体恤别人、悲悯他人而不沾沾自喜,都是帝王运用法律的精深意旨。然而这些原则难免会有导致过于宽纵、姑息养奸的疑虑,所以不能专用。如果就重要程度而言,大概只有"简易"算是最为重要的原则吧! 八口人组成的家庭如果不简易持家,则儿子媳妇间会争吵不休;十姓人家组成的街巷如果不秉持简易之道,则各种徭役事务必定会变得纷繁交错、杂乱无章。天子君临天下、统治万民,却与臣民间产生细碎琐屑的仇怨,这也实在是太浅陋了。简易是宽仁的根本;心怀敬意而践行简易之道,这是能居于正道的本源。所谓敬,是君子自身的修养,不让微小的瑕疵拖累自己的大德;所谓简,是统治民众的上策,不因为苛刻细碎而引起纷争。礼不下及于普通百姓,所以不能用君子的修养作为标准,来讨论对于小民的刑罚;刑不上于大夫,所以不能用针对基层胥吏的禁令,来责难君子心怀顾虑、徘徊不前。早早堵塞严厉苛刻的源头,就在于创制法律的人是否善于斟酌而已。

玄宗初亲政,晋陵尉杨相如上言曰①:"法贵简而能禁,刑贵轻而必行。小过不察,则无烦苛;大罪不漏,则止奸慝。"斯言也,不倚于老氏,抑不流于申、韩,洵知治道之言乎!后世之为君子者,十九而为申、韩,鉴于此,而其失不可揜已。

【注释】

①晋陵:今江苏常州。

【译文】

唐玄宗亲政之初,晋陵县尉杨相如上书进言,称:"法律条文贵在简明扼要而能禁止奸邪,刑罚贵在轻缓而能坚决执行。对臣下的细小过失不去计较,就能屏除烦琐苛刻的法律;对重大的罪行不使漏网,就能制止邪恶。"这句话,不倚靠老子的理论,也没有流于申不害、韩非的法家学说,诚然是懂得国家治理之道的言论了!后世身为君子者,十分之九都流为申不害、韩非那样的法家门徒,有鉴于此,其错误是不可遮掩的。

二　张九龄言浅中弱植之徒有才无耻

夫苟欲自全其志行以效于国，则乐党淫朋以败官常也，必其所不欲为。乃立身无玷，而于邪佞终不得而远，究以比匪受伤^①，势成于无可如何，而正志不伸、修名有累者，抑何多也！张九龄抱忠清以终始，敻乎为一代泰山乔岳之风标^②，为李林甫所侧目，而游冥寥以消矰弋^③，观其始进奏记于姚崇，可以得其行己待物之大端矣。其言曰："君侯登进未几，而浅中弱植之徒^④，已延颈企踵而至，岂不有才，所失在于无耻。"至哉其言之乎！

【注释】

①比匪受伤：语出《周易·比卦》之《象辞》："比之匪人，不亦伤乎。"意思是亲近结交不应亲近的奸邪之人，这岂不也是要受到伤害吗？

②敻（xiòng）：远。乔岳：高山。本专指泰山，后成为泛称。

③游冥寥以消矰（zēng）弋：语本张九龄《感遇十二首·其四》："今我游冥冥，弋者何所慕！"意思是如今我在高远的苍茫天空中翱翔，那些猎鸟的人还能渴求什么呢？冥寥，高远的天空。矰弋，系有生丝绳的用来射飞鸟的短箭。

④植：心志。

【译文】

只要一个人想保全自己的志向和操行以求报效国家，则乐于党同荒淫放纵的朋友以破坏为官的基本准则，必定是他所不愿意做的事。可是虽然立身清白无瑕，但对于奸邪之辈却不能加以远离，终究因为与这些人的亲近结交而受到损伤，造成无可奈何的态势，而正直的远大理想无法实现、还连累了自己的美好名声,这样的例子又何其多! 张九龄一贯忠诚清廉,堪称一代楷模,受到李林甫的忌恨,而翱翔于苍茫高远的天空中以解除猎鸟者的觊觎。看他刚开始写给姚崇的奏记,就能够推断出他对待自己和他人的大概方式了。他说:"君侯您担任宰相职务后不久,那些浅薄鄙陋、软弱无能的人就已经伸长了脖子、踮起了脚跟向您围拢过来,他们中间也许会有有才能的人,但他们的过失就在于太无耻了。"这句话实在是太对了!

　　夫以鸿才伟望,一旦受天子之知,爰立三事,隆隆炎炎,熏蒸海内,物望之归,如夏云之蓊兴,春流之奔凑,所不待言矣。于斯时也,有所求而进者进矣,无所求而进者进矣。有所求而进者,志在求而无难窥见其隐也;无所求而进者,徐而察之,果无所求也,是其为乐我之善,玉我于成,以共宣力于国家者乎? 于是乐与之偕,而因以自失。夫恶知无所求而进者,为熏蒸之气所鼓动,不特我不知其何求,使彼自问,亦不知其何以芸芸而不自释也;无他,浅中者其量之止此,而弱植者自无以立,待人而起者也。俄而势在于此,则集于此矣,俄而势在于彼,则移于彼矣,害不及而避其故也如惊,福不及而奔其新也如醉。君子小人一伸一屈,数之常也,言为之易其臧否,色为之易其颦笑,趾为之易其高下,则凡可以抑方屈而扬方兴者,无所不用,与斯人居,而上不病吾君、下不病吾民、中不贻他日之耻辱者,鲜矣。故天下之可贱、可恶、君子远之必夙者,唯此随风以驱、随波以逝、中浅而不知事会之无恒、植弱而不守中心之所执者也。

【译文】

那些具有雄才厚望的人，一旦受到天子的赏识，位列三公，其威势兴隆，声望高涨，在整个天下都炙手可热，为众望所归，就像夏天的云陡然层叠累积，就像春天的溪流一样奔腾汇聚在一处，这自然是不需要多说的。在这个时候，有所求的人聚集到他的身边，无所求的人也聚集到了他的身边。因为有所求而前来的人，其志向在于得到所求之物，所以不难窥见他们的隐秘心思。对于那些无所求而聚集过来的人，他通过慢慢观察，发现他们果真没有在求取什么，他会想这难道就是对我的优点感到高兴、想要帮助我成就大事、共同为治理国家而尽力的人吗？于是他便乐意与这些人携手共事，结果造成了自己的失误。他哪里知道那些无所求而聚集过来的人，实际上是被熏蒸的气氛所鼓动，不仅他不知道那些人在追求什么，让他们扪心自问，他们自己同样不知道自己究竟为什么要这样做而无法让自己释怀。这没有别的原因，因为内心浅薄者的气量仅此而已，而志向不够坚定的人无法自立，所以需要仰赖别人扶持自己起来。一会儿威望权势聚集在这个人这里，他们就集中在此人身边；一会儿威望权势转移到另一个人身上，他们也随之转移到那个人身边。尽管旧人失势并不会危害到他们，但他们迅速避开旧人，就好像受惊了一样；新人得势，他们并不能沾染福泽，但他们却急于趋向新人，就好像喝醉了酒一样。君子小人一伸一屈，本是常事，可是这些人面对更迭却可以在言语上改变其是非善恶的评判标准，在表情上改变其愁闷或高兴的情绪，在态度上改变其高低姿态。凡是可以贬抑刚刚失势者而颂扬刚刚得势者的事情，他们没有不去做的。与这样的人相处而上不危害君王、下不祸害百姓、中不给自己留下日后之耻辱的情形，是非常罕见的。所以天下可贱、可恶、君子必定要早早远离的人，正是这些随风飘动、随波逐流、内心浅薄而不懂得时势变化无常的道理、志向薄弱而不能坚守心中信念的人。

生于教衰行薄之日，履物望攸归之位，习尚已然，弗能速易，惟有杜门却迹，宁使怨谤，勿与周旋，以自立风轨而已耳[1]。天下方乱而言兵，天下初定而言礼，时急于用而言财，乃至教兴道显而相仿以谈性学，皆中之浅、植之弱，足以玷君子之修名，而或一违时、则反唇相诋而不遗余力者也。乍与周旋，容其旅进，一为其所颠倒，欲不病于而国、累于而身、败于而名也，其可得乎？司马温公失之于蔡京[2]，唯察此之未精耳。九龄唯早曙于此也，故清节不染于浊流，高蹈不伤于钳网。其诗曰："弋者何所慕[3]。"无可慕也，鸿飞之冥冥，所以翔云逵而为羽仪于天下也[4]。

【注释】

①风轨：风标，轨范。

②司马温公失之于蔡京：据《宋史·蔡京列传》记载，宋哲宗即位之初，司马光掌权，废雇役法而恢复差役法，限期五天。臣僚们都担心太急迫，只有蔡京坚决执行，使其辖区全部改雇役为差役，没一人违反。他到政事堂向司马光汇报，司马光高兴地说："若人人奉法如君，有什么行不通！"到了绍圣初年，当时的宰相章惇又改变役法，设机构讨论，长时间不能决策。蔡京对章惇说："按熙宁役法实行，还有什么可议论的？"章惇同意，于是决定采用雇役法。十年间蔡京在差役法的态度上发生了完全的扭转，有见识的人因而发现了他的奸狯。

③弋者何所慕：语出张九龄所作《感遇十二首》："今我游冥冥，弋者何所慕。"

④云逵：比喻仕宦之途。羽仪：《周易·渐卦》爻辞："鸿渐于陆，其羽可用为仪。"孔颖达疏："处高而能不以位自累，则其羽可用为

物之仪表,可贵可法也。"后世因以"羽仪"比喻居高位而有才德,被人尊重或堪为楷模。

【译文】

生于教化衰落、世风日下的时代,占据众望所归的显要职位,在社会风气已然如此的情势下,没办法迅速改变世风,唯有闭门不出,宁愿忍受别人的怨恨诽谤也不与他们周旋,从而自己树立风标、轨范罢了。在天下刚开始混乱时谈论军事,在天下初定时谈论礼制,在国家用度紧缺的时候谈论财政赋税,乃至于在教化兴起、正道显现的时候相互仿效、谈论性理之学,都是内心浅薄、志向不坚定的表现,足以玷污君子的美名。而一旦自己的主张与时势出现不和,则聚集在自己身边的那些人就会不遗余力地反唇相讥。如果一开始就与那些人周旋,容许其与自己一同进退,则一旦被这些人颠覆了自己的原则,想要不危害国家、连累自身、败坏自己的名声,能办得到吗?司马光在对待蔡京的问题上犯了错误,正在于没能彻底地认清他的面目。张九龄正因为早就明白这个道理,所以自己的清白节操未被浊流污染,超脱世俗而不受陷阱、罗网的伤害。他写的诗中说:"弋者何所慕。"确实没有什么可美慕的,他就像鸿雁翱翔于高空,所以他能够在仕途上一帆风顺,居于高位而受人尊重。

三 宋璟卢怀慎张九龄清而不激

唐多才臣,而清贞者不少概见,贞观虽称多士,未有与焉。其后如陆贽、杜黄裳、裴度[①],立言立功,赫奕垂于没世[②],而宁静淡泊,固非其志行之所及也。唯开元之世,以清贞位宰相者三:宋璟清而劲,卢怀慎清而慎[③],张九龄清而和,远声色,绝货利,卓然立于有唐三百余年之中,而朝廷乃知有廉耻,天下乃藉以乂安[④],开元之盛,汉、宋莫及焉。不然,则议论虽俿,法制虽详,而永徽以后,奢淫贪纵之风,不能革也。

【注释】

①裴度(765—839):字中立,河东闻喜(今山西闻喜东北)人。唐德宗贞元五年(789)进士,唐宪宗时累迁御史中丞。他支持宪宗削藩,因而与宰相武元衡分别遇刺,头部受伤,旋即代武元衡为相。后亲自出镇,督统诸将平定淮西之乱,因功封晋国公,世称"裴晋公"。此后历仕穆宗、敬宗、文宗三朝,数度出镇拜相。晚年因宦官专权,辞官退居洛阳。开成四年(839)去世。传见新、旧《唐书·裴度列传》。

②赫奕:显赫的样子。

③卢怀慎(? —716):滑州灵昌(今河南滑县)人。早年进士及第,历任监察御史、侍御史、黄门侍郎等职,虽居高位,但为官清廉。唐玄宗继位后被拜为宰相。他自认才能不如姚崇,遇事常常推让,被讥为"伴食宰相"。开元四年(716)病逝。传见新、旧《唐书·卢怀慎列传》。

④乂安:安定,太平无事。

【译文】

唐代有很多才臣,而清廉坚贞之士却不多;贞观时期虽然号称"多士",却也没有清廉坚贞之士。其后如陆贽、杜黄裳、裴度等人,都曾立言、立功,功绩显赫而名垂后世,但宁静淡泊却本来就不是他们的志向和品行所能达到的境界。唯独在开元年间,身为清廉坚贞之士而位居宰相的人就有三位:宋璟清廉而刚劲,卢怀慎清廉而谨慎,张九龄清廉而宽和。他们都远离声色,杜绝财货,卓然立于唐代三百多年的历史中,而朝廷因为他们的存在懂得了廉耻,天下仰赖他们而变得安定。开元时代的繁盛,汉、宋两朝都比不上。如果没有清廉坚贞之士的存在,则议论即使再精当,法律制度即使再完善,高宗永徽年间以后奢侈荒淫、贪婪放纵的风气,也是不可能被成功革除的。

　　抑大臣而以清节著闻者,类多刻核而难乎其下,掣曳才臣以不得有为,亦非国民之利也。汉、宋之世,多有之矣,孤清而不足以容物,执竞而不足以集事,其于才臣,如水火之相息、而密云屯结之不能雨也。乃三子之清,又异于是,劲者自强,慎者自持,和者不流,而固不争也。故璟与姚崇操行异而体国同;怀慎益不欲以孤介自旌,而碍崇之设施;九龄超然于毁誉之外,与李林甫偕而不自失,终不与竞也。唯然,而才臣不以己为嫌,己必不替才臣以自矜其素履,故其清也,异于汉、宋狷急之流,置国计民生于度外,而但争泾渭于苞苴竽牍之间也。呜呼! 伟矣! 杨震也,包拯也,鲁宗道也①、轩輗、海瑞也②,使处姚崇、张说、源乾曜、裴耀卿之间③,能勿金跃于冶、冰结于胸否邪④? 治无与襄,功无与立,徒激朋党以启人主之厌憎,又何赖焉?

【注释】

①鲁宗道(966—1029):字贯之,亳州(今安徽亳州)人。北宋大臣。少年孤贫,举进士后,累官至秘书丞。天禧元年(1017),担任右正言谏章,以敢于直言著称。后官至右谏议大夫、参知政事,因不畏强权、刚直不阿,世称"鱼头参政"。传见《宋史·鲁宗道列传》。

②轩輗:参见卷四"宣帝九"条注。

③源乾曜(? —731):相州临漳(今河北临漳)人。唐中期大臣。进

士出身,历任户部侍郎、尚书左丞等职,开元四年(716)被唐玄宗拜为宰相,不久与姚崇一同被免官,改任京兆尹,四年后复任宰相。源乾曜任相期间,张嘉贞、李元纮等人先后掌握实权,但是源乾曜在重大问题上从不发表意见。传见新、旧《唐书·源乾曜列传》。裴耀卿(681—743):字焕之,绛州稷山(今山西稷山)人。唐玄宗时大臣。开元二十一年(733)拜为宰相。任相期间,建议玄宗疏通漕运,征调江淮粮赋以充实关中。开元二十四年(736)因与张九龄交好而素受李林甫的嫉恨,被罢相。传见新、旧《唐书·裴耀卿列传》。

④金跃于冶:典出《庄子·大宗师》:"今之大冶铸金,金踊跃曰:'我且必为镆铘。'大冶必以为不祥之金。""跃冶"即指跳跃于冶炼炉中的金属。后以此比喻自以为能,急于求用。

【译文】

凡是以高尚节操而闻名的大臣,大多苛刻严厉而使得其属下官员犯难,会掣肘有才能的大臣,使其不能有所作为,这对国家和民众并不有利。在汉朝、宋朝,这样的人是很多的。他们孤高清介而容不下他人,喜欢与人抗争而无法合力办成大事;他们与有才能的大臣,就如同水火一般相互阻碍、造成密云聚集却无法下雨的状况。可是宋璟、卢怀慎、张九龄三人的清廉,又与汉代、宋代那些人不同。他们中刚劲的人能自强,审慎的人能自持,宽和的人不随波逐流,而且都不喜欢与人相争。所以宋璟与姚崇虽然操行有异,但都能公忠体国;卢怀慎更不愿以孤高耿介来自我标举,从而妨碍姚崇的施政作为;张九龄超然于诋毁与赞誉之外,与李林甫一道为官而始终没有迷失自己,始终不与人相争。正因如此,那些有才能的大臣才不会感到被他们嫌弃,他们自己也必定不会拿过去的履历和作为来贬低有才能的大臣,所以其清廉是不同于汉朝、宋朝那些清廉却急躁的大臣的。那些人将国计民生置之度外,却只围绕着礼品、信札一类的小事与人泾渭分明地争斗。唉!宋璟、卢怀慎、张九龄真是伟大啊！杨震、包拯、鲁宗道，轩辕、海瑞，如果让他们处在姚崇、张说、源乾曜、裴耀卿这些开元时期的宰相之中，他们能不自以为能而急于求用吗？他们无法助力国家治理，没办法建立功勋，只会白白激起朋党之争，令君王心生厌恶，又哪里值得依赖呢？

夫三子之能清而不激，以永保其身、广益于国者，抑有道矣。士之始进也，自非猥鄙性成、乐附腥羶者，则一时名之所归，望之所集，争托其门庭以自处于清流之选，其志皆若可嘉，其气皆若可用也。而怀清之大臣，遂欣受之以为臭味，于是乎和平之度未损于中，而激扬之情遂移于众，竞相奖而交相持，则虽有边圉安危之大计①，黎民生死之远图，宗社兴衰之永虑，皆不胜其激昂之众志，而但分流品为畛域，以概为废置。夫岂抱清贞者始念之若斯哉？唱和迭增，势已成而弗能挽也。于是而知三子者之器量远矣，其身不辱，其志不歉，昭昭然揭日月而行者，但以率其固然之俭德，而不以此歆召天下，奉名节为标榜，士固无得而附焉。不矜也，亦不党也，不党则不争矣。

【注释】

①边圉（yǔ）：边疆。

【译文】

宋璟、卢怀慎、张九龄三人都能做到清廉但不愤激，从而总能保全自身、对国家多有益处，也是有其道理的。士人在刚刚踏入仕途的时候，本身都不是卑鄙猥琐成性、乐于依附声名狼藉之辈的人，则看到一时名誉所归、声望所集之人，他们便争相奔赴其门庭，希望自己能跻身清流之选。其志向看起来都是值得嘉奖的，其气势看起来都是值得任用的。而怀着清廉节操的大臣,若就此欣然接受他们的依附,与他们声息相通,则其心中的中正和平之度不曾受损,而激扬之情却转移到其周围士人身上。他们彼此相互鼓励和扶持,则即使有事关边疆安危的大计、事关黎民生死的长远谋划、事关宗庙社稷兴衰的深远计议,大臣也都难以抗拒激昂的众人之志,于是便只能依据流品作为确定自己立场的依据,根据这一立场来决定对于各项政策的态度。这难道是秉持清廉坚贞信条的士人一开始所持有的理念吗?等到大臣与身边士人的唱和越来越频繁,不良的局势已然形成,就无法再挽回了。由此可以知道宋璟、卢怀慎、张九龄三人的器量是何等宏阔。他们自身不受辱,其志向也不曾改变,像日月运行一样明明白白。他们只是秉持自身所固有的简约品德,而不以此来号召天下,标榜自己的名节,所以士人自然没办法依附他们。他们不自负,也不结党,不结党自然不会引起党争。

　　呜呼!士起田间,食淡衣粗,固其所素然矣。若其为世禄之子,则抑有旧德之可食,而无交谪之忧①;读先圣之书,登四民之上,则不屑以身心陷锥刀罿蕝之中,岂其为特行哉?无损于物,而固无所益,亦恶足以傲岸予雄而建鼓以求清流之誉闻乎②?天下之事,自与天下共之,智者资其谋,勇者资其断,艺者资其材,彼不可骄我以多才,我亦不可骄彼以独行,上效于君,下逮于物,持其正而不厉,致其慎而不浮,养其和而不戾,天下乃赖有清贞之大臣,硗硗者又何赖焉③?故君子秉素志以立朝,学三子焉斯可矣。有伯夷之廉,而骄且吝,亦人道之忧也。

【注释】

①交谪:相互埋怨。这里指因贫穷而受到家人的埋怨。

②予雄：自诩英雄。

③硗硗（qiāo）：高峻的样子。此处形容人顽固倔强。

【译文】

　　唉！士人如果出身农家，那么粗茶淡饭的生活本来就是他们所习惯的。如果士人是官宦人家的子弟，则也有先辈遗留的恩泽可以享受，不必担心因贫穷而受到家人埋怨。他们读先代圣贤的书，跻身士农工商的最高阶层行列，则不屑于将自己的身心投入到琐碎污秽的事物中去，这难道算得上特立独行吗？对他人没有损害，但也没有什么益处，这样又哪里足以傲岸自立、自诩英雄，而想要树立声望、获取清流的美名呢？天下的事务，自然应当与天下人共同承担。智者倚仗自己的智谋，勇者倚仗自己的果断，有才艺的人倚仗自己的才能。有才艺的人不能因为其才艺就骄傲，感觉凌驾于我之上；同样我也不能因为自己的特立独行就自感比对方优越。上效忠于君王，下及于他人，秉持正道而不严厉，保持谨慎而不轻浮，涵养中和之道而不暴戾。天下所仰赖的是这种清廉坚贞的士人，哪里需要那些顽固倔强之辈呢？所以君子秉持自己的一贯信念立于朝堂之上，效仿宋璟、卢怀慎、张九龄三人是可以的。有伯夷那样的清廉，但却骄傲并且吝啬，这样的为人之道也是值得忧虑的。

四　崔日知因李杰之纠反构杰罪

　　奸人被发，而诬发奸者以罪，其罪不贳①：两俱有奸，而因人之发，还相为发，则后发者之罪，姑置勿论，而先发之奸，罪在不贳；诚彼之有奸也，奚不早声其罪以论奏之，而待己慝已彰，乃相反噬乎？

【注释】

①贳（shì）：宽纵，赦免。

【译文】

奸邪之人被人告发，却反过来诬告揭发自己奸邪行为的人有罪，这样的人罪不可赦。如果告发者与被告发者都有奸邪的行为，而一方因为被另一方告发，就反过来告发对方，则后面那个被揭发者的罪责，暂且可以搁置不论，前一个告发者的奸邪，是罪不容赦的。即使后一个被告发者确实有罪，前一个被告发者为什么不早早声讨其罪行、上奏书弹劾他，却要等到自己的罪行暴露后才反咬一口呢？

京兆尹崔日知贪墨不法[①]，御史李杰纠之[②]，日知反构杰罪。勿论杰罪之有无也，杰不可以日知之言而坐，日知不可以讦杰而宽。玄宗纳杨玚之言[③]，释杰而窜日知，允矣。虽然，有说焉。御史、京兆尹，皆法吏也。尹之贪暴，御史之所必纠；御史汰纵于辇毂[④]，尹亦习知，而执官守以论劾之。假令杰败官箴、藏奸宄、以下挠尹权，知日知之必摘己愆，而先掇拾其过以钳制之，将亦唯杰之搏击而扪日知之舌乎？则杨玚所云"纠弹之司，奸人得而恐喝，则御史台可废"者，亦偏护台臣之党，而非持平之论也。

【注释】

①崔日知：字子骏，滑州灵昌（今河南滑县）人。唐中期官吏，有行政才干，被称为"健吏"。唐玄宗时任京兆尹，因贪赃受到御史李杰等人弹劾，贬歙县丞，后官终潞州长史。传见新、旧《唐书·崔日知列传》。

②李杰：本名务光，相州滏阳（今河北磁县）人。唐中期官员。明敏有吏才，甚得时誉。历任河南尹、御史大夫、扬州大都督府长史等职。传见新、旧《唐书·李杰列传》。

③杨玚：字瑶光，华州华阴（今陕西华阴）人。唐玄宗时官吏，历迁
　　侍御史、国子祭酒、左散骑常侍等职。传见《旧唐书·良吏列传》
　　《新唐书·杨玚列传》。

④辇毂：皇帝的车辇，代指京城。

【译文】

　　京兆尹崔日知贪赃枉法，御史李杰弹劾他，崔日知反过来指控李杰
有罪。姑且不论李杰是否有罪，李杰都不能因为崔日知的话而被处罚，
崔日知也不可能因为攻击李杰而受到宽赦。唐玄宗采纳杨玚的建议，
释放李杰而贬谪崔日知，这是公允的。尽管如此，此事也还是有值得讨
论之处。御史、京兆尹，都是执法的官吏。京兆尹贪婪残暴，这是御史
必定要加以弹劾的；御史在京城放纵不法，京兆尹早就清楚，而根据自
己的职责上奏弹劾他，也是合理的。假如李杰确实败坏官德、心怀奸
邪、阻挠京兆尹执法，知道崔日知必定会揭发自己的罪行，于是便先搜
罗崔日知的劣迹而钳制他，难道就只能听任李杰攻击崔日知而不让崔
日知开口反击吗？如此则杨玚所说的"专门负责纠察弹劾官员的机构，
如果让奸邪之人得以随意加以恐吓，则御史台这一机构就可以废除
了"，也是偏袒同为谏官的同僚的话，并非公允持平之论。

　　夫日知之罪，不可以构杰而减，固也；而杰罪之有无，抑
不可以不察。杰果无罪，则日知既以贪暴抵法，而益之以诬
贤之恶，加等之刑，不但贬为丞而足蔽其辜；若杰而有罪也，
亦不可以纠日知故而概不加察。今玚不辨杰罪之有无，但
以护台臣而护杰；且当开元之始，群贤皆有以自见，而杰无
闻焉，杰之为杰，亦可知矣。玚为御史台存纲纪，而不为朝
廷别贤奸，非平允之论也。天子虚衷以详刑，则奸人自无所
藏奸；士人正己以匡世，则小人自弗能置喙；又非可以禁恐

喝斥、反构一切之法弹压天下者也。

【译文】

崔日知的罪责，不能因为他反过来攻击李杰就得到减免，这是肯定的；而李杰是否有罪，也是不可以不加以追查的。李杰如果确实无罪，则崔日知本身已经因为贪婪残暴而犯法，现在又加上污蔑贤臣的罪责，理应罪加一等，贬为县丞已经不足以抵消其罪行了；如果李杰有罪，那么也不能因为他弹劾了崔日知就一概不加以追究。如今杨玚不分辨李杰是否真的有罪，却只为了保护谏官就去庇护李杰。况且在开元初期，众贤臣都得到了自我表现的机会，而李杰却没有什么突出表现，则李杰的水准，由此也就可以知道了。杨玚想要保护御史台免受攻击以保存纲纪，却不为朝廷分辨贤臣和奸臣，他的话不是平允之论。天子如果能无所偏私地审慎司法，则奸佞之人自然无从隐藏其奸邪；士人端正自身以匡扶当世，则小人自然没有攻击的由头。这些都不是通过禁止恐喝谏官、驳斥官员反诬谏官这样的一刀切法令弹压天下来能办到的。

五　敕郑铣郭仙舟为道士

君与臣为谑，则朝无章；朝无章，则邪佞玩而巧雠其慝。故闻以道裁物者矣，其次则以法禁下矣；道不可揆，法无所饬，君谑其臣而以资浅人之庆快[①]。庆快者，浅人也；乘之以交谑者，奸人也；道法之君子，知其不足以君天下，而奚快焉？

【注释】

①庆快：庆幸喜悦。

【译文】

君王如果与臣下相互戏谑,则朝廷就没有了章法;朝廷没有章法,则奸佞之人就会玩弄花招,巧妙地施展自己的奸计。所以如常言所说,首先要以道来裁断事物,其次则是以法来禁止臣下的不当行为。如果既不用大道来裁定事物,也不用法令整饬臣下行为,君王通过嘲谑臣下的方式来让那些浅薄之人感到庆幸喜悦,凡对此感到庆幸喜悦的,都是浅薄之人;凡借此机会相互戏谑的,都是奸佞之人。遵守正道和法令的君子,知道这样的君王不足以君临天下,又有什么可高兴的呢?

郑铣、郭仙舟投匦献诗①,述游仙之旨,以媟上听②,按法而窜殛之,或姑贷而斥罢之,允矣。堂堂为天下君,弗能秉道以饬法,惩奸止邪,乃度之为道士,聊与之谑,以供浅人之一笑;然则贪人聚敛而赐之金粟,淫人劝蒸而畀以少艾乎③?且铣与仙舟奉敕而为道士矣,恶知其不栩栩然集徒众、建楼观、采铅汞以鸣得意而猎厚利哉?玄宗之为此,聊以谑也;小人得天子之谑,而以谑为荣,无知者竞荣之;未数年而张果、叶法善、邢和璞辐辏于天子之廷④,非此致之哉?

【注释】

①郑铣、郭仙舟投匦(guǐ)献诗:郑铣,时任河南参军。郭仙舟,时任朱阳县丞。据《资治通鉴·唐纪二十八·玄宗至道大圣大明孝皇帝上之下·开元六年》记载,其二人向朝廷投书献诗,玄宗认为他们的诗文崇尚道家法度,至于时用,则"不切事情"。于是将两人免官,度为道士。匦,朝廷接受臣民投书的匣子。

②媟(xiè):轻侮,轻慢。

③畀(bì):给,给以。少艾:指年轻美丽的女子。

④张果、叶法善、邢和璞：皆为道士，因精于道术而受到唐玄宗宠信。辐辏：即"辐凑"。形容人物聚集在一起。

【译文】

郑铣、郭仙舟向朝廷投书献诗，阐述游心仙境的旨趣，以轻侮皇帝的视听，按照法律对他们加以贬黜甚至诛杀，或者姑且赦免他们而将其罢官，都是公允的处置。玄宗身为堂堂天子，却不能秉持正道、整饬法律，不惩罚奸臣、禁止邪恶行径，却将郑铣、郭仙舟两人度为道士，姑且与他们戏谑调笑，以供浅薄之人会心一笑。如此说来，难道见到聚敛财富的贪婪之人就应该赐给他金钱和粮食，见到淫乱之人劝自己行乐，就应该赐给他美貌的少女吗？况且郑铣、郭仙舟既然已经奉敕做了道士，又怎能知道他们不会像模像样地聚集徒众、建造楼观、采集铅汞以自鸣得意而求取厚利呢？玄宗这样处置他们，是一时兴起的戏谑；小人受到天子的戏谑，而以被戏谑为荣。那些无知的人竞相以此为荣。没过几年，张果、叶法善、邢和璞等道士就纷纷聚集到天子的朝堂中来，这难道不是玄宗戏谑之举的后果吗？

君可以谑其臣，臣抑可谑其君，交相谑，则上无章而下无忌。萧瑀①，大臣也，太宗听其出家，亦谑也；此唐之所以无政也。论者快之，谓足以惩奸而警俗，国宪官箴法律刑纪皆可不用，而以谑惩奸，天下其谁警哉？浅人之所快，君子之所羞称久矣。

【注释】

①萧瑀（yǔ，575—648）：字时文，南兰陵（今江苏武进）人。唐朝初期大臣，南朝梁明帝萧岿第七子、隋炀帝萧皇后之弟。在隋朝曾任内史侍郎，后归顺唐高祖，拜为民部尚书。唐太宗李世民即位

后,萧瑀六任宰相,又六次被罢相。贞观十七年,名列凌烟阁功臣第九位。萧瑀笃信佛教,其女儿多有出家者,李世民曾戏谑地问萧瑀:"你虔诚信仰佛教,为什么不出家呢?"传见新、旧《唐书·萧瑀列传》。

【译文】

君王可以戏谑其臣子,臣子也可以戏谑其君王,君臣相互戏谑,则上无章法而下无顾忌。萧瑀是朝中大臣,太宗却听任其出家,这也是一种戏谑。这就是唐朝之所以没有贤明之政的原因。议论者对太宗、玄宗的戏谑举动感到痛快,认为这足以惩罚奸邪而警醒世俗之人。有国家法令、官员守则、法律、刑法、纲纪等却都不采用,而以戏谑来惩罚奸佞之人,天下有谁会因此警醒呢?浅薄之人所感到痛快的事物,实际上是君子早就羞于提及的事物。

六 放姜皎归田

姜皎与诛逆之功[①],玄宗闻宋璟之谏,放之归田,下制曰:"南阳故人,以优闲自保。"其于刘幽求、钟绍京[②],胥此道也。所以裁抑私劳,防其僭乱,得矣。而或病其寡恩。夫以远之者全之,而国家不受其败,诚无取于涓涓之惠也[③],奚病哉!

【注释】

①姜皎:秦州上邽(今甘肃天水)人。武则天当政时期曾任润州长史。与唐玄宗交好,参与唐隆政变。唐玄宗即位后,以功拜殿中监,封楚国公。开元五年(717),宋璟见其权宠太盛,恐非久安之道,屡次奏请玄宗对其加以抑制,玄宗于是下敕书称:"西汉诸将,多以权贵不全;南阳故人,并以悠闲自保。"命令姜皎归田致

仕。但不久又将其起复。开元十年(722)因漏泄禁中语而被发配钦州,卒于流放途中。后来唐玄宗念及其旧日功勋,允许其灵柩返回故乡。传见《旧唐书·姜皎列传》。

②钟绍京(659—746):字可大,虔州赣(今江西赣州)人。唐中期大臣、书法家。参与唐隆政变,睿宗即位后担任中书令,掌握实权,但不久即被贬出京城。唐玄宗即位后,复召拜户部尚书。此后屡经浮沉,终因玄宗念及其功勋而得以善终。传见新、旧《唐书·钟绍京列传》。

③涓涓:细水慢流的样子。

【译文】

　　姜皎曾立下参与诛杀逆臣的功勋,唐玄宗听到宋璟的谏言后,放他回归田园,下敕书称:"东汉时光武帝的南阳故人,都靠悠游闲居而得以自保。"他对于刘幽求、钟绍京,也都是采用这种处置办法。玄宗用这种办法来遏制为自己夺权立下私劳的臣子,防范他们僭越作乱,是对的。而有人因此诟病玄宗刻薄寡恩。玄宗让姜皎等人远离朝堂使他们身家性命得以保全,而这样做也使国家得以不受他们的败坏,这是不屑于用源源不断的小恩小惠来邀买人心的表现,怎能对此加以诟病呢!

　　帝之讨韦氏也,幽求与薛景暕、崔日用与有赞襄之功①;其见忌于太平公主、窦怀贞也,则宋璟、姚崇、张说、陆象先、王琚与皎或力争于睿宗,或决计以诛公主②。然而帝之待之也则异。非但璟、象先之清忠,崇、说之才干,可任以大,非余子所及也;此诸君子者,昌言于睿宗之廷,持正论以定社稷,从则君受其福,不从则己婴其祸,非行险贪功,以太子为孤注者也。若夫绍京、幽求、皎、琚之流,虽曰仗正,而密谋相结,露刃以向宫闱,亦险矣哉! 夫国家之治乱不恒也,大臣之安危无定也,所奉者之贞邪未可据也。韦氏虽逆,而亦一国母;公主虽逆,而亦一懿亲。求遂其拥戴之勋,而推刃于君之骨肉,其可与? 久居密勿,而弗虑其恩怨之数迁乎? 故数子者,幸而不为谢晦、杨素耳;即有姚崇、张说之能,近赵普而已。普为开国元臣,不足以容身于太宗之世,数子者又何微功之足倚邪? 璟、崇、说、象先之谏,安玄宗即以安睿宗矣,忠臣效也。幽求、绍京、皎、琚,其去乱人也无几。君子忘身以徇国,亦为其所可为者而已,过此未有不以召憎恶于明主者。若遇猜忍之君,则里克、甯喜之服刑③,亦其自取,而不可但咎其君之刻薄。明乎此,君知所以待有功之臣,臣知所以立节而全身矣。

【注释】

①薛景晊(? —724):即薛崇晊,又名崇简,河东汾阴(今山西万荣)人。唐中期大臣,太平公主之子。景云元年(710)中宗暴毙。时为卫尉卿的薛崇晊与其母太平公主、李隆基等人谋诛诸韦、安乐公主。睿宗即位,封为立节王。开元元年(713)玄宗即位,尽诛太平公主之党,薛崇晊因数谏其母被挞,特免死,赐姓李,出为蒲州别驾。后因坐事谪居,虽起复,终因抑郁而死。事见《大唐故袁州别驾薛府君墓志铭》《旧唐书·刘幽求列传》等。赞襄:辅助,协助。

②则宋璟、姚崇、张说、陆象先、王琚与皎或力争于睿宗,或决计以诛公主:指太平公主忌惮李隆基,意欲改立太子。宋璟、姚崇见此秘密进言睿宗,直陈太平公主在宋王李成器、豳王李守礼与太子之间构陷生事,希望睿宗可以将宋王、豳王外放,将太平公主安置于东都。后张说进言睿宗,认为有奸邪之人离间东宫,希望

可以让太子监国。至开元元年(713),太平公主擅权用事,与玄宗有隙。王琚进言玄宗,认为形势紧迫,必须尽快谋诛太平公主。张说也从东都洛阳派人给唐玄宗送来了一把佩刀,请玄宗及早决断。等到魏知古告发太平公主意欲发动叛乱,姜皎等人定计率先下手诛除太平公主。事见《资治通鉴·唐纪二十六》。陆象先(665—736),字崇贤,苏州吴县(今江苏苏州)人。本名景初,睿宗赐今名。唐中期大臣。举制科高第,为扬州参军,迁监察御史。景云二年(711)进中书侍郎、同平章事。太平公主擅权时,不参与废立玄宗之谋,坚持认为不可废黜玄宗。玄宗即位,以功封兖国公,极力保护曾投靠到太平公主门下的官员。未几,罢为剑南按察使,为政宽简。后迁太子少保。传见新、旧《唐书·陆象先列传》。

③里克:春秋前期晋国卿大夫。在"骊姬之乱"中曾杀死先后为晋国君主的骊姬之子奚齐、卓子,拥立晋惠公。但惠公即位后对里克充满猜忌,终派郤芮率兵包围里克家。里克自尽而亡。其事见于《左传》。甯喜:春秋时期卫国卿大夫,卫殇公时担任执政。卫殇公十二年(前547),逃亡在外的卫献公派使者联络甯喜,许诺自己归国后将给予其更大权限。甯喜于是设计谋杀了卫殇公,迎卫献公返回卫国。献公复位后,他以功臣自居,趾高气扬。卫献公厌恶其恃傲专权,借大夫公孙免余之手杀死了甯喜,并将其陈尸于朝。其事见于《左传》。

【译文】

玄宗诛讨韦皇后时,刘幽求与薛景晡、崔日用等人有辅助的功劳;玄宗被太平公主、窦怀贞所忌恨时,宋璟、姚崇、张说、陆象先、王琚与姜皎或在睿宗面前力争,为玄宗说话,或是帮助玄宗拿定主意诛杀太平公主。然而玄宗对待他们的方式却有所不同。这不仅是因为宋璟、陆象先清正忠诚,姚崇、张说富有才干,可以被委以重任,不是其余那些人所能比得上的，也是因为他们四位大臣，在睿宗的朝廷上直言不讳，秉持正论来安定社稷。如果君主听从他们的言论，则君主身受其福；如果君主不听从他们的言论，则他们自己遭受其祸。他们并非因贪图功劳而冒险行事，将身为太子的玄宗作为筹码孤注一掷。至于钟绍京、刘幽求、姜皎、王琚之流，虽然号称是坚守正道，然而却相互结交密谋，操弄兵刃直指宫闱，也真是阴险叵测啊！国家的治乱不能长久不变，大臣的安危难以确定，钟绍京等人所尊奉的正邪立场也就不可依凭。韦后即使大逆不道，毕竟也是身为国母；太平公主即使大逆不道，毕竟也是皇室至亲。钟绍京等人为了获取拥戴之功而将屠戮的刀刃推向君主的至亲，这难道可以吗？让这种人长期居于机要之地，难道就不考虑其恩怨经常会发生变化、有可能反过来危害君王吗？所以这些人，幸亏没有成为谢晦、杨素这样的人。即便钟绍京等人有姚崇、张说那样的才干，也不过是和赵普差不多罢了。赵普作为宋朝的开国元勋，尚且不足以安身于宋太宗统治之时，而钟绍京等人又哪里有什么微末的功劳可以用来凭借呢？宋璟、姚崇、张说、陆象先的谏言，安定了玄宗的地位，既而也安定了睿宗，这正是忠臣作用的充分体现。刘幽求、钟绍京、姜皎、王琚，他们距离乱人也相差无几。君子奋不顾身的为国家效力，也只需要做到自己所能做的就可以了，超过这个限度就必定会招致贤明君主的憎恶。如果遇到喜欢猜忌的残忍君主，则像里克、宵喜那样遭到诛戮，也是咎由自取的结果，不能只归咎于其君王的刻薄。明白这个道理，则君王能够知道如何对待有功之臣，臣子可以懂得如何树立名节、保全自身。

七　发粜太府及府县粟敛民间恶钱销毁

经国之远图，存乎通识。通识者，通乎事之所繇始、弊之所繇生、害之所繇去、利之所繇成，可以广恩，可以制宜，可以止奸，可以裕国，而咸无不允。于是乎而有独断。有通识而成其独断,一旦毅然行之,大骇乎流俗,而庸主具臣规目前之损益者^①,则固莫测其为,而见为重有损,如宋璟发太府粟及府县粟十万石粜之,敛民间恶钱送少府销毁是已^②。

【注释】

①具臣:备位充数之臣。

②宋璟发太府粟及府县粟十万石粜之,敛民间恶钱送少府销毁:指开元初年,宰相宋璟"请禁恶钱",行用二铢四累钱,销毁不能用的旧钱。当时江淮地区多有劣钱,于是派监察御史萧隐之出使江淮,令各户口交出,捕责甚峻。结果导致"市井不通,物价益贵"。宋璟"又请出米十万斛收恶钱",由少府监销毁。事见《新唐书·食货志》。

【译文】

治理国家的长远计划,在于具备通识。所谓通识,就是了解事物产生的缘由,了解其弊端何以产生,了解如何消除其危害,了解如何获取其益处。这样就可以广施恩泽,可以因时、因事、因地制宜,可以防范奸邪,可以使国家变得富裕而没有做不到的。因此就会形成独断。一位大臣有通识而形成独断,一旦毅然付诸实践,就会使流俗之人大为惊骇。而平庸的君主、备位充数的大臣,根据眼前的利益得失,无法把握和测度这种行动的结果,而只能见其带来的重大损失。像宋璟将太府及各府县所储藏的十万石粮食拿出去售卖,从而将民间流通的粗劣钱币收上来、送交少府加以销毁,就是一个这样的例子。

散粟于民,而取其值,疑不足以为仁之惠;君与民市,疑不足以为义之宜;以粟易钱而销毁之,徒取值于民而无实于上,疑其病国而使贫;一旦为之,不可测而可骇,庸主具臣闻言而缩舌,固其所必然矣。以实求之,夫岂然哉?取值不有,而散十万之粟于待食之人,不费之惠也;下积恶钱,将随敝坏,上有余粟,将成红朽,而两易之,制事之宜也。乃若大利于国者,则尤非浅见褊衷之所易知也。恶钱之公行于天下,奸民与国争利,而国恒不胜,恶钱充斥,则官铸不行;人情趋轻而厌重,国钱之不能胜私铸久矣。恶钱散积于人间,无所消归,而欲人决弃之也,虽日刑人而不可止;发粟以收恶钱者,使人不丧其利而乐出之也。销毁虽多未尽,而民见上捐十万粟之值付之一炬,则知终归泯灭而不肯藏,不数年间,不待弃捐而自不知其何往矣。恶钱不行则国钱重,国钱重则鼓铸日兴,奸民不足逞,而利权归一,行之十年,其利百倍十万粟之资,暗偿之而赢余无算,又岂非富国之永图乎?

【译文】

将粮食出售给民众,以收取对等价值的钱币,这看起来并不足以算是仁慈的恩惠;君王与百姓相互交易,看起来并不能算是符合君臣大义的举动;用粮食换取粗劣钱币并将其销毁,白白地从百姓手中获取钱币却并没能充实国库,看起来像是在危害国家、使其变得贫穷。一旦这么做了,就会显得难以捉摸而令人惊骇,所以平庸的君主、备位充数的大臣听到宋璟的话都吓得闭口缩舌,也是势所必然的。如果从实际出发加以考察,事情难道真是如此吗?尽管从百姓手中收取了钱币,但并不占有钱币,而将十万石粮分发给需要食物的人,这实际上是无须额外花费的恩惠;民间积累了不少粗劣钱币,随时有腐蚀朽坏的风险,朝廷府库中有多余的粮食,很快将发霉腐烂,这个时候用粮食交换粗劣钱币,正是两全其美的处置方式。至于这一举动大大有利于国家,则更不是那些抱持浅薄见解和狭隘立场的人所能轻易明白的道理。粗劣的钱币公然通行于天下，奸民与国家争利，而国家总是胜不过他们，于是粗劣钱币充斥天下，而官方铸造的良币却难以流通；人们都趋向轻钱而厌弃重钱，所以国家铸造的钱币总是无法胜过私铸的钱币。粗劣的钱币散乱地在民间累积，无处可供处置，想要人们决绝地放弃这些钱币，即使每天都对百姓动用刑罚也是做不到的。通过抛售粮食来获取民间的粗劣钱币，使人们的利益不会受损，他们自然就乐意交出钱币了。尽管销毁掉的粗劣钱币远不是全部，但百姓看到朝廷将花费十万石粮食换来的粗劣钱币都付之一炬，就会知道粗劣钱币终究将会泯灭，因此不肯再私藏这种钱币。不用几年，不需要专门扔掉，这些钱就不知道流向何处去了。粗劣钱币不再通行，则国家所铸的良币地位就加重了；国家所铸良币地位加重，则国家的铸币事业将日益兴隆，奸民想要施展奸计便不能得逞，于是利权皆归于朝廷。这样实行十年，获得的利益相当于十万石粮食价值的一百倍，不仅补偿了原有的花费，还会有难以计数的盈余。这难道不是能够富国的长远计划吗？

　　乃当其时，愚者不测也，吝者不决也，非玄宗之倚任，姚崇、苏颋之协恭[1]，则璟言出而讪笑随之矣。司国计而知大体者之难；小人以环堵之识[2]，惜目睫之锱铢，吝于出而急于纳，徒以削民敛怨，暗耗本计于十年之后，而吮之如蜜，王安石之以病宋者此也。不耕而思获，为盗而已，为乞而已；盗与乞，其可与托国哉！

【注释】

①协恭：友好合作。

②环堵：形容狭小、简陋。

【译文】

　　可是在当时，愚昧的人不能理解宋璟的做法，客嗇的人对此犹豫不决，如果不是玄宗对宋璟具有充分的信任和倚重，姚崇、苏颋都能与宋璟精诚合作，则宋璟的计划一说出口就会遭到嘲笑。为国家掌管财政的人才懂得国家大计的艰难；小人以狭隘浅薄的见识，客惜眼前的些微利益，客于支出而急于敛财，只会剥削民众，招致怨恨。暗中消耗了本打算用于十年之后的资源，却像吮吸蜂蜜一样自鸣得意。王安石之所以危害了宋朝，就是因为这一缘故。不耕种却想要收获，那就只能去当强盗或乞丐罢了，哪里能把国家托付给强盗和乞丐呢？

八　制五服并依丧服传文

　　黄帝正昏姻而父子定，《周礼》，父在为母服齐①，以体黄帝之精义，而正性以节情，非圣人莫能制也。武氏崇妇以亢夫，而改为斩衰②，于是三从之义毁③，而宫闱播丑，祸及宗社。开元七年④，敕五服并从礼传⑤，乃士大夫议论纷起，各从其意，迷先圣之典，逆时王之命，褚无量叹曰⑥："俗情肤浅，一紊其制，谁能正之？"伤哉！言之而无能知也，知之而无能信也，信之而无能从也，圣人不足以垂训，天子不能以行法，天下之锢人心、悖天理者，莫甚于俗，莫恶于肤浅，而奸邪悖逆者不与焉，有如是哉！

【注释】

①服齐（zī）：指按齐衰之礼服丧。齐衰是《周礼》"五服"中第二重的丧服。其服以粗疏的麻布制成，衣裳分制，断处缉边，缘边部分缝缉整齐，故名"齐衰"。有别于斩衰的毛边。服期为三月到三年不等。唐代以前，母死而父在，则需为母服齐衰一年；若父亲

已死,则为母服齐衰三年。

②斩衰:《周礼》"五服"中最重的丧服。用最粗的生麻布制布制做,断处外露不缉边,丧服上衣叫"衰",因此称"斩衰"。表示毫不修饰以尽哀痛。服期为三年。古代诸侯为天子,臣为君,男子及未嫁女为父,承重孙(长房长孙)为祖父,妻妾为夫,均服斩衰。

③三从之义:指妇人未嫁从父,出嫁从夫,夫死从子。语出《仪礼·丧服》:"妇人有三从之义,无专用之道,故未嫁从父,既嫁从夫,夫死从子。"

④开元七年:公元 719 年。

⑤礼传:指《周礼·丧服传》。

⑥褚无量(646—720):字弘度,杭州盐官(今浙江海宁)人。唐代大臣、目录学家。精通《三礼》及《史记》。唐玄宗时担任左散骑常侍兼国子祭酒,曾主持缮写刊校内府所藏经籍。传见《旧唐书·褚无量列传》《新唐书·儒学列传》。

【译文】

黄帝端正了婚姻制度,父子之间的名分由此确立。按照《周礼》,母亲去世后,若父亲仍在世,则儿子需要为母亲服一年的齐衰之礼,以体现黄帝确立的精义,端正品性以节制情感。若非圣人,是不能做到的。武则天抬高妇女的地位,以使其能与丈夫相抗衡,将儿子为母亲服一年齐衰之礼的规定改为服斩衰三年,于是"未嫁从父、出嫁从夫、夫死从子"的大义被破坏,而宫闱之中丑行流播,危及宗庙社稷。开元七年,玄宗下敕书规定五服均以《丧服传》的规定为准,但士大夫们对此议论纷纷,执行时则各行其是,既不能分辨先圣典制的真意,又违背了当代君王的命令。褚无量感叹道:"世俗的感情肤浅,未能了解圣人制礼的用心,这种定制一经打破,谁还能加以匡正呢!"真是令人伤感啊! 能够用言语说出来却不能够真正懂得其中的道理,能够懂得道理却不能相信,能够相信却不能够依从,圣人的话不足以垂训后世,天子不能够推行法制。天下禁锢人心、违背天理的事物中，没有比鄙俗更严重的，没有比肤浅更恶劣的了，而那些奸诈邪恶、违背正道的人危害反倒不如鄙俗与肤浅，其危害竟严重到了这个地步！

奸邪悖逆之坏法乱纪也，其恶著，其辨不能坚，势尽情穷，及身而止，无以乱天下后世也。俗则异是。其始为之倡者，亦怀奸耳，亦行邪耳，亦悖王章、逆天理、以逞其私耳；乃相沿而成，末流之泛滥，则见以为非而亦有其是也，见以为逆而亦有其顺也。其似是而顺乎人情者，何也？人莫不有所溺而利以为归也。夫人之用爱也易，而用敬也难；知情者众，而知性者少；于养也见恩，而于德见惮；皆溺也。而不但此也。出而议礼于大庭，入而谋可否于妻子，于是而父之得与母同其尊亲，亦仅存之法纪使然耳。不然，伸母以抑父，父齐而母斩，又岂非其所可为、所忍为者哉？于是亲继父而薄继母，怙母党以贼本支，茫然几不知为谁氏之子。"何知仁义，以享其利者为有德"[①]，犹且自诩孝慈以倡率天下，中国之不狄、人之不禽也，几何哉？

【注释】

①何知仁义，以享其利者为有德：语出《史记·游侠列传》："鄙人有言曰：'何知仁义，已飨其利者为有德。'"意思是哪里知道什么仁义，只是受过谁的好处就认为谁有仁德。

【译文】

奸邪悖逆之人破坏法纪，其恶行昭著，其自我辩解必定软弱苍白。等到山穷水尽的地步，他们就会停止其恶行，所以无法扰乱天下后世。

鄙俗之人则与其不同。这些人最初提倡某些主张,也是心怀奸诈,也是为了推行其邪恶图谋,也是悖逆王法、违背天理、以求实现私愿罢了。可是沿袭日久,其末流逐渐泛滥,则虽然是不合乎道理但看起来也有正确之处;虽然是悖逆之道,但似乎也有顺应人情之处。这些主张能够显得似乎有可取之处、似乎能顺应人情,是什么原因呢?人都有自己所沉溺的事物,都会以得到这些事物为有利,将其作为自己的依归。一个人要喜爱某些事物容易,但能够用心去敬重他们就很难了。懂得情感的人很多,懂得天性的人就很少。从父母对自己的生养中可以感到恩情,但对于支撑人立身的品德就感到忌惮了。这些都是沉溺的表现。而事情还不止于此。出门在外,于朝堂之上议论礼法;回到家中,向妻子儿女征询意见,于是父亲能够得到与母亲一样的尊崇地位,已经是仅存的法纪起作用的结果了。若非如此,抬高母亲地位而压抑父亲,为父亲行齐衰之礼而为母亲行斩衰之礼,又哪里是鄙俗之人所不能做、不忍做的事情呢?于是他们亲近继父而不敬继母,仰仗和凭恃母家势力来残害自己的父系本家,茫然不知道自己到底是哪家哪姓之子。鄙俗之人"哪里知道什么仁义,只是受过谁的好处就认为谁有仁德",他们尚且自诩遵循对上孝敬、对下慈爱之道,试图做天下的表率,如此一来,中国不沦为夷狄、人不化身禽兽,还能如何呢?

天性者,藏密者也,非引闻见以归心、潜心以体性、顺性以穷理者,不能喻也。肤浅以交于人伦,十姓百家浮动之志气,违天理而与奸邪悖逆者之情相合,所必然已。故曰:恶莫大于俗,俗莫偷于肤浅。无量之叹,垂之千年,而帝王不能正,士大夫不能行,呜呼!人道之沦亡,吾不知其所终已!

【译文】

天性是隐藏于人内心中的，如果不是通过所见所闻来回归本心、专一用心以体察本性、顺应本性而穷尽天理，就不能洞悉天性。肤浅的理解与人伦相结合，以普通百姓之家浮动的志气，必然会违背天理而与那些奸邪悖逆之人意见相合。所以说，没有比鄙俗更恶劣的了，而鄙俗没有比肤浅更致命的了。褚无量所感叹的情况，历经千年之后，帝王依旧不能加以纠正，士大夫依旧不能践行正道。唉！人道的沦丧，我不知道究竟会发展到什么样的地步！

九　流裴虚己于新州而贷岐王

论鲁庄公者曰："母不可制，制其侍御之人①。"以此而事不顺之父母，未尽善也，以施之不令之兄弟，则义正而恩全，道莫尚焉。舜使吏治象国，而不得暴其民，圣人亦如是而已。不谓玄宗之能及此也。驸马都尉裴虚己私从岐王游②，挟图谶，坐流新州③，离其婚，法严而无所贷；于岐王则不以此怀疑，而慰安之如故。夫虚己挟邪说以私交，而岐王客之，王岂无罪乎？而虚己之辟既伸，则游王门者咸知畏忌。以生长深宫之帝子，居宦官宫姜之间，旦歌夕饮以戢其邪心，固不待加威而自安侯服矣④。

【注释】

①"论鲁庄公"几句：语出朱熹对鲁庄公的评价："母不可制，当制其侍御之仆从。"鲁庄公（？—前662），姬姓，名同。春秋时期鲁国君主，鲁桓公与其正妻文姜所生嫡长子。前694年，鲁桓公携文姜出访齐国，发现文姜与其兄长齐襄公乱伦私通而斥责文姜，最终齐襄公派人将鲁桓公杀死，姬同继任鲁国国君，是为鲁庄公。

此后文姜长期居住在齐国,后来回到鲁国禚地,但仍然常常与齐襄公相会,并在那里遥遥地指挥鲁庄公管理政事。而鲁庄公则无法约束文姜的作为。事见《左传》。

②驸马都尉裴虚己私从岐王游:裴虚己,唐玄宗驸马。出身河东裴氏,家世显赫,迎娶唐睿宗之女、唐玄宗之妹霍国长公主,官拜驸马都尉、光禄少卿。但他经常与玄宗的弟弟岐王李范等一帮名士交往,并偷偷携带谶纬预言方面的书籍。当时玄宗不允许大臣与王公私下有任何交往,而谶纬预言方面的书籍是朝廷明令禁止的禁书。裴虚己因而触犯了玄宗的忌讳,被勒令与公主离婚,并被流放岭南。事见《旧唐书·睿宗诸子列传》。岐王,即李范(? —726),本名李隆范,唐睿宗第四子、唐玄宗之弟。其父第一次当皇帝时,封郑王,后改卫王;唐睿宗复位后,进封岐王。唐玄宗诛杀萧至忠、窦怀贞等,李范因功加实封满五千户。开元初年任太子少师、太子太傅等职。开元十四年(726)薨逝,册书赠惠文太子。传见《旧唐书·睿宗诸子列传》《新唐书·三宗诸子列传》。

③新州:今广东新兴。

④侯服:王侯之服。指代豪华奢侈的生活。

【译文】

评论鲁庄公的人说:"既然他无法约束控制其母亲,那他就需要约束控制在其母亲身边进行侍奉的人。"依据这一原则来事奉不顺理的父母,未必能尽善尽美;但如果用以对待不肖的兄弟,则既合乎大义又能保全兄弟之恩,没有比这更合乎正道的了。舜派遣官吏去治理其弟弟象的封国,使象不能暴虐对待其百姓,圣人也不过是这样对待不肖的兄弟而已。没想到玄宗也能懂得这个道理。驸马都尉裴虚己私自与岐王李范交游,且私自携带图谶书籍,因此罪被判处流放新州,玄宗勒令其与公主离婚,可谓执法严厉而无所宽恕。但对于岐王,玄宗则不因此对其加以怀疑，而仍然像往常那样抚慰他。裴虚己挟持邪说私自与岐王交游，而岐王将他当成座上宾，岐王怎么可能无罪呢？而裴虚己既然已经遭到了严厉惩罚，则在岐王府上走动的人就都懂得敬畏和忌惮了。岐王身为生长于深宫中的皇子，居于宦官、宫女、姬妾之间，白天欣赏歌舞，晚上饮酒，他的邪念在此过程中就逐渐消泯了，所以本来就不需要施以威严，他自己就已经安于豪华奢侈的王侯生活了。

无左吴、赵贤①，则淮南不能谋逆；无宇文述、杨素，则杨广不能夺嫡；无张公谨、尉迟敬德②，则太宗不能杀兄；天下之乱，酿成于徼幸功名者之从臾者类然也。博望启，而戾太子之项县于湖城③；天策开，而隐太子之血流于玄武④；事成则祸及于国，不成则殃及于身。玄宗日游诸王于斗鸡吹笛之间，而以雷霆之威，亟施之挑激之小人，诸王保其令祚，王室无所震惊，不亦休乎！不能殛逐燃乱之奸，继乃摧残其同气，睿宗所以纵窦怀贞而仅存一妹，终以伤心也。周公以顽民授管叔，固不如舜之与象以天子之吏治其国，而永保其恩也。故曰："圣人，人伦之至也⑤。"法其一端，可以尽伦，可以已乱，尧、舜之道，人皆可学，亦为之而已矣。

【注释】

①左吴、赵贤：淮南王刘安的门客和谋士，参与淮南王谋反的策划。

②张公谨（594—632）：字弘慎，魏州繁水（今河南南乐）人。唐初著名将领。早年在王世充手下为官，后归顺唐高祖李渊，受尉迟敬德等人举荐，被李世民引入幕府。玄武门之变前，李世民让占卜的人烧龟甲卜吉凶，张公谨恰巧从外而入，他拿起龟甲扔在地上，进言道："凡行卜筮，是以决嫌疑，定犹豫，现在举事不疑，用

得着卜卦吗？如果卜不吉，势已不可停阻，希望大王您仔细想想。"李世民表示赞同。玄武门之变中，张公谨与长孙无忌等九人埋伏在玄武门之外，参与诛杀李建成、李元吉，并独自抵挡住了其党羽对玄武门的进攻。贞观元年(627)，拜代州都督。后助李靖伐突厥，擒颉利，屡有战功，封郯国公。不久，病逝于襄州都督任上。传见新、旧《唐书·张公谨列传》。尉迟敬德(585—658)：名恭，字敬德，以字行，朔州善阳(今山西朔州)人。隋炀帝时在高阳参军讨伐暴乱兵众，大业十三年(617)追随刘武周起兵反隋，担任偏将。武德三年(620)投降李世民。此后跟随李世民进攻王世充，讨伐窦建德、刘黑闼、徐圆朗，屡立战功。武德九年(626)六月，跟随李世民发动玄武门之变，射杀李元吉，后论功行赏，尉迟敬德被定为头等。贞观十九年(645)随李世民征讨高句丽，显庆三年(658)在家中去世。传见新、旧《唐书·尉迟敬德列传》。

③博望启，而戾太子之颈县于湖城：戾太子，指汉武帝太子刘据。据《汉书·武五子传》记载，汉武帝为太子刘据建博望苑，以供其交接宾客。于是有好多以异端邪说来进献给太子的。后来太子遭江充诬陷，因不能自明而起兵反抗诛杀江充等人。汉武帝误信谎情，以为太子谋反，遂发兵镇压。太子兵败逃亡到湖县，最终因拒绝被捕受辱而自杀。

④天策开，而隐太子之血流于玄武：据新、旧《唐书》记载，唐高祖武德四年(621)，秦王李世民击败王世充、窦建德联军，被封为天策上将。唐高祖为其建"天策府"，允许其自行招募人才作为天策府中官员，李世民于是在天策府中开"文学馆"延揽学士。后来随着李世民与太子李建成矛盾日益激化，最终爆发了"玄武门之变"，李世民在天策府部属和谋士帮助下伏击杀死李建成，夺得太子之位。

⑤圣人，人伦之至也：语出《孟子·离娄上》："孟子曰：'规矩，方员
之至也；圣人，人伦之至也。'"意思是圣人是处理人伦关系的最
高典范。

【译文】

若没有左吴、赵贤，则淮南王不能谋逆；若没有宇文述、杨素，则杨
广不能夺嫡；若无张公谨、尉迟敬德，则唐太宗不能杀死其兄李建成。
天下之乱，往往都酝酿于那些心存侥幸、猎取功名的追随者、奉承者。
武帝为戾太子开博望苑，结果刘据最终丧命于湖县；唐高祖为李世民开
天策府，结果隐太子李建成最终在玄武门政变中遭到杀害。追随者、奉
承者们所谋划的事情若成功，则国家将遭到祸害；若不成功，则会殃及
他们自身。玄宗让诸王每天沉溺于斗鸡吹笛之间，而以雷霆之威来迅
速惩罚那些挑动、怂恿诸王的小人，于是诸王得以保全其性命和荣华富
贵，王室也没有因此而大感震惊，这难道不也是很好的处置方略吗！宋
璟、姚崇等人不能迅速驱逐祸乱朝纲的奸臣，继而摧毁其党羽，所以才
会出现唐睿宗因为舍不得自己仅存的妹妹太平公主而宽纵窦怀贞、并
感到伤心的事情。周公将商朝的顽固遗民交给管叔来统治，确实不如
舜赐予象封国而任用天子的官吏来治理其国、从而永保其恩泽的做法。
所以说："圣人是处理人伦关系的最高典范。"效仿圣人的处置方式，可
以保全人伦，可以止息祸乱。尧、舜之道，人人都可以学习，只要努力去
践行就好。

一〇　京外官各举县令未可据以为法

汉之太守，去古诸侯也无几，辟除赏罚兵刑赋役皆得以
专制，而县令听命如其臣，故宣帝诏曰："与我共天下者，其
二千石乎①！"太守之权重，则县令之任轻，故天子详于二千
石之予夺，而治道毕举矣。唐、宋以降，虽有府州以统县，有

禀承稽核之任,而诛赏废置之权不得而专,县令皆可自行其意以令其民,于是天下之治乱,生民之生死,惟县令之仁暴贪廉是视,而县令之重也甚矣。玄宗敕在京官五品以上、外官刺史、四府上佐各举县令②,诚重之也。重之于举之之始,必将以保任分功罪,其得也,但得文饰治具之士,葸弱免咎③,而无以利民;其失也,举主畏连坐之罚,而互相揞蔽以盖其奸;则保举之法,不足以肃官常、泽民生,固已。重之者,岂徒在选举之日乎?

【注释】

①与我共天下者,其二千石乎:指汉宣帝出身民间,知民事之艰难,他常说"百姓之所以能安居家乡,没有叹息、怨愁,主要就在于为政公平清明,处理诉讼之事合乎情理。与我共同掌管天下的人,大概就是那些二千石的太守吧!"宣帝认为太守是"吏民之本",如果数度变易则治下百姓不安。事见《资治通鉴·汉纪十六·中宗孝宣皇帝上之上·地节二年》。

②四府上佐:指京兆、河南、河中、太原四府的府尹、少尹。

③葸(xǐ)弱:胆怯懦弱。

【译文】

汉代的太守,与古时的诸侯相差无几,征辟僚属、赏罚、军事、刑法、赋役等方面的事务他们都可以自主决定,而县令听命于太守,就像是其臣子一样。所以宣帝在诏书中说:"与我共同掌管天下的人,大概就是那些二千石的太守吧!"太守的权力很大,则选任县令就显得相对不那么重要,所以天子只需要用心做好二千石官员的选拔任免工作,就能够治理好天下。唐、宋以降,虽然有府、州来统辖县,府、州长官也有上传下达、稽查考核辖县官员的职责,但已经不能单独掌握属下县级官员的赏罚任免之权,县令都可以根据自己的意愿来治理百姓了。于是天下的治乱,百姓的生死,就全看县令是仁慈还是残暴、是贪婪还是廉洁了,所以县令就显得很重要了。玄宗下诏要求在京五品以上的官员、各州刺史以及京兆、河南、河中、太原四府的府尹、少尹各自举荐县令,确实是很重视县令。在举荐环节上就重视县令,则必然将会根据官员保举、推荐县令的成效来决定赏罚,这样选出来的县令,只能是那些以虚文涂饰政治的胆怯懦弱之辈,没办法造福百姓。如果举荐非人,则举荐者害怕遭受连坐处罚,于是与被举荐者相互掩饰以避免奸行暴露。如此看来,则保举之法肯定不足以整肃为官纲纪,惠泽民生。重视县令,难道仅仅意味着在选举官员的时候重视吗?

夫县令之任重矣,而其秩则卑,故后世多以为筮仕之官①,才不才非有前效之可验,欲先辨而使克副其职,虽具知人之鉴者未易也。然士当初受一命,初试一邑,苟非繇胥史异途而升,则其不畏清议、甘为败类、以病国虐民者,固鲜矣。无以激之,其浊不惩;无以扬之,其清不展;轧于上官②,其用不登;责以奔趋,其节不立;夫亦存乎上之所以用之者耳。重宪纪以纠其不若,则有所戒也;县清要以待其拔擢,则有所劝也。成法之外,许以因地而便民,则权可任也;供顿驿递之役,委之簿尉,而弗效厮役之劳,则节可砺也。夫然,则贤者志得,而不才者亦勉而自惜;若其尤不肖者,固比类相形,愆尤易见,持法以议其后,亦不患稂莠之难除矣。何事于未试之前,以不可保之始终绳荐举者,而责以所难知哉?

【注释】

①筮仕：初出做官。

②轧：排挤。

【译文】

县令的职责重大，而其品秩却很低，所以后世多将县令作为士人登上仕途的第一个职位。由于士人是否果真具有才华在此前无法得到检验的机会，所以想要先分辨其是否能够胜任其职，即使是具有知人之明的人也很难做到。然而士人初次受任命、初次掌管一县，只要他不是从胥吏这样的异途升迁上来的，则其中不畏惧清议、甘心做败类而祸国殃民的人也是很少的。如果没有办法激励他们，则他们身上的污浊不能被荡涤；如果不能褒扬其政绩，则其优点无从展现和强化；如果被上级官员排挤，则它们难以得到升迁重用；如果让他们四处奔走、趋炎附势，则他们难以树立节操。这些都取决于皇帝如何任用他们。重视国家法纪，以纠正县令的过失，则他们必定会有所鉴戒；提供清要的职位来拔擢优秀的县令，则他们就有了进步的动力。在成法之外，允许他们因地制宜地施政以便利百姓，则县令的权限就有所保证；供给过往官员、处理邮传驿递之类的事务都委托给县令的僚属，使县令不必亲自为这些琐事劳心劳力，则他们的节行就能得到磨砺。如此，则县令中的贤者能够施展自己的志向，缺乏才干的人也会勉励自己、怜惜自己。至于其中确为不肖的人，则与其他县令相比，其罪过尤其显而易见，根据法律对其进行处罚，也就不用担心县令队伍良莠不齐、难以除去败类了。怎么能够在士人还未经过实践检验的时候，就让官员们举荐人选，拿这种无法保证始终的事情来要求他们呢？

开元之制，乍行之以昭示上意之所重，可也；据以为法，而弊即在焉。重者，用之重也，非一选举而可毕任贤养民之道也，用之重而治可几矣。

【译文】

开元时期的制度,如果起初推行,以昭示皇帝对县令的重视,是可以的;但如果将这一制度当作常法,就会产生弊端。所谓重视是指在任用县令的方式上重视,而不是仅仅通过重视县令的选拔举荐就能够完成实现任贤养民之道,只有重视任用他们的方式才能治理好国家。

一一　张说平麟州奏罢边兵二十万人

罢兵必有所归,兵罢而无所归,则为盗、为乱。张说平麟州叛胡,奏罢边兵二十万人①,而天下帖然,盖其所罢者府兵也,府兵故农人也,归而田其田、庐其庐,父子夫妇相保于穷室粟薪之间②,故帖然也。于是而知府兵之徒以毒天下而无救于国之危乱,审矣。

【注释】

①张说平麟州叛胡,奏罢边兵二十万人:开元十年(722)突厥降将康待宾余党康愿子举兵造反,自立为可汗,西渡黄河出塞。张说率兵追讨,在木盘山擒获康愿子,俘虏三千人。起初唐朝边境有镇兵六十多万,张说以"时无强寇,不假师众"为由,奏请裁军二十余万,"勒还营农"。唐玄宗最初有所犹豫,后在张说的劝说下同意。事见《旧唐书·张说列传》。麟州,今陕西神木。

②穷室:即穹室。屋室。

【译文】

解散军队必定要保证其士兵有归宿,如果军队解散后士兵没有归宿,则他们就会做盗贼、挑起祸乱。张说平定麟州叛乱的胡人后,奏请裁减边境军队二十万人,而天下安然无恙。大概是因为张说所裁撤的都是府兵,府兵本来就是农民,所以回归原籍后继续在原来的土地上耕种、在原来的房屋里居住，其父子夫妇在屋室、粮食、柴火之间相依为命，所以能够安然无事。由此可以知道府兵只会毒害天下而无从挽救国家的危亡，这是很明显的。

说之言曰："臣久在疆埸，具知其情，将帅苟以自卫及役使营私而已。"夫民之任为兵者，必佻宕不戢、轻于死而惮于劳之徒①，然后贪醨酒椎牛之利、而可任之以效死②。夫府兵之初，利租庸之免，而自乐为兵，或亦其材勇之可堪也。迨其后著籍而不可委卸，则视为不获已之役，而柔弱愿朴者，皆垂涕就道以赴行伍。若此者，其钝懦之材，既任为役，而不任为兵，畏死而不惮劳，则乐为役以避锋镝，役之而无不受命，骄贪之将领，何所恤而不役以营私邪？团队之长役之矣，偏裨役之矣，大将役之矣，行边之大臣役之矣；乃至纨袴之子弟、元戎之仆妾役之矣；幕府之墨客，过从之游士，弹筝击筑、六博投琼、调鹰饲犬之徒③，皆得而役之。为兵者，亦欣然愿为奴隶以偷一日之生。呜呼！府兵者，恶得有兵哉？举百万井疆耕耨之丁壮为奴隶而已矣④。纵遣归田，如奴隶之得为良人，而何弗帖然邪？

【注释】

①佻宕：轻佻浮荡。

②醨（shāi）酒：斟酒。椎牛：杀牛。

③六博：也称陆博，是中国古代一种掷采行棋的博戏类游戏，因使用六根博箸，故称六博。投琼：掷骰子。

④井疆：井邑的疆界。这里指农田。耕耨：耕田除草。

【译文】

张说说："臣长期在边疆驱驰，对这里的情形全都了如指掌。府兵众多，不过是将帅试图拥兵自保以及役使兵众谋取私利而已。"凡是适合做士兵的百姓，必定轻浮放荡，对死亡看得很轻却忌惮辛劳，然后贪图美酒美食的待遇，这样的人才适合做士兵，能为国效死力。府兵制实行之初，有些人看中当兵能免除租庸的好处，所以自己愿意当兵，则其中有些人的材质、勇气还是合格的。等到后来府兵要著籍，租庸等负担没办法免除了，则人们都将当兵看作是不得已的苦差事，而那些柔弱质朴的百姓都流着眼泪上路，奔赴军中。像这些人都愚钝懦弱，能做仆役，做不了士兵。他们畏惧死亡而不忌惮辛劳，所以乐于作杂役以避免上战场，只要役使他们，他们必定服从。于是骄横贪婪的将领，怎会不肆无忌惮地役使他们以谋取私利呢？团队的长官役使他们，偏裨将领役使他们，大将役使他们，奉命巡视边疆的大臣也役使他们；甚至那些将领的纨绔子弟、主帅的仆人、妻妾也都役使他们；幕府中的文人，与将领交游的游士，弹筝击筑、玩六博投琼游戏、调鹰养犬之徒，都能够役使他们。那些做府兵的人，也都为了苟且偷生而欣然愿意做奴隶。唉！所谓府兵，哪里还有真正的兵呢？不过是将百万在农田中劳作的壮丁变成了奴隶而已。将他们放归田里，就如同奴隶得以重新变为良民，他们怎么会不服服帖帖呢？

无强悍不受役之气，有偷安不恤役之情，因其有可役之资，而幸收其效役之利，行则役于边臣，居则役于长吏，一时不审，役以终身，先世不谋，役及后裔，天下之苦兵也，不待矢石相加、骸骼不返、而后怨毒填胸矣[①]。是张说所奏罢之二十万人，无一人可供战守之用，徒苦此二十万之农民于奉拼除、执虎子、筑毷场[②]，供负荷之下。故军一罢，而玄宗知

其劳民而弱国也,而募兵分隶之议行,渐改为长从,渐改为
弤骑。穷之必变,尚可须臾待哉? 而论者犹责玄宗、张说之
改制异于古法,从事于君子之道以垂法定制而保国安民者,
不宜如此之卤莽也③。

【注释】

①骴(cī)胳:骸骨,尸骨。

②拼(pīn)除:扫除。虎子:夜壶。毬场:古代军中进行击毬游戏的
　场地,也作屯兵、习武、集结之用。

③卤莽:马虎,草率。

【译文】

　　府兵没有强悍而不受役使的胆气,却有苟且偷安、不怕被役使的想
法。正因为他们有被奴役的资质,所以侥幸得到被奴役的利益,行军作
战时被边疆将领、大臣役使,回到乡里则被地方长官所奴役。一时不审
慎,终身被奴役;先世缺乏远谋,后裔因此受连累也遭到奴役。天下人
都苦于当兵,不需要等到矢石交加、尸骨暴露于战场,怨恨与愤怒就填
满了胸膛。所以张说所奏请裁撤的二十万府兵,没有一个人能供作战
守备之用,只是白白地让这二十万农民辛苦地从事打扫卫生、为长官端
夜壶、建筑毬场等被长官役使的工作。所以这些军队一经裁撤,玄宗就
懂得了府兵劳民而弱国,所以招募士兵、使其分别隶属边境将领的建议
得到实施,府兵逐渐改为长从,又改为弤骑。穷则必变,怎么能有片刻耽
误呢? 而议论的人尚且指责玄宗、张说改变兵制,使其异于古代之法。
那些从事于君子之道以垂法定制而保国安民的人,不应该如此马虎草率。

　　所患者,法弊已极,习相沿而难革,虽与更张,害犹相
袭。故自说罢边兵而边空,长从弤骑制未定而不收其用,边

将承之,畜私人,养番兵,自立军府,以酿天宝之乱。盖自府兵调戍之日,早已睥睨天下之无兵,而一旦撤归,刍粮赢余,唯其所为,而朝廷固莫之能诘也。数十年府兵之流祸,而改制之初受之,乃举而归过于召募,胡不度人情、循事理,而充耳塞目以任浮游之说轻谈天下事邪?

【译文】

玄宗改制所应该担心的,是府兵制的弊端已经达到了极点,习惯长期沿袭而难以迅速革除,尽管已经改弦更张,其危害仍在延续。所以自从张说请求裁撤边军后,边境就陷于空虚,长从宿卫、矿骑制度尚未确定下来,难以立即收效;边将趁机畜养私人武装,豢养外族士兵,自立军府,从而酿成了安史之乱。大概边境的将领们自从府兵换防的时候,就早已睥睨天下缺少军队;而一旦府兵被正式裁撤,军中的粮草出现盈余,使得他们可以为所欲为,而朝廷却无法指责或追究他们。数十年府兵的流祸,在改制之初显现出来,可是议论者却将此归过于召募制度。他们怎么能如此不揣度人情、遵循事理,却闭眼塞耳、听任轻浮之说漫谈天下大事呢?

一二　张说议大臣不可答辱而曰行及我辈

议也,而以私与其间,则成乎私而害道。唐、宋以下所称持大体、务远图之大臣,未有不杂公私以议国事者,故忮主奸臣倒持之以相挠而相胁。

【译文】

在议论公事的时候,若掺杂自己的私念,则即使能达成私愿,也会损害大道。唐、宋以后被人们赞誉为能持大体、目光长远的大臣,全都曾在议论国事时掺杂私情,所以喜欢猜疑的君主和奸佞之臣,才得以反过来利用这一点阻挠和挟持他们。

　　玄宗与宰相议广州刺史裴伷先之罪,张嘉贞请杖之①,张说曰:"刑不上大夫,为其近于君也,且所以养廉耻也。"其言韪矣,允为存国体、劝臣节之讦谟矣。既而又曰:"宰相,时来则为之。大臣皆可笞辱,行及吾辈。"此与宋人"勿使人主手滑"之说同②。苟怀此心以倡此说,传之上下,垂之史策,人主将曰:士大夫自护其类以抗上而避害,盖古今之通习,其为存国体、奖士节,皆假为之辞,不可信也。贾谊以不辱贵大臣谏文帝③,亦与说略同,而谊以新进小臣,非绛、灌之伍,自可昌言而无讳。说怀"行及我辈"之心,与同官噂沓以语④,则不可令人主闻,而开后世臣主猜防之衅。念一移而言随得咎,过岂在大哉?

【注释】

①张嘉贞(665—729):字嘉贞,蒲州猗氏(今山西临猗)人。唐玄宗时宰相。早年举明经出身,历任平乡尉、监察御史、天兵军节度使等职。开元八年(720)入朝拜相。开元十一年(723)被贬为幽州刺史。爱好书画,不治产业。开元十七年(729)去世。传见新、旧《唐书·张嘉贞列传》。

②勿使人主手滑:据《梦溪笔谈·人事》记载,庆历年间,仁宗皇帝身边有侍从犯法,罪不至判死刑,执政大臣以其情节严重,请求杀了他。唯独范仲淹不说话,退朝后对同僚说:"诸公劝皇上在法律之外杀近臣,虽然一时痛快,但不宜教皇上杀人手滑(养成随意杀人的习惯)。"众人都默然无语。

③贾谊以不辱贵大臣谏文帝：指汉文帝前元六年(前 174)，时为梁
　国太傅的贾谊向文帝上疏，认为对于亲贵大臣应该以礼相待，罪
　不及大夫。贾谊因绛侯周勃先前被逮捕下狱，直到最后也没有
　查出罪证，所以用这样的话来讽劝文帝。文帝对此加以采纳。
　事见《资治通鉴·汉纪六·太宗孝文皇帝中·前六年》。

④噂(zǔn)沓：聚集议论。

【译文】

　　玄宗与宰相商议如何处置广州刺史裴伷先的罪行，张嘉贞请求对
裴伷先施以杖刑，张说说："刑不上大夫，因为他们是君王的近臣，这也
是培养廉耻之心的办法。"他的话是正确的，足以作为保存国体、劝勉臣
节的长远之计。既而他又说："宰相是在合适的时机来临时就能当上
的。如果大臣都可以被鞭笞侮辱，那么总有一天会轮到我们这些人。"
这与宋人"不要让君王养成轻易杀人的习惯"的说法是相同的。只要怀
着这样的私心来倡导此说，则传播到上下，记载在史书中，君王将会说：
士大夫自己保护同僚，违抗皇帝旨意以趋利避害，大概是古今的通习，
大臣们声称是为了保存国体、劝勉士节，全都是假话，不可相信。贾谊
劝谏文帝不要侮辱尊贵大臣，其说辞与张说等人的说法大略相同，而贾
谊身为新进小臣，不像绛侯周勃与颍阴侯灌婴那样位高权重，所以自然
可以畅所欲言。张说怀着"总有一天会轮到我们"的私心，与同僚相互
议论，则不能令君王听到而开启后世君臣之间相互猜疑防范的先河。
意念稍微一改变，而言语就随之犯错，难道非要有大恶才会犯下大
错吗？

　　且夫士之可杀不可辱者在己也，非挟持以觊上之宽我
于法也。居之以淡泊，行之以宁静，绝贿赂之门，饬子弟之
汰，谢游客之邪，息党同之争，卓然于朝右，而奚笞辱之足
忧？诚有过也，则引身以待罪；言不庸也，则辞禄以归耕。

万一遇昏暴之主,触妇寺权奸之忌,而辱在不免,则如高忠宪攀龙之池水明心①,全肢体以见先人于地下。又其不幸,固义命之适然,虽辱而荣者。规规然计及他日之见及,而制人主以不我辱,士大夫有门庭,而君不能有其喜怒,无怪乎暴君之益其猜忌,偏以其所不欲者加之也。说自诩其识之及远,而自君子观之,何以异于胥史之雄,钳制其长吏为不可拔之根株也乎?

【注释】

①高忠宪之池水明心:指明末东林党领袖高攀龙因受到魏忠贤、崔呈秀等人的诬陷而被罢官、抓捕,不愿忍受屈辱,自沉于池塘而死。事见《明史·高攀龙列传》。高攀龙,谥忠宪。

【译文】

况且士人"可杀不可辱"的关键在于自己,并不能挟持这一观念来指望皇帝能够在律法之外宽纵自己。平素淡泊自处,在外则以宁静为本,杜绝贿赂的门径,严格禁止子弟追求奢侈,谢绝怀有邪念的游士、门客,不进行党同伐异,卓然立于朝堂之上,还有什么必要担心被鞭笞侮辱呢?若自己确实有过错,则应该引退以等待朝廷降罪;若自己的意见不被采纳,则应该辞官归田。万一遇到昏庸残暴的君主,触犯后妃、宦官、权奸的忌讳,难以免除侮辱,则应该像高攀龙那样投身池塘以表明心志,保全自己的肢体以使自己有脸面在九泉之下面见先人。如果不幸连这都做不到,那也是合乎大义、天命所定,即使蒙受侮辱也是光荣的。如果浅薄地念及他日自己也可能遭受类似的惩罚,于是就设法钳制君主以使自己未来免受侮辱,士大夫可以有门庭,而君王却不能有其喜怒,怪不得暴君会更加猜忌,偏偏将大臣所不愿承受的侮辱施加于其身上。说自诩见识高远,而从君子的立场观察,他的所作所为与那些钳制其长官、使自己的势力变得不可撼动的胥吏头头有什么不同呢?

天下之公理,以私乱之,则公理夺矣。君臣之道丧,唐、宋之大臣自丧之也。于是而廷杖诏狱之祸,燎原而不可扑矣。

【译文】

用私心来扰乱天下的公理,则公理就会被扭曲。君臣之道沦丧,是唐、宋两代的大臣自己造成的。于是就引发了廷杖、诏狱之类的灾祸,逐渐变成燎原之势而无法扑灭了。

一三 敕州县安集逃人

《春秋》纪晋盟诸侯于商任,以锢栾氏,讥其不能抚有,而又重禁之于人国,为已甚也①。封建之天下,国各私其人,去其国则非其人,于是而有封疆之界以域之。而《硕鼠》之诗曰:"逝将去女,适彼乐土②。"亦挟去以抗其君。上下交相疑贰,衰世之风,不可止矣。

【注释】

①"《春秋》纪晋"几句:晋国大夫栾盈的母亲栾祁与人私通,诬告栾盈作乱,由素与栾盈不和的执政范鞅作证。栾盈被范鞅驱逐,被迫奔楚,不久又奔齐。晋平公在范鞅鼓动下,在商任会盟诸侯,以逼迫齐国交出栾盈。对此《春秋·襄公二十一年》记载:"秋,晋栾盈出奔楚……公会晋侯、齐侯、宋公、卫侯、郑伯、曹伯、莒子、邾子于商任。"《左传·襄公二十一年》解释:"会于商任,锢栾氏也。"

②逝将去女,适彼乐土:语出《诗经·魏风·硕鼠》:"硕鼠硕鼠,无食我黍!三岁贯女,莫我肯顾。逝将去女,适彼乐土。乐土乐土,爰得我所。"意思是我发誓定要摆脱你,去那幸福的乐土。

【译文】

《春秋》记载晋国在商任会盟诸侯,是为了禁锢栾氏,讥讽其不能安抚挽留本国之臣,却又在他国境内禁锢出走的本国臣子,这样太过分了。在实行分封制的天下,国家各自管理自己的国民,有人离开了自己的国家,他就不再是原来国家的臣民,于是才会出现国家间的疆界来限制民众的流动。而《硕鼠》诗中说:"我发誓定要摆脱你,去那幸福的乐土。"也是以离开为要挟去抗衡自己的君主。上下相互猜疑,这是世道衰落的表现,这一风潮已无法止息了。

　　天下而一王矣,何郡何县而非一王之土?为守令者,暂相事使而固非其民,民无非天子之民也。土或瘠而不给于养,吏或虐而不恤其生,政或不任其土之肥瘠,而一概行之,以困其瘠,于是乎有去故土、脱版籍而之于他者。要使耕者耕、工者工、贾者贾,何损于大同之世,而目之曰逃人,有司者之诐辞也①,恶足听哉?

【注释】

①诐(bì)辞:偏邪不正的言论。

【译文】

　　到了普天之下只有一个君王的时代,哪郡哪县不属于君王的疆土呢?身为郡守县令的人,不过是暂时承担管理民众之责,境内百姓并不是其臣民,百姓全都是天子的臣民。有的地方土壤贫瘠无法养活百姓,有的地方官吏暴虐不顾百姓死活,有的政策无视土地肥沃程度的区别而以统一的标准加以实行,使贫瘠土地上的百姓深受困扰,于是就有了离开故土、脱离版籍而前往其他地方的百姓。若能使农民安于耕作、手工业者安于进行手工生产、商人安于做生意,则百姓流动怎么会损害大同之世呢?而将流动的百姓看作是逃跑之人,不过是有关部门的强词夺理罢了,哪里值得听信呢?

民不可使有不服籍者也,客胜而主疲,不公也;而新集之民,不可骤役者也。生未定而力不堪也。若夫捡括之而押还故土^①,尤苛政也。民不得已而远徙,抑之使还,致之死也。开元十一年^②,敕州县安集逃人,得之矣,特未问其所以安集之者奚若也。安集之法,必令供所从来,而除其故籍,以免比闾宗族之代输,然后因所业而徐定其赋役,则四海之内,均为王民,实不损,而逃人之名奚足以立乎?

【注释】

①捡括:稽查,搜查。

②开元十一年:公元 723 年。

【译文】

不能让百姓不被登记于户籍名册上,否则就会造成客户占便宜,本地的主户陷于疲劳,这是不公平的。而新聚集起来的百姓,是不能骤然加以役使的。因为他们的生计尚未安定下来,没有力量承受赋役。如果四处搜查流民,将其押回故土,则尤其属于苛政。百姓不得已而远迁他乡,压抑他们的愿望而把他们送回原籍,等于将他们置于死地。开元十一年,朝廷下敕书命各州县安顿和召集脱离原本户籍的流民,是正确的决策,只是不知道具体安顿召集流民的办法。要安抚和召集流民,必定要让他们说明自己来自哪里,而除去其故有籍贯,以免使其邻居、宗族代替其承受赋役,然后根据其所从事的行业而慢慢去确定其承受的赋役额度。如此则四海之内均为天子的臣民,国家没有实际受损害,而逃亡者的名字还站得住脚吗?

　　然则邑有逃亡,可罪其守令乎? 曰:未可也。地之肥硗,既其固然矣;征徭之繁简,所从来者非一日也。转徙多,则相其陂池堤防之便而化其土,问其徭役堕积之弊而平其政,非守令之能专,乃抚治大臣所任也。邑多新附之民,可赏其守令乎? 曰:未可也。守令之贤不肖,能及于版籍之民,而不能加之新附,若其以小惠诱人之来徙者,又非法之所许也。无旷土,无旷民,解法禁以任所在,而士者仕、农者氓①,安集之令,犹为赘设也乎!

【注释】

①氓:百姓(多指外来之民)。此处指务农。

【译文】

　　如此,则假如有的郡县出现民众逃亡的情况,其长官应该受到处罚吗? 回答是不应该。土地的肥沃程度是固定的;征收徭役和赋税的额度,也都是长期承袭旧制的结果。某地百姓中迁徙者很多,则应该观察哪里适合修建池塘、堤坝等水利设施,并将其付诸实施;搞清现行徭役制度的弊端,改行公平的政策。这不是地方长官所能决断的事务,而是安抚治理一方国土的大臣的任务。如果某一郡县有很多新来依附的百姓,可以对其长官加以褒赏吗? 回答是:不可以。郡守、县令是贤能还是不肖,能影响到其辖区内注册了版籍的民众,却不能影响到新依附的百姓。如果地方长官用小的恩惠来引诱百姓迁徙到自己辖区,又不是法律所允许的。没有抛荒的土地,也没有不注册户籍的百姓,解除法律中限制民众迁徙的规定，给予百姓迁徙自由，而士人能出仕做官、农民能安于劳作，安抚召集的诏令，不就成了多此一举吗？

一四　裴耀卿漕运可法万世

唐多才臣，唯其知通也。裴耀卿之于漕运，非可为万世法者乎？壅水以行舟，莫如易舟以就水；冒险以求便，莫如因时而避险；径行以求速，莫如转递以相续。江河各一其理，南北舟工各一其习，水之涨落各一其时，舟之大小各一其制。唯不知通也，以一舟而历数千里之曲折，崖阔水深，而限之以少载；滩危碛浅[①]，而强之以巨艘；于是而有修闸之劳，拨浅之扰，守冻之需迟，决堤之阻困；引洪流以蚀地，乱水性以逆天，劳劼生民[②]，糜费国帑，强遂其径行直致之拙算，如近世漕渠，历江、淮、汶、泗、河、济、漳、沽[③]，旷日持久，疲民耗国，其害不可胜言，皆唯意是师，而不达物理者也。

【注释】

①碛(qì)：浅水中的沙石。

②劳劼(guì)：使劳累。

③沽：指沽河，即今河北白河。一说指今海河。

【译文】

唐代多才臣，关键在于他们懂得通变。裴耀卿在漕运方面的举措，难道不是可以作为后世效法的对象吗？与其堵塞水道来行船，不如换船来迁就水道；与其冒险以求便利，莫如根据时机来规避危险；与其直行以求快速，不如分段接力转运。长江、黄河的水文变化各有其规律，南北的船工各有其习惯，各地河水的涨落各有其时间规律，各地舟船的大小也各有其规格。正因为不懂得通变，所以有人才想靠一艘船航行于数千里的曲折水道,在崖高水深的地方,却限制船的运载量;在水浅滩险的地方,却要强行驾驶大船。于是就带来了修建水闸的辛劳、消除浅水区不利条件的困扰。河水结冰时会遭到延迟,遇到决堤会使船队受困。疏引洪流会侵蚀土地,扰乱水性会违逆天道,给百姓带来辛劳负担,耗费国家财富。那些强行取直线挖掘、疏通河道的行动有时会遭遇计算失误,如近世的漕运河道,跨越长江、淮河、汶河、泗河、黄河、济水、漳河、沽河,旷日持久,劳民伤财,其危害无法说尽。这都是只根据主观意志行事却不通达事物之理造成的恶果。

　　成天下之务者,因天之雨旸①,就地之险易,任人之智力,为其所可为,不强物以自任;则以理繁难、试艰危、通盈虚、督偷窳、禁盗侵,无不胜也。自宋以后,议论猥多,而不可用者,唯欲以一切之术,求胜于天时、人事、物力,而强以从己而已矣。唯唐有才臣,方之后世,何足述哉!

【注释】

①雨旸(yáng):雨天和晴天。

【译文】

　　要办成天下的事务,必须根据天气的晴雨状况,适应地理险易的形势,发挥人的智力,做可以做到的事情,而不强求他人都按自己的意志行事。如此则处理繁重困难的事务,克服艰难危险的处境,通晓盈虚状况,监督偷懒苟且的行为,禁止工程中的偷盗、侵扰,全都能做到。自宋代以后,议论纷繁,但却都不堪采用,因为这些意见都是想要以一刀切的办法,克服天时、人事、物力的限制,而强求事情能按照自己的意志发展而已。唯独唐朝有才臣,后世与之相比,哪里有什么值得称述之人呢?

一五　贡举改授礼部

帝王立法之精意寓于名实者，皆原本仁义，以定民志、兴民行，进天下以协于极，其用隐而化以神，固不在封建井田也。井田封建，因时而为一切之法者也。三代贡举之法不传，唯周制之散见者，有大略之可考。任以其职，正以其名，寓其纳民于善之心，使习之而相因以兴行，且以昭示人君君师天下，非徒会计民产以求利用，故领之以司徒①，而冢宰宗伯不偏任焉②。其意深远，虽百世可师也。

【注释】

①司徒：根据《周礼》，司徒为六卿之一、地官之长，掌管国家的土地和人民的教化。后世多以司徒指代宰相或户部尚书。

②冢宰：根据《周礼》，冢宰又称太宰，为六卿之首，总管国家大政。后世多以冢宰指代吏部尚书。宗伯：根据《周礼》，宗伯为六卿之一，掌宗庙祭祀等事。后世多以宗伯指代礼部尚书。

【译文】

帝王树立法度的精意寄托于名分与事实之中，全都是以仁义为本，以安定民众心志、改善民众行为，使天下能够进步，达到和谐的境界。其功用隐而不露，却能幻化出神妙之效，其关键本来就不在于封建井田制度。井田封建制度，不过是根据时势而施行的权宜制度罢了。三代贡举的制度没有传下来，只有周代的制度还散见于记载之中，有大略可供考索。授予官员职位，端正其名分，在其中寄寓将百姓纳入良善规范的用心，使百姓能够习惯于善行，逐渐改善其行为，且以此来昭示君王作为天下君主、宗师的身份，而不是仅仅统计百姓的产业以求利用。所以要以司徒来统领贡举，而冢宰、宗伯都不能偏任其事。这一制度立意深远，可以为千秋万世所效法。

　　夫贡举者，一事而两道兼焉。选天下之才，任天下之事，以修政而保国宁民，此一道也。别君子于小人，荣之以爵，养之以禄，俾天下相劝于善，而善者不抑，不善者以悛，此又一道也。两俱道，而劝民以善之意，尤圣人之所汲汲焉。人劝于善，国以保，民以宁，此本末之序也。故冢宰者，任治者也；宗伯者，任已登已进之贤才，修其轨物者也①；而进贤之职，一任之司徒。徒之为言，众也，合君子野人而皆其司；司君子之教，以立野人之则，而天下万有之众庶，皆仰沐风化以成诚和②。徒岂易司者哉？乃其鼓之、舞之、扬之、抑之，不待刑而民自戒，不待礼而民自宾，则唯操选举之权，以为之枢机，一授之司徒，而天下咸谕天子之心，曰：上之使牧我养我而疆理我者③，莫匪欲吾之善，而咸若于君子之道也。故选举领于司徒，其措意之深切而弘通，诚万世不易之至道与！

【注释】

①轨物：规范，准则。

②诚（xián）和：和谐，和洽。

③疆理：治理。

【译文】

　　贡举这一件事兼有两重功用。选拔天下英才，将天下之事交给他们处理，从而修明政治、保国安民，这是一种功用。区别君子和小人，通过赐予爵位给予君子荣耀，通过给予俸禄来供养君子，使天下人都相互勉励、共同向善,而优秀的人不会被抑制,不肖者可以悔改,这是另一重功用。将两种功用结合起来,使百姓以向善自勉,这尤其是圣人孜孜以求的目标。人人都被激励向善,则国家会因此保全,百姓会因此安宁,这是本末的秩序。所以冢宰是负责任命官员来治理地方的,宗伯则负责任命已经被录用的贤才,用规范和准则来要求他们;而进用贤才的职权,则全交给司徒负责。所谓徒就是众的意思,无论君子野人都属于司徒的管辖范围。司徒执掌君子的教育,为野人树立规范,而天下都仰沐风化而成就其和谐。徒难道是容易司掌的吗? 至于鼓舞、抑扬臣民,不需要用刑罚就能使百姓产生自我约束和警戒,不需要运用礼法就能使百姓自动宾服,如此则操纵选举之权,以其为关键,将此职权全交给司徒,而天下全都能明白天子的用心了,说:天子派司徒来管理我们,全都是想要我们向善。于是他们全都趋向于君子之道。所以选举事务由司徒统领,其用意深切而宽宏通达,确实是万世不易的至道啊!

　　唐之旧制,贡举掌于考功[1],是但为官择人,而非求贤于众矣。开元二十四年[2],改以授礼部侍郎,是以贡举为缘饰文治之事,而浮华升进,民行不兴矣。风俗之陵夷,暗移于上之所表著,而不知名之所存,实之所趋,未有爽焉者也。自贡举不领于司徒,而贡举轻,一人之予夺私,而兆民之公理废矣。自司徒不领贡举,而司徒轻,但为天子头会箕敛之俗吏[3],而非承上天协君叙伦之天秩矣。士竞于浮华,以弃其实行;民迫于赋役,以失其恒心。一分职任事之间,循名责实,治乱之大司存焉。良法改而精意亡,孰复知先王仁义之大用,其不苟也如此乎! 善师古者,凡此类勿容忽焉不察也。其他因时随土以立一切之法者,固可变通以行其化裁者也,而又何成法之必仿乎?

【注释】

①考功：指吏部考功司，主要负责对官员德才、政绩的考核。

②开元二十四年：公元736年。

③头会：指按人数征税。

【译文】

　　唐朝的旧制，是贡举事务由吏部考功司负责，这仅仅是为官职选择人选罢了，而非从民众中选举贤才。开元二十四年，贡举事务改由礼部侍郎负责，因此贡举成了修饰文治的工具，而浮华之徒得到录用和拔擢，百姓的行为却没有改善。风俗的变迁，潜移默化地被皇帝和朝廷的喜好所影响，而不知名义之所存，实势之所趋，这一点从未出现差误。自从贡举不再由司徒总领后，贡举的重要性就下降了，不仅个人的升迁荣辱被私心所左右，天下万民的公理也由此被废弃。自从司徒不宗领贡举后，司徒的地位也下降了，逐渐变成为天子征税敛财的俗吏，而不再是秉承上天意志、协助君王整饬伦常的关键职位。士人竞相趋于浮华，放弃了实践；百姓迫于赋役压力，也失去了其恒心。区分不同职位，分别负责不同政务，循名责实，只是关系国家治乱的关键所在。良法被改变而治理国家的精深意旨消亡，还有谁能了解先王仁义的大用途，竟然一丝不苟到了如此地步呢！善于师法古代的人，对于这一类先王之法决不能加以忽视。至于其他根据时势和地理环境的不同而设立的权宜制度，本来就是可以加以变通、从而收到变化之功用的，而又何必拘泥于仿效成法呢？

一六　李林甫谮杀太子瑛及二王为寿王地

　　李林甫之谮杀太子瑛及二王①，为寿王地也②。武惠妃薨，寿王宠渐衰，而林甫欲树私恩、怙权势，志终不移，谋之愈很，持之愈坚，凡可以荧惑主听、曲成邪计者，尤剧于惠妃未死之前,以其为己死生祸福之枢机也,可以得当者,无所不用。然而玄宗终以忠王年长好学③,闻高力士乘间片言④,储位遂定,林甫莫能置一喙焉。繇此观之,奸邪自诩得君,劫廷臣以惧己,其夸诞无实之伎俩,概可知矣。

【注释】

①李林甫之谮杀太子瑛及二王:开元二十三年(735),太子李瑛、鄂王李瑶、光王李琚皆因母亲失宠而有怨言,被驸马都尉杨洄告知当时得宠的武惠妃,惠妃向玄宗哭诉。玄宗大怒,与宰相商议,想要废黜三子。张九龄极力劝阻,李林甫反对张九龄的做法,于次年设计将张九龄排挤出朝廷。开元二十五年(737),武惠妃设计构陷太子李瑛、鄂王李瑶、光王李琚,李林甫趁机向玄宗进言,促使玄宗将三人废为庶人并赐死。事见《旧唐书·李林甫列传》《新唐书·十一宗诸子列传》。

②寿王:指李瑁(720—775)。李瑁初名李清,是唐玄宗第十八子,母为武惠妃。开元十三年(725)封寿王,并遥领益州大都督、剑南节度大使。一度因母亲武惠妃受宠而颇受玄宗礼遇,但武惠妃死后宠遇渐衰。传见《旧唐书·玄宗诸子列传》《新唐书·十一宗诸子列传》。

③忠王:即后来的唐肃宗李亨。

④高力士乘间片言:据《旧唐书》《新唐书》等记载,李亨被立为太子后,受到李林甫等人的多方攻击,宦官高力士常在玄宗身边夸赞太子亨的仁孝与谨慎,说太子很识大体,使得玄宗因此认为李亨值得托付大事,其太子之位得以稳定下来。高力士(684—762),本姓冯,高州良德(今广东高州)人,唐代著名宦官。由于曾助玄宗平定韦皇后和太平公主之乱,深得玄宗宠信,累官至骠骑大将军、开府仪同三司,封齐国公。传见《旧唐书·宦官列传》《新唐

书·宦者列传》。

【译文】

李林甫通过进谗言害死了太子李瑛和鄂王李瑶、光王李琚，这是为了替寿王扫清竞争对手。武惠妃死后，寿王受到的宠遇逐渐下降，而李林甫想要树立自己对寿王的私恩、又想要保持权势，所以其支持寿王的志向始终不变，反而变本加厉地进行谋划，立场越发坚定。凡是可以扰乱迷惑玄宗的想法、帮助自己实现邪恶图谋的事情，他都不遗余力去做，甚至比武惠妃没死之前还要积极。他完全是把寿王当成了自己死生祸福的关键所在，凡有助于实现这一目标的手段，没有不运用的。然而玄宗终究还是因为忠王李亨年长好学，在听到高力士趁机进献的几句好话后，就确保了李亨的皇储之位，李林甫根本没办法插一句嘴。由此看来，奸邪之臣自诩能控制君王、劫持朝廷大臣使他们害怕自己，其夸诞无实的伎俩，大概已经可以看清了。

非徒玄宗中载未甚淫昏也，即极暗懦之主，一听奸臣之然然否否而唯其牵曳，亦情之必不能而势之不可得者。且奸臣狐媚以容身，抑岂若董卓、高澄威胁上以必徇己志而俾君怼怨哉[①]？唯探其意之所欲为于前，秘其事之所自成于后，举凡其君之用舍从违，皆早测而知其必尔，乃以号于众曰：天子固未然而吾能使之然也。恩者其恩，威者其威，群工百姓待命于敕旨既下之余，不得亲承顾问，则果信恩威之一出于奸臣，而人主唯其牵曳，乃以恐喝天下，笼络而使归己，虽有欲斥其奸者，弗敢发也。

【注释】

①怼（duì）怨：怨恨。

【译文】

这不仅仅是因为玄宗在执政中期尚未变得十分荒淫昏聩，即使是极其昏庸懦弱的君王，想要其完全听信奸臣的话，任由其摆布，从情理上都是必定不可能的，从形势上也必定是做不到的。况且奸臣靠着谄媚讨好立身，又怎么能像董卓、高澄那样威胁君王、使其屈从于自己的意志而让君王怨恨自己呢？所以他们只有事先探明君王想要做的事，隐瞒这件事其实后来自然能够办成的真相，凡是其君王的喜好和性格，他都早已了然于心，知道君王必定怎样做，于是就对众人宣称：天子本来不想这样做，但我能够使他这样做。无论是天子要施予恩惠还是彰显威严，群臣百姓只能等待诏书下达，没办法亲自接受君王的顾问，于是便果真相信恩威都出自奸臣，而君主任由其摆布。奸臣于是以此恐吓天下，笼络人心，使人们归附自己；即使有想要斥责其奸诈的人，也不敢轻易发作。

　　然则苟有忠智之士，知其术之仅出乎此，则以武氏之悍淫，周、来、侯、索之骤衔天宪①，诸武、二张之密侍内廷，而攻击者弗伤，按杀者无惮，直言请斥远之者反见任使，况其乱非武氏之世，犹可与言者乎？特患无明理察情之士，灼见而不惑耳，岂果有不可拔之势哉？恶之、恨之、疑之、畏之，私议于下，徒罹于祸以瘝死屠门，奸邪之所以益逞，忠贞之所以益替，人君之所以益迷，可胜悼哉！

【注释】

①周、来、侯、索：指武则天在位时期著名酷吏周兴、来俊臣、侯思立、索元礼。

【译文】

　　然而如果有忠诚聪颖之士,知道奸臣的这一伎俩,则不难想到以武则天的强悍荒淫,酷吏周兴、来俊臣、侯思立、索元礼等骤然间获得执法大权,武氏宗族诸人、张易之、张昌宗兄弟等把持内廷,而攻击他们的人并未受到伤害,请求诛杀他们的人无所忌惮,直言请求将周兴等贬黜到远方的人反而受到任用。何况如今不像武则天时代那样混乱,尚且能够用言语相互沟通呢? 特别需要担心的只是没有明晓事理、体察情势的人士,能够明白这个道理、心中不怀有困惑罢了,哪里是这伙奸臣果真有不可拔除的态势呢? 厌恶、憎恨、怀疑、畏惧奸臣,私下里议论他们,只会白白招来祸患,使自己和家族悄无声息地丢掉性命罢了;奸邪之臣越发猖狂,忠贞之士日渐凋零,君王日益陷入迷惑,这真是值得深深悲伤啊!

一七　置备边十节度使强枝弱干

　　天宝元年①,置十节度使,其九皆西北边徼也。唯河东一镇治太原,较居内地。别有岭南经略,长乐、东莱、东牟三守捉②,亦皆边也,而权抑轻。若畿辅内地,河、雒、江、淮、汴、蔡、荆、楚、兖、泗、魏、邢,咸弛武备,幸苟安,而倚沿边之节镇,以冀旦夕之无虞,外强中枵,乱亡之势成矣。盖自一行立两戒之说③,分用文用武之国,于是居轻御重、强枝弱干之术行,而自诧其巩固。方玄宗之世,吐蕃、突骑施、奚、契丹虽倔强不宾④,而亦屡挫衄以退,本无可用防御者。无故而若大患之在边,委专征之权于边将,其失计固不待言矣。即令外寇果强,侵陵相迫,抑必内屯重旅,以时应敌,而不容栖重师于塞上,使玩寇失防,一败而无以为继。况周、汉之亡,痈先内溃,覆车不远,岂尽繇四裔乎?

【注释】

①天宝元年:公元742年。

②长乐、东莱、东牟三守捉:指唐玄宗时设立的长乐经略使(福州刺史兼任)、东莱守捉使(莱州刺史兼任)、东牟守捉使(登州刺史兼任)。

③两戒之说:指僧一行所提出的"山河两戒"说,即将天下的山河分成两个大系:以青海、陕北、山西、河北、辽宁为北戒,以四川、河南、湖北、湖南、江西、福建为南戒。僧一行认为,这两个山河大系是分割华夏与戎狄、华夏与蛮夷的两条地理界限。

④突骑施:突厥十姓部落之一。分布在西域碎叶以东地区。武后时突骑施部逐渐兴起,招抚诸部,建立起以碎叶川为中心的突骑施汗国。奚:即库莫奚,隋唐时期的少数民族部族,源出鲜卑族的一支。

【译文】

天宝元年,唐朝设置十个节度使,其中九个都在西北边境。唯独河东一镇以太原为治所,较为接近内地。另设有岭南经略使和长乐经略使、东莱守捉使、东牟守捉使,也都在边疆地区,而地位和权限较低。至于长安周围和内地,河洛、江淮、河南、荆楚、山东、河北等地,均武备废弛,心存侥幸地苟且偷安,而倚赖沿边的节镇作为藩篱,指望能够每日平安无忧,军事格局外强中干,乱亡的态势已经形成了。大概自从僧一行创立"两戒说",将天下划分为"用文"和"用武"之国后,居轻驭重、强枝弱干的措施就广泛被施行,而且推行者都自诩这有利于巩固国防。在玄宗时代,吐蕃、突骑施、奚、契丹等少数民族势力虽然顽固地拥兵称雄、不服从唐朝,但也因屡次被唐军击败而被迫后退,本来就不需要再苦心加以防御。朝廷在边境没有大患的情况下,平白无故地将专征之权委托给边将,这其中的失策自然不需要再多说了。即使外敌果真强悍,侵扰和压迫边境,朝廷也必须要在内地驻屯重兵,从而根据时机派其前往御敌,而不能将重兵都堆积在边境,使他们对敌人轻忽大意、失去防备,一旦战败就无以为继。况且周、汉两朝的灭亡,都是先源于内部的崩溃,前车之鉴不远,哪里是完全由外敌入侵导致的呢?

　　寇之起于内也,非能呕聚数万人以横行天下;其或尔者,又皆乌合而弗难扑灭者也。唯中原空其无人,则旋灭旋起,而无所弹压。撤边兵以入讨,必重虐吾民,而人心离叛;偶一折丧,乘势以收溃卒,席卷以行,而边兵皆为贼用,然后鼓行而入无人之境,更无有挟一矢以抗之者,社稷邱墟在旦晚之间耳。

【译文】

　　盗贼在内地产生,并不是能够迅速聚集起数万人以横行天下的;即使个别能做到这一点的,也都是乌合之众,并不难以扑灭。唯独在中原空虚、没有精锐军队的情况下,盗贼才会旋灭旋起,没办法彻底将其弹压。如果将边境军队撤回内地以征讨盗贼,这些军队必定会严重糟蹋百姓,从而导致人心离散、百姓纷纷叛离。边军偶然一战败,盗贼就会趁机收罗残兵,裹挟众人席卷天下;而边军最终都被盗贼所利用,然后他们就会乘胜前进,如入无人之境,再也没有人能手执武器对抗他们。于是社稷沦为废墟就在旦夕之间了。

　　夫使禄山之乱,两河、汝、雒、淮、楚之间①,有大臣屯重旅,拊其入关之背②,而迫之以前却两难之势,贼其敢轻窥函谷哉?封常清一身两臂③,募市人于仓卒,以授贼禽,其为必败无疑矣。二颜之起河北④,张、许之守睢阳⑤,皆率市人以战,贼之所望而目笑者也。李、郭虽出⑥,九门克捷⑦,而不救潼关之败。观于此,则虚其腹心,以树强援于四末,一朝瓦解,大厦旋倾,势在必亡,无可拯救,必然之券矣。

【注释】

①两河:指唐代河南、河北两道。大致包括今河南、河北、山东地区。汝:指汝河流域,即今河南信阳一带。楚:今湖北、湖南地区。

②拊:拍,按。

③封常清(690—756):蒲州猗氏(今山西临猗)人。唐中期名将。初为高仙芝部下,后屡立战功,于天宝十一年(752)被唐玄宗任命为安西副大都护。安史之乱爆发后,封常清被玄宗任命为范阳节度使,负责募兵东讨。封常清当日即骑马到东京洛阳招兵,不多日就招到士卒六万,但都是些雇工和粗俗鄙陋之人,最终未能守住洛阳,只得退守潼关。不久遭监军边令诚的诬告,被唐玄宗处斩。传见新、旧《唐书·封常清列传》。

④二颜:指颜杲卿、颜真卿。二人在安史之乱中分别坚守常山郡和平原郡,牵制了河北叛军的力量,鼓舞了唐朝军民的斗志,为平叛做出很大贡献。

⑤张、许:指张巡和许远。至德二载(757),安庆绪派部将尹子琦率军南侵江淮屏障睢阳,张巡与许远在内无粮草、外无援兵的情况下死守睢阳,有效阻遏了叛军南犯之势,遮蔽江淮地区,保障了唐朝东南的安全。二人最终因粮草耗尽、士卒死伤殆尽而被俘遇害。其事见于《新唐书·忠义列传》。

⑥李、郭:指平定安史之乱的名将李光弼和郭子仪。李光弼(708—764),营州柳城(今辽宁朝阳)人。契丹酋长李楷洛之子。沉毅

有大略,善骑射。天宝五载(746)河西节度使王忠嗣补为兵马
使,后为朔方节度副使。安禄山叛乱,郭子仪荐其能,任河东节
度副使。曾率朔方兵五千会同郭子仪军,东下井陉,收常山郡,
屡败史思明部,并与郭子仪收复河北十余郡。安史之乱平定,李
光弼"战功推为中兴第一"。与郭子仪齐名,世称"李郭"。传见
新、旧《唐书·李光弼列传》。

⑦九门:今河北藁城西北。天宝十五载(756)四月,唐朔方节度使
郭子仪与河东节度使李光弼合军,于九门城南击败了史思明。

【译文】

　　假如在安禄山发动叛乱时,河南、河北、汝水、洛阳、淮河、荆楚之间
有大臣统率重兵屯驻,直接威胁叛军的后背,逼迫敌军使其进退两难,
则叛贼怎么敢轻易窥探函谷关呢?封常清凭借一人之力,仓促募集市
井之人组成军队,结果为敌人所擒获,他的做法本就必败无疑。颜杲
卿、颜真卿在河北起兵抗击叛军,张巡、许远坚守睢阳城,都是率领由市
井之人组成的军队作战,叛贼看到后都耻笑和小看他们。李光弼、郭子
仪虽然主动出击,在九门取得了胜利,但却难以挽救潼关的惨败。由此
可以看到,使内地空虚、在四周树立强援的国防体系,会在突然间遭遇
瓦解,大厦迅即崩塌,国家势必灭亡而无法挽救,这是必然的。

　　且重兵之在边也,兵之强弱,朝廷不得而知也;将之忠
奸,中枢不得而诘也。兵唯知其将之恩威,而不知有天子;
将一失其所守,而自放为游兵,溃而散,靡而降,反戈而内
讧,岂徒禄山犯阙、天子奔蜀为然乎?杨刘一溃,而朱友贞
匹马无投①;恒州一衄,而石重贵束身待缚②;种师道入援不
振,而宋徽父子凭孤城以就获③。千古败亡之一轨,自犬戎
遽起,烽火无援,其来久矣。东汉黎阳之屯,差为有恃;乃其

亡也,亦以边强腹弱,而山东义旅,不敌董卓之胡骑。后之谋保天下者,可弗鉴诸?

【注释】

①杨刘一溃,而朱友贞匹马无投:后梁贞明三年(917)十二月,晋王李存勖趁黄河结冰,渡河夺去杨刘渡口。次年,梁将谢彦章率军企图复夺杨刘,未能成功,从此杨刘被后晋占据。同光元年(923),后梁大将王彦章为遏阻后唐军南下,率后梁主力再次攻打杨刘。但被李存勖击败,损失一万多士卒和大量辎重粮草,只得退兵。此战为后来李存勖长途奇袭汴梁、灭亡后梁创造了条件。事见《旧五代史·唐书·庄宗纪》。

②恒州一衄(nù),而石重贵束身待缚:后晋出帝石重贵即位后,不愿对契丹卑躬屈膝,于是两度派遣军队北伐,开运三年(946)十月第二次北伐时,更是连京城禁军都被派往前线,京城空虚。契丹方面得知消息后,大军大举南下至恒州,晋军主帅杜重威投降,契丹军迅速南下汴梁,很快灭亡后晋,俘虏石重贵。事见《旧五代史·晋书·少帝纪》。

③种师道入援不振,而宋徽父子凭孤城以就获:种师道(1051—1126),原名建中,字彝叔,后被徽宗御赐名为师道。北宋末年名将。宋靖康元年(1126),金兵南下,他奉诏任京畿河北制置使,帮助京师解围,但不久即被解除兵权。次年金军再度南下,宋钦宗决心议和,命令地方宋军不许勤王,种师道悲愤交加,不久即病逝。不久金军长驱直入汴梁,俘虏宋徽宗、宋钦宗。事见《宋史·种师道列传》。

【译文】

　　况且重兵都部署在边境,军队战斗力的强弱,朝廷没有办法知晓;将领是忠诚还是奸邪,中枢大臣也不得而知。士兵只知道其将领的恩咸,而不知道有天子;将领一旦掌控不住这些士兵,他们就自我放纵成为游兵,溃败后四散逃离,遇到敌军就投降,甚至反戈相向、彼此内讧,何止安禄山攻陷长安、玄宗被迫逃往蜀地是这一现象的后果呢? 后梁军在杨刘一遭遇溃败,朱友贞就无处可逃、只能就死了;后晋军在恒州一投降,石重贵就只能束手就擒了;种师道救援不及,宋徽宗、宋钦宗父子困守孤城,最终被敌人俘获。千古以来败亡的途径如出一辙,自从当初犬戎兴兵进攻西周,周幽王点燃了烽火却没人来救援他起,这种情况已经持续很久了。东汉在黎阳屯兵,基本上还算有所凭恃;可是其灭亡,也是因为边境军事力量强、内地军力弱,而山东的义军,敌不过董卓统率的胡人骑兵。后世君王想要保全天下,怎能不从这里吸取教训呢?

一八　开元之治不终

唐政之不终者凡三:贞观也,开元也,元和也①。而天宝之与开元,其治乱之相差为尤县绝。夫人之持志以务修能,亦难乎其始耳,血气未定,物诱易迁,智未开,守未固,得失贞淫治乱之故未熟尝,而易生其骄惰;及其年富力强,见闻益广,浮荡之志气已敛,声色之娱乐已厌,而好修之成效有可居,则靡而淫,玩而弛,纵而暴,皆日损以向于善;此中人之恒也。太甲、成王终为令主,亦此而已矣。唐之三君,既能自克以图治于气盈血溢、识浅情浮之日矣,功已略成,效可自喜,而躁烈之客气且衰,渔色耽游之滋味已饫②,乃改而逆行,若少年狂荡之为者,此又何也? 于是而知修德之与立功,其分量之所至,各有涯涘,而原委相因也。

【注释】

①元和:唐宪宗李纯的年号,使用时间为806—820年。元和年间
　唐宪宗讨平各地叛乱藩镇,唐朝出现短暂的统一,史称"元和
　中兴"。

②饫(yù):饱。

【译文】

　　唐代有三个时期的政治是善始而未善终的:贞观之治、开元之治、元和之治。这其中玄宗天宝年间的政治与开元年间相比,治乱的反差尤为悬殊。君王秉持远大的志向,努力提高和施展自己的才能,刚开始是很难的。因为年轻时血气未定,容易被外界诱惑干扰,心智未开,操守还不够坚定,对于得失、贞淫、治乱的原因尚未有深切的把握,容易产生骄傲怠惰的心理。等他到了年富力强的阶段,见闻日益广阔,原本轻浮放荡的志气已经有所收敛,对于声色犬马的娱乐已经感到厌倦,而此前修养自己的成效也逐渐显示出来,于是原本奢靡而荒淫、享乐而松弛、放纵而暴虐的行为,一点点得到改善,趋于向善。这是中等才智的君王普遍的状况。太甲、成王最终能成为贤德的君主,也是因为这个原因罢了。唐太宗、唐玄宗、唐宪宗三位君主,既然能在年轻气盛、见识短浅、心气浮躁之时克制自我、励精图治,已经取得了大体的成功;自我提升和修养的成效明显呈现出来,心中暗自高兴;而暴躁激烈的性格也日益收敛,早已经饱尝美色和游乐的滋味,可是此时他们却改弦更张、倒行逆施,其行为就像狂妄放荡的少年一样,这又是为什么呢? 由此可以知道修德与立功,其分量各自有其极限,而其中的原委是相互依托的。

　　夫苟以修德为心与? 德者,无尽之藏也,未之见,则一善成而已若有余矣,天下之可妨吾善者,相引以迁而不自觉;既见之矣,既习之矣,仁不熟不安于心,义未精不利于用,浩乎其无涯矣,森乎其不可犯矣,矗矗乎相引以深密①,

若登高山,愈陟而愈见其峻②,勿容自释也。故所患者,始之不自振也,继之不自省也,而不患其终之不自保也。师保在前③,疑丞在后④,古人之遗文,相督而不假,窥其精意,欲从而末繇,则虽未日进于高明,而可不失其故步,奚忧末路之猖狂哉?

【注释】

①亹亹(wěi):勤勉貌。亹,同"亹"。

②陟:登高。

③师保:古时任辅弼帝王和教导王室子弟的官,有师有保,统称为"师保"。

④疑丞:古时供天子咨询的四辅(疑、丞、辅、弼)中的二臣。后泛指辅佐大臣。

【译文】

君王把修养德行当成自己的目标是怎样的情况呢? 德行是潜藏的无尽可能,君王在没有见识到真正德行的时候,做了一件好事就觉得自己的德行绰绰有余,天下那些妨碍自己善行的人,都会不自觉地相互引导、发生改变;等到见识过真正的德行、习惯于德行的力量,则不能深切理解仁就内心不安,不能透彻理解义将无法付诸实践。真正的德行浩荡无涯,森严而不可侵犯,绵绵不绝地引导人们向更深刻和精密之处探索。就好像攀登高山一样,越是向上爬越感到山的高峻,容不得自己掉以轻心或中途放弃。所以真正需要担心的,是自己刚开始不能振作,振作后不能自我反省,而不必担心最终没有办法保全自己此前的成效。有师、保在前,有疑、丞在后,这是古人所留下的古制,他们都能监督君王,不让他松懈,一旦窥见了德行的精意,想要放纵也无方可循。如此则即使不能每天都变得更高明,但却不至于让过去的努力付诸流水,哪里需要担心晚节不保、前功尽弃呢？

　　苟其以立功为心，而不知德在己而不在事与？则功者，有尽之规也，内贼未除，除之而内见清矣；外寇未戢，戢之而外见宁矣；百姓未富，富之而人有其生矣；法制未修，修之而国有其典矣。夫既内无肘腋之奸，外无跳梁之敌①，野鲜流亡，而朝有纲纪，则过此以往，复奚事哉？志大而求盈，则贪荒远之功；心满而自得，则偷晏安之乐；所愿者在是，所行者及是，所成者止是，复奚事哉？邪佞进，女宠兴，酣歌恒舞，而曰与民同乐；深居晏起，而曰无为自正。进厝火积薪之说者②，无可见之征；抱蚁穴金堤之虑者，被苛求之责。智浅者不可使深，志小者不可使大，度量有涯，淫溢必泛，盖必然之势矣。

【注释】

①跳梁：乱蹦乱跳。形容捣乱的样子。

②厝(cuò)火积薪：把火放到柴堆下面。比喻潜伏着很大危险。厝，放置，安放。

【译文】

　　如果君王只想建立功业，而不懂得德行在于自己而不在于事功，又会如何呢？所谓功业有止境的，若国内的叛贼未除，除掉他们国内就变得太平清静了；若有外寇尚未被击败，则击败他们外部就安宁了；若百姓尚不富裕，则设法使他们富裕起来，民生就有了保障；若法律制度尚未建立完善，则修明制度国家就有了可供遵循的典制。既然国内没有奸贼威胁朝廷，境外没有外敌挑衅，民间少有流亡的百姓，而朝廷也有纲纪，则除此之外，还有什么事功可以追求呢？君王志向远大追求功业满盈，则会贪图征服荒远地区的功业；君王心中志满意得，则会贪图安乐。既然自己所追求的是事功,自己也已经实践了这种志向,并且取得了理想的成效,那么还有什么可以做的呢? 于是奸邪的小人开始被任用,受宠的妃嫔逐渐增多,君王每日沉溺于歌舞,却称这是与民同乐;君王深居简出、不能早起,却称自己是追求无为自正。那些向君王进献目光短浅、为害无穷的馊主意的人,因为没有可见的征兆证明其错误而受到信任;那些忧虑千里之堤溃于蚁穴的人,反而被指责是苛求君王。智虑短浅的人无法变得深刻,志气微小的人不能够变得博大,君王若度量有限,则到一定的限度后必定趋于泛滥,这是必然的趋势。

　　是以古之圣王,后治而先学,贵德而贱功,望之天下者轻,而责之身心者重,故耄修益勤①,死而后已,非以为天下也,为己而已矣。为己者,功不欲居,名不欲立,以天子而无殊于岩穴之士,志日专,气日敛,欲日憺忘②,心日内守,则但患其始之未正也,师保任之也;不患其终之不永也,无可见之功勋,则无告成之逸豫也。唐以功立国,而道德之旨,自天子以至于学士大夫置不讲焉,三君之不终,有以夫!

【注释】

①耄(mào):八九十岁的年纪,泛指老年。

②憺忘:因安然恬静而淡忘。

【译文】

　　所以古时候的圣王,都是先学习而后治理天下,重视德行而轻视功业。他们对天下的要求低,对自己身心的要求却很高,所以他们年纪越大越勤于修炼自己,死而后已,并不是为了天下,而仅仅是为了自我升华。以自我升华为追求的君王,不想居功也不想获取声名,虽身为天子但与隐士并无不同,志向日益专一,浮躁之气日益收敛,欲望越来越淡薄,心中的操守日益坚定,则他只需担心刚开始没能走向正道。这一点有师、保可以帮助和引导他。不必担心自己的努力难以善终,因为没有可见的功勋,就不会因为功业的成就而沾沾自喜、堕落放纵。唐朝以功业立国,而道德的宗旨,上至天子下至于学士、大夫都将其放在一边不去讲求。唐太宗、唐玄宗、唐宪宗都没能做到善终,是有其原因的啊!

一九　崔昌请求殷周汉后为三恪

大义不可易,显道不可诬,苟且因仍,无能改者,不容终隐于人心,而不幸发自德薄望轻之口,又或以纤曲邪妄之说附会之,遂以不伸于天下,君子之所重叹也。

【译文】

大义不容改易,显道不容歪曲,即使有不合大义与显道的苟且之说历代沿袭,也终究无法改变大义与显道,这是人心中不容隐匿的良知。但有些时候,合乎大义与显道的话不幸出自德行浅薄、名望轻微之人的口中,又有人用扭曲、邪恶而又狂妄的说法附会大义与显道,于是大义与显道便无法在天下伸张。这是君子所深感惋惜和悲哀的。

商、周之德,万世之所怀,百王之所师也。祚已讫而明禋不可废[①],子孙不可替,大公之道也。秦起西戎,以诈力兼天下,蔑先王之道法,海内争起,不相统一,杀掠相寻,人民无主,汉祖灭秦夷项,解法纲,薄征徭,以与天下更始,略德而论功,不在汤、武下矣。汉祚既终,曹魏以下二百余年,南有司马、刘、萧、陈氏,皆窃也;北有五胡、拓跋、宇文,皆夷也;隋氏始以中原族姓一天下,而天伦绝,民害滋;唐扫群盗为中国主，涤积重之暴政，予兆民以安，嗣汉而兴，功亦与汉埒等矣②。

【注释】

①明禋(yīn)：洁敬。指明洁诚敬的献享。禋，古代祭天时升烟的一种仪式，也泛指祭祀。

②埒(liè)：同等，等。

【译文】

商、周两代的德行，为万世所怀念，是百代君王所效法的对象。尽管其国祚已告终结，但对其祭祀却不能废除，其子孙的血统也不容更替，这是大公之道的要求。秦崛起于西戎，靠着欺诈和武力兼并了天下，蔑视先代圣王的大道和法令，海内纷争四起，彼此不能统一，杀戮和抢掠频繁发生，百姓没有真正的君主。汉高祖灭亡秦朝、消灭项羽，放宽了原本严峻的法律，减轻了百姓的徭役负担，以使得天下能够休养生息。如果忽略德行而仅论功绩，则其功绩不亚于商汤、周武王。汉朝的国祚终结后，曹魏以后二百多年，南有司马氏、刘氏、萧氏、陈氏，都是窃取正统的偏安政权；北有五胡、拓跋氏、宇文氏，都是夷狄。到隋朝杨氏才开始以中原族姓的身份统一天下。但隋朝君王间天伦断绝，滋生了许多危害民众的弊端。唐朝扫除群盗，成为中国之主，荡涤此前积重难返的暴政，给予亿兆民众安定的生活。唐朝承继汉朝之统而兴起，其功绩也是可以与汉朝比肩的。

天下之生，一治一乱，帝王之兴，以治相继，奚必手相授受哉！道相承也。若其乱也，则天下无君，而治者原不继乱。故夏之末造①，有韦、顾、昆吾②，乘暴君而霸；殷之将殄，崇、密攘臂而争③；周之已衰，六国、强秦、陈涉、项籍，挟兵以逞;汉之已亡,曹、吴、司马、刘、萧、陈、杨、五胡、索虏、宇文,割裂僭号;皆彗孛之光④,前不继西没之日,后不启东生之月者也。若以一时僭割、乘郤自雄者⑤,可为帝王授受之统系,则三欂、崇、密⑥,可为商、周之所绍嗣矣,而岂天之所许、人之所怀哉?

【注释】

①末造:末世,末代。

②韦、顾、昆吾:夏朝末年三个强大的方国,当时名义上仍忠于夏朝。商汤在进攻夏朝之前,首先率兵消灭了这三个方国,为灭夏奠定了基础。

③崇、密:商朝两个重要的诸侯国。商朝末年,周军为消灭殷商,首先对崇、密等诸侯国用兵,将其消灭。

④彗孛(bèi):彗星和孛星。孛,指光芒四射的一种彗星。古代人们认为彗孛出现是灾祸或战争的预兆。

⑤郤:通"隙"。

⑥三欂(bò):指夏朝韦、顾、昆吾三个方国。

【译文】

天下的大势,必然是一治一乱;帝王的兴起,是依靠治理之道相互承继,彼此间何必非有亲手授受政权的关系不可呢?只要治理之道一脉相承就可以了。若遇到乱世,则天下没有君王,而治世之君原本就不是承继乱世之君的。所以夏朝末年,有韦、顾、昆吾等方国乘着暴君昏庸而纷纷称霸;殷商快要灭亡时,崇、密等诸侯国纷纷起来争夺霸权;周朝衰落后,六国、强秦、陈胜、项羽,先后拥兵称雄;汉朝灭亡后,曹氏、孙氏、司马氏、刘氏、萧氏、陈氏、杨氏、五胡、鲜卑、宇文氏等相继割据一方,僭称王号。他们都像彗星、孛星的光芒一样,前不能继西沉的太阳之光,后不能启东生的月亮之光。如果认为一时割据僭号、乘着混乱称雄一方的政权能够被纳入帝王授受的谱系,那么韦、顾、昆吾、崇、密等也都可以被当作商、周两代所承继的对象了。这难道是上天所允许、百姓所怀念的吗?

　　王者褒崇先代,隆其后裔,使修事守,待以宾客,岂曰授我以天下而报其私乎? 德足以君天下,功足以安黎民,统一六宇,治安百年,复有贤子孙相继以饰治,兴礼乐,敷教化①,存人道,远禽兽,大造于天人者不可忘,则与天下尊之,而合乎人心之大顺。唐欲法古帝王之德意,崇三恪之封②,自应以商、周、汉为帝王相承而治之绪,是不易之大义,不诬之显道也。

【注释】

①敷:展开,铺开。

②三恪:指周朝建立后,分封前代君王的后裔,给以王侯名号,称三恪,以示敬重。三恪具体所指说法有二:一说封虞、夏、商之后于陈、杞、宋;一说封黄帝、尧、舜之后于蓟、祝、陈。后世帝王亦多承三恪之制,分封前代王朝后裔。

【译文】

　　君王褒扬和崇敬先代,给予其后裔崇高地位,使其能够延续先代血脉,以宾客之礼对待他们,难道是因为其先代授予了自己天下,所以要报答这种私恩吗? 若先代君王德行足以君临天下,功业足以安抚黎民,统一了天下,赢得百年长治久安,自己死后又有贤德的子孙相继维持开明的统治,兴起礼乐,开展教化,保存人道,远离禽兽,这种对于上天和百姓都做出巨大贡献的人不容忘却,则应与天下共同尊崇他们,从而顺应天下人心。唐朝想要效法古代帝王布施恩德之意,于是隆重地分封三恪,自认为唐朝是承继商、周、汉三代帝王之统而治理天下的,这是不容更易的大义,是不容否定的显道。

　　自武德至天宝,百余年矣,议礼之臣,无能昌言以厘正,犹奉拓拔、宇文犬羊之族、杨氏悖乱之支为元后父母之渊源,何其陋也!天宝九载①,乃求殷、周、汉后立为三恪,而废拓拔、宇文、杨氏之封,虽曰已晚,堂堂乎举久湮之坠典,立百王之准则,亦伟矣哉!乃非天子所能念也,非大臣所能正也,非儒者所能议也,而出于人微言轻之崔昌②。又以以土代火,五德推迁,袭邹衍之邪说参之。为儒如卫包者③,抑以"四星聚尾"无稽之言为征,不能阐元德显功、民心天理之秩序以播告来兹者为永式,主之者又李林甫也。故林甫死,杨国忠之党又起而挠之,后此弗能伸其义者;圣帝明王之祀荫,永绝于世,不亦伤乎!

【注释】

①天宝九载:公元750年。

②崔昌:唐玄宗时处士。其于天宝九载上书玄宗,以五行之说为依据,主张唐朝为土德,应该承继汉朝之统,建议朝廷将殷商、周、汉三代君王后裔立为三恪。这一建议得到宰相李林甫和玄宗支持,崔昌因此被授予官职。李林甫死后,崔昌受到杨国忠一派的攻击,被贬为玉山郡乌雷尉。其事见于《新唐书·文艺列传》。

③卫包:京兆(今陕西西安)人。唐玄宗时任集贤院学士。崔昌上书玄宗后,卫包上书玄宗,称前夜四星聚于尾宿,且都堂会议之际,阴雾四塞,集议之后,晴空万里,这是天意在昭明国家承汉之

统。此语深合玄宗心意，因此卫包与崔昌一同受到提拔。李林甫死后，卫包受杨国忠攻击，被贬为夜郎尉。其事见于《新唐书·文艺列传》。

【译文】

自唐高祖武德年间到玄宗天宝年间，已经过去了一百多年，其间议论礼制的大臣，没有办法建言以纠正礼制的谬误，朝廷仍尊奉拓跋氏、宇文氏这样的夷狄之族、隋朝杨氏这样悖乱的夷狄分支来作为本王朝开国皇帝父母的渊源所在，这是何其丑陋的局面啊！天宝九载，唐朝廷才开始访求殷商、周、汉三代君王后裔，将其立为三恪，而废除对于拓跋氏、宇文氏、杨氏的分封。尽管此时已经有些晚，但能够堂堂正正地重兴湮灭已久的典礼，树立百世君王所应效仿的准则，也是很伟大的啊！可是这件事天子没能想到，大臣没能建言匡正，儒生们也没能提出议论，最初的建议却是出于人微言轻的崔昌。而崔昌的言论中还掺杂了以土德代替火德、五德交替终始这样承袭自邹衍的邪说。像卫包那样的儒生，也用"四星聚于尾宿"这样的无稽之言当作支持崔昌观点的证据，不能阐述元德显功、民心天理的秩序从而为后世树立永恒的典范。而主持这件事的又是李林甫，所以李林甫一死，杨国忠的党羽又起来阻挠此事，于是在此之后再也没有能伸张这一大义的人了。古时圣明帝王的祭祀香火以及对其子孙的荫庇，永远在后世断绝了，这难道不也令人伤心吗？

唐之既亡，朱温以盗，朱邪、枭掠鸡以夷[1]，刘知远、郭威琐琐健儿，瓜分海内，而仅据中州，称帝称王，贱于丞尉；至宋而后治教修明，贤君相嗣，以为天下君师。是于周、汉与唐，犹手授也。曾不能推原治统，自跻休美；而以姑息之恩，独崇柴氏。名儒林立，此议无闻，大义隐，显道息，垂及刘伯温、宋景濂^②,不复知有乾坤之纲纪,弗能请求刘、李、赵氏之裔以作宾于王家,曾李林甫之弗若,岂非千古之遗憾哉? 虽然,人纪不容终绝,王道不容永弛,豪杰之士申其义,明断之主决于行,夫岂难哉? 敬以俟之来哲。

【注释】

①朱邪:本为唐时西突厥部族族名,世居沙陀,后归唐。族人以朱邪为姓。唐德宗时朱邪赤心以功赐姓李,名国昌。其子李克用建立了晋,其孙李存勖建立了后唐。臬捩鸡:后晋太祖石敬瑭的父亲,汉名石绍雍,沙陀人。

②刘伯温、宋景濂:指明初名臣刘基和宋濂。刘基字伯温,宋濂字景濂。

【译文】

　　唐朝灭亡后,朱温以叛逆盗贼起家,后唐朱邪氏、后晋石敬瑭父子以夷狄身份,刘知远、郭威以卑微士兵的身份瓜分海内。而仅据有中原地区,先后称帝称王,实际地位连从前的县丞、县尉都不如。到宋朝建立后,朝廷才开始修明政治、开展教化,贤德的君主相继执政,足以作为后世君王的榜样。宋朝就相当于直接从周、汉与唐朝那里承继了正统。但宋朝廷却不能理清正统的来源,让自己跻身于开明有德的王朝行列;而因为姑息授受君位的恩情,唯独尊崇后周柴氏。宋代名儒林立,却未曾听到有人在这方面发出议论。大义消隐,显道不彰。等到了明代刘基、宋濂等名臣的时代,士人不再知道有乾坤纲纪,不能请求朝廷将汉朝刘氏、唐朝李氏、宋朝赵氏的后裔当作皇家的宾客,对其予以封赏和尊崇,甚至连李林甫都比不上,这难道不是千古的遗憾吗? 尽管如此,人伦纲纪终究不容断绝,王道不容永远废弛,由豪杰之士申明其义,由英明能断的君主付诸实施,这难道很难吗? 我恭敬地等待后世的贤明之人做成这件事。

二〇　安禄山之乱官军所募义勇凡数十万人

秀者必士，朴者必农，僄而悍者必兵，天与之才，习成其性，不可移也，此之谓天秩，此之谓人官。帝王之所以分理人物而各安其所者，此而已矣。

【译文】

才华出众者必定要做士人，质朴之人必定要当农民，轻狂剽悍的人必定要当士兵，这是上天所赋予的材质；通过习惯逐渐化为天性，不能改变，这就叫"天秩"，这就叫"人官"。帝王分别管理和安置人物，使其各安其所，就是遵循这一道理而已。

　　唐之府兵，世著于伍，垂及百年，而违其材质，强使即戎①，于是而中国无兵。安禄山以蕃骑渡河，入无人之境，直叩潼关，岂中原之民一皆脆弱，无可奋臂以兴邪？颜鲁公一振于平原②，旬日之间，而得勇士万余人，于是卢全诚于饶阳③，李奂于河间④，李随于博平⑤，而颜常山所收河北义旅凡二十余万⑥，张睢阳所纠合于雍丘者一日而得数千人⑦，皆蹀血以与贼争死命。斯固三数公忠勇之所激，而岂此数十万比屋之民，皆义愤填胸、思拯国难者乎？僄轻鸷悍之材，诚思得当以自效，不乐于负耒披蓑，宁忘身以一逞，其材质不任农而任兵，性以成、情以定也。然则拘府兵之故纸，疑彍骑为虚文，困天下材勇于陇首，荡泆游闲，抑不收农民之利者多矣。违其性，弃其长，强其短，徒弱其兵，复窳其农，唐安得有兵与民哉？

【注释】

①即戎：参军作战。

②颜鲁公：指颜真卿（709—784）。字清臣，小名羡门子，别号应方，京兆万年（今陕西西安）人。唐朝名臣、书法家。开元二十二年（734）登进士第，历任监察御史、殿中侍御史，后因得罪权臣杨国忠，被贬为平原太守，世称"颜平原"。安史之乱时颜真卿率义军坚守平原，并与从兄颜杲卿配合，发动河北诸郡抗击安禄山。后因受安史叛军进攻而奔赴凤翔，被授为宪部尚书。唐代宗时官至吏部尚书、太子太师，封鲁郡公，人称"颜鲁公"。兴元元年（784）被派遣晓谕叛将李希烈，他凛然拒贼，最终被缢杀。朝廷追赠其为司徒，谥号"文忠"。传见新、旧《唐书·颜真卿列传》。

③卢全诚：安史之乱爆发时任饶阳太守，面对叛军据城不降，最终城破殉国。其事见于《资治通鉴·唐纪三十三·玄宗至道大圣大明孝皇帝下之上·天宝十四载》。

④李奂：安史之乱爆发时任河间司法，叛军占领河间后，李奂杀安禄山所署长史王怀忠，起兵抗击安禄山，但河间最终被叛军再度攻破，李奂被押送到洛阳处死。《资治通鉴·唐纪三十三·玄宗至道大圣大明孝皇帝下之上·天宝十四载》。

⑤李随：安史之乱爆发时任济南太守，响应颜真卿、颜杲卿的号召，派兵杀安禄山任命的博平太守马冀。后又与张巡配合，共同抗击南下的安史叛军。《资治通鉴·唐纪三十三·玄宗至道大圣大明孝皇帝下之上·天宝十四载》。

⑥颜常山：指颜杲卿（692—756）。字昕，京兆万年（今陕西西安）人。唐朝中期名臣。初任范阳户曹参军，曾是安禄山的部下。安史之乱前代理常山太守，面对安史叛军，颜杲卿坚守常山，与从弟颜真卿配合，设计杀安禄山部将李钦凑，擒高邈、何千年。河北一度有十七郡响应他们，共同抗击安禄山。天宝十五载

(756)叛军攻破常山,颜杲卿被押到洛阳。他瞋目怒骂安禄山,最终遇害。传见新、旧《唐书·忠义列传》。

⑦张睢阳:即张巡。雍丘:今河南杞县。

【译文】

　　唐代的府兵,世代都要当兵。这样的状况持续了百年,实际上是违背了这些人的天生材质,强迫他们参军战斗。于是中国就没有了真正能打仗的士兵。安禄山依靠胡人骑兵渡过黄河,如入无人之境,直逼潼关,难道是中原的百姓全都脆弱不堪,没有人能振臂而起奋勇反抗吗?颜真卿在平原郡一竖起义旗,十几天时间就招募到一万多勇士,于是卢全诚在饶阳、李奂在河间、李随在博平纷纷起来响应;而颜杲卿所收拢的河北义军更是多达二十余万。张巡在雍邱纠合义军,一天就募集到数千人,这些人都拼死与叛军作战。这固然是颜真卿等人的忠勇之气激励民众的结果,但这数十万加入义军的百姓,难道个个都义愤填膺、想着要拯救国难吗?那些轻狂剽悍的百姓,确实也是认为参加义军能拯救自己,他们不乐意拿着锄头、披着蓑衣耕地,宁愿舍命相搏。他们的才能和气质不适合当农民,而适合当士兵,这是顺应其天然性情的选择。然而朝廷拘泥于府兵的旧制度,怀疑所谓矿骑制度是一纸空文,将天下具备勇敢材质的人禁锢在田间地头,使他们游手好闲,实际上朝廷没办法通过让他们做农民获得多少好处。违背人的天性,放弃其长处,强制放大其短处,只会让军队变得衰弱,使农民变得怠惰,唐朝还哪里能有真正的士兵和农民呢?

　　唯其不能收天下之材勇以为国用,故散在天下,而天下皆得以收之,忠者以之效其忠,邪者以之党其邪,各知有所募之主帅,而顺之与逆,唯其马首是瞻,于是乎藩镇之势成,而唐虽共主,亦与棋立以相敌。延及五代,天下分崩,互相吞灭,固幽、燕叛逆之所倡,抑河北、山东义兵之所启也。若夫高仙芝、封常清迫而募于两都者^①,则市井之罢民,初不足为重轻者也。民惩府兵之害,闻召募出于朝廷,则畏一登籍而贻子孙之祸,固不如河北、山东、雍、睢牧守之号召,人乐于就而能得其死力也。

【注释】

①高仙芝(? —755):生于安西(今新疆库车东),高句丽人。唐朝中期名将。幼时随父入唐。因善于骑射,骁勇果敢,二十岁时即被授予将军之职。天宝年间,他先后率军击破小勃律、攻破石国,并与大食交战。后入朝担任右羽林大将军。天宝十四载(755)安禄山叛乱时,高仙芝以副统帅之职率军征讨叛逆,在洛阳遭遇失利,退守潼关,被监军宦官边令诚诬陷,遭到杀害。传见新、旧《唐书·高仙芝列传》。

【译文】

正是因为唐朝廷不能收拢天下具备勇敢材质的人为国家所用,因而这些人分散于天下,而天下人都得以招募利用他们。忠诚的人依靠他们来为国效忠,邪恶之人利用他们来实现自己的奸计,他们各自只知道招募自己的主帅,而是忠顺还是叛逆,都唯主帅马首是瞻,于是就形成了藩镇割据的形势。而唐朝虽然是天下共主,也只能与诸藩镇并立,与其相互抗衡。等到了五代时,天下分崩离析,各藩镇互相吞灭,固然是幽、燕等藩镇的叛贼所倡导的结果,同样也是河北、山东的义兵所开的先例。至于高仙芝、封常清在紧迫情况下在两都所招募的军队,则是市井中的不从教化、不事劳作之民,本来就无足轻重。百姓鉴于府兵制的危害,听说召募命令出于朝廷,则害怕一旦被登入军籍,就会给子孙带来祸患,使他们被迫世代参军,所以其号召力当然比不上河北、山东、雍丘、睢阳等地的太守。人们更乐于参加那些郡守组织的义军，为其效死力。

宰天下者，因其可兵而兵之，因其可农而农之，民不困，兵不柮[1]，材武之士不为将帅所私畜，而天下永定。因天也，因人也，王道之所以一用其自然也。

【注释】

①柮：空虚。

【译文】

主宰天下的人，应当让具备士兵材质的人去当兵，让具备农民材质的人去耕种。这样百姓不会受困扰，军队也不至于衰弱空虚，有勇武材质的人士不会成为将帅私人蓄养的武装，而天下可以永保安定。顺应天时，顺应人事，这是王道顺应和运用自然的方式。

二一　散积于州得理财之道

李蕘说颜鲁公陈清河之富云[1]："有布三百余万匹，帛八十余万匹，钱二十余万缗[2]，粮三十余万斛，甲兵五十余万事。"一郡之积，充牣如此[3]，唐之富可知矣。唐之取民，田百亩而租二石，庸调绢六丈、绵四两而止。宇文融、韦坚、王鉷、杨慎矜虽云聚敛[4]，未尝有额外之征也。取民之俭如此，国储之富如彼，其君若臣又未尝修《蟋蟀》《葛屦》之风[5]，方且以侈闻矣。繇此观之，有天下者，岂患无财哉？忧贫者，徒自忧而益其贫耳。

【注释】

①李萼：唐玄宗时清河(今河北清河)人。安禄山发动叛乱后，平原太守颜真卿首先举兵抗击叛军，被封为河北招讨采访处置使。身为平原西邻清河郡年轻将领的李萼虽年仅二十岁，但胆略过人，为颜真卿首举义旗的壮举所感动，积极组织抗击叛军，并希望与平原联合共同抗敌。李萼来到平原郡，用智谋说服了颜真卿，并为其出计在魏郡一带与安禄山的部队两万余人短兵相接，大败叛军，斩杀万余人，俘虏千余人，收复魏郡。其事见于《旧唐书·颜真卿列传》。

②缗：一千文铜钱。

③充牣：充足，丰足。

④宇文融、韦坚、王铁、杨慎矜：皆为开元年间唐玄宗的幸臣。他们或因长于搜刮百姓而得宠，或因整理疏通漕运而蒙受君王恩泽，或因善于聚敛财货而得势，或因善于剥削百姓而得宠，权势烜赫一时，倚仗权势而妄为。四人分别传见新、旧《唐书·宇文融列传》《唐书·韦坚列传》《唐书·王铁列传》《唐书·杨慎矜列传》。

⑥《蟋蟀》：《诗经·唐风》中的一篇。《毛诗序》认为此篇主旨在于讽刺晋僖公自奉过俭。《葛屦》：《诗经·唐风》中的一篇。《毛诗序》认为此篇主旨在于表现魏国国民汲汲于利。

【译文】

李萼游说颜真卿，陈述清河郡的富足状况，说："现在那里有布三百多万匹，帛八十多万匹，钱二十多万缗，粮三十多万斛，兵器和铠甲五十多万套。"一个郡所积累的物资就如此充足，唐朝的富足由此可见。唐朝向民众收取的赋税，是每一百亩田收两石租，庸调则为六丈绢、四两绵而已。宇文融、韦坚、王铁、杨慎矜等人虽然号称善于聚敛，但并不曾在规定税赋之外额外加征。向民众收取的赋税如此少，而国家的物资储备却如此丰足，其君王和大臣又都不像晋僖公那样自奉过俭，也不像魏国国民那样汲汲于利,而他们尚且还以奢侈闻名。由此看来,拥有天下的人,哪里需要担心没有财富呢?凡是担忧贫困的人,都只会白白让自己困扰,从而造成贫穷者更加贫穷的局面。

夫大损于民而大伤于国者,莫甚于聚财于天子之藏而枵其外,窭百官之用而削于民,二者皆以训盗也;盗国而民受其伤,盗民而国为之乏矣。挈天下之金粟钱货于内帑,置之无用之地,积久而不可用,愈积愈冗,而数不可稽,天子莫能问也,大臣莫能诘也,则一听之宦竖戚畹及主藏之奸胥[①],日窃月匿,以致于销耗;且复以有为无,欺嗣君之暗,而更加赋以殚民之生计,是盗国而民伤也。有司无可赡之用,不得不为因公之科敛,以取足于民,于是而蔽上以盗民者,相习为故;且有司之科敛者一,而奸吏猾胥以及十姓百家之魁长乘之而交相为盗,官盗一,而其下之层累以相剥者不但二也;民乃急其私科,缓其正税,逋欠频仍以徼幸于恩贷,匿田脱户,弊百出以欺朝廷,而岁之所入,十不得五,是盗民而因以乏国也。

【注释】

①戚畹(wǎn):外戚。

【译文】

在所有对民众和国家都有重大损害的行为中,没有比将财富都聚敛到天子的府库中,使得内府之外财用空虚以及削减朝廷百官的支出而迫使其去剥削百姓更严重的了。这两种行为都是公然鼓励盗窃。盗窃国用会使百姓承受损伤,盗窃百姓财富则会使国家也因此变得贫乏。将全天下的金银财宝、粮食货物都聚敛到天子的内府中,等于将其置于无用之地,储存久了这些物资就无法再使用;积攒越多越显得冗余,而总数已经无法再统计,连天子都无法查问清楚,大臣也没办法追查出来。于是便只能听任宦官、外戚和主管府库贮藏的奸诈官吏,日复一日地盗取挪用这些物资,使其日益被销耗;而且这些人还会把有当成无,公然欺骗昏庸无知的继位君主,增加赋税从而剥夺百姓的生机。这就是所谓的盗窃国家财富导致百姓受到损害。有关部门没有足够的经费,不得不为了筹集经费而聚敛民财,靠搜刮百姓来满足支出所需。于是那些隐瞒朝廷、剥削百姓的官吏,对此逐渐习以为常;且有关部门从百姓身上偷窃一分,那些奸诈狡猾的官吏和差役以及民间十姓百家的首领也都趁机盗取百姓财富,有关部门盗取一分,他们就盗取两分,而更往下层累盘剥百姓的人所盗取的甚至不止两分。百姓只能急于应付这些私赋,而缓交其给朝廷的正税。于是正税被频繁拖欠,百姓都心存侥幸地希望这种负担能被解除,纷纷隐蔽田产、脱离原籍。于是弊端丛生,就为了欺骗朝廷;而朝廷每年的收入,连应有收入的十分之五都不到。这就是盗取民财而国家财用因此变得匮乏的原因所在。

　　唐散积于州,天下皆内府,可谓得理财之道矣。已散之于天下,而不系之于一方,则天子为天下措当然之用,而天下皆为天子司不匮之藏,有司虽不保其廉隅,而无所藉口于经用之不赀,与奸胥猾吏相比以横敛于贫民,而民生遂矣。官守散而易稽,不积无用以朽蠹,不资中贵之隐窃[①],而民之输纳有恒,无事匿田脱户,纵奸欺以堕朴氓而亏正供,则国计裕矣。故天宝户口之数,古今莫匹,兵兴之初,州县财余于用,非地之加广、生之加蕃也,非虐取于民、俭吝于用也。散则清、聚则漏,昭然易见之理,自宋以来,弗能察焉;富有四海而患贫,未有不以贫亡者也。

【注释】

①中贵：即中官、宦官。亦泛指皇帝宠爱的近臣。

【译文】

唐朝将财富分散到各州积存，于是天下都成了内府，可谓深得理财之道了。既然朝廷将财富已分散于天下，而不专系于某一方，则天子为天下筹措理所当然的费用，而天下则都为天子管理内府，使其不至于匮乏。虽然难以保证有关部门必定能保持廉洁，但他们起码不能再以经费不足为借口，与奸诈狡猾的官吏、差役一同对贫民横征暴敛，百姓的生计就得到了保证。各地物资的积蓄较为分散，容易统计查验，不会因为长期积存不用而变得朽坏，不会变相鼓励宦官外戚等窃取国家财富；而百姓需要缴纳的赋税有固定的额度，也就不会再隐匿田地、脱离原籍了。原本朴实的农民不会堕落成奸诈欺骗之徒而使国家正供亏损，如此一来国家用度就充裕了。所以天宝年间的户口数，古往今来无有能匹敌的。叛乱刚爆发的时候，各州县都有余财可供使用，不是靠耕地面积扩大、人口繁衍增多，也不是靠残酷盘剥百姓或在使用时异常节俭。财富分散会造就清廉，财富汇聚则会导致贪腐盗窃，这是显而易见的道理，自宋以来却没有人能察觉到。凡是富有四海却担忧贫乏的人，没有不因为贫乏而灭亡的。

二二　天子出奔避寇乱不至亡

天子出奔以避寇，自玄宗始。其后代、德、僖三宗凡四出而卒返，虽乱而不亡。平阳之青衣行酒①，五国之囚系终身②，视此何如邪？《春秋传》曰："国君死社稷，正也。"国君者，诸侯之谓也，弃其国，寓于他人之国，不得立宗庙、置社稷，委天子之命，绝先祖之祀，殄子孙之世，不若死之愈矣。诸侯之侯度固然，非天子之谓也。自宋李纲始倡误国之说③，为君子者，喜其词之正，而不察《春秋传》大义微言之旨，欲陷天子于一城而弃天下，乃以终灭其宗庙之血食。甚矣！持一切之论者，义不精，学不讲，见古人之似而迷其真，以误天下有余矣。

【注释】

①平阳之青衣行酒：永嘉五年（311）刘聪发兵攻入洛阳，俘虏晋怀帝司马炽至平阳。次年正月，汉赵举行元会，刘聪即令司马炽"青衣行酒"，也就是穿着仆人的衣服为人斟酒。在场的晋朝旧属涕泗横流，原侍中庾珉更与怀帝抱头痛哭，当场被杀。不过一月，晋怀帝也被杀害。事见《晋书·孝怀帝纪》。

②五国之囚系终身：靖康二年（1127），金朝军队南下攻取北宋都城东京，掳走宋徽宗、宋钦宗，将其驱赶至五国城关押。宋徽宗最终死于五国城，宋钦宗则死于燕京。事见《宋史·徽宗本纪》《宋史·钦宗本纪》。

③宋李纲始倡误国之说：靖康元年（1126）金兵渡过黄河，徽宗东幸，宰执议请钦宗暂避敌锋。李纲则对钦宗说："道君皇帝（徽宗）把宗社授给陛下，您却打算弃而去之，这可以吗？"钦宗默然。李纲要求整顿军马，团结军民，坚守都城，保卫东京。最终靖康之难发生，二帝被俘虏北上。事见《宋史·李纲列传》。

【译文】

天子逃出京城以躲避敌寇，是从唐玄宗开始的。在他之后，唐代宗、德宗、僖宗三位皇帝总计四次逃出长安，但最终都得以返回京城，虽然遭遇祸乱，国家却没有灭亡。晋怀帝坚守洛阳，结果城破后被刘聪俘虏到平阳，被迫穿着仆人的衣服为人斟酒。宋徽宗、宋钦宗困守东京，结果被女真人俘虏，最终死在五国城。他们与玄宗、代宗等相比又如何呢？《春秋传》中说："国君为社稷而死，是正当的。"这里的国君是指诸侯。诸侯抛弃自己的国家,寄居在别国,不能立宗庙、置社稷,抛弃了天子赋予自己的使命,断绝了先祖的祭祀,使子孙后代无法再承继君位,这样还不如为社稷而死。就诸侯的职责而言固然是如此,但这并不是对天子的要求。自从宋代李纲开始倡导君王必须守都城的误国之说后,身为君子者,喜欢李纲的义正词严,却不曾体察《春秋传》中大义微言的旨趣,想让天子陷于一城而弃天下于不顾,于是最终造成了宗庙祭祀断绝的结局。这种错误真是太严重了! 那些秉持一刀切立场的人,对于大义不精通,也不讲求真学问,见到古人似是而非的说法就迷失了对于真实道理的认知,这只会误国。

　　天子者,天下之望也,前之失道而致出奔,诚不君矣;而天下臣民固倚以为重,而视其存亡为去就;固守一城,而或死或辱于寇贼之手,于是乎寇贼之势益张,而天下臣民若丧其首,而四支吒随以仆^①。以此为正,而不恤四海之沦胥,则幽王之灭宗周,元帝之斩梁祀,可许以不辱不偷之大节乎?天子抚天下而为主,都京师者,其择便而安居者尔。九州莫非其土,率土莫非其人,一邑未亡,则犹奉宗祧于一邑,臣民之望犹系焉,弗难改图以光复也。而以匹夫硁硁之节,轻一死以瓦解天下乎?

【注释】

　　①四支:四肢。支,同"肢"。

【译文】

　　天子是天下人瞩目和寄予希望的对象,因为自己此前的失道而被迫出奔,这确实是不合君道的表现。但天下臣民仍然倚重天子,要看天子的存亡来决定自身的去向。天子固守一座城池,要么死去,要么落入敌人手中受辱,敌人的气焰会因此更加嚣张,声势会更大,而天下臣民则好像丧失了头颅一样,四肢也很快会随之倒地。如果以固守国都为准则,却不顾及整个天下的存亡,则周幽王导致宗周沦亡,梁元帝致使梁朝祭祀断绝,难道也可以被称赞为不忍辱偷生的大节吗?天子身为天下共主,以京师为都城,不过是选择便利的安居场所罢了。九州都是天子的领土,全天下的人都是其臣民,只要还有一座城池没有沦陷,就应该在这一座城池里尊奉宗庙社稷。这样臣民的希望就还能维系,也就不难再重新谋划光复大业了。怎么能够仅仅被匹夫卑微的小节所束缚,轻易赴死而导致天下瓦解呢?

　　呜呼!非徒天子然也。郡县之天下,守令为天子牧民,民其所司也,土非其世守也。禄山之乱,守州郡者,如郭纳、达奚珣、令狐潮之流①,望风纳款,乃至忠贞如颜杲卿、袁履谦、张巡者②,亦初受胁迫而始改图,困守孤城而不知变计,几陷于逆,莫能湔涤③。力不能如颜鲁公之即可有为也,则何如洁身以避之,徐图自效可也。身居危困之外,自有余地以致身尽瘁;而濡忍不决④,势迫神昏,自非与日月争光之义烈、"艮其限,厉薰心"⑤,亦危矣哉!不保其终无玷也。故守令无三军之寄,而以失城坐大辟,非法也。去亦死,守亦死,中人之情,畏死其恒也,迫之以必死,则唯降而已矣,是驱郡邑以从逆也。故曰非法也。

【注释】

①郭纳:安史之乱爆发时任陈留太守。达奚珣:安史之乱时任河南
　尹。令狐潮:安史之乱时任雍丘县令。

②袁履谦(?—756):唐朝官员。安史之乱时是常山太守颜杲卿的

部下,与颜杲卿一道抗击安史叛军,立下战功,被朝廷任命为常
山太守。后来安禄山派军攻陷长安,袁履谦与颜杲卿被押往洛
阳,一同遇害。其事见于新、旧《唐书·忠义列传》。

③湔(jiān)涤:洗涤,清除。

④濡忍:和顺忍让。

⑤艮其限,厉薰心:语出《周易·艮卦》爻辞:"九三,艮其限,列其
夤,厉薰心。"意思是抱着他的腰,撕裂了他的夹脊肉,疼痛像火
烧心。

【译文】

　　唉! 不仅仅天子应当如此啊。在实行郡县制的天下,郡守、县令都
是代替天子管理百姓的人,百姓固然归其管辖,但土地却并不是归其世
代坚守的。安禄山发动叛乱后,守卫州郡的官员,如郭纳、达奚珣、令狐
潮等,望风投降;甚至像颜杲卿、袁履谦、张巡这样的忠贞之士,最初也
是在受到胁迫后才开始改变想法。他们困守孤城而不知改变策略,几
乎沦陷于逆贼之手,差点没办法洗涤自己之前的罪过。如果不是像颜
真卿那样有足够的力量可以立即有所作为,则何不洁身自好、暂时规避
敌寇呢? 其后完全可以再慢慢寻找报效国家的办法。置身于危险和困
境之外,自然有足够的余地,可以再设法为国家鞠躬尽瘁;而面对危局
迟疑不决,事到临头神志昏暗,只要自己的义烈没达到与日月争光的程
度,"那么自己的腰被抱住,疼痛像火烧心一样",这也是非常危险的啊!
完全无法保证自己的清白最终不会被玷污。所以郡守、县令在没有执
掌军权的情况下,因为丢失城池就被判死刑,这不是合理的法律。逃走
是死,坚守也是死,中等才智的人总是害怕死亡的,如果逼迫他们必须
去死,那么他们也就只能投降了。这种规定就等同于驱赶地方官员去
顺从敌寇。所以说这不是合理的法律。

卷二十三

肃　宗

【题解】

　　唐肃宗李亨(711—762)是唐玄宗李隆基第三子,其母为杨贵嫔。李亨初封陕王,后徙封忠王,开元二十六年(738)被立为太子。安史之乱爆发后,被玄宗任命为天下兵马大元帅,领朔方、河东、平卢节度使,负责平叛。唐玄宗出奔蜀地,途径马嵬坡时发生兵变,肃宗与玄宗分道,北上至灵武。至德元载(756)七月,李亨在裴冕、杜鸿渐等人的策划和拥戴下,即位于灵武,尊父亲玄宗为太上皇。此后他命郭子仪与李光弼等讨伐安史叛军,并向回纥借兵,先后于至德二载(757)六月和十月收复长安、洛阳两京。上元二年(761)末,肃宗患重病,不能理朝政,命太子李豫监国。宝应元年(762)肃宗病逝,在位共六年。

　　肃宗在灵武自立的举动,历来是史家热衷评判的话题,褒贬不一。王夫之认为,从君臣父子的伦理角度讲,肃宗实在是"罪无可辞";而裴冕、杜鸿渐等人拥立肃宗的目的,也不过是猎取爵禄罢了。不过,从时局的角度讲,玄宗在任命肃宗为天下兵马大元帅的同时,又分任诸王为各地军事统帅,这种分散军权的做法"疑天下而召纷争",对平叛实际上非常不利。肃宗的迅速自立,客观上抵消了这种权力分散的负面影响,使得天下重新"定归于一",有利于平定叛乱。所以,肃宗的自立,是"因私以济公",对唐朝政权而言未尝不是好事。

　　肃宗先是以迫切希望向玄宗尽孝为由急于收复长安,在收复长安后,又上表请求玄宗返回长安,并表示自己愿意退居东宫。王夫之对于肃宗这些貌似大孝的举动深表怀疑,直接指出其急于收复长安的动机实际上是自觉权威不足以"弹压天下",唯恐不能迅速建立"平贼之功",从而巩固自己的皇位;而他愿意让位于玄宗的姿态,也不过是玩弄心机以逼迫父亲打消重新掌权的念头罢了。王夫之对于这种父子间的虚情假意颇为反感,指斥其"天理灭,人心绝"。

　　为平定安史之乱,肃宗在外交和经济两方面都进行了努力。外交上主要是借兵回纥。王夫之引用杜甫的诗句对于内地遭受回纥军队蹂躏的惨状表示同情和愤慨。他指出,历代借兵于夷狄,没有能够免于灾祸的,只不过"用之有重轻,而祸有深浅"罢了,都是极其短视的愚蠢行为。经济上主要是进行财政改革,从东南输送财赋以供应西北。这对其后很长时间内的财政空间格局产生了重大的影响。王夫之认为,第五琦等人出于一时所需而进行的改革,为后人所长期仿效,一方面使得东南地区的百姓长期被迫承担沉重的赋税,另一方面也加剧了西北地区百姓的怠惰,并使得河北、中原等地区沦为"无实之土"。对于财赋重心向东南的转移,王夫之在全书中有过多次讨论,读者不妨综合起来加以思考。

一　裴杜贪功劝肃宗自立

　　肃宗自立于灵武,律以君臣父子之大伦,罪无可辞也。裴冕、杜鸿渐等之劝进[①],名为社稷计,实以居拥戴之功取卿相,其心可诛也。史称颜鲁公颁赦书于诸郡,河南、江、淮知肃宗之立,徇国之志益坚,若以此举为收拾人心之大计,岂其然乎?

【注释】

①裴冕(703—770)：字章甫，河中河东(今山西永济)人。唐中期大臣。早年历任渭南尉、监察御史、河西行军司马等职。安史之乱时，遇太子于平凉。裴冕具陈事势，劝李亨前往朔方，亟入灵武，并与杜鸿渐、崔漪等积极劝进。因参与拥立唐肃宗，被拜为宰相，后罢为右仆射，唐代宗大历四年(769)再度出任宰相，兼东都留守。同年十二月病逝。传见新、旧《唐书·裴冕列传》。杜鸿渐(709—769)：字之巽，濮州濮阳(今河南濮阳)人。唐中期大臣。早年进士及第，历任王府参军、大理司直、朔方留后。安史之乱时，杜鸿渐与裴冕和朔方军僚属魏少游、崔漪、卢简金、李涵等人共同拥立唐肃宗，被授为兵部郎中，广德二年(764)拜相。大历元年(766)，以使相身份出镇西川，担任西川节度使，镇抚崔旰之乱，但畏于崔旰兵势，反为崔旰请封。大历四年(769)病逝。传见新、旧《唐书·杜鸿渐列传》。

【译文】

肃宗在灵武自立为皇帝，按照君臣父子之间的伦理要求，他的罪责是无可推卸的。裴冕、杜鸿渐等人鼓动肃宗自立，名为江山社稷着想，实际上是想自居拥戴之功，以获取卿相之位，其用心着实可恶。史书上称颜真卿向诸郡颁布敕书，河南、江、淮等地的人们得知肃宗登基的消息后，报效国家的意志更加坚定。如果把肃宗自立当作收拾人心的大计，这一举动岂不是好事了？

　　玄宗之召乱也，失德而固未尝失道也。淫荒积于宫闱，用舍乱于朝右，授贼以柄而保寇以滋，斁伦伤教①，诚不足以任君师、佑下民。而诛杀不淫，未尝如汉桓、灵之搒掠②，宋哲、徽之窜逐也；赋役不繁，未尝如秦之筑长城、治骊山，隋之征高丽、开汴渠也③。天不佑玄宗,而人不厌唐德,禄山以凶淫狂斁之胡雏④,县军向阙,得志而骄,无终日之谋以固其势,无锱铢之惠以饵其民,蟪蛄之春秋⑤,人知其速陨,岂待灵武之诏,始足动天下以去逆效顺哉?

【注释】

①斁:败坏。

②榜掠:笞击,拷打。

③汴渠:指隋代大运河的通济渠一段。自河南荥阳的板渚出黄河,经鸿沟、蒗荡渠、睢水,沟通江苏盱眙境内的淮河。

④狂斁(bì):狂妄,猖狂。

⑤蟪蛄:蝉的一种,体型较小,呈紫青色或紫灰色,有黑纹。成虫出现于五月至八月。古人将其视为生命极其短暂的生物,《庄子·逍遥游》中有"朝菌不知晦朔,蟪蛄不知春秋"之语。

【译文】

玄宗招致了安史之乱,但他虽然失德,却并未曾失道。他在宫闱中荒淫无度,朝堂上用人不当,授给叛贼权柄,使其坐大,败坏伦常、损害教化,确实不足以作为君王和宗师,保佑百姓。但他并没有滥施诛杀,不曾像汉桓帝、灵帝那样杀害和打击大臣,不曾像宋哲宗、宋徽宗那样大量贬黜、放逐大臣;他征收的赋役也不繁重,不曾像秦代役使百姓修筑长城和骊山陵墓,或是像隋朝征伐高丽、开通济渠那样滥用民力。上天不保佑唐玄宗,而百姓尚未厌弃唐朝的德行。安禄山身为凶狠野蛮、狂妄放肆的胡人后裔,率领叛军侵犯都城,得志而骄傲,没有正确的谋略来巩固自己的成功态势,也不曾用一点好处来施予百姓使其支持自己,就像蟪蛄生命短暂、连春秋都不知道一样。人们知道他必定会迅速殒命,所以哪里需要等待肃宗灵武即位的诏书,然后才使得天下人纷纷背离叛军、重新效忠于唐朝廷呢?

虽然，肃宗不立，而天下抑有不可知者。幸而不然，人不知其变之必至耳。国虽不固，君虽不令，未有一寇甫兴而即灭者，秦之无道，陈涉不能代之以兴，况唐立国百年，民无荼毒，天宝之富庶甲乎古今，岂易倾哉？而有不可知者，乱者，所以召乱也；止乱者，尤乱之所自生也。袁、曹讨董卓，而汉亡于袁、曹；刘裕诛桓玄，而晋亡于刘裕；祸发而不戢，恶知其极？定之不早，意外之变继起，而天下乃以分崩，是则安、史虽平，唐尤岌岌也。

【译文】

尽管如此，若肃宗不自立，天下格局同样有不可知的因素存在。幸而后来历史并未那样发展，所以人们不知道事情的变化必定会趋向这一局面罢了。国家虽然并不稳固，国君虽然不够英明贤德，但从来没有一伙贼寇是在刚兴起不久就被剿灭的。秦朝虽然无道，但陈涉也不能立即取代秦朝而兴起，何况唐朝立国已经有百年之久，百姓不曾受其荼毒，天宝年间的富庶更是冠绝古今，唐朝怎么会轻易倾覆呢？但仍有不可知的因素存在：混乱是招致祸乱的源头；而用以止息祸乱的手段，尤其会导致新的祸乱产生。东汉末袁绍、曹操讨伐董卓，而东汉最终也亡于袁绍、曹操之手；刘裕诛杀桓玄，而东晋最终也亡于刘裕之手。祸乱一旦发生就难以止息，谁知道局面会糟糕到何等地步呢？如果不能早日安定下来，意外变故就会接连发生，而天下就会因此分崩离析。所以安、史之乱虽然最终平息，但唐朝却陷入了尤其岌岌可危的境地。

于稽其时，玄宗闻东京之陷，既欲使太子监国矣；其发马嵬①，且宣传位之旨矣。乃未几而以太子充元帅，诸王分总天下节制，以分太子之权。忽予忽夺，疑天下而召纷争，所谓一言而可以丧邦者在此矣②。盛王琦、丰王珙，皆随驾在蜀；吴王祗、虢王巨，皆受专征之命；永王璘之出江南③，业已抱异志而往；是萧梁骨肉分争之势也。河北、雍、睢之义旅，罔测所归；河西李嗣业④，且欲保境以观衅；安西李栖筠⑤，愈远处而无适从；李、郭虽心王室，且敛兵入井陉，求主未得而疑；同罗叛归⑥，结诸胡以内窥，仆固玢败而降之为内导⑦，以掣河东、朔方之肘；此汉末荆、益，西晋河西之势也。使一路奋起讨贼，而诸方不受其统率，则争竞以生；又李克用、朱全忠不相下之形也。诸王各依一镇以立，诸镇各挟之以为名；抑西晋八王之祸也。居今验古，不忧安、史之不亡，而亡安、史者即以亡唐。托玄宗二三不定之命，割裂以雄长于其方，太子虽有元帅之虚名，亦恶能统一而使无参差乎？玄宗之犹豫不决，吝以天下授太子，不尽皆杨氏衔土之罪也⑧，其父子之间，离忌而足以召乱久矣。

【注释】

①马嵬：即马嵬坡，在陕西兴平西。

②一言而可以丧邦：语出《论语·子路》：“曰：‘一言而丧邦，有诸？’孔子对曰：‘言不可以若是其几也。人之言曰：“予无乐乎为君，唯其言而莫予违也。”如其善而莫之违也，不亦善乎？如不善而莫之违也，不几乎一言而丧邦乎？’”意思是鲁定公问：“一句话就丧失国家，有这事吗？”孔子答道：“说话不可以像这样地简单机械。不过，大家都说：‘我做国君没有别的快乐，只是我说什么话都没人违抗我。’假若说的话正确而没人违抗，不也很好吗？假若说的话不正确也没人违抗，不近于一句话便丧失国家吗？”

③永王璘：即李璘（？—757）。唐玄宗第十六子。幼年失母，由肃
宗收养。开元十三年（725）封永王。安禄之乱时，玄宗奔蜀，诏
领山南东路、岭南、黔中、江南西路四道节度采访等使、江陵大都
督。到江陵后，署置官吏，招兵买马。当时肃宗已于灵武即位，
令其归蜀而不从，以致起兵争位，引舟师东下。最终败死。传见
《旧唐书·玄宗诸子列传》《新唐书·十一宗诸子列传》。

④李嗣业（？—759）：京兆高陵（今陕西高陵）人。唐朝名将。天宝
年间先后随高仙芝击败小勃律国、石国、突骑施和吐蕃军队，官
至北庭行营节度使，封虢国公。安史之乱时，以河西节度副使身
份奉命征讨叛军，跟随广平王李豫收复长安，跟随郭子仪收复洛
阳，与张镐等收复河南、河东两道郡县。乾元二年（759）与郭子
仪等围攻相州时，身中流箭负伤，后因伤口破裂，流血过多而死。
传见新、旧《唐书·李嗣业列传》。

⑤李栖筠（719—776）：字贞一，赵郡（今河北赵县）人。唐朝中期名
臣，李吉甫之父、李德裕之祖父。进士及第后，远赴安西都护府，
进入安西节度使封常清的幕府，担任节度判官。天宝十四载
（755）封常清被召回后，暂摄监察御史兼行军司马。安史之乱
时，选精兵七千赴灵武，因功擢殿中侍御史、工部侍郎，与宰相元
载不睦。大历年间，代宗欲拜他为相，但因顾忌元载而未果。李
栖筠郁愤成疾，于大历十一年（776）病逝。传见《新唐书·李栖
筠列传》。

⑥同罗：铁勒人的一个部落。唐前期因受突厥人的打击而逐渐分
裂，部分同罗部众逐渐迁入内地，归附唐朝。安史之乱爆发后，
这些内附的同罗部众再度反叛，成为安禄山叛军的一部分。

⑦仆固玢：铁勒仆固部人，唐朝中期名将仆固怀恩之子。在与同罗
的战斗中兵败投降，后又乘机逃回，仆固怀恩怒斥仆固玢，将其
当众斩首。

⑧衔土：口含泥土，是古代臣下请求死罪的一种表示。

【译文】

　　考察当时的局势，唐玄宗听闻洛阳陷落后，就已经想要让太子监国了；等到他出发去蜀地避祸、经过马嵬坡时，就已经向天下颁布了传位的圣旨。可是不久他又让太子充当天下兵马元帅，令诸王分别总揽天下兵马节制之权，从而瓜分太子的权力。玄宗对太子的权力忽给忽夺，使得天下陷入疑惑中，招致了纷争，这就是所谓的"一句话足以令邦国灭亡"。盛王李琦、丰王李珙，都伴随玄宗到达了蜀地；吴王李祗、虢王李巨，都接受了玄宗令其专征的旨意；永王李璘出镇江南，就是在已经心怀异志的情况下赴任的。如此，天下格局就变成了如同昔日萧梁皇族骨肉分裂、相互争斗一般的态势。河北、雍丘、睢阳的义军，无法预测天下局势的走向。河西的李嗣业，想要暂且保全领地，观望局势。安西的李栖筠，因为距离内地更加遥远而无所适从。李光弼、郭子仪虽然心系王室，也暂且收兵进入井陉关，想要寻找天子却并未成功，因而陷入疑虑中。同罗部众叛归安禄山，勾结诸胡人部落窥视内地；仆固玚被他们击败后投降，作了他们的向导，从而掣河东、朔方之肘。这俨然就是汉末荆州和益州独立、西晋河西独立的态势。假如这些人中的一路队伍奋起讨贼，而其他诸部不受其统率，则彼此之间会产生纷争，这就又造成了如李克用、朱全忠那般不相上下的态势。诸王各依一方节镇以自立，诸镇又各自以诸王为名义割据一方，这就是如同西晋八王之祸那般的情形。站在今天的角度回望历史，不必担忧安、史不灭亡，而灭亡安、史的力量同时也会导致唐朝的灭亡。诸王依托玄宗游移不定的命令，各自依托藩镇割据一方，太子虽有天下兵马元帅的虚名，又哪里能够统一各部行动，使其不会参差不齐呢？玄宗犹豫不决，不舍得将天下授予太子，不全是因为杨国忠等人不可饶恕的蛊惑君王之死罪，玄宗和肃宗父子之间，离心离德、彼此猜忌的局面已经维持很久了，这足以招致祸乱。

　　肃宗亟立，天下乃定归于一，西收凉、陇①，北抚朔、夏②，以身当贼，而功不分于他人，诸王诸帅无可挟之勋名以嗣起为乱，天未厌唐，启裴、杜之心，使因私以济公，未尝不为唐幸也。盖肃宗亦未尝不虑此矣，而非冕、鸿渐之所能及也。肃宗自立之罪无可辞，而犹可原也。冕、鸿渐斁大伦以徼拥戴之功，唐虽繇之以安，允为名教之罪人，恶在心，奚容贷哉？

【注释】

①凉：凉州，今甘肃武威一带。陇：陇州，今陕西陇县一带。

②朔：朔方，今陕西靖边一带。夏：夏州，今陕西定边、吴起一带。

【译文】

　　肃宗迅速自立，天下于是得以安定，重归于一元统治。他向西收复凉州、陇州，向北抚定朔方、夏州，以自身来抵挡叛贼，而不把平叛功劳分给他人，这样诸王和诸帅就没有可以挟持的功勋和名义以趁机起来作乱。上天尚未厌弃唐朝，所以启发裴冕、杜鸿渐拥立肃宗之心，使其因私而济公，这未尝不是唐朝的幸运。大概肃宗也未尝没有考虑到这一点，而这并非裴冕、杜鸿渐之辈所能认识到的。肃宗自立之罪自然无可推卸，但尚且可以被原谅。裴冕、杜鸿渐败坏君臣纲纪以侥幸获取拥戴之功，唐朝虽然因为他们的举动而得以安定，但他们仍然堪称是名教的罪人。他们的罪恶蕴藏于心中，怎能容许宽恕他们呢？

二　李长源辞相为唐室兴亡大机

　　李长源间关至灵武①，肃宗命为相而不受，以白衣为宾友，疑乎其洁身高尚也，而其后历仕中外，且终相德宗矣，此论者所未测也。抑而下之，则讥其无定情，始以宾友自尊，而终丧其所守。推而高之，则谓其鄙肃宗之乘危自立，紊大伦而耻与翼戴之列。夫长源志深识远，其非始自尊而终耽宠禄也明甚。若鄙肃宗之自立，则胡为冒险间行以参帷幄，既与大谋，又恶可辞推戴之辜邪？夫长源之辞相，乃唐室兴亡之大机，人心离合、国纪张弛之所自决，悠悠者恶足以知之？

【注释】

①李长源：即李泌。间关：形容旅途辗转、崎岖。

【译文】

李泌辗转到达灵武，肃宗任命他为宰相他却不接受，以无官职的白衣身份做肃宗的宾客、朋友，很让人怀疑他是要洁身自好、彰显高尚。而其后他历任朝内、朝外的官职，而且最终担任德宗一朝的宰相，这是议论者所未能预料到的。贬抑他的人，会讥讽他意志不坚定，刚开始的时候以皇帝的宾客、友人身份自居，最终却丧失了自己的操守。推崇他的人拔高他，则说他是鄙夷肃宗乘着国家危难之机自立为皇帝，扰乱了君臣伦常，因而耻于跻身拥戴他的行列。李泌志向深沉，见识高远，很明显他并非一开始想抬高自身身价但后来却沉溺于官位爵禄。如果他真的鄙夷肃宗自立，则他为何还要冒险辗转到灵武去为肃宗出谋划策呢？他既然都参与了大计谋划，又哪里能推辞推戴肃宗的责任呢？李泌辞谢宰相之职，乃是唐王室兴亡的关键所在，人心的离合、国纪的张弛，都由此而决定，那些议论纷纷的人哪里足以明白这个道理呢？

玄宗之几丧邦也，惟其以官酬功，而使禄山怀不得宰相之忿，雠忮廷臣，怨怼君父，而逞其毒。玄宗出奔，肃宗孤起于边陲，以待匡救于群臣。于斯时也，人竞乘时以希高位，而不知所厌止者也。凡天下一败而不能复兴之祸，恒起于人觊贵宠而君轻爵位。贵宠可觊，则贤不肖无别，而贤者不为尽节；爵位既轻，则劝与威无以相继，而穷于劝者怨乃以生。长源知乱之必生于此也，故玄宗知其才，欲官之，而早已不受；抑知必反此而后可以立功也，故肃宗与商报功之典，而曰"以官赏功，非才则废事，权重则难制，莫若疏爵土使比小郡，而不可轻予以宰相之名"。唯然，犹恐同功共事之人，侥望之积习不化，故己以东宫之友，倚任之重，联镳对榻之隆[①]，而居然一布衣也；则人不以官位为贵而贵有功，不以虚名为荣而荣有实，天宝滥竽之敝政，人耻而不居，而更始"羊头关内"、高纬"鹰犬仪同"[②]，败亡之覆轨，不复蹈焉。

【注释】

①联镳(biāo)：连骑，对乘。镳，马嚼子两端露出嘴外的部分。对榻：对床而眠。

②羊头关内：西汉末年，更始帝刘玄击败王莽、占领长安后，对手下滥施赏赐，甚至连小商人、伙夫、厨子都被封为中郎将、关内侯等。民间于是作歌谣讽刺云："灶下养，中郎将。烂羊胃，骑都尉。烂羊头，关内侯。"后世遂以"羊头关内"为滥施赏赐之典。鹰犬仪同：北齐后主高纬奢侈荒淫，将爱马、鹰犬分别封为赤彪仪同、逍遥郡君、凌霄郡君、开府斗鸡等。

【译文】

玄宗几乎失去了自己的国家，正因为他用官位来酬谢功劳，而使得安禄山心怀不能当上宰相的愤怒之情，仇视和忌恨朝中大臣，怨恨君父，因而反叛以发泄自己的怨恨。玄宗出奔，肃宗独自崛起于边陲，等待群臣来匡救社稷。在这个时候，人们竞相趁机谋取高官，完全贪得无厌。但凡是天下经过一次失败就不能再复兴的灾祸,总是起源于人们都觊觎高官尊位、君王轻视爵位。高官尊位可以觊觎,则贤者和不孝之人就没有了待遇的区别,而贤者就不会为国家尽节;爵位既然被轻视,则其勉励士人奋进的功效和其权威就无以维系下去,而那些没被奖励的人就会滋生怨恨。李泌知道祸乱必定会从这种情况中产生,所以玄宗知道他的才华而想要授予他官职,他早就予以了拒绝;他也知道必然要颠覆这种局面然后才能建立功业,所以肃宗与他商议酬谢功劳的典制时,他说"用官位来奖励功勋,被奖励的人不具备相应才能就会耽误公事,给予他们的权力过重就难以控制他们,所以不如降低赐予他们的爵位和土地,使他们到比较小的郡里面任职,而不能轻易赐予他们宰相的名号"。正因为如此,他仍然担忧与他同功共事的人,寄希望于获取高官尊位的积习难以改变,所以他自己身为肃宗做太子时的朋友,深受肃宗倚重,享受与肃宗出则并骑、睡则对床的隆重待遇,但却始终以一介布衣自居。如此则别人就不会以官位为贵,而会以有功为贵;不以虚名为荣,而以有实际的宠遇为荣。天宝年间官吏滥竽充数的弊政,人们都感到耻辱而不愿跻身其中,而唐朝自然也不会重蹈像更始帝"羊头关内"、高纬"鹰犬仪同"那样自取败亡的覆辙了。

　　呜呼!此长源返极重之势,塞溃败之源,默挽人心、扶危定倾之大用,以身为鹄,而收复之功所自基也。深矣远矣,知之者鲜矣。以示人臣遇难致身、非贪荣利之大节,以戒人主邂近相赏、遽假威福之淫施,不但如留侯智以全身之比也。其后充幕僚、刺外州而不嫌屈驯,至德宗之世,始以四朝元老任台鼎之崇,进有渐也。士君子登用之正,当如此尔。昭然著见而人不测,乃疑其诡秘无恒也。吴聘君一出山而即求枚卜①,视此能勿惭乎?

【注释】

①吴聘君一出山而即求枚卜:吴聘君,即吴与弼(1391—1469)。字子传,号康斋、聘君,世称"吴聘君"。崇仁(今江西崇仁)人。崇仁学派创立者,明代学者、理学家、教育家。一生不应科举,讲学家乡,屡受荐举不出。天顺元年(1457)权臣石亨与大学士李贤上疏荐举他,并派人前往征召他进京。第二年五月,授为左春坊左谕德,他上疏请辞,英宗执意挽留未果,派人将其护送回乡,并命地方官按月支给仓米,以示关怀。事见《明史·儒林列传》。但未见"枚卜"一事。枚卜,即占卜吉凶。

【译文】

唉! 这就是李泌扭转积重难返的态势、堵塞溃败的根源,默默挽回人心、挽救危局的大计啊。他以自身为众人注目和效仿的靶子,而以收复社稷之功为自己做成此事的根基。他的意图深沉高远,能够懂得的人是很少的。他用自身行动,彰显了身为臣子遇到国家危难奉献自身而不贪图荣誉、利益的大节,告诫君王不要轻易施予赏赐,不要急于作威作福、滥用权力,他的行为不是像张良那样仅靠智慧来保全自身可以比拟的。此后他充任幕僚、担任外州刺史而不觉得自己受委屈,到了德宗时代,才开始以四朝元老身份担任宰相,他的官位提升是循序渐进的。士人君子受国家登用的正途,就应当如此。他的意图十分显著,但一般人却难以揣测,于是怀疑他故作诡秘、反复无常。吴聘君一出山就谋求官位,他与李泌一对比,能不感到惭愧吗?

三 第五琦取资江淮害延千载

自唐以上,财赋所自出,皆取之豫、兖、冀、雍而已足,未尝求足于江、淮也。恃江、淮以为资,自第五琦始①。当其时,贼据幽、冀,陷两都,山东虽未尽失,而隔绝不通,蜀赋既寡，又限以剑门、栈道之险，所可资以赡军者唯江、淮，故琦请督租庸自汉水达洋州②，以输于扶风③，一时不获已之计也。乃自是以后，人视江、淮为腴土，刘晏因之辇东南以供西北④，东南之民力殚焉，垂及千年而未得稍纾。呜呼！朝廷既以为外府，垂胰朵颐之官吏⑤，亦视以为脔场⑥，耕夫红女有宵匪旦，以应密罟之诛求，乃至衣被之靡丽，口实之珍奇，苛细烦劳以听贪人之侈滥，匪舌是出，不敢告劳⑦，亦将孰与念之哉！

【注释】

① 第五琦(713—782)：字禹珪，京兆长安（今陕西西安）人，唐朝中期政治家、理财家。早年以明经科入仕，历任御史中丞、御史大夫兼京兆尹等职。安史之乱中，他建策由江淮转运财赋，创榷盐法，改革货币制度，为安史之乱后唐朝的经济发展做出了重要贡献。传见新、旧《唐书·第五琦列传》。

② 洋州：今陕西洋县。

③ 扶风：今陕西扶风。

④ 刘晏(715—780)：字士安，曹州南华（今山东东明）人。唐代中期大臣、理财家。幼年号称神童，名噪京师，后来历任吏部尚书、度支使、铸钱使和盐铁使等官职。刘晏在安史之乱中及叛乱平定后与第五琦一同整饬财政体系，实施了改革榷盐法、改革漕运和改革常平法等一系列的财政改革措施，为安史之乱后的唐朝经济发展做出了重要贡献。在德宗时代出任宰相。建中元年(780)遭杨炎攻击陷害，被勒令自尽。传见新、旧《唐书·刘晏列传》。

⑤ 垂胰：腹部肥大下垂。比喻贪得无厌。

⑥膻场：获取肉类的场所。比喻鱼肉百姓的空间。

⑦不敢告劳：语出《诗经·小雅·十月之交》："黾勉从事，不敢告劳。"意思是勤勉尽力劳作，不敢诉苦抱怨。

【译文】

在唐代以前，国家财赋都来源于豫州、兖州、冀州、雍州，这就足够国家用度了，不曾依靠长江、淮河流域来满足财政需求。依靠长江、淮河流域作为重要赋税来源，是从第五琦开始的。当时，安史叛军已经占领了幽州、冀州，攻陷了长安、洛阳两都，山东虽尚未完全失陷，但与唐朝廷已经隔绝不通；蜀地的财赋有限，又受剑门关、栈道等险要地势限制，所以唐朝廷要获取物资满足军需，能够依赖的对象就只有长江、淮河一带了。所以第五琦请求督运租庸从汉水抵达洋州，以便输往扶风，这是出于不得已的一时之计。可是从此以后，人们就把长江、淮河地区当作了膏腴之地。刘晏承袭了第五琦的设计，从东南转运财赋以供应西北，东南地区的民力被消耗殆尽，至今延续千年而仍未得到些微的放宽。唉！朝廷既然把江、淮地区当作国都之外的财富府库，则那些贪婪的官吏自然也会将这里视为大有捞头的地方。于是农夫和农妇日夜辛劳，以应付繁重的搜刮征敛，以至于被迫贡献绮丽的衣物和被褥、珍奇的食物。这些要求苛刻细碎、扰乱百姓生活，但百姓只能听任贪婪之人的穷奢极欲，不敢发声，不敢诉苦，又有谁能体谅他们的辛苦呢？

　　自汉以上，吴、越、楚、闽，皆荒服也①。自晋东迁，而江、淮之力始尽。然唐以前，姚秦、拓拔、宇文，唐以后，自朱温以迄宋初，江南割据，而河雒、关中未尝不足以立国。九州之广，岂必江滨海澨之可渔猎乎②？祖第五琦、刘晏之术者，因其人惜廉隅，畏鞭笞，易于弋取，而见为无尽之藏。竭三吴以奉西北,而西北坐食之;三吴之人不给馕粥之食③,抑待哺于上游,而上游无三年之积,一罹水旱,死徙相望。乃西北蒙坐食之休,而民抑不为之加富者,岂徒天道之亏盈哉?坐食而骄,骄而佚,月倍三釜之餐④,土无再易之力,陂堰不修⑤,桑蚕不事,举先王尽力沟洫之良田,听命于旱蝗而不思捍救,仍饥相迫,则夫削妻骸,弟烹兄肉,其强者弯弓驰马以杀夺行旅,而犹睥睨东南,妒劳人之采梠剥蟹也⑥。谁使之然,非偏困东南以骄西北者纵之而谁咎邪?骄之使横,佚之使惰,贪欲可遂,则笑傲以忘所自来;供亿不遑,则忮忿而狂兴以逞。其野人恶舌喑噁⑦,以胁赢懦之驯民;其士大夫气涌胆张,恫喝以凌衣冠之雅士。于是国家无事,则依中涓、附戚里而不惜廉隅;天下有虞,则降盗贼、戴夷狄而不知君父;何一而非坐食东南者之教猱豢虎⑧,以使农非农、士非士,日渐月靡,俾波逝而无回澜哉?

【注释】

①荒服:古代"五服"之一,是距离京师二千到二千五百里的边远地方。亦泛指边远地区。

②海澨(shì):海滨。

③馕(zhān)粥:稀饭。

④釜:指古代一般年成每人每月的食米数量。郑玄指出一釜为六斗四升。

⑤陂堰:蓄水池。

⑥梠(lǚ):野生的谷物。

⑦喑噁(yìn wù):发怒声。

⑧教猱：即教猱升木，意思是教猴子爬树。比喻教唆别人做坏事。

【译文】

在汉朝以前，江浙、湖北、福建一带，都是荒凉的边远地区。自晋王室东迁后，江、淮地区的潜力才开始逐步被挖掘出来。然而唐朝以前，后秦、北魏、北周；唐以后，自后梁一直到宋初，即使江南处于割据状态，河洛、关中也未尝不足以立国。以九州之广，又哪里一定需要江海之滨的区域才可以进行渔猎活动呢？效仿第五琦、刘晏做法的人，因为江、淮地区的人爱惜国家、畏惧鞭笞，容易被剥削，就把这一地区当作了取之不尽的财源。竭尽三吴的财富以供应西北，而西北之人则坐食供奉。三吴地区的百姓连稀饭都吃不上，也只能仰赖上游地区的供养；而上游地区没有足够支撑三年所需的物资储备，一遭遇水旱灾害，死亡和流离失所的百姓就会布满道路。可是西北地区享受坐食供奉的待遇，而百姓却也并没有因此变富裕，这难道只是天道盈亏的影响吗？因为坐食供奉而骄傲，骄傲就会变得安逸，每个月吃三倍于标准份额的粮食，土地无法再增加产量，也不修筑水利设施，不从事桑蚕生产，将先代圣王尽力经营的良田全都听任干旱和蝗灾肆虐，却不想着抗灾救灾；遇到饥荒则夫妻相残，弟兄相食，其强者弯弓骑马以劫掠和杀戮商旅，却还看不起东南地区的百姓，嫉妒那里的辛劳百姓采集野生的谷物、抓剥螃蟹以维生。是谁造成了这种局面？除了那些偏因东南以骄纵西北的人，还有谁应该承担这个责任呢？因为骄纵西北地区的人，所以使他们变得强横；因为给了他们安逸的条件，所以他们才变得懒惰。他们的贪欲得到了满足，就会傲慢狂笑，忘记了自己的生活所需从何处而来。一旦东南的财富供应不能及时到达，他们就会陷入暴怒而发狂以求一逞。这些人中的粗野百姓说话恶毒，脾气暴躁，胁迫那些羸弱疲惫的驯服百姓；这些人中的士大夫则气涌胆张，用恫喝方式欺负那些衣冠雅士。于是在国家无事时，这些人会依附宦官、外戚而不顾廉耻；天下有忧患时，他们就会投降盗贼、拥戴夷狄而不知君父。这种种情况，哪一个不是由于决策者让他们坐食东南供奉,如同教猴子爬树、豢养老虎一样,致使农民不是农民、士人不是士人,日益变得萎靡不振,从而使得波纹消失后再也掀不起一丝波澜呢?

　　冀土者,唐尧勤俭之余泽也;三河者①,商家六百载奠安之乐土也②;长安者,周、汉之所久安而长治也。生于此遂,教于此敷,一移其储偫之权于江介③,而中原几为无实之土。第五琦不得已而偶用之,害遂延于千载。秉国之均,不平谓何。非均平方正之君子,以大公宰六合,未易以齐五方而绥四海。邵康节犹抑南以伸北④,亦不审民情天化之变矣。

【注释】

①三河:古代指河东、河内、河南地区,大致相当于今天的山西、河南北部和中部。

②商家:商朝。

③储偫(zhì):储备,特指存储物资以备需用。江介:长江沿岸。

④邵康节犹抑南以伸北:宋英宗治平年间,邵雍与客散步,听到杜鹃叫声,感叹近来皇帝用南士为相,多引南人,专务变更,认为天下自此多事。此外,在他看来如果天下将治,则地气自北而南;如果天下将乱,则地气自南而北。事见《邵氏闻见前录》。

【译文】

　　河北地区是尧帝当初勤俭经营的余泽所滋养的地方;三河地区是商朝奠定六百年基业的乐土;长安是周、汉两代保持长治久安的场所。百姓生长在这片区域,原本得到广泛的教化,但一把储备物资的重要任务转交给长江沿岸地区,中原就几乎成了无实之土。第五琦是出于不得已而偶尔从东南转运财富,其危害却就此绵延千年。要想秉持公道处理国政,不能一碗水端平怎么行呢?若不是公平方正的君子,以大公无私的精神治理天下,则难以统一五方而安抚四海。邵雍尚且想压抑南方而使北方得到伸展,他也是没能审视清楚民情和上天禀赋的变化啊。

四　李长源制治未乱

　　制治于未乱,保邦于未危,乃可以为天子之大臣。《易》曰:"其亡其亡,系于苞桑①。"九四捍御之功②,不如上九之豫防,足以倾否,九五之不亡,上九系之也③,李长源当之矣。

【注释】

①其亡其亡,系于苞桑:《周易·否卦》爻辞:"九五,休否,大人吉。其亡其亡,系于苞桑。"意思是有戒惧危亡之心,便有像物体系在桑树根上那样稳固的态势。苞桑,桑树根。

②九四捍御之功:指《周易·否卦》"九四"爻辞:"有命无咎,畴离祉。"大意是说主方执行客方命令无所怪罪,从客方分离出主方的利益。"有命"是指客方压力。主方顺应客方压力以保护自己,少受损失,不应当受到怪罪,所以说"有命无咎"。在客方的强大压力下,如果能够顺从客方,从总的利益中主方能够分享一些。

③九五之不亡,上九系之也:《周易·否卦》"上九"爻辞:"倾否,先否后喜。"大意是说否定状态颠倒过来了,先有否定后有欢喜。客方的强硬态度是素质非常好的表现,客方可能自满而粗暴,开始走向衰落,对于主方是"先否后喜"。王夫之认为这是"九五"爻辞中所呈现的"不亡"局面的原因所在。

【译文】

在祸乱还未发生前就进行治理教化,在危难尚未发生之时就设法保卫国家,这样的人才能做天子的大臣。《周易》中说:"有戒惧危亡之心,便有像物体系在桑树根上那样稳固的态势。"《否卦》"九四"爻辞中的所谓捍御之功,不如"上九"爻辞中所提倡的防患于未然,面对足以颠覆自身的祸乱,能够做到像"九五"爻辞所说的不亡,都是靠"上九"爻辞中所谓的"先否后喜"在维系,李泌就当得起天子大臣的称号。

　　其与肃宗议功臣之赏,勿以官而以封邑,故贼平而无挟功以逼上之大臣,此之谓保邦于未危。不然,则如刘裕之诛桓玄、李克用之驱黄巢,社稷随之以倾矣。

【译文】

　　李泌在与肃宗商议功臣赏赐方式这一问题时,提出不要赏赐他们官职,而是给予他们封邑,所以在叛贼被讨平后,没有出现挟持功劳而威逼皇帝的权臣。这就是所谓的危难尚未发生之时就设法保卫国家。如若不然,就会出现像刘裕当初诛杀桓玄、李克用驱除黄巢后坐大难制的情况,唐朝社稷就会随之倾覆。

　　其谏肃宗以元帅授广平、勿授建宁也[①],故国储定而人心一。全二王兄弟之恩,息骨肉猜疑之衅,此之谓制治于未乱。不然,则且如太宗宫门流血之惨,玄宗、太平构祸之危,家国交受其伤矣。

【注释】

　　①其谏肃宗以元帅授广平、勿授建宁:据《资治通鉴》记载,建宁王李倓英果有才略,肃宗欲以其为天下兵马元帅,统帅诸将东征。李泌则劝谏认为广平王李俶为兄长,若建宁王功成,则要让李俶

像吴太伯那般避让吗？且如今天下艰难，众心所属，在于元帅。如果建宁王功成，即便其不成为太子，他手下之人也不会同意了。最终肃宗以广平王李俶为天下兵马大元帅。广平，指广平王李俶，即后来的唐代宗李豫。他是肃宗长子，乾元元年（758）被立为皇太子。宝应元年（762）即位为皇帝。传见新、旧《唐书·代宗本纪》。建宁，指建宁王李倓（tán，？—757）。唐肃宗李亨第三子。安史之乱爆发后，李倓与宦官李辅国进谏其父太子李亨，劝他收拾兵马，领导抵抗叛军，李亨于是同意率兵北上。在北上途中，李倓率骁骑数百，每战在前；之后，李倓统军作战，多次击溃盘踞关中的叛军。李倓为人正直，多次向肃宗揭露李辅国、张良娣二人的罪恶。李辅国、张良娣诬陷李倓欲谋害其兄广平王李俶，肃宗听信谗言，将李倓赐死。传见《旧唐书·肃宗代宗诸子传》《新唐书·十一宗诸子列传》。

【译文】

　　李泌劝谏肃宗将元帅之职授给广平王李俶而不要授给建宁王李倓，所以国家储君之位得以确定，天下人心也就整齐划一了。他保全了广平王与建宁王之间的兄弟恩情，遏制了骨肉之间相互猜疑的苗头，这就是所谓的在祸乱还未发生前就进行治理教化。如若不然，则会出现像当初唐太宗"玄武门之变"一样的流血惨剧、像唐玄宗与太平公主之间那样酿成祸乱的争斗，国家和皇室都会因此而受到伤害。

　　太原之起，秦王谋定而乃以告；韦氏之诛，临淄不告相王而行；非适非长而独建大功，变起宫庭，高祖、睿宗亦无如之何也，非君父之舍适长而授庶少以权也。使肃宗以元帅授建宁，则业受命于己矣，是他日之争端，肃宗自启之也。乃肃宗之欲命建宁，非有私宠之情，以建宁英果之姿，成功较易,则为当日平贼计者,固得命帅之宜,廷臣自以为允。乃长源于图功之始,豫计未有之隙,早涂墍以泯其迹①,决之一言,而乱萌永塞,所贵于天子之有大臣者,唯此而已矣。事已舛,祸已生,始持正以争于后,则虽以身殉,国家不蒙其佑,奚足赖哉?

【注释】

① 墍(jì):涂屋顶。

【译文】

太原起兵的时候,秦王李世民在密谋已定之后才报告了唐高祖;李隆基起兵诛杀韦皇后时,也是未向唐睿宗报告就直接行动了。李世民和李隆基既非嫡子也非长子,却能独建大功,发起宫廷政变,唐高祖、唐睿宗也对他们无可奈何。他们最终能登上皇位并不是高祖、睿宗舍弃嫡长子而将权力授给少子、庶子的结果。假如肃宗将元帅职位授给建宁王,则建宁王相当于被肃宗授予了大权,那么日后他与广平王之间的争端,就是肃宗自酿祸乱了。可是肃宗想任命建宁王为元帅,并不是出于个人对他的私宠,而是认为建宁王英勇果敢,比较容易取得成功,则在当日为讨平叛贼而考虑,本来也算是选择了合适的主帅人选,朝臣也都以为这很允当。而李泌在一开始谋划大计的时候,就已经预计到未来可能出现的裂隙,于是早早就涂上泥巴弥合了缝隙。他一句话就永远杜绝了未来的祸乱之源,所以天子手下有真正大臣的可贵之处也正在于此而已。如果等到事情已然发生变故,祸乱已经产生的时候,才秉持正道进行论争,那么即使以身殉道,国家也无法蒙受其护佑,这样的人哪里值得依赖呢?

　　且夫逆贼有必亡之势,诸将有克敌之能,广平虽才让建宁,亦非深宫豢养无所识知者也。假元子之宠灵^①,为将士先,自可制贼之死命,无待建宁而始胜其任,长源知之审矣。广平为帅,两京旋复,亦非拘名义以隳大功。知深虑远,与道相扶,仁人之言其利溥,此之谓也。故曰必如是而后可以为天子大臣也。

【注释】

①元子:天子和诸侯的嫡长子。宠灵:恩宠光耀。

【译文】

　　况且逆贼有必定灭亡的态势,诸将有克敌制胜的才能,广平王虽然在才能上逊于建宁王,但他也并非豢养于深宫中、毫无见识的人。凭借自己身为嫡长子的恩宠荣耀,身先将士,则自然可以制伏叛贼,并非只有建宁王才能胜任元帅之职。李泌对此早就看得很清楚了。广平王担任元帅后,两京很快被收复,所以这也不是拘于名义而耽误了建立大功。见识高深、思虑长远,致力于匡扶大道,仁人之言益处广博,说的就是这种情况啊。所以说必定是像李泌这样的人才能做天子的大臣。

五　肃宗欲疾建收京之功请援回纥

　　借援夷狄,导之以蹂中国,因使乘以窃据,其为失策无疑也。然而有异焉者,情事殊,而祸之浅深亦别焉。

【译文】

　　向夷狄借援兵,引导他们践踏蹂躏中国,使他们得以趁机窃据华夏疆土,这毫无疑问是失策的。然而这其中也有差别,具体情形不同,所造成祸害的深浅也有区别。

　　唐高祖知突厥之不可用，特以孤梁师都、刘武周之党[①]，不得已从刘文静之策，而所借者仅五百骑，未尝假以破敌也，故乍屈而终伸。渭上之役[②]，太宗能以数骑却之，突厥知我之强而无可挟以逞也，故其祸尤轻。

【注释】

①梁师都(？—628)：夏州朔方(今陕西横山)人。隋朝末年地方割据领袖。出身豪族，初仕隋朝，拜鹰扬郎将。大业十三年(617)联兵突厥共同反叛隋朝，割据雕阴、弘化、延安等郡，擅位称帝，国号梁，年号永隆。勾结突厥始毕可汗，受封"大度毗伽可汗"，不断怂恿突厥南侵中原。贞观初年突厥势力日趋衰微，唐朝廷迁使谕降，梁师都誓死不从。贞观二年(628)柴绍和薛万彻率唐军直逼朔方，梁师都为堂弟梁洛仁所杀。传见新、旧《唐书·梁师都列传》。

②渭上之役：武德九年(626)八月下旬，突厥颉利、突利二可汗乘唐朝政局动荡之机，合兵十多万大举南下，迅速突破唐朝北疆防线，直抵唐都长安城外的渭水便桥，与长安一河之隔。李世民仅带领五六名随从来到渭河边，与颉利可汗谈判。同时长安城中的唐朝守军倾巢出动，列阵排兵，盔明甲亮，军容整肃。这震慑了颉利可汗，使他一时不知虚实，于是误判形势，认为唐军实力雄厚，李世民早有防备，终与李世民在渭桥上结盟，撤兵而去。事见《旧唐书·太宗本纪》。

【译文】

　　唐高祖知道突厥是不可利用的，只是为了孤立梁师都、刘武周等势力，所以才不得已采纳刘文静的计策。但他向突厥所借的军队仅有五百名骑兵，也不曾借助这些人破敌，所以虽然暂时屈服，但最终还是得以伸张了自己的气势。渭桥之战时，唐太宗能仅带数名骑兵就迫使突厥撤兵,是因为突厥知道中国的强盛,没有能够实现其图谋的办法,所以这次借兵带来的祸患尤其轻。

石敬瑭妄干大位,甘心臣虏,以逞其欲,破灭后唐者,皆契丹之力也;受其册命,为附庸之天子,与宋之借金亡辽、借元亡金①,胥仰鼻息于匪类,以分其濡沫,则彼已操我之存亡生死而唯其吞吸者也,故其祸尤重。

【注释】

①宋之借金亡辽、借元亡金:参见卷四"昭帝二"条注。

【译文】

石敬瑭妄自觊觎皇位,甘心臣服于夷狄,只求实现自己的私欲,他能够攻灭后唐,完全是依靠契丹人的力量,所以他接受契丹的册命,做附庸的天子,与北宋借助金人力量灭亡辽、借助蒙元力量灭亡金一样,都是仰承夷狄的鼻息,以求分得微小的利益。则夷狄早已操纵了华夏生死存亡的命运,中原政权只能听任夷狄的吞并。所以其造成的祸害尤其严重。

肃宗用朔方之众以讨贼收京,乃唯恐不胜,使仆固怀恩请援回纥①,因胁西域城郭诸国,征兵入助,而原野为之蹂践;读杜甫拟绝天骄、花门萧瑟之诗②,其乱大防而虐生民,祸亦棘矣。嗣是而连吐蕃以入寇,天子为之出奔③,害几不救。然收京之役,回纥无血战之功,一皆郭汾阳之独力,唐固未尝全恃回纥,屈身割地以待命也。则愈于敬瑭远矣,有自立者存也。

【注释】

①仆固怀恩(? —765)：铁勒仆固部人。唐朝中期名将。安史之乱爆发后，仆固怀恩跟随郭子仪作战，任朔方左武锋使，屡立战功，因功封丰国公。至德元载(756)奉肃宗之命出使回纥借兵，出嫁二女与回纥和亲。安史之乱平定后，仆固怀恩率领朔方兵马驻守汾州，拜尚书左仆射兼中书令、河北副元帅、朔方节度使。永泰元年因受朝廷猜忌，又遭到宦官骆奉先等人陷害，遂举兵叛唐，不久病死。传见《旧唐书·仆固怀恩列传》《新唐书·叛臣列传》。

②杜甫拟绝天骄、花门萧瑟之诗：拟绝天骄，指杜甫《诸将五首》之一，诗云："韩公本意筑三城，拟绝天骄拔汉旌。岂谓尽烦回纥马，翻然远救朔方兵。胡来不觉潼关隘，龙起犹闻晋水清。独使至尊忧社稷，诸君何以答升平？"花门萧瑟，指杜甫《留花门》一诗，诗中有"胡尘逾太行，杂种抵京室。花门既须留，原野转萧瑟"之句。两首诗皆反映了借兵回纥给唐朝百姓带来的灾难。

③天子为之出奔：指广德元年(763)，吐蕃兵临长安城下，唐代宗出逃陕州避难，吐蕃兵攻陷长安。代宗仓促启用郭子仪为关内副元帅，迎击吐蕃，最终长安被唐军收复。事见《旧唐书·代宗本纪》。

【译文】

肃宗用朔方军队来讨伐叛贼、收复京城，却又唯恐不能取胜，于是派仆固怀恩去向回纥请求援军，并顺势胁迫西域城郭诸国，征发其军队进入唐朝助战，而唐朝的原野便遭到了这些军队的蹂躏和践踏。读杜甫"拟绝天骄拔汉旌""花门既须留，原野转萧瑟"等诗句，可见请求夷狄援兵扰乱了夷夏大防，给百姓带来了灾难，其祸害是很严重的。此后回纥人又联合吐蕃军队连年入寇，天子因此被迫出奔，几乎酿成难以挽回的灾祸。然而收复京城的战役中，回纥并没有血战立功，唐朝取胜完全是依赖郭子仪一军的力量。唐朝本来就没有完全依赖回纥，不曾屈身称臣、割让土地、完全听命于回纥。所以唐朝这次借兵终究比石敬瑭要好多了，其中有足以自立的因素存在。

　　夷考其时，西京被陷，而禄山留雒，不敢入关，孙孝哲、安守忠、李归仁、张通儒、田乾真之流[1]，日夜纵酒宣淫而无战志，搜索民财，人皆怨愤，颙首以望王师[2]，薛景仙破贼于扶风[3]，京西之威已振，畿内豪杰杀贼应官兵者四起，肃宗既拥朔方之众，兼收河西、安西之旅，以临欲溃之贼，复何所藉于回纥而后敢东向哉？此其故有二，皆情势之穷，虑不能及于远大也。

【注释】

①孙孝哲、安守忠、李归仁、张通儒、田乾真：皆为安禄山部将。

②颙（yóng）首：仰头，翘首。

③薛景仙破贼于扶风：薛景仙，唐中期将领。安史之乱爆发时，薛景仙担任陈仓县令。他与义军一起杀死了安禄山派出的宣慰使薛总，并攻克扶风，被任命为扶风太守。扶风收复使得江淮地区的物资等得以从襄阳取道上津后经由扶风运往蜀中和灵武，为唐朝最终平定叛乱做出了重要贡献。事见《资治通鉴·唐纪三十四·肃宗文明武德大圣大宣孝皇帝上之下·至德元载》。

【译文】

考察当时的情形，长安已被攻陷，而安禄山留驻洛阳，不敢入关，孙孝哲、安守忠、李归仁、张通儒、田乾真等安禄山部将，日夜纵酒淫乱，没有作战的斗志。他们大肆搜刮民财，百姓都为此心怀怨恨和愤怒，翘首盼望朝廷军队到来。薛景仙在扶风击破了叛贼军队，长安以西的唐军声威已经重振，关中的豪杰纷纷起来击杀叛贼以响应朝廷军队。肃宗既已坐拥朔方军，又兼收来自河西、安西的军队，以这些军队来对抗将要崩溃的叛军，哪里还需要借助回纥的力量，而后才敢向东用兵呢？肃宗借兵的缘由有两个，都是迫于情势危急而未能从长远角度考虑问题。

其一，自天宝以来，边兵外强，所可与幽、燕、河北并峙者，唯王忠嗣之在朔方耳①。玄宗自削其辅，夺忠嗣而废之，奉忠嗣之余威收拾西陲者，哥舒翰也。翰为禄山屈而称病闲居，朔方之势已不振，既且尽撤之以守潼关，而陷没于贼。郭、李虽分节钺，兵备已梧，同罗叛归，又扼项背以掣东下之肘，故郭、李志虽坚，名虽盛，而军孤且弱，不足压贼势于未灰。陈涛之败②，继以清渠③，不得专咎房琯而谓汾阳之所向无前也。推其致弱之繇，玄宗失计于前，肃宗不能遽振于后，积弱乍兴，不得不资回纥以壮士气而夺贼胆，其势然也。

【注释】

①王忠嗣（704—749）：初名训，华州郑县（今陕西渭南）人。唐中期名将。幼年被唐玄宗收为假子，赐名忠嗣。开元十八年（730）随河西节度使萧嵩在玉川战役中偷袭吐蕃，斩敌数千；后以陇右节度使身份北伐契丹，歼灭奚和契丹联军。天宝初年，大败突厥叶护部落，击破吐蕃北线主力，迫使吐谷浑降唐。官至河西、陇右、朔方、河东四镇节度使，封清源县公。宰相李林甫嫉恨王忠嗣，诬陷他"欲奉太子"李亨为帝，唐玄宗将其贬为汉阳太守，一年后抑郁以终。传见新、旧《唐书·王忠嗣列传》）。

②陈涛之败：指唐至德元载（756）十月，唐招讨西京兼防御蒲、潼两

关兵马、节度等使房琯率领唐军准备收复长安,结果因不谙军事、战法失当而在陈涛斜被安史叛军击败,导致唐朝廷刚刚召集起来的兵力损失殆尽。事见新、旧《唐书·肃宗本纪》。

③继以清渠:指唐至德二载(757)五月,郭子仪率军进攻长安,在长安城西清渠遭安军步骑夹击而失利,败退武功。事见新、旧《唐书·肃宗本纪》。

【译文】

第一个缘由,是从天宝年间以来,边兵在外强大,能够与安禄山所控制的幽、燕、河北抗衡的,就只有朔方的王忠嗣而已。玄宗自己削弱朝廷的辅佐力量,剥夺王忠嗣的兵权,将其废黜,继承王忠嗣余威而收拾西部边疆的是哥舒翰。但哥舒翰也因受安禄山排挤打压而称病闲居,朔方的军势已经不振。继而朝廷又将朔方军全都撤入关内以把守潼关,结果朔方军沦陷于叛贼之手。此后郭子仪、李光弼虽然分掌节钺,但兵力和装备已经枯竭。同罗又再度反叛、归附叛军,控扼住唐军的项背,对唐军东下形成掣肘态势。所以郭子仪、李光弼虽然意志坚定、名声赫赫,但其军队却孤立而弱小,不足以压服叛贼的气势。房琯在陈涛斜战败后,郭子仪也在清渠遭遇失利,所以不能只责备房琯而称颂郭子仪一往无前。推究致使唐军被削弱的原因,是玄宗失策在先,肃宗在之后没办法迅速重新振兴唐军,积弱的态势下一时难返,所以不得不借助回纥的军队以提振士气、威慑叛军,这是势所必然的选择。

其一,肃宗已至凤翔,诸军大集,李泌欲分安西、西域之兵并塞以取幽、燕,使其计行,则终唐之世,河北跋扈之祸永消;而肃宗不从,急用回纥疾收长安者,以居功固位不能稍待也。其言曰:"切于晨昏之恋①,不能久待",徒饰说耳。南内幽居②,父几死于宦竖之手,犹曰功在社稷,晨昏之语,将谁欺乎？盖其时上皇在蜀，人心犹戴故君，诸王分节制之命，玄宗且无固志，永王璘已有琅邪东渡之雄心矣。肃宗若无疾复西京之大勋，孤处西隅，与天下县隔，海岱、江淮、荆楚、三巴分峙而起③，高材捷足，先收平贼之功，区区適长之名④，未足以弹压天下也。故唯恐功不速收，而日暮倒行，屈媚回纥，纵其蹂践，但使奏效崇朝，奚遑他恤哉？决遣燉煌王以为质而受辱于虏帐⑤，其情然也。

【注释】

①晨昏之恋：指思念父亲，急于朝夕慰问奉侍父亲。

②南内幽居：据《资治通鉴》记载，玄宗喜爱兴庆宫，自蜀中返回长安后，一直居住在兴庆宫。李辅国对玄宗左右轻视他怀恨在心，且欲立奇功以固其宠，于是进言挑拨玄宗、肃宗父子关系，并率领殿前兵士强迫玄宗迁居大内，不许陈玄礼、高力士及旧宫人留侍玄宗左右。南内，指兴庆宫。

③海岱：今山东渤海至泰山之间的地带，泛指山东。三巴：本指巴、巴东、巴西三郡，相当今四川嘉陵江和綦江流域以东的大部，亦泛指四川。

④適长：嫡出的长子。

⑤决遣燉煌王以为质而受辱于虏帐：燉煌王，指李承寀(cǎi)。唐高宗李治曾孙，章怀太子李贤之孙，邠王李守礼之子。至德元载(756)九月，唐肃宗在灵武即位两个月后，即派遣李承寀、仆固怀恩出使回纥，以图借兵。回纥英武威远可汗磨延啜提出将自己的女儿嫁给李承寀，为达到出使的目的，李承寀即纳其女为妃。此女被唐朝封为毗伽公主。回纥可汗随即援兵以帮助唐朝平叛。事见《新唐书·回鹘列传》。

【译文】

第二个缘由，是肃宗已到达凤翔，各路大军聚集待命，李泌想要分派来自安西、西域的军队沿着边境直取幽、燕，假如他的这一计策能付诸实施，那么在整个唐代，河北藩镇跋扈的祸患就能被永远消除。肃宗却没有采纳他的建议，而是急于利用回纥军队迅速收复长安，是因为他想自居收复长安之功以巩固自己的权位，所以禁不起片刻等待。他说："朕迫切地想要朝夕慰问侍奉父亲，所以没办法长久等待。"这不过是粉饰的说辞罢了。日后玄宗被他幽禁于兴庆宫，几乎死于宦官之手，肃宗却还在说什么功在社稷、想要朝夕慰问侍奉父亲的话，是想欺骗谁呢？大概是因为此时太上皇在蜀地，天下人心仍然拥戴旧君，诸王分别受命统率一方军政大权，玄宗还没有坚定支持肃宗的决心，永王李璘此时已经有效仿当年琅邪王司马睿东渡的雄心了。肃宗若不能建立迅速收复长安的大功，则其孤处于西边一隅，与天下隔绝，山东、江淮、荆楚、四川的各势力分别崛起，有才华的人捷足先登，首先建立了讨平叛贼的功勋，则肃宗区区嫡长子的声名，并不足以弹压天下。所以肃宗唯恐不能迅速建功，因而在日暮途远的情况下倒行逆势，屈身讨好回纥，放任其蹂躏践踏大唐国土，只求能够迅速收到效果，哪里还顾得上其他呢？他决意派遣燉煌王李承寀作为人质去回纥人的营帐受辱，也正是这种形势的必然结果。

乃以势言之，朔方之军虽弱，贼亦散处而势分，统诸军向长安者凡十五万，回纥六千耳，卒之力战以破贼者，非回纥也，固愈于石敬瑭之全恃契丹，童贯、孟珙之仅随房后也[1]，故回纥弗敢睥睨而乘之以夺中国。唯其情之已私，则奉回纥以制人，与高祖之假突厥而实不用者殊。是以原野受其荼毒，而仆固怀恩且挟之以入为寇难，非汾阳威信之能服强夷,唐亦殆矣。

【注释】

①童贯、孟珙之仅随虏后:分别指北宋宣和年间(1119—1125)趁金
灭辽之机收复燕京(实为向金人赎买)、南宋端平元年(1234)南
宋趁蒙古灭金而出兵收复原东京开封府、西京河南府和南京应
天府三京之事。

【译文】

可是如果就当时的态势而言,朔方军虽弱,叛军也因为分处于各地
而势力分散,唐军向长安进攻的各部队一共有十五万人,其中回纥军队
只有六千人而已,最终通过力战而击败叛军的,也并非回纥人。所以这
种情况本来就比石敬瑭完全依赖契丹灭后唐、童贯趁金军灭辽才得以
跟在金军后面收复燕京、孟珙趁蒙古灭金才得以跟在蒙古军后面收复
开封府、河南府和应天府要强一些,所以回纥也不敢小看唐军而乘机篡
夺唐朝江山。正因为肃宗是出于自私自利的想法,所以他侍奉回纥以
求制服别人,与唐高祖名义上假借突厥军帮助而实际上却并不使用其
援军的情况不同。因此唐朝的原野遭受回纥军队茶毒,而仆固怀恩则
倚仗回纥人的支持发动叛乱,若不是郭子仪的威信能够制服强大的夷
狄,则唐朝也已经快灭亡了。

故用夷者,未有免于祸者,用之有重轻,而祸有深浅耳。
推其本原,刘文静实为厉阶,仅免于危亡,且为愚夫取灭之
嚆矢①,不亦悲乎!

【注释】

①嚆(hāo)矢:响箭。因发射时声先于箭而到,故常用以比喻事物

的开端或先声。

【译文】

所以凡是向夷狄借兵,没有能够免于祸患的,只不过利用夷狄军队的程度不同,祸患的严重程度也有深有浅罢了。推究其本原,刘文静实际上是始作俑者。当时唐朝仅能免于危亡,也为后世的蠢货自取灭亡开了先声,这不也是很令人悲哀的吗?

六　建宁不宜恶张良娣

"资于事父以事君而敬同①。"但言敬也,则以臣之事君者事父焉可矣。乃抑曰"资于事父以事母而爱同"。爱同于母,奚徒道之必尽,抑亦志之必从,饮食男女②,非所得间也,岂容以事君者事父乎? 责难于君,敬之大者也;责善贼恩,伤爱之尤者也;至于此,则以臣之事君者事父,陷于不孝,以伤天性,辱死及身而不足以赎其愆矣。

【注释】

①资于事父以事君而敬同:与下文"资于事父以事母而爱同"并出于《孝经·士章第五》:"资于事父以事母而爱同。资于事父以事君而敬同。"意思是用奉事父亲的心情去奉事母亲,爱心是相同的;用奉事父亲的心情去奉事国君,崇敬之心也是相同的。

②饮食男女:指人的自然欲望和本性。语出《礼记·礼运》:"饮食男女,人之大欲存焉;死亡贫苦,人之大恶存焉。"饮食,指食欲。男女,指性欲。

【译文】

"用奉事父亲的心情去奉事国君,崇敬之心是相同的。"如果仅就崇敬之心而言,则以臣子事奉君王的方式来事奉父亲是可以的。可是《孝经》中又说"用奉事父亲的心情去奉事母亲,爱心是相同的"。既然事奉父亲的爱心与事奉母亲相同,则何止是要尽孝道,连父母的意志也要遵从。饮食男女的自然欲望,都不能对此加以妨碍,则哪里还容许以臣子事奉君王的方式来事奉父亲呢?用高标准来要求君王,是对君主的极大尊重;父子以善相责备,则尤其会伤害父子间的恩情。到了这个地步,则以臣子事奉君王的方式来事奉父亲会陷于不孝,伤害天性,即使自己受辱甚至死去也不足以救赎自己的罪过。

均一事也,君父有过,臣谏之,则纳者十之三四也;虽不纳,而不施以刑杀者十之五六也;遇暴君而见戮见杀,十之一二耳,抑虽死而终不失其忠。子则不然,子谏而父纳,自非至仁大圣,百不得一焉;况乎宠妾媚子,君所溺爱,位相逼,势相妨,情相夺,岂人子所能施其檠括乎[①]?申生以君安骊姬之故,不忍辩而死,君德失,宗社危,而以不忍君失其宠嬖之情,任其煽惑,瘖死无言;臣而若此,则非臣也,臣以责难为敬者也。子之事父,爱敬并行,而敬繇爱起,床第之欢,私昵之癖,父安而不得不安之,忍以臣道自居哉?非徒祸之及己而陷父以不慈也,言焉而未有听焉者也,争焉而未有能胜焉者也,徒为无益以召死亡,庸讵非一朝之忿乎?

【注释】

①檠(qíng)括:约束改正。

【译文】

同样的一件事,若是君王有过,大臣加以劝谏,则谏言被采纳的概率是十分之三四;即使不被采纳,进谏者不会被处刑甚至处死的概率也高达十分之五六;遇到暴君被其杀戮的概率不过十分之一二罢了,而且即使因此而死也仍保全了自己的忠诚。对于儿子来说情况却不是如此。儿子规谏父亲，除非父亲是至仁至圣之人，否则其意见被采纳的概率不足百分之一。何况宠妾和谄媚的儿子是君王所溺爱的对象，自己与他们在地位上相互威胁，态势上相互妨碍，情感上彼此争夺君王之宠，这岂是身为人子者所能加以约束匡正的呢？申生因为其君父庇护骊姬的缘故，不忍加以申辩而自杀。君德丧失，宗社陷于危险中，身为人子者却因为不忍其君父丧失其宠妾而任由其煽动和迷惑君父，自己默默就死。大臣若是这样做，他就不配做大臣了，因为大臣是应该把用高标准要求君王当作对君王的尊敬的。儿子事奉父亲，爱心和尊敬之情要共同具备，而尊敬是由爱心生发出来的，父亲的床笫之欢、亲昵某人的私癖，只要父亲安于这些，儿子就不得不去适应，怎么忍心以大臣之道自居呢？这不仅仅会危及自身、使父亲陷于不慈的境地，凡自己所说的话父亲都不会听，凡自己尽力去论争的事情也都不能如愿，只会徒然给自己招致死亡。这难道不是仅出于一朝愤怒的愚蠢之举吗？

　　肃宗方在军中，而张良娣以护庇见嬖，党于李辅国以乱政[1]，李长源恶之，建宁王倓亦恶之。呜呼！良娣虽不可容，岂倓之所得恶者邪？长源秉臣道之正以匡君，倓违子道之常以逆父，故肃宗虽惑良娣，辅国虽伏机械以求害长源，而终保全恩礼，悠然以去；于倓则发蒙振落挤之死[2]，而肃宗不生瘣木之悲[3]；其道异，其情殊，其得失不同，而其祸福亦别，岂有爽与？

【注释】

①张良娣以护庇见嬖(bì)，党于李辅国以乱政：张良娣(？—762)，邓州向城(今河南邓州)人。唐肃宗为太子时被纳为良娣，颇得

宠爱。后来肃宗北上灵武途中，张良娣努力护卫肃宗、支援前线，令肃宗颇为感动。唐肃宗即位后，将其册封为淑妃。张良娣得势后，与宦官李辅国合作，干预政事，谋逐李泌，屡遭建宁王李倓指责，于是与李辅国合谋诬陷李倓，致使其被赐死。乾元元年(758)被立为皇后，欲立己子为太子，常试图害太子李豫(唐代宗)。唐肃宗死后，唐代宗将其废为庶人，幽闭而死。事见新、旧《唐书·后妃列传》。嬖，宠爱。李辅国(704—762)，本名李静忠，籍贯不详。唐朝中期权宦。在唐玄宗时入宫侍奉太子李亨，逐渐受到其信赖。安史之乱期间，劝说太子李亨即位于灵武。唐肃宗即位后，拜他为元帅府行军司马，赐名为辅国。他先是与张良娣合作，谋逐李泌，诏杀李倓，后又挫败张皇后废黜太子李豫、改立越王李系的企图，拥戴太子李豫顺利即位。代宗时李辅国更加跋扈，唐代宗尊其为"尚父"，并加封其为司空兼中书令，暗中却将其兵权架空，而后又派刺客将李辅国暗杀。传见《旧唐书·宦官列传》《新唐书·宦者列传》。

②发蒙振落：把蒙在物体上的东西揭掉，把将要落的树叶摘下来。比喻事情很容易做到。

③瘣(huì)木之悲：典出《诗经·小雅·小弁》："譬彼瘣木，疾用无枝。心之忧矣，宁莫之知！"意思是我就像那有病的树，病得长不出枝条。忧伤充满在心中，难道就没人知道？《毛诗序》认为，此诗为周幽王太子宜臼(即周平王)的太子太傅所作，表达了他对幽王宠信褒姒、疏远太子甚至使太子陷于危难境地的忧怨。下文中的"《小弁》之怨"即是指此。瘣木，有病瘿肿、枝叶不荣的树木。

【译文】

　　肃宗当时还在军中，张良娣因为一路上保护和庇佑肃宗而受宠，她与李辅国结党乱政，李泌对此很厌恶，建宁王李倓对此也很厌恶。唉！

张良娣这样的人虽然不能被容忍,但他岂是李俶所能厌恶的呢?李泌是秉持大臣正道以匡正君王,李俶却是违背身为人子的常道而违逆父亲。所以肃宗虽然受张良娣迷惑,李辅国虽然设下了圈套想要陷害李泌,李泌却最终能够保全肃宗对他的恩遇和礼数,悠然而去;可李俶却轻而易举地被陷害至死,而肃宗也并未产生痛失忠诚至孝之子的哀痛之情。臣道与子道不同,具体的情势不同,其得失自然不同,而其祸福也自然有所区别,这个道理难道会有差错吗?

　　《小弁》之怨,所以不害乎为君子者,幽王无忠直拂弼之臣^①,而平王之傅亦徒讼己诬,不斥褒姒之恶也。当此之时,肃宗任长源以腹心,长源业不恤良娣之怨以与争成败,则俶授规正之责于长源,而可平情以静听;乃欲杀良娣以为长源效,不已偾乎^②?相激而陷父以杀子之大恶,自贻之矣。

【注释】

①拂弼:辅佐。

②偾:同“颠”,颠倒。

【译文】

　　《小弁》所表现的忧怨之所以不会对君子产生危害,是因为幽王虽无忠诚正直的辅佐之臣,但平王的太傅也只是申诉自己一方所受的诬陷,而没有指斥褒姒的罪恶。在当时,肃宗把李泌当作心腹,李泌已经不顾张良娣的怨恨而与她争胜败了,则李俶却完全可以将规正君王的责任交给李泌,自己平心静气地观察事态发展。可是他却想要杀张良娣为李泌出力,这不也太本末颠倒了吗?他与肃宗相互刺激,最终使肃宗犯下杀害亲儿子的大恶,这完全是他自找的。

　　所惜者,长源于倓投分不浅①,而不能固谏倓以安人子之职,倓死,乃追悔而力止广平之忿怒,至于他日涕泣以讼倓之冤,亦已晚矣。岂倓之刚愎,不可与深言邪? 不然,则长源善处人父子兄弟之间,功屡著矣,而徒于倓失之,抑又何也?

【注释】

①投分:意气相合。

【译文】

　　令人感到可惜的是,李泌与李倓意气颇为相合,但他却不能规劝李倓安于人子的本分,李倓死后他才感到追悔不已,所以尽力去阻止广平王对张良娣的愤怒,以至于后来他哭泣着为李倓申诉冤情,这也已经晚了。难道是因为李倓刚愎自用,所以李泌不能与他深入交谈吗? 若非如此,则李泌本来是善处调和父子、兄弟之间关系的,在这方面屡屡立功,却唯独在李倓问题上犯错,这又是为什么呢?

七　肃宗请就东宫之恶不可逭

　　肃宗表请上皇,自求还东宫修人子之职,虽其饰词,亦子道之常耳,而李长源料玄宗之咈然①,果傍徨不进,得群臣就养之表②,而后欣然就道,抑何至于此哉?

【注释】

①咈(fú)然:不悦,不高兴的样子。

②得群臣就养之表:指肃宗得知玄宗不敢回京后问计于谋臣,遂以群臣的名义,上一贺表给玄宗,表上说:"当今皇帝肃宗自从马嵬坡擅自留下,转而北上,到灵武被大臣屡次相劝,不情愿地登位,

到今天收复京师，他无时无刻地不想念老皇帝你啊！请您速速回到长安，以让当今的皇上侍候您，尽一份孝心。"玄宗见到群臣贺表，明白肃宗已绝口不提还权之事，于是安心启程东归。事见《资治通鉴·唐纪三十六·肃宗文明武德大圣大宣孝皇帝中之下·至德二载》。

【译文】

肃宗上表请求太上皇返回长安，自己请求回到东宫重做太子以尽人子本分，这虽然是粉饰的说辞，但也符合身为人子的常道。而李泌预料到玄宗会感到不悦，结果玄宗果然彷徨不回长安，直到收到以群臣名义请求他回长安接受肃宗赡养的贺表后，才欣然踏上归程。实际上又何至于此呢？

言之必如其事也，事之必如其心也，君子之以立诚而动物，无有不然者也。然有时乎以交天下之人，犹出之以逊让，饰之以文词，抑以昭雍容谦挹之度①，而远直情径行草野倨侮之恶，君臣朋友宾主之间，盖亦择其可用而用之矣。独至于父子之际，固无所容此也。幼而哺以乳，未尝让乳也；长而食以食，未尝让食也；壮而授以室，未尝让室也；天性自然之爱，不忍欺也。可欲者欲之，可得者得之，以诚请，以诚受，天子虽尊，天下虽大，亦将彻之卮酒豆肉而已矣②，父犹父也，子犹子也，夺之非怨，予之非恩，父母而宾客之，岂复有人之心哉？

【注释】

①谦挹：谦逊退让。

②卮酒豆肉：即觞酒豆肉，指一杯酒，一盘肉。因泛指饮食。

【译文】

一个人的言辞必定要与其行为相符,其行为必定要与其内心想法相合,君子靠树立诚信以感动他人,没有不如此的。但有时为了结交天下之人,尚且还需要注意表达上的逊让,用文辞来装饰言语,并以此来彰显自己雍容大度而又谦逊的品质,使自己远离放纵情绪、直言无忌、粗野倨傲的恶行。君臣、朋友、宾主之间,大概也是要选择合适的方式来彼此相处的。唯独父子之间的关系,是容不得这种粉饰的。自己年幼的时候父亲喂给乳汁,自己不曾辞让;长大一些后,父亲给自己食物吃,也不曾辞让食物;到了壮年后父亲为自己娶妻,自己也未曾辞让家室。对于父亲出于天性的自然之爱,实在是不忍心加以欺骗。自己想追求的就去追求,能够得到的就去获取,用真诚来请求,用真诚来接受。天子虽然是至尊,天下虽然广大,这种事也不过撤去一杯酒、一盘肉一般的小事罢了,父亲仍然是父亲,儿子仍然是儿子,相互夺去某些东西也不会构成怨恨,相互给予某些东西也不算是恩情。像对待宾客那样对待父母,这哪里还有一点人心呢?

肃宗自立于灵武,其不道固矣,天下不可欺,而尤不可自欺其心,以上欺其父。伪为辞让以告天下,人亦孰与谅之?乃于拜表奉迎之日,悲欢交集之顷,为饰说以告父,此何心邪?贼未破,京未收,寸功不见于社稷,则居大位而不疑;已破贼收京,饮至论功[1],正南面之尊,乃曰退就东宫,归大位于已称上皇之老父乎?肃宗之为此也,探玄宗失位快悒之情而制之也[2]。若曰吾非不欲避位,而天命已去,人心已解,父且不能含羞拂众以复贪大宝,折服其不平之气,而使箝口戢志以无敢复他也。呜呼!天理灭,人心绝矣。

【注释】

①饮至：古时诸侯朝会盟伐完毕，祭告宗庙并饮酒庆祝的典礼。后代指出征奏凯后至宗庙祭祀宴饮庆功之礼。

②怏悒：郁郁不乐的样子。

【译文】

肃宗在灵武自立为皇帝，本来就不合乎正道。天下是不可欺骗的，尤其不可以自己欺骗自己的心，从而向上欺骗自己的父亲。假装要向父亲辞让皇位，以此昭告天下，有谁能够谅解这种行为呢？可肃宗却在拜表奉迎玄宗的时候，在悲欢交集的那一刻，粉饰言辞来欺骗父亲，这是什么用心呢？叛贼尚未被击破，京城尚未收复，自己还没有为江山社稷立下寸功，肃宗就没有迟疑地坐上了皇位；等到击破叛军、收复长安后，为其庆祝凯旋而举行宴饮典礼，本可以凭借大功名正言顺地居于皇位了，肃宗却说自己要退居东宫，将皇位归还给他那已经自称太上皇的老父亲，能行吗？肃宗这样做，是窥探到玄宗失去皇位后郁郁不乐的情绪而想要控制他。他这就等于说：我并不是不想退位还政给太上皇，但天命已去，人心已瓦解。玄宗自然不能因为再度贪图皇位而含羞忍辱、拂逆众人意志，这样肃宗就能折服玄宗的不平之气，而使他闭口丧志，不敢再有其他的念想。唉！天理已灭，人心断绝了呀。

玄宗固曰彼已自立而复为此辞者，不以父待我，而以相敌之情相制，心叵测矣。司马懿称病以谢曹爽①，唐高祖输款以推李密，其后竟如之何也，尚能忘忧以安寝食哉？不孝之大者，莫甚于匿情以相胁，故自立之罪可原，而请就东宫之恶不可逭。非邺侯之善处②，则南宫禁锢，不待他日，且使自毙于成都，恶尤烈于卫辄矣。群臣表至，玄宗乃曰："今日为天子父乃贵。"所以明其不复愿为天子而自保其余年也，悲哉！

【注释】

①司马懿称病以谢曹爽：指正始八年（247），曹爽用心腹何晏、邓
飏、丁谧之谋，迁太后于永宁宫，并专擅朝政，"兄弟并典禁兵，多
树亲党，屡改制度"。司马懿对此无法禁止，于是与曹爽产生矛
盾，之后便称疾不与政事。后河南尹李胜前去看望司马懿，司马
懿假装病重。李胜回去后便告诉曹爽说司马懿已是"尸居余
气"，不足为虑，曹爽等人才不对司马懿防范戒备。事见《晋书·
宣帝纪》。

②郧侯：即李泌。因李泌曾封郧县侯，故称。

【译文】

　　玄宗当然会说，肃宗明明已经自立，现在却又说出这样的话，这是
不把我当父亲来对待，而是用对待敌人的方法试图控制我，实在心怀叵
测。当初司马懿称病来欺骗曹爽，唐高祖李渊表面上用诚心来对待李
密，玄宗想到这两件事后来的结果究竟如何，还哪里能够忘记忧愁而安
心睡觉吃饭呢？没有比隐藏自己的真实意图而胁迫父亲更严重的不孝
了，所以肃宗自立之罪尚可原谅，而他请求退居东宫的罪恶却不容饶
恕。若不是李泌善加调解，那么玄宗根本不需要等到他日被禁锢于南
宫，在成都就不得不自行了断了。所以肃宗的罪恶比卫出公姬辄还要
严重。群臣的贺表送达成都后，玄宗才说："今日我作为天子的父亲才
变得尊贵起来。"这是为了表明他不再愿意做天子而自保余年。真是悲
哀啊！

八　张巡食人非仁

　　张巡捐生殉国，血战以保障江、淮，其忠烈功绩，固出颜

杲卿、李澄之上^①，尤非张介然之流所可企望^②。贼平，廷议褒录，议者以食人而欲诎之^③，国家崇节报功，自有恒典，诎之者非也，议者为已苛矣。虽然，其食人也，不谓之不仁也不可。

【注释】

①李澄：当为李憕(？—755)。并州文水(今山西文水)人。唐朝大臣。天宝十四载(755)被任命为东都留守。这年十一月，安禄山反叛朝廷，叛军于十二月进入河南境内，攻陈留，战荥阳，直逼东都洛阳。李憕与留台御史中丞卢奕等坚守抗敌，但终因寡不敌众，城池破陷。李憕和卢奕誓死不降，因而被安禄山杀害。至德二载(757)，肃宗追赠他为忠烈公。传见新、旧《唐书·忠义列传》。

②张介然(？—755)：本名六朗，蒲州猗氏(今山西临猗)人。唐代官员。安史之乱爆发后担任河南防御使，负责守卫陈留。叛军渡过黄河后，张介然率兵登城，把守要害。但叛军骑兵多达十万，所过之处烟尘弥漫数十里。张介然的部下目睹此景，听到吹角鼓噪之声，士气大降，因而覆败。张介然被安禄山斩首。传见新、旧《唐书·忠义列传》。

③食人：参见卷九"献帝一三"条注。

【译文】

张巡舍生殉国，拼死血战以保障江、淮地区的安全，他的忠烈功绩，自然在颜杲卿、李憕之上，尤其不是张介然之流所能企及。叛贼被讨平后，朝廷商议对他的褒奖，议论者因为他曾在守城期间吃人肉而想要降低对他的褒赏。国家崇尚节行、酬答功劳，自有常制，想要降低对张巡的封赏的意见是不对的，议论的人已经过于严苛了。尽管如此，张巡吃人肉的行为，不称之为不仁是不行的。

李翰为之辩曰[①]:"损数百人以全天下。"损者,不恤其死则可矣,使之致死则可矣,杀之、脔之、龁而吞之[②],岂损之谓乎? 夫人之不忍食人也,不待求之理而始知其不可也,固闻言而心悸,遥想而神惊矣。于此而忍焉,则必非人而后可。巡抑幸而城陷身死,与所食者而俱亡耳;如使食人之后,救且至,城且全,论功行赏,尊位重禄不得而辞,紫衣金佩,赫奕显荣,于斯时也,念啮筋噬骨之惨,又将何地以自容哉?

【注释】

①李翰:赵州赞皇(今河北赞皇)人。唐代官员、学者。曾任翰林学士。与张巡相友善。张巡殉国后,李翰上书朝廷,陈述张巡守城功绩,使天下得以了解张巡的忠义。传见《旧唐书·文苑列传》《新唐书·文艺列传》。

②脔(luán):将肉切成小片。

【译文】

李翰为张巡辩解说:"损失数百人是为了保全天下。"所谓损失,不顾惜其死亡是可以的,将其推向死亡境地也可以,但将活人杀死、切成肉片然后吞吃掉,这能叫损失吗? 人不忍心吃人肉,这是不需要求之于公理就能够知道不可以去做的事,只听到"吃人"的字眼就已经令人心惊肉跳了,遥想那样的场景就足以令人心神不安了。能够忍心吃人,则必定已经属于非人范畴了。张巡也算幸运,在城池陷落后殉国,与他所吃的人一道赴死了。假如在他吃人之后,救兵赶到了,城池得以保全,他被论功行赏,没办法推辞高官厚禄,身着紫衣佩戴金鱼袋,显赫而又荣耀,在这个时候,遥想当年啃食筋骨血肉的情景,又哪里有地方让他容得下自己呢?

守孤城,绝外救,粮尽而馁,君子于此,唯一死而志事毕矣。臣之于君,子之于父,所自致者①,至于死而蔑以加矣。过此者,则愆尤之府矣,适以贼仁戕义而已矣。无论城之存亡也,无论身之生死也,所必不可者,人相食也。汉末饿贼起而祸始萌②,隋末朱粲起而祸乃烈;然事出盗贼,有人心者皆恶之而不忍效。忠臣烈士亦驯习以为故常,则后世之贪功幸赏者且以为师,而恶流万世。哀哉!若张巡者,唐室之所可褒,而君子之所不忍言也。李翰逞游辞以导狂澜,吾滋惧矣。

【注释】

①自致:指竭尽自己的心力,竭尽全力。

②饿贼:指黄巾军。

【译文】

坚守孤城,外援断绝,粮食耗尽而陷入饥饿,君子在这种情况下,唯有一死而了却自己的抱负。臣子对于君王,儿子对于父亲,所能竭尽全力做到的事,没有比死亡更高的形式了。超过这一限度的行为,就是极大的过错,反而只会戕害仁义而已。无论城池的存亡,无论自身的生死,必定不能做的事情,就是人相互吞食。汉末“饿贼”黄巾军起义而此祸开始萌芽,到隋末吃人魔王朱粲崛起,此祸更加惨烈。然而毕竟这些事此前都是盗贼干出来的,凡有人心者都对此非常厌恶而不忍心效法。若忠臣烈士也对吃人习以为常,则后世贪功图赏的人就会把他们当作效仿对象,吃人的恶行便会流播万世。悲哀啊!像张巡这样的人,是李唐皇室所可以褒扬的,但却是君子所不忍心谈及的。李翰卖弄虚浮的言辞,掀起了狂澜,我对此心生恐惧。

九　力不足制史思明受降致乱

史思明降而复叛①，肃宗使乌承恩阴图之，而给阿史那承庆铁券以离其党②，事觉而速其反，谋之不臧③，衹以速乱。虽然，乱自速耳，即弗然，而思明岂悔过自新、终于臣服者哉？张镐之策④，李光弼之请，非过计也。安庆绪欲图思明⑤，耿仁智、乌承玼乘其危疑而诱之以降⑥，于时庆绪孤保邺城，不亡如线，思明既惎其图己，抑料其必亡，姑为自全之计，持两端以观衅，其不可恃也，亦较著矣。庆绪之心既非不可解之仇，无难数易；而唐室君臣复东京而志已满，回纥归，子仪弱，威力不足以及河朔，明矣。思明何所惮、复何所歆，而已张之爪距弭耳受柙乎⑦？旷岁无北伐之师，思明目已无唐矣，不反何待焉？

【注释】

①史思明降而复叛：史思明（703—761），本姓阿史那，初名窣干，营州（今辽宁朝阳）人，突厥族。天宝初年，因累有战功，获任知平卢军事，又跟从安禄山讨伐契丹，迁平卢军兵马使。安禄山反叛后，任命他为范阳节度使，镇抚河北。后来进攻山西时屡次为唐军所败，不得不退保邺城，加上与安庆绪不和，遂主动降唐。唐肃宗恐其再反，设计想要谋杀他，但计谋泄露，史思明起兵再叛。他于乾元二年（759）进兵解除邺城之围，杀死安庆绪，然后返还范阳，改国号大燕，自称应天皇帝，年号顺天。上元二年（761）被其子史朝义与部将共同谋杀。传见《旧唐书·史思明列传》《新唐书·逆臣列传》。

②肃宗使乌承恩阴图之,而给阿史那承庆铁券以离其党:乌承恩
(?—758),张掖(今属甘肃)人。其父对史思明曾有提携之恩。
史思明随安禄山起兵后,时任信都太守的乌承恩率全郡投降史
思明。安庆绪败落后,乌承恩力劝史思明反正。史思明降唐后,
李光弼向肃宗献策,派乌承恩代表朝廷前往范阳宣谕慰问,借机
杀掉史思明。乾元元年(758)六月,乌承恩抵达幽州,他与儿子
密谋杀史思明的谈话被史思明偷听到,其行李中又被搜出了许
多东西,包括李光弼的牒文,文中让乌承恩邀同阿史那承庆一起
刺杀史思明,还有事成后准备赏赐给阿史那承庆的免死铁券;另
外还有一本小册子,上面列满了史思明心腹党羽的名单。史思
明于是当众杀死乌承恩父子,重新反叛朝廷。事见《旧唐书·史
思明列传》。阿史那承庆,安禄山部将,后被安庆绪任命为宰相。
乾元元年(758)受安庆绪之命,与安守忠一道率部分士兵前往范
阳,试图调动史思明并趁机诛杀他,结果反被史思明设计制伏,
手下士兵皆被消灭。事见《旧唐书·史思明列传》。

③不臧:不善,不良。

④张镐之策:指乾元元年(758)史思明被形势所迫,上表请降。张
镐担心朝廷应允,向肃宗密奏道:"史思明凶残阴险,包藏祸心,
与禽兽相同。我们能以计谋击败他,却难以用仁德感化他。"事
见《新唐书·张镐列传》。张镐(?—764),字从周,博州(今山东
聊城)人。唐肃宗时宰相。天宝末年,官左拾遗,徒步扈从玄宗
入蜀。肃宗即位,奉命至凤翔,奏议多有补益,任谏议大夫。寻
迁中书侍郎、同平章事。张镐居身清廉,不营资产,谦恭下士,谈
论多识大体,为时所重。传见新、旧《唐书·张镐列传》。

⑤安庆绪(?—759):初名仁执,唐玄宗赐名庆绪,营州(今辽宁朝
阳)人。安禄山次子。虽然性格内向,但骑马射箭都一流,因此
成为其父麾下大将。至德元载(756)安禄山建立大燕政权后封

其为晋王。至德二载(757)正月,安庆绪与严庄、宦官李猪儿等一同杀死安禄山,自立为帝,年号载初。后被迫退出洛阳,逃亡邺城。乾元二年(759)为部将史思明所杀。传见《旧唐书·安庆绪列传》《新唐书·逆臣列传》。

⑥耿仁智、乌承玼乘其危疑而诱之以降:耿仁智,安史之乱时史思明的幕僚,担任范阳节度判官。他与乌承玼一道力劝史思明降唐。乌承玼,乌承恩之弟。与耿仁智一道劝说史思明降唐,后又与乌承恩一道谋划诛杀史思明,事情泄露后独自得以逃出。

⑦距:难道,岂。弭耳受柙(xiá):比喻束手就擒。弭耳,贴耳,表示驯服、安顺的样子。柙,关闭猛兽的笼槛,亦指押解犯人的囚笼或囚车。

【译文】

史思明降唐后又再度叛唐,肃宗派遣乌承恩想要偷偷杀掉他,赐给阿史那承庆免罪铁券以离间叛贼的党羽,事情败露后反而加速了史思明的反叛。计谋不够周密完善,只会加速祸乱的到来。尽管如此,也不过是祸乱提前到来罢了,即使肃宗不这么做,史思明难道会真的悔过自新、始终臣服唐朝吗?张镐反对招降史思明的谋划、李光弼谋杀史思明的请求,都不是错误的计策。安庆绪想要诛杀史思明,耿仁智、乌承玼乘着史思明处于危险和疑虑之中时劝诱他投降唐朝。此时安庆绪孤守邺城,已经命悬一线,史思明既憎恨他想要谋害自己,也预料到他必然灭亡,所以姑且用计谋保全自己,首鼠两端以观望形势,所以他的忠诚显然是靠不住的。安庆绪与史思明之间的仇恨既然不是不可化解之仇,那么史思明自然不难数次改变立场。而唐朝的君臣在收复东京洛阳后已经志得意满,回纥军队已经返回祖国,郭子仪力量微弱,其威力明显不足以震慑河朔地区。那么史思明还有什么可忌惮、可留恋的东西呢?他的爪牙已经张开,怎么可能会俯首帖耳、束手就擒呢?朝廷超过一年都没有派出北伐的军队,史思明眼中早已没有唐朝廷了,他不反叛还等什么呢?

　　讨贼易,平乱难;诱贼降己易,受贼之降难。能受降者,必其力足以歼贼,而姑容其归顺者也。威不足制,德不足怀,贼以降饵己,己以受降饵贼,方降之日,即其养余力以决起于一旦者也。非高位厚禄、温言重赐之所能抚也,非输粟辇金、安插屯聚之所能戢也,非深谋秘计、分兵散党之所能制也,诚视吾所以致其降者何如耳。重兵以临之,屡挫而夺其魄,如诸葛公之于孟获,岳鹏举之于群盗①,而后可开以自新之路,而不萌反复之心。故肃宗之失,在不听邺侯之策,并塞以攻幽、燕,使诸贼失可据之穴,魂销于奔窜,而后受其归命之忧,薄录其将,解散其兵,乃可以受降而永绥其乱。失此不图,遽欲挽狂澜以归壑,庸可得哉?

【注释】

①岳鹏举之于群盗:指岳飞用剿抚并用的手段对付江西、湖南等地的盗贼和农民起义军。

【译文】

　　讨伐叛贼容易,但想平息祸乱却很难;诱使叛贼投降容易,要正确地接受叛贼投降却很难。凡能接受投降者,其力量必定足以歼灭叛贼,所以姑且容许其归顺。若威力不足以制服叛贼,德行不足以感化叛贼,叛贼用投降来引诱自己,自己用接受投降来引诱叛贼,叛贼投降之日,就是他们积蓄余力准备再次一朝起事的时刻。高位厚禄、好言好语和重重的赏赐都无法安抚叛贼,向他们输送粮食金钱、将他们安插在各地囤聚之所也不能消泯他们的叛心,深沉的谋略、隐秘的计策、分散叛军士兵和党羽也无法有效控制他们,他们是否反叛完全取决于朝廷使他们投降的方式。只有派重兵去对付他们,屡此挫败他们,震慑他们的心魄,就像诸葛亮对待孟获、岳飞对待群盗那样,然后才能开辟出一条自新之路,而投降者才不会萌生反复之心。所以肃宗的失误,在于不听李泌的计策,没有沿着边塞直接攻取幽、燕地区,使诸叛军失去可据守的巢穴,使他们在奔命逃窜过程中失魂落魄,然后他们才会诚心诚意地投降,然后少量录用其将领,解散其军队,这样才能受降而永远止息其祸乱。不这样去谋划,却急于力挽狂澜,使其归于大河,怎么可能做得到呢?

　　邺侯去国,兵无谋主,郭、李之威,尽于一战,思明再叛,河北终不归唐,非但乌承恩之谋浅、李光弼之计左也。梁武之威,不足以压侯景;唐肃之威,不足以制思明;养寇与激乱,均为失策,张镐虽能先知,亦将如之何也!向令承恩之计行,与承庆共斩思明,而承庆、承恩又一思明矣。数叛之人,不保其继,愈疑愈纷,愈防愈溃,河决而塞之,痈溃而敛之,其亡速矣。

【译文】
　　邺侯离开朝廷后,军事事务没有了策划者,郭子仪、李光弼的威名都在收复两京之战中耗尽了,史思明再度反叛,河北自此之后再也没有真正归属于唐朝廷。这不仅是因为乌承恩的谋划浅薄、李光弼的计策失误。梁武帝的威严,不足以压服侯景;唐肃宗的威严,不足以制服史思明。姑息纵容盗寇与激起祸乱,都属于失策。张镐虽然能事先看出后果,又能怎么办呢!假如乌承恩的计划得以顺利实施,他与阿史那承庆共同斩杀史思明,则阿史那承庆、乌承恩会成为另一个史思明。数次反叛之人,难以保证其不会再反叛。越是怀疑事情越混乱,越是提防越会崩溃。河水决口后就去堵塞缺口,脓包溃烂后就去挤它,这只会导致迅速灭亡。

一〇 节度使死遣中使察军中所欲立

将与兵必相得也,兵不宜其将,非弱则讧。唐节度使死,因察军中所欲立者授之,亦未为过也。其事自肃宗以平卢授侯希逸始①。于是唐权下移,终其世于乱,而国以亡。盖人君之心,有可洞然昭示使天下共见者,虽雄猜如曹孟德,而亦无所隐。有藏之密、虑之熟,决于一旦而天下莫测者,虽孔子之堕郈、费②,亦未尝示人以欲堕之志。非疑于人,信之在己者深也。

【注释】

①平卢:指平卢镇。唐开元七年(719)置镇,治营州。在安史之乱期间,平卢反正。上元二年(761)节度使侯希逸为史朝义部所迫,南迁淄青,称平卢淄青节度使,从此淄青有平卢之号。侯希逸(704—765):平卢军营州(今辽宁朝阳)人。唐朝地方割据将领。初为安禄山部将。安史之乱后,不肯附逆,归顺朝廷。乾元元年(758)被朝廷拜为平卢节度使。永泰元年(765)兵马使李正己发动兵变,驱逐侯希逸。侯希逸入朝,拜检校右仆射,后迁司空,卒于位。传见新、旧《唐书·侯希逸列传》。

②孔子之堕郈(hòu)、费:指鲁定公十二年(前498)孔子为打击三桓势力而推行"堕三都"之政,准备毁掉季孙氏、叔孙氏、孟孙氏各自的私邑费邑、郈邑、郈邑。这一政策遭到了剧烈反弹。这年冬十二月,鲁定公亲自领兵包围郈邑,没有攻下。堕三都最终失败。事见《左传·定公十二年》。

【译文】

　　将领与士兵一定要相互契合，如果士兵不认可自己的将领，要么战斗力削弱，要么爆发内讧。唐朝廷在藩镇节度使死后，观察军中想要拥立的对象，将节度使之位授给他，这也不算错误。这种事情是从肃宗将平卢节度使之位授予侯希逸开始的。从此以后唐朝廷权力下移，混乱的局势持续到唐末，国家因此灭亡。大概君王的用心，有一部分是可以昭然若揭、使天下人共同看到的，即使是像曹操那样多疑的人，也没法隐藏自己的意图。也有一部分是需要严格保密、在深思熟虑后立即付诸实施、使天下没办法加以揣测的，即使是孔子堕毁郈邑、费邑时，也不曾向别人展示过自己想要堕毁他们的志向。这并不是怀疑他人，而是自己必须首先深深地相信自己。

　　唐之中叶，节度使各有其兵，而非天子所能左右，其势成矣。察三军之志，立其所愿戴者，使军效于将，将效于国，亦不容已之势也。非可以汉高旦驰入营夺韩信、张耳之军行焉者也。惟然，而此意可使将与兵知之乎？军有帅，有偏裨，帅死而偏裨之可任与否，非不可以豫知者也。其为忠、为逆、为智、为愚、为宽、为严，天子与大臣辨之审而虑之早，则帅一死而赫然以军中所欲奉之主授以节钺，而不待其陈请。则帅既感其特恩，兵亦服其凤断。既惮其明见万里之威，复怀其实获我心之德。虽有桀骜，敢生携贰乎[①]？天下止此数镇，镇之偏裨止此数人，天子大臣曾不察其可否，而待迫以询之群小邪？刘后主之暗也，犹能使李福问帅于诸葛方病之日；若祭遵、来歙死于仓卒，而兵柄有归，尤先事以防不测，其计定矣。恶有县三军之任，摇摇不知所付，帅死而后就军中以谋用舍哉？又况所遣者奄人，贿赂行，威权替，李怀玉得逞其奸②，而唐无天子，养乱以垂亡，寄生之君，尸禄之相，不足与有为久矣。将有材而不能知，军有情而不能得，浸使不问，军中自为予夺，其召乱尤速也。操大权者，非一旦之能也。

【注释】

①携贰：有二心，离心。

②李怀玉（733—781）：即李正己，本名怀玉。营州（今辽宁朝阳）高句丽人。唐朝中期军阀。初为平卢军裨将，节度使王玄志死后，推侯希逸为帅。上元二年（761）随希逸南迁青州，在永泰元年（765）逐侯希逸，代其为平卢淄青节度观察使，并受赐名正己。唐代宗大历年间，李灵曜叛唐，他又乘机占领曹、濮、徐、兖、郓州，并原有淄青等十州，共有十五州之地，在藩镇中最为强大。建中初，约田悦、梁崇义、李惟岳共同反唐，扼守江淮，唐漕运为之改道。不久疽发背而死。传见《旧唐书·李正己列传》《新唐书·藩镇淄青横海列传》。

【译文】

　　唐朝中叶，节度使各自实际控制其军队，天子也无法左右他们，藩镇割据的态势实际上已经形成了。考察三军的意愿，选立其所愿意拥戴的将领，使藩镇军队效命于主将、主将效命于国家，也是出于形势所迫的不得已之举。像汉高祖那样在早上驱马驰入军营夺走韩信、张耳军队的办法，这时已经行不通了。但正因如此，这种意图能够让藩镇将领与士兵知晓吗？军队有统帅，也有偏裨将领，统帅死而偏裨将领是否足以接任其职，并不是不能预知的。偏裨将领是忠诚还是叛逆、是聪明还是愚蠢、是宽容还是严格，天子和大臣如果能仔细审察、提前考虑，则统帅一死,朝廷就能赫然将节钺授给军中所想要尊奉的主将,根本不需要藩镇上表陈情请封。如此则统帅会感激朝廷的特别恩典,士兵也会佩服朝廷的及早裁断。这样藩镇将士既对朝廷洞察万里之外情形的能力感到忌惮,又怀着对朝廷与自己意见一致的感恩之心。则即使有桀骜之徒,又怎敢产生二心呢? 天下不过这么几个藩镇罢了,藩镇中的偏裨将领也不过几个人罢了,天子大臣怎么能不提前考察其中是否有称职做主帅的人,而一定要等事到临头时才去询问军中众人的意见呢? 即使是像蜀汉后主刘禅那样昏庸的人,尚且能够在诸葛亮生病未死时派遣李福去向他咨询日后主帅的人选;像东汉初祭遵、来歙那样仓促而死,其兵权尚且有明确归属,这尤其是事先已做好预防不测准备的体现,其方略是早已确定的。哪里有空悬三军统帅之位,犹豫不知该托付给谁,在统帅死后向军中众人咨询到底任用谁呢? 更何况朝廷所派遣的使者都是宦官,因而贿赂公行,朝廷威权受损,李怀玉得以一逞其奸计。而唐朝就如同没有了天子,姑息纵容叛乱,最终导致王朝走向覆灭。寄生的君王,尸位素餐的宰相,都是不足以有所作为的。将领有才能而朝廷不能知晓,军中有情况而朝廷也无法获知相关信息,假如朝廷置之不问,任由军中自行推举主帅,则尤其会更快地招致祸乱。操持大权,并非一朝一夕所能做好的。

一一　郭汾阳暗与道合非李光弼智勇所能及

安、史之灭,自灭也,互相杀而四贼夷[①],唐不能俘馘之也[②]。前之复两京,后之收东都,皆乘其敝而资回纥之力,李、郭亦因时以取大勋,非有血战之殊劳焉。以战功论,李光弼奋其智勇,克敌制胜之功视郭为多;郭则一败于清渠,再溃于相州[③],功尤诎焉。然而为唐社稷之臣,天下倚以重轻,后世无得而议者,又岂徒徼虚誉乎?

【注释】

①四贼：指安禄山、安庆绪父子和史思明、史朝义父子。

②俘馘（guó）：俘获斩杀。馘，指战争中割取敌人的左耳以计数献功。

③再溃于相州：乾元元年（758）九月至乾元二年（759）三月，唐肃宗派郭子仪、鲁炅、李奂、许叔冀、李嗣业、季广琛、崔光远七位节度使与平卢兵马使董秦共领唐军步骑约二十万向北进攻安庆绪，又命李光弼、王思礼两节度使率所部助攻，以宦官鱼朝恩为观军容宣慰处置使，监督各军行动。唐军最初成功扫清了邺城以南的叛军，进围邺城，但久攻不下。次年三月，史思明率所部援救邺城，李光弼等与其激战，双方伤亡甚重。郭子仪统率大军随后赶到战场，但未及交锋狂风骤起，天昏地暗，两军皆大惊而退。唐军由于军心不稳，一退而不可收拾，诸军纷纷溃散。事见《资治通鉴·唐纪》。

【译文】

安、史叛军的覆灭，是自取灭亡。叛军内部互相残杀，最终导致安禄山、安庆绪父子和史思明、史朝义父子均遭横死，唐朝廷并未能俘获斩杀他们。无论是初次叛乱中唐军收复长安、洛阳两京，还是后来史思明再叛时收复东都洛阳，唐朝廷都是利用叛军内部矛盾并借助回纥的力量而取得胜利的，李光弼和郭子仪也都是利用时机而建立了大功，并非有靠血战而建立的特殊功勋。若以战功论，则李光弼奋力发挥其智勇之才，克敌制胜的功劳比郭子仪要多；郭子仪则是一败于清渠，再溃败于相州，在功劳方面尤其逊色于他。然而郭子仪作为唐朝的社稷之臣，天下都极其倚重他，后世没办法对此加以非议，郭子仪难道只是徒具虚名吗？

任天下之重者，莫大乎平其情以听物之顺逆，而不挟意

以自居于胜,此唯古之知道者能之。故《诗》称周公之德曰
"赤舄几几"①,言其志定而于土皆安也。夫有揽天下于己之
心,其心危;有疑天下而不自任之心,其心诐;心者,藏于中
而不可揜者也。藏于中而固不可揜,故天下皆见之,而思与
戮、疑与信、报之以不爽。汾阳以翘关负米起家②,而暗与道
合,其得于天者,三代以下莫与之伦矣。

【注释】

①赤舄几几:典出《诗经·豳风·狼跋》:"公孙硕肤,赤舄几几。"意
　思是脚穿着红木底鞋踏着稳步。一般认为,这句诗是赞誉周公
　进退从容、无所往而不宜的智慧品德。赤舄,红色重木底鞋,古
　时最尊贵的鞋,多为帝王大臣所穿。几几,安稳平允的样子。

②汾阳以翘关负米起家:汾阳,即郭子仪。翘关负米,翘关指举重,
　负米指负米而行,两者皆为唐代武举的考试项目。郭子仪早年
　参加过武举,以"异等"的成绩补任左卫长上(从九品下)。

【译文】

要担当天下大任,没有比平允而不放任感情、顺应事物的自然发展
而不挟持固执意见以自居于优越之地位更正确的了,这只有古时候通
晓大道的人才能做到。所以《诗经》中称颂周公的品德是"赤舄几几",
就是说他心志坚定,所以在任何土地上都能保持平稳。一个人若有将
天下之任揽于自身的心思,则其心是危险的;一个人若是有怀疑天下而
不愿自己承担责任的心思,则其心是不正的。念头蕴含于心中,就无法
掩饰。念头既然蕴含于心中,本来就无法掩饰,那么天下人自然能够看
到,而承担与逃避、怀疑与信任,都会得到相应的后果。汾阳以武举起
家,却暗中与大道相合,上天所赐予他的禀赋,三代以下没有人能与之
比肩。

　　能任也,则不能让,所谓豪杰之士也,韩信、马援是已;能让也,则不能任,所谓保身之哲也,张子房、李长源是已。汾阳于位之崇替,权之去留,上之疑信,谗佞之起灭,乃至功之成与不成,俱至则受之,受则任之,而无所容心于其间。情至平矣,而天下不能测其所为。山有陂陀①,则测其峰之起伏;水有滩碛,则测其波之回旋;平平荡荡,无高无下,无曲无奇,而物恶从测之哉? 天下既共见之,而终莫测之。大哉! 平情之为用也,四海在其度中,贤不肖万殊之情归其范围矣。

【注释】

①陂陀:高低不平的样子。

【译文】

　　能够胜任就不推让,这就是所谓的豪杰之士,韩信、马援就是这样的人;能够推让就不去承担,这就是所谓的明哲保身之士,张良、李泌就是这样的人。郭子仪对于地位的高下更替、权力的去留、皇帝的怀疑和信任、谗言诬陷的滋生与平息,甚至于功业的成与不成,全都能够做到来则受之,受则任之,而在其中并不掺杂自己的私人执念。他的情感既然至为平允,则天下就不能对他加以测度了。山有高下起伏,则人们能够测度其山峰的高下;水有暗礁滩涂,则人们能够测度波浪的回旋。若是平平荡荡,无高无低,无曲无折,则外界又如何对其加以测度呢? 天下虽然能够共同看见,却终究不能对其加以测度。这样的人真是高明伟大啊! 以平允的情感处事,则四海皆在自己胸中,他人贤能还是不肖之类千差万别的情形全都在其掌握范围内。

　　相州师溃,汾阳之威名既损,鱼朝恩之谮行,肃宗夺其兵柄授李光弼。数年之内,光弼以元帅拥重兵戮力中原,若将驾汾阳而上之也。乃许叔冀叛于汴州①,刘展反于江、淮②,段子璋反于梓州③,楚州杀李藏用④,河东杀邓景山⑤,行营杀李国贞、荔非元礼⑥,内乱蜂起,此扑彼兴。迨乎宝应元年,汾阳受王爵、知诸道行营,而天下帖然,内既宁而外自戢,史朝义釜鱼之游不能以终日⑦,弗待血战之功也。呜呼!是岂光弼智勇之所能及,汉、魏以下将相大臣之能得于天下者乎?

【注释】

① 许叔冀叛于汴州:许叔冀,唐中期将领。安史之乱爆发后任灵昌太守,受命牵制贺兰进明,使其不敢分兵救张巡、许远。又跟从郭子仪等攻邺城,溃散而归。史思明再度反叛时,许叔冀许诺李光弼坚守汴州十五日,结果迅即战败,举城而降。事见《资治通鉴·唐纪》。

② 刘展反于江、淮:刘展(?—761),唐肃宗时藩镇将领。原为宋州刺史兼淮西节度副使,刚强自用,颇有军事经验和威望。唐肃宗上元元年(760),淮西节度使王仲昇与刘展不睦,为除掉刘展,便与淮西镇监军使、内左常侍邢延恩合谋,建议朝廷假借征调刘展任江淮都统为名,乘其赴任之际将其杀掉。然而刘展暗中早有防备,当他接到江淮都统印节后,即以江淮都统下达公文联络江淮三道旧部,并带领宋州旧部七千多人至广陵赴任。邢延恩见谋杀刘展阴谋落空,连忙与原江淮都统李峘等密谋对策,声称刘展反叛,将讨檄刘展的文告传送所属各州县。与此同时,刘展也在江淮地区发布檄文说李峘反唐谋乱。一时所属各州、县不知所从。交战初期,刘展叛军连陷广陵、楚州、润州、昇州等地。次

年(761)三月初,刘展与唐军大战于江南,刘展各部被剿,本人被斩,余党皆平。事见《资治通鉴·唐纪三十七》。

③段子璋反于梓州:段子璋,唐朝藩镇将领。安史之乱爆发后,曾跟从唐玄宗到蜀地,因功升任剑南节度使、梓州刺史。唐肃宗上元二年(761)四月,东川节度使李奂奏请撤换段子璋,段子璋怒而举兵,占领绵州,自称梁王,改元黄龙。不久西川节度使崔光远率部与李奂共同攻克绵州,段子璋被擒杀。事见《资治通鉴·唐纪三十八·肃宗文明武德大圣大宣孝皇帝下之上·上元二年》。

④楚州杀李藏用:楚州,今江苏淮安。李藏用(? —761),唐朝宗室、将领。唐肃宗时出任江淮都统副使。上元元年(760)冬,刘展起兵叛乱,李藏用收集残兵,招募壮士,奋力抵御刘展,为平定刘展之乱立下汗马功劳。上元二年(761)七月被调为浙西节度副使,不久又被淮南节度使崔圆署为楚州刺史。当年十一月,支度租庸使因刘展之乱,以诸州仓库财物无准为由,奏请查验。当时各州财物多散失,验之不足,诸将往往卖私产以补偿。李藏用担心其事连累自己,便向别人发牢骚,颇有悔恨之意。其牙将高幹因旧怨,派人至扬州崔圆那里诬告李藏用谋反,并自己先率兵袭击。李藏用逃走,高幹追击并杀害了他。事见《资治通鉴·唐纪三十八·肃宗文明武德大圣大宣孝皇帝下之上·上元二年》。

⑤河东杀邓景山:河东,指河东镇,治所在今山西太原。邓景山(? —762),曹州济阴(今山东曹县北)人,唐中期大臣。初任大理评事、监察御史,后历任青齐节度使、淮南节度使、尚书左丞等。宝应元年(762)担任太原尹。同年由于管理军队不当,致使部下发生叛乱,邓景山遭部下杀害。事见新、旧《唐书·邓景山列传》。

⑥行营杀李国贞、荔非元礼:行营,指唐肃宗设立的朔方、镇西、北

庭、兴平、陈郑等节度行营。李国贞,本名若幽,字南华,长安(今陕西西安)人。唐代宗室、将领。上元二年(761)持节充朔方、镇西、北庭、兴平、陈郑等节度行营兵马及河中节度都统处置使,因治军严格而导致军中哗变,被叛乱军士杀害。事见《旧唐书·李国贞列传》《新唐书·宗室列传》。荔非元礼,唐中期将领。安史乱爆发后,随节度使封常清东归勤王。乾元二年(759)李嗣业卒,荔非元礼代其为镇西、北庭行营节度使,加卫尉卿、怀州刺史。上元二年(761)在邙山之战中兵败,军队移驻翼城,为部下所杀。事见《新唐书·荔非元礼列传》。

⑦史朝义(?—763):生于宁夷(今陕西礼泉)。突厥人,史思明长子,安史叛军领袖之一。天宝十四载(755)史思明随安禄山起兵,他率军守冀州、相州。乾元二年(759)史思明杀安庆绪称帝,史朝义被封为怀王。上元二年(761)弑杀史思明,即位称帝,年号显圣。宝应元年(762)唐军在回纥军帮助下开始反攻,收复洛阳,史朝义逃往莫州,军中主要将领田承嗣、李怀仙等纷纷叛去,史朝义势单力孤,最终自杀而死。传见《旧唐书·史朝义列传》《新唐书·逆臣列传》。

【译文】

唐军在相州溃败后,郭子仪的威名已然受损,鱼朝恩趁机进谗言攻击他,肃宗于是剥夺了他的兵权,转交给李光弼。于是在数年之内,李光弼以元帅身份拥重兵在中原战场为朝廷效命,仿佛有凌驾于郭子仪之上的架势。可是很快许叔冀在汴州反叛,刘展在江、淮地区反叛,段子璋在梓州反叛,楚州军队哗变杀了李藏用,河东军队哗变杀了邓景山,镇西、北庭、兴平、陈郑等节度行营的军队哗变杀了李国真、荔非元礼等将领,内乱蜂起,此起彼伏。到了宝应元年,郭子仪受封王爵、受命统帅诸道行营,而天下各节镇由此变得安稳顺从。内部安定下来以后,外患自然也就随之平息了,史朝义就像是锅中的游鱼一样时日无多,根本不需要历经血战就能将其消灭。唉！这岂是李光弼的智慧和勇气所能办到的呢？汉、魏以下的将相大臣，又有哪个能够做得到呢？

　　董卓不足以亡汉，亡汉者关东也；桓玄不足以亡晋，亡晋者北府也；黄巢不足以亡唐，亡唐者汴、晋也①。然则安、史非唐之忧，而乘时以蜂起者，鹿不知死于谁手。汾阳一出而天下熄，其建威也，不过斩王元振四十余人而已②，天下莫敢复乱。唯其平情以听权势之去来，可为则为，不可为则止，坦然无我之大用，人以意揣之而不能得其要领，又孰知其因其心而因物以受宠辱之固然者乎？仆固怀恩乱人也，张用济欲逐光弼③，而怀恩曰："邺城之溃，郭公先去，朝廷责帅，故罢公兵。"引咎以安众心，何其似君子之言也！非公安土敦仁、不舍几几之度，沦浃于群心④，怀恩讵足以及此哉？

【注释】

①汴、晋：指朱温和李克用。

②斩王元振四十余人：肃宗宝应元年（762），因主帅李国贞治军严酷，朔方军将士感到不满，皆思念治军宽松的郭子仪，故王元振等人趁机作乱。郭子仪受朝廷之命抵达朔方处理叛乱，王元振等人自以为功，郭子仪指责他谋害主将、为私废公，将王元振及其同谋四十人诛杀。于是河东诸镇自此均奉法自律，不敢僭越。事见新、旧《唐书·郭子仪列传》。

③张用济欲逐光弼：乾元二年（759），朔方军左厢兵马使张用济屯驻河阳，李光弼发布檄书让他回到洛阳。张用济不满道："朔方军又不是叛军，而李光弼却在夜晚来到军中，为什么要这样猜忌我们呢？"他和其他将领商议，计划用精锐骑兵突入洛阳，赶走李

光弼,迎回郭子仪。都知兵马使仆固怀恩劝阻道:"九节度使邺城之败时,郭将军先领兵退却,朝廷责罚元帅,所以罢了他的兵权。现在如果赶走李将军而强请郭将军回来,这是反叛行为,怎么可以?"右武锋使康元宝也认为此举反而会加剧朝廷对郭子仪的误解和怀疑,张用济这才打消了这一主意。事见《资治通鉴·唐纪三十七·肃宗文明武德大圣大宣孝皇帝下之上·乾元二年》。

④沦浃:深入,渗透。

【译文】

董卓不足以灭亡汉朝,灭亡汉朝的是关东群雄;桓玄不足以灭亡晋朝,灭亡晋朝的是刘裕等率领的北府兵;黄巢不足以灭亡唐朝,灭亡唐朝的是朱温、李克用。如此则安禄山、史思明并非唐朝的大患,趁叛乱而崛起的地方诸侯,才真正使得天下格局变得混沌,不知道最后鹿死谁手。郭子仪一出山而天下的骚乱都平息下来,他树立权威的手段,不过是斩杀了王元振四十余名朔方军叛乱的祸首而已,天下从此便不敢再发动叛乱。正因为郭子仪情感平允,听任权势的去来,可为则作为,不可为则停止,做到了坦然无我,别人对他进行揣摩却不能得其要领,又有谁能知道他本来就是依从自己内心的想法、顺应外界事物的变化而淡然地应对宠辱呢?仆固怀恩是后来谋叛的人,但当张用济想要驱逐李光弼时,仆固怀恩却说:"邺城之败时,郭将军先领兵退却,朝廷责罚元帅,所以罢了他的兵权。"他能够替郭子仪引咎自责,以安众人之心,他的话多像君子之言啊!若不是郭子仪安土敦仁、不舍平允之情的风度早已渗入众人心中,仆固怀恩又哪里足以做出这样的事情呢?

人臣之义,忧国如家,性之节也;社稷之任在己而不可辞,道之任也。笃忠贞者,汲汲以谋济,而势诎力沮,则必有不平之情。此意一发于中,必动于外,天下乃争骛于功名,而忘其忠顺。奸人乘之,乱因以起。唯并取立功匡主之情,夷然任之,而无取必于物之念,以与天下相见于冰融风霁之宇,可为者无不为焉,则虽有桀骜不轨之徒,亦气折心灰而不敢动。不言之言,无功之功,回纥称之曰"大人",允矣其为大人矣。以光弼之忠勇不下于公,而天下不蒙其祐,两将相衡,度量较然矣。

【译文】

　　作为大臣的要义,在于忧国如家,这是出于天性的节操;社稷之任落到自己身上时,就不能加以推辞,这是道义赋予的责任。笃于忠贞的人想尽一切办法想要有补于时局,但势屈力穷时,则必然产生愤愤不平的情绪。这样的情绪在心中一经产生,必然会表现出来,天下于是争相追逐功名而忘记了忠顺。奸人乘机煽风点火,混乱因此滋生。只有同时心怀建立功业、匡扶君主的情感,坦然处之,而不请求外界必须满足自己的要求,在冰雪消融、风雨止息的天宇下与天下人坦荡相见,可以做的事都尽力去做,则即使有桀骜不驯之徒,也必定会心灰意冷、锐气受挫而不敢妄动。这是不言之言,无功之功,回纥称赞郭子仪是"大人",他确实当得起大人之称。李光弼的忠诚勇敢并不逊色于郭子仪,但天下却并未蒙受其恩泽庇佑,两将比较,他们各自度量的优劣就显而易见了。

一二　肃宗历疢疾而冥顽

　　孤臣孽子,历疢疾而愤兴①。虽然,亦存乎其人尔。抱倜傥不平之姿者②,安乐易以骄,忧危乃以惕,则晋重耳、越句践是已。其不然者,气折则神益昏,心危则志益溺,使驾轻车、骋康庄③,犹不免于折轴输载也④。

【注释】

①疢疾：疾病，忧患。

②倜傥：卓异，不同寻常。

③康庄：宽阔平坦、四通八达的大道。

④折辀（zhōu）输载：在运输装载过程中翻车。折，翻转。辀，车辕，泛指车。

【译文】

不容于当政者但心怀忠诚的人，即使历经忧患之后，仍然会奋然兴起。尽管如此，具体情形也要视具体的人而定。抱持卓异不平姿态的人，在安乐时容易骄傲，面临忧患和危险时则富于警惕性，春秋晋国的重耳、越王句践就是如此。若非抱持卓异不平姿态的人，一旦锐气受挫就会导致神志更加昏乱，内心害怕则意志就会越发消沉。这样的人，即使让他们驾驶轻便的车子驰骋在宽阔平坦、四通八达的大道上，尚且免不了要因翻车而耽误运输。

中宗幽辱于房州，因与韦氏昵以自安，而制于韦氏，身为戮，国几丧，固无足道矣。肃宗之明能任李泌，其断能倚广平，虽不废宠乐，而无淫荒之癖，是殆可与有为者。其在东宫，为李林甫、杨国忠所离间，不废而死者，幸耳。灵武草创，履行间者数年①，贼逼于外，援孤于内，亦可谓与忧患相终始、险阻备尝者也。而既归西京，讨贼之功，方将就绪，荼然委顺②，制于悍妻，迫于家奴③，使拥兵劫父，囚处别宫，唯其所为，莫之能禁，乃至蒙面丧心，慰李辅国曰："卿等防微杜渐以安社稷。"天伦泯绝若此之酷者，岂其果有枭獍之心乎？畏辅国之拥六军，祸将及己，而姑以自全耳。黜萧华④，相元载⑤，罢子仪，乃至闻李唐之谏⑥，泫然流涕，而不敢修寝门之节,与冥顽不慧之宋光同其陷溺^⑦,岂非忧患深而锋棱绌^⑧,以至于斯哉?

【注释】

①行间:行伍之间,即军中。

②苶(nié)然:疲惫不振的样子。

③制于悍妻,迫于家奴:悍妻、家奴分别指张良娣、李辅国。

④萧华(?—762):南兰陵(今江苏武进)人。唐中期大臣。出身于兰陵萧氏,早年曾任给事中、兵部侍郎。安史之乱时遭叛军擒获,后复归朝廷,于上元二年(761)拜相,担任中书侍郎、同平章事。宝应元年(762)因反对李辅国出任宰相而受到李辅国报复,被罢为礼部尚书。代宗继位后,宰相元载为讨好李辅国,贬萧华为峡州司马。最终病逝于贬所。传见新、旧《唐书·萧华列传》。

⑤元载(713—777):字公辅,凤翔岐山(今陕西岐山)人。唐朝中期大臣。出身寒微,肃宗时累官至户部侍郎、度支郎中、诸道盐铁转运使。唐代宗即位后,元载交好权宦李辅国,被后者荐举为宰相,判天下元帅府行军司马。后协助代宗铲除李辅国和鱼朝恩两个权宦,深得代宗宠信,遂排除异己,专权跋扈,专营私产。逐渐引起唐代宗的厌恶,大历十二年(777)被唐代宗逮捕下狱,不久被赐死。传见新、旧《唐书·元载列传》。

⑥李唐之谏:玄宗返回长安后,李辅国与张皇后合谋将太上皇玄宗迁到西内居住。上元二年(761)端午,隐士李唐见到肃宗,肃宗正抱着小女儿,对李唐说:"朕很顾念她,你不要见怪。"李唐回答说:"太上皇思念和想见陛下,大概也同陛下顾念公主一样。"肃宗流下了眼泪,然而他惧怕张后,始终不敢到西内去探视父亲。事见《新唐书·后妃列传》。

⑦与冥顽不慧之宋光同其陷溺:宋光,指南宋光宗。宋孝宗将皇位

传给光宗后,自称太上皇,退居重华宫。但光宗受制于强悍好妒的李皇后,自己又意志不坚定,疑惧心理很重,竭力避免去重华宫朝见其父亲孝宗,孝道有亏,臣民由此陷于激愤和恐惧之中。最终引发了"绍熙内禅"事件,黯然退位。事见《宋史·光宗本纪》。

⑧锋棱:锋芒、棱角,引申为气势。

【译文】

中宗被幽禁在房州、蒙受屈辱时,因与韦皇后亲昵相爱才得以使自己内心安定下来,而他也因此受制于韦皇后,结果自己被韦皇后所谋害、国家几乎灭亡,他本来就是微不足道的。唐肃宗的英明使其能任用李泌,其决断力使其能倚重广平王李豫,尽管没能舍弃宠幸作乐的行为,但终究没有染上荒淫的癖好,所以大概还是一个可以有所作为的君主。他在东宫作太子时,与玄宗的关系被李林甫、杨国忠所离间,最终没被废黜甚至赐死,不过是侥幸罢了。他在灵武称帝后的草创期内,在军中待了数年,外有叛军逼迫,内无援军,也称得上是与忧患相始终、备尝险阻了。等到他回到长安后,讨平叛贼的功业刚准备就绪就萎靡不振,受制于凶悍的妻子,受迫于家奴,任由其拥兵劫持玄宗,将其囚禁在别宫中;放任张皇后、李辅国为所欲为,没办法加以禁止,甚至完全不顾天良,抚慰李辅国说:"爱卿你们是在防微杜渐以安定社稷。"天伦泯灭到了如此地步,难道肃宗真的有禽兽般的弑父之心吗?他不过是畏惧李辅国掌控六军的权势,害怕自身遭到不测,所以姑且以此来保全自己罢了。他罢黜萧华,任命元载为宰相,罢黜郭子仪,甚至听到李唐的谏言,尽管潸然落泪,仍不敢去探视、侍奉父亲,与冥顽不灵的宋光宗一样沉溺昏聩,难道不是因为经历忧患太深导致棱角被磨平、气势消颓,以至于到了这种地步吗?

其任辅国也,徇良娣也;其嬖良娣也,亦非徒悦色也,当在灵武时,生子三日而起缝战士之衣,畏刺客而寝于外,以身当之，患难之下，呴沫相保，恻然之心一动，而沉酣不能自拔，纵遣骄横，莫能复制，日销月靡，志不守而神不兴，不复有生人之气，岌岌自保之不遑，于是而泯忘其天性，所必然矣。乡使以元子之尊，早受册立，无奸臣之摇动，无巨寇之摧残，嗣天位，抚金瓯①，则固可与守文，而岂其丧心失志之尔尔邪？

【注释】

①金瓯：金的盆盂，比喻完整的国土。

【译文】

他重用李辅国，顺从张良娣。他宠爱张良娣，也并非仅仅喜欢她的美色。当初在灵武，张良娣生下儿子三天后就起来缝制战士的衣服了；因为害怕刺客谋害肃宗而睡在肃宗外侧，用身体保护他。在患难之下，两人相濡以沫，肃宗的恻然之心一动，就沉溺于她而不能自拔了；纵使张良娣再骄横跋扈，肃宗也没办法对其加以控制。其意志日益萎靡，心志不坚、难以振作，不再有活人的气息。深感岌岌可危，连自保都做不到，自然就泯灭了自己的天性，这是势所必然的。假如他以长子的尊贵身份，早受玄宗册立为太子，没有奸臣来动摇其地位，没有叛贼来摧残他，继承皇位，掌握完整的国土，则他本来还是能够做好守成之君的，哪里会丧失心志到如此地步呢？

　　呜呼！岂独天子为然乎？士起孤寒之族，际荒乱之世，与炎寒之流俗相周旋，冻馁飘摇，激而特起，念平生之坎坷，怀恩怨以不忘。主父偃曰："日暮途远，倒行而逆施之。"一饭千金①，睚眦必报②。苏秦、刘穆之、元载身陷大恶，为千古僇③，皆疢疾之深，反激而愈增其狂戾也。故曰："不仁者，不可以久处约④。"处约而能不以女子小人醉饱金钱为恩怨者，鲜矣。此乱世所以多败德也。

【注释】

①一饭千金：指韩信早年在城下钓鱼时，有一个老妇看到韩信饥饿，就给他饭吃，直到她几十天后漂洗的工作做完。韩信高兴地对她说自己一定会报答她。老妇生气地说："大丈夫不能自己养活自己，我是可怜你才给你吃的，难道是希望你报答吗！"后来韩信被封楚王，到封国召见当年施舍饭食的老妇，赏赐给她千金。事见《史记·淮阴侯列传》。

②睚眦必报：据《史记·范睢蔡泽列传》记载，秦国宰相范睢曾散发家中财物来以此报答那些因为他的事而遭受困苦的人，"一饭之德必偿，睚眦之怨必报"。

③僇（lù）：侮辱，谴责。

④不仁者，不可以久处约：语出《论语·里仁》："不仁者，不可以久处约，不可以长处乐。"意思是不仁的人不可以长时间处在穷困的环境之中，也不可以长久地处在逸乐之中。约，贫困。

【译文】

唉！又何止天子是这样呢？士人若出身孤寒之家，遭遇荒乱的时代，与炎凉之流俗相周旋，饱受饥饿寒冷、风雨飘摇之苦，受到刺激而发奋崛起，念及自己平生遭受的坎坷，就会心怀过去的恩怨而不能忘却。主父偃说："天马上就要黑了，路途却还很遥远，这个时候，也只好颠倒而行、违反常理办事了。"所以一顿饭的恩情，要用千金来报答；被人瞪了一眼那样极小的怨仇也必定要报复。苏秦、刘穆之、元载身陷大恶之中，为千古之人所批判谴责，都是因为他们所经历的忧患太深，反过来刺激他们，从而更加强化了他们的狂妄暴虐。所以说："不仁的人不可以长时间处在穷困的环境之中。"处于穷困环境之中而能不因女子、小人、饮食、金钱酿成恩怨的人是很少的。这就是乱世多有败坏道德之人的原因。

代　宗

【题解】

　　唐代宗李豫(727—779)初名李俶,是唐肃宗李亨的长子,其母为章敬吴皇后。李豫原封广平王,后改封楚王。安史之乱爆发后,李豫随肃宗北上灵武,被拜为天下兵马元帅,督军收复长安、洛阳。乾元元年(758)被立为皇太子,宝应元年(762)肃宗病危,张皇后图谋更易太子,但被宦官李辅国、程元振等挫败,李豫得以最终即位。代宗在位期间(762—779),平定了持续八年之久的安史之乱,但由于对叛乱的善后处置失当,藩镇割据日益严重;对外关系上,由于平叛导致边境空虚,遭遇了吐蕃入侵,代宗一度被迫逃出长安。为扭转混乱疲敝的局势,代宗任用刘晏等理财家,改革漕运、盐价、粮价等,实行了一些安定社会、发展生产、培养民力的财政方针。大历十四年(779)病逝。

　　代宗在位期间,藩镇坐大,宦官专横,甚至连宰相元载都揽权谋私,后世因此常认为代宗过于柔弱宽纵。王夫之在本篇中提出了截然不同的意见。在他看来,代宗表面上的姑息与纵容,实际上是运用老子"将欲取之,必固与之"的策略,以表面的柔弱来麻痹对手,等待其因骄狂而引起众怒,再趁机予以致命打击。不过从实际执行效果看,这一策略反而被藩镇等势力利用以进一步攫取利益。代宗布下陷阱却无力收网,徒害天下。王夫之由此指出,君王切不可以挟持诡诈之术,凭恃一人之阴险,试图胜过天下人之智慧。

在国家动荡、政治波诡云谲的情势下,身为大臣者应当何以自处呢?王夫之在本篇中通过对李泌和郭子仪的评论给出了自己的见解。李泌面对代宗时元载当权的局面,既没有与元载争高下,也没有像当初在肃宗时代那样选择隐居衡山,而是到江西去屈尊担任僚属之职。王夫之认为,这是李泌洞察全局后所做出的最为合适的决定。他指出,所谓"达人"的通识,就在于度己度人,根据时势"保明哲之身",从而"养国家和平之福"。郭子仪单骑退回纥长期被视为佳话,王夫之认为,郭子仪成功的关键,就在于他"以道宅心",正确地对待了死生祸福,然后才能取威制胜,保国全民,不战而屈人之兵。

　　唐讳世,代宗犹言世宗,近人欲以加景皇帝①,其不学如此。

【注释】

①近人欲以加景皇帝:指南明安宗朱由崧追尊明景泰帝朱祁钰为"符天建道恭仁康定隆文布武显德崇孝景皇帝",庙号代宗。明代已有嘉靖帝庙号"世宗",王夫之认为两庙号重复,不合规制。

【译文】

唐代避讳"世"字,"代宗"就相当于"世宗",近世的人居然想把"代宗"庙号加给景皇帝,其不学无术居然到了如此地步!

一　流杀来瑱当在其违命之日

　　代宗听程元振之谮①,流来瑱杀之②,而藩镇皆怀叛志,仆固怀恩以是树四降贼于河北③,养乱以自固,终始为唐巨患,其上书自讼,指瑱之死为口实,用拒入朝之命。夫来瑱之诛,岂其无辜而仅以请托不从致元振之怨乎④? 瑱之诛,亦法之所不贷者也。

【注释】

①程元振(? —764):唐肃宗、代宗时宦官。与李辅国共同拥立太子李豫,因而官至骠骑将军。宝应元年(762)程元振掌握了部分禁军,协助代宗夺取李辅国军权,取代李辅国任判元帅府行军司马。后因策划政变,被御史大夫王升发现并上告朝廷,被流放溱州,在江陵被仇家杀死。传见《旧唐书·宦官列传》《新唐书·宦者列传》。

②来瑱(? —762):邠州永寿(今陕西永寿)人。唐朝中期官员、将领。安史之乱时,来瑱屡败叛军,由于叛军畏惧他,故得"来嚼铁"的绰号,因功升任淮南西道节度使。不久因私下结好李辅国,得以出任山南东道十州节度、防御、处置使。随着其在襄阳日益跋扈,朝廷意欲将其调离,但来瑱抗命不遵,还攻击并擒获了意欲取代自己的行军司马裴茙,胁迫朝廷将其处死。代宗逐渐对来瑱感到不满,来瑱遂入朝承认有罪,请求恕罪,唐代宗任命他为兵部尚书、同中书门下平章事。后来宦官程元振在朝廷当权,他与来瑱有过节,遂向唐代宗进谗言,唐代宗于是免除来瑱的官爵,将其贬为播州县尉,随即又下诏将其赐死。传见新、旧《唐书·来瑱列传》。

③四降贼:指原为安禄山、史思明部将,后投降唐朝,被授予节度使之位的田承嗣、李宝臣、李怀仙和薛嵩。

④请托不从致元振之怨:据《资治通鉴》记载,来瑱在襄阳时,程元振有所请托而来瑱没有答应,以致程元振心生怨恨。等到来瑱担任宰相后,程元振诬陷他对代宗言语不敬,并联合王仲昇构陷来瑱。事见《资治通鉴·唐纪三十八·代宗睿文孝武皇帝上之

上·广德元年》。

【译文】

代宗听信程元振的谗言，将来瑱流放，很快又将其赐死，各地藩镇于是都怀有叛乱之心。仆固怀恩因此在河北扶植田承嗣、李宝臣、李怀仙和薛嵩这四名投降的叛贼，想通过豢养乱臣来巩固自身权位，结果这些河北叛贼最终成了唐朝的心腹大患。后来仆固怀恩上书代宗为自己辩护，将来瑱的死当作口实，从而抗拒代宗命其入朝的命令。来瑱被杀，难道真的是本人无辜、仅因为不顺从程元振的请托而招致他的怨恨吗？实际上来瑱的死，也是因为他犯的错是法律所不能宽恕的。

其镇襄阳也，以李辅国之私人，夺韦伦而得之①，引降贼张维瑾等为爪牙②，收人心以据大镇，召赴京师而不至，徙镇淮西而不行，纵兵击裴茂③，禽送京师④，胁朝廷以行辟，唐藩镇之抗不受代图不轨者，盖自瑱始。杀瑱而藩镇怨，纵瑱而藩镇抑骄，两俱致乱之道；杀之而咎其刻，不杀则必听之，而抑咎其偷。已成之咎，怨之所归，不知反此，而咎又将在彼矣。肃宗以来，骄纵养痈，势将必溃，饬法以诛瑱，固非淫刑以召叛也。瑱不死，仆固怀恩溪壑之欲又岂易厌乎？

【注释】

①韦伦：京兆（今陕西西安）人。唐中期官员。乾元三年（760），襄州大将张瑾杀害节度使史翔作乱，朝廷即任命韦伦为襄州刺史兼御史大夫及山南东道、襄州、邓州等十州的节度使。当时李辅国掌权执政，节度使的任命都出自他的门下。韦伦既然是被朝廷公开任用的，私下里又不拜见李辅国，因而韦伦接受任命还没有上路，又被改任为秦州刺史。韦伦后来在官场上屡经沉浮，最

终官至太子少师。传见新、旧《唐书·韦伦列传》。

②张维瑾：唐肃宗、代宗时襄州将领。上元元年（760）张维瑾与曹
玠率众作乱，杀死襄州刺史史翙，朝廷调来瑱任襄州刺史兼山南
东道十州节度、观察、处置使。来瑱到达襄州后，张维瑾等人投
降，来瑱将其引为部将。其事见于新、旧《唐书·来瑱列传》等。

③裴茙（róng）：唐中期官员。以门荫入仕，来瑱镇陕州时将其引为
判官，来瑱移镇襄州后又任命其为行军司马。后来来瑱在淮西
战败，逗留不行，裴茙上密表禀奏朝廷，代宗密诏裴茙取代来瑱
为襄州刺史。来瑱获知消息后，纵兵攻击裴茙部。裴茙大败，来
瑱将其送至京师，暗示朝廷严惩他。朝廷只得将裴茙除名，流
放费州。裴茙行至蓝田驿，被赐自尽。传见新、旧《唐书·裴茙
列传》。

④禽：同"擒"。

【译文】

　　来瑱得以镇守襄阳，是凭恃作为李辅国私人亲信的身份，从韦伦那
里夺得襄州刺史兼山南东道十州节度、观察、处置使之位的。他援引投
降的叛贼张维瑾等人作为爪牙，收买人心以求据守山南东道这一大镇。
朝廷召唤他入朝，他拒不从命；命其徙镇淮西，他也没有奉命而行；又纵
兵击破裴茙部，将其擒获并押送到京师，胁迫朝廷诛杀他。唐代藩镇抗
拒朝廷调任之命、图谋不轨的先例，大概就是来瑱开创的。诛杀来瑱会
使各藩镇产生怨恨，纵容来瑱则会使藩镇更加骄横，两条路都是导致祸
乱的途径。杀了他会被指责太过苛刻，不杀他而采取姑息纵容态度，也
会被指责苟且偷安。杀来瑱已然犯错，朝廷必定受各方怨恨，代宗却不
知道若反其道而行之，同样也会招致祸患。自肃宗以来，朝廷骄纵藩
镇、姑息养奸，就像脓包已经到了必定溃破的地步，这个时候整饬法度、
诛杀来瑱，肯定不算滥施刑罚、自招叛乱。即使来瑱不被诛杀，仆固怀
恩那无底的欲望沟壑又哪里有可能被填平呢？

　　乃若代宗之所以不克惩乱而反以致乱者，杀之非所以杀也。刑者，帝王所以惩天下之不恪也。刑滥于不当刑，人固自危，而犹不敢欺，且冀其偶失而终能不滥，则疑怨不深。唯刑施于所当刑而不以其道，天下乃测其刑之已穷，而怨其以机相陷也，乃始挟毒以相报。

【译文】

　　可是代宗之所以不能惩戒叛乱反而招致祸乱，就是因为没有用合适的理由来诛杀来瑱。刑罚是帝王用以惩罚天下不守规矩之人的。在不应当施予刑罚的时候进行刑罚，人们自然会人人自危，却仍不敢欺骗朝廷，而且会希望这种刑罚过滥只是偶然失误，而刑罚最终会回到不泛滥的状态。如此则人们的怀疑和怨恨之情不深。若只是对于应受刑罚的人施以刑罚，却不用合理的方式施行，则天下人都可以揣测到刑罚已经没有了真正的标准，就会怨恨朝廷设陷阱陷害自己，于是便开始挟持歹毒之心来展开报复。

　　当来瑱襄阳跋扈之日，唐不倚之以讨贼，瑱固无恃以胁唐；藩镇林立，势不相下，瑱即叛，祇以速亡，则使正名声罪以致天诛，夫岂有大害于社稷哉？而惴惴然将迎之不遑，杀裴茙以媚之，虚相位以饵之，鱼脱于渊，然后假通贼之诬辞，加以不当辜之辟。藩镇之怨，非徒怨也，固将曰：瑱拥兵不入，唐固无如瑱何，唯倔强者可以免祸，而瑱自投其囮[1]，吾知戒矣。留贼以为援，抗命而不朝，鹰隼扬于寥天[2]，岂矰弋之能加哉[3]？

【注释】

①囮(é)：用来诱捕同类鸟的鸟，引申为陷阱、罗网。

②寥天：辽阔的天空。

③矰(zēng)弋：系有生丝绳的用来射飞鸟的短箭。

【译文】

当来瑱在襄阳跋扈的时候，唐朝并不依靠他来讨伐叛贼，来瑱也本来就没有能胁迫唐朝廷的资本。藩镇林立，态势不相上下，来瑱即使发动叛乱，也只会迅速败亡，如此则可以名正言顺地申明其罪责，对其施以正义的惩罚，这难道对社稷会有大害吗？可是朝廷却惴惴不安地想要迎合来瑱，靠诛杀裴茙来讨好他，用相位来引诱他入朝；等到他像鱼儿离开水一样离开自己的地盘后，朝廷就假借串通叛贼的诬陷之词，对其施加本不应由他承担的死刑。藩镇对朝廷的怨恨，不仅仅是怨恨，藩镇节度使们还会说：来瑱拥兵割据、拒不入朝时，唐朝廷本来就对他无可奈何，所以只有态度强硬、拒不屈服的人可以免祸，而来瑱自投罗网，我们必须以他为戒。于是他们纷纷留下叛贼来作为外援，抗命而不入朝，如同鹰隼翱翔于辽阔的天空，箭矢哪里还能射得到它呢？

苏峻曰："吾宁山头望廷尉，不能廷尉望山头①。"孱主庸臣之伎俩，在奸雄心目之中，以怨为名而非怨也，倒持魁柄以相制而相持也。藉令当瑱违命之日，下尺一之诏②，责以不可贳之法，使束身归阙，则姑贷其死而贬之；不则举六师以急清内贼，则河北群丑，且震动以弭其邪心，况方在立功、反谋未决之怀恩哉？

【注释】

①"苏峻"几句：太宁三年(325)，晋明帝司马绍去世，国政由丞相王

导主持。护军将军庾亮要征召苏峻，苏峻拒不应召。朝廷派人劝告他，苏峻说："台府说我要谋反，我还能活吗？我宁可站在山头看法庭，不想到了法庭再望山头。以前国家危如累卵，不是我便不能度过危机。兔死狗烹，不过我当以死报答制造阴谋的人。"事见《晋书·苏峻列传》。

②尺一：古时诏板长一尺一寸，故称天子的诏书为尺一。

【译文】

苏峻说："我宁可站在山头看法庭，不想到了法庭再望山头。"孱弱君主、平庸大臣的伎俩，早已被奸雄所看透，他们以怨恨为名义，其实并非真正的怨恨，而是想要倒持大权来与朝廷相抗衡。假如代宗能够在来填抗命的时候就下达诏书，指责他犯下不可宽恕的罪责，命令其立刻自缚回朝，则姑且宽免其死罪而将其贬黜；若来填不从，则朝廷应发动大军迅速除掉他这个内贼。如此则河北诸藩镇的丑类，都会深受震动，从而消弭叛乱的邪恶之心，何况是尚在立功、还没有下定反叛决心的仆固怀恩呢？

二　杨绾欲复孝廉之举终不可行

以文取士而得真才，以行取士而得笃行，则行愈于文多矣。以文取士而得伪饰之文，以行取士而得伪饰之行，则伪行之以害人心、坏风俗、伤政理者，倍于伪饰之文，支离浮曼，而害止于言也。且设科以取士，则必授之以式矣。文者，言治而要之事，言道而要之理，即下至骈俪声韵之文，亦必裁之以章程，可式者也。行而务为之成法，则孝何据以为孝之程，廉何据以为廉之则邪？不问其心，而但求之外，非枭獍皆可云孝，非盗贼皆可云廉，不可式者也。极其弊，委之守令，而奔走于守令之门，临以刺史，而奔走于刺史之门，以声誉相奖,以攀援相竞,乃至以贿赂相要,父母为羔雁^①,廉耻为优俳,其不率天下以狂趋者能几也?

【注释】

①羔雁:小羊和雁。古时用作征召、婚聘、晋谒的礼物。

【译文】

若以文章为标准取士能得到有真才学的人,若以品行为标准取士而能选拔出有德笃行之人,则品行比文章重要得多。若以文章为取士标准而只得到了虚伪粉饰的文章,以品行为标准取士却只得到了虚伪粉饰的品行,则虚伪品行祸害人心、败坏风俗、伤害为政之理的程度,要比虚伪粉饰的文章严重好几倍。文字支离浮夸,其危害止于言辞层面。况且国家设置科目来选拔人才,则必然要有一定的程式。文章谈论国家治理,必然要贵于政事;谈论大道,必然要归于至理,即使具体到骈偶声韵的文章,也必定要用章程作为裁断标准,所以文章是可以加以程式化检验的。若一定要把品行当作成法,则孝道要依据什么作为孝的程式,廉洁要依据什么而作为廉洁的准则呢? 若不管内心的想法,而只从行为上加以要求,只要不弑杀父母都能称得上孝,只要不是盗贼都能称得上廉洁,这是无法程式化的。这种弊端到了极点,就是国家将选拔人才的职责委托给郡守、县令,则人们就会奔走于郡守、县令的门庭;若交给刺史,则人们就会奔走于刺史的门庭,纷纷以声誉相互推崇吹捧,相互攀比援引,甚至以贿赂相勾结。把父母当成羊羔和雁一般的礼物,把廉耻当成笑话,则除了引导天下人走向癫狂还能如何呢?

乡举里选,三代之法也。而殷之大国方百里,周之大国五百里而止,其小者五十里耳,即其地,选其人,官其土,君大夫世与相狎,而贤奸易辨,犹今置乡耆于一村社而已^①,则公议固不容掩也。乃以四海之辽绝，刺史守令三载之乍临，求知岩穴之行履，责以知人之哲，而升朝以任天下之大，何易易邪？又况曲士之垂腴而干请②，赇吏之鬻民以徼利者哉③！

【注释】

①乡耆：明代乡里村落基层组织中的非正式公职官员，多以乡里中年高德劭的人充任，职责是协助封建国家和各级官吏管理地方。

②干请：请托。

③赇（qiú）吏：贪赃枉法的官吏。

【译文】

乡举里选是三代时期的制度。而殷商时代大国方圆百里，周朝的大诸侯国不过方圆五百里，小的诸侯国方圆不过五十里罢了，在本国的有限土地上选拔本国人才，让他们在本土担任官职，君王、大夫世代与国内民众近距离接触，容易分辨其是贤德还是奸邪，就犹如今天在一个村社中设置乡耆而已，则公共舆论自然不容易掩盖。天下非常辽阔，刺史、郡守、县令在一个地方任职才不过三年，就被要求了解地方隐士的操守品行，被要求必须有知人之明推荐人才到朝廷去以担当大任，这哪有那么容易呢？又何况会有大腹便便的奸邪之士行贿请托，有贪官污吏贪赃枉法以求获利呢？

汉之举孝廉，举其为吏于州郡者也。既为吏而与一乡之政，能否可知其大凡矣，而清浊异流，臭味异合，请托易集，党比相怙，孝者固非孝，廉者固非廉也；汉末之得士，概可见矣。况使求升朝而理、易地而官者于未登仕籍之处士乎？杨绾惩进士之亡实①，欲复孝廉之举，终不可行，论者惜之。惜之者，未尝体人情、揆事理、周世变、究终始，浮慕古昔，而徒以空言居胜者也。绾未几而奏罢孝弟力田科②，以无实状、多侥幸故废之，绾亦自知其前之失言矣。

【注释】

①杨绾（wǎn，718—717）：字公权，华州华阴（今陕西华阴）人。唐朝中期大臣。唐玄宗时登进士第。安史之乱爆发之后，杨绾前往灵武投奔唐肃宗，历任起居舍人、中书舍人、礼部侍郎等职。曾上疏条奏贡举之弊，请依古制，令地方荐举孝廉。代宗铲除元载一党之后，杨绾出任中书侍郎、同平章事。为相不久便因中风离职休养，大历十二年（777）病逝。传见新、旧《唐书·杨绾列传》。

②孝弟力田科：本为汉代选拔官吏的科目之一，始于惠帝时。名义上是奖励有孝弟的德行和能努力耕作者。中选者经常受到赏赐，并免除一切徭役。至文帝时，与三老同为郡县中掌教化的乡官，成为定员。唐代曾一度恢复此科目。

【译文】

汉代举荐孝廉，举荐的对象是在州郡作属吏的人。既然作为官吏而参与一乡政事，则其能力是否合格也就能知道个大概了。然而结果还是清流与浊流泾渭分明，各自寻找气味相投者，私下请托抱团，结为同党相互庇护。所以所谓孝子并非真的孝敬父母，所谓廉吏也并非真的廉洁奉公。汉末朝廷选拔士人的成色，由此也能知道大概了。何况是让那些一心求得升迁、易地为官的人，来选拔举荐从未登过仕籍的处士呢？杨绾鉴于进士有名无实，想要恢复孝廉制度，终究没能付诸实践，议论的人为此感到惋惜。感到惋惜的人，都不曾体察人情、考察事理、周知世变、探究终始，只是一味追慕古昔，而白白地想要靠空言来居于优势地位。杨绾没过多久就上奏请求废黜孝弟力田科，理由是此科录取的人多没有实绩、多侥幸取利之人，所以要废除。看来杨绾也知道自己此前的建议属于失言了。

　　然则行不足以取真士，而以文取者可得士乎？夫非谓文之可以得士也，设取士之科者，止以别君子野人而止耳。虽有知人之哲，不能于始进而早辨其贤奸也。故三代之法，观之于饮，观之于射，观其比礼比乐内正外直之度、拜起揖让之容而已；酬爵行而合语，观其称古昔、道先王而已；观之于此，而君子野人之辨，可十九得也。过此以往，敷奏以言①，明试以功，皆论定后官之余，乃以察其贤不肖而进退之。然则立法以取士，试之以策问，试之以诗赋，试之以经义，亦饮射之遗意而变通之，岂期于此而遽得真士哉？习文教而与闻乎德言之绪论，为野人之所不胜，既繇乎君子之途，则可望以循此而上达耳。授之以政，而智愚勤惰忠佞贪廉，自有秉宪者执法以议其后，其可县行谊为标格②，使之雠伪以藏奸乎？

【注释】

①敷奏：陈奏，向君上报告。

②行谊：品行。标格：规范，标准。

【译文】

　　如此则品行表现固然不足以选拔到真正的人才，那么靠文章来选拔士人就能得到真正人才吗？其实并不是说靠文章就能选拔到真正的人才，设立录取人才的科目，只是为了区别出君子和粗鄙平民罢了。即使有知人之明，也没办法在一个人初登官场时就分辨出其是奸臣还是贤臣。所以三代选拔人才的办法，就是观察一个人在乡饮酒礼和乡射礼中的表现，观察其在行礼过程中是否合乎规范、是否因内志审正而外射能中，观察其拜起揖让的表现；在饮酒礼进行过程中与其对话，观察其言语是否雅正而有依据。通过观察这些方面的内容，一个人是君子还是粗鄙平民,就能看出十之八九了。除此以外,普遍地报告政务,认真地考察政绩,都是在授予其官职以后需要做的事,以此来察看他是贤能还是不肖,以此为依据决定其进退。如此则设立法度以录取士人,用策问、诗赋、经义作为考试内容,也是秉承古代乡饮酒礼、乡射礼的遗意而加以变通的结果,难道能指望仅通过这种手段就选拔出真正的优秀士人吗? 士人习惯于文化教养,了解圣人仁德之言的主旨,这是粗鄙平民所比不过的。既然士人们遵循了君子之途,则自然可以期望他们依循此路径而达到更高的境界。将政事交给他们,他们是聪明还是愚蠢、勤奋还是懒惰、忠诚还是奸诈、贪婪还是廉洁,自然有执法大臣依据法律加以评判,怎么能径直将士人的品行当作评价标准,使他们争相作伪来隐藏自己的奸诈呢?

若夫学校之设,清士类于始进,不当专求之文,而必考其闺门之素履①;正士习,育贤才,严不淑之惩,又不待登进之日也。然而方在子衿之列②,修子弟之敬爱,绝公门之请谒,亦士之常耳。或既贵而丧其所守,讵可遽以此为贤,而授之大官大邑乎? 以行按不肖之罚,而以文求君子之度,流品清而伪行抑不敢冒,斯其于取士之法,殆庶几与!

【注释】

①闺门:此处借指家庭。

②子衿:指学子、生员。衿,领子,古代学子所穿的服装多为青色领子,故以"子衿"代指学子、生员。《诗经·郑风·子衿》中云:"青青子衿,悠悠我心。"

【译文】

至于学校的设立,目的是在士人初入社会之时就正本清源,所以不应当只在文章方面对其提出要求,也必须要考察其在家庭中的一贯品行。端正士人的习性,培育贤才,严格惩戒品行不端之人,这事并不需等到士人入仕才做。然而当身为学生之时,履行作为子弟敬爱父兄的义务,杜绝向官员进行请求干谒,也不过是人的基本守则罢了。有的士人在地位尊贵起来以后就逐渐丧失了这种操守,难道能因为他在学生时代的表现,就授给他重要职位、让他管理大县吗?以品行为标准考察,发现不肖之人,施以惩罚,而以文章为标准取士,选出合乎君子之度的人,如此则士人的流品清正,而虚伪粉饰自己品行的人也不敢放肆。这样差不多算是比较合理的录取士人的办法了吧!

三　唐廷惟一博士发程元振之奸

　　盈唐之廷而发程元振之奸者,太常博士柳伉也[1],唐可谓廷无人矣。抑考古今巨奸之在君侧,大臣谏官缄默取容,小臣寒士起而击去之,若此类者不一,夫人君亦何赖有心膂股肱之臣哉?诚足悲已!乃其间抑有辨焉。如其奸邪得势,执暗主之权,生杀在手,士大夫与争而不胜,因起大狱,空君子之群,诛戮流窜,流血盈廷,槛车载道,而纶扉卿署遍置私人[2],故奸已露、势将倾,而无有能诘者,于是一介之士,迎其机而孤起以攻之,此固无容深怪已。

【注释】

①柳伉:唐朝大臣。乾元年间进士及第。唐代宗时任太常博士、翰林学士,上疏请斩宦官程元振。他认为要想存宗庙社稷,只有斩杀程元振以谢天下。后迁谏议大夫。其事散见于《旧唐书·代宗本纪》等。

②纶扉:古时对宰辅所在之处的称呼,即内阁。

【译文】

整个唐朝廷中能揭发程元振奸行的人，只有太常博士柳伉一个人，唐朝可谓是朝中无人了。然而考察古往今来君王身边有巨奸大恶时，大臣和谏官都保持沉默以求自保，小臣、寒士则纷纷起来攻击和驱逐奸臣，像这样的情况不止发生过一次，君王又如何能依赖那些所谓的心腹股肱之臣呢？这正是值得悲伤的事啊！但看似同样的情形其实也是有区别的。如果奸邪之臣得势，操执昏庸君主的权力，手握生杀大权，士大夫展开抗争而不能取胜，奸臣趁机兴起大狱，将君子们几乎清除殆尽，对其加以诛戮和贬黜；整个朝廷流血遍地，道路上满是押送君子的囚车，而内阁和各衙门全都被奸臣安插了私人党羽。所以等到奸臣奸行已败露、势力快要覆灭时，已经没有能够对其加以指责批评的君子了，于是一介士人抓住机会，独自起来对其加以攻击，这种情形下对众人不应加以深责。

　　程元振得权以来，所谮而诛者来瑱，瑱固有可诛之罪也；所忌而逐者裴冕，犹得刺州以去，未有大伤也；李岘与相不协①，柳伉之事，岘且与谋②，未尝先发制岘，而安位自若；省寺台端，类非縻元振以升，而害亦不及，士大夫固优游群处于朝右，谁禁之使瘖，而让搏击之举于一博士乎？通国瘘痹，无生人之气，何其甚也！

【注释】

①李岘（708—766）：字延鉴，陇西成纪（今甘肃秦安）人。唐朝宗室、大臣，唐太宗李世民玄孙。仕玄宗、肃宗、代宗三朝，历任要职，在任多有功绩，官至中书侍郎、同平章事，封梁国公。他在担任宰相期间，知人善任，刚正不阿，敢于与李辅国、程元振等宦官

势力相抗衡,颇有清誉。唐代宗永泰二年(766)病逝。传见《旧
唐书·李岘列传》《新唐书·宗室宰相列传》。

②柳伉之事,岘且与谋:据《资治通鉴》记载,程元振获罪,"岘有力
焉",因此"为宦官所疾"。

【译文】

程元振自从掌权以来,所诬陷并诛杀的是来瑱,来瑱本来就有该杀
的罪过;他因嫉妒而驱逐的人是裴冕,但裴冕被贬后,尚且得以担任州
刺史,并没有受到重大的伤害。李岘与程元振不和,柳伉弹劾程元振一
事,李岘也参与了谋划,但程元振并没有先发制人地打击李岘,李岘得
以安居原职、镇定自若。朝廷各部门的官员和谏官,都不是靠程元振而
得以晋升的,所以其危害并未波及他们,士大夫依旧悠然自得地在朝为
官。是谁禁止他们发出直言,而将搏击权宦的义举让给一介博士来完
成呢? 整个国家的人都萎靡不振,没有一点活人的气息,这是何等严重
的问题啊!

　　宋之谏臣,迁谪接踵于岭南,而谏者日进;唐无贬窜之
祸,而大奸根据,莫之敢摇;无他,上委靡而下偷容,相养以
成塞耳蔽目之天下,士气不伸,抑无有激之者也。进无听从
之益以仰庇宗社,退无诛逐之祸以俯著直声,虽欲扼腕昌
言,一螀吟而蛩泣耳①。无惑乎视纠谬锄奸为迂阔之图,人
弃廉隅而保容容之福也②。是以薰莸并御之朝廷③,不如水
火交争之士气也。

【注释】

①螀(jiāng):蝉的一种,即"寒蝉"。体型较小,青赤色,有黄绿斑
点,翅透明。雄蝉夏末秋初时在树上鸣叫。蛩(qióng):蟋蟀。

蟋蟀一般在深秋死亡,所以寒蝉鸣叫意味着蟋蟀命不久矣,故云
"一蜕吟而蛩泣"。

②容容:随众附和。

③薰莸:香草和臭草。比喻善恶、贤愚、好坏等。薰,薰草,一种香
草。莸,一种有臭味的草。

【译文】

宋代的谏臣,尽管接连被贬谪到岭南,但进谏者依旧每日不断;唐
朝谏官没有被贬窜的灾祸,但大奸大恶盘踞在朝中,没有人敢去撼动他
们。这没有别的原因,只是因为君王萎靡而臣下苟且偷安罢了。他们
相互姑息纵容,在天下造成塞耳蔽目的局面,士气得不到伸展,也没有
能激发士气的人。对大臣而言,直言进谏并不能够被君王采纳从而庇
护宗庙社稷,也不会因此遭受诛杀、放逐而获得直言敢谏的美名,所以
他们即使决心要畅所欲言地进谏,也只会造成一只寒蝉鸣叫而蟋蟀纷
纷哭泣的局面。难怪大臣们都会将纠正谬误、铲除奸臣当作迂阔之谋,
人人抛弃了端正的品行而随众附和,以求保住福禄。所以忠臣与佞臣
并列于朝廷,不如双方像水火一样对立斗争时的士气。

四 过任仆固怀恩致其叛逆

拥重兵、居高位、立大功而终叛,类皆有激之者,唯仆固
怀恩不然。来瑱虽诛,然无功于唐,而据邑胁君,上下之猜
嫌久矣,非彭、韩在汉①,苏、祖在晋比也②。虽诛来瑱,怀恩
自可坦然无危疑也。代宗推心以任怀恩,至于已叛,犹眷眷
不忘,养其母,鞠其女③,且曰:"朕负怀恩。"程元振、鱼朝恩
虽不可久恃,而方倚怀恩以沮汾阳,抑不如杨国忠之于禄山
矣。怀恩不叛,优游拥王爵于朔方,何嫌何惧,不席富贵以
终身邪? 河北初平,大功已集,薛嵩等迎拜马首④,乞随行

间,正其策勋鸣豫之日矣⑤;遽起异心,养寇树援,为叛逆之地,辛云京闭城自卫⑥,岂过计哉? 骆奉仙虽为云京行说以发其反谋⑦,亦非县坐以本无之志而陷以醢菹⑧,辛云京、李抱玉先事之知耳⑨,非激之也;然而冒昧以逞,决志不回,此何心哉?《传》曰:"狼子野心⑩。"洵怀恩之谓与!

【注释】

①彭、韩:彭越和韩信。

②苏、祖:苏峻和祖约。

③鞠:抚育。

④薛嵩(? —773):绛州万泉(今山西万荣)人。薛仁贵之孙,唐朝中期将领。年轻时以臂力骑射闻名,为人豪迈。安史之乱时为史朝义守相州。史朝义兵败后,薛嵩以相、卫、洺、邢四州降于仆固怀恩,被朝廷封为昭义节度使。唐代宗大历八年(773)病死。传见新、旧《唐书·薛嵩列传》。

⑤策勋:记功勋于策书之上。鸣豫:逸豫,过分得意。

⑥辛云京闭城自卫:指广德元年(763),仆固怀恩奉命送牟羽可汗的回纥兵回国,路过河东,辛云京不信任仆固怀恩和回纥人,遂紧闭城门,戒备森严,引起了仆固怀恩的极大愤怒。辛云京又向朝廷报告说仆固怀恩图谋造反,两人矛盾的激化最终促成了仆固怀恩的反叛。事见《新唐书·叛臣列传》。辛云京(714—768),兰州金城(今甘肃兰州)人。唐朝中期将领。出身将门世家,为人有勇有谋、刚毅果断。安史之乱时,屡立战功,于宝应元年(762)出任河东节度使、太原尹。辛云京执法严格,整肃三军,将士们都害怕并信赖他,将太原治理得井井有条。广德二年(764)辛云京升任检校尚书右仆射、同中书门下平章事。大历三

年(768)辛云京任检校尚书右仆射,同年去世。传见新、旧《唐书·辛云京列传》。

⑦骆奉仙虽为云京行说以发其反谋:骆奉仙,唐代宗时宦官。安史叛军之乱平定后,仆固怀恩率部驻守山西,与辛云京辖区重合。唐代宗派太监骆奉先去做仆固怀恩的监军,骆奉先路过太原,辛云京向骆奉先密告仆固怀恩勾结回纥图谋不轨。等到骆奉先到了仆固怀恩的军营,仆固怀恩刻意巴结骆奉仙,使其更加起疑,遂连夜奔回长安,向朝廷仆固怀恩要谋反,并告诉唐代宗辛云京处有仆固怀恩造反的铁证。事见《新唐书·叛臣列传》。

⑧醢菹(hǎi zū):一种古代酷刑,将人剁成肉酱。常施于谋反者。

⑨李抱玉(704—777):初名安重璋,河西凉州(今甘肃武威)人。唐朝中期将领。安史之乱时,先后坚守南阳、固守河阳,随太尉李光弼收复怀州。后出任泽潞节度使。仆固怀恩路过潞州的时候,李抱玉赠送他一些马匹财物,仆固怀恩出于礼节往来,也回赠了一些财物。但当仆固怀恩被辛云京等人控告谋反时,李抱玉也声称仆固怀恩私结番将,心存不轨。李抱玉后来出任凤翔节度使,镇守凤翔十余年,抵御吐蕃入侵,深受唐代宗恩宠。大历十二年(777)去世。传见新、旧《唐书·李抱玉列传》。

⑩狼子野心:语出《左传·宣公四年》:"谚曰:'狼子野心。'是乃狼也,其可畜乎!"比喻凶暴的人用心狠毒,野性难改。

【译文】

将领坐拥重兵、居于高位、立下大功却最终发动叛乱,这种情况大体上都是因为其受到了刺激,唯独仆固怀恩的情况不是这样。来瑱虽然被诛杀,但他对唐朝廷没有功劳,而且凭据城池抗拒朝廷命令,朝廷上下对他猜疑和嫌弃已经很久了,并非像彭越、韩信在汉朝廷,苏峻、祖约在晋朝廷的处境所能相比。尽管来瑱被诛杀,仆固怀恩自己也可以坦然自处而不必怀有疑虑。代宗推心置腹地重用仆固怀恩,甚至等到他已然叛乱时仍对他眷恋不舍，奉养其母亲，抚育其女儿，而且说："是朕辜负了仆固怀恩。"程元振、鱼朝恩虽然不值得长久凭恃，但他们此时正倚赖仆固怀恩来打压郭子仪，所以其态度也不像杨国忠对待安禄山的态度。仆固怀恩若不叛乱，完全可以坐拥王爵、在朔方优游自在，有什么嫌疑和恐惧，使他不能终生安于富贵呢？河北刚刚平定，大功已经建立，薛嵩等在仆固怀恩的马头前迎拜，乞求追随他左右，此时正是仆固怀恩功垂青史、志得意满的时候；但他却骤然起了异心，豢养贼寇以为自己树立党援，为叛逆做准备。辛云京关闭太原城门以自卫，难道是太过担忧了吗？骆奉仙虽然替辛云京向朝廷报告，揭发了仆固怀恩的谋反计划，但也并不是无中生有地诬陷他谋反，将其置于死地。辛云京、李抱玉都是早就察觉了他的异心，并非是他们刺激了仆固怀恩的反心。然而仆固怀恩终究冒险以求一逞，下定决心不肯回头，这是什么用心呢？《左传》中说："狼子野心。"用来称呼仆固怀恩再合适不过了！

　　乃若唐之召叛也，其失在过任怀恩耳。许回纥之昏，而以怀恩之女妻之，使结戎狄以为援，有藉而得起，一失也；命雍王为元帅[①]，进收东京，不置帅副，而以怀恩领诸营节度为雍王副，二失也；夺汾阳兵柄，以朔方授怀恩，三失也。功已立，权已张，位已极人臣而逼上，内有河北之援，外结回纥之好，睥睨天下，莫己若也，汾阳亦不得不解元帅之任以授之。汾阳且为之屈，怀恩目中不复有唐矣。鹰饱则飏[②]，岂待激之而后叛哉？云京不发其奸，怀恩之逆特迟耳。祸速则其根本未固，河北四镇，初分土得兵，尚未有生聚固结之资以拥怀恩而蜂起；使其羽翼已成，群凶翕聚[③]，幸而为禄山，不幸而为石敬瑭矣。唐之不亡，其余凡几也！

【注释】

①雍王：指唐代宗李豫的长子李适，即后来的唐德宗。

②飏：飞扬。

③翕聚：会聚。

【译文】

至于唐朝廷招致叛乱，其过失就在于太过重用仆固怀恩。唐肃宗允诺与回纥和亲，而把仆固怀恩的女儿嫁给回纥可汗，使仆固怀恩得以结纳戎狄作为外援，有了起兵反叛的资本，这是第一个失误。任命雍王为元帅，进军收复东京洛阳，却不设置副帅，而是以仆固怀恩统领诸营节度，作为雍王的副手，这是第二个失误。唐朝廷剥夺郭子仪的兵权，将朔方镇授给仆固怀恩，这是第三个过失。仆固怀恩功劳已立，权势已张，已经位极人臣而直逼君王，内有河北降将作为党援，外与回纥结为婚姻之好，放眼睥睨天下，觉得别人全都比不上自己，连郭子仪也不得不卸任元帅而把此职位授给他。郭子仪尚且要受其压制，仆固怀恩的眼中早已不再有唐朝廷了。鹰吃饱了就会飞走，仆固怀恩哪里需要等到别人刺激他然后再反叛呢？若辛云京不揭发其奸谋，则仆固怀恩发动叛乱可能要更晚一些。祸乱迅速发生，叛军的根基尚不稳固，河北四镇，都刚刚被授予土地和军队，尚没有足以聚集居民、繁衍人口、巩固自身的资本，所以他们都拥立仆固怀恩而蜂拥而起。假如其羽翼已成，众叛贼汇聚一处，唐朝廷幸运的话，仆固怀恩就是下一个安禄山；若朝廷不幸，仆固怀恩就成了像石敬瑭那样颠覆政权的人。即使唐朝不因此而灭亡，又能剩余多少国祚呢！

夫人之所受，如其器而止，溢于器，则泛滥不可复收，并其器而亦倾。怀恩可使为偏裨，听汾阳之颐指者也①。故当李光弼入军之日，而能止军中之乱，过此则溢矣；虽自速其亡，亦所不恤也。叛之速，而祸止于太原与奉天②，河北不与俱起,犹云京、抱玉之功也。借曰勿激,则其反也在程元振既诛之后,徒委罪于元振,岂定论乎? 以大任委人,不揆其器,未有不乱者也。

【注释】

①颐指:用下巴示意以指挥人。

②奉天:今陕西乾县。

【译文】

一个人所能承受的极限,取决于其器量,就如同水一旦超出了容器上限,就会泛滥而不可再收拾,连容器都会一并倾倒。仆固怀恩这样的人,可以让他做偏裨将领,听从郭子仪的指挥。所以当李光弼召朔方军回内地的时候,仆固怀恩能制止军中的混乱,但超过这一器量限度就会泛滥;即使这会加速自己的灭亡也在所不惜。仆固怀恩发起叛乱非常迅速,但叛乱之祸只波及太原与奉天,河北诸镇没有与其一道造反,这也是辛云京、李抱玉的功劳。即使辛云京、李抱玉没有激发仆固怀恩,那么仆固怀恩也会在程元振被杀之后造反,到时候也不过是徒然将此归因于程元振被杀而已,这难道是定论吗? 将大任委托给别人,却不事先考察其器量是否足够宏大,则没有不因此招致祸乱的。

五　广德户口凋耗非尽由死亡

广德二年①,户部奏户口之数二百九十余万,较天宝户九百六万九千有奇,仅存者三之一也,而犹不足。叛贼之所杀掠,蕃夷之所蹂践,乱军之所搜刷②,死绝逃亡,而民日以耗,固也。然天地之生,盈而必消,消而抑长,民之自惜其生,惊窜甫定,必即谋田庐、育妇子,筋骸以习苦而强,婚嫁以杀礼而易③,亦何至凋零之逮是哉?

【注释】

①广德二年：公元764年。

②搜刷：搜刮。

③杀（shài）礼：减省礼仪。

【译文】

广德二年，户部上奏称天下总户口数为二百九十多万，与天宝年间户九百零六万九千多户的数量相比，剩余的连当时三分之一都不到。百姓遭受叛贼的杀戮劫掠，遭受番邦夷狄的蹂躏践踏，遭受乱军的搜刮，许多家庭人口死绝或逃亡，百姓数量因此日益减少，这是肯定的。然而天地化育生灵，盈而必消，消而又长。百姓珍惜自己的生命，在惊慌逃窜后刚一安定下来，必定会立即谋取耕地和房屋、抚养妻子儿女；身体习惯了艰苦条件而变得强健，婚嫁也因礼仪有所减省而变得容易，户口又何至于凋零到如此地步呢？

盖国家所以安集其人民而足其赋役者，恃夫法之不乱、政之不苛，污吏无所容其奸，猾胥无所雠其伪耳。丧乱猝兴而典籍乱，军徭数动而迁徙杂，役繁赋重，有司以消耗薄征输不及之责而利报逃亡，单丁疲户①，徼幸告绝，而黠民乘之，以众为寡，以熟为莱②，堕赋于僻远愿朴之乡，席脢产、长子孙者，公为籍外之游民，墨吏鬻版籍，猾胥市脱漏，乃使奉公畏法之愿民，代奸人以任国计，户日减，科敛不得不日增，昔以三而供太平之常赋，今以一而应军兴之求索，故其后两税行而税外之苛征又起，杜甫所为哀寡妇诛求之尽者③，良有以也。

【注释】

①单丁：没有兄弟的成年男子。唐代租庸调法按人丁征收赋税徭

役,对单丁之户有一定减免照顾。疲户:税粮滞纳过多的民户。
②莱:莱田,即荒地。
③杜甫所为哀寡妇诛求之尽者:指杜甫《白帝》诗:"白帝城中云出门,白帝城下雨翻盆。高江急峡雷霆斗,古木苍藤日月昏。戎马不如归马逸,千家今有百家存。哀哀寡妇诛求尽,恸哭秋原何处村?"

【译文】

大概国家之所以能安抚聚集百姓、保证赋役充足,靠的就是法制不混乱、政治不严苛,贪官污吏没办法施展其奸计,狡猾胥吏没办法用欺骗手段渔利而已。战争和动乱的突然降临使得国家赋役典册混淆遗失;从军的徭役数次变动而导致百姓迁徙杂乱;徭役繁多,赋税负担重,主管官员为了避免承担赋役征收不及时的责任,乐于申报户口逃亡,以求免除征收赋役之责。单丁之家和税粮滞纳过多的民户,因政策照顾而侥幸得以免除赋役,那些狡猾的百姓就趁机钻空子,以众为寡,把久耕的熟田当作荒地,迁徙到偏远质朴之地以逃避赋役。于是那些坐拥膏腴之地、子孙繁盛的豪族公然成了户籍之外的游民。贪腐的官吏出卖版籍给这些人,狡猾的胥吏故意帮助他们逃税漏税以牟利,于是就造成那些奉公畏法的朴实百姓被迫代替这些奸诈之人承担国家赋役的局面。户口总数日渐减少,于是对每家每户征收的赋税不得不与日俱增。昔日三倍百姓能供应起太平时期的常赋,如今以不到三分之一的民户要应付频繁军事作战情况下的国家支出需求。所以后来两税法实行后,两税之外的横征暴敛又再度兴起,杜甫在诗中所说的"哀哀寡妇诛求尽",正是这种情况的真实写照。

民之重困,岂徒掠杀流亡之惨哉?第五琦、元载之箕敛愈酷,疲民之诡漏愈滋,官胥之欺诬愈剧,此二百九十余万者,犹弗能尽隐而聊以塞上之搜求者也。以此知广德之凋残^①，上损国而下病民，诚有以致之，盖乱世必然之覆轨矣。赋轻役简，官有箴，民有耻，虽兵戈之余，十年而可复其故，亦何至相差之邈绝乎^②？

【注释】

①广德：唐代宗李豫的年号，使用时间为763—765年。

②邈绝：遥远。

【译文】

百姓陷入严重的困境，难道仅仅是因为遭受了被掳掠杀戮、流离失所的惨祸吗？第五琦、元载越是残酷搜刮百姓，疲惫百姓想方设法偷逃赋役的行为越多，贪官污吏欺瞒朝廷的程度越是剧烈。这二百九十多万的户口数，尚且是未能完全隐瞒真实户口数而姑且以此应付朝廷和皇帝搜刮之需的结果。由此可以知道广德年间凋零残破的局面，上损害国家而下祸害百姓，确实是有其成因的，大概是乱世必然产生的结果。若朝廷轻徭薄赋，官吏遵守规矩，百姓知道廉耻，则即使是经历战乱之后，仅需十年就能恢复从前的户数，又何至于相差如此悬殊呢？

六　第五琦行什一中正之法民多流亡

读古人书，不揆其实，欲以制法，则殃民者亦攀援附托以起，非但耕战刑名之邪说足以祸天下也。

【译文】

读古人之书，却不考察推究古时的实际情况，就想依据书中的记载制定法律，则祸害民众的人也都会趁机攀附、依托这种制度以谋利，所以并非只有法家的耕战刑名邪说才足以祸害天下。

　　三代取民之法,皆曰什一,当其时必有以处之者,民乃不困。其约略可考者,则有中地下地、一易再易、田莱相参之法①,名为什一,非什一也。以国之经费言之,天下既自上古以来封建相沿,而各君其国,以与天子相颉颃②,以孟子所言,率今一小县,而有五世之庙,路寝三门之制③;百官有司,则以周初千八百国计之,以次国二卿为准,南不尽楚塞,西不逾河、陇,东不有吴、越,中原侯甸未讫六州,而为卿者已三千六百人,人食一千六百之粟,而大夫士府史胥徒坐食无算,今天下十不得一也;币帛饔飧见于聘礼者④,如此其繁,比年三年数举而遍于友邦⑤,皆民之昼耕夕织、勤苦而仅获者也。后世而幸免此矣,则无三王宽恤之仁,而欲十取其一,以供贪君之慢藏⑥,哀哉! 苟有恻隐之心者,谁忍言此哉?

【注释】

①一易:指隔年耕种的土地。再易:指三年中休耕两年的土地。田莱:指正在耕种的土地和休耕的田地。

②颉颃:原指鸟上下翻飞,引申为不相上下,互相抗衡。

③路寝:指古时天子、诸侯的正厅。

④币帛:即缯帛,古代用于祭祀、进贡、馈赠的礼物。饔飧:指馈食及宴饮之礼。

⑤比年:每年。

⑥慢藏:疏于治理或保管。

【译文】

　　夏、商、周三代向百姓征税的制度,书中都说是十取其一,然而当时执行过程中必定是有恰当的处置方式,百姓才不至于陷入困顿。这些方式中隐约可考的,则有中等土质和下等土质土地相互搭配、隔年耕种的土地和三年中休耕两年的土地相互搭配、正在耕种的土地和休耕的田地相互搭配的制度,名义上是十取其一,实际上并非十取其一。以国家的经费言之,天下既然自上古以来都是封建诸侯世代沿袭,各自统治其国家以与天子相抗衡,以孟子所言,相当于今天一个小县的土地上,就有五世宗祖之庙,诸侯国君的正殿至少有三门;各诸侯国的官吏,则以周初有一千八百个诸侯国来计算,以二等诸侯国有两名卿为准。当时的国家边界南边尚未完全囊括今天的,西边不过河西与陇右,东未包括吴、越,中原侯服和甸服的区域还不足九州之六州,而官至卿的人已有三千六百人之多,每个人要耗费一千六百亩土地所产的粮食,而卿以下的大夫、士、府吏、胥役等人耗费的粮食还不算。与之相比,现在官吏俸禄所消耗的赋税还不及三代时期的十分之一。诸侯国间往来交聘所需礼品耗费的资源如此繁多,每一年或每三年相关的交聘礼节都要在友邦间执行一遍,这花费的都是百姓白天耕种晚上织布、勤苦劳作而获得的唯一一点物资。后世幸运地免除了这些沉重负担,则当朝君王本没有三代圣王宽大体恤的仁德,却想要效仿三代十取其一的制度以供贪婪的君主尽情挥霍浪费,真是悲哀啊!但凡有恻隐之心的人,谁忍心谈论恢复十取其一的制度呢?

然而第五琦窃其语以横征,欲诘其非,则且曰此禹、汤、文、武,裁中正之法以仁天下,而孟子谓异于貉道者也①,胡不可行也?乃代宗行之三年,而民皆流亡,卒不可行而止。以此推之,后世无识之士,欲挠乱成法,谓三代之制一一可行之今,适足以贼民病国,为天下僇。类此者众矣,不体三代圣人之心,达其时变,而徒言法古者,皆第五琦之徒也,恶逾于商鞅矣。何也?彼犹可钳束其民而民从之,此则旦令行而夕哭于野，无有能从之者也。三十取一，民犹不适有生，况什一乎？

【注释】

①孟子谓异于貉道：语本《孟子·告子下》："欲轻之于尧舜之道者，大貉小貉也；欲重之于尧舜之道者，大桀小桀也。"意思是想要比尧、舜十分抽一的税率更轻的，是大貉小貉；想要比尧、舜十分抽一的税率更重的，是大桀小桀（指赋税过重，尽管程度不同，同样是暴君的行为）。貉，我国古代北方民族名，相传其实行二十税一的税制。

【译文】

然而第五琦却窃取了古书上的话以横征暴敛。想要批评其错误，他还会说这是夏禹、商汤、周文王、周武王为了施仁德于天下而确立的中正之法，而且孟子也说这与北方貉族的税收政策不同，哪里就不可行呢？可是代宗施行这一政策三年，百姓纷纷流亡，最终因为推行不下去而被迫中止。以此类推，后世没有见识的人，想要扰乱固有的制度，称三代时期的制度每一项都可以在如今施行，却正足以祸国殃民，为天下所耻笑。像这样的情况是很多的，不体会三代圣人的用心，通达时势的变化，只知道空谈效法古制的人，都是与第五琦类似的人，其罪恶比商鞅还要严重。为什么这样说呢？商鞅等人尚且可以钳制和约束百姓，使百姓顺从他们，这些人则是早上发布命令，晚上百姓就在野外哭泣，没有人能依照其法令行事。三十取一的税率下，百姓尚且难以活命，何况是十取其一？

七　郭汾阳之见回纥以死为道

以道宅心者，天下所不能测也。兵凶战危，以死为道者也。以死为道，然后审乎所以处死之道；审乎所以处死之道，然后能取威制胜，保国全民，不战而屈人之道咸裕于中而得其理。繇其功之已成，观其所以成功，若有天幸；乃其决计必行之际，甚凶甚危，而泰然不疑，若不曙于祸福生死以徼幸，皆人之所不测也。不测之，则疑其智之度越而善操利钝之枢。夫岂然哉？知死为其道，而处之也不惑耳。

【译文】

心中存有大道的人，是天下所不能测度的。战争是凶险可怕的，所以参战者要以死为道。以死为道，然后才能仔细审视如何去面对死亡；考虑清楚了如何去面对死亡，然后才能立威制胜，保全国家和百姓，不战而屈人之道全部得到充分体现，并且也合乎道理。从一个人已经完成的功业来反观其之所以能成功，看起来似乎是有上天所赐的幸运一样；可是当他下决心必定要去那样做的时候，其实是非常凶险的。但他却泰然自若而不自我怀疑，好像是不明白生死祸福而侥幸冒险一样，这都是普通人所不能测度的。别人不能测度他，就会怀疑其智慧出众并且善于掌握成败利钝的关键。难道果真如此吗？正是因为懂得参与战争是以死为道，所以才能泰然处之而不怀有疑虑。

回纥要郭汾阳相见①，汾阳知战之必败，而唯以身往赴之之一策，可以抑锋止锐而全宗社。于斯时也，固不谓往之必死也，亦不谓往之必不死也，虽死而无所恤焉而已。故药葛罗情穷而辞屈②，慑于其不畏死之气，则未知杀公以后胜败奚若，而心已折、气已馁矣。决于死，则情志定；情志定，则神气平而条理现。免胄投枪之际，一从容就义者大雅之风裁也③。

【注释】

①回纥要郭汾阳相见：指回纥与吐蕃听闻仆固怀恩已死的消息，不睦而分营。郭子仪知道后，使牙将李光瓒等前往劝说回纥共击吐蕃。回纥不信，询问是否郭子仪在此，并说"若果在此，可得见乎？"结果郭子仪与数骑亲自前往，会见回纥。事见《资治通鉴·唐纪三十九·代宗睿文孝武皇帝上之下·永泰元年》。

②药葛罗：回纥合胡禄都督，回纥可汗之弟，是当时进攻唐朝的回纥军队的主帅。

③风裁：风采。

【译文】

回纥人要求郭子仪出来与其相见，郭子仪知道若与其交战必定失败，而只有自己亲自赴会这一计策可行，这样可以抑制回纥军的前锋和精锐，从而保全宗庙社稷。在这个时候，固然不能说前去赴会必定会死，也不能说必定不会死，但即使死也没有什么可顾忌的。所以药葛罗理屈词穷，被郭子仪不畏惧死亡的气概所震慑，则他尚且不知道杀害郭子仪以后两军的胜败究竟如何，内心就已经被折服、已然丧失气势了。决意赴死，则心志坚定；心志坚定，则精神平和而条理清晰。在郭子仪脱下头盔、扔掉长枪之际，他那从容就义的大雅风采就完全展现出来了。

处死之道，致一而已①。致一则神全，神全则理裕。理处其至裕，而事必应乎其心。凡人之情，局于目前而迷于四际者②，固不足以测之，遂相与诧之曰：其不可测也，有若是哉！不则其有天幸乎？夫恶知所守之约，为恐惧疑惑之所不得乘哉?

【注释】

①致一:专一。

②四际:四周。

【译文】

　　面对死亡之道,就在于专一而已。专一则精神完整,精神完整则把握道理绰有余裕。道理把握得至为充分,则事情必定能够按照自己的心意发展。以凡人局限于目前一隅而对四周茫然无知的眼光和器量,自然不足以测度,于是都诧异地互相说道:真是深不可测啊,竟然做到了如此地步! 难道这不是有上天保佑吗? 他们又哪里知道郭子仪坚守专一之道,而恐惧疑惑完全无法侵扰到他呢?

　　其谓子晞曰①:"战则父子俱死,不然,则身死而家全。"聊以慰晞而已,非公之本志也。告药葛罗曰:"挺身听汝杀之,将士必致死与汝战。"亦示以不可胜耳,非挟将士之报雠死战、足以慑回纥也。公之心,则惟极致于死,而固无必生之计也尔。

【注释】

①晞:指郭晞(733—794),华州郑县(今陕西渭南)人。唐朝将领,郭子仪第三子。常从父征伐,复两京战最力,出奇兵克捷,累进鸿胪卿。吐蕃、回纥入寇,郭晞领朔方军援邠州,破敌有功。传见新、旧《唐书·郭晞列传》。

【译文】

　　郭子仪对儿子郭晞说:"若是与回纥开战,咱们父子都性命难保。

万一我此去不成功而捐躯报国,则家族可以保全。"这只是聊以安慰儿子的话罢了,并不是郭子仪的本意。他告诉药葛罗说:"我挺身听任你来杀我,大唐的将士必定会拼死与你们决战。"这也只是向药葛罗展示唐军不可战胜的气概罢了,并不是把将士会为自己而拼死作战当作威慑回纥人的筹码。郭子仪的用心,就是一心将生死置之度外,而根本不考虑如何能够生还。

八　代宗以老氏深机骄纵藩镇不可复制

代宗委权以骄藩镇,而天下瓦解。其柔弱宽纵也,人具知之;抑岂知其失也,非徒柔弱不自振之过哉?惟握深险之机以与天下相劘相制①,而一人之机,固不足以敌天下也。代宗之机,得之于老氏。老氏曰:"将欲取之,必固与之②。""天下之至柔,驰骋天下之至刚③。"此至险之机也,而代宗以之。固为宽弱以极悍戾者之骄纵,骄纵已极,人神共愤,而因加之杀戮也不难,将自以为善制奸慝而必死于其手。乃天下习知其术,而受其与、不听其取,乘弱制之以不复刚,终处于无何而权以倒持。安足以驰骋哉?自敝而已矣。

【注释】

①劘(mó):切磋,此处引申为较量。

②将欲取之,必固与之:语出《老子》第三十六章:"将欲歙之,必固张之;将欲弱之,必固强之;将欲废之,必固兴之;将欲夺之,必固予之。"意思是要想从对方那里夺取某些事物,就得暂且先给予其某些事物。下文中言"老氏翕张取与之术",亦本于此句。

③天下之至柔,驰骋天下之至刚:语出《老子》第四十三章:"天下之至柔,驰骋天下之至坚。无有入于无间,吾是以知无为之有益。"

意思是天下最柔软的东西,可以驾驭天下最坚硬的东西。

【译文】

代宗将权力授给藩镇,结果造成藩镇骄横,天下陷于瓦解。代宗柔弱宽纵,人们都很清楚;但人们哪里知道代宗的失误,并不仅仅是由于柔弱而不能自我振作导致的呢?他的错误其实在于怀着深沉阴险的心机,以此与天下藩镇相抗衡,试图控制他们。但一个人的心机,本来就不足以敌得过天下。代宗的心机,是从老子那里学来的。老子说:"要想从对方那里夺取某些东西,就得暂且先给予其某些东西。""天下最柔软的东西,可以驾驭天下最坚硬的东西。"这是至为阴险的心机,而代宗运用了这种权术。他本以为自己的宽容柔弱足以使那些强横暴虐的藩镇骄纵到极点,藩镇骄纵到极点,引起人神共愤,这时再趁机对其予以杀戮就不困难了。代宗大概以为自己是以善制恶,那些藩镇最终必定会死在自己手上。可是天下早已习惯了这种伎俩,只接受代宗给予的好处,却不让代宗从他们那里拿走好处。代宗本想以弱制强,结果自己却无法再强硬起来,最终陷入无可奈何的境地,藩镇却反过来掌握了大权。如此代宗的柔弱还如何足以驾驭坚硬的藩镇呢?只会自我削弱罢了。

李辅国恶已极而杀矣,程元振恶已极而流矣,鱼朝恩恶已极而诛之俄顷矣;假手元载以杀朝恩,复纵元载以极其恶,而载又族矣。当其姑为隐忍,则辅国繇三公而王,唯其志也;程元振位骠骑,激怒群情,挫抑汾阳,唯其志也;鱼朝恩总禁兵,判国学,隶视宰相,发汾阳之墓,钳制朝政,唯其志也;然犹曰宦官已掌禁军,有不测之防,弗能骤计也。元载以一书生,贪猥无状,自可折棰以鞭笞之者;乃颜真卿为之坐贬,杨绾为之左迁,李少良为之杖死[①],且寄邺侯于江外②,一唯其荼毒而莫之禁。其处心积虑,欲甘心于载者已非旦夕,且必俟其恶盈而后殛,使害已播于天下,乃以快刑杀于俄顷。凡诛四肘腋之臣,皆以老氏之深机图之,而藉口以号于天下曰:吾非忍杀之也,彼自杀而我因之也。亦险矣哉!

【注释】

①李少良为之杖死:李少良,唐代官吏。大历六年(771),时任成都司录的李少良上书代宗弹劾元载贪赃枉法,代宗将其安置于客省。后来李少良将此事告于友人韦颂,殿中侍御史陆珽听到这一消息,遂告密于元载,元载当即上奏代宗。代宗大怒,遂以结党营私、离间君臣之罪名,将李少良、韦颂、陆珽杖毙。事见《资治通鉴·唐纪四十·代宗睿文孝武皇帝中之上·大历六年》。

②江外:指长江以南。当时,代宗以李泌为江西判官,故云江外。

【译文】

李辅国的恶性到达了极点后被杀,程元振的恶行到达极点后被流放,鱼朝恩的恶行到达极点后在很短时间内就被诛戮。代宗假借元载之手诛杀鱼朝恩,又纵容元载肆意作恶,等他罪大恶极后,就将其全家处死。当代宗选择姑且隐忍时,则李辅国由三公升爵为王,完全听凭其意志行事;程元振位至骠骑将军,激怒群臣,压抑折辱郭子仪,代宗也听之任之;鱼朝恩总领禁军,掌管国学,将宰相视作仆役,挖开郭子仪的祖坟,钳制朝政,代宗也完全听任其为所欲为。然而这三个人的情况,尚且可以说是因为宦官已经掌握了禁军,有不测之险,所以代宗不能骤然用计策除掉他们。元载身为一介书生,非常贪婪猥琐,代宗本可以轻而易举地鞭笞惩罚他。可是颜真卿因为元载陷害而遭贬,杨绾被其贬职,李少良因元载进言而被杖死,而且元载还把李泌排挤到了江西。代宗完全听任元载荼毒朝堂而不加以禁止。代宗处心积虑,想要除掉元载以求痛快发泄早已不止一天两天,而且必定要等到他恶贯满盈后再收拾他,使其危害已流播于天下,才迅速出手将其诛杀。代宗诛杀李辅国等四名心腹近臣,都是习用老子的深沉心机来定下的谋划,却以借口对天下宣称:我并不忍心杀害他们,是他们自取灭亡,我顺势而为罢了。代宗也真是阴险啊!

夫四奸者,依附左右,弗难制者也;不若是而诛殛之也有余,即若是而诛殛之也,亦弗能抗也;故代宗得以用其机而终投其阱。乃恃此以为胁持天下之具,饵藩镇而徐图之,则愚甚矣。

【译文】

这四名奸臣,依附于代宗左右,并不难以制伏;不难以制伏,则要诛杀他们绰绰有余。即使他们难以制伏,真正要诛杀他们的时候,他们也无力反抗。所以代宗才得以习用老子的心机而最终将他们投入陷阱。可是代宗凭恃这种策略作为胁持天下的工具,想先用好处引诱藩镇然后慢慢谋划清除它们,则是非常愚蠢的行为。

来瑱不臣已著,举天下以讨一隅,易矣;而饵之以宰相,诬之以通贼,然后杀之。仆固怀恩已反,势且溃败,而犹为哀矜之说以恤之。于是枭雄之帅,皆测其险诈,即乘其假借之术,淫威既得而不复可制。故怀恩受副元帅而后叛,田承嗣受平章事而终不入朝①,李灵曜、崔旰、朱希彩、李正己、李宝臣皆姑受其牢笼而终逸于柙阱②。一人之险,何足以胜天下哉?徒宽纵之而莫之能收。故曰其愚尤甚也。

【注释】

①田承嗣(705—778)：平州卢龙(今河北卢龙)人,唐朝藩镇将领。行伍出身,原为安禄山部将,随其反唐。安史之乱失败后在莫州降唐,并依靠仆固怀恩,被封为魏博节度使。在魏博不听朝廷诏令,异常骄纵。大历十年(775),田承嗣占据相、卫、洺三州,使得朝廷征发诸镇征讨。田承嗣起初屡遭挫败,后暗中勾结李正己,离间李宝臣与朱滔,又上表请罪,最终得到朝廷赦免。次年,田承嗣又援助李灵曜叛乱,并在其失败后再次上表请罪。此后田承嗣占据魏、博、相、卫、洺、贝、磁七州,拥兵五万,朝廷难以调动。大历十三年(778)田承嗣病死,并将节度使之位传于侄子田悦,开藩镇世袭之先例。传见《旧唐书·田承嗣列传》《新唐书·藩镇魏博列传》。

②李灵曜：唐朝将领。本为汴宋镇都虞候,汴宋留后田神玉死后,李灵曜杀死兵马使、濮州刺史孟鉴,并勾结田承嗣为外援,想要专擅汴、宋。唐朝廷无奈之下被迫任命李灵曜为汴宋留后。李灵曜得逞后更加骄横,朝廷遂派大军征讨,李灵曜兵败,被押赴京师处斩。其事见《资治通鉴·唐纪四十一·代宗睿文孝武皇帝中之下·大历十一年》。崔旰：当为“崔旰”。崔旰(722—783),唐代宗赐名崔宁,卫州(今河南卫辉)人。唐代藩镇将领。曾因平蜀乱、击吐蕃有功封西川都知兵马使。永泰元年(765)剑南节度使郭英乂因忌恨崔旰,召崔回成都,崔不从命,双方兵戎相见。崔旰率五千人袭击成都,郭大败而逃,途中被杀,崔旰入成都。代宗只得任命其为成都尹、西山防御使、西川节度行军司马。崔旰在成都主政十余年,后入朝为宰相。在朱泚之乱被叛军以反间计陷害,遭德宗处死,传见新、旧《唐书·崔宁列传》。朱希彩(？—772)：原为幽州卢龙节度使李怀仙部将,后杀李怀仙,自为节度使。为政苛酷,人不堪命。大历七年(772)秋为部

下所杀。传见《旧唐书·朱希彩列传》。李宝臣(718—781)：原姓张，名忠志，字为辅，范阳(今河北涿州)人，奚族。原是安禄山部将，安史之乱平定后投降唐朝，被赐姓名李宝臣，并被任命为成德军节度使，统辖恒、定、易、赵、深、冀六州之地。此后，李宝臣在境内整顿武备，自置官吏，不向朝廷交纳赋税，对外则与幽州、魏博等诸藩镇联结，逐步形成地方割据势力，成为河朔三镇之一。建中二年(781)去世。传见《旧唐书·李宝臣列传》《新唐书·藩镇镇冀列传》。

【译文】

来瑱的不臣之心已经明显暴露，以整个天下的力量征讨山南东道一隅之地，是很容易的。而代宗却先用宰相之位引诱他入朝，而后再诬陷他串通叛贼，然后将其诛杀。仆固怀恩已经谋反，形势上已面临溃败，代宗尚且说出悲哀怜悯他的话来抚慰他。于是各藩镇的枭雄主帅，都看出了代宗的阴险诡诈，便利用其假借好处给藩镇的伎俩，为自己树立淫威，一旦得手，朝廷就难以再控制他们了。所以仆固怀恩先接受副元帅之职然后反叛，田承嗣接受了平章事之职却始终不肯入朝，李灵曜、崔旰、朱希彩、李正己、李宝臣都是姑且先接受代宗的笼络，最终却逃出了代宗预设的囚笼和陷阱。以一人的阴险心机，如何足以胜过天下人呢？白白地宽纵了藩镇，最终却难以再收服他们。所以说代宗的做法是非常愚蠢的。

元载死，晋杨绾而任之，意且与绾深谋制群雄而快其夙恨，绾早卒，乃戢意而废然返耳；藉其不然，诛夷行于一方，则四方愈为摇动。然而无虑也，元载杀朝恩而帷盖之恩不保①，绾虽忠，亦必虑及于此，以自处于不才之散木，挟诈之主，未有敢与深谋者也。信乎老氏翕张取与之术，适以自敝,孰谓汉文几杖赐吴之智为能制吴之死命乎②? 帝王之诛赏,奉天无私,犹寒暑之不相贷也。邪说兴,诐行逞,宝此以为术,而天下之乱日生,可勿戒与?

【注释】

①帷盖:古时用破旧的帷盖掩埋死去的狗和马,后遂以"帷盖"为受恩乞恩之典。

②汉文几杖赐吴:汉文帝时,因为吴太子被文帝太子(即景帝)失手杀死,吴王怨恨,称病不朝,并阴谋造反。为了安抚吴王,汉文帝赐予几杖并准许其不来朝拜,意在安抚吴王刘濞,消磨其不臣之心。事见《史记·孝文本纪》。

【译文】

元载死后,代宗提拔杨绾担任宰相,其用意尚且在于与杨绾深入谋划如何制伏群雄,从而痛快发泄自己积压已久的愤恨之情。杨绾早死,代宗才收敛这一意图,恢复原本的做法;若非如此,而是对某一藩镇加以专门征讨,则四方藩镇会更加动摇。然而代宗终究没有深谋远虑,元载为代宗杀了鱼朝恩,却难以保全代宗对自己的恩遇。杨绾虽然忠诚,也必定会考虑到这一点,难免为自身安危打算,将自己当作不成才而享天年的散木。面对挟持诈术的君主,是没有人敢为其进行深远谋划的。由此可见老子所谓"欲翕故张""欲取故与"之术,正足以削弱自身,谁说汉文帝将几杖赐给吴王刘濞的智慧足以控制吴王的命门呢? 帝王的诛罚赏赐,要秉承天意而无私,犹如寒暑天气不会出差错一样。邪说兴起,诡计逞凶,将这当作统治之术,而天下的混乱会日益滋生,能不引以为戒吗?

九　李长源避元载不归衡山

李长源当肃宗之世,深触张良娣、李辅国之怒,拂衣而归衡山①,何其快也! 其于元载也,未尝斥其恶以纠责之,徒以贤奸不可并处而去之,则引身归岳,不犹便乎? 乃置身参佐,托魏少游以自全②,又何屈也! 夫岂葸畏无端而不能自持也哉③? 达人之通识,度己度人,因时以保明哲之身,而养国家和平之福,非一概之说所可执为得失也。

【注释】

①衡山:即今南岳衡山,在今湖南衡阳境内。李泌在收复长安后请求退隐,隐居于衡山。

②置身参佐,托魏少游以自全:魏少游曾任江西观察史,李泌在被当时的宰相元载排挤到江西后,做了一段时间魏少游的僚佐(江西判官),两人交情不错。

③葸(xǐ)畏:畏惧,害怕。

【译文】

李泌在肃宗在位时,因为深深触怒张良娣、李辅国,拂衣而去归隐衡山,是何等痛快啊! 可是对于元载,李泌却未曾指斥其奸恶以弹劾责难他,只是以贤臣与奸臣不能并立于朝堂为由离开长安。既如此,则抽身归隐不仍然很方便吗? 可是他却置身于僚属之位,托身于魏少游以保全自己,这又是何等委屈呢! 李泌难道是无缘无故感到畏惧而不能自持的人吗? 通达的见识,在于度己度人,根据时势来明哲保身,从而涵养国家和平的福分,不能把一刀切的标准当作衡量得失的唯一尺度。

长源之于肃宗,在东宫则定布衣之交,在灵武则冒难首至,参大议于孤危,坐寝与偕,成收复之元功,其交固矣。良娣、辅国虽恶其斥己,而所欲者,但令长源一日不居左侧,弗为己难,则意得而无余恨;于此而翩然已逝,全终始之交,绰有余裕矣。其于代宗也，虽与谋元帅有翼戴之功，而其早不侍青宫①，其后不参帷帟②，交未固也。复东京，拒吐蕃，返陕州之驾，诛殛三阉以清宫禁，又未有功也。代宗以畜疑之主，离合不可终凭；元载虽见忌于君，而旁无相逼以升之朝士，唯长源以宗臣入参谋访，唯恐轧己而代之；且载文辩足以济奸，朋党乐为效命，众忌交集，深谋不测，抑非如妇人奄竖、褊衷陋识、一去而遂释然也③。载与长源立于两不相下之势，而祸机所发，不可预防。岣嵝烟云④，祝融冰雪⑤，其能覆荫幽人使之安枕哉？

【注释】

①青宫：即东宫，太子的居所。东方属木，于色为青，故称太子所居之宫为青宫。

②帷帟(yì)：帷幄。

③褊衷：内心狭隘。

④岣嵝(gǒu lǒu)：衡山七十二峰之一。

⑤祝融：指祝融峰，衡山的最高峰，海拔 1300.2 米。

【译文】

李泌在唐肃宗还是太子时就与其定下了布衣之交，在灵武时李泌则是冒险首先赶到肃宗身边，在孤立危险的局面中帮助肃宗谋划大计，坐卧睡觉都与肃宗一起，最终成就了收复社稷的首要功勋。他与肃宗的交情是十分牢固的。张良娣、李辅国虽然厌恶李泌排斥自己，但其所追求的，不过是想让李泌不每天待在肃宗身边，不与自己为难而已，做到这件事他们就不会有多余的怨恨之情了。李泌就此而翻然离去，保全与肃宗善始善终的交情，是绰绰有余的。而他与代宗，尽管曾经参与以代宗为天下兵马元帅的谋划，有拥戴之功，但他毕竟早年不在东宫事奉代宗，后来也不曾为其出谋划策，所以交情并不稳固。后来收复东京洛阳，抵御吐蕃，使车驾得以返回陕州，诛灭李辅国、程元振、鱼朝恩三个权宦以清理宫禁，李泌又都没有立功表现。代宗是喜欢猜疑的君主，君臣间离合不定，无法始终凭恃与他的关系。元载尽管被君王所顾忌，但他身边并没有一道晋升、能对他形成威胁的大臣，只有李泌以宗室之臣的身份在朝中接受代宗的咨询、参与谋划，所以唯恐李泌排挤倾轧自己，取自己而代之。况且元载的文辞和辩才足以助其实行奸计，朋党乐意为他效命；李泌受到众多人的忌恨，这些人的谋划深不可测，他们并不像妇人宦官那样内心狭隘、见识短浅，不会因为李泌一时离开朝廷就对他真正释然。元载与李泌已经处于势不两立的态势，灾祸随时可能降临，无法预防。衡山岣嵝峰的烟云、祝融峰的冰雪，难道能够覆盖和庇荫隐居之人，使其能安枕而眠吗？

且夫山亦未易居也。其唯戢光未试、混迹渔樵者①，则或名姓上达于天子，而锋棱未著，在廷忘猜妒之心，乃可怡情物外，世屡变而不惊。其不然者，名之所趋，世之所待，功之已盛，地之已危，即欲抗志烟霄、杜口时事②，而讲说吟咏以追琴酒弈画之流，闻风而辐辏，乃有遍游戎幕拓落不偶之士，争其长短以恣其雌黄，甚且挟占星卜气谶纬之小技者，亦浪迹溪山，而附高人以自重，绝之则怨生而谤起，纳之则祸发而蔓延，孰谓山之厓、水之涘③，非风波万叠、杀人族人之险阻哉④？如稗说所传，懒残十年宰相之说⑤，已足深元载之媢嫉，而可坐以结纳妖人之大法；则衡山一片地，正元载横施网罟之机也。自非有所托于外援，优游军府，而屈志下僚，示以不相逼代之势，其能免乎？代宗虑此已熟，而长源何勿俯首以从也？夫长源非无意于当世之务，明矣。相唐以定天下者，其志也，固且诛逐元载而戴之以匡王国者也。进退之间，岂容不审，而但以冥飞之鸿、矫志林泉也哉⑥？

【注释】

①弢（tāo）光：隐藏才华，不使外露。

②抗志：坚持高尚的志气。烟霄：云霄，喻指世外。

③厓：山崖，山陡立的侧边。涘（sì）：水边。

④万叠：万折。

⑤懒残十年宰相之说：据说李泌年轻时，曾在衡岳寺中读书。寺中有一位做杂役的僧人，每到斋饭时间，别人都吃完饭走了之后，他才姗姗来迟，捡一些残羹冷饭吃。众人以为他性格懒惰，又喜欢捡些剩饭，于是叫他"懒残"。可是懒残却又能每天从早开始一直干活到晚上，才到牛棚里休息，从来没有人看到他疲劳和厌倦的表情。李泌注意到他，认为他不是普通人。某天夜里，懒残吟诵佛曲，洪鸣的声音响彻山林。李泌通晓音律，分辨出那吟唱的歌声先是轻音凄婉，后又转为喜悦。李泌认为懒残是位被贬谪到人间的谪仙，决定深夜去拜访懒残。李泌站在草棚门口，恭敬地通报自己的姓名，又行礼敬拜。懒残仰头唾骂到："你是要把我当贼捉啊。"李泌敬重懒残，就在棚门外更加恭敬地行礼。懒残用牛粪烧火烤山芋，烤好后从里面取出一个山芋来吃。过了好久，才对李泌说："可以席地而坐。"懒残将吃剩的半块山芋递给李泌，李泌用双手捧着接过山芋，把它吃得干干净净，然后向他道谢。懒残对李泌说："切记，千万不要多说话。日后你能担任十年宰相。"李泌记住懒残的话，向他行礼后，就恭敬地从草棚里退了出来。后来李泌果然做了十年的宰相。事见《太平广记》卷九十六《异僧十·懒残》。

⑥冥飞之鸿：飞向遥远天空的大雁。比喻远避祸患。矫志林泉：违

背自己的志向而归隐林泉。

【译文】

况且山林也并不是那么容易隐居的。只有那些身上的光芒尚未发散，混迹于渔夫、樵夫之中的人，即使姓名偶然被天子所听闻，因为锋芒尚未显露，朝中大臣才不至于产生妒忌之心，于是他们得以纵情物外，即使时势屡屡发生惊人变化也仍然波澜不惊。若不是这样的人，而是名声显著、深受世人期待、功业已盛、身处险地的人，则即使他想要保持高尚之志、纵情物外闭口不谈时事，而那些讲说道理、吟咏文辞以至于擅长琴、酒、对弈、画画之辈，纷纷闻风辐辏而来。乃至于有遍游军将幕府、拓落不遇的人士，争辩长短，恣意信口雌黄；甚至那些挟持观星占卜、望气谶纬之类雕虫小技的人，也都浪迹山林，想要依附高人以自抬身价。拒绝了这些人，他们就会产生怨恨，谣言、诽谤就会滋生；若接纳他们，则必定遭遇灾祸，蔓延不止。谁说山崖水边不是风波万折、足以杀人甚至导致灭族惨祸的险阻呢？如民间传说中所说的，懒残和尚说李泌能当十年宰相，就已经足以加深元载对李泌的妒忌了，完全可以用结纳妖人的重大罪名来法办李泌。如此则衡山这片土地，正是元载可以布置罗网的关键之处。假若李泌没有可依托的外援，优游于军府之中，屈身担任僚佐，向元载展示自己不会威逼和取代他的姿态，他能幸免于难吗？代宗对此已经考虑得很充分，而李泌怎会不俯首照办呢？李泌并非无意于当世事务，这是很明显的。担任唐朝宰相以安定天下，是他的志向，所以他必定是会驱逐、杀死元载，拥戴皇帝以匡扶国家的。进退之间，怎能容得李泌不审慎抉择，而仅仅想要远避祸患、违背自己的志向而归隐林泉呢？

一〇　代宗君臣不能察朱泚之奸终失河北

辨奸者，辨于其人而已。故曰："君子而不仁者有矣夫，未有小人而仁者也。"

【注释】

①君子而不仁者有矣夫，未有小人而仁者也：语出《论语·宪问》：
"子曰：'君子而不仁者有矣夫，未有小人而仁者也。'"意思是君
子中没有仁德的人是有的，而小人中有仁德的人是没有的。

【译文】

所谓分辨奸邪，关键就在于分辨其人的品性而已。所以说："君子
中没有仁德的人是有的，而小人中有仁德的人是没有的。"

大历之季年①，河北降贼之抗衡久矣。田承嗣连昏帝
女②，致位元宰③，一再召而必不逾魏博一跬步，李正己、李宝
臣党叛而自相袭夺，不复知唐之有天下也。乃卢龙强悍可
凭，凶逆成习，而朱泚一授节钺，随遣朱滔入卫④，继且自请
释镇归朝，病而有舆尸赴阙之语⑤。代宗于此，虽欲不惊喜
失措，隆礼以待之，厕之汾阳之列，使冠百僚，不能也。桀骜
者如彼，而抒忠者如此，其诚也。

【注释】

①大历：唐代宗李豫的年号，使用时间为766至779年。

②田承嗣连昏帝女：指田承嗣之子娶了皇帝之女永乐公主一事。
连昏，联姻。帝女，指唐代宗之女永乐公主。

③元宰：宰相。

④朱滔（746—785）：幽州昌平（今北京昌平）人。唐中期割据将领，
幽州节度使朱泚之弟。本为幽州将领，先后效力李怀仙和朱希
彩，后拥立兄长朱泚为节度使。大历九年（774）朱滔入朝觐见，
留朝听用。朝廷以朱滔为殿中监、权知幽州、卢龙节度留后兼御
史大夫，下令讨伐魏博田承嗣、成德李惟岳叛乱，因功加授检校

司徒、幽州卢龙军节度使。建中三年(782)朱滔自称冀王,与田悦、王武俊、李纳联合叛乱,史称四镇之乱。次年泾原兵变后,朱泚僭位称帝,封朱滔为皇太弟。后来朱滔为王武俊所败,狼狈退回幽州,主动遣使入朝请罪,于贞元元年(785)郁郁病逝。传见《旧唐书·朱滔列传》《新唐书·藩镇卢龙列传》。

⑤舆尸赴阙之语:大历九年(774)朱泚升任检校户部尚书。当时河朔三镇虽然归顺朝廷,却从不曾入朝觐见。朱泚率先上表,要求入朝。代宗大喜,命人修建住宅等待朱泚。同年七月,朱泚行至蔚州,身患急病。当时帐下将领都劝他返回幽州,等病情好转后再动身朝见。朱泚道:"就算我死了,也要把我的尸体抬去朝中。"诸将于是都不敢再提此事。事见《新唐书·逆臣列传》。

【译文】

代宗大历末年,河北的降贼已经与朝廷抗衡很久了。田承嗣的儿子娶了代宗之女永乐公主,自己被任命为宰相。朝廷一再征召他入京,可他死活不肯离开魏博镇一步。李正己、李宝臣勾结叛贼,相互争夺地盘,不再知道唐朝统治天下这件事。可是卢龙镇分明有强悍军队可供凭恃,那里的人凶狠叛逆成性,而朱泚被授予节钺,就随即派遣朱滔入朝宿卫,继而又自己请求离开卢龙、入朝觐见;路途中生病,甚至说出"就算我死了,也要把我的尸体抬去朝中"这样的话。代宗见到这种情况,即使想要不惊喜失措、用隆重礼节对待他、使他跻身郭子仪这样的元勋之列、位列百官之首,也是不可能的。那些桀骜不驯的人那般蛮横,而朱泚却如此展现对朝廷的忠诚,他确实显得很有诚意。

虽然,亦思其何为而然哉?德有以怀之与?威有以震之与?处置之宜,有以服其心与?三自反求而皆无其具,则意者其人之忠贞素笃,超然于群类之中,而可信以无疑邪?乃泚之非其人也明甚矣,托胎于乱贼之中,熏染于悍戾之俗,而狡凶尤甚,假手于李怀瑗,杀朱希彩,而使其弟滔蛊三军以戴己[1],柔媚藏奸,乘间而窃节镇,既有明验矣,饰忠归顺,遂倚为心膂之大臣,呜呼! 何其愚也。

【注释】

[1]"假手"几句:大历三年(768),朱希彩靠兵变杀了原卢龙节度使李怀仙,取代其出任卢龙节度使。此后他对朝廷非常傲慢,对部下又十分残暴,惹得天怒人怨。大历七年(772)十月,军中出现变故,孔目官李怀瑗趁机将其杀死。朱希彩被杀后,卢龙群龙无首,经略副使朱泚率部驻扎在城北,他的弟弟朱滔统领着侍卫亲兵,偷偷让百余人当众呼吁:"这个节度使非朱副使不可!"大家一致同意。朱泚遂暂时代理留后,派人向朝廷禀报。朝廷无奈,只得正式任命朱泚为幽州卢龙节度使。事见《资治通鉴·唐纪四十·代宗睿文孝武皇帝中之上·大历七年》。

【译文】

尽管如此,也要想想朱泚为何要这样做。是天子的品德感化了他吗? 是朝廷的威严震慑了他吗? 还是说朝廷在卢龙事务上处置得当,令其心中服气呢? 如果扪心自问,发现这三方面的条件都不具备。则或许是朱泚平素非常忠贞,超然于同类藩镇将领之中,所以值得相信、无须怀疑? 可是很显然朱泚并非这样的人。他生长于乱贼之中,被强悍暴庾的习气所熏陶,而尤为狡猾凶狼:假借李怀瑗之手杀了朱希彩,又指示其弟朱滔蛊惑三军以拥戴自己为节度使,表面柔媚,内藏奸诈之心,乘机窃取了卢龙镇的统治权。分明已经有了明显的前科,但当他假装忠诚、归顺朝廷时,代宗还是立即倚重他为心腹大臣。唉! 这是何等愚蠢啊!

田承嗣、李正己株守一隅①，阻兵抗命，虽可负固以予雄②，终非良久之谋也。而泚尤岌岌，骤窃幽、燕，众志未戢，而李宝臣有首丘之志③，日思攘臂，轻兵入其郛④，弗能遏也；于是张皇四顾，睨朝廷为藏身之窟⑤，使朱滔倚内援以安枕于北平，己乃居不世之功，狎天子大臣而伺其间隙以逞狂图。自强藩割据以来，人所未及谋者，泚窃得之以侥幸。代宗不能知，汾阳不能制，常衮、崔祐甫之褊浅⑥，莫能致诘，而泚果能优游岩廊以观变⑦，亦狡矣哉！代宗崩，汾阳总己⑧，德宗初政，未有衅也，是以迟久而始发。不然，泚岂能郁郁久居此哉？若此者，一望而知之，而唐之君臣固梦梦也⑨，夫岂奸之难辨哉？问泚之何以得帅卢龙，而能不为之寒心乎？非但如安禄山之初起，非有猾逆之易窥者也。

【注释】

①株守：拼死固守。

②负固：依恃险阻。予雄：自称英雄。

③李宝臣有首丘之志：首丘，指思念故乡。李宝臣是范阳涿郡（今河北涿州）人，其家乡在卢龙境内，故非常希望能从卢龙镇夺取范阳。曾在大历十年（775）以精骑二千进攻范阳。

④郛（fú）：外城。

⑤睨：斜着眼看。

⑥常衮（729—183）：字夷甫，京兆（今陕西西安）人。天宝十四载（755）状元。唐代宗时因上书归还贡物而受代宗赞许，被封为集贤院学士。大历九年（774）升礼部侍郎，连续三年主科考，处事谨慎，墨守成规。大历十二年（777）拜相，杨绾病故后，他独揽朝政。他以文辞出众而又登科第为用人标准，堵塞买官之路，对朝

中众官俸禄亦视其好恶而酌定。德宗即位后,认为他徇私不公,将其罢相贬官。建中四年(783)死于福建观察使任上。传见新、旧《唐书·常衮列传》。崔祐甫(721—780):字贻孙,京兆长安(今陕西西安)人,唐德宗时宰相。出身于博陵崔氏,进士及第。大历十三年(778),中书侍郎之职空缺,崔祐甫以中书舍人的身份处理中书省的事务。这期间多次与宰相常衮发生争执,二人关系十分恶劣。唐德宗继位后,崔祐甫又针对唐代宗的丧制与常衮发生争执,被常衮贬为河南少尹。但常衮在起草诏书时,有欺君之嫌,被德宗贬斥。崔祐甫则被拜为中书侍郎、同平章事。建中元年(780)病逝。传见新、旧《唐书·崔祐甫列传》。褊浅:指心地、见识等狭隘短浅。

⑦岩廊:高峻的廊庑,借指朝廷。

⑧总己:总揽大权。

⑨梦梦:昏乱,不明。

【译文】

　　田承嗣、李正己固守一隅之地,抗拒朝廷军队,违抗天子命令,虽然可以凭恃险阻而自称英雄,但终究不是长久之计。而朱泚的处境尤其岌岌可危。他骤然窃取了卢龙镇,众心尚未归服;而李宝臣又有夺取其故乡范阳的想法,每天都想着发兵进攻卢龙外围,难以遏制。于是朱泚仓惶四顾,发现朝廷是可供自己藏身的洞窟,于是他让朱滔倚靠自己作为朝中内援,以安枕于北平,而自己则自居不世之功,接近天子大臣,伺机实现自己的狂妄图谋。这是自从各强藩割据以来,其他人所没能算计到的事情,朱泚靠着侥幸就窃取了其好处。代宗不能了解其图谋,郭子仪无法制止他,常衮、崔祐甫见识狭隘短浅,没办法对其加以追究,而朱泚便果然得以悠然呆在朝堂之上静观时局变化,也真是够狡猾啊!代宗驾崩后,郭子仪总揽朝政,德宗刚刚亲政,朱泚没有可乘之机,所以过了很长时间才发动叛乱。不然的话,朱泚岂能郁郁寡欢地长期待在京师吗？像朱泚这样的人，其奸诈一望可知，而唐朝的君臣却本来就昏暗不明，这难道是因为奸臣太难以辨别吗？只要问问朱泚何以能当上卢龙节度使，则能不为之寒心吗？这与安禄山当初刚刚崛起时的情形不一样，因为安禄山当初的狡狯叛逆并不像朱泚一样容易辨认。

　　然则如之何？于其入而待之以礼，荣之以秩，而不授以政，使受统于汾阳，而汾阳得以制之，岂徒泚之恶不足以逞乎？河北诸逆知天子之不轻于嚬笑①，而意亦消沮矣。得失之机，昏昭之别，判于持重审固者之心，非庸主具臣浪为惊喜者之所能与也。

【注释】

①嚬笑：皱眉和欢笑。指喜、怒、哀、乐情感的流露。

【译文】

　　既然如此，应该如何对待他呢？在他入朝的时候应该以隆重礼仪相待，授给他很高的官秩而不授给他行政权力，使他接受郭子仪的统辖，而郭子仪就得以控制住他了。如此则何止朱泚的邪恶图谋无法得逞呢？河北诸叛逆藩镇知道天子不会随意对待赏罚，他们的意志自然也就变得消沉了。得失的关键，明暗的区别，都取决于持重处事、思虑周密稳健之人的心，并非那些放纵情绪、惊喜过量的平庸君主、充数大臣所能了解和参与的。

一一　杨绾行法于可行之日

　　法未足以治天下，而天下分崩离析之际，则非法不足以定之。故孟子言仁天下而归之法①，为七国分争十二失守不定之天下而言也②。有法不可施之日，而后法亦无能以行，则孔北海欲复王畿千里之制③,徒为空言,而身以丧,国终以亡。若其犹可治也,法可施,而恶容不亟建乎?

【注释】

①仁天下而归之法:语本《孟子·离娄上》:"孟子曰:'爱人不亲反其仁,治人不治反其智,礼人不答反其敬。行有不得者,皆反求诸己;其身正而天下归之。'"意思是你爱护别人但人家不亲近你,就反省自己的仁爱够不够;你管理人民却管不好,就要反省自己才智够不够;待人以礼对方不报答,就要反省自己恭敬够不够。任何行为如果没有效果,都应该回过头来从自己身上找原因;自身端正做对了,天下的人才会归服。

②十二失守:指在战国时期先后灭亡的宋、鲁、邹、滕、薛等"泗上十二诸侯"。

③孔北海:指孔融。孔融曾任北海相,故称。

【译文】

单独法令不足以治理好天下,但在天下分崩离析之际,若无法令就不足以安定天下。所以孟子说要施行仁政从而使天下归服,是针对七国纷争、十二诸侯灭亡的混乱天下而言的。有些时期是无法可施的时期,那么自然任何法令都无法推行,如此则孔融想要恢复王畿方圆千里的制度,就只是空言罢了,他自己因此丢了性命,国家也最终灭亡。若是某一时期的天下尚且能够治理,法令可以施行,则哪里容得不迅速建立法度呢?

唐自天宝以后,天下分裂而无纪。至于大历,乱少息而泮散尤甚①。虽然,可为之几正在是矣。逆臣之逆横已极矣,唯意所为,而不能以非法之法乱法也;邪臣之邪贪已极矣,唯利是崇,然其乱法者,莫能改法也。故杨绾一相,三月之间,而天下为之震动,恪共以从乂②,绾于是得立法之本,而行之有序;绾不死,知其可以定天下矣。河北之逆末也,西川、岭南之乱尤末也③,凤翔、泾原、汴宋、河阳之蜂起④,犹非本也。三竖乱于前,元载乱于后,朝廷无法,而天下从风。绾清修自饬,立法于身,而增百官之奉以养官廉;罢团练守捉以肃军政;禁诸使之擅召刺史,以孤悖逆之党;定诸州兵数,以散聚众之谋。行之朝廷,可行而行矣;行之内地,可行而行矣。且姑置抗拒之逆藩于不论,使其允行之,十年之后,内宁而外患亦无藉以生,天下将秩秩然⑤,兵有制,吏有守,则据土叛君者,明其为化外之迹,而不敢以中逆貌顺、觊朝廷之宠命,河北梗化之凶竖⑥,不敛手而听命者,未之有也。

【注释】

①泮(pàn)散:分散,分裂。

②恪共:即共恪,恭谨。乂:安定,治理。

③西川、岭南之乱:指西川郭英乂之乱和岭南哥舒晃之乱。

④凤翔、泾原、汴宋、河阳之蜂起:分别指吐蕃入寇凤翔、泾原刘文喜叛乱、汴宋李灵曜之乱以及河阳军乱。

⑤秩秩:肃敬的样子。

⑥梗化:顽固不服从教化。

【译文】

唐朝自天宝年间以后,天下就陷于分裂而没有了纲纪。到了大历年间,混乱稍稍平息,但各地的分裂势头愈发严重。尽管如此,有所作为的时机也正在此时。逆臣的蛮横叛逆已经达到了极点,他们为所欲为,但却不能用自行确立的法令来扰乱国家法令;邪臣的邪恶贪婪已达到极点,唯利是图,然而他们虽然扰乱国法,却不能根本改变国家法令。所以杨绾一担任宰相,在三月之内,天下就为之震动,纷纷恭谨地听从其治理,杨绾在此无疑是抓住了立法之本,而又能够有序地付诸实施。若杨绾不死,则我们知道他是可以安定天下的。河北诸藩镇的叛逆不过是细枝末节,西川、岭南的叛乱更是末节,凤翔、泾原、汴宋、河阳叛乱蜂起,也都不是根本问题所在。李辅国、程元振、鱼朝恩三个权宦祸乱朝纲在前,元载祸乱朝纲在后,朝廷没有法纪,而天下便跟风混乱起来。杨绾清正廉明,严格约束自己,首先在自身树立法的权威,而增加百官的俸禄以保证官员的廉洁;罢黜团练、守捉使以整肃军政;禁止各藩镇节度使擅自召见刺史,从而孤立悖逆分子减少其同党;核定诸州的兵员数量,以破坏藩镇聚众称雄的图谋。他的这套法令在朝廷推行,因为可行而得到贯彻;在唐朝腹地推行,也因为可行而得到贯彻。暂且置那些叛逆藩镇于不论,使这套法令得以推行,则十年之后国内就能安宁,而外患也就无从乘着内乱产生,天下将秩序井然,军队有制度,官吏有操守。则那些割据一方、反叛君王的人,其化外野蛮之人的面孔暴露无遗,而不敢以内心抗拒、表面顺从的姿态觊觎朝廷加恩特赐的任命;河北那些顽固不服从王化的凶恶叛逆分子中,不敛手而听从朝廷命令的人是没有的。

夫代宗非果无能为者,一受制于李辅国,而二竖因之,元载乘之,怀情以待,得绾以相而志将伸,绾遽卒,常衮不足以胜任,而代宗又崩矣,唐之不振,良可悼已! 然建中之初①,天下姑安者,犹绾之余休也②。法先自治以治人,先治近以及远,绾清慎自持,汾阳且为之悚惕③,孰敢不服哉? 法犹可行,治犹可定,天夺绾而代宗终为寄生之君,过此无可为矣。

【注释】

①建中：唐德宗的年号，使用时间为 780 至 783 年。

②余休：浓密的树荫，引申指荫庇。

③悚（sǒng）惕：敬畏。

【译文】

代宗并非果真不能有所作为的君主，但先受制于李辅国，后又受制于程元振、鱼朝恩两个权宦，元载乘机弄权，代宗只能怀着有所作为的愿望等待时机。得到杨绾、任命他做宰相后，志向眼看要得以实现，可杨绾却迅速去世；常衮不足以胜任宰相之职，而代宗又驾崩了。唐朝未能重新振作，真是令人感到悲哀啊！然而在建中初期，天下暂时感到安宁，仍然是杨绾生前作为的余荫庇护的结果。法令首先要自治才能治人，要先治理近处然后才能影响到远方。杨绾清廉谨慎，自我约束很严，郭子仪尚且对他感到敬畏，谁敢不服呢？法令尚可施行，政治局面尚且可以安定下来；上天夺走了杨绾，而代宗终究变成了寄生的君主，离开杨绾便不能有所作为了。

卷二十四

德　宗

【题解】

　　唐德宗李适(742—805)是唐代宗李豫的长子,广德二年(764)被立为皇太子,大历十四年(779)即位。德宗即位之初,积极革除弊政,约束宦官,任用杨炎改革税制,颇有中兴气象。但后来因在藩镇问题上举措失当,导致了"四王二帝"之乱的爆发,德宗在变乱中被迫逃出长安。执政后期,德宗委任宦官为神策军统帅,在国内增收间架、茶叶等杂税,导致民怨日深;对藩镇采取姑息政策,使其势力日渐增强,唐朝廷的权威日益衰弱。

　　对于德宗有善始而无善终的执政表现,王夫之在本篇中进行了深入的剖析。首先,他认为德宗即位之初所展现出的新气象,并非是他经过深思熟虑后,放眼全局而独立自主采取施政举措的结果,而是他追求美名、轻易听信"善言"并迅速付诸实施的一时之效。正因为这种急于求名、轻易相信的心理,一旦他所笃信的"善言"没能短时间内取得成效,德宗的态度便会迅速从信任转向猜疑,进而改弦更张,这种浮躁的心态是造成他充满矛盾与悲剧的执政生涯的重要因素。他在对待河北藩镇问题上不够持重而迅速激化了藩镇与朝廷的矛盾、引发叛乱便是一个典型的例证。其次,王夫之认为,德宗之所以求安定而反招祸乱,求亲贤臣而反保奸佞,与他喜欢和众人唱反调的性格是分不开的。这种刚愎自用的性格，不仅给了卢杞等奸臣可乘之机，便于其得到德宗的偏信，也使得德宗对群臣的猜疑日渐严重，对其施政造成了相当大的负面影响。

德宗在位时废除租庸调制，改行"两税法"，这是中国古代赋税制度的一次重要变革。后世普遍认为两税法的实施在一定程度上简化了税目，提升了征税效率，便于百姓履行纳税义务。但王夫之认为，两税法虽然简便易行，在短时期内给朝廷和民众带来一定便利，但两税是将原本租、庸、调三种"正供"与临时增加的许多杂税加以合并的，从长期来看无疑加重了百姓的负担。而两税法实施后，两税之外又开始增收新的杂税，百姓负担更为沉重，故实为"乱法"。他也注意到，明代的"一条鞭法"同样是以简化税目的名义变相增加了百姓的负担。实际上，王夫之评判经济政策时始终是从民众本位出发的。本章中，他肯定刘晏放松榷盐管制的理财措施，肯定将实物折成金钱的税收方式，都着眼于便利民众、减轻百姓负担。

一　德宗初政过骤不克有终

骤为震世之行者，其善必不终。震世之善，骤为之而不疑，非其心之能然，闻人之言善者，亟信之也。闻人之言善而信以为必行，则使闻人之言不善者，抑不审之于心而亟从之。闻人不善之言而信，则人之言善者，无不可疑也。交相疑信，而善者恒不敌不善者之巧给，奚望其善之能有终邪？且夫事之利病，岂其有常，人之贤不肖，岂易以一概论哉？胥一善，而或为之而效，或为之而不效，义难精也；亟于信者，期其必效矣，期之太过，不遂其望，而或至于隳功，遂以疑善之不足为也。胥为君子，而或不爽其名，或大爽于其名，志难知也；亟于信者，期君子之必善矣，期之太过，不慰其所求,而或至于败行,遂以疑君子之不可用也。若此者,欲其善之终也,必不可得矣。夫明主之从善而进贤,宽之以取效之涂,而忍其一时之利钝;谅小人之必不仁,而知君子之有不仁者,但黜其人,而不累于其类;然后其决于善也,以从容而收效,决于用贤也,以阔略而得人[①]。无他,审之于心,百折迂回,详察乎理之必有与事之或然,而持其志以永贞,非从人闻善而遽希骤获之功也。

【注释】

①阔略:宽容。

【译文】

骤然间做出惊世骇俗之举的人,做好事必定难以做到底。能够骤然做出震动世人的善事而没有疑虑,并非是他本身的思考促使他能够这样做,而是听别人说这是好事,就迅速对此深信不疑。听别人说好就信以为真,并马上付诸实施,那么假使听人说这不是好事,也不会自己去认真思考判断,而是迅速听信这种意见。听信了别人说这件事不好的判断,则那些说好的,就没有不可以怀疑的了。在怀疑与信任间摇摆,则主张做善事的人肯定敌不过认为不善的人的伶牙俐齿、花言巧语,那么怎么奢望好事能做到底呢?况且事情的利弊,难道有常规可循,人是否贤能,难道是能够轻易一概而论的吗?同样是一桩善举,有的做了能够起到功效,有的做了没有取得功效,这其中的道理是难以详细阐明的;总是迅速相信别人的人,实际上是期望必定能够取得成效,期望过高,不能达到自己的期望,有时甚至功败垂成,于是便会怀疑这种善事是不值得做的。同样是有君子之名的人,有的人名实相副,有的人则非常名不符实,这是因为一个人的志向难以摸清;总是迅速相信别人的人,是期望有君子之名的人必定会做好善事,这一期望太高,难以满足自己的要求,甚至有号称君子的人做出坏事,于是便怀疑君子都不可以被任用。像这样的人,想要他做善事有始有终,必定是不可能的。英明的君主择善而从,任用贤人,在取得成效方面宽容地对待他们,能够容忍其短时期内没有成效;知道小人必定会做不仁不义之事,也了解君子中也有不仁之人,只把行不仁不义之事的人贬黜就行了,而不使所有君子都受到牵累;然后再决定去做某件善事,就可以从容地收到效果,决定任用贤人,就可以因宽容大度而得到贤人。这其中没有别的秘密,无非是君王要独立认真地思考,反复考察,详细探究道理究竟何在与事情能否成功,并坚持自己的志向而不中途改变,这样才能成功,而不是从别人那里听到善事就相信并施行,以期马上能够成功。

　　唐德宗之初政,举天宝以来之乱政①,疾改于旬月之中,斥远宦寺,闲制武人②,慎简贤才以在位。其为善也,如日不足,察常衮之私,速夺其相位,以授所斥责之崔祐甫,因以震动中外,藩镇有聪明英武之言,吐蕃有德洽中国之誉;乃不一二年而大失其故心,以庇奸臣、听谗贼,而海内鼎沸,几亡其国。人徒知其初吉终乱之善不长③,而不知其始之善非固有之,道听而袭取之;迨乎物情之变,固不可知,期效迫而不副其所期,则惩往而急于改图,必然之势也。罢转运盐铁使而省职废;命黜陟使巡天下④,而洪经纶激田悦之军⑤,使之痛哭;任文臣以分治,而薛邕以文雅旧臣⑥,盗隐官物巨万,张涉以旧学师友⑦,坐赃放黜。所欲行者龃龉⑧,所相信者二三,犹豫于善败臧否之无据,奸佞起而荧之,无惑乎穷年猜忌,内蛊而外离也。

【注释】

①天宝：唐玄宗李隆基的年号（742—756）。

②闲制：限制约束。

③初吉终乱：语出《周易·既济》。初吉，初时吉利。

④黜陟使：唐代对地方官吏进行考察、将其政绩情况上报更高一级的部门，并提出推荐或贬黜的建议，以便朝廷对官吏的职务升迁或贬黜朝廷派出的官员。黜陟使可以不上报直接处置一些违法犯纪的官员，可以将其罢官、羁押，甚至予以直接处决。唐太宗贞观八年（634），派李靖等十三人为"黜陟大使"，贞观二十年（646）又派大臣以六条巡察全国各地，考查官吏，进行奖惩，并了解各地情况。玄宗、肃宗时，亦曾遣使出巡。德宗建中元年（780）为推行"两税法"，又在各道设黜陟使，以统一税制，同时考察地方官吏的政绩。

⑤洪经纶激田悦之军：唐德宗建中元年（780），德宗任命洪经纶为河北黜陟使。洪经纶到河北后，听闻魏博节度使田悦拥兵七万，便下令裁军四万，让他们回去务农。田悦先依令裁军，随即集合被裁士兵，激怒他们道："你们在军中这么久，都有父母妻子，如今被黜陟使裁撤，靠什么为生？"众人大哭。田悦于是拿出自己的财帛、衣服分给他们，让他们返回军中。从此，魏博军都感激田悦而怨恨朝廷。事见《旧唐书·田悦列传》。

⑥薛邕：唐德宗时大臣。唐德宗即位后疏远宦官，任用朝士，薛邕因身为德宗潜邸旧臣，又素有文雅之名，所以得到德宗重用，官至尚书左丞。但不久薛邕即因犯下巨额贪赃罪而被贬为连山尉。

⑦张涉：出身儒学世家，曾任国子博士，以通儒善文著称，人称"张万言"。唐德宗即位之前曾受经于张涉。即位当夜便召张涉入宫咨询政务。次日任命他为翰林，不久又拜他为散骑常侍，待遇优厚。德宗访求宰相人选，张涉举怀州刺史乔琳为相，德宗欣然

接受。数月后，乔琳因不称职被罢免，张涉由此被德宗疏远。不久张涉接受贿赂的劣迹被揭发，德宗将其免官，放归田里。传见《旧唐书·张涉列传》。

⑧龃龉(jǔ yǔ)：不相符合，抵触。

【译文】

唐德宗执政之初，将天宝以来积累下来的混乱政令，在旬月之间就全部加以迅速更改，贬斥、疏远宦官，限制武人势力，谨慎选择贤才出任要职。他争分夺秒地施行善政，就好像每天的时间不够用一样，察觉到常衮徇私，不能秉公处事，便迅速剥夺其宰相之位，而将相位授予被常衮所排斥处罚的崔祐甫，因此得以震动中外，藩镇之间有称赞他聪明英武的话，吐蕃有称他的德性润泽整个中国的赞誉之辞；可是不到一两年，德宗就与自己最初的志向背道而驰，包庇奸臣、听信谗言，导致天下大乱，几乎亡国。人们只知道德宗初吉终乱、不能长久施行善政，却不知道他最初施行善政也不是出于自己固有的想法，而是听别人的话而采取的临时措施；等到外界的情况发生变化了，他无法得知，期望自己的新政能迅速起效果但未取得效果时，则鉴于以往的教训迅速改弦更张，所以他施行善政不能长久是必然的结果。他撤销转运盐铁使，使得尚书省各部门的职权被削弱；任命黜陟使巡视天下，而洪经纶却在巡视河北时刺激了田悦的军队，使他们痛哭怨恨朝廷；他任用文臣来分治政务，而薛邕这个号称文雅的潜邸旧臣，却贪污朝廷公产上万，张涉以德宗旧时老师和友人的身份被德宗拜为宰相，却最终因贪赃枉法而被罢黜。德宗所想要施行的政策相互抵触，他所相信的人又只有少数几个，他对事情的成败和对朝臣的赏罚都缺乏明确的依据而犹犹豫豫，奸佞趁机起来进谗言迷惑他，这也就难怪他一年到头心存疑虑，在内受小人的蛊惑，而外面的大臣都对他离心离德了。

向令德宗于践阼之始，曲体事几之得失①，而权其利害之重轻;深察天人之情才,而别其名实之同异;析理于心,穷心于理,郑重研精,不务皎皎之美名,以需效于岁月②。则一事之失,不以沮众事;一人之过,不以疑众人。其失也,正其所以得也;其可疑也,正以无不可信也。尧不以共、驩而防舜、禹③,周公不以管、蔡而废亲亲;三折肱为良医④,唯身喻之而已。躁人浮慕令名,奚足以及此哉? 故于德宗之初政,可以决其不克有终也。

【注释】

①曲体:深入体察。

②需:等待。

③共、驩:共工与驩兜的并称。据《尚书·尧典》记载,二人是当时
　著名的恶人,尧在舜的建议下将他们流放到偏远地区。

④三折肱为良医:语出《左传·定公十三年》:"三折肱知为良医。"
　意思是多次折断胳膊,有了多次医治的经验,自己便逐渐成了
　良医。

【译文】

假如德宗能够在即位之初,就深入体察事情的得失,权衡利害的轻重;深入调查出类拔萃者的性情与才能,而辨别其是否名实相符;在心中按情理做出分析判断,使自己做到心中有数,慎重地做出决策,不贪图美好的名声,耐心地等待时间来验证决策的成败。如此则一件事情的失误,不至于因此累及所有的事;一个人犯了过失,也不因此便怀疑众人。自己曾犯下的失误,日后正可以使自己有所收获;觉得一个人可疑,正是因为最初认为没什么不可以相信的缘故。尧不因为有共工与驩兜这样的奸佞之臣而防备舜和禹,周公不因为管叔、蔡叔叛乱而放弃亲亲之道;多次折断胳膊,有了多次医治的经验,自己便逐渐成了良医,

所以道理只不过在于自己亲身经历过才能明白而已。浮躁的人贪图美好的名声，又哪里足以领悟这个道理呢？所以从德宗最初执政的表现，就可以知道他施行善政不可能坚持到底。

二　唐威福己下移沈既济犹欲令州府辟用僚佐

法为贤者设乎？诚贤矣，虽不授之以法而可矣。故先王之制法，所以沮不肖者之奸私，而贤者亦循之以寡过。唐既于牧守之外置诸道诸使，使自择任寮吏。于是其未乱也，人树党以营私；其乱也，聚徒以抗命。沈既济上选举议①，犹欲令州府辟用僚佐，而不任宰相、吏部、兵部之铨除②，且曰："今诸道诸使自判官、副将以下，皆使自择辟吏之法。"何其不恤当时之大害至此极也！自天宝兵兴以后，迄于宋初，天下浮薄之士，置身私门，背公死党，以逆命谋篡、割据分争者谁邪？既济以为善政，而论者奖之为三代之遗法，甚矣！其贻祸之无穷矣。

【注释】

①沈既济：苏州吴（今江苏苏州）人。唐代文学家、史学家。唐德宗时受到宰相杨炎赏识，建中元年（780）授左拾遗、史馆修撰。主张不为武后作纪，疏谏德宗革除冗官。次年杨炎被贬赐死，他也被贬为处州司户参军。后复入朝，官礼部员外郎。著有《建中实录》十卷。传见《新唐书·沈既济列传》。

②铨除：选官授职。

【译文】

法律是为贤者而设的吗？如果一个人确实贤德，即使不把法授给他也是可以的。所以先代圣王制定法令，是为了阻止那些奸佞不肖的人的奸谋,而贤德的人也遵守法律以减少过失。唐朝在地方官员之外又设置诸道诸使臣,使他们可以自行选任僚属官员。于是在天下尚未大乱的时候,人人结党营私;天下大乱的时候,这些人便聚众抗命。沈既济上书议论选举之事,尚且想要让地方州、府能自行任命僚属官员,而不需要宰相、吏部、兵部的选拔任命,而且他还说:"如今诸道诸使自判官、副将以下的职务,都可以允许他们自行选任。"这是多么地不体恤当时天下的大害所在,竟到了这样极端的地步啊! 自从天宝安史之乱后,一直到宋初,天下浮薄的士人,都投靠私人势力,背叛国家,结党营私,抗命不遵、阴谋篡位、割据一方、相互纷争不断的是谁? 不正是这些人吗? 沈既济认为允许地方官员自行选任僚属是善政,而议论的人称赞这是三代遗留下来的办法,真是太过分了! 它给国家带来的祸患真是无穷无尽。

　　夫环天下之贤不肖,待铨除于吏部,不足以辨不齐之材品,此诚有未允者,而亦事理之不得不然者也。操黜陟之权于一人者,天子宪天以立极,犹万汇之荣枯统于真宰也①。分进退之衡,使宰相部臣司其进,牧守使臣纠其退者,各有所司而不相侵,犹春夏之司生,秋冬之司杀,互成岁功也②。牧守既临下以考功罪矣,又使兼爵人禄人之权焉,则诬上行私、政散人流而不可止。唐之以判官副将听诸使之自择,其威福下移之害,既可睹矣。激安禄山以反者,幽、燕部曲也;党刘展以反者,江、淮亲旧也;劝李宝臣以抗命者,王武俊也③;导李惟岳以自立者④,毕华也⑤;说朱滔以首乱者,王侑也⑥;奉四叛以称王者,李子千也⑦。自非端士,必怀禄以为恩。足不涉天子之都,目不睹朝廷之法,知我用我,生死以之,而遑问忠孝哉? 故自田承嗣、薛嵩、李正己、李希烈以洎乎李克用、朱温、王建、杨行密⑧,皆有尽心推戴之士以相煽而起。朝廷孤立,无与为谋,唐之亡,亡于人之散,明矣。抑令天下无衅,牧守无妄动之心,而互相辅倚,以贪纵虐民、荡佚法制,亦孰与禁之?而国民之交病,不可诘矣。既济倡为邪说,以破一王之法制,意者其为藩镇之内援⑨,以禁天子不得有一士之用乎?不然,何大纲已失,必取其细目而裂之也?其曰"辟吏之法,已试于今",不轨之情,已不可掩矣。

【注释】

①万汇:万物。真宰:宇宙、自然的主宰。

②岁功:一年的时序。

③王武俊(735—801):字元英,原名没诺干,契丹怒皆部人。唐朝中期军阀。王武俊原为李宝臣部裨将,后随其降唐,任成德军先锋兵马使。李宝臣死后,其子李惟岳起兵反叛。王武俊倒戈杀死李惟岳,但因对朝廷封赏不满,便联合幽州节度使朱滔举兵叛乱,援助魏博节度使田悦,自称赵王。后来,王武俊与朱滔产生矛盾,复又归降朝廷,被任命为成德军节度使,后又与李抱真联军击败朱滔,累封至检校太尉,兼中书令。传见新、旧《唐书·王武俊列传》)。

④李惟岳(?—782):范阳(今北京)人。成德军节度使李宝臣之子,李宝臣死后,被部下推为留后,占据河北七州之地,遂上表求袭父位,德宗不准,李惟岳便举兵谋反。德宗以张孝忠为成德军节度使,与朱滔联兵征讨李惟岳。建中三年(782)正月,朱滔、张孝忠击败李惟岳于束鹿,成德兵马使王武俊倒戈,生擒并缢杀李惟岳,传首京师。传见《旧唐书·李惟岳列传》《新唐书·藩镇镇冀列传》)。

⑤毕华(? —782):在李惟岳手下担任成德军长史、判官。李惟岳求朝廷允其袭父位不得,转而与田悦、李纳一起谋划对抗朝廷。朝廷举军进讨,李惟岳战场失利,欲改节奉命,毕华力劝他加强与魏博、淄青的联合,坚定了李惟岳反叛的决心。后来李惟岳战败,王武俊倒戈,毕华被王武俊杀死。其事见于《新唐书·藩镇镇冀列传》。

⑥王侑:魏博节度使田悦的心腹谋士。建中二年(781),田悦与李惟岳等人共同起兵对抗朝廷。次年,李惟岳被诛杀后,朱滔、王武俊均对朝廷封赏不满。田悦得知此事,认为可以离间二人与朝廷的关系,便派王侑、许士则去游说朱滔,表示愿意将贝州献给朱滔,以换取朱滔不再进攻魏博,朱滔听后欣然答应,并让王侑回报田悦。其后朱滔自称冀王,田悦、王武俊、李纳也各自称王。其事见于《旧唐书·田悦列传》。

⑦李子千:幽州军阀朱滔手下的判官。朱滔、田悦、王武俊、李纳相议称王时,李子千与恒冀判官郑濡等人一起商定:请朱滔、王武俊、田悦与郓州李纳为四国诸侯,各自称王,但不改年号,如同周代诸侯奉用周王室的年号一样。还须设筑祭坛,四家盟誓,如不守盟约,大家讨伐,以便保持一致。如果不称诸侯,长期背着叛臣的名义,没有凝聚人心的权威,用兵作战既无号召力,作战有功的也无官爵可赏,将吏们很难保持作战的激情。朱滔等人对此建议都表示认同,遂按此建议祭天称王。其事见于《旧唐书·田悦列传》。

⑧李希烈(? —786):燕州辽西(今北京顺义)人。唐德宗时淮西节度使李忠臣的族侄。因李忠臣残暴专横,李希烈于是将其逐出淮西,取而代之,被朝廷授予蔡州刺史、兼御史中丞、淮西节度留后。德宗建中二年(781),以梁崇义为首的地方藩镇起兵反唐,李希烈奉诏讨伐,击破梁崇义部,梁崇义兵败自杀。建中三年

(782)，李希烈接受朱滔等人的劝进，自称天下都元帅、建兴王，公然反唐。贞元二年(786)被部将陈仙奇毒死。传见《旧唐书·李希烈列传》《新唐书·逆臣列传》。杨行密(852—905)：原名行愍，字化源，庐州合肥(今安徽合肥)人。五代十国时期吴国奠基人，史称南吴太祖。原为庐州牙将，中和三年(883)拜庐州刺史，归属于淮南节度使高骈，光启二年(886)改名杨行密。此后经过长期混战，杨行密逐渐在江淮一带立足，并成功遏制了朱温南进的步伐，保持了江南地区的独立割据状态。天祐二年(905)，杨行密去世，其子杨溥即帝位时追尊其为武皇帝，庙号太祖。传见《新唐书·杨行密列传》《旧五代史·僭伪列传·杨行密》《新五代史·吴世家·杨行密》。

⑨意者：表示测度。大概，或许。

【译文】

　　整个天下的人是贤能还是不肖，全部都要吏部来鉴别，实在不足以辨清天下人参差不齐的才能和品行，这确实存在不够公允的弊端，但这也是按照事情的道理不得不如此做的。天子把官员的擢拔和贬黜之权集中在自己一人手中，天子代表天帝为人世树立极则，就如同万物的盛衰枯荣全都由造物主操纵一样。天子应该掌握好官员进退的平衡，使宰相和各部大臣负责官员的任用，各地方官员和使臣负责弹劾不称职的人，使其各司其职而不互相侵权，就如同春、夏两季是万物生长的季节，秋、冬两季则是万物凋零的季节，两者相辅相成，共同构成完整的一年。地方官员既然已经负责考察部下的功劳和罪过，如果让他们再兼管部下的爵位和俸禄，则地方官员势必欺骗朝廷、贪赃枉法，必然会使政治腐败、人才流失，局面就难以挽回了。唐代听任诸道节度使自行选择判官、副将的人选，将这种权力下放的危害，已经可以清晰地看到了。刺激安禄山反叛朝廷的，是他在幽、燕的部下们；伙同刘展共同反叛的，是他在江、淮地区的亲信旧部；劝李宝臣抗命的，是其部下王武俊；诱导李惟岳自立的人,是其手下判官毕华;说服朱滔首先叛乱的,是田悦的心腹王侑;尊奉朱滔、田悦、王武俊、李纳这四个叛臣称王的,是幽州判官李子千。如果不是端庄正直的人,必定是谁给自己俸禄就感激谁。这些人从未踏上过京城土地,眼中从不曾看到朝廷的法律,谁相信他、重用他,他就不论生死地跟随,而又哪里会关心其是否为国家尽忠尽孝呢?所以从田承嗣、薛嵩、李正己、李希烈一直到李克用、朱温、王建、杨行密,都有尽心推戴他们的士人煽动他们起来反叛,朝廷陷于孤立,没有人为朝廷出谋划策,唐朝的灭亡,是亡于人才的流散,这是很明显的。即使天下太平无事,地方官员也没有轻举妄动的心思,而是相互勾结、互为倚靠,他们贪污纳贿、放纵不法、虐待百姓,完全不受法律约束,又有谁能禁止他们这样做呢?而国家和民众都会陷入痛苦困顿之中,这是不问可知的事情。沈既济倡导邪说,来打破天子一人独尊的法制,大概是想要做藩镇的内援,从而使天子连一个贤能的人也用不成吧?不然的话,为什么朝廷的威信都已不复存在,却还要以计较地方官员用人的小事来破坏法制呢?沈既济说"地方官员自行征辟属吏之法,如今已经在试行了",可见他图谋不轨的心情,已经不可掩盖了。

三　令狐峘称代宗遗诏止厚葬

不欲以其死累天下者,君子之义也;不忍于送死之大事,而不以天下故俭其亲者,人子之心也。两者并行而各尽。故尸子曰[①]:"夫已,多乎道[②]。"岂必唯父命之是从哉?况乎有固吝之心,而托之遗命以自饰也!秦殚天下之力以役骊山,穷奢戕民,洵无道矣。乃欲之者,嬴政之自纵其恶,非胡亥之矫父命以崇侈虐民也。且秦之毒民而以自亡,岂但骊山之役哉?

【注释】

①尸子：名尸佼，战国时期思想家，有《尸子》二十篇，原书现已亡佚，仅存清人辑佚本。尸子对道家思想多有继承和发展，主张"学积有生""从道必吉""重民"。他提出"四方上下曰宇，往古来今曰宙"，这是迄今在中国典籍中找到的与现代"时空"概念最好的对应。

②夫已，多乎道：语出《尸子》，意思是知道停止，在多方面都合乎道的要求。

【译文】

不想因自己的死而连累天下，这是君子的大义之举；不忍心在安葬父母这件大事上草率了事，不因为考虑天下的因素而将父母草草安葬，这是身为人子的真心流露。这两件事可以并行不悖。所以尸子说："知道停止，在多方面都合乎道的要求。"岂能一切都遵从父亲的遗命呢？何况有些人本来就有吝啬之心，却假托父母的遗命来掩饰自己的吝啬呢！秦朝穷尽天下的力量来为秦始皇修建骊山陵墓，穷奢极欲，戕害百姓，确实是残暴无道。可是之所以要这样做，是嬴政自己放纵欲望、作恶害民，而不是胡亥假托其父亲的命令铺张浪费、残害百姓。况且秦朝毒害民众，最终自取灭亡，又哪里仅仅是因为修建骊山陵墓这一件苛政呢？

《檀弓》出于汉儒之杂记①，有非圣人之言者矣。其曰："葬也者，藏也，欲人之弗见之也，封树云乎哉？"夫人不愧于天，不怨于人。死，天下知其死；葬，天下知其葬。怀其恩者，过墓而欷歔②；闻其风者，望阡而忾想③。即其不然，亦相忘于林峦之下。何所抱恨，何所含羞，而托鼠穴以深匿，欲人之弗知之邪？如其负大恶、施大怨，死而人且甘心焉，则不封不树，哀然平土④，而操锸以穼之⑤，犹易易也。故以知

《檀弓》之言,非夫子之言也。

【注释】

①檀弓:《礼记》中的一篇。

②欷歔(xī xū):哭泣后不自主地急促呼吸。

③忾(kài)想:叹息想念。

④裒(póu):减少。

⑤劚(zhǔ):锄头。椓(zhuó):敲击,毁坏。

【译文】

《礼记》中的《檀弓》篇是出于汉代儒生的杂记,其中有并非圣人之言的内容。比如其中称:"所谓埋葬就是隐藏,是希望别人不能看见,为什么还要再封土植树作为标记呢?"人活着的时候不愧于天,也没有跟别人结怨。那么他死后,天下都知道他死了;举行葬礼后,天下人都知道他已经被埋葬了。感念他的恩情的人,经过他的墓时就会伤心流泪;听说过他的高风亮节的人,望着坟墓旁的小道就会叹息想念。即使不是如此受人爱戴,也不过是被人们遗忘在林木、山峦之下而已。又有什么值得遗憾,又有什么值得羞愧的,而一定要埋葬在像老鼠洞那样的深穴中以藏匿自己,想要别人不知道自己埋在哪里呢? 如果一个人生前有很大的罪恶、得罪过很多人,他死了别人拍手称快,则即使他死后墓葬不封土、不植树,完全是一片平地,而人们操起大锄来破坏他的墓葬也是轻而易举的。所以由此可以知道《檀弓》中的话,不是孔子本人的言论。

曾子曰:"人未有自致者,必也亲丧乎①!"士庶人有财而得为,皆可致而无弗致也;况四海兆民之元后,父终母亡,终古止此一事,而为天下吝乎? 丧礼之见于《士丧》者,且如彼其慎以周矣,遣车抗木②,茵翣明器③,空中人之产,士贫且贱,犹且必供;以此推而上之,至于天子,率万国以送其亲,而迪民以归厚,不可过也,而矧可不及邪④? 遗命虽严,在先君以自章其俭德,惟不朘削斯民、致之死亡,而已善承先志矣。若挟此为辞,吝财力以违可致之心,薄道取法于墨者,充塞仁义,其视委壑而听狐蝇之喝食也无几,非不仁者,孰忍此哉?

【注释】

①人未有自致者,必也亲丧乎:语出《论语·子张》:“曾子曰:‘吾闻诸夫子:人未有自致者也,必也亲丧乎!’”意思是:曾子说:“我听老师说过,人不会充分表露感情,如果有,一定是在父母死亡的时候吧!”致,尽其极。

②遣车:古代送葬时载运祭祀用牲体的车子。抗木:棺椁上面的木架。木上加席,以挡住泥土。

③茵:古代葬车上的垫子。翣(shà):古代殡车棺旁的装饰。明器:下葬时带入地下的随葬器物。

④矧(shěn):况,况且。

【译文】

曾子说:“人不会充分表露感情,如果有,一定是在父母死亡的时候吧!”普通百姓只要家里有钱能办得起葬礼的人,都会尽力操办丧事而没有不以此表达哀思的;何况是四海之内亿兆百姓所尊奉的天子,其父母死后,从古至今没有比为他们办葬礼更重大的事了,怎么能为了天下考虑就吝惜钱财呢?《仪礼·士丧礼》中记载的丧礼,尚且那样地慎重周到,从送葬时载运祭祀用牲体的车子到棺椁上面的木架。从葬车上的垫子、殡车棺旁的装饰到下葬时带入地下的随葬器物,这些葬具的花费足以花光一户中等人家的积蓄,而士人即使贫穷且身份卑微,尚且必定会努力置办这些葬具；由此向上推到天子，则率领万国来为双亲送葬，从而启迪民众，使民德归厚，固然不可以过度，但该办的又哪里能不办呢？先帝的遗命虽然严格，是他自己要表现自己节俭的品德，嗣君只要不剥削百姓，致使百姓死亡，就已经称得上是很好地继承先帝遗志了。如果把先帝遗命当作说辞，吝惜财力而违背自己尽孝的本分，效法墨家的学说而进行薄葬，这就相当于抛弃了仁义，将父母的遗体扔在沟壑中，任凭狐狸啃咬、苍蝇吮食，如果不是不仁的人，又有谁忍心这样做呢？

　　唐德宗葬代宗于元陵，诏从优厚，而令狐峘曰[①]："遗诏务从俭薄，不当失顾命之意。"不仁哉其言之乎！为人子者，当亲存之日，无言不顺，无志不养，没而无遗训之不奉，姑置此言焉可也。他不具遵，而唯薄葬之言为必从，将谁欺也？邪说诬民，若此类者，殆仁人之所必诛勿赦者与！

【注释】

①令狐峘（huán，？—805）：宜州华原（今陕西铜仁）人。唐代史学家，令狐德棻五世孙。博学善撰，尤长文史。唐代宗、德宗年间长期担任史馆修撰，著有《代宗实录》。因性格孤傲，不善攀结权贵，因而多次受贬，顺宗即帝位后召他回朝任秘书少监，卒于北返途中。传见新、旧《唐书·令狐峘列传》。

【译文】

　　唐德宗将唐代宗安葬在元陵，下诏说要优厚地举办葬礼，而令狐峘说："先帝遗诏中要求葬礼务必要节俭，所以陛下您不应该违背先帝的遗命进行厚葬。"他的话真是不仁啊！作为别人的儿子，当双亲活着的时候，对他们的话没有不听从的，从没有不尽心尽力地奉养他们，等父母死后，对于他们的遗训没有不尊奉的，这个时候说这句话姑且算过得去。可是如果对双亲的其他遗命不好好遵从,却唯独要遵从其薄葬的遗命,这又是要欺骗谁呢?用歪理邪说蛊惑民众,像令狐峘这样的人,大概是仁义之人所必定要诛杀、绝不宽赦的人吧!

四　杨炎两税基后世之赋役虐民

政莫善于简,简则易从。抑唯上不惮其详,而后下可简也。始之立法者,悉取上下相需、大小常变之条绪而详之,乃以定为画一,而示民以简,则允易从矣。若其后法敝而上令无恒,民以大困,乃苟且以救一时之弊,舍其本,而即其末流之弊政,约略而简之,苟且之政,上与民亦暂便之矣。上利其取给之能捷,下利其期会之有定,稍以戢墨吏、猾胥、豪民之假借,民虽殚力以应,而亦幸免于纷扰。于是天下翕然奉之,而创法者遂自谓立法之善,又恶知后之泛滥而愈趋于苛刻哉!

【译文】

制订政令没有比简便更重要的了,政令简便则民众容易遵从。或许只有朝廷制订政令时不厌其详,然后下面的基层官吏执行政令时才能简便。刚开始制订法令的人,如果能够全面考虑全国上下的需要、将经常变动的大小条目详细地加以修订,使其整齐划一,从而向民众展现出法令的简便,则百姓就容易遵从了。如果这之后法令逐渐遭到破坏,而朝廷的政令又变化无常,民众因此而陷入极大的困境,于是朝廷为了挽救一时的弊病而苟且从事,舍弃法令之本,而把具体带来弊政的一些细小条目加以省略和简化,靠着这种苟且一时的政令,朝廷和百姓也能暂时感到简便。朝廷满意这种法令简单明了,易于执行,下面则满意政令的执行从此有了一定之规,可以稍稍遏制贪官污吏、有权势的豪民假借法令来残害自己,百姓虽然必须竭力执行法令的规定,但也可以因此幸免于纷扰。于是天下都一致地尊奉这种法令,而创立这种法令的人也会认为自己创立了完善的法令,他又哪里能够知道这些法令后来泛滥成灾、最终越来越趋向苛刻了呢!

　　盖后世赋役虐民之祸,杨炎两税实为之作俑矣。夫炎亦思唐初租、庸、调之成法①,亦岂繁苛以困民于旬输月送乎?自天宝丧乱以后,兵兴不已,地割民凋,乃取仅存之田土户口,于租、庸、调之外,横加赋敛,因事取办而无恒,乃至升斗锱铢皆洒派于民②,而暴吏乘之以科敛③,实皆国计军需,在租、庸、调立法之初,已详计而无不可给者也。举天下之田亩户口,以应军国之用,而积余者尚不可以数计。量其入以为出,固不待因出而求入也。因出以求入,吏之奸,民之困,遂浸淫而无所止。然一时丧乱之权计,有司亦乘时以破法,而不敢以为一定之规。民虽劳,且引领以望事之渐平,而输正供者犹止于其数也。两税之法,乃取暂时法外之法,收入于法之中。于是而权以应迫者,皆以为经。当其时,吏不能日进猾胥豪民而踪指之④,猾胥豪民不能日取下户朴民而苛责之⑤,膏血耗而梦寝粗安,故民亦甚便也。非时非法之箕敛并于上⑥,而操全数以待用,官亦甚利也。乃业已为定制矣,则兵息事已,国用已清,而已成之规不可复改。人但知两税之为正供,而不复知租、庸、调之中自余经费,而此为法外之征矣。既有盈余,又止以供暴君之侈、污吏之贪,更不能留以待非常之用。他日者,变故兴,国用迫,则又曰:“此两税者正供也,非以应非常之需者也。”而横征又起矣。以此思之，则又何如因事加科，旬输月送之无恒，上犹曰此一时不获已之图，不可久者也；民犹知租、庸、调之为正供，而外之苛征，事已用饶，可以疾苦上闻，邀求蠲贷者也⑦。唯据乱法以为法，则其乱不已。呜呼！苟且以图一时之便利，则其祸生民亦至此哉！

【注释】

①租、庸、调：分别指田租、身庸（代役钱）、户调（按户征调的赋税）。租庸调制是唐代在均田制基础上实行的赋役制度。

②洒派：分摊，分派。

③科敛：向百姓摊派费用以搜刮钱财。

④踪指：指挥，操纵。

⑤下户：指贫民或穷苦之家。

⑥箕敛：用箕来收取赋税，比喻苛敛民财。

⑦蠲（juān）贷：指免除租税、借放钱粮。

【译文】

大概后世赋役繁重、虐待百姓，杨炎的两税法实际上是这一祸害的始作俑者。杨炎如果也能考虑到唐初已有租、庸、调的成法，又哪里是繁苛的赋税制度使得百姓因为每旬、每月都要向官府输送钱物而陷于困境呢？自从天宝年间的安史之乱发生后，战争连年不休，国土被分割，民生凋敝，杨炎却把仅存的田土户口拿来当税源，在田租、身庸、户调以外，横加赋税以敛财，有事便向百姓摊派赋税而没有一定之规，以至于一升一斗粮食、一文一厘钱都要分摊到每个百姓头上，而残暴的官吏趁机大肆摊派敛财以中饱私囊，实际上，国家的开支、军队需要在租、庸、调制度创立之初，就已经经过详细计算而包括在内了，无须再额外征收。把整个天下的田亩、户口当作税源，来满足军队和国家的用度，其剩余的数量尚且多得无法统计。如果朝廷能够根据收入多少而相应规划支出，本来就不需要等到支出以后再调整税收以满足支出需求。如果根据支出而调整税收，则官吏会兜售奸计，从中渔利，百姓就会陷入困境，这样一来搜刮就愈演愈烈、没有止境了。然而这种调整毕竟是因一时战乱而采取的权宜之计，有关部门也是借此时机来打破原有的法度，而不敢将这种调整当作一定之规。百姓虽然劳苦，但尚且可以盼望事态逐渐平息的那一天，而他们向朝廷输送的正规赋税尚且止于之前租、庸、调所规定的数额。杨炎的两税法，却把暂时的法外之法，收入到正规的法令之中。于是应付紧迫局面的权宜之计，都成了不可变易的常法。在这种情况下，官员不能每天都盯着狡猾的胥吏和地方豪强，狡猾的胥吏和地方豪强也不能每天苛责、勒索老实巴交的下户百姓，百姓的膏血虽然耗尽，而晚上睡觉终于能暂时得到安宁，所以百姓也感到新法很便利。官府因为能够把那些本来不符合时宜、不符合法令的聚敛收入都合并在一起，把全部的这些收入掌握在手中以备使用，因此也感觉很便利。可是等到这一制度成为定制，则即使有一天战争平息，国家的用度支出缺额也已经补清，而两税法却已成了定规而不能再更改。人们只知道两税本身是应缴纳的正供，却不再知道租、庸、调之中本来就有剩余的经费，而两税实际上才是法外加征的赋税。既然赋税有盈余，便有只能用来供给暴君奢侈浪费、官吏贪污的需要，根本不能留下来以应付非常时期的开支用度。等到了某一天，再一次发生变故，国家迫切需要钱，则朝廷又会说："两税是正供，并非用来应付非常之需的赋税。"于是便会又一次开始额外横征暴敛。由此可以想到，与其如此还不如遇到事情而临时加征赋税，在一旬、一月之间不定期地向官府输送钱物，如此朝廷尚且会说这是一时间不得已而实施的办法，不可以长久施行；而民众也尚且会知道租、庸、调才是正供，而法外的其他苛捐杂税，等到国家用度足够后，可以将自己的疾苦向朝廷上报，从而请求朝廷免除这种额外赋税。唯独将临时的乱法当成常法，则混乱将不会止息。唉！苟且贪图一时的便利，则其祸害百姓竟会到了这样的地步！

两税之法行之数百年，至宋而于庸外加役焉[1]，役既重派于民，而作辍犹无定也。至成化中，而朱都御史英者[2]，又为一条鞭之法，于夏秋税粮之外，取滥派之杂徭，编于正供，箕敛益精，而漏卮愈溃[3]。迨乎兵兴用棘[4]，则就条鞭之中，裁减以输京边，而地方之经费不给，又取之民，而莫能禁制。英且以法简易从，居德于天下，夫孰知其为杨炎之续以贻害于无穷乎！

【注释】

①至宋而于庸外加役：指唐代变租庸调法作年支两税，已将租庸调和其他的杂税一律并入两税。但宋代沿袭两税（专指地税）名称，另有丁税、杂税、徭役。

②朱都御史英：即朱英（1417—1485），字时杰，号澹庵，桂阳（今湖南汝城）人。明朝中期政治家、诗人。他为官清正严明，治理甘肃、两广，皆立大功。他曾在广东行均平法和均徭法，被视为"一条鞭法"的雏形。成化二十年（1484），入朝授太子少保、都察院右都御史。著有《认真子集》《诚庵遗稿》等。传见《明史·朱英列传》。

③漏卮（zhī）：渗漏用的酒器。比喻利权外溢的漏洞。

④棘：通"亟"。急切，急迫。

【译文】

两税法施行了数百年，到宋朝的时候又在身庸钱外再加劳役，此时劳役虽然已经重新加到了百姓头上，但有时执行，有时停止，没有一定之规。等到明成化年间，都御史朱英又创立了一条鞭法，在夏秋税粮以外,把胡乱征派的杂徭编入到正供中去,聚敛民财的手段越来越精巧,而带来的祸患也越来越严重。等到战事兴起、军队开支紧张时,则从一条鞭法收取的赋税中,拿出一部分来输送到京师周边,而地方的经费朝廷却不再划拨,地方官员又一次从百姓身上征收,而朝廷没办法禁止地方的这一行为。朱英尚且认为一条鞭法简便而容易遵从,自认为对天下有恩德,又哪里知道一条鞭法是杨炎两税法的继续,而给百姓带来了无穷无尽的灾难啊!

　　夫立法之简者,唯明君哲相察民力之所堪,与国计之必畜,早有以会其总于上;而瓜分缕别,举有司之所待用者,统受于司农;以天下之富,自足以给天下之需,而不使群司分索于郡县,则简之道得矣。政已敝,民已疲,乃取非常之法,不恤其本,而横亘以立制。其定也,乃以乱也;其简也,乃以繁也;民咸死于苟且便利之一心,奚取于简哉?杨炎以病民而利国,朱英以利民而害民,后之效之者,则以戕民蠹国而自专其利①,简其可易言乎? 炎不足诛,君子甚为英惜焉。

【注释】

①蠹(dù):蛀蚀,祸害。

【译文】

　　要想使立法简便,唯有明君贤相考察了解民众的承受能力,以及满足国家开支的必需积蓄,早早地就将这些数据汇总到朝廷中央;然后再分门别类列出有关方面所需的支出费用,统统交给户部处理;以天下的财富,自然能满足天下的需要,而不让中央的各个机关都向地方郡县索求费用,如此法令就能简便了。政令已经被破坏,百姓已经疲惫不堪,却采取非常之法,不体恤根本,而在正常法令之外横加额外法令。这样一来,本是为了安定,却带来了祸患;本是为了简便,却弄得越来越繁琐;百姓都因为贪图一时便利的苟且之心而死,即使简便又有什么可取之处呢? 杨炎的两税法给百姓带来祸患,而给国家带来利益;朱英本想给百姓带来利益,最终却害了百姓,后世仿效杨炎和朱英的人,则因此戕害了民众和国家,从而为自己捞取好处,法令简便难道是能够轻易而言的吗? 杨炎即使被杀头也不亏,而君子都很为朱英感到惋惜。

五　论刘晏者不得以其理财为小人

言治道者讳言财利,斥刘晏为小人①。晏之不得为君子也自有在,以理财而斥之,则倨骄浮薄之言②,非君子之正论也。夫所恶于聚财者,以其殃民也。使国无恒畜,而事起仓卒,危亡待命,不能坐受其毙,抑必横取无艺以迫民于死③,其殃民又孰甚焉? 故所恶于聚财之臣者,唯其殃民也,如不殃民而能应变以济国用,民无横取无艺之苦,讵非为功于天下哉?

【注释】

①刘晏(? —780):字士安,曹州南华(今山东东明)人。他在唐代宗、德宗时历任吏部尚书、同平章事,领度支、铸钱、盐铁等使,实施了一系列财政改革措施,如改革盐政、推行常平法等,努力发展生产,开源节流,使唐代财政逐步好转。建中元年(780)遭谗害,被敕自尽。传见新、旧《唐书·刘晏列传》。

②倨骄:倨傲不恭。

③无艺:没有限度。

【译文】

谈论国家治理之道的人忌讳谈论财利,斥责刘晏是小人。刘晏确实有其不能被称为君子的原因,但因为理财而斥责他,则是浅薄轻浮的说法,不是君子所应该秉持的正论。人们之所以厌恶聚敛财物,是因为这种行为将祸害民众。可是如果国家没有固定的积蓄,而一旦仓猝之间发生非常事件,国家处于危亡之中,不能坐以待毙,那就必然要对百姓加以无限制的横征暴敛,将百姓逼迫致死。这样给百姓带来的祸害,与理财相比,哪个更厉害呢?所以人们厌恶聚敛财富的官员,只是因为其祸害百姓,如果能够不祸害民众而又可以应对变故、满足国家开支需求,百姓不用受到无限制横征暴敛的苦头,难道不是对天下有大功吗?

　　晏之理财于兵兴之日,非宇文融、王𫓧、元载之额外苛求以困农也①。察诸道之丰凶,丰则贵籴,凶则贱粜②,使自有余息以供国,而又以蠲免救助济民之馁瘠,其所取盈者,奸商豪民之居赢③,与墨吏之妄滥而已。仁民也,非以殃民也。榷盐之利④,得之奸商,非得之食盐之民也;漕运之羡⑤,得之徒劳之费,非得之输挽之民也⑥。上不在官,下不在民,晏乃居中而使租、庸不加,军食以足。晏死两年,而括富商、增税钱、减陌钱、税间架⑦,重剥余民之政兴,晏为小人,则彼且为君子乎?

【注释】

①宇文融(?—730):京兆万年(今陕西西安)人。唐朝宰相。开元初任监察御史,当时土地兼并严重,人口流失,税收受到影响,他建议检括逃亡户口和籍外占田,并自任劝农使,率劝农判官二十余人出使各地,清出无地佃客八十余万和大量土地。开元十七年(729)被拜为宰相。在相位仅百日即罢贬为汝州刺史,又流严州,卒于途中。传见《旧唐书·宇文融列传》。王𫓧(?—752):

太原祁县(今山西祁县)人。天宝年间任京和市和籴使、户口色役使，每年搜刮大量财物入内库，以供给唐玄宗挥霍，非常受皇帝信任。天宝九载(750)，任御史大夫，兼京兆尹，一身兼领二十余使，朝廷内外皆畏惧他的权势。天宝十一载(752)，王铁的弟弟户部郎中王锝和邢缙谋反，王铁被赐死。传见新、旧《唐书·王铁列传》。元载(?—777)：字公辅，凤翔岐山(今陕西岐山)人。唐朝宰相。大历年间，元载先后助代宗杀死李辅国、鱼朝恩两个掌权宦官，因而深受皇帝信任。但他志得意满，此后独揽朝政，排除异己，专权跋扈，又专营私产，大兴土木，逐渐引起代宗的厌恶。大历十二年(777)，元载被代宗下令逮捕，不久与其家人被先后赐死。传见新、旧《唐书·元载列传》。

②粜：卖出粮食。

③居赢：获利，利润。

④榷盐：指政府对盐课税，或以专利为目的对食盐实行专营和专卖。

⑤羡：多余，剩余。

⑥输挽：运送物资。

⑦陌钱：唐德宗建中四年(783)政府以军费不足为名对市场交易所得及公私支付钱物所课征的一种交易税。规定凡交易所得和公私支付钱物，每一百钱，官府抽取二十至三十文税钱，后增至五十文。如果以物易物，就要将物品折合成现钱，再依百分之五的税率抽取相应货物作为税收。通过牙商进行的交易，由牙商持官府发给的印纸，对买卖进行登记，并负责核算交纳。不通过牙商进行交易的店铺，由店铺自备私簿，登记交易额，自动申报纳税。税间架：指将百姓的房产按照占地面积、修筑年代以及房屋质量的好坏作为评判对象征收赋税，也就是征收房产税。

【译文】

刘晏是在战争频仍的时代理财,并非像宇文融、王𫓧、元载那样额外滥征赋税而使得百姓陷于困苦。他察看诸道年成的好坏,丰收时则加价买入粮食,遇到灾年则低价卖出,使其自然有盈余以供给国家,并且又能以此来免除部分百姓的税赋,救助陷入饥荒的百姓,刘晏所赚的钱,只是奸商豪民所多余的钱财以及贪官污吏非法滥征所得的收入而已。刘晏是在向百姓施以仁德,而不是祸害百姓。国家进行食盐专卖所得的利润,是来自于奸商,而不是从吃盐的百姓那里获得的;漕运的剩余资金,是靠节省劳力费用得到的,而不是从拉纤的民工身上剥削来的。刘晏上不给朝廷添麻烦,下不给百姓增加负担,而是居中调节,使得田租、身庸不增加,军队的粮食供应也得到保证。刘晏死后两年,其继任者就开始搜刮富商的钱财、增收税钱、对市场交易所得及公私支付钱物抽取交易税、征收房产税,残酷剥削百姓的乱政又开始了,如果刘晏是小人,则那些继任者难道是君子吗?

抑考当日户口虚盈之数,而晏体国安民之心,不可没矣。兵兴以来,户不过二百万,晏任财赋之季年,增户百万,非晏所统者不增,夫岂晏有术以饵之,使邻民以归己邪?户口之耗,非果尽死亡也。贪污之吏,举百费而一责之农民,猾胥持权,以私利为登耗[①],民不任其诛求,贿吏而自诡于逃亡死绝,猾胥鬻天子之民以充囊橐[②],偷窳之守令[③],亦以户少易征,免于催科不足之罚,而善匿者长子孙,据阡陌,征徭不及,以为法外之民,其著籍而重受荼毒,皆穷乡愿朴者尔。户日耗,赋必日增,仅存之土著,日毙于杖棰囚系之下,此其所以增者百一、而减者十三也。晏唯通有无、收盐利、清挽兑以给军用[④],而常赋有经以不滥;且所任以理租、庸者,一皆官箴在念之文士，而吏不得以持权。则彼民也，既优游于奉公之不扰，自不乐受猾胥之胁索，抑安居晏寝，无漏逃受戮之隐忧，有田而租，有口而庸、调，何惮而不为版籍之良民，以康乃身心邪？

然则非晏所统而户不增者，非不增也，增于吏而不增于国也。晏得其乐于附籍之本情，以杜奸胥之诡，使乐输者无中侵之伤⑤，故民心得而户口实，仁人君子所以体民而生聚者，亦此而已。岂乞灵于造物而使无夭札⑥，遥呼于胡、越而使受戎索哉？然则晏之于财赋，君子之用心也，不可以他行之瑕责之也。

【注释】

①登耗：增减。

②囊橐（tuó）：袋子，口袋。

③偷窳（yǔ）：苟且懒怠。

④清挽兑：指疏浚漕运水道，用榷盐所得招募船工漕运粮食和物资。

⑤中侵：指在缴税过程中受到盘剥伤害。

⑥夭札：遭疫病而早死。

【译文】

如果考察一下当时户口增减变化的情况，则刘晏体谅国家、安抚民众的用心，就不可以被埋没了。自从战争爆发以来，国家户口不超过二百万，而到刘晏负责理财的末年，户口增加了百万，不属于刘晏统辖范围内的户口则没有增加，难道是刘晏有办法引诱邻近地区的百姓，使得他们都跑到自己的辖区里来吗？户口的损耗，并不一定意味着这些百姓都死亡了。贪官污吏把一切费用的负担都加到农民身上，狡猾的胥吏掌握了征收之权,中饱私囊而把这些都算在官府开支的账上,民众不堪忍受这样的无限度盘剥,便贿赂官吏而诡称自己的家族逃亡死绝了,狡猾的胥吏便借机把天子的百姓"卖掉"以中饱私囊,苟且懈怠的地方官员,也因为百姓户数少容易征收赋税,而免于因征收赋税达不到规定额度而受罚,而那些善于藏匿自己的百姓,繁衍子孙,占据土地,赋税和徭役都轮不到他们头上,成了法外之民,而那些仍在官府版籍之中受到残酷剥削的,都是老实巴交的农民。户口日渐减少,每户的赋税必定日益增加,于是仅存的土著,每天都死于责打、囚禁,这就是为什么人口增加的只有百分之一、而减少的却有十分之三。刘晏只是沟通有无、收取食盐专卖之利、疏浚水道并以盐利招募挽漕船工,从而供给军队开支,日常收取的赋税有一定之规而不泛滥;而且他委派去收取田租、身庸钱的人,都是遵守为官准则的文人,而基层胥吏不能再把持征税之权。如此则他统辖下的百姓,既然乐于接受应缴纳的税额而不受打扰,自然不愿意受狡猾胥吏的胁迫勒索,而且可以放心生活、安心睡觉,没有因漏逃税赋而被杀的隐忧,有田而缴纳田租,有户口而缴纳身庸、户调,又有什么可害怕的,而不当有户籍的百姓,从而使自己身心愉悦呢?

如此则刘晏统辖范围外的户口数不增加,并非是真没有增加,而是增加在贪官污吏手中却没有增加在朝廷手中。刘晏利用百姓乐于归附政府版籍的本心,来杜绝奸诈胥吏从中作梗,使得乐于向朝廷交税的百姓不在缴税过程中受到伤害,所以得到了民心,户口日渐充实,仁人君子体谅百姓并使其人丁兴旺的做法,也不过是像刘晏这样而已。难道还能够乞求造物主显灵,使其不降下瘟疫导致百姓死亡,或者是远远地求救于胡、越等少数民族的帮助,从而使百姓都被异族所统治吗?如此则刘晏的理财举措,是出于君子的用心,不能因为他的其他做法有瑕疵,就也一并指责他理财的贡献。

六 刘晏榷盐之法百王莫易

无利于国,无补于民,听奸人之挟持,为立法禁,以驱役天下而桎梏之，是谓稗政[1]。能知此者，可与定国家之大计矣。

【注释】

①稗政：不良的政治措施。

【译文】

对国家没有益处，对百姓生计也没有帮助，听凭奸人的挟持，订立法度和禁令，用来奴役天下百姓，给他们戴上枷锁，这就是所谓的不良之政。能够理解这一点的人，才可以与他们共同商定国家的大计。

刘晏庀军国之用[1]，未尝有搜求苛敛于民，而以榷盐为主。盐之为利，其来旧矣。而法愈繁则财愈绌，民愈苦于淡食，私贩者遂为乱阶[2]，无他，听奸商之邪说，以擅利于己，而众害丛集矣。官榷之，不能官卖之也；官卖之，而有抑配、有比较、有增价、有解耗[3]，殃民已亟，则私贩虽死而不惩。必也，官于出盐之乡，收积以鬻于商，而商之奸不雠矣。统此食盐之地，统此岁办之盐，期于官无留盐、商无守支、民无缺乏，踊贵而止耳[4]。官总而计之，自灶丁牢盆薪刍粮值之外[5]，计所得者若干，足以裕国用而止耳。一入商人之舟车，其之东之西，或贵或贱，可勿问也。而奸商乃胁官以限地界。地界限，则奸商可以唯意低昂，居盈待乏，而过索于民。民苦其贵，而破界以市于他境，官抑受商之饵，为之禁制，徽纆日累于廷[6]，掠夺日喧于野，民乃激而走挺，于是结旅操兵，相抗相杀，而盗贼以起。元末泰州之祸[7]，亦孔烈矣[8]。若此者，于国无锱铢之利，君与有司受奸商之羁豢[9]，以毒民而激之乱,制法之愚,莫甚于此,而相沿不革,何也? 朝廷欲盐之速雠,不得其术,而墨吏贪奸商之贿,为施网罟,以恣其射利之垄断^⑩,民穷国乱,皆所弗恤也。

【注释】

①庀(pǐ):治理,办理。

②乱阶:祸端,祸根。

③抑配:强制摊派,此指强制规定的贩盐配额。解耗:正规盐税之外的附加税,用以补偿运输费用。

④踊贵:此指物价上涨。典出春秋时期晏子"踊贵屦贱"的故事。

⑤灶丁:煮盐工。牢盆:煮盐的器具。

⑥徽缰:缚绑俘虏或罪犯的绳索。

⑦元末泰州之祸:指元至正十三年(1353),以张士诚为首的私盐贩子和盐民因不满元朝廷的压迫,愤而杀死朝廷委派的盐警邱义,并迅速占据泰州,此后长期割据泰州、高邮等地区,成为一支重要的反元力量。

⑧孔烈:惨烈,严重。

⑨羁縻:贿赂笼络。

⑩射利:追求财利。

【译文】

刘晏为国家和军队筹措费用,不曾向百姓横征暴敛,而以榷盐为主要收入来源。盐为国家带来利润,这是很久以前就开始的事情了。而相关的法令制定得越繁苛,国家的财政越紧张,百姓越来越因买不起盐而苦于吃淡食,私盐贩子便趁机制造祸端,这没有别的原因,只是因为朝廷听信奸商的歪理邪说,试图把卖盐的好处全集中在自己手中,因而各种弊病便集中产生了。官府虽然专营盐业,但是官府不应该自己去卖盐;官府亲自卖盐,就会产生限制配额、产生比较定价、产生盐价增加的问题，还会产生补偿运输费用的附加盐税，这些费用都由百姓承担，给百姓带来了许多灾难，因此即使对私盐贩子施以死刑也难以完全禁绝他们。要解决这一问题，官府就必定要在出产盐的地区，收取、积蓄盐来卖给商人，而商人的奸计也就没法实现了。将这些产食盐的地方统一管辖，每年一次集中进行盐的贩卖，以期达到官府手中不滞留食盐、商人不能囤积居奇、百姓不缺食盐，则盐价的上涨就会停止了。官方将整体收入进行统计，除去煮盐工的工钱、煮盐器具、柴炭和粮食的费用，计算出获利有多少，只要足够供给国家的用度就可以了。食盐一旦装上商人的车船，则他们把食盐向东方还是西方贩卖，价格是高还是低，官府都不必过问。而奸诈的商人却会胁迫官府限定地区来卖盐。限定了卖盐的地区，则奸商可以任意提高或降低盐价，囤积居奇，等到食盐匮乏时再高价卖出，过度地勒索百姓。百姓苦于奸商所贩卖的食盐价格太贵，就会打破官府规定的食盐贩卖地界，到其他地区去卖盐，官府或许又接受奸商的贿赂，禁止百姓跨境卖盐，则每天因为触犯禁令而被抓的百姓都很多，奸商对百姓进行掠夺引发的喧嚣在原野上沸腾，百姓被激怒，被迫铤而走险，于是拿起武器组成军队，武力反抗官府，而盗贼因此兴起。元末的泰州之祸，也可谓是非常惨烈了。像这样的食盐政策，对国家没有一丝一毫好处，国君与有关部门受到奸商的贿赂笼络，毒害民众而激起他们挺身反抗，制定法令的愚蠢，没有比这更严重的了，但这一政策却历代相承，不加改革，这是为什么呢？因为朝廷想要尽快将食盐卖出，却又没找到合适的办法，而贪官污吏贪图奸商的贿赂，替他们设立禁令，布下圈套，放任这些奸商垄断食盐以获利，至于百姓陷入穷苦、国家陷入混乱，朝廷和贪官污吏就都完全不体恤了。

晏知之矣，省官以省擎查支放之烦[1]，则商既不病；一委之商，而任其所往，商亦未尝无利也。相所缺而趋之，捷者获焉，钝者自咎其拙，莫能怨也。而私贩之刑不设，争盗抑无缘以起。其在民也，此方挟乏以增价，而彼已至，又唯恐其醜之不先，则踊贵之害亦除。守此以行，虽百王不能易也。晏决策行之，而后世犹限地界以徇奸商，不亦愚乎？

【注释】

①榷查：抽查核验，朝廷对盐商贩盐的一种检查措施。支放：发放。此指向盐商发放配额和贩卖许可。

【译文】

刘晏深知盐业的这一情况，所以他裁并官员以省去审查盐商、发放配额和贩卖许可的繁琐流程，如此则盐商不再为此感到头疼；把贩盐之事全都委任给商人，听任他们到任何地方贩卖，则盐商也不是无利可图。他们看到哪里缺盐便到那里去贩盐，捷足先登的人因此获利，行动迟缓的盐商则只能怪自己太笨拙才没赚到钱，而不能抱怨朝廷法令不公。而不再设立私贩食盐的刑罚，则民间竞相盗卖食盐的情况也就不会再发生了。对于百姓而言，则一方盐商刚趁着食盐匮乏而想加价，另一方的盐商就已经到来了，双方都唯恐自己不能先卖出食盐，于是盐价上涨的祸端便因此得以除去。如果能依照这一办法执行，则即使经历百代也不能变易此政策。刘晏决策施行这一明智的盐政，而后世却仍然限定食盐贩卖的区域，以姑息纵容奸商，不也太愚蠢了吗？

持其大纲，疏其节目，为政之上术也。统此一王之天下，官有煮海之饶，民获流通之利，片言而决耳，善持大计者，岂有不测之术哉？得其要而奸不能欺，千载莫察焉，亦可叹已！

【译文】

把握好大政方针,具体的条目规定则宽松一些,这是治理国家的上佳策略。治理大一统的天下,朝廷获得煮海为盐的好处,百姓获得食盐流通的益处,只需要几句话就能决定,善于决定国家大政方针的人,哪里有什么高深莫测之术呢? 只要掌握了其中的要领,则奸人就不能欺骗朝廷、兜售奸计,可是刘晏以后千年之久,人们竟然不能察觉这一道理,真是可叹啊!

七 天下复乱非由不许李惟岳嗣位

德宗不许李惟岳之嗣位而乱起,延及数年,身几危,国几亡,天下鼎沸,是岂可谓德宗之宜听其嗣,使假我之爵位,据我之土地甲兵以抗我哉? 而不许之,则又兵连祸结而不解。论者至此而议已穷,谓不先其本,而急图其末,是已。顾处此迫不及待之势,许不许两言而判,徒追咎于既往,而无以应仓卒,是亦尘羹土饭之言耳①。

【注释】

①尘羹土饭(fàn):尘做的羹,泥做的饭,是一种儿童“过家家”的游戏。比喻没有用处的东西。饭,同“饭”。

【译文】

德宗不许李惟岳承袭其父李宝臣的节度使之位,叛乱因此而起,持续数年之久,德宗自己几度身处险境,国家几乎灭亡,天下混乱到了极点,对于这种情况,难道可以说,德宗应该听任李惟岳继承父位,使他假借朝廷的爵位,占据朝廷的土地,用朝廷的武器和军队来对抗朝廷吗? 而如果不允许李惟岳继承父位,则又会造成兵连祸结、连年不息。议论的人至此已经无话可说了,只能说德宗这样做是不顾根本,却急切地想要处理细枝末节,这么说也未尝不对。只是,德宗处于这种迫不及待的局势之中,是否准许李惟岳继承父位必须马上决定,只追究德宗以往的失误,而没有应付紧急事态的策略,则也不过是像用土做羹、用泥做饭一样于事无补罢了。

　　粤自田承嗣等势穷而降,罪可诛,功无可录,授以土地甲兵者,仆固怀恩奸矫上命而擅予之也。起家无赖之健儿,为贼已甦,偷窃土壤,乃欲效古诸侯之世及,延其福祚,其愚而狂以自取灭亡也,本可折棰以收之者也。宝臣先死,惟岳首为难端,暗弱无能,而张孝忠、王武俊又与离心而伏戈相拟①,则首抑之以惩李正己、田悦、梁崇义于未发也②,诚不可不决之一旦者矣。不许,而四凶表里以佐乱,痈之必溃③,养之奚可哉?曾未逾年,而田悦大衄④,李纳势甦⑤,惟岳之首县于北阙⑥,天下亦且定矣。悦与纳株守一军⑦,无难坐待其毙。然则惟岳之叛,不足以为唐社稷病,而德宗之不许,事虽劳而固有功矣。天下复乱,固非不许惟岳之所致也。

【注释】

①张孝忠(730—791):原名阿劳,奚族乙失活部人。唐朝中期将领。原为安禄山部将,安史之乱后归顺朝廷,并追随李宝臣,累封至易州刺史。后来,李惟岳叛乱,张孝忠再次支持朝廷,被授为成德军节度使。李惟岳死后,唐德宗三分成德,张孝忠为易定节度使。此后,张孝忠一直效忠朝廷,拒绝与朱滔、王武俊联合反叛,并在奉天之难时派兵勤王。传见新、旧《唐书·张孝忠列传》。

②梁崇义(?—781):京兆长安(今陕西西安)人。唐代中期藩镇将

领。在山南东道节度使来瑱部下为将，来瑱赴长安时，派他镇守南阳。次年来瑱被杀，他趁机统领了襄汉军，代宗皇帝只得授他为节度使。他与河北的田承嗣、李正己等节度使互相呼应，对抗朝廷。建中二年(781)，唐德宗命李希烈率兵讨伐梁崇义，梁崇义战败，与妻投井自杀。传见《旧唐书·梁崇义列传》《新唐书·叛臣列传》。

③瘫：同"痈"。脓疮。

④衄(nù)：挫败，损伤。

⑤李纳(759—792)：高丽人。唐朝中期藩镇将领，李正己之子。代宗时擢殿中丞，兼侍御史。建中二年(781)，李正己死，李纳秘不发丧，统其父部众，继续为乱，被德宗所遣诸军击败。后与李希烈、朱滔、田悦、王武俊等合谋再叛，自称齐王，建置百官。兴元年间德宗颁布罪己诏，李纳重新归顺朝廷，复授平卢军节度、淄青等州观察使。传见《旧唐书·李纳列传》。

⑥县：同"悬"。

⑦株守：死守不放。

【译文】

　　自从田承嗣等安史叛军余部因势穷力竭而被迫投降，他们的反叛之罪值得被诛杀，也没有值得记载的功劳，可是他们却被授予了土地、武器和军队，这都是仆固怀恩奸诈地伪造朝廷命令而擅自给予田承嗣等人的。田承嗣等人多是体格健壮的流氓无赖出身，当贼寇到了穷途末路的地步，却窃据一方，竟然想要效仿古代诸侯那样搞世袭制，希望将自己的福禄延续到子孙身上，可谓愚蠢又狂妄，完全是自取灭亡，朝廷本来是可以轻易收服他们的。李宝臣先死，其子李惟岳就首先发难，反叛朝廷，他暗弱无能，而张孝忠、王武俊又与他离心离德，暗中把武器对准他，准备刀戈相向，在这种情况下，首先抑制李惟岳，可以震慑李正己、田悦、梁崇义这些尚未反叛的藩镇势力，这种事不能不当机立断。

德宗不许李惟岳继承父位,而李惟岳、李正己、田悦、梁崇义等四凶就互为表里,共同作乱,毒疮既然必定会溃破,又怎么能养疮留患呢?还没超过一年,田悦就遭到大败,李纳势穷力孤,李惟岳的头颅被悬挂在门楼下,天下将要被平定了。田悦与李纳死守自己的一支军队,等待他们坐以待毙并不难。然而李惟岳的叛乱,不足以对唐王朝的社稷造成大的威胁,而德宗不许李惟岳继嗣,事情虽然出了麻烦,但对国家本来就是有功劳的。后来天下再次陷入混乱,这本来就和不允许李惟岳继承父位一事毫不相关。

　　谓杀刘晏而群叛怀疑以竞起者,非也;晏自不当杀耳,不杀晏,而河北能戢志以听命乎,谁其信之?不杀来瑱而仆固怀恩固反,不杀刘晏而河北固叛,贼指为名以激众怨耳,实则了不相及之势也。抑欲天子不敢杀一人,以媚天下而取容乎?惟岳既诛,成德已平,而处置朱滔、王武俊者乖方以致乱①,则诚过已。虽然,滔、武俊之志,犹之乎承嗣、宝臣也,平一贼而进一贼,又岂易言哉?呜呼!盖至是而所以处此者诚难,论者设身处此,又将何以处之与?

【注释】

　　①乖方:失当。

【译文】

　　有人说德宗杀死刘晏,因而导致李惟岳等人都怀疑自己也将陷于危险,因而竞相起来反叛,这种说法是不对的;刘晏固然不应该被杀,但是不杀刘晏,河北藩镇就能收敛起野心、乖乖听命于朝廷,又有谁会相信呢?唐代宗即使不杀来瑱,仆固怀恩本来也会反叛,唐德宗即使不杀刘晏,河北藩镇本来也会反叛朝廷,叛贼不过是将来瑱、刘晏的死当作起兵的借口，趁机煽动人们的怨恨罢了，实际上来填、刘晏的死与这些叛贼起兵毫不相关。那些议论的人难道是想要天子不敢杀一个人，以谄媚天下，博取全天下的欢心吗？李惟岳既然已被诛杀，成德已被平定，而处置朱滔、王武俊时却因方略失当而导致再生变乱，则确实是德宗犯下的过失。虽然如此，朱滔、王武俊两个人的野心，就像田承嗣、李宝臣一样，平定了一批叛贼，而又招来一批叛贼，时局难道是容易预言的吗？唉！事情到了这个地步，身处其中的人处理起来真是困难，议论的人如果能设身处地将自己置于这种情景下，他们又将如何处理呢？

　　且德宗之初政，犹励精以求治，卢杞初升①，其奸未逞，固本治内，即不逮汉光武、唐太宗之威德，亦可无咎于天下。以此言之，痈久必溃，河壅必决，代宗以来，养成大患，授之德宗，诚有无可如何者。固非天数之必然，亦人事渐渍之下游成乎难挽，岂一事之失宜所猝致哉？

【注释】

①卢杞(？—约785)：字子良，滑州灵昌（今河南滑县）人。唐朝宰相。唐德宗建中二年(781)二月升任御史大夫、京畿观察使。十天后拜相。卢杞任宰相以后，嫉贤妒能，先后陷害杨炎、颜真卿、严郢、张镒等人。为了筹集军饷，又实行括率、增收房屋间架税、设立除陌税。长安为此停止交易，天下为之沸腾。建中四年(783)十二月被贬为新州司马。后改授澧州别驾。传见《旧唐书·卢杞列传》《新唐书·奸臣列传》。

【译文】

　　况且德宗最初即位时，尚且能励精图治，卢杞刚刚被擢升为宰相，其奸计尚未能得逞，此时如果能巩固根本、好好治理内部，则即使比不上汉光武帝、唐太宗那样的威德,也可以避免对社会造成危害。由此而言,长脓疮时间久了必定会溃破,河水被堵塞后必然会决口,代宗以来,逐渐养成了大患,他将这一局面传给了德宗,德宗确实有无可奈何之处。这种局面本来就不能说全是天意造成的,也是由于人事的失误,就像堤坝逐渐被河水浸润侵蚀,最终给下游造成洪水难以控制的态势,这种局面难道是一件事情处置失当而猝然造成的吗?

　　乃若德宗之不能定乱而反益乱者,则有在焉。当时所冒昧狂逞以思乱者数人耳,又皆纨袴子弟与夫偏裨小将无能为者也。若环海内外,戴九叶天子以不忘①,且英明之誉,早播于远近,贼之宗党,如田庭玠、邵真、谷从政、李洧、田昂、刘怦②,下至幽、燕数万之众,无欲叛者。德宗诚知天下之不足深忧,则群逆之党,固可静待其消。而德宗不能也,周视天下,自朝廷以至于四方,无一非可疑者。树欲静而撼之,波欲澄而抇之③,疥癣在四末,而针石施于膏肓④,可谈笑以收功,必震惊以召侮,愈疑愈起,愈起愈疑,乃至空腹心之卫,以争胜于东方。忧已深,虑已呕,祸愈速而败愈烈。梁州之奔⑤,斯致之有繇,而非无妄之灾矣。

【注释】

①九叶天子:指唐德宗。因德宗是唐代第九任皇帝,故称"九叶天子"。

②田庭玠:新、旧《唐书·田弘正列传》均作"田廷玠"。魏博节度使田承嗣的堂弟、田弘正的父亲。邵真:原为李宝臣的判官,曾劝李惟岳投降朝廷,李惟岳不听,反将其杀害。谷从政:唐代定州刺史、李惟岳的舅父。他劝谏李惟岳不要反叛朝廷,李惟岳不

听,谷从政不久饮药而死。李洧(? —782):高句丽人。唐朝中期将领,平卢节度使李正己的从兄。李洧最初被李正己任为徐州刺史。李正己死后,其子李纳反叛。李洧以徐州归顺朝廷。李纳随后派军进攻徐州,李洧得到宣武节度使刘洽等人的援助,大败叛军。传见《新唐书·李洧列传》。田昂:魏博节度使田悦的哥哥。田悦反叛朝廷后,遭朝廷讨伐,田昂以洺州投降朝廷。刘怦(727—785):幽州昌平(今北京昌平)人。幽州节度使朱滔的部将。朱滔意欲反叛朝廷时,曾力劝朱滔不要反叛。贞元元年(785)六月,朱滔去世后,被推举暂时主持军府事务,后被朝廷任命为卢龙节度使。传见《旧唐书·刘怦列传》《新唐书·藩镇卢龙列传》。

③扣(gǔ):搅动,搅乱。

④针石:古代用以治病的一种针刺工具。

⑤梁州之奔:指建中四年(783),唐德宗因泾原兵变而被迫逃出长安,唐德宗仓皇出逃至奉天,并被叛军包围一个多月,次年又奔往梁州避难,直到七月才得以返回长安。

【译文】

　　至于说德宗不能平定叛乱,反而加剧了局势混乱,这确实有一定道理。当时不顾一切地想要逞凶叛乱的不过是数人而已,其中又大多是纨绔子弟以及不能有所作为的偏裨小将罢了。如果环视海内外,就可以发现天下百姓都拥戴德宗这位"九叶天子",时刻不忘君父,况且德宗英明的声誉,早已在远近传播,叛贼的宗族亲戚或党羽,如田庭玠、邵真、谷从政、李洧、田昂、刘怦等人,下至幽、燕数万军队,没有想要叛变朝廷的。德宗如果能确实知道天下局势不值得深切忧虑,则这群叛逆者的党羽,本来就可以坐等其自行消散的。而德宗却看不到这一点,他环视天下,觉得自朝廷以至于四方,没有一个人是不可疑的。树木本想平静,德宗却非要摇撼它,水波刚想平息,德宗却又将其搅乱,疥癣这样的小病,本来在四肢,却要在膏肓之间使用针灸治疗,本来可以谈笑间就取得功效,却一定要震惊世人,给自己招来侮辱,德宗越是怀疑就越采取混乱措施,越采取混乱措施便越加重怀疑,以至于把守卫朝廷心腹之地的力量都调到东方,以求在东方决胜。此时忧患已经很深,德宗的忧虑已经很急迫,祸患到来的速度越来越快,官兵的失败也愈演愈烈。德宗奔往梁州避难,看来造成这一局面是有原因的,并非是无妄之灾。

　　盖河北之势不能不乱者,代宗积坏之下游也,而于德宗则为偶起之波涛。事穷而变,变则有通之几焉。田承嗣、李宝臣、李正己、朱希彩之毒,大溃而且竭矣,其溃也,正其所以瘥也。呜呼!能知苟安之必为后患,祸发之可待消亡。守顺逆之经,居高乘权,因穷变通久之时,无震动慄悚之惑①,而后天下静于一人之心。一发不效,惴惴焉迫为改图,载鬼一车,而弧张不说②,庸人之识量,所为自贻伊戚者③,唯此而已矣。

【注释】

①慄(nǎn)悚:恐惧动摇。

②载鬼一车,而弧张不说:语出《周易·睽卦》爻辞:"睽孤,见豕负涂,载鬼一车,先张之弧,后说之弧。"整句话意思是:睽违至极,孤独狐疑,恍如看到猪背负污泥,又看到一辆大车载满鬼怪在奔驰,先是张弓欲射,后又放下弓矢。

③伊戚:烦恼,忧患。

【译文】

　　大概河北的局势恶化到不能不乱的地步,是代宗时积累下的恶果,就像河水逐渐侵蚀着下游,而到德宗时代,就成为偶然涌起的惊涛骇浪。事情发展到无路可走时人们就会寻求变化,变化才能有路可走。田承嗣、李宝臣、李正己、朱希彩这些人都是大毒疮,等到溃烂时毒就散完了,溃烂正是其能痊愈的原因所在。唉!如果能了解苟且偷安必然招来后患,祸患发生以后,就可以等待其自然消亡。天子只要能坚持顺逆的常道,居高临下,因势利导,由穷途末路转化到长治久安,天下不会受到震动,人们不会恐惧不安,而后天下便可因天子一人之心而归于平静。德宗因为一项举措没有起到效果,就感到惴惴不安,迫切地想要改弦更张,就好像看到一辆大车载满鬼怪在奔驰,却放下了弓矢,平庸之人见识短浅,常常干些自相矛盾的事,给自己带来麻烦,也不过就像德宗的做法罢了。

八 诸叛穷蹙乞降授以节钺

刘盆子请降,光武曰:"待以不死耳。"大哉言乎!理正而法明,量弘而志定,无苟且求安之情,则威信伸而乱贼之胆已戢,天下之宁也必矣。《诗》云:"我徂惟求定①。"定者,非一旦之定也。志惟求定,未定而不以为忧,将定而不以为喜,所以求之者,持之心者定也。

【注释】

①我徂惟求定:语出《诗经·周颂·赉》:"文王既勤止,我应受之。敷时绎思,我徂维求定。"意思是:文王创业多勤劳,我当继承治国道。我应当思考出拯救天下的办法,讨伐商纣是为了天下得以平定。

【译文】

刘盆子向光武帝请求投降,光武帝说:"我只能保证他不死罢了。"这句话真是博大啊!道理正当而处置之法明确,气量宏大而意志坚定,没有苟且求安的想法,则其威信便会得以伸张,而乱贼也就不敢萌生异心了,天下必然可以归于安宁。《诗经》中说:"我讨伐商纣是为了天下得以平定。"所谓定,并非是一天之内就能安定下来的。志向是只求天下平定,则天下未定而不为之忧愁,天下将定而不为之窃喜,之所以能够坚持追求天下平定,就在于心中的这一信念足够坚定。

　　史朝义穷蹙东走,官军追败之于卫州①,而薛嵩、李宝臣降;再败于莫州②,穷蹙无归,而田承嗣降;独与数百骑北奔塞外,而李怀仙杀之以降③;马燧、李抱真、李晟大败田悦于临洺④,梁崇义俘斩于襄阳,李惟岳援孤将溃,而张孝忠降;马燧等大破田悦于洹水⑤,朱滔、张孝忠攻拔束鹿⑥,惟岳烧营以遁,而王武俊杀惟岳以降。凡此皆枭雄狡猘、为贼爪牙、以成其乱者⑦,火熸水平⑧,则卖主以图侥倖,使即不降,而欲烬之灰,欲澄之浪,终不足以复兴。且其反而无亲,旦君夕虏,憯焉绝其不忍之心者,允为乱人,非一挫可消其狂猘⑨。以视赤眉、盆子,其恶尤甚;而既俯首待命,则制之也尤便。待以不死,而薄给以散秩微禄,置之四裔⑩,则祸于此而讫矣。官军将士,血战以摧强寇,功未及录,而穷乃投怀之鸷兽,宠以节钺,授以土疆,义士心灰,狂徒得志,无惑乎效忠者鲜而犯顺者日滋也。

【注释】

①卫州:唐代州名,辖今河南新乡、鹤壁等地,治所在今河南卫辉。

②莫州:唐代州名,治所在今河北任丘北。

③李怀仙(?—768):柳城(今辽宁朝阳)胡人。其家族世代皆仕契

丹,负责守卫营州。天宝十四载(755),安禄山与史思明起兵反叛,李怀仙在安禄山帐下担任副将,安禄山之子安庆绪兵败后,李怀仙转而投奔史思明。史朝义杀害父亲史思明后,任命李怀仙为燕京留守、范阳尹。广德元年(763)正月,史朝义战败遭仆固怀恩追击,率领数千残余兵众准备前往范阳,投奔李怀仙。李怀仙见大势已去,投降朝廷,不让史朝义进城。史朝义走投无路而上吊自杀。李怀仙将其头颅献给朝廷后,被唐代宗任命为幽州大都督府长史,幽州、卢龙等军节度使,从此开始割据一方。大历三年(768),李怀仙被部将朱希彩、朱泚、朱滔共同杀害。传见《旧唐书·李怀仙列传》《新唐书·藩镇卢龙列传》。

④马燧(726—795):字洵美,汝州郏城(今河南郏县)人。唐代中期名将。大历十年(775)出任河阳三城节度使,大历十四年(779)迁河东节度使。建中二年(781),奉诏讨伐魏博叛将田悦,于临洺大破田悦。贞元元年(785),率军连败李怀光,平定河中。后因轻信吐蕃,力赞平凉之盟,致使唐朝会盟副使及将士多人被俘,被削夺兵权。传见新、旧《唐书·马燧列传》。李抱真(733—794):本姓安,字太玄。唐朝中期名将。唐代宗时先后任凤翔节度使、泽潞节度留后等职,奉命主持昭义军事务。李抱真挑选士卒加以精心训练,使昭义步军闻名天下。建中元年(780),李抱真正式担任昭义节度使。次年,大破田悦,夺回洺州。"四镇之乱"时,策反成德节度使王武俊,联手击败幽州节度使朱滔,因功获授检校司空。贞元十年(794)因丹毒而死。传见新、旧《唐书·李抱真列传》。李晟(727—793):字良器,洮州临潭(今甘肃临潭)人。原为边镇裨将,后入朝任右神策军都将。建中二年(781),李晟以神策先锋都知兵马使身份率军讨伐反叛的河朔三镇,取得胜利。建中四年(783),泾原兵变,李晟前往勤王,并于次年收复长安,平定朱泚之乱。贞元三年(787),李晟被罢去兵

权,改封太尉。传见新、旧《唐书·李晟列传》。临洺:今河北
永年。

⑤洹水:今河北魏县西南及临漳东北。

⑥束鹿:今河北辛集。

⑦狡狯(kuài):狡猾奸诈。

⑧熸(jiān):熄灭。

⑨狂猘(zhì):凶猛。

⑩四裔:指四方边远之地。

【译文】

　　史朝义势穷力孤而向东逃窜,朝廷军队追击不舍,在卫州击败了
他,其部将薛嵩、李宝臣投降朝廷;又在莫州击败他,他穷途末路、无处
可归,于是部将田承嗣投降朝廷;史朝义独自与数百骑兵向北奔往塞
外,而部将李怀仙杀死了他,向朝廷投降;马燧、李抱真、李晟在临洺大
败田悦,梁崇义被官军在襄阳俘获并斩首,李惟岳外无援兵,即将崩溃,
而部将张孝忠投降朝廷;马燧等在洹水大破田悦,朱滔、张孝忠攻克了
束鹿,李惟岳烧毁营垒逃跑,而其部将王武俊杀死李惟岳投降朝廷。凡
此种种,都是枭雄狡猾奸诈,做了叛贼的爪牙,帮助他们叛乱,当火即将
熄灭、洪水将要平息时,他们就卖主求荣、以图侥幸,这些人即使不投
降,也不过是将要熄灭的火、将要平息的浪罢了,终究不足以再度崛起。
况且这些人反复无常、翻脸无情,早上尊奉你为君王,晚上就会把你当
作俘虏,凶狠残暴,完全没有恻隐之心,这些人确实是顽固的乱臣贼子,
不是因一次挫折就能消除其凶猛的。比起赤眉军、刘盆子,他们更加凶
恶;而这些人既然已经俯首待命,则制服他们就尤其容易了。允许他们
不死,给他们闲散的官职和微薄的俸禄,把他们安置在四方边远地区,
则祸害便可以自此而停息。朝廷军队中的将士,历经血战才摧毁了强
敌,他们的功劳还没来得及被记录,而对于穷途末路、前来投降的凶猛
野兽一般的敌人,却授予他们节钺以示恩宠,授给他们土地,这样做势

必会使忠义之士心灰意冷,狂妄之徒志得意满,这也就难怪效忠朝廷的人一天天减少而叛乱的人越来越多了。

　　语有之曰:"受降难于受敌。"而非此之谓也。两国相距,势埒力均①,乍然投分,诚伪难知,则信难矣。以天下之全力,奉天子之威,讨逆臣而蹙之死地,得生为幸,虽伪何为?操生死荣辱之权于吾腕掌,夫何难哉?夫光武初定雒阳,寇盗林立,统孤军以遏归寇之冲,则诚难耳;而一言折盆子之觊觎,易且如彼。况朝义、惟岳焚林之浮焰已灭,天下更无余爝乎②?

【注释】

①埒(liè):同等,相等。

②爝(jué):火炬,火把。

【译文】

　　有句话说:"接受敌人投降比受到敌人攻击的处境还困难。"但这句话并不适用于德宗时期。两国交兵,势均力敌,敌人突然投降,是否出于真心,难以知晓,则相信敌人的投降确实很困难。以天下的全力,奉天子的威严,讨伐叛逆之臣,将其逼入死地,这些逆贼能活下来就算幸运了,即使他们是假投降,又能如何呢?把他们生死荣辱的大权操纵在我的手中,又有什么困难呢?当初光武帝刚平定洛阳时,周围贼寇林立,光武帝统帅一支孤军,扼住赤眉军东归的要冲,确实是非常困难的;而他用一句话就消除了刘盆子的觊觎之心,又显得多么轻松啊。何况此时史朝义、李惟岳所放的足以焚毁树林的大火已被扑灭,天下根本就没有其余的小火苗了呢?

恶已滔天而戮其身，固非不仁也。且使以不死待之，而刘盆子终老于汉，固可贷其生命，则其为恩也亦厚矣，非若白起、项羽坑杀之惨也①。乃唐之君臣，迫于乱之苟定，一闻瓦解，惊喜失措，纳蜂虿于怀中②，其愚也足以亡国，不亡者幸尔。朱温叛黄巢以归，而终篡唐；郭药师叛契丹以来③，而终灭宋。代、德之世，唐犹强盛，是以得免于亡；然其浸以乱而终亡于降贼，于此始之矣。宠薛嵩等以分土者，仆固怀恩之奸也；君与大臣听之者，其偷也。孝忠、武俊，则德宗自假之威，而又猜忌以裁抑之，马燧等不能与贼争功，尚何能夺其宠命哉？

【注释】

①白起、项羽坑杀之惨：指长平之战时，白起担忧赵国降卒反复为乱，最终坑杀赵军四十万降卒。而项羽也曾于新安城南坑杀二十万秦军降卒。

②蜂虿(chài)：两种有毒刺的螫虫。

③郭药师：渤海铁州(今辽宁盖平东)人。北宋末年将领。最初契丹天祚帝招募辽东人为兵，号称"怨军"，以郭药师为帅。辽被金灭亡后，郭药师以涿、易二州归宋，被任命为恩州观察使、知涿州诸军事。后与金完颜宗望军在白河交战，兵败降金，被金太宗命为燕京留守，赐姓完颜氏。后从宗望攻宋，因知宋之虚实，才使宗望悬军深入而获全胜。传见《宋史·奸臣列传》《金史·郭药师列传》。

【译文】

杀死已经罪恶滔天的人，本来也不能说是不够仁义。况且刘秀能允诺他不死，刘盆子得以在汉朝终老，刘秀饶恕了他的性命，对他的恩德已经够宽厚的了,并不是像白起、项羽坑杀降卒那样惨烈。可是唐朝的君臣,急于使叛乱得到平定,一听说叛军势力已经瓦解,就惊喜失措,将蜜蜂、蝎子这类蜇人的螫虫放进怀中,其愚蠢足以使国家灭亡,没灭亡不过是幸运罢了。朱温背叛黄巢归降唐朝,而最终却篡夺了唐朝江山;郭药师背叛契丹投降北宋,而最终却引导金兵灭了北宋。代宗、德宗时期,唐朝还比较强盛,所以得以免于灭亡;但是随着叛乱逐渐爆发,最终被投降的贼寇朱温灭掉,正是从这时期开始的。宠信薛嵩并分给他疆土,让他做一方节度使,是出于仆固怀恩的奸诈;君王与大臣听信了仆固怀恩的话,使他们苟且偷安。张孝忠、王武俊,是德宗自己给予了他们权威,又猜忌、制裁、压抑他们,马燧等将领不能与投降的贼寇争功劳,又哪里能够使皇帝转而宠信自己呢?

九　德宗空国以与希烈争

君暗相佞,天下有乱人而无奸雄,则乱必起,民受其毒,而国固可不亡;君暗相奸,有奸雄以芟夷乱人[①],而后国之亡也,不可复支。汉、唐之亡,皆奸相移政,而奸雄假名义以中立,伺天下之乱,不轻动而持其后,是以其亡决矣。

【注释】

①芟(shān)夷:铲除,消灭。

【译文】

君主暗弱而宰相巧言谄媚,天下有叛乱之人而没有奸雄,则必定会发生叛乱,百姓受到荼毒,而国家却稳固不至于灭亡;君主暗弱而宰相奸诈,有奸雄去消灭叛乱的人,而后国家就会灭亡,难以再支撑下去。汉、唐的灭亡,都是由于奸诈的宰相把持了政权,而奸雄却假借天子名义假装中立,等待天下陷入混乱,不轻举妄动,而是在最后寻找机会下手，因此，国家必然会灭亡。

　　田悦、李纳、李惟岳、朱滔，皆狂駤躁妄、自取诛夷者也①，虽相煽以起，其能如唐何邪？又况李希烈、朱泚之狂愚已甚者乎？希烈之镇淮宁②，猎得旌节，非能如河北之久从安、史，蓁养枭雄，修城缮备之已夙；梁崇义脆弱无难平者，幸而有功，固不足以予雄；淮宁处四战之地，东有曹王皋③，西有哥舒曜④，北有马燧、李抱真、张孝忠、李怀光云屯之旅⑤，希烈憪无所畏，据弹丸之地，横鲠其中而称帝，拟之袁术，而又非其时也。朱泚兵权已解，与朱滔县绝一方，旁无可恃之党，乘无主之乱兵，一旦而遽登天位，保长安片土，为燕雀之堂，以视桓玄，百不及一也。此二竖者，白昼而攫市金，直不足以当奸雄之一笑。自非李元平、源休、张光晟辈之憨不畏死⑥，谁则从之？卢杞邪矣，而挟偏私以自怙，然未尝如郗虑、崔胤之与贼交谋也⑦。以此言之，德宗能持以郑重，而不括民财、空扈卫⑧，以争旦夕之功于外，此竖子者，恶足以逞哉？

【注释】

①狂駤(ái)：狂妄愚蠢。

②淮宁：指淮宁军，唐代藩镇之一，治蔡州(今河南汝南)，领蔡、陈、许、光、申五州，大致相当于今河南开封道西部、汝阳道东部之地。

③曹王皋：指李皋(733—792)。字子兰，陇西成纪(今甘肃天水)人，唐朝宗室名臣，唐太宗李世民五世孙、曹恭王李明的玄孙。

天宝十一载(752)嗣曹王爵位。曾任江南西道节度使、荆南节度使、山南东道节度使等。李希烈叛乱时,他率军进讨,收复黄、蕲等州,屡战有功。传见《旧唐书·李皋列传》《新唐书·嗣曹王皋列传》。

④哥舒曜:字子明。突骑施哥舒部落首领的后裔,名将哥舒翰之子。李希烈叛变后,他被任命为东都、汝州节度使,率兵万余人,会同各道征讨李希烈。经过数月战斗,遏制住了李希烈的势头,暂时解除了东都洛阳遭受的威胁,但很快又被叛军包围于襄城,最终因粮尽援绝而弃城。后因拙于统御,在河南尹任上遭部下叛变,仅以身免。传见《新唐书·哥舒曜列传》。

⑤李怀光(729—785):本姓茹,其先徙幽州,以战功赐姓李氏,渤海靺鞨人。唐朝将领。德宗初年奉命抵御吐蕃,吐蕃自是不敢南侵。建中三年(782),奉命讨魏博镇田悦。次年,泾原兵变,德宗逃奔奉天,朱泚攻奉天,他前往救援,击退朱泚,因功进副元帅、中书令。后德宗因听信卢杞等人挑唆,不让他入朝,他于是联合朱泚反叛,迫使德宗逃往汉中。贞元元年(785),兵败被杀。传见《旧唐书·李怀光列传》《新唐书·叛臣列传》。云屯:像云一样聚集。

⑥李元平:唐代官员。淮西节度使李希烈叛唐时,李元平任汝州别驾,守城失败而被李希烈所俘,遂投降李希烈。后来李希烈称帝,以李元平为宰相。传见新、旧《唐书·李元平列传》。源休:相州临漳(今河北临漳)人。泾原兵变时,向朱泚陈述古今成败之理,征引符命之说,力劝朱泚称帝。朱泚兵败后,被唐朝廷斩首。传见《旧唐书·源休列传》。张光晟(?—784):陕西盩厔(今陕西周至)人。唐中期将领。德宗时官拜右金吾将军,因诱杀回纥人而被德宗贬黜,怏怏不得志。泾原兵变时被朱泚任命为节度使兼宰相。后投降李晟,但最终仍被斩首。传见《旧唐

书·张光晟列传》。

⑦崔胤(853—904):字昌遐,一说字垂休,清河武城(今山东武城)人。唐末宰相。乾宁二年(895)进士及第,景福二年(893)官拜宰相。他与朱温相勾结,想要靠朱温除掉宦官,屡次被罢官,均因为朱温的支持再起,先后四次官拜宰相,人称"崔四人"。天复三年(903),昭宗回到长安后,他劝朱温尽杀宦官,自任判六军十二卫事,筹谋另建禁军。第二年,被朱温杀死。传见《旧唐书·崔胤列传》《新唐书·奸臣列传》。

⑧扈卫:帝王的随侍护卫。

【译文】

　　田悦、李纳、李惟岳、朱滔,都是狂妄、愚蠢而又暴躁的人,他们都是自取灭亡,即使相互煽动、共同起来反叛,又能把唐朝廷怎么样呢?又何况是李希烈、朱泚这样尤其狂妄愚蠢的人呢?李希烈镇守淮宁,虽然从朝廷猎取到了节度使的名号,但他的统治不稳固,并不能像河北军阀那样因长久以来就跟随安、史叛军,蓄养了一批凶狠强横之徒,且城防设施的修缮早已经过很长时间了;梁崇义是军阀中较脆弱的一个,不难平定,即使能成功平定他,本来也不足以自称英雄;淮宁处于四战之地,东有曹王李皋,西有哥舒曜,北有马燧、李抱真、张孝忠、李怀光云集的部队,李希烈凶恶而无所畏惧,凭据弹丸之地,在诸多势力的包围中还要称帝,把他比作袁术,时机又不像三国时那样。朱泚的兵权已被解除,与朱滔隔绝甚远,天各一方,身旁没有可以凭恃的党羽,利用无主的乱兵,一下子便登上了天子宝座,只能统治长安这一小片土地,将其当作燕雀巢穴一样的老窝,把他和桓玄相比,他还不如桓玄的百分之一。这两个叛贼的行为,就像光天化日之下公然抢掠市场上的财物,都不足以让有本事的奸雄笑话。如果不是像李元平、源休、张光晟这些不怕死的无赖,又有谁会跟随他们造反呢?卢杞确实奸邪,他怀着私心杂念,只顾为自己谋利,然而他终究不像郈虑、崔胤那样与叛贼勾结。

由此而言,如果德宗能老成持重,而不搜刮民财、把护卫部队全部派往前线,想要在京师以外与叛军争一时之胜负,这些叛贼,又哪里能够得逞呢?

　　夫群贼之中,狡黠而知忖者,王武俊耳。擒惟岳,反朱滔,皆其筹利害之已夙而能留余地以自处者也。天子不恃以为依,宰相不结以为党,抑有李晟、马燧,力敌势均,而怀忠正以扼之,故其技止此,而不足以逞其邪心。不然,进而倚之以立功,则桓玄平而刘裕篡,黄巢馘而朱温逆①,不知武俊之所止矣。

【注释】

　　①馘(guó):被杀。古代战争中割取敌人的左耳以计数献功。

【译文】

　　在这群叛贼之中,狡黠而又工于心计的,只有王武俊罢了。他擒捉李惟岳,反戈击破朱滔,都是在反复揣量利害,做到胸有成竹,确保能给自己留下充分的回旋余地后做的决定。天子不依靠他作心腹,宰相不与他结党合谋,还有李晟、马燧,与他势均力敌,而两人都怀着忠诚正直之心遏制王武俊的野心,所以王武俊的伎俩只能止步于此,而不能实现他的野心。不然的话,他被朝廷进一步倚重,立下大功,就会像当初桓玄被刘裕击败,刘裕随即篡夺东晋,黄巢被剿灭而朱温随即篡唐那样,不知道王武俊会走到哪一步了。

　　夫戡乱之主,拯危之将相,虑患不可不密也;尤不可无镇定之量,以谨持其所不必防。李抱真得武俊之要领而示之以诚;李晟蔑视怀光之反,而安据渭桥①,不为妄动;皆能忍暴集之奔湍，坚以俟其归壑者也。有臣如此，贼不足平矣。德宗之召乱也，视希烈之恶已重，而捐社稷之卫为孤注以与争也。田悦、李纳、武俊皆降，而希烈称帝，奄奄日就于毙，何足以烦空国之师乎？可以知已乱之大略矣。

【注释】

①渭桥：指唐代长安附近渭水上的桥梁。

【译文】

平定叛乱的君主，拯救危局的将相，他们考虑祸患不能不周密；尤其不能没有处变不惊的度量，用小心谨慎的态度对待可能出现的意外情况。李抱真抓住了王武俊要做的事的要领，而向他展示自己的坦诚之心；李晟蔑视李怀光的反叛，而牢牢地据守渭桥，不轻举妄动；李抱真、李晟都能忍受骤然聚集的湍流的冲击，坚守不动，以等待湍流最终归于沟壑。有这样的大臣，叛贼不难平定。德宗因政策失误而招致祸乱，看到李希烈的罪恶已经很重，就不惜把保护社稷的军队都派出去，孤注一掷地与李希烈争锋。田悦、李纳、王武俊都已投降，而李希烈虽贸然称帝，却已经奄奄一息，只能坐以待毙，又哪里值得调动国中所有军队去对付他呢？由此可以知道，平定祸乱的大略究竟应该是怎样的。

一〇　颜鲁公责卢杞以孝

人而不仁，所最恶闻者忠孝之言，而孝为甚。君子率其性之诚然而与言，则必逢其怒；加之以欷歔垂涕行道酸心之语，而怒愈不可撄矣①。陈天彝之言于至不仁者之前②，勿论其怒与否也，不可与言而与言，先失言矣。

【注释】

①撄:接触,触犯。

②天彝:天理,天道。

【译文】

作为人却不行仁义之事,这样的人最讨厌听到的就是忠孝之言,尤其讨厌关于孝的话。仁人君子如果出于至诚的天性而与这种人坦率地谈论忠孝,则必然会激怒他们;如果再加上唏嘘感叹、声泪俱下、苦口婆心、令人心酸的话,这些人的恼怒就更难停止了。在极端不仁的人面前谈论天道伦常,无论他们是否恼怒,都是在与不能与其交谈的人谈话,就已经是失言了。

颜鲁公谓卢杞曰:"先中丞传首至平原①,真卿以舌舐其面血,公忍不相容乎?"近世高邑赵冢宰以魏广微叔事逆奄②,而叹曰:"昆溟无子。"鲁公陷死于贼中,冢宰没身于远戍,取祸之繇,皆君子之过也。

【注释】

①先中丞:指卢杞的父亲卢奕,遇害前任御史中丞。

②赵冢宰:指赵南星。据《明史》记载,赵南星在明熹宗即位后被起复,拜为吏部尚书。当时,大学士魏广微为人阴狠狡猾,他三次登赵南星的门,都被拒之门外。赵南星与他的父亲魏允贞及其叔魏允中交好,曾叹道:"昆溟(魏允中的号,据《明史》,此处当为'见泉',见泉是魏允贞的别号)没有儿子。"魏广微听说后,恨之入骨,下定决心扳倒赵南星。他与魏忠贤合谋,指使人弹劾赵南星,赵南星被贬戍边地,死于戍所。冢宰,明代对吏部尚书的称呼。魏广微(1576—1627):字显伯,号道冲,大名府开州南乐(今

河南南乐)人。万历三十二年(1604)进士,累官至南京礼部右侍郎。天启初,以同乡同姓的身份附结魏忠贤,得以被拜为礼部尚书兼东阁大学士,不久又擢升为建极殿大学士、吏部尚书。他依恃魏忠贤,迫害异己,时称忠贤为内魏公,他为外魏公。后因忤逆魏忠贤,被罢官。死后被朝廷削籍。传见《明史·阉党列传》。

逆奄:指魏忠贤。

【译文】

颜真卿对卢杞说:"当初您父亲卢中丞的头颅被叛军传送到平原郡时,我亲自用舌头舔净他脸上的血,您忍心不容忍我吗?"近代赵南星因为魏广微自称魏忠贤的"侄儿",而叹息说:"魏允贞没有儿子啊。"后来颜真卿陷入叛贼手中,被李希烈杀害,赵南星在遥远的流放之所死去,他们招来祸患的缘由,都是犯了君子的这种过失。

虽为小人,而犹知有父,犹知其父之忠清,而耻贻之辱。则与父所同志者,虽异趣殊情,而必不忍相忮害,此不待人言而自动于心。盖牿亡之余①,夜气犹存②,不能泯没者也。既不自知矣,知之而且以其父为戒矣,则忠臣孝子,固其不必有怨,而挟蛊以唯恐不伤者也。蔡京小人耳,使京而为君子,蔡攸岂但执手诊视、迫其病免已乎③?故夫子之责宰予,待其出而斥其不仁,弗与尽言也。使以三年之怀,面折其逆心,震丧其贝,而彼且跻于高陵④,与于不仁之甚矣。君子于此,知其人理之已尽,置之而勿与言也。漠然若蜂蛊之过前,不问其谁氏之子也。权在则诛殛之,权不在,则远引以避之,如二胡之于秦桧⑤,斯得矣。卢奕、魏允成之生虮虱⑥,腹悲焉可也。

【注释】

①牿(gù)亡：受遏制而消亡。

②夜气：儒家指晚上静思所产生的良知善念。

③蔡攸(1077—1126)：字居安，兴化军仙游（今福建仙游）人。北宋末年宰相，蔡京长子。初与端王赵佶交好，赵佶继位后对他甚为宠信，历任龙图阁学士、淮康军节度使、宣和殿大学士等职。宣和五年(1123)，代替王黼领枢密院事。任内不思处理政务，一心谄媚宋徽宗赵佶以邀宠，为了争权与父亲蔡京反目为仇，互相倾轧。宋徽宗内禅时，他作为近臣参与策划。靖康元年(1126)，被宋钦宗贬为太中大夫，贬往万安军安置，后被赐死于贬所。传见《宋史·奸臣列传》。

④震丧其贝，而彼且跻于高陵：语本《周易·震卦》爻辞："震来厉，亿丧贝，跻于九陵，勿逐，七日得。"意思是惊雷袭来有危险，人们丢弃家财，跑到山陵上，不要追赶，七天后会失而复得。

⑤二胡：指南宋高宗时大臣胡寅和胡宏兄弟。两人的父亲与秦桧有私交，但两人对秦桧均怀有强烈的厌恶之情。秦桧当政时期，胡寅坚决请求致仕，胡宏则拒绝出仕，不愿意与秦桧同朝为官。

⑥卢奕：卢杞的父亲。魏允成：当为"魏允贞"之误。魏允贞，魏广微的父亲。

【译文】

即使是小人，也尚且知道自己有父亲，尚且知道自己的父亲忠诚清白，而耻于令其声名蒙羞。如此则他对待与其父亲志同道合的人，即使性格和志向不同，却必定不忍加以陷害，这是不需要别人说出来而自然在内心中产生的情感。这大概是因为良知被遏制而逐渐消亡时，心中尚且存在着一些善念不能完全被泯灭。既然其本人没有觉察到这一点，或是知道这一点，而仍因其父亲的原因不愿伤害其友人，则忠臣孝子，固然不是他必定要怨恨，手中拿着蝎子唯恐不能对其加以伤害的人。蔡京不过是个小人罢了，如果他是个君子，蔡攸怎么会只抓着他的手诊脉、逼迫他因病而免职呢？所以孔子责备宰予，是等他出去后再斥责他不仁，而不是把批评的话完全说给他听。如果孔子因为宰予关于三年守丧期太长的言论就当面斥责他大逆不道，就好像是惊雷袭来使人惊慌得丢弃家财逃到高山避难一样，那也太不仁义了。君子面对这种情况，知道对于这种人讲道理已经没用，姑且把他放在一边不与他交谈就可以了。漠然地对待他，看到他就好像看到蜂和蝎子从眼前走过一样，而不问他是谁的儿子。如果手中有权力，就尽快杀掉这种人，如果手中没有权力，就远远地避开他，就如同胡寅和胡宏兄弟对待秦桧那样，这样做就对了。至于卢奕、魏允贞居然生下了豺狼、毒蛇一般的儿子，只需要默默在心中为其感到悲哀就可以了。

一一　樊系死名节已亏之后

樊系受朱泚之伪命①，为撰册文，乃仰药而死。其愚甚，其污不可浣，自度必死，而死于名节已亏之后，人所怪也。呜呼！人之能不为系者，盖亦鲜矣。以为从贼撰册，法所不赦，光复之后，必罹刑戮，惧而死者，未尽然也。待至光复议法之日，止于死耳，蟪蛄之春秋，且苟延以姑待，亦庸人所必不能引决者。则系之死，实以自顾怀惭，天彝之未尽忘者也。

【注释】

①樊系（？—783）：唐德宗时官员。泾原兵变前任太常少卿。叛军占领长安后，被朱泚任命为礼部侍郎。其后朱泚称帝，又逼迫樊系为其撰写册文，樊系撰成册文后饮药而死。

【译文】

樊系接受朱泚的伪命，为他撰写登基册文，完成后饮毒药而死。他愚蠢至极，身上的污点已经不可洗刷，他预计到自己必死无疑，却选择在名节已亏之后死去，这是令人们感到奇怪的地方。唉！面对樊系所处的环境，能够不像樊系这样做的人，大概也是很少的。人们认为樊系追随叛贼、为其撰写册文，是国法所不容许的，等到朝廷光复以后，他必定会遭到刑罚，所以他因为恐惧而死，实际上也不完全如此。等到光复以后，朝廷讨论对樊系的惩罚时，最多也不过是被处死罢了，螳蛄这样春生秋死的虫子，尚且想要苟延残喘、不想立即死亡，所以平庸的人不想立即自杀而死，也是这个道理。如此，则樊系的死，实在是因为自己感到惭愧，天良还未完全丧尽。

　　乃既惭而有死之心矣，而必自玷以两亏者，其故有三，苟非持志秉义以作其气，三者之情，中人以下之所恒有，而何怪于系焉。怀疑而有所待，一也；气不胜而受熏灼以不自持，二也；妻子相萦而不能制①，三也。泚之僭逆，出于仓卒，所与为党者，姚令言一军耳②；在廷之臣，固有劝泚迎驾者，不徒段司农也③。系于此，不虑泚之必逆，而姑俟之，一旦伪命见加，册文见委，惊惶而迫无以应，退而后念名义之已亏，而愤以死也。此无他，其立朝之日，茫然于贞邪之辨，故识不早而造次多疑也④。

【注释】

①萦：牵挂，拖累。

②姚令言（? —784）：唐中期将领。德宗即位后被任命为泾原节度使。建中四年（783），李希烈反叛，率领数万叛军围攻襄城，形势非常危急，朝廷令姚令言火速率领五千兵马赶赴援救。姚令言率部队到达长安附近，因士兵未得到赏赐，且京兆尹王栩犒劳士

兵的都是粗粮野菜，睡无衣被。官兵们都极为愤怒，拒绝前进。姚令言于是率军进入长安抢掠，并拥立朱泚为帝。后又率兵围攻奉天，杀害宗室成员。建中五年（784），叛军战败，姚令言在逃跑途中被捕获，遭斩首。传见《旧唐书·姚令言列传》。

③段司农：指段秀实（719—783）。字成公，陇州汧阳（今陕西千阳）人。段秀实早年任安西府别将，安史之乱后，任泾州刺史兼御史大夫、四镇北庭行军及泾原郑颍节度使，总揽西北军政。在他任内，边患稍减，百姓得以安居乐业。泾原兵变时，段秀实力劝朱泚迎接德宗还朝，在朱泚等人商议称帝事宜时，他当庭勃然而起，以笏板击打朱泚，旋即被杀。传见新、旧《唐书·段秀实列传》。

④造次：轻率。

【译文】

既然樊系已经感到惭愧而有必死之心，但他却一定要做出玷污自己的举动，使名声和气节都受损，这其中的原因有三个，只要不是坚持正义、立场坚定、能够振作自己勇气的人，那么这三方面的考量，是中等才智以下的人所常有的，而又怎么能单独责怪樊系呢！樊系在撰写册文时心中怀有疑虑，还想观望等待，这是第一个原因；心中正气不足，一旦受到叛贼的胁迫，难以坚持正义，这是第二个原因；受到自己妻子儿女的拖累而难以摆脱，这是第三个原因。朱泚叛乱篡位，事情发生在仓促之间，他能够引为同党的，只有姚令言率领的一支军队而已；在朝廷的大臣中，本来就有许多劝朱泚迎接德宗回朝的，不仅仅只有段秀实。樊系在这个时候，还没有估计到朱泚必定篡逆，所以姑且等待观望，一旦朱泚向他下达了伪命令，让他撰写册文，他就惊慌失措无法应对，等到事后退下来，想到自己的名节已亏，就悲愤羞愧而死了。这没有其他的原因，只因为樊系平时在朝中，对于谁是忠贞之臣、谁是奸佞之臣缺乏辨别能力，所以缺乏预见性，加上他轻率多疑，才最终酿成了悲剧。

　　迨乎伪命及身,册文相责,斯时也,令言之威已张,源休、蒋镇、张光晟、李忠臣实繁有徒①,出入烜赫于系左右②,夸之以荣,怖之以祸,挥霍谈笑,天日为迷。系于此时,心知其逆而气为所夺,口呿目眩③,不能与之争胜,杂遝凭陵④,弗能拒也,魂摇神荡,四顾而无可避之方,伸纸濡毫⑤,亦不复知为己作矣。此无他,立义无素,狎小人而为其所侮,乍欲奋志以抗凶锋,直足当凶人之一笑;义非一旦之可袭,锋棱不树者,欲振起而不能,有含羞以死而已矣。

【注释】

①蒋镇(?—784):常州义兴(今江苏宜兴)人。唐德宗时大臣,以简俭著称于世。朱泚谋反时,仰慕蒋镇清名,任命其为宰相。蒋镇性格懦弱,想自杀或逃跑,终未成功。朱泚兵败后,蒋镇因曾接受伪职而被斩首。传见《旧唐书·蒋镇列传》。李忠臣(716—764):原名董秦,幽州蓟县(今天津蓟州)人。在安史之乱时随官军平叛,屡立战功,出任淮西节度使,先后讨平叛乱的周智光、李灵曜。大历十四年(779),李忠臣被部将李希烈驱逐,逃归京师。此后郁郁不得志。在泾原兵变时拥立朱泚为帝。兴元元年(784),朱泚兵败,李忠臣被朝廷处死。传见《旧唐书·李忠臣列传》《新唐书·叛臣列传》。

②烜赫:显赫。此指盛气凌人。

③呿(qù):张口的样子。

④杂遝(tà):杂乱众多。凭陵:欺侮,侵犯。

⑤毫:此指毛笔。

【译文】

等到朱泚的伪命令下来,要求樊系撰写登基册文,这个时候,姚令言的威势已经很盛,像源休、蒋镇、张光晟、李忠臣这样依附逆贼的人实在很多,他们声势烜赫地出入于樊系左右,向他夸耀自己的荣耀,用不服从就会大祸临头的话来吓唬他,他们肆意谈笑,整个朝廷乌烟瘴气,不见天日。樊系在这个时候,心中虽知道这些人是逆贼,但气势上已被他们压倒,目眩口呆,不能与他们争胜负,受到他们的诸多欺凌,也难以抗拒,所以神魂动摇颠倒,茫然四顾,而没有可以逃避的地方,他展开纸,用笔蘸上墨水,也不知道册文是不是自己写的了。这没有其他的原因,只是他平日正义的修养不够,过分亲近小人却被他们所侮辱,猛然间想要奋发有为、抵抗逆贼的威胁,却只能换来凶恶逆贼的鄙薄一笑;人的正义并不是一天之内形成的,平素不能养成刚正不阿的习惯,想要振作起来的时候就无法做到,因此樊系也就只能含羞而死了。

　　当德宗出奔之际,姜公辅诸人皆宵驰随跸①,李晟在北,家固居于长安,弗能恤也,系徒留而不能去。既而陷身贼中矣,段司农、刘海宾击贼而死②,一时百僚震慑,固可想见;而妇人孺子牵裾垂涕,相劝以瓦全,固有不忍见闻者。系濡迟顾恤③,以撰册保全其家,以一死自谢其咎,盖无如此呴呴嗫嗫者何也④。

【注释】

①姜公辅(730—805):字德文,爱州日南(今越南清化)人。唐朝宰相。曾任翰林学士,泾原兵变时连夜追随德宗前往奉天。建中四年(783),朱泚率叛军进攻奉天,姜公辅护驾、献策有功,升为谏议大夫、同中书门下平章事。后因忤逆德宗,被贬官。顺宗即位后起用他为吉州刺史,未及到任而卒。传见新、旧《唐书·姜

公辅列传》。跸:泛指帝王出行的车驾。

②刘海宾:唐德宗时任左骁卫将军,曾与段秀实共同谋划杀死朱

泚,但未能成功,与段秀实一同被杀。

③濡迟:迟滞,缓慢。

④呴呴(xǔ):温和的样子。嗫嗫:多言。

【译文】

当德宗逃出长安、奔往奉天的时候,姜公辅等人都夜晚赶路去追随天子,李晟当时在北方,而他的家本来就在长安城中,这个时候也顾不上家了,樊系却只是徘徊停留而没有离开长安。等到他已然身陷逆贼之中后,段秀实、刘海宾因攻击逆贼朱泚而死,一时间百官都被震慑住了,这是可以想见的;而樊系的妻子和孩子又牵着他的衣襟,在一旁流泪,纷纷劝他委曲求全,这一情景确实令人不忍心看。樊系迟疑不决,反复掂量权衡,通过撰写册文来保全家人,以一死来为自己的失节谢罪,大概也是对于家人的牵累和劝说无可奈何而做出的选择。

　　呜呼!至于此而中人以下之能引决者,百不得一矣。捐身以全家,有时焉或可也,郭汾阳之斥郭晞,而自入回纥军中是也①。捐名义以全妻子,则无有可焉者也。身全节全,而妻子勿恤,顾其所全之大小以为择义之精,而要不失为志士;身死节丧,而唯妻子之是徇,则生人之理亡矣。此亦有故,素所表正于家者无本,则狃昵嬬呢、败乱人之志气以相牵曳也②。夫若是,岂易言哉?怪系之所为者,吾且恐其不能为系;即偷免于他日,亦幸而为王维、郑虔以贻辱于万世已耳③。段司农自结发从军以来,其光昭之大节,在军中而军中重,在朝廷而朝廷重,夫岂一旦一夕之能然哉!

【注释】

①郭汾阳之斥郭晞,而自入回纥军中:唐代宗广德二年(764),仆固
　怀恩联合回纥、吐蕃、吐谷浑等军队进攻唐朝,郭子仪率军前往
　抵御,准备利用自己的威望说服回纥退兵。郭子仪的儿子郭晞
　拉住他的马,力劝他不要以身试险,郭子仪用马鞭抽郭晞的手,
　斥责他退下,单骑进入回纥营中,成功说服回纥军撤退。事见
　《旧唐书·郭子仪列传》。

②嚅唲(rú ér):强颜欢笑。

③王维(701—761):字摩诘,号摩诘居士,河东蒲州(今山西运城)
　人。唐朝著名诗人、画家。安禄山攻陷长安时,王维被迫接受伪
　职。因此受到后人诟病。传见《旧唐书·文苑列传》《新唐书·
　文艺列传》。郑虔(691—759):字趋庭,又字若齐,荥阳(今河南
　荥阳)人。唐代文学家、书画家。安史之乱中与王维一道被迫接
　受伪职。传见《新唐书·文艺列传》。

【译文】

　　唉!到了樊系的这种处境下,中等才智以下的人里,能够毅然自杀
就义的,一百个人里还找不到一个。舍弃性命以保全家人,这种事有时
或许还能够做到,郭子仪斥责儿子郭晞,而自己冒着危险单骑进入回纥
军营中劝他们退兵就是一个例证。舍弃名节大义以保全妻子儿女,则
没有值得肯定的地方了。保全自身同时也保全节操,至于妻子儿女就
顾不上了,通过比较自己所能保全的事物的重要程度来决定自己如何
去做,这样也不失为志士;自己失去性命,也没保全节操,而只是想保全
妻子儿女,则自己作为人的立身之本就已经丧失了。樊系落到这个地
步也是有原因的,他平时在家中没能用秉持正义的立身之本来为家人
做好表率,则家人就只会对他亲近欢笑、扰乱和消泯他的志气,成为他
秉持大义的牵累和阻碍。如果是这样,难道能够轻易评论吗?责怪樊
系的做法的人,我恐怕他自己甚至连像樊系那样以死谢罪都做不到;他

日即使能苟且偷生，也不过是像王维、郑虔那样留下万世耻辱罢了。段秀实自从结发从军以来，他光明磊落的大节，在军中就受到军中将士的敬重，在朝廷则受到朝廷的倚重，这种气节难道是一朝一夕之间能够形成的吗？

一二 德宗好与人违卢杞以孤立售奸

奸佞之惑人主也，类以声色狗马嬉游相导，而掣曳之以从其所欲①；不则结宫闱之宠、宦寺之援为内主，以移君之志。唯卢杞不然，蛊惑之具，一无所进；妇寺之交，一无所附；孤恃其机巧辩言以与物相枝距②，而德宗眷倚如此其笃。至于保朱泚以百口，而泚旋反；命灵武、盐夏、渭北援兵勿出乾陵③，而诸军溃败；拒李怀光之入见，而怀光速叛；言发祸随，捷如桴鼓④，而事愈败，德宗之听之也愈坚。及乎公论不容，弗获已以谪之，而犹依依然其不忍舍，杞何以得此于德宗邪？德宗谓"人言杞奸邪，朕殊不觉"者，亦以其无劝淫导侈之事，无宦官宫妾之援也。夫杞岂不欲为此哉？德宗之于嗜欲也轻，而宫中无韦后、杨妃之宠，禁门无元振、朝恩之权也。

【注释】

①掣曳：牵引，牵制。

②枝距：抗衡。

③灵武：今宁夏灵武。盐夏：指盐州和夏州。盐州治所在今陕西定边，夏州治所在今陕西靖边。渭北：指渭北四州，即鄜州、丹州、丰州、坊州，大致在今陕西中北部。乾陵：今陕西乾县。

④桴鼓：鼓槌与鼓。比喻一敲就响，立竿见影。

【译文】

　　奸佞之人迷惑天子，大体上都是用声色狗马之类的玩乐引导天子走向歧途，从而使其受到自己的摆布，以便自己能随心所欲地揽权；如果不这么做，就结交宫中得宠的后妃、宦官作为内援，从而逐渐改变天子的志趣。唯独卢杞不是这样，他既没有向德宗进献声色犬马之类的蛊惑用具；也没有依附和结交宫中的女宠和宦官；唯独凭恃自己的机智巧妙、能言善辩来与其他人抗衡，而德宗对他的眷恋倚重是如此深切。以至于卢杞极力向德宗担保朱泚不会谋反，而朱泚很快就谋反了；他命令灵武、盐州、夏州、渭北的援兵不要越出乾陵，而诸军很快溃败；他拒绝李怀光入朝觐见，而李怀光迅速反叛；他的话刚说出口，祸患就已经来临，就像用鼓槌敲鼓一样立竿见影，可是事情办得越糟糕，德宗就越是坚定地听从他的话。等到卢杞被公论所不容，德宗不得已而将他贬谪的时候，仍旧对他依依不舍，卢杞为什么能够受到德宗如此的肯定呢？德宗说"别人说卢杞奸诈邪恶，我完全没有觉察到"，也是因为卢杞不曾劝导、引诱德宗寻欢作乐，并且他也没有结交妃嫔、宦官作内援。难道是卢杞不愿意这样做吗？其实是因为德宗没有强烈的嗜好和欲望，而且宫中没有像韦后、杨妃那样受宠的后妃，也没有像程元振、鱼朝恩那样有权的宦官啊！

　　德宗之所以求治而反乱，求亲贤而反保奸者，无他，好与人相违而已。乐违人者，决于从人。一有所从，雷霆不能震，魁斗不能移矣①。杞知此而言无不与人相违也。其保朱泚也，非与泚有香火而为贼间也②，众言泚反，则曰不反而已矣；其令援军勿出乾陵也，非于诸将有隙而陷之死地也，浑瑊言漠谷之危③，则曰不危而已矣。故颜鲁公涕泣言情而益其怒；李揆以天子所恤④，而必驱之行。人所谓然，则必否之；人所谓非，则必是之。于是德宗周爱四顾⑤，求一力矫众论如杞者而不可得。志相孚也，气相协也，孰有能间之者？盖德宗亦犹杞而已。己偏任之，众力攻之；众愈攻之，己益任之。其终不以杞为奸邪者，抑岂别有所私于杞哉？向令举朝誉杞，而杞不足以容矣。故奸邪必有党，而杞无党也。挟持以固宠于上者，正以孤立无援，信为忠贞之复绝耳⑥。

【注释】

①魁斗：指魁斗星君，主管文运的神。

②香火：指盟约、盟誓。

③浑瑊(736—800)：本名日进，铁勒族浑部皋兰（今宁夏青铜峡南）人。唐朝名将。浑瑊在安史之乱爆发后，先后为李光弼、郭子仪、仆固怀恩的部将，大小数十战，军功最盛。仆固怀恩叛乱时，浑瑊率二百骑兵冲阵，大破吐蕃。泾原兵变时，浑瑊在奉天力战，大破数万叛军，并率军收复咸阳。贞元三年(787)，浑瑊奉命主持唐蕃平凉会盟，但疏于防备，遭吐蕃伏击，浑瑊夺马逃归。传见新、旧《唐书·浑瑊列传》。漠谷：乾陵西边一条从北而南的黄土裂谷。

④李揆(711—784)：字端卿，陇西成纪（今甘肃秦安）人。乾元年间曾出任宰相，后被贬出长安。德宗即位后，又入京担任国子祭酒、礼部尚书，被宰相卢杞所嫉恨。德宗派李揆出使吐蕃，李揆表示自己年迈，恐怕会半途而死，德宗怜悯他，但卢杞却极力催促其上路，后来李揆凭机智完成了使命。传见新、旧《唐书·李揆列传》。

⑤周：遍。爱：于。

⑥ 夐（xiòng）绝：绝高，绝远。

【译文】

德宗之所以力求天下大治却招来大乱，力求亲近贤臣却宠信了奸臣，没有其他的原因，只是因为他太喜欢和别人唱反调了而已。乐于唱反调的人，在听从别人的话时就非常坚决。一旦他决定听从某些话，那么打雷也不能动摇其决心，魁斗星君也难以改变他的想法。卢杞正是知道德宗的这种性格，所以平时事事都与别的大臣唱反调。他担保朱泚的忠诚，并不是因为与朱泚有秘密的盟约而甘心做他的间谍，只是因为众人都说朱泚必定谋反，所以他就说朱泚不会反而已；他命令援军不要出乾陵作战，并非是与诸将有仇而想要陷他们于死地，只是因为浑瑊说把军队留在漠谷很危险，所以他就说不危险而已。所以颜真卿流泪向他陈情，他反而更加恼怒；李揆受到天子的体恤，他却一定要驱赶李揆立即上路去出使吐蕃。人们认为这样做合适，他就一定要否定；人们认为这样做不对，他就一定要坚持这样做。于是德宗环顾四周，想要再找到一个像卢杞那样力排众议的人都做不到。卢杞和德宗志趣相投，气息相通，又有谁能离间他们的关系呢？大概德宗也像是另一个卢杞罢了。他自己对卢杞偏听偏信，众人便极力攻击卢杞；众人越是攻击卢杞，自己便越宠信卢杞。他始终不把卢杞当作奸邪之人，难道是因为他与卢杞有什么别的私交吗？假如举朝上下都一直夸赞卢杞，卢杞恐怕就不能被德宗所容了。所以奸邪之人必定有党羽，而卢杞却没有党羽。他之所以能够巩固德宗对自己的宠信，正是通过让自己变得孤立无援，从而使德宗相信自己是特别忠贞的人。

　　夫人之恶，未有甚于力与人相拂者也。王安石学博思深，持己之清，尤非杞所可望其肩背；乃可人之否，否人之可，上不畏天，下不畏人，取全盛之天下而毁裂之，可畏哉！孤行己意者之恶滔天而不戢也。鲧以婞直而必殛①，夫岂有贪惏媕婀之为乎^②！

【注释】

①媢直：倔强，刚直，自以为是。殛(jí)：杀死。

②贪惏(lán)：贪婪，不知足。媕婀(ān ē)：随声附和，没有主见的样子。

【译文】

一个人的恶，没有比竭力与别人唱反调更糟糕的了。王安石学问广博、思想深邃，他的清白守节，尤其是卢杞所不可望其肩背的；可是王安石坚持赞成众人皆反对的事，坚持否定众人皆赞成的事，上不畏惧天，下不畏惧人，将全盛的天下毁裂葬送掉了，真是可怕啊！一意孤行、听不进他人意见的人，真是罪恶滔天而不知道停止啊。鲧因为刚直倔强、自以为是而被舜所杀，他哪里有贪婪无度、曲意逢迎的行为呢！

一三　德宗不亡天下非仅由罪己一诏

德宗之初，天下鼎沸，河北连兵以叛，李希烈横亘于中，朱泚内逼，天子匿于襄、汉^①，李楚琳复断其右臂^②，韩滉收拾江东以观成败^③，其有必亡之势者十九矣。李晟、马燧以孤军援之，非能操全胜之势。而罪己之诏一下，天下翕然想望清谧^④，陆敬舆之移主心以作士气、存国脉者^⑤，功固伟矣。然所以言出而效随者，繇来有二，不然，则汉之将亡，亦有忠靖之臣，宋之将亡，亦下哀痛之诏，而何以迄于不救邪？

【注释】

①襄、汉：襄州和汉州。襄州治今陕西汉中，汉州治今四川广元。

②李楚琳：唐代藩镇将领。本为朱泚部将，泾原兵变中，李楚琳发
　动兵变，杀节度使张镒，称凤翔节度留后，他与朱泚互通款曲，但
　却不出兵相助，还派使者到德宗处请求认可。德宗为大局考虑，
　也不得不对他进行安抚。李楚琳后来入朝担任金吾卫大将军、
　尚书仆射等职。

③韩滉（723—787）：字太冲，京兆长安（今陕西西安）人。累官至镇
　海节度使、浙江东西观察使。泾原兵变时，韩滉训练士卒，保全
　东南，又转输江南粟帛，受到朝廷依赖。贞元元年（785），加同平
　章事、江淮转运使。传见新、旧《唐书·韩滉列传》。

④清谧：清静，安宁。

⑤陆敬舆：指陆贽。

【译文】

　　德宗即位之初，天下就陷入一片混乱中，河北藩镇联合起来举兵反
叛，李希烈横亘于中原，朱泚在畿内逼迫、围攻德宗，天子被迫藏匿于奉
州、汉州，李楚琳又切断了朝廷的右臂，韩滉收拾江东以坐观成败，当时
的天下局势，唐朝十之八九要亡国了。李晟、马燧率领孤军来救援德
宗，并非能取得全胜的把握。而德宗的罪己诏一下达，天下人都一致希
望迅速得到安宁，陆贽能够使德宗回心转意，以振作士气、保存国脉，他
的功劳是很大的。然而之所以德宗的罪己诏一出就取得成效，是因为
两个原因，不然的话，则汉朝将要灭亡的时候，也有尽忠报国的臣子，北
宋将要灭亡的时候，宋徽宗也曾下过哀痛的罪己诏，而为什么却不能挽
救本朝灭亡的命运呢？

　　其一，则德宗之为君也，躁愎猜忌，以离臣工之心，而固
无奢淫惨虐之暴行以失其民，故乱者自乱，德宗固居然四海
之瞻依也①。仓皇北出，而段司农追韩旻以返②，得安驱以入
奉天；赵昇鸾劫驾之谋尤哑矣③，浑瑊一泄其谋，复得徐行以

入梁州④。天下知吾君之尚在，故罪己诏下，咸翘首以望荡平。河北群逆，亦知唐室之必兴，而有所归命。皆乘舆无恙，足以维系之也。向令帝之出也不速，或为逆贼所害，则如梁氏父子死于侯景之手，而梁速熸⑤；或为逆贼所劫，则如汉献困于董卓，辱于李傕、郭汜，而汉遂夷。唐于是时，无宗藩之可倚，如琅邪之在江东⑥；无储贰之可扶⑦，如肃宗之在灵武。敬舆将何托以效忠？天下无主可依，则戴贼以安，亦必然之势矣。唯唐之君臣，不倡死社稷之邪说，沮卷土重来之计；故维系人心者，亦不仅在慷慨淋漓之一诏也。

【注释】

①瞻依：瞻仰依恃。表示对尊长的敬意。

②段司农追韩旻以返：韩旻是朱泚的部将、泾原兵马使。建中四年
　　（783），朱泚派韩旻率精兵三千，假意迎接唐德宗，暗中想要袭取
　　奉天。段秀实知道德宗在奉天兵微将寡，于是冒险盗取司农卿
　　的印符，并派一名善奔跑的军士去追赶韩旻回军，韩旻得到印符
　　后果然回转。后来朱泚兵败逃走，韩旻等部将在途中将他共同
　　杀死，把其首级献给了朝廷。事见《旧唐书·段秀实列传》。

③赵昇鸾劫驾之谋：赵昇鸾是李怀光的部将。兴元元年（784）二
　　月，李怀光派遣赵昇鸾进入奉天城，约定在当天傍晚让别将达奚
　　小俊焚烧乾陵，让赵昇鸾作为内应来威胁德宗的车驾。赵昇鸾
　　到浑瑊处主动讲了此事，浑瑊赶忙上奏德宗，并且请德宗出走梁
　　州，德宗因此得以幸免于难。事见《新唐书·叛臣列传》。

④梁州：治今陕西汉中。

⑤熸：熄灭，这里引申为灭亡。

⑥琅邪：指琅邪王司马睿，即晋元帝。

⑦储贰:储副,太子。

【译文】

其中一个原因是,德宗作为君主,性格轻躁、刚愎自用,而又喜欢猜忌别人,所以大臣对他离心离德,但他本来就没有奢侈放纵、残忍暴虐的暴行,因而没有失去民心,所有作乱的人尽管叛乱,德宗仍然受到四海百姓的瞻仰和依赖。德宗仓皇北逃,而段秀实派人追上韩旻的部队骗他返回长安,德宗因此得以安全地进入奉天;赵昇鸾阴谋准备劫驾,形势已经很危急,浑瑊向德宗泄露了赵昇鸾的图谋,德宗才得以不慌不忙地进入梁州。天下人知道自己的君王还健在,所以德宗的罪己诏一下,大家都翘首以盼、渴望迅速荡平贼寇。河北叛乱的诸藩镇,也知道唐朝必定能复兴,所以纷纷向朝廷表示效忠。这些都是因为德宗本人安然无恙,所以才足以维系当时的局面。假如德宗逃离长安和奉天时不够迅速,他或许就会被逆贼所害,就像梁武帝父子死于侯景之手一样,梁朝因此迅速灭亡,唐朝也难以例外;或许他会被逆贼劫持,就如同汉献帝受困于董卓,受辱于李傕、郭汜一样,汉朝迅即灭亡,唐朝也难以例外。唐朝在这个时候,不像琅邪王司马睿在江东时那样有宗室力量可以依靠;也不像当年玄宗逃跑时,肃宗可以在灵武即位那样,有可以扶持的储君。没有了德宗,陆贽能依托谁来效忠呢? 天下没有君主可以依赖,则拥戴逆贼以求安宁,也就成了必然的趋势。唯有唐朝的君臣,不提倡为社稷殉死的邪说,不反对卷土重来的计策;所以唐朝此时能维系人心,也不仅仅靠的是慷慨淋漓的一道罪己诏书。

其一,则惑德宗以致乱者卢杞也,敬舆与杞忠佞不两立,而其奔赴行在也,与杞同至。当是时,敬舆所欲除帝根本之蠹以涤旧恶者,莫杞若也。杞所深知,危言切论虽未斥讼其奸,而必将逐己者,唯敬舆也。颜真卿、李揆、崔宁①,杞皆先发而制之矣，唯敬舆以患难同奔之侣，迫不及排，而气焰丰采、直辞正色，非杞之可投间以相攻。乃犹不仅此也，凡奸臣知不容于正士而反噬无已，虽见迸逐②，犹将偾起者③，唯其有党也。故蔡京误国已有明征④，而靖康之初，小人犹沮抑君子以不得伸其忠悃⑤。杞则执拗专横之性不与人相亲，而唯与人相忮；恃君之宠如山岳，而视百僚如培塿⑥；虽引裴延龄、白志贞以与同污⑦，而未尝以天子之爵禄市恩饵众。故敬舆一受上知，杞旋放黜，而在廷在外，举倚敬舆以求安，无有暗护杞以沮挠敬舆者。德宗偏听之性一移，而中外翕然。不然，宋室垂亡，而王爚、陈宜中之党犹沮文信国之谋⑧，吾未见敬舆之得行其志，以历数德宗之失，畅言之而无所挠也。

【注释】

①崔宁（723—783）：本名旰，卫州（今河南卫辉）人。宝应初年，严武荐崔宁为利州、汉州刺史。其屡破吐蕃攻扰，人称神兵。后为西川节度使。入朝后，进御史大夫、同平章事。泾原兵变时，崔宁到奉天跟随德宗，对德宗揭露卢杞的奸邪面目，深为卢杞忌恨。卢杞于是设计诬陷崔宁与叛军勾结，致使德宗诛杀了崔宁。传见新、旧《唐书·崔宁列传》。

②迸逐：驱逐。

③偾（fèn）起：突起，奋起。

④蔡京误国已有明征：据《宋史》记载，蔡京"天资凶谲"，舞弄才智驾驭他人，在皇帝面前为了巩固自己的地位小心谨慎，竭力事奉。而"帝亦知其奸"，故而对其"屡罢屡起"，并选择与蔡京不和的人执政来加以抑制。

⑤忠悃(kǔn)：忠诚。

⑥培塿(lǒu)：小土山。

⑦裴延龄(728—796)：河东(今山西永济)人。早年任太常博士，德宗时卢杞为宰相，擢其为膳部员外郎、集贤院直学士。贞元八年(792)以户部侍郎判度支，为政苛刻，陆贽反对由他掌管财赋。德宗对其深信不疑，反斥逐陆贽。他死后，中外相贺，独德宗嗟惜不已。传见新、旧《唐书·裴延龄列传》。白志贞(？—787)：本名琇珪，太原(今山西太原)人。德宗曾召见他谈话，很快将其引入心腹，任命他为神策军使、御史大夫，赐名志贞。他善于揣度上意，德宗对他言听计从。传见新、旧《唐书·白志贞列传》。

⑧王爚(yuè，1199—1275)：字仲潜，一字伯晦，号修斋，新昌(今浙江新昌)人。南宋恭帝时期宰相。传见《宋史·王爚列传》。陈宜中(1234—1283)：字与权，温州永嘉(今浙江永嘉)人。南宋末年宰相。德祐元年(1275)，贾似道丁家洲兵败后，太皇太后谢道清任命陈宜中为右丞相全面主持临安危局。临安失陷后，陈宜中与张世杰、文天祥等人率军在井澳十字门一带与元军大战，损失过半。战后，陈宜中去占城借兵，终老于暹罗。传见《宋史·陈宜中列传》。文信国：指文天祥，因其被南宋封为信国公，故名。

【译文】

另一个原因，则是蛊惑德宗从而招致祸乱的是卢杞，陆贽与卢杞忠奸不能两立，而陆贽奔赴德宗行在时，与卢杞一同到达。当时，陆贽想要根除德宗身边为祸根的蠹虫，从而荡涤旧恶，他的矛头首先指向卢杞。卢杞很清楚，向德宗慷慨陈词、虽然没有直接揭露和斥责自己的奸邪，但必将把自己驱逐出朝廷的，只有陆贽一个人。颜真卿、李揆、崔宁，都被卢杞采用先发制人的手段除掉了，唯独陆贽因为是与他在患难中共同奔赴行在的伙伴，事态紧迫，来不及排挤掉陆贽，而陆贽本人又气势十足、风采过人、义正辞严，卢杞难以找到借口来攻击他。可是事情并不仅仅如此，但凡奸臣知道自己不会被正义之士所容忍，就反过来诬陷他们，即使遭到驱逐也会奋力反击，正是因为奸臣有党羽。所以虽然蔡京误国已有明显的迹象，可是在靖康初年，小人仍然可以压抑排挤君子，使他们不能尽忠报国。卢杞则因为他执拗专横的个性，不和别人亲近，只会和别人作对；他凭恃德宗对自己的信任，自以为像山岳那样，而把百官都看作低矮的小山头；虽然他也引裴延龄、白志贞等人同流合污，却不曾用天子的爵禄来邀买人心。所以一旦陆贽受到德宗的宠信，卢杞随即就被贬官流放，而朝廷内外，都仰赖陆贽以求安宁，没有暗中袒护卢杞以阻挠陆贽的人。德宗偏听偏信的性格一改，朝野都一致称赞。不然的话，像宋朝将要灭亡的时候，王爚、陈宜中这伙人还要反对文天祥的计谋那样，我恐怕就看不到陆贽得以施展自己的抱负，历数德宗的过失，畅所欲言而无所顾忌的场景了。

　　是故天下无君，则后立之君必不固；小人有党，则君子之志必不行。非此二者，则人心不摇，廷议不乱，内靖而外不离；叛寇之起纵如乱丝，亦有绪而无难理矣。人臣而知，则勿为李纲之诐辞①，陷其主以寒天下之心；人君而知，则勿任结党之小人，塞君子以效忠之路。存亡之枢，决于毫发，盖可忽乎哉！

【注释】

①诐(bì)辞：偏邪不正的言论。此指李纲希望宋钦宗坚守京城的言论。

【译文】

所以如果天下陷入没有君主的境地，则后立的君主地位必定不稳固;如果小人结成奸党,则君子的志向必定实现不了。如果没有这两种情况,则人心不会动摇,朝廷的议论不会混乱,朝廷内部平静,外部不会离心离德;即使叛乱的贼寇像乱麻一样兴起,也终究会有头绪,而不难加以梳理。人臣如果懂得了这个道理,就不要像李纲那样说出偏颇的言论,让君主陷于难堪,从而寒了天下人的心;君主如果懂得了这个道理,就不要任用结党的小人,堵塞君子效忠的路径。国家存亡的关键,决定于毫发之间,怎么能够掉以轻心呢?

一四　陆敬舆修辞立诚再安唐室

《诗》云:"辞之辑矣,民之洽矣。辞之怿矣,民之莫矣①。"辑云者,合集事理之始终,序次应违之本末,无有偏伸,无有偏屈,详析而得其要归也。如是,则物无不以类辨,事无不以绪成,而智愚贤不肖之情,皆沁入而相感,故曰民之洽也。怿云者,推于其心之所以然,极于其事之所必至,宛转以赴其曲,开朗以启其迷,虽锢蔽之已深,而善入其中则自悦,虽危言以相戒,而令其易改则自从。如是,则君与臣不相抗,智与愚不相拒,意消气静,乐受以无疑,故曰民之莫也。如是者,无他道焉,辞不以意兴,意不以气激,尽其心以达人之心,诚而已矣。故《易》曰:"修辞立其诚②。"诚立而后辞可修,抑必辞修而后诚乃立。不然,积忠悃于咽膈③,输困猝发④,浮动而不本于心,甚则反激以召祸而不莫,不然,亦悠悠听之而固不洽也。辞之为用大矣哉!

【注释】

　①"辞之辑矣"几句:语出《诗经·大雅·板》:"辞之辑矣,民之洽

矣；辞之怿矣，民之莫矣。"意思是言辞和顺，百姓融洽；言辞动听，百姓安宁。怿，喜悦。

②修辞立其诚：语出《周易·乾卦》之《文言》："修辞立其诚，所以居业也。"意思是以修饰言辞来建立诚信，这是操持自己事业的立足点。

③咽膈：咽喉与胸膜。

④输囷（qūn）：指将仓库中的谷物拿出来发放，此处引申为厚积薄发。囷，古代一种圆形的谷仓。

【译文】

《诗经》中说："辞之辑矣，民之洽矣。辞之怿矣，民之莫矣。"所谓辑，就是指集合事情的原委本末，梳理事情的次序，决定哪些该做，哪些不该做，不偏颇地加以肯定或否定，详加分析，就可以掌握事情的要领。这样，则事物都根据种类区别开，事情都按头绪去处理，而智慧、愚蠢、贤能、不肖之人的情感和诉求，都能够融入其中而得到感应，所以说百姓会融洽。所谓怿，就是推测人心中必然的活动规律，判断事情必然的发展趋向，婉转地解开人们的心结，开导并澄清他们心中的迷惑，即使是已经被禁锢遮蔽很深的心灵，只要善能够进入其中，人们自然就会喜悦起来，即使是被别人危言耸听地蒙蔽，而只要让他们觉得容易改正，他们就自然会遵从。如此，则君与臣不相互对抗，聪明与愚昧之人不相互对立，人们都心平气和，乐于接受意见而没有疑虑，所以说百姓都得以安定下来。能够做到这一点，没有别的途径，只有用言辞不仅凭自己的心意，表达意思不仅凭意气用事，尽自己的心意去打动别人的心扉，只能靠真诚而已。所以《周易》中说："修饰言辞来建立诚信。"诚心有了，然后才可以去修饰言辞，又何必拘泥于先修饰言辞然后再树立诚心。否则的话，将一腔忠诚集聚在言辞上，突然发作出来，这是表面上的虚词而不出于内心，甚至会反招来祸患而难以安定下来，即使不这样，别人也只会漫不经心地听你说话，而难以使百姓融洽。所以言辞的用处可真大啊!

　　今有说于此,其为理之必然,明矣。见为是而毅然决之曰是,其所以是者未之详也,其疑于非而必是者未之辨也,则人亦挟其所是者以相抗矣;见为非而愤然斥之曰非,其所以非者未能擿也①,其疑于是而固非者莫能诘也,则人亦报我以非而相折矣。是与非立于未事之先,未有定也,观于已事之后,而非者非,是者亦难全其是也。恃气以言之,一言以断之,无体验成熟之实,而出之也厉,父不能得之于子,师不能得之于弟子,而况君臣之际乎? 故修辞而足以感人之诚者,古今不易得也。非陆敬舆其能与于斯哉! 今取其上言于德宗者而熟绎之②。推之使远,引之使近,达之以其情,导之以其绪,曲折以尽其波澜,而径捷以御之坦道,扩其所忧,畅其所郁,排宕之以尽其变③,翕合之以归于一,合乎往古之经,而于今允协,究极于中藏之密,而于事皆征,其于辞也,无间然矣。贞元以后,棼乱之宇宙④,孤危之社稷,涣散之人心,强悍之戾气,消融荡涤,而唐室为之再安,皆敬舆悟主之功也。故曰辞之为用大矣哉!

【注释】

①擿(tī):调出,指出。

②上言于德宗者:指德宗曾向陆贽询问当今最为急切的事务,陆贽上疏陈说,认为当今急务在于审察群情,详细体察众人的心志,使得上下之情相通。之后陆贽又陆续上疏说明君主得到人心和洞见人情的重要性,以及保持诚心和信用的必要,并希望德宗积

极纳谏。德宗对陆贽的建言颇有采纳。事见《资治通鉴·唐纪四十五·德宗·建中四年》。

③排宕：豪放，奔放。

④棼乱：杂乱，混乱。

【译文】

现在有这样的说法，它为什么是理所必然的事情，已经很明显了。见到正确的事情就毅然决然地说正确，至于为什么正确却并不清楚，怀疑某件事情不正确，但正确的情况应该是怎样也不清楚，那么别人也会坚持他所认为正确的事情与你相对抗；看到不正确的事情就愤怒地斥责其不正确，但其为什么不正确却不能清楚地指出来，怀疑某件事正确，而对于坚持此事不正确的人却不能反驳，则别人也会持相反的意见来驳斥你。在事情发生之前，对与错是没有定论的，等事情发生以后再观察，则不正确的事情固然不正确，但正确的事情也难以保证其全部正确。凭借着一时的意气去发言，一句话就做出决断，没有深切的亲身体验来验证这话是否合乎理性和事实，说话的口气又很严厉，凭这样的话，父亲不能说服儿子，老师不能说服弟子，何况是君臣之间呢？所以能够修饰言辞而足以深切感动别人的人，古往今来都是非常难得的。除了陆贽，还有谁能做到这一点呢？现在我把他上奏德宗所说的话拿过来进行详细推敲。他的言辞既能够推动德宗，使他思考得很深远，也能够将他的思考拉到很近的地方；能够用情感使德宗思绪畅达，也能够理出头绪来引导德宗；他的话可以很曲折，尽显思维的波澜，也能够很简洁，直接引导德宗走上平坦的大道；他能够排解德宗的担忧，使其心情舒畅；他的言辞能够很奔放，呈现出千变万化，也能够迅速收敛，以归于一致，从而合乎古代的经典，并符合现在的道理，能够把事物中所蕴含的道理尽情揭示出来，所说的话事后都能得到验证，他的言辞，可谓无可挑剔了。德宗贞元年间以后，纷乱的天下，孤危的社稷，涣散的人心，强悍的戾气，都得以消融、荡涤殆尽，而唐朝也得以再度转危为安，这都要感谢陆贽使君主醒悟的功劳。所以说言辞的用处可真大啊！

　　前乎此者，董仲舒正而浮，贾谊奇而偏，魏徵切而俗，莫能匹也。后乎此者，苏轼辩而诡，真德秀详而迂①，莫能及也。不主故常而不流，不修藻采而不鄙，"六经"邈矣，卮言日进②，欲以辞立诚，而匡主安民，拨乱反正，三代以下，一人而已矣。

【注释】

①真德秀(1178—1235)：本姓慎，因避孝宗讳改姓真，字实夫，又字景元、希元，号西山，浦城(今福建浦城)人。南宋后期著名理学家。理宗时任礼部侍郎，端平元年(1234)，入朝为户部尚书，改翰林学士、知制诰，次年拜参知政事。不久即病逝。其于时政多所建言，以致"奏疏无虑数十万言"。传见《宋史·真德秀列传》。

②卮(zhī)言：此指附和人意、没有主见的话。

【译文】

　　在陆贽之前，董仲舒的言辞议论虽然正当，但却过于浮华，贾谊的言辞议论虽然奇特，却过于偏颇，魏徵的言辞议论虽然能切中要害，却过于粗俗，都不能与陆贽相提并论。在陆贽之后，苏轼的言辞议论虽然雄辩，却充满诡诈，真德秀的言辞议论虽然详实，却过于迂腐，也都比不上陆贽。不力主旧例却不随波逐流，不可以修饰词藻却不显得粗鄙，"六经"依然邈远，世间充斥着附和人意、没有主见的话，想要通过言辞来树立起诚心，从而匡辅君主、安抚百姓，拨乱反正，夏、商、周三代以下，只有陆贽一人做到了而已。

一五　盗贼以利饵众

　　乱与治相承，恒百余年而始定，而枢机之发，系于一言，曰利而已。盗贼之与夷狄，亦何以异于人哉？志于利，而以动人者唯利也。

【译文】

乱与治相互承续，持续百余年才最终安定下来，而这其中的关键，只用一句话就能概括，那就是利。盗贼与夷狄，又有什么异于常人之处呢？他们以得利为志向，而他们打动别人靠的也只是利。

唐自安、史以后，称乱者相继而起，至于德宗之世，而人亦厌之矣。故田悦、李惟岳、朱滔、李怀光之叛，将吏士卒皆有不愿从逆之情，抗凶竖而思受王命；然而卒为所驱使者，以利啖之而众暂食其饵也。田绪杀田悦[①]，虑将士之不容，乃登城大呼，许缗钱千万[②]，而三军屏息以听；李怀光欲奔据河东，众皆不顺，而许以东方诸县听其俘掠，于是席卷渡河。嗣是以后，凡据军府、结众心以擅命者，皆用此术而蛊众以逞志。呜呼！此以利贸片时之欢者，岂足以窥非望而成乎割据哉？以此为藏身之固，利尽人离，旋以自灭，盖亦盗贼之算而已矣。

【注释】

①田绪(764—796)：平州卢龙(今河北卢龙)人。唐朝节度使。魏博节度使田承嗣之子。兴元元年(784)，杀时任魏博节度使的堂兄田悦，自立为帅，听从幕僚的计策，归附朝廷，得授为魏博节度使，尚公主，拜驸马都尉。他担任节度使期间，猜忌同族，杀兄弟姑妹数人。后因酒色无度而暴卒。传见《旧唐书·田绪列传》

《新唐书·藩镇魏博列传》。

②缗(mín)钱：用绳穿连成串的钱。

【译文】

唐朝自安史之乱以后，拥兵叛乱的人相继起来，到了德宗时期，人们对这些叛乱已经很厌倦了。所以田悦、李惟岳、朱滔、李怀光这些人叛乱的时候，将领和士兵都有不愿意跟从他们叛乱的想法，他们反感凶恶的叛贼，而想要接受君王的命令。但是他们最终还是被叛贼所驱使，这是因为叛贼用利益来引诱他们，而众人暂且就被他们用诱饵拉拢过去了。田绪杀死了田悦，顾虑将士不愿依附，便登上城楼大声呼喊，许诺给士兵一千万钱，于是三军将士都屏息听命；李怀光想要奔往河东并占据那里，部下都不愿顺从，李怀光便许诺可以让士兵尽情掳掠东方诸县，于是士兵们便迅速跟随他渡河。从此以后，凡是占据州县、结纳众人之心以擅自发号施令的人，都用这个办法来蛊惑众人，以求实现自己的野心。唉！这种用利益来换取片刻之欢的人，哪里足以实现其非分之想、形成割据一方的局面呢？用给人利益来换取自己安身立命，一旦利益耗尽，别人也就离他而去，很快他也会自行灭亡，所以用利益引诱别人跟从的办法，也不过盗贼的盘算而已。

老子曰："乐与饵，过客止①。"夫君子岂不知人情之且然哉？乃得天下而不为，身可死，国可亡，而必不以此沕合于愚贱之心者②，则所以定天下之志而安其位也。以利动天下而天下动，动而不可复止，有涯之金粟，不足以填无涯之溪壑，故唐之乱也无已期。利在此而此为主矣，利在彼而彼为主矣，鬻权卖爵之柄，天子操之，且足以乱，庶人操之，则立乎其上者之岌岌何如也！天子听命于藩镇，藩镇听命于将士，迄于五代，天子且以贿得，延及宋而未息，郊祀无名之赏,几空帑藏,举天下以出没生死于钱刀③。呜呼！利之亡国败家也,盗贼一倡其术,而无不效之尤也,则乱何繇已也?而其愚已甚矣！

【注释】

①乐与饵,过客止:语出《老子》第三十五章。意思是音乐和美好的食物,使过路的人都为之停步。

②䜣(xī)合:迎合。

③钱刀:钱币,金钱。

【译文】

老子说:"音乐和美好的食物,使过路的人都为之停步。"仁人君子难道不知道贪图利益是人之常情吗? 他们也可以用这种办法来取得天下,但他们不这样做,自己的性命可以不要,国家可以灭亡,却必定不会用利益去迎合愚蠢卑贱之人贪图利益的心思,这是为了让天下人能够安于自己的地位,不产生非分之想。用利来打动天下人,则天下人就会躁动起来,一旦躁动起来就不能再停止,有限的金钱和粮食,不足以填满世人无限的欲望沟壑,所以唐朝的动乱便没有停止的那一天。利益掌握在这个人手中,这个人便是可以跟随的主公;利益掌握在那个人手中,那个人便是可以跟随的主公。卖官鬻爵的大权,操持在天子手中,尚且足以导致祸乱;庶人掌握了这一大权,则以卖官鬻爵为安身立命根基的人,是何等的岌岌可危呀! 天子听命于藩镇,藩镇听命于部下将士,到了五代的时候,天子之位尚且要通过贿赂取得,这种风气一直到宋朝还未停息,举行郊祀之礼时滥施没有正当名目的赏赐,几乎把国库掏空,整个天下都在金钱的驱使下出生入死。唉! 以利诱人足以导致亡国败家,盗贼一旦首先提倡了这种伎俩,天下都纷纷加以效仿,则天下的混乱又如何得以平息呢? 这样做真是愚蠢到了极点!

盗贼散利以饵人，夷狄聚利以制人，皆利乘权以制生人之命也。谁生厉阶①，意者其天乎！抑亦宇文融、王铁、杨慎矜、杨炎之徒导其源邪②？是故先王贱利以纳民于名义，节其情，正其性，非计近功者所能测。而孟子三斥梁王③，杜篡弑夺攘之萌，其功信不在禹下也。

【注释】

①厉阶：祸端。

②杨慎矜（？—747）：隋朝宗室后裔，唐玄宗时官员。为人深沉刚毅，富有才干，善于理财。因他的才干在兄弟三人中最为出色，被擢升为监察御史，接替父亲为国掌管太府，政绩卓著。然而由于不愿依附宰相李林甫，且才华出众，引起其妒忌，加之与王铁有隙，终于招致祸端，被构陷"复隋"而冤死。传见新、旧《唐书·杨慎矜列传》。

③孟子三斥梁王：事见《孟子·梁惠王》。均为指斥梁惠王治国方略中只图利而不符合仁政之处。

【译文】

盗贼通过散发利益来引诱人，夷狄通过聚集利益来控制人，这都是通过"利"来掌控生民的性命。这种祸端是谁引发的？大概是天意吧！抑或是宇文融、王铁、杨慎矜、杨炎这些人开的这个头？所以先代圣王都轻视"利"，以将民众纳入名义的轨道中，节制他们的欲望，匡正他们的性情，这不是急功近利的人所能测度的。而孟子曾经三次斥责梁惠王只顾图利，从而遏制了天下为逐利而相互攘夺厮杀的萌芽，他的功劳确实不在禹之下。

一六　以爵代赏适以长乱

汉有推恩之诏，则赐民爵，不知当时天下何以位置此盈廷盈野之有爵者也。或者承三代之余，方五十里之小国，卿、大夫、士亦林立于比闾之中^①，民之无爵者，遂不得比数于人类，汉亦聊以此谢其觖望邪^②？无禄之爵，无位之官，浮寄于君子野人之间，而天下不乱者，未之有也。

【注释】

①比闾：比和闾是古代户籍编制基本单位，后世因此以"比闾"泛称乡里。

②觖（jué）望：希望，期望。

【译文】

汉代每次下达推恩的诏令，就会赐给民众爵位，不知道当时天下是如何安置这充满整个朝廷和民间的拥有爵位的人的。或许是汉代承继三代的余绪，方圆五十里的小国，卿、大夫、士林立于乡里之中，没有爵位的百姓，便不能与他们相提并论，甚至无以为人，所以汉朝廷也就用赐予民爵的方式来满足百姓的愿望？没有俸禄的爵位，没有品级的官职，都虚浮地寄托于君子平民之间，天下是不可能不因此而大乱的。

德宗蒙尘梁、汉，国储已空，赏无可行，以爵代赏，陆敬舆曰："所谓假虚名以佐实利者也。"夫爵而仅以佐利之穷，名而诡于虚以诱人之悦，天子尚谁与守官，而民志亦奚以定乎？且夫唐之所以自丧其柄而乱生不已者何邪？轻虚名以召实祸也。一降贼而平章矣，御史大夫矣，其去天子直寻丈之间耳。李惟岳之求节钺，德宗固曰："贼本无资，假我位号以聚众耳。"是明知爵命之适以长乱矣。时蹙势穷，不得已而又用之，则人主之能操魁柄以制四方者，诚难矣哉！

【译文】

德宗因遭难而逃到梁州、汉州,国库已空,没办法进行赏赐,便用爵位来代替赏赐钱物,陆贽说:"这就是人们所说的假借虚名佐助实利的办法。"如果爵位仅仅是用来帮助解决实利不足的困难,用虚伪欺诈的名义来引诱别人高兴,那么天子又能指望谁尽忠职守,百姓又如何能得以安定下来呢? 况且唐朝廷之所以丧失了自己的权力,而国内叛乱难以停息,其原因又何在呢? 就在于轻视虚名、随意授予官爵,从而招来了实际的灾祸。一个投降的叛贼却被授予平章之位、御史大夫之位,这距离天子的位置已经很近了。李惟岳向朝廷请求节钺,德宗坚持说:"叛贼本来没有资本,这是想要假借我授予的爵位、名号去召集人马而已。"可见他是明知道授予叛贼爵位会助长祸乱的。可是等到处于山穷水尽境地的时候,德宗不得已,只能又把爵位拿出来赏赐,可见君主想要操持大权、掌控四方,确实是很难的啊!

献瓜果之民,赐以试官①,敬舆以为不可,诚不可矣。要其实,岂但献瓜果者乎? 奏小功小效于军中,而骤予以崇阶,使与功臣能吏相齿以进②,下傲上,贱妨贵,以一日之微劳,掩生平之大节,甚则伶人厮养陵乘清流积阀之间③,又恶足以劝忠而鼓士气哉? 敬舆此论,犹争于其末而遗其本也。贼以利啖,我以名饵,术相若矣;利实名虚,势不敌矣。夫亦恃唐祚未穷,而朱滔、李怀光皆猥陋,人无固志耳;不然,是术也,允足以亡矣。

【注释】

①试官:指散试官,一种荣誉性的官衔。

②相齿:依据某种标准排列序位。

③厮养:泛指受人驱使的奴仆。陵乘:侵凌。积阀:此处指累积有
　功劳和资历的臣子。

【译文】

　　向德宗献上瓜果的百姓,被德宗赐予散试官的头衔,陆贽认为不能
这样做,确实不能这样做。其实,又岂止是封献瓜果的百姓为散试官是
不妥当的呢? 在军中立下一点小功劳,就迅速授予他尊崇的位阶,使他
得以与功臣、能吏排列在一起,以下傲上,以贱妨贵,以一天中立下的微
小功劳,掩盖其生平在大节上的平庸表现,甚至伶人、奴仆凌驾于清流
士人、世代勋贵之上,又哪里足以劝勉忠臣、鼓舞士气呢? 陆贽的这一
言论,仍然是只争论细枝末节而遗忘了根本。叛贼用利益引诱人,我方
用名誉引诱人,引诱人的手段相似;利益是实在的,而名誉是虚的,我方
在态势上就不如对方。唐德宗也就是凭恃着唐朝国祚尚未穷尽,而朱
滔、李怀光都猥琐鄙陋,人们都没有坚定的志向罢了;不然的话,他用爵
禄来代替赏赐钱物的做法,早已经导致亡国了。

　　慎重其赏,则一缣亦足以明恩①,一级固足以昭贵;如其
泛滥无纪,人亦何用此告身以博酒食邪②? 故当多事之秋,
倍重名器之予,非吝也;禄以随爵,位以随官,则效节戮力以
拔自寒微、登于显秩者,无近功而有大利,固无患人之不劝
也。德宗始于吝而终于滥,中无主而一发遂不能收,敬舆欲
挽之而不能邪? 抑其谋之未足以及此邪? 爵冗名贱,欲望
天下之安,必不可得之数也。

【注释】

①缣(jiān):双经双纬的粗厚织物,古时多用作赏赠酬谢之物。
②告身:古代授官或封爵的凭信。

【译文】

慎重对待封赏,则一匹缣布也足以表明朝廷的恩德,一级官爵也足以昭显尊贵;如果赏赐泛滥而没有一定之规,那么人们拿着朝廷赏赐的告身又有什么用? 还不如用它来换取酒食呢。所以处在多事之秋,对于名誉、爵位的封赏倍加慎重,并不是吝啬;俸禄的多少随爵位高低而定,品级的高低随官职的大小而定,这样为朝廷尽忠竭力、出身寒微而受到拔擢、最终登上高位的人,虽然不会因功劳而立即得到重赏,但后来必定能得到巨大的好处,因此不必担心不能劝勉激励臣下为朝廷尽忠竭力。德宗开始时吝惜爵位,而最终却滥赏爵位,心中没有了坚定主见,便一发不可收拾,陆贽是打算对此加以挽救而没做到呢? 还是他见识短浅,没有考虑到滥赏官爵的弊病呢? 官爵泛滥,名誉因此贬值,这种情况下想要天下安定下来,必定是做不到的。

一七　陆敬舆言役智弥精失道弥远

奚以知其为大智哉? 为人所欺者是已。奚以知其能大治哉? 不忧人之乱我者是已。故尧任伯鲧[①],而圣不可知;子产信校人[②],而智不可及。盖其审乎理乱安危得失之大纲,求成吾事,求济吾功,求全吾德焉而止。其他是非利害、百说杂进于前,且姑听之。必不可者,我既不为之移矣。彼小人之情,有愚而不知者焉,有躁而不审者焉,有随时倾动而无适守者焉,有规小利而觊幸得之者焉,凡此皆不足以挠我之大猷,伤我之经德。无论其得与不得,情识有涯而善败亦小,欣然笑听,以徐俟其所终,即令其奸私雠而事有妨,要亦于我无伤,而恶用穷之哉? 所欺者小,窃吾之沾濡而止[③],校人之诈,仅食一鱼也;所欺者大,自有法以议其后,禹不能为鲧庇也。持大法,捐小利,以听小人之或徼薄福而或即大刑,志不挠,神不惊,吾之所以救几于理乱安危得失者^④,如日月之中天,不驱云以自照也。智者知此,而其智大矣,以治天下,罔不治矣。

【注释】

①伯鲧:即鲧,大禹的父亲,尧在位时天下洪水泛滥,苦于没有能治水的人选,众人一致向尧推举鲧,尧于是勉强同意让他去治水。后因治理洪水失败而被尧(一说被舜)杀死。

②子产信校人:据《孟子·万章上》记载,有人送了一条活鱼给郑国执政子产,子产叫校人(主管池塘的小吏)把它蓄养在池塘里。校人却把鱼煮来吃了,返回来禀报说:"刚放进池塘里时,它还困乏懒动;一会儿便悠闲地离开了。"子产说:"它找到适合它的地方了!它找到适合它的地方了!"校人从子产那里出来后说:"谁说子产聪明呢?我明明已经把鱼煮来吃了,可他还说'它找到适合它的地方了!'"子产(?—前522),名侨,字子产,又字子美,春秋时期郑国人。郑穆公之孙,著名的政治家和思想家。长期担任郑国执政,实行一系列政治改革,采用"宽猛相济"的治国方略,将郑国治理得秩序井然。

③沾濡:恩泽,好处。

④救几:指国事繁忙。

【译文】

　　怎样知道一个人有大智慧呢?从他受人欺骗上可以看出来。怎样知道一个人有能够使天下大治的本领呢?从他不担忧别人扰乱自己上可以得知。所以尧任用鲧来治水,他的圣明一般人难以知晓;子产相信了主管池塘的小吏,他的智慧一般人不可企及。他们大概都仔细考虑了治理乱世、安定危局、辨清得失的大纲,一心想要自己的事业能成功,自己的德行能得以保全。对于除此以外的是非利害,即使有一百种说法呈现在自己面前,也不过是姑且听听罢了。其中必定不能做的,自己便决不会改变主张。那些小人中,有愚蠢无知的,有浮躁而不周密的,也有随波逐流而没有坚定主张的,也有追求小利而想要侥幸获利的,凡此种种,都不足以阻挠我治国的大道,损害我一贯的道德操守。与这些人对话,不管有没有收获,这些人的见识有限,他们所谈的事情成败影响都不大,所以要高兴地听下去,耐心等待他们说完,即使奸诈的人发泄私愤,对一些事情造成了损害,对于我也没有大的损伤,又何必要穷追不舍地弄清楚呢?有人进行小小的欺骗,不过是占我一点小便宜而已,管理池塘的小吏对子产要诈,也不过吃了一条鱼罢了;如果他们进行了严重的欺骗,自然会有法律来制裁他,即使禹也不能包庇鲧。坚持国家大法,捐弃小利,听任小人求得薄福或者遭受大刑,自己的意志不会受到阻挠,心神不会被惊扰,我之所以为国家操劳,致力于治理乱世、安定危局的信念,就好像挂在中天的日月一样,不用驱散云雾,也能自己照亮大地。有智慧的人如果懂得这个道理,他的智慧就可谓伟大了,以这样的人来治理天下,则没有治理不好的情况。

　　德宗言自山北来者,张皇贼势,颇似窥觇①。陆敬舆曰:"役智弥精②,失道弥远。"智哉言乎!夫张皇者之情,大要可见矣,愚而惊,躁而惧,随时倾动,而道听涂说③,其言不足信,其情可矜也。吾之强弱,在人耳目之间,何必窥觇而始悉。吾所欲为者,大义在讨贼而无所隐,进止之机在俄顷,而必不轻示初至之人。即使其为窥觇邪,亦何足以为吾之大患?且将情穷迹露,自趣于死,而奚容早为防制哉?敬舆之说,非徒为阔略之语以夸识量也④,取天下之情伪而极之,诚无所用其弥缝之精核矣⑤。

【注释】

①窥觇(chān)：暗中察看，探察。

②役智：运用心智。

③涂：道路。

④阔略：宽简，疏略。

⑤弥缝：设法遮掩以避免暴露。

【译文】

德宗说从南山北面来的低级官吏，论说贼军的形势时说的话非常张狂，很像是在窥探情报。陆贽说："付出的心智愈精，在大道上迷失就愈远。"这句话真是有智慧啊！那个说话张狂的人的心思，大体是可以想见的，他因愚蠢而惊慌，因轻躁而恐惧，随波逐流，而道听途说，所以他的话不值得相信，他的精神状态值得怜悯。我方的强弱，本来就是人们听得到、看得到的，别人何必等到窥探之后才能知道呢。我方想要做的事，就是秉持大义讨伐贼寇，没什么好隐瞒的，前进或停止的时机，在很短时间内就能决定，而必定不会轻易让刚到行在的人知道。所以即使那个人真是在探察情报，又哪里足以成为我方的心腹大患呢？况且等到他露出马脚，正是自取灭亡，我们又何必早早地对他进行防备呢？陆贽的说法，不仅仅是用宽疏的话来夸示气量和见识，即使极尽整个天下的真诚与虚伪，即使遮掩得再天衣无缝的说辞也难以在他面前起效果。

一八　德宗谓姜公辅指朕过以求名

名者，实之所自薄也，故好名为士之大戒。抑闻之曰："三代以下，唯恐不好名。"斯亦非无谓之言，盖为人君取士、劝奖天下于君子之途而言也。士以诚自尽而远乎名，则念深而义固；上以诚责下而忌其名，则情睽而耻刉①；故名者，

亦人治之大者也。因义而立,谓之名义;有节而不可逾,谓
之名节;人君之求于士者,节义而已。

【注释】

　①暌(kuí):矛盾,违背,不和。 刓(wán):磨损,凋敝。

【译文】

　所谓名,向来被务实的人所鄙薄,所以好名是作为士人的大忌。可
是也听到有人称:"三代以下,唯恐不好名。"这句话也并非无谓的话,这
大概是为了给天子找到称职的人、劝勉天下人都达到君子的境界而说
的话。如果士大夫用真诚来勉励自己尽忠尽责,远离名声,则信念深笃
而道义牢固;而君王要求臣下真诚却又忌妒他的名声,这与情理不合,
只会使臣下的廉耻之心日益受到损害。所以名也是人君治理天下的一
件大事。根据义而立名,就称之为名义。有公认的节操而不可逾越,就
称之为名节。天子要求士人具备的,也就是节和义而已。

　名固有相因而起者矣,皋、夔、逢、比^①,皆名之可慕者
也。惟所好在名,则非必皋、夔,而必为皋、夔之言;彼固不
足为皋、夔,而君可与于尧、舜矣。非必逢、比,而必为逢、比
之言;彼固不足为逢、比,而君可免于桀、纣矣。夫导君以
侈,引君以贪,长君之暴,增君之淫,雠害君子而固结小人,
取怨兆民而邀欢戚宦^②,亦何求而不得? 所不得者名耳;则
好名者,所畏忌而不欲以身试者也。于名而不好,则好必有
所移。荣宠,其好矣;利禄,其好矣;全身保妻子,其好矣。
人君而恶好名,将谓此呰呰有屋、薿薿有穀、享厚实之小
人^③,为诚朴无饰而登进之乎?

【注释】

①皋:指皋陶,传说中尧的臣子,掌管刑狱,以正直闻名。夔(kuí):传说中舜的臣子。逢:指关龙逢(一作关龙逄),夏桀时大臣,因直言进谏而被桀所杀。比:指比干,商纣王的叔父,因劝谏纣王而被杀。

②兆民:众民,百姓。

③佌佌(cǐ)有屋、蓛蓛(sù)有穀:语出《诗经·小雅·正月》:"佌佌彼有屋,蓛蓛方有穀。"意思是微贱的小人有华屋,庸劣之徒有米谷。佌佌,渺小,微贱。蓛蓛,猥琐丑陋貌。

【译文】

名声本来就是相互沿袭而起的,皋陶、夔、关龙逢、比干,他们的名声都是受人仰慕的。唯有士人喜好这样的好名声,则自己不一定要是皋陶、夔,也必定会说像皋陶、夔那样的话;这些士人固然不足以成为皋陶、夔,但君王却可能因此成为尧、舜那样的明君。自己不一定要是关龙逢、比干,却必定会说出像关龙逢、比干一样的话;这些士人固然不足以成为关龙逢、比干,而君王却可以因此免于成为桀、纣那样的暴君。引导君王走向奢侈,引导君王变得贪婪,助长君王的暴虐,增加君王的荒淫,陷害君子,而和小人牢固地勾结在一起,让亿万百姓怨声载道,而邀取外戚和宦官的欢心,这么做又有什么得不到呢? 得不到的只有好名声而已。如此则喜欢好名声的人,都对这种做法的后果感到害怕,而不愿意亲身去试验。不喜欢好名声的人,必定会喜欢其他东西。天子的宠爱,是他喜欢的;功名利禄,是他喜欢的;保全自身和妻子儿女,是他喜欢的。作为君主却讨厌臣下有好名声,是不是会认为拥有华屋、米谷,享受丰厚利益的小人,都是真诚朴实、不用美名来修饰自己的人,因此便进用这些人呢?

夫所言非道,不足以为名;君未有过,不足以为名;时未有危,不足以为名。取善言而效之,乘君瑕而攻之,知时危而先言之;既而其言验矣,天下相与传诵之,然后忠直先识之名归焉。夫士苟非自好之有素,忧国之有诚,但以名之所在,不恤恶怒,不避罪罟,而力争于廷,诚为臣之末节,而君子之所耻为。然其益于人主也,则亦大矣。忠信诚悫^①,端静和平,格心非而略人政,以远名而崇实者,间世而一遇,如有其人,固宅揆亮工、托孤寄命之选也^②。谏省部寺以降,有官守言职者,岂必尽得此而庸之乎? 则汲汲焉求好名之士,唯恐不得;而加之罪名曰"沽直好名",安得此亡国之语哉!

【注释】

①诚悫(què):诚朴,真诚。

②宅揆:总领国政。亮工:辅佐天子以立天下之功。语本《尚书·舜典》:"钦哉,惟时亮天功。"工,通"功"。

【译文】

如果一个人说的话没有道理,他就不足以成名;如果君王没有过失,他也不足以成名;如果时局不存在危机,他同样不足以成名。如果他将美善的话拿来加以仿效,在天子有过失时加以规谏,知道时局的危险而首先提出建议,不久,他的话全部应验了,天下人都相互传诵他的事迹,然后忠诚正直、有先见之明的美名就会归于他的身上。士人如果平时没有良好的品质,没有忧国的真诚之心,只要是能沽名钓誉的机会,就不体恤君王的愤怒和憎恶,不怕因此而获罪,在朝廷上据理力争,这实在是作为臣子的末节,君子是以这样做为耻的。然而他的这种做法对于君王来说,也是有很大的益处的。忠诚守信而又真挚朴实,端庄严肃而又心平气和,摒除心中的杂念而不追求参与政事,从而使自己远离虚名、崇尚实际,这样的人许多年才能遇到一个,肯定是可以总领国政,辅佐天子立天下之功,受君王托付幼主、寄托遗命的不二人选。可是御史台、六部、诸寺以下,有具体职责的岗位,难道都能找到这样的人来任职吗? 如此看来,急切地追求喜好名声的士人尚且唯恐不能得到,却要给他们安上"沽名钓誉"的罪名,这是从哪里冒出来的亡国之语呢!

德宗恶姜公辅之谏,谓其指朕过以求名。诚指过以求名,何惜不予之名,而因自惩其过乎? 陆敬舆曰:"掩己过而过弥著,损彼名而名益彰。"所以平复谏者之浮气也,实不尽然也。予士以名,则上收其实也。

【译文】

德宗厌恶姜公辅的进谏,说姜公辅是想借指责天子的过失,来求得自己的声名。就算姜公辅的意图确实是这样,又为何不给予他名声,并借此来改正自己的过失呢? 陆贽说:"掩盖自己的过失,过失会愈加显著;贬损别人的名声,人家的名声会益发彰明。"这话是为了平复进谏者的浮躁之气,事实并不完全如此。给予士人名声,则君王可以收到实际的好处。

一九　陆敬舆以吐蕃归国为庆

德宗之暗也,舍李晟、浑瑊不信而信吐蕃也[①]。吐蕃归国,陆敬舆以为庆快[②],其识卓矣。

【注释】

①舍李晟、浑瑊不信而信吐蕃:指泾原兵变时,唐德宗认为李晟、浑瑊兵力薄弱,想要依赖吐蕃兵收复京城。浑瑊上奏说:"吐蕃的尚结赞屡次派人与我约定,定下时限,共同攻取长安,后来却不

曾前来。听说吐蕃人在今年春天遭受了大规模的瘟疫,最近已经领兵离去了。"德宗听闻吐蕃军队离去,颇为担忧。而陆贽认为吐蕃拖延观望且反复无常,领兵离去,实在值得庆幸。事见《资治通鉴·唐纪四十七·德宗·兴元元年》。

②庆快:庆幸喜悦。

【译文】

德宗是昏庸的君王,他舍弃李晟、浑瑊这样的忠臣不去相信,却相信吐蕃人。吐蕃军队最终归国时,陆贽认为这是值得庆幸喜悦的事,他的见识可谓卓绝。

借兵于夷以平寇,贼阑入而掠我人民,乘间而窥我社稷,二者之害易知也。愚者且为之辞曰:掠夺虽弗能禁,然忍小害以除大患,亦一时之权计也。若夫乘间吞灭之害,则或轻信其不然,而究亦未必尽然,愚暗者且以香火要之矣。故二者之害易知,而愚者犹有辞以争。若夫其徒劳而只以弛我三军之气,骄我将帅之心,旋以偾败①,则情势之必然;不必其灭我掠我,而祸在眉睫,犹弗见也。古今之以此致覆军、杀将、失地之害者不一矣,岂难知哉?

【注释】

①偾(fèn)败:覆没,受挫失败。

【译文】

向四夷借兵以平定贼寇,夷狄的军队将会闯入我们的领土、掠夺我们的人民,趁机窥探我们的江山社稷,这两方面的危害是很容易知道的。愚蠢的人将会辩解说:虽然不能禁止夷狄军队的掠夺,但是忍受小害才能除去大患,这也是一时的权宜之计。至于夷狄将趁机吞灭朝廷这一大害,则要么轻信夷狄必然不会这么做,要么认为他们也不完全都会这么做,愚蠢的人甚至还会勾结夷狄,邀请他们来灭亡自己的国家。所以向夷狄借兵两方面的危害虽然容易知道,可是愚蠢的人却还振振有词地争辩不休。至于夷狄军队徒劳无功,只会让我方三军的气势为之大减,使我军将帅产生骄傲之心,随即遭遇惨败,这是情势发展的必然结果。不必等到他们真的灭亡我国、掠夺我人民,我方就已经祸在眉睫了,可是德宗却看不到这一点。古往今来,因为借兵夷狄而导致军队覆灭、将领死亡、国土丧失的例子有很多,这个道理难道很难懂吗?

夫我有危亡之忧,而借人之力以相援,邢、卫且不能得之于齐桓①,而况夷乎? 两军相当,锋矢相及,一死一生,以力相敌,以智相距,以气相凌,将不能自保,兵不能求全,天下之至凶至危者也。岂有人焉,唯他人之是恤,而君忘其败,将忘其死,以致命于原野哉? 孙膑之为赵败魏②,自欲报魏也;项羽之为赵破秦,自欲灭秦也。不然,则君欲之而将不欲,将即欲之,三军之士必啮其强以肝脑殉人而固不听也。故吴结蜀以为援,蜀待吴以交起,而俱灭于魏;诸葛诞、王淩、毌丘俭倚吴而毙于孤城;窦建德不揣以奔赴王世充之难,军心不固而身为俘虏;恃人与为人所恃者之成败,概可见矣。

【注释】

①邢、卫:指春秋时期的邢国(都城在今河北邢台)和卫国(都城在今河南淇县)。两国在春秋早期均受到狄人的进攻,都城被攻破,后在齐桓公帮助下才得以复国。

②孙膑:阿(今山东阳谷东)、鄄(今河南范县西南)间人。战国时期

齐国军事家。曾与庞涓为同窗，因受庞涓迫害遭受膑刑，身体残疾，后在齐国使者的帮助下投奔齐国，被齐威王任命为军师。他辅佐齐国大将田忌，两次击败庞涓，取得了桂陵之战和马陵之战的胜利，奠定了齐国的霸业。传见《史记·孙子吴起列传》。

【译文】

当我方处于生死存亡的危急关头时，却想借别人的力量来援救自己，春秋时邢国、卫国面临夷狄进攻，尚且不能得到齐桓公的及时帮助因而亡国，何况是向夷狄借兵呢？两军对阵，锋矢相交，一死一生，以力量相拼，以智慧相斗，以气势来压倒对方，将领不能保全自己的性命，士兵不能保证自己的安全，这是天下最不祥、最危险的事情。难道会有这样的人，只体恤他人的死活，而作为君王不顾失败，作为将领不顾死亡，率士兵在战场上为帮别人而拼死战斗吗？孙膑为救赵国而击败魏国，那是他自己想要报复魏国；项羽为救赵国击破秦军，那是他自己想要灭秦。不然的话，即使君王想要拼死援救他国，将领也不愿意，即使将领愿意，三军将士也必定会讥笑他不惜肝脑涂地地为别人殉葬，而肯定不会听从他的命令。所以吴国与蜀国结好，将蜀国作为外援，蜀国则在等吴国与自己东西同时起兵，双方各有盘算，最终都被魏国灭亡；诸葛诞、王凌、毌丘俭想要倚靠吴国的援兵，最终都在孤城中毙命；窦建德不衡量局势就奔赴前线去援救王世充，因为军心不稳固，而最终使自己成了俘虏。所以依赖他人以及被他人依赖的人的成败，都是可以想见的。

两军相距，乞援于外，而外亟应之者，大抵师邓析教讼之智[①]，两敌恒轻，而己居其重，其所援者特未定也。此以情告，彼亦以情告，此以利饵，彼亦以利饵，两情俱可得，两利俱可收，相其胜者而畸与之，夫岂有抑彼伸此之情哉？敛兵旁睨，于胜者居功，于败者亦可无怨，翱翔于其间，得厚实以旋归,弱者之败自不瘳也^②。藉令无为之援者,无所恃以生玩敌之心,而量力以自奋,亦何至狂起无择,以覆师失地于一朝哉?

【注释】

①邓析教讼:据《吕氏春秋·审应览·离谓》记载,春秋末期,有一年郑国的洧水发了大水,淹死了一个富人,尸首被人捞去了。富人的家属要求赎尸,捞得尸首的人要钱太多,富人的家属于是去找郑国大夫邓析想办法。邓析说:"不要急,他不卖给你,卖给谁呢?"捞得尸体的人等急了,也去找邓析想办法。邓析又回答说:"不要急,他不找你买,还找谁买呢?"邓析将这种模棱两可的诡辩用在诉讼上,有偿帮助郑国百姓进行诉讼,导致许多人争相向他学习诉讼之术,社会秩序因此混乱。

②不瘳(chōu):疾病不愈。

【译文】

　　两军对阵,向外界乞求援助,而外界力量迅速答应救援,大抵是想要效仿邓析教别人诉讼的伎俩,敌对的双方都处于被动的境地,而自己却能借机成为左右双方力量天平的砝码,究竟要援救谁是不确定的。这一方用交情来请求我,另一方也用交情来请求我,这一方用利益来引诱我,另一方也会用利益来引诱我,两方的感激之情都能得到,两方给予的利益都可以收下,看到哪方能取胜,就倒向哪一方,哪里有什么压抑一方而使另一方得以伸展的想法呢?他们按兵不动,在一旁坐看两军相斗,对于取胜的一方能自居有功,失败的一方也不会怨恨他们,在两军之间翱翔,巧妙地周旋于两军之间,如此弱者的失败自然不可避免。假如一个国家没有外援,便因此没有心理上的凭恃,不会产生轻视敌人的心思,而会靠自己的力量奋起反击,又哪里至于慌不择路,在一天之内就丧师失地呢?

故凡待援于人者,类为人所持以自毙。况夷狄之唯利是趋,不可以理感情合者乎? 宇文、高氏之用突厥也,交受其制,而不得其一矢之力,其明验已。回纥之为唐讨安、史也,安庆绪、史怀义之愚不能反用回纥以敝唐也^①。德宗乃欲效之以用吐蕃,朱泚狡而据充盈之府库,我能与争媚狡夷,使必亲我乎? 吐蕃去,军心固,将任专,大功必成,敬舆知之审矣。古人成败之已迹,著于史册,愚若王化贞者,尚弗之省,而以为秘计,天夺安人之魄以祸人国,亦至此哉!

【注释】

①史怀义:当为"史朝义"之误。

【译文】

所以凡是等待别人来救援的国家,大体都会被别人所挟持,最终导致自己失败。更何况是夷狄这种唯利是图,不能用道理感化、用情感打动的人呢? 北周宇文氏、北齐高氏都曾经想借助突厥的力量,结果交相受到突厥的挟制,他们从突厥身上连一支弓箭的援助都得不到,这是历史上的明证。回纥为唐朝讨伐安、史叛军,安庆绪、史朝义太过愚蠢,以至于不能反过来利用回纥来削弱唐朝廷。德宗竟然想要效仿当初的做法,利用吐蕃军队平叛,朱泚为人狡猾,而且占据着充盈的府库,德宗难道能够与朱泚争夺夷狄的欢心,使其必定亲近唐朝廷吗? 吐蕃军队离开了,军心就稳固了,将领得到专任,大功必成,陆贽对此知道得很清楚。古人成败的痕迹,在史书上有清楚的记载,像王化贞那样愚蠢的人,却仍不能醒悟,而将向夷狄借兵当作秘密计策,上天夺去愚妄之人的魂魄,从而让他祸害国家,其危害竟到了这个地步!

二〇　敬舆不条陈进取规画戒德宗以中制

德宗以进取规画谋之陆敬舆,而敬舆无所条奏,唯戒德宗之中制，俾将帅之智勇得伸，以集大功。其言曰："锋镝交于原野，而决策于九重之中；机会变于斯须，而定计于千里之外；上掣其肘，下不死绥。"至哉言乎！要非敬舆之创说也。古者命将推毂之言曰①："阃以外②，将军制之。"非帝王制胜之定法乎？而后世人主遥制进止之机以取覆败，则唯其中无持守，而辩言乱政之妄人惑之斯惑也。

【注释】

①推毂(gǔ)：推车前进，古代帝王任命将帅时亲自为其推车，以示隆重。毂，车轮的中心部分，有圆孔，可以插轴。

②阃(kǔn)：指城郭的门槛。

【译文】

德宗与陆贽商量击败贼寇、收复失地的计划，而陆贽没有提出逐条的意见，只是告诫德宗不要在朝中插手前线的指挥，使得前方将帅的智慧和勇敢得以发挥，从而建立大功。他说："战事在原野上进行，而决定方策却是在幽深的宫禁之中；交战的时机瞬息万变，而制定计谋却是在千里以外，君王在上对将帅处处掣肘，军队、将帅在下会丧失舍生忘死的士气。"这句话说得真到位啊！但这也并非陆贽的独创。古代君王任命将帅、举行推毂仪式时说："城郭以外的事务，全听凭将军您的处置。"这难道不是帝王克敌制胜的定法吗？而后世君主遥控前方军队的进退导致覆灭，这是因为其心中没有坚定的执念，受了那些高谈阔论、扰乱朝政的愚蠢狂妄之人的蛊惑。

惑之者多端，而莫甚于宦寺。宦寺者，胆劣而气浮，以肥甘纨绣与轻佻之武人臭味相得，故辄敢以知兵自命。其欲进也如游鱼，其欲退也如惊鹿，大言炎炎，危言恻恻①，足以动人主之听。人主习闻之,因以自诧曰:"吾亦知兵矣。"此祸本也。既已于韬钤之猥说略有所闻矣②,又以孤立于上,兵授于人,而生其猜防。弗能自决也,进喋喋仡仡之士③,屑屑以商之,慎重而朴诚者弗能合也。于是有甫离帖括,乍读孙、吴者,即以其章句声韵之小慧,为尊俎折冲之奇谋④。见荷戈者而即信为兵也;见一呼一号一跳一击者,而即诩为勇也;图画之山川,管窥之玄象,古人偶一试用之机巧,而宝为神秘。以其雕虫之才、炙毂之口⑤,言之而成章,推之而成理,乃以诮元戎宿将之怯而寡谋也⑥,竞起攘袂而争之⑦。猜暗之君一入其彀中,遂以非斥名帅,而亟用其说以遥相迫责。军已覆,国已危,彼琐琐云云之子,功罪不及,悠然事外,彼固以人国为嬉者,而奈何授之以嬉也?庸主陋相以寡识而多疑者,古今相袭而不悟,呜呼!亦可为大哀也已。

【注释】

① 恻恻:悲痛,恳切。

② 韬钤(qián):古代兵书《六韬》《玉钤篇》的并称。后以此泛指兵书。

③ 仡仡(yì):高耸的样子,高大的样子。

④ 尊俎:指代宴席。尊,盛酒器。俎,置肉之几。

⑤ 炙毂:指烘热车上盛贮油膏的器具,使油流溢,以润滑车轴。比喻言语流畅风趣。

⑥ 诮(qiào):讥讽,责备。

⑦ 攘袂(mèi):捋起袖子。

【译文】

　　天子所受的迷惑来自很多方面，而其中最严重的是受宦官迷惑。宦官见识短浅而心浮气躁，他们吃着美味的食物、穿着华丽的衣服，与轻佻的武人臭味相投，所以就敢以懂得军事自居。他们想要军队前进的时候就像躁动不安的游鱼，想要军队撤退的时候就像受惊的鹿一样，有时冠冕堂皇地说大话，有时又危言耸听，足以打动君主的心。君主听惯了他们谈论军事的话，也会自认为："我也已经懂得军事了。"这就为日后的失败埋下了祸根。既然天子对于兵书上关于韬略的繁杂知识已经有所了解，加上他孤立于朝堂上，将兵权授给了他人，自然就会产生猜疑防范的心理。他自己不能下决断，于是就任用一些高谈阔论之人，和他们猥琐地商量此事，慎重而诚朴的人却不能合乎君王的偏好。于是就有刚丢下科举应试范文，刚读《孙子兵法》《吴子兵法》的人，靠着他们那点研究章句声韵的小聪明，为君王筹划克敌制胜的奇谋。这种人见到扛着戈的人就相信他们是士兵；见到能一呼一号一跳一击的人，就认为他们很勇敢；在地图上绘制山川形势，管窥天象的奥秘，古人偶然一试的技巧，被他们当成神秘的宝贝倍加珍视。他们用自己的雕虫小技、三寸不烂之舌，言之成章，推之成理，用他们的伎俩讥讽嘲笑元勋宿将胆怯而无谋，并捋起袖子跃跃欲试，想要与他们争夺领兵之权。昏庸猜忌的君王一旦落入这些人的陷阱中，就会因此而斥责名将，迅速采用这些人的意见而去遥控军队、逼迫将帅遵令行事。等到军队已经覆灭，国家已经岌岌可危，那些当初在君王身边絮絮叨叨的家伙，不会被追究责任，悠然置身事外，他们本来就是把别人的军国大事当儿戏的人，又怎么能够给他们权力去玩弄国家呢？昏庸的君主、鄙陋的宰相因为见识短浅而多疑，古往今来，相继不绝，难以醒悟，唉！这也真是让人感到深深悲哀的事情啊！

　　一彼一此者，死生之命也；一进一退者，反覆之机也；一屈一伸者,相乘之气也。运以心,警以目,度以势,乘以时。矢石霏集、金鼓震耳之下,蹀血以趋而无容出诸口者,此岂挥箑拥垆于高轩邃室者所得与哉^①？以敬舆之博识鸿才,岂不可出片语以赞李晟、浑瑊之不逮？而杜口忘言,唯教其君以专任。而白面书生,不及敬舆之百一,乃敢以谈兵惑主听,勿诛焉足矣,而可令操三军之生死、宗社之存亡哉？宦寺居中,辩言日进,亡国之左券^②,未有幸免者也。

【注释】

①箑(shà)：扇子。垆(lú)：安放酒瓮的土台子。

②左券：古代契约分为左右两联,双方各执一联以为凭证。左券即左联,常用为索偿的凭证。后用以比喻事情有把握。

【译文】

一彼一此,关系着生死存亡的命运;一进一退,关系着胜败翻转的契机;一屈一伸,关系着双方气势的消长。要用心来把握局面,时刻观察动向,审时度势。在矢石像冰雹一样飞来、金鼓之声震耳欲聋的情况下,只能拼死向前冲杀,而决容不得用言语商量,这种事务难道是摇着扇子或拥着火炉,在高堂华屋中高谈阔论的人所能参与的吗？以陆贽渊博的见识、卓越的才华,难道不能说几句话,补充李晟、浑瑊谋划不周全的地方吗？可是他却闭口不言,只是教德宗专任前线将领而不掣肘。而那些白面书生,才能不及陆贽的百分之一,竟然敢大谈军事以迷惑君王,不诛杀他们已经够仁慈了,又怎么能让他们来操纵三军将士的生死、宗庙社稷的存亡呢？宦官居于宫中,每天都用诡辩的言辞去迷惑君王,这是必然通向亡国的道路,没有哪朝哪代能够幸免的。

二一　唐之安西北庭不可弃

西域之在汉,为赘疣也^①,于唐,则指之护臂也,时势异而一概之论不可执,有如此夫!

【注释】

①赘疣:皮肤上长的肉瘤,比喻多余无用的东西。

【译文】

　　西域对于汉朝而言,只是一块多余无用的肉瘤,对于唐朝而言,则像是保护臂膀的手指一样重要,时势不同,不能一概而论,正是这个道理。

　　匈奴之大势在云中以北①,使其南挠瓜、沙②,则有河、湟之隔,非其所便。而西域各有君长,聚徒无几,仅保城郭,贪赂畏威,两祖胡、汉,皆不足为重轻,故曰赘疣也。至唐,为安西③,为北庭④,则已入中国之版;置重兵,修守御,营田牧,屹为重镇。安、史之乱,从朔方以收两京,于唐重矣。代、德之际,河、陇陷没,李元忠、郭昕闭境拒守⑤,而吐蕃之势不张,其东侵也,有所掣而不敢深入。是吐蕃必争之地也,于唐为重矣。惟二镇屹立,扼吐蕃之背以护萧关⑥,故吐蕃不得于北,转而南向,松、维、黎、雅时受其冲突⑦。乃河、洮平衍⑧,驰骤易而防御难。蜀西丛山沓嶂⑨,骑队不舒,扼其从入之路,以因之于山,甚易易也,故严武、韦皋捍之而有余。使割安西、北庭以畀吐蕃⑩,则戎马安驱于原、洮⑪,而又得东方怀归怨弃之士卒为乡导以深入,祸岂小哉?

【注释】

①云中:汉代郡名,辖今内蒙古南部部分地区,郡治云中(今内蒙古

托克托)。

②瓜、沙:指瓜州和沙州。瓜州治今甘肃瓜州。沙州治今甘肃敦煌。

③安西:指安西都护府。于唐太宗贞观十四年(640)设立,统辖安西四镇,在武周时期北庭都护府分立之后,安西都护府分管天山以南的西域地区。龙朔二年(662)之后,吐蕃和唐朝反复争夺安西四镇,此处几度易手。安史之乱爆发后,大量安西都护府驻军被调往内地参与平叛,吐蕃趁机进兵安西,到唐德宗贞元六年(790),安西四镇已完全陷落。

④北庭:指北庭都护府。设立于武周长安二年(702),管理区域东起伊吾,西至咸海一带,北抵额尔齐斯河到巴尔喀什湖一线,南至天山。安史之乱爆发后,西域与内地联系被隔绝,北庭都护府孤悬塞外三十余年,最终于贞元五年(789)被吐蕃人攻陷,之后又被回鹘人占领。

⑤李元忠(?—785):原为河西节度使杨志烈的部将,后成为河西军统帅,于大历二年(767)出任伊西北庭节度使,主政北庭十八年。唐河西军镇被吐蕃占领时,李元忠固守北庭,抵抗吐蕃。建中二年(781),德宗拜其为北庭大都护。郭昕(?—808):华州郑县(今陕西渭南华州)人。唐代将领,郭子仪的侄子。唐肃宗末年至唐代宗永泰年间,郭昕奉命巡抚河西、安西等地,担任安西四镇留后。安史之乱后,他率领四镇留守军队坚守各镇十余年,抵御吐蕃的侵攻。唐宪宗元和三年(808)冬,吐蕃攻陷龟兹,郭昕殉职。

⑥萧关:在今宁夏固原东南,是关中西北方向的重要关口,屏护关中西北的安全。

⑦松:指松州。治今四川松潘。维:指维州。治今四川理县。黎:指黎州。治今四川汉源。雅:指雅州。治今四川雅安。

⑧河、洮：指河州和洮州。河州治今甘肃临夏。洮州治今甘肃临潭。

⑨杳嶂：山峰重重叠叠。

⑩畀(bì)：给，给予。

⑪原：指原州。治今甘肃镇原。

【译文】

匈奴的主要力量在云中以北，如果他们要向南侵扰瓜州、沙州，则有黄河、湟水的阻隔，很不方便。而西域各国都有君长，人口不多，仅能保卫城郭，他们贪图贿赂、畏惧强大的政权，无论他们是倒向匈奴还是汉朝，都无足轻重，所以说西域对于汉朝而言，只是一块多余无用的肉瘤。到了唐代，西域成为安西都护府、北庭都护府的辖地，则已经被纳入了中国的版图；唐朝廷在这里设置重兵，修建防御设施，屯田放牧，使这里成为巍然屹立的重镇。安、史之乱时，两都护府的军队跟随朔方军一起收复了东西两京，对于唐朝廷而言具有举足轻重的地位。代宗、德宗之际，河州、陇州被吐蕃攻陷，李元忠、郭昕关闭边境、守卫城池，而吐蕃的势力因此不能尽情舒张，他们在东侵时因为有两都护府军队掣肘而不敢深入。所以唐代的西域是吐蕃必争的地方，对于唐朝廷非常重要。正因为安西、北庭二镇屹立不倒，控扼吐蕃的后面，从而保护了萧关，所以吐蕃军队不能向北进攻，于是转而向南侵略，松州、维州、黎州、雅州时常受到吐蕃军队的侵犯。可是河州、洮州一带地形平坦，便于骑兵驰骋而难以防御。四川西部是重峦叠嶂，吐蕃骑兵难以展开，只要控制住吐蕃军队出入的道路，就可以把他们困在群山中，这是很容易的，所以严武、韦皋能够守住四川而绰绰有余。假如唐朝将安西、北庭割给了吐蕃，则吐蕃军队可以从容不迫地驰骋在原州、洮州一带，而又得到想回到东方家乡、埋怨唐朝廷将他们丢弃的士卒作为向导，带他们深入唐朝境内，这样造成的祸患能小吗？

　　拓土,非道也;弃土,亦非道也;弃土而授之劲敌,尤非道也。邺侯决策[1],而吐蕃不能为中国之大患,且无转输、戍守、争战之劳,胡为其弃之邪? 永乐谋国之臣[2],无有如邺侯者,以小信小惠、割版图以贻覆亡之祸,观于此而可为痛哭也。

【注释】

①邺侯决策:指德宗曾征发吐蕃兵来讨伐朱泚,答应在成功以后将安西、北庭的地盘给与吐蕃,及至朱泚被杀,吐蕃前来要求土地,德宗打算传召安西、北庭两镇节度使郭昕、李元忠回朝,将该地给与吐蕃。李泌认为安西、北庭地区的人们生性骁勇剽悍,且地理位置重要,可以使吐蕃不能合兵一处而向东侵犯,不能轻予。德宗最终采纳其建议。事见《资治通鉴·唐纪四十七·德宗·贞元元年》。

②永乐:明成祖朱棣的年号,使用时间为 1403—1424 年。

【译文】

　　开疆拓土,不符合道;放弃土地,也不符合道;放弃土地并将其授给劲敌,尤其不符合道。邺侯李泌决策不放弃安西、北庭二镇,使得吐蕃不能为中国的心腹大患,而且没有转运粮草、戍守、战争的劳苦,为什么要放弃西域呢? 明永乐年间参与国家大事谋划的臣子中,没有一个像李泌一样高瞻远瞩的人,因为要施小信小惠给夷狄,就轻易割让版图,最终导致了覆亡的灾祸,看到这一点,真是使人忍不住痛哭流涕啊!

二二　李邺侯赴阙后敬舆寂无建白

　　陆敬舆自奉天得主以来,事无有不言,言无有不尽,而德宗之不从者十不一二也。兴元元年[1],车驾还京,征邺侯自杭赴阙,受散骑之命,日直西省②,迄乎登庸,逮贞元五年③,凡六载,而敬舆寂无建白;唯邺侯出使陕、虢④,敬舆一谋罢淮西之兵⑤;及邺侯卒,敬舆相,举属吏,减运米,广和籴,止密封,却馈赠,定宣武⑥,敬舆复娓娓长言之。李进而陆默,李退而陆语,是必有故焉,参观求之,可以知世,可以知人,可以知治理与臣道矣。

【注释】

①兴元元年:784 年。兴元,唐德宗李适年号。

②西省:唐代中书省的别称。

③贞元五年:789 年。贞元,唐德宗李适年号,使用时间为 785—805 年。

④陕、虢(guó):指陕州和虢州。陕州治今河南陕县。虢州治今河南灵宝。

⑤敬舆一谋罢淮西之兵:指德宗让人询问陆贽在河中平定后还需处理何事,并让陆贽全部条列出来上奏。陆贽认为,河中平定以后,一定有人迎合上意、无端生事,请求乘胜讨伐淮西。而这会导致那些负罪之将人人自危,以致战事和叛乱接连不断。他希望德宗体恤民心,施加恩惠,敕令诸镇各自守卫本镇的疆界,罢去讨伐淮西的军队。事见《资治通鉴·唐纪四十八·德宗·贞元元年》。

⑥宣武:指宣武军。驻地宋州(今河南商丘睢阳),下辖汴州(今河南开封)、亳州(今安徽亳州)、颍州(今安徽阜阳颍州)。

【译文】

陆贽自从在奉天得到德宗重用以来,凡国家大事没有他不发表意见的,凡是发言没有不是毫无保留地说完的,而德宗不听从他意见的情况不到十分之一二。兴元元年,德宗车驾返回长安,征召邺侯李泌从杭州赶赴京城,陆贽接受散骑常侍的任命,每天在中书省当值,一直到贞元五年他再次被德宗起用,中间整整六年,陆贽都保持沉默,没有向德宗提出过建议。只有当邺侯出使陕州、虢州时,陆贽才为德宗谋划罢去讨伐淮西的军队。等到邺侯死后,陆贽担任宰相,于是推举属吏、减少米的运输,扩大政府向民间购粮的范围,停止密封奏事制度,拒绝馈赠之习,平定宣武军的叛乱,陆贽再次向德宗持续不断的提出各种意见。李泌被进用,陆贽就静默不语,李泌退下来,陆贽就再次开始向德宗进言,这其中必然是有原因的,通过比较观察求得原因的话,就可以了解世道,就可以了解人心,就可以懂得国家治理之道与做臣子的道理了。

　　夫邺侯岂妨贤而窒言路者哉? 敬舆之所陈,又岂邺侯之所非,而疑不见庸以中止者哉? 盖敬舆所欲言者,邺侯早已言之,而邺侯或不得于君者,敬舆终不能得也。德宗之倚敬舆也重,而猜忮自贤之情,暂伏而终不可遏,势蹙身危,无容不听耳。而敬舆尽其所欲言,一如魏徵之于太宗者以争之,德宗不平之隐,特折抑而未著,故一归阙而急召邺侯者,固不欲以相位授敬舆也。邺侯以三世元老,定危亡而调护元良[①],德望既重,其识量弘远,达于世变,审于君心之偏蔽,有微言,有大义,有曲中之权,若此者皆敬舆之所未逮也。小人以气相制,君子以心相服,使敬舆于邺侯当国之日而啧啧多言,非敬舆矣。故昔之犯颜危谏以与德宗相矫拂者[②],时无邺侯也。夫岂乐以狂直自炫,而必与世相违哉?

【注释】

　　①元良:指太子。

②矫拂:拂逆,违背。

【译文】

　　邺侯李泌难道是会妨碍贤臣、阻塞进言之路的人吗？难道是陆贽向德宗提出的建议,都是李泌不同意的,因此陆贽怀疑自己得不到信用所以才终止进言的吗？大概陆贽想要向德宗说的话,李泌都早已经说过了,而李泌不能说服德宗接受的,陆贽最终也不能使德宗接受。德宗对陆贽非常倚重,可是他猜疑忌恨、自以为是的想法,只是暂时压在心底,最终却不可避免地要爆发出来,只是当形势危急、德宗自己身处险境时,容不得不听陆贽的建议罢了。而陆贽畅所欲言地向德宗进言,一如当初魏徵向唐太宗进言时据理力争一样,德宗心中暗暗不平,只是特地压抑这种情绪而没有表现出来,所以他之所以一回到长安就急招李泌进京,本来就是不想把相位授给陆贽。李泌是三朝元老,又有安定危亡、保护太子的功劳,德高望重,他见识高远、宽宏大量,通达世事的变化,能够明悉君王心中的偏颇和昏暗,所以他对德宗说的话中有微言、有大义,也有迂回的权宜之计,像这些方面,都是陆贽所比不上的。小人用气势来控制别人,君子则用心来使别人归服,如果让陆贽在李泌当政期间喋喋不休、频繁多言,那就不是陆贽了。所以陆贽昔日之所以犯颜直谏、不惜拂逆德宗的意志,是因为当时朝中没有李泌。陆贽难道是乐于以狂妄正直炫耀自己,而凡事务必与世俗相违背的人吗？

　　论者或加邺侯以诡秘之讥。处人天伦致叙之介①,谋国于倾危不定之时,而奋激尽言于猜主之前,以博人之一快,大臣坐论格心之道,固不然也。使邺侯而果挟诡秘之术,则敬舆何为心折以忘言邪？邺侯卒,而敬舆又不容已于廷争,其势既然,其性情才学抑然。无有居中之元老主持而静镇之,如冬日乍暄②,草木有怒生之芽,虽冰雪摧残,所弗恤也,则又敬舆之穷也。

【注释】

①致(yì)叙：天理。

②暄：温暖。

【译文】

有议论的人讥讽李泌行事诡秘。在天伦与常道之间协调人际关系，在危险动荡的不安定局势中为国家进行谋划，而在具有猜疑心的君主面前激奋地畅所欲言，以博取别人为之一快，大臣坐而论道、匡正君主之心的正确做法，本来就不是这样。如果李泌确实挟有诡秘之术，则陆贽为什么真心折服于他而不再向德宗进言呢？李泌去世后，而陆贽又不得不在朝堂上与人争辩，这既是形势使然，也是他的性情和才华、学识使然。没有居中的元老主持大局而使陆贽镇定安静下来，他就会像冬天的草木一样，天气刚一暖和，就有了怒长的枝芽，即使受到冰雪摧残，也毫不在意，则这又是陆贽处境窘迫的表现了。

二三　以中官统神策军

天子禁卫之兵，得其人而任之，以处多虞之世，四末虽败①，可以不亡。唐自肃、代以来，倚神策一军以强其干。及德宗殴讨河、汴②，李晟将之而北，白志贞募市井之人以冒名而无实，于是姚令言一呼，天子单骑而走，中先痿也。及李怀光平，李晟移镇凤翔，神策一军仍归禁卫。于斯时也，任之得人与不得，安危存亡之大机会也。德宗四顾无所倚任，而任之中官，终唐之世，宦寺挟之以逞其逆节，而迄于亡。当德宗初任中官之日，邺侯、敬舆无一言及之，何其置大计于缄默也？所以然者，自李晟而外，亦无可托之人也。

【注释】

①四末：指四肢。

②河、汴：指河北三镇和淮西李希烈。

【译文】

天子的禁卫军队，如果能得到合适的人选担任将领，以应对多忧患、多灾难的时代，则像人即使四肢都受到损坏，而仍可以不死亡。唐朝自肃宗、代宗以来，依靠神策军这一支部队来强化朝廷主干。等到德宗急于讨伐河北三镇和淮西李希烈时，李晟率神策军向北进发，白志贞招募市井之人冒充军队，有名无实，所以姚令言振臂一呼，天子就被迫单骑逃出长安了，这是中枢军队首先萎靡不振了。等到李怀光叛乱被平定，李晟移镇凤翔，神策军仍归属禁卫统领。在这个时候，所任命的将领是否合适，直接关系着国家安危存亡的大事。德宗四面观望，发现没有可以倚靠的将领，于是任命宦官担任神策军统帅，一直到唐代灭亡都是如此，宦官凭借掌握神策军的权力施展其悖逆行为，直至唐朝灭亡。当德宗初次任命宦官担任神策军统帅时，李泌、陆贽没有一句话提到此事，他们为什么置国家大事于不顾，保持沉默不说话呢？他们之所以这样做，是因为除了李晟以外，当时也确实没有可以托付神策军统帅之位的人了。

　　禁兵操于宦寺，而天子危于内；禁兵授之帅臣，而天子危于外。外之危，篡夺因之，宋太祖骤起于一旦，而郭、柴之祀忽诸①，此李、陆二公所不能保也。晟移镇而更求一如晟者，不易得也；即有一如晟者，而抑难乎其为继。盖当日所可任者，唯邠侯耳。邠侯任之，则且求能为天子羽翼、终无逆志者以继之，法制立而忠勤遍喻于吏士，虽有不顺者，弗能越也，如是，乃可保之数十年，而居重驭轻之势以成。然而邺侯不可以自言也，敬舆亦不能以此为邺侯请也。德宗之欲任窦文场、王希迁也②，固曰犹之乎吾自操之也。汉灵帝之任蹇硕，亦岂不曰犹吾自将之也乎？君畜疑自用，则忠臣心知其祸而无为之谋。李、陆二公救其眉睫之失，足矣；恶能取百年之远猷，为之辰告哉③！

【注释】

①忽诸：忽然而亡。

②窦文场、王希迁：德宗时宦官，分别担任左、右神策军统领。

③辰告：按一定的时间进行告诫。

【译文】

　　禁卫军指挥权操纵在宦官手中，则天子的危难来自内部；将禁军指挥权授给将帅，则天子的危难来自外部。外部一旦发难，则篡夺皇位之事接踵而至，宋太祖一旦骤然起兵，而后周郭氏、柴氏的宗庙祭祀迅即灭绝，这种事情是李泌、陆贽两位名臣也难以保证不会发生的。李晟移镇凤翔，而想要再找一个像李晟一样的人做禁军将领，是非常困难的；即使有一个像李晟那样的人，他也很难继承李晟的事业。大概当时能够担任禁军统帅的，只有李泌罢了。如果李泌担任禁军统帅，则还要再找一个像他一样能成为天子的羽翼，且始终没有谋逆之心的人来继承他的位置，建立法制而让禁军官兵都能明白忠诚勤勉的道理，即使有不顺服的人，也不能超越界限，这样，才能将这种局面保持数十年，而居重驭轻的态势才能最终形成。然而李泌不能自己向德宗进言推荐自己，陆贽也不能就这件事向德宗请求任命李泌。德宗想要任用窦文场、王希迁作为神策军统帅，固然会说这就相当于我自己掌管着禁军统帅权。汉灵帝当初任用蹇硕担任西园军元帅，难道就没说过这就相当于我自己担任禁军统帅吗？君王怀着猜疑之心，刚愎自用，则忠臣虽然心中知道这将导致祸乱，却没有设法为他出谋献策。李泌、陆贽两位名臣解决因他的失误而造成的迫在眉睫的危机，已经足够了，又哪里能够把百年的长远谋划拿来，按一定时间对德宗进行告诫啊！

二四　邠侯入抱晖军中拒宾佐屏人白事

前有谗而不见，后有贼而不知，可谓天下之至愚矣。夫其所以不知者何也？瞻前而欲察见其谗，顾后而欲急知其贼也。可见者既见而知之矣，未可见者恶从而知之？必将乐闻密告之语，以摘发于所未形①。此勿论密告者之即为谗贼也，即非谗而不为贼，而人之情伪亦灼然易见矣。当反侧未安之际，人怀危疑未定之情，苟非昏溺，岂遽安心坦志以尽忘物变之不可测哉？惟其然也，明者持之以静，乃使迹逆而心顺者，忧危而失措者，有过而思改者，为恶而未定者，皆得以久处徐思而定其妄虑。然而终不悛焉②，则其恶必大著，不待摘发而无可隐。如是，则谗贼果谗贼也，在前在后而无不周知也，斯乃谓之大智。

【注释】

①摘发：揭发。

②悛（quān）：悔改。

【译文】

前面有进谗言的人却看不见，后面有奸贼却不知道，真可谓是天下最愚蠢的了。他为什么不能知道身前身后的情况呢？他看看前面想要察觉到前面的谗言，看看后面而急于知道奸贼的行迹。可以看见的，既然已经看见，自然能够知晓，可是看不到的，又如何能够知晓情况呢？所以他必然将会乐意听到别人向他秘密报告的话，从而揭发尚未显露出来的阴谋罪恶。在此暂且不论秘密报告的人是否就是进谗言的奸贼，即使他并非进谗言，也不是贼寇，而此人性情的真伪也已经是清晰可见的了。当心神不安的时候，人们都怀着危疑不定的心情，只要不是昏聩糊涂的人，又怎么能够心安自得地忘记事情发展的趋势是不可测度的呢？正因为如此，明智的人会保持镇静，这样才能使有叛逆行迹但内心顺服的人，忧虑危险而惊慌失措的人，犯有过错但想要改正的人，想做恶而拿不定主意的恶人，都可以得到深思熟虑的机会来消泯他们狂妄的打算。然而终究有不思悔改的人，则他的罪恶必定非常显著，不要人揭发也无可隐藏。如此，则进谗言的奸贼果然是进谗言的奸贼，无论他在前面还是后面，都可以被知道，这就是所谓的大智慧。

　　达奚抱晖杀节度使张劝①，据陕州②，要求旄节，东与李希烈相应，郉侯单骑入其军中，于时宾佐有请屏人白事者，郉侯拒之曰："易帅之际，军中烦言，乃其常理，不愿闻也。"夫抱晖之逆既著矣，必有与为死党者，亦无容疑矣；或有阴谋乘间以作乱者，亦其恒矣；要可一言以蔽之曰，技止此耳。河东之军屯于安邑③，马燧以元戎偕行，威足以相制，郉侯之虑此也周，持此也定，屏人以白者，即使果怀忠以思效，亦不过如此而已，恶用知哉？拒之勿听，则挟私而谤毁者，道听而张皇者，浅中而过虑者④，言虽未出，其怀来已了然于心目之间。若更汲汲然求取而知之，耳目荧而心志乱，谗贼交进，复奚从而辨之哉？

【注释】

①达奚抱晖：德宗时藩镇将领。贞元元年（785）七月，时任陕虢都知兵马使的达奚抱晖毒杀节度使张劝，夺取张劝的军权，又要求

朝廷让他当节度使，并暗地结交李怀光手下将领达奚小俊作为助力。德宗派李泌前来处理此事，达奚抱晖在李泌劝说下弃军逃亡。事见《资治通鉴·唐纪四十七·德宗·贞元元年》。

②陕州：治今河南陕县。

③安邑：今山西运城。

④浅中：心胸狭窄。

【译文】

达奚抱晖杀害节度使张劝，占据陕州，向朝廷要求旌节，东与李希烈相呼应，李泌单骑进入其军中，这个时候有陕州幕僚请求屏退其他人、单独向他奏事，李泌拒绝说："在更换节帅的时刻，军中言多语杂，这乃是通常的情理。我不希望听你讲这类事情。"达奚抱晖的叛逆行迹既然已经显著，必然有与他结为死党的人，这是毋庸置疑的；或许也有趁此机会阴谋作乱的人，这也是常理。总之用一句话概括就是：他们的伎俩不过如此罢了。河东的军队屯驻在安邑，马燧以元戎身份与李泌同行，威势上足以制伏叛军，李泌对此已经考虑得很周详了，只要牢牢把握这一点，则想要屏退旁人、向他奏事的人，即使果真怀着忠贞之心想要报效朝廷，他要说的情报也不过如此而已，哪里需要知道呢？拒绝这一请求，不听他的报告，则那些怀有私怨想要趁机毁谤别人的人，因道听途说而张皇失措的人，心胸狭窄而过虑的人，他们的话虽然还没说出口，可是李泌对他们的意图已经了然于心了。如果再心情急切地想要了解情况，头晕目眩，心志混乱，进谗的奸贼纷纷进言，则又如何能够分辨他们所说的话是真是假呢？

天下之变多端矣，而无不止于其数。狐，吾知其赤；乌①，吾知其黑；虎，吾知其搏；蛇，吾知其螫；蛙，吾知其鸣；鳖，吾知其暗；泾，吾知其清；渭，吾知其浊；冬，吾知其必霜；夏，吾知其必雷。故程子之答邵尧夫曰②："吾知雷之从起处起也。"天地之变,可坐而定,况区区谗贼之情态乎? 献密言以效小忠者,即非谗贼,亦谗贼之所乘也,况乎不保其不为谗贼也。知此者,可以全恩,可以立义,可以得众,可以已乱,夫是之谓大智。

【注释】

①乌:乌鸦。

②程子:指程颐。邵尧夫:即邵雍。

【译文】

　　天下的变化是多种多样的,可是却没有不止于定数的。狐狸,我知道它是红色的;乌鸦,我知道它是黑色的;老虎,我知道它会攻击人;蛇,我知道它会咬人;青蛙,我知道它会鸣叫;鳖,我知道它不能出声;泾河,我知道它的水很清;渭水,我知道它的水很浑浊;冬天,我知道必定会结霜;夏天,我知道必定会打雷。所以程颐在回复邵雍的信中说:"我知道雷是从何处而起的。"天地的变化,尚且可以坐着就能判定,何况区区进谗奸贼的情态呢? 进献密言而效小忠的人,即使不是进谗的奸贼,也必定会被进谗的奸贼所利用,何况难以保证他自己不是进谗的奸贼呢。知晓这个道理的人,可以保全恩惠,可以树立大义,可以得到众人支持,可以停止祸乱,这样就叫有大智慧。

二五　李怀仙杀主假以旌节

　　禄山、思明父子旋自相杀,而朝义死于李怀仙,田悦死于田绪,李惟岳死于王武俊,朱泚死于韩旻,李怀光死于牛名俊①,李希烈死于陈仙奇②,而李怀仙旋死于朱希彩,陈仙奇旋死于吴少诚③,恶相师,机相伺,逆相报,所固然也。杀机之动,天下相杀于无已。憨不畏死者④,拥兵以自危,莫能自免。习气之熏蒸，天地之和气销烁无余。推原祸始，其咎将谁归邪？习气之所鎏成，人君之刑赏为之也。

【注释】

①牛名俊(742—809)：朔方镇将领，李怀光的部下。李怀光兵败后，牛名俊乘其不备，斩杀李怀光，将其首级送给唐德宗，成为"奉天定难功臣"。后官至陇州刺史。事见《旧唐书·德宗本纪》。

②陈仙奇：李希烈的部将。贞元二年(786)四月，毒杀李希烈，率众归顺唐朝廷，被任命为淮西节度使。当年七月被原李希烈部将、淮西兵民使吴少诚杀害。事见《旧唐书·德宗本纪》。

③吴少诚(750—809)：幽州潞县(今北京通州)人。唐代军阀，原为李希烈部下，李希烈为陈仙奇所杀之后，他杀死陈仙奇并自封留后，又击败前来讨伐的朝廷军队，最终取得了唐朝廷认可，长期割据淮西。传见《旧唐书·吴少诚列传》《新唐书·藩镇宣武彰义泽潞列传》。

④愍(mǐn)：祸乱。此指不怕死的亡命之徒。

【译文】

安禄山、史思明父子很快就自相残杀而死，而史朝义死于李怀仙之手，田悦死于田绪之手，李惟岳死于王武俊之手，朱泚死于韩旻之手，李怀光死于牛名俊之手，李希烈死于陈仙奇之手，而李怀仙很快又死于朱希彩之手，陈仙奇很快又死于吴少诚之手，他们相互学习效法其恶行，等待时机，相互窥伺，用叛逆来相互报复，这是势所必然的。杀机一动，天下就各自相杀不已。不怕死的亡命之徒，拥兵自重，使自己陷于危险中，没有能够使自己幸免于难的。这种罪恶习气的熏陶，使得天地之间的和气都消融殆尽了。推究祸乱的起源，罪过又将归于谁呢？这种恶习之所以形成，是君主不当的刑罚和赏赐造成的。

安、史之迭为枭獍①，夷狄之天性则然，无足怪者，夫亦自行吾天诛焉可矣。史朝义孤豚受困，有必死之势，李怀仙与同逆而北面臣之，一旦反面而杀之以为功，此岂可假以旌节、跻之将相之列者？高帝斩丁公，光武诛彭宠之奴②，岂不念于我有功哉？名义之所在，人之所自定，虽均为贼，而亦有大辨存也。尽天下之兵力以蹙垂亡之寇，岂待于彼之自相吞龁以杀其主而后乱可讫乎？降可受也，杀主以降，不可贳也③。偏裨不可以杀主帅，则主帅不可以叛天子之义明矣。幸而成，则北面拥戴以为君，及其败，则刓其首以博禄位而禄位随之④，韩旻、陈仙奇恶得而不效尤以徼幸乎？朱希彩、吴少诚又何惮而不疾为反戈邪？一人偷于上，四海淫于下，我不知当此之时，天下之彝伦崩裂，父子、妇姑、兄弟之间若何也！史特未言之耳。幽、燕则朱滔、朱泚迭为戎首，淮西则少诚、少阳踵以怙乱⑤，而唐受其败者数十年而不定。代宗毁坊表于前，而德宗弗能改也，恶积而不可复掩矣。

【注释】

①枭獍：古人传说枭为恶鸟，生而食母；獍为恶兽，生而食父。

②光武诛彭宠之奴：此处当为王夫之记忆有误。刘毓崧校勘记云："光武封彭宠之奴为不义侯，虽以'不义'寓贬词，然既封为侯，则不但不诛杀，而且加重赏，宜权文公议其失也。此言殊者，盖因窦建德曾诛王轨之奴，误记为光武事耳。"

③贳（shì）：宽纵，赦免。

④刓（tuán）：割断，截断。

⑤少阳:指吴少阳(? —814)。沧州清池(今河北沧州)人。与吴少诚相友善。吴少诚控制淮西后,任吴少阳为部将,并认之为弟。元和四年(809),吴少诚死,他杀吴少诚之子而代之。朝廷只得任命他为节度使。他死后,其子吴元济继为淮西节度使。传见《旧唐书·吴少阳列传》《新唐书·藩镇宣武彰义泽潞列传》。

【译文】

安禄山、史思明父子接连上演父子相残的丑剧,这是夷狄的天性使然,不足为怪,他们自己人代替我们执行了对他们的"天诛",这就可以了。史朝义像失去依靠的小猪一样受困,眼看有必死无疑的态势,李怀仙本来与他一同谋逆,向他北面称臣,一旦对他反戈一击、杀死了他,就自以为有功于朝廷,像这样的人,怎么能够给予他旌节、让他跻身于朝廷将相的行列呢? 高帝斩杀了丁公,光武诛杀了彭宠的奴仆,难道他们没有念及这些人对他们有功吗? 哪里有名分和大义在,人们就能使自己安定下来,即使一样是叛贼,这其中也有着需要辨明的道理。用尽天下的兵力来逼迫已经快要灭亡的贼寇,难道是要等待他们内部自相残杀,杀死他们的首领,然后叛乱就可以平定吗? 可以接受叛军投降,但叛军杀害其主公来投降,这是不可以宽恕赦免的。申明偏裨部将不可以杀害主帅,则主帅不可以背叛天子的大义就得以昭明了。跟随叛贼的部下,侥幸希望叛贼能成功,则对他北面称臣,拥戴他做君主,等到他战败了,就割下他的首级来换取俸禄、爵位,而随即他们也确实得到了这些,如此一来,韩旻、陈仙奇这些人又怎么能不心怀侥幸地加以模仿呢? 朱希彩、吴少诚又有什么可忌惮的,而不迅速反戈一击呢? 一人苟且偷安在上,则四海都在下面加以仿效,我不知道在这个时候,天下的伦常秩序崩裂,父子、婆媳、兄弟之间会是怎样的关系! 只是史书里没有特别记载罢了。在幽、燕之地则朱滔、朱泚接连成了反叛的祸首,在淮西则少诚、少阳接连割据称雄,而唐朝在他们身上受到挫败,几十年都难以平定他们。代宗毁坏牌坊在前,而德宗没办法对此加以改正,于是恶就积累起来,没办法再掩盖了。

二六　李怀光既诛陆敬舆不欲乘胜讨淮西

陆敬舆之筹国,本理原情,度时定法,可谓无遗矣。其有失者,则李怀光既诛之后,虑有请乘胜讨淮西者,豫谏德宗罢诸道之兵也。诸道罢兵八阅月^①,而陈仙奇斩李希烈以降,一如敬舆之算,而何以言失邪? 乃参终始以观之,则淮西十余年勤天下之兵血战以争、暴骨如莽者,皆于此失其枢机也。

【注释】

①阅月:经过一个月。阅,经历,经过。

【译文】

陆贽筹划国策,依据事情的原理,考虑实际情况,审时度势地制定治国之法,可以称得上没有遗漏了。这其中他有失误的地方,就是在李怀光被诛杀以后,他担心有请求乘胜讨伐淮西的人,于是预先劝德宗罢去诸道的军队。诸道的军队罢去以后,过了八个月,陈仙奇就斩杀了李希烈来归降朝廷,一如陆贽当初的预料,既如此,为什么要说这是失误呢? 综合事情的终始来考察,则淮西十多年间动用天下的兵马为朝廷勉力作战,与叛军血肉相搏,战死者的白骨暴露于野外,像野草一样多,这都是因为在这个时候错失了讨伐淮西的良好时机。

安危祸福之几,莫不循理以为本。李怀光赴援奉天而朱泚遁,卢杞激之而始有叛心,虽叛而引兵归河东,犹曰"俟明春平贼"。据守一隅,未敢旁掠州县、僭称大号也。所恶于怀光者,杀孔巢父而已^①,抑巢父轻躁之自取也。德宗欲赦之，盖有自反恕物之心焉，李晟、马燧、李泌坚持以为不可，斯亦过矣。若希烈者，胜孤弱狂愚之梁崇义，既无大功于唐室；且当讨崇义之日，廷臣争其不可任，而德宗推诚以任之；贼平赏渥，唐无毫发之负，遽乘危以反，僭大号以与天子竞存亡，力弱于禄山，而恶相敌矣。此而可忍，万世之纲纪裂矣。何居乎敬舆之欲止其讨也？乘河中已下之势，河北三帅敛手归命，戡已穷之寇，易于拉朽，乃吝一举之劳，而曰"不有人祸，必有鬼诛"。为天下君而坐待鬼诛，则亦恶用天子为也？俟人祸之加，则陈仙奇因以反戈，而吴少诚踵之，淮西数十年不戢之焚，皆自此启之矣。

【注释】

①孔巢父(？—784)：字弱翁，唐朝冀州(今河北衡水冀州)人。少时与李白、韩准、张叔明、陶沔、裴政隐居徂徕山，号称"竹溪六逸"。后累官至给事中，河中、陕、华等州招讨使，兼御史大夫。唐德宗兴元元年(784)，李怀光盘据河中，孔巢父受命前往河中劝说其归顺唐朝，因言辞失宜，被李怀光部众所杀。传见新、旧《唐书·孔巢父列传》。

【译文】

决定安危祸福的时机，没有不将遵循道理作为根本的。当初李怀光开赴奉天救援德宗，而朱泚因此逃遁，卢杞刺激了李怀光，才使他开始有了叛心，但他即使叛乱了，也只是带兵回到河东，还说"等到明年春天再平定贼寇"。他据守一隅之地，没有敢旁掠州县、僭称帝号。朝廷厌恶李怀光的地方，也只是他杀了孔巢父而已，那也是由于孔巢父轻浮躁动、咎由自取。德宗想要赦免李怀光，大概也是有反躬自省、宽恕他人的想法，而李晟、马燧、李泌坚持认为不能赦免他，这未免太过分了。

至于希烈，他战胜了孤立弱小、狂妄愚蠢的梁崇义，本来对唐朝廷也没有大功。而且在他要去讨伐梁崇义的时候，朝廷大臣争辩说不能任用他，而德宗对他推诚相待，任用他为讨伐的统帅。他平定叛贼以后，朝廷给了他优渥的赏赐，没有一丝一毫对不起他，他却骤然乘着朝廷的危机而反叛，僭称帝号，与天子争竞存亡，他的力量虽弱于安禄山，他的罪恶却足以与安禄山匹敌。如果这都能忍，则万世的纲纪就分崩离析了。陆贽想要制止朝廷对淮西的讨伐是出于什么居心呢？乘着河中已经被平定的态势，河北三镇节帅都束手投降、等待命令，这个时候逼迫已经穷途末路的叛贼，比摧枯拉朽还容易，可是陆贽却吝惜这一举手之劳，说"李希烈不是遭受人祸，便会应着鬼报"。身为天下的君王，却要坐着等待叛贼遭受鬼报，则天下还要天子来做什么？要等待叛贼遭受人祸，则陈仙奇确实因此而对李希烈反戈一击，可吴少诚也加以效仿，其后淮西几十年不能平息战火，都是由此开启的。

　　原情定罪，而罪有等差；饬法明伦，而法有轻重。委之鬼诛，则神所弗佑；待之人祸，则众难方与。怀光可赦，希烈必不可容。法之所垂，情之所衷，道之所定，抑即势之所审；而四海之观瞻，将来之事变，皆于此焉决也。故敬舆之于此失矣。随命李晟、浑瑊、马燧一将临之，而淮、蔡荡平，天下清晏，吴少诚三世之祸不足以兴，而淄青、平卢、魏博之逆志亦消矣。失之垂成，良可惜哉。

【译文】

　　根据事物的实际情况来定罪，而罪有大小等级的差别；整饬法律、申明伦理，而法也有轻重。将惩罚叛贼的事情寄托于鬼报，则神就不会保佑；等待叛贼遭受人祸，则众多的灾难将会到来。李怀光可以被赦免,而李希烈则必定不能被容忍。法令之所以能垂范人世,情之所以能发自内心,道义之所以能安定人心,都是源于对大势的审视;而四海之内人们的观感,将来事情的变化,都取决于此。所以说陆贽在这件事情上犯了错。如果当初朝廷能随即任命李晟、浑瑊、马燧三位名将中的一位率军出征淮西,则淮西、蔡州可以被荡平,天下将太平无事,吴少诚三代割据淮西的祸乱就不会发生,而淄青、平卢、魏博等藩镇的谋逆之心也就会消除了。所以在事情接近成功的时候失败,实在是可惜啊!

二七 德宗疑李晟以夙忿攻张延赏

细行不矜,终累大德,三代以下,名臣正士志不行而道穷者,皆在此也,君以之而不信,民以之而不服,小人以之反持以相抗,而上下交受其诎。欧阳永叔以困于闺帷之议①,而陶穀之挫于南唐②,尤无足怪也。

【注释】

①欧阳永叔以困于闺帷之议:指欧阳修被人攻击有"盗甥(与外甥女私通)"和"私从子妇(与侄媳妇通奸)"的行为,这些事情的真伪难以考证,虽然大多数人认为属于诬陷,但给欧阳修的名声带来了一定影响。

②陶穀之挫于南唐:指后周年间,陶穀奉命出使南唐。他容色凛然,不苟言笑。南唐宰相韩熙载对亲友说:"陶穀并非端介君子,我有办法让他原形毕露。"他让歌妓秦弱兰扮作驿卒之女,每天早晚在馆驿中洒扫庭院,果然成功引诱了陶穀。陶穀向她赠送了艳词《春光好》。几天后,南唐中主李璟设宴招待陶穀。陶穀岸然危坐,作矜持状。李璟便将秦弱兰唤到席间,命她演唱《春光好》。陶穀羞惭之下捧腹大笑,连酌连饮,最后醉倒狂吐。南

唐君臣都对他鄙薄不已。陶榖(903—970),本姓唐,字秀实,邠
州新平(今陕西彬县)人。早年历仕后晋、后汉、后周。北宋建立
后,陶榖出任礼部尚书、刑部尚书等职。传见《宋史·陶榖
列传》。

【译文】

在生活小节上不慎重,最终会累及大德,三代以下,有名的大臣、正
直的士人,他们的志向难以实现而陷入困境,都是因为这个缘故,君主
因为这个原因而不信任他们,百姓因此而不服他们,小人拿这一点作为
把柄来与他们对抗,而他们则受到朝廷上下的交相冤屈。欧阳修因此
而受困于闺阁绯闻的议论攻击,而陶榖在出使南唐时受挫被辱,尤其不
足为奇。

张延赏奸佞小人①,燔乱天下②,吐蕃劫盟之役③,几危
社稷,廷臣莫能斥其奸,而李晟抗表以论劾之,正也。晟之
告李叔度曰④:"晟任兼将相,知朝廷得失而不言,何以为
臣?"推此心也,其力攻延赏之志,皎然可正告于君父,而在
廷将继之以助正抑奸者,不患其孤鸣矣。乃德宗疑其抱夙
忿以沮成功,终任延赏,听之以受欺于吐蕃,晟虽痛哭陈言,
莫能救也。平凉既败,浑瑊几死,延赏之罪已不可掩,然且
保禄位以终,而谴诃不及⑤。无他,成都营妓之事⑥,延赏早
有以持晟之长短,而上下皆惑也。晟之论延赏也,且忘其有
营妓之事,即不忘,而岂得以纤芥之嫌,置相臣之贤奸与边
疆之安危于不较哉?而君与廷臣既挟此为成心,以至史官
推原衅郄⑦,亦谓自营妓而开,晟之心终不白于天下,唯其始
不谨而微不慎也。饮食醉饱、琴书弈博之微,皆有终身臧

否、天下应违之辨存焉。故昔人以在官抄书亦为罪过，而不可不慎。观于李晟，可以鉴矣。

【注释】

①张延赏（726—797）：原名宝符，蒲州猗氏（今山西临猗）人。唐德宗时宰相。早年以门荫入仕，大历十四年（779），张延赏出任西川节度使，致力于蜀地恢复建设，并在泾原兵变时大力支持朝廷。贞元元年（785），唐德宗召张延赏回朝，本拟拜其为相，但因李晟反对而作罢，三年后才拜为同平章事。因与李晟有嫌隙，唆使德宗罢免李晟兵权。他为减轻财政负担，建议裁减官员，结果引起朝野不满。传见新、旧《唐书·张延赏列传》。

②爝（yuè）乱：炫惑扰乱。

③吐蕃劫盟之役：指平凉劫盟事件。贞元三年（787），吐蕃大相尚结赞借约唐会盟平凉之际，企图伺机劫唐主盟使浑瑊。浑瑊觉察到危险后逃脱，会盟副使及唐朝将士多人被俘获。平凉劫盟后，唐蕃关系恶化，战事再起。

④李叔度：时任李晟部下的行军司马，曾劝说李晟不要直言上书，以免惹祸上身。

⑤谴诃：谴责呵斥。

⑥成都营妓之事：指李晟曾经带领神策军戍守成都，等到回去时，他便让营中的妓女高洪跟随自己回去。西川节度使张延赏很生气，追上李晟，将高洪索回，由此二人产生了嫌隙。

⑦衅郄（xì）：古代用牲畜的血涂器物的缝隙。郄，通"隙"。

【译文】

张延赏是个奸佞小人，迷惑、扰乱了天下，吐蕃劫盟一事，几乎危及社稷，朝廷众臣却没有能够指斥他的奸佞的，而李晟却上表直言弹劾他，他的做法是正义的。李晟对部下李叔度说："我李晟兼任将、相之职,知道朝廷的得失却不能直言,怎么配做臣子呢?"推究他的这种心情,他奋力攻击张延赏的决心,皎白无瑕,可以严正地告知君父,而在朝廷将会有承继他的义举、助正除奸的人,不必忧虑他会孤掌难鸣。可是德宗却怀疑他是抱着对张延赏的宿怨而想要阻挠张延赏立功,终究还是任用张延赏负责会盟事宜,听任他被吐蕃欺骗,李晟虽然痛哭流涕地向德宗进言,也没能挽回局面。平凉会盟既已失败,浑瑊几乎身死,张延赏的罪责已经无法掩盖,可是他竟然保住了自己的俸禄、官位,直到病死,而德宗也没有对他加以谴责。这没有别的原因,当初成都营妓的事件中,张延赏早已经抓住了李晟的小把柄,而朝廷上下都被迷惑了。李晟上书弹劾张延赏时,已经忘记了他们之间曾有为营妓相争的事情,即使没有忘记,又怎么会因为这一点小小的嫌隙,就置宰相的贤德抑或奸佞以及边疆的安危于不顾呢?而德宗与朝廷大臣既然已经因为营妓事件对李晟产生了成见,以至于史官推究两人嫌隙的起源,也认为是从营妓事件开始的,李晟的用心终究无法大白于天下,正是因为他当初没有谨小慎微、注意小节。所以饮食醉饱、琴书博弈之类的小事,都有被终身品评、引起天下赞扬或诟病的可能性存在。所以过去的人认为任官期间抄书也算罪过,因此不可以不慎重。观察李晟这件事,可以作为一种借鉴。

二八　句勘墨吏所科敛尽纳于上

乱国之财赋,下掊克于民①,而上不在官,民乃殄②,国乃益贫,民罔不怨,天子闻之,赫然以怒,皆所必然,而无不快其发觉者。然因此而句勘之以尽纳于上③,则害愈浸淫,而民之死也益剧矣,是所谓"牵牛以蹊人之田而夺之牛"也④。

【注释】

①掊(póu)克：聚敛，搜刮。

②殄：尽，绝。这里指被剥夺净尽。

③句勘：勘验核对。句，同"勾"。

④牵牛以蹊人之田而夺之牛：典出《左传·宣公十一年》："抑人亦有言曰：'牵牛以蹊人之田，而夺之牛。'"意思是种田的人因别人的牛践踏了自己的田地，于是就把这头牛抢走了。形容惩罚过重。

【译文】

国家的财政赋税混乱，对下盘剥百姓、搜刮钱财，而上则不能将这些聚敛的财富纳入国库，于是民众被剥夺净尽，国家日益贫困，百姓没有不怨恨的，天子听闻这种事情，勃然大怒，这都是必然的结果，而没有不为这种事情被发觉感到痛快的人。然而如果因此事被发觉，就将这些聚敛的财富加以勘验核对，全部上缴国库，则这件事的危害会越来越重，而百姓为愁苦而死的情况会更严重，这就是所谓"种田的人因别人牵着牛践踏了自己的田地，于是就把这头牛抢走了"。

假公科敛者，正以不发觉而犹有所止耳。发觉矣，上顾因之而收其利，既无以大服其心，而唯思巧为掩饰以自免；上抑谓民之可多取而必应也，据所句勘于墨吏者岁以为常，则正赋之外，抑有句勘之赢余，列于正供，名为句勘，实加无艺之征耳①。且上唯利其所获，而不抵科敛者于法，则句勘之外，又有横征，而谁能禁之？民之无知，始见墨吏之囊毕输之内帑，未尝不庆快焉，孰知昔之剥床以辨者，后且及肤乎？故用之一时而小利，行之数世，而殃民之酷殆不忍言。李长源以此足防秋之国用②，欲辞聚敛虐民之罪，不可得已。

【注释】

①无艺：没有限度。

②李长源：即李泌。防秋：指防御西北边境。因古代西北各游牧部
　落，往往趁秋高马肥时入侵中原政权，所以边境特加警卫，调兵
　防守。

【译文】

　　假借公家名义搜刮百姓、聚敛财富的人，正是因为没有被发觉，所
以才会适可而止，不至于无所忌惮。等到此事被朝廷发觉了，朝廷只是
借着这件事将他聚敛的财富收入国库，这种做法既然没办法让他真心
折服，他就只会考虑巧妙地掩盖自己搜刮聚敛的行为以使自己免于受
惩罚。朝廷也会认为可以从百姓那里多收取赋税，百姓必定会答应，于
是就把从贪官污吏手中收缴核验的财富数额当作每年的常例收入，于
是在正赋之外，又有了所谓句勘的盈余，也列入正供中，虽然名为句勘，
实际上只是没有限度的额外加征罢了。况且朝廷只图句勘所带来的
利益，而不依法对搜刮民财的贪官污吏进行制裁，则在句勘之外，又有
其他形式的横征暴敛，又有谁能禁止呢？百姓愚昧无知，刚开始看到贪
官污吏口袋里的财富都被纳入国库内帑中了，没有不感到庆幸和痛快
的，谁知道昔日床头、床面剥落的祸害，后来将及于自身呢？所以这种
制度短时间内施行，能产生一些小利，但施行几代以后，给民众带来的
惨痛祸害就已经令人不忍谈论了。李长源想用这些句勘所得的财富
来支付防秋的花费，他想要推卸聚敛财富、虐待百姓的罪责，是做不
到的。

　　诚恶墨吏之横征，恤民困而念国之匮也，句勘得实，以
抵来岁之赋，可以纾一时之急，而民亦苏矣，民知税有定额，

而吏亦戢矣,斯则句勘之善政与!

【译文】

　　如果确实厌恶贪官污吏的横征暴敛,体恤民众的困苦,顾念国家财用匮乏,那么就用句勘所得的实际财富,来冲抵来年的赋税,这样既可以纾解一时的财政危机,而百姓也能得到休养生息,百姓知道赋税是有定额的,则官吏也就必须收敛自己的贪污行为了,这就是把句勘化为善政的办法啊!

二九　邺侯以《小弁》之诗悟德宗

　　《小弁》所以为君子之诗者①,太子欲废未废之际,其傅陈匡救之术于幽王也。故其所以处父子君臣之际,曲尽调停之理,而夺其迷惑浸淫之几。邺侯用之,以全德宗之恩,而奠其宗社。故《小弁》为君子之诗,其利溥也。

【注释】

　　①《小弁》:指《诗经·小雅·小弁》。此诗古人一般认为是周幽王太子姬宜臼遭父亲放逐后所作,或是太子姬宜臼的师傅所作。

【译文】

　　《小弁》之所以是君子之诗,是因为此诗是在太子姬宜臼将要被废但还没被废的时候,他的师傅为向幽王陈述匡救之术所作的。所以这首诗在处理父子、君臣关系的问题上,委曲而详尽地阐明调停的道理,而把幽王从日益迷惑的处境中唤醒。邺侯李泌引用这首诗的道理来保全德宗父子之间的恩情,稳定了唐朝的宗庙社稷。所以《小弁》作为君子之诗,其益处是相当大的。

　　其诗曰:"君子不惠,不舒究之①。"但言究,则听谗而惑者,固自以为究矣;乃其弥究而弥惑者,惟其不舒也。浅人之情,动于狂而不可挽,无他,闻言而即喜,闻言而即怒耳。以其躁气与谗人之深机而相触,究之迫,则虽有至仁大孝之隐,皆弗能自达。郐侯曰:"愿陛下从容三日,究其端绪②。"用此诗也。气平而谗人之机敛,抱忠欲言者,敢于进矣,故间一日而德宗果悟也。

【注释】

①君子不惠,不舒究之:出自《诗经·小雅·小弁》。意为:我的君王不够聪明(一说仁慈),对谗言不能慢慢深究根底。

②愿陛下从容三日,究其端绪:郐国大长公主行为不检点,其女儿是太子李诵的妃子,常出入东宫。后来有人告发公主淫乱,且为厌祷。德宗得知后大怒,拘禁公主,并以严词斥责太子。之后德宗传召李泌,将此事告诉了他,并有意废太子。李泌以肃宗赐死建宁王李倓和太宗废黜李承乾、魏王李泰之事为例劝谏德宗,希望其将失败的教训引以为戒,安闲地过上三天,推究此事的头绪,将它们思考清楚,并且不要把自己内心的意图暴露给身边的人。后来德宗认为太子仁孝,确无二心,感叹李泌及时进言。事见《资治通鉴·唐纪四十九·德宗·贞元三年》。

【译文】

　　《小弁》诗中说:"君子不惠,不舒究之。"仅仅说要考察,则听信谗言而陷入迷惑的人,本来也会认为自己已经考察过情况了;可是他越探究越感到迷惑,正是因为他考察得不够深入。浅薄之人的情绪,总是因狂而动,不可挽回,这没有别的原因,只是因为听了别人的好话就高兴,听了别人的坏话就发怒罢了。以他们的轻躁之气,又与进谗言之人的深沉城府相结合,考察情况时便非常急迫,则作为人子,即使有至仁大孝的隐情,也难以为自己辩解。郏侯对德宗说:"愿陛下您从容思考三天,探究事情的来龙去脉。"他的话就是化用了《小弁》这首诗。心气平和了,进谏之人也就收敛了,抱有忠贞之心想要谏诤的人,也敢于进言了,所以隔了一天,德宗果然醒悟了。

　　其诗又曰:"君子无易繇言,耳属于垣①。"易言者,不必信之于心也。心非必惑,而偶触于谗言,以有喜怒过情之辞,亦将曰:吾为君父之尊,言即失而无大过也。乃一出而人信以为固然矣。匪直怀奸者,幸有间之可乘;即观望而无定情者,亦谓君子之喜在此而怒在彼,即此以迎合之,而将得其心。在旁在侧者,见为不足惮,而言之也无择,恶知一入于其耳以生其心,伏莽之戎,怙此言以为依据,而旋相构扇于无已哉②!惟慎于口而人不得窥其际,则谗人之气愈敛,而抱忠欲言者敢于进矣。郏侯曰:"陛下还宫,当自审思,勿露此衷于左右。"用此诗也。故德宗流涕曰:"太子仁孝,实无他也。"

【注释】

①君子无易繇言,耳属于垣:出自《诗经·小雅·小弁》。意为:我的君王啊不要轻信谗言,要防隔墙有耳贴在墙壁边。

②构扇:造谣煽动。

【译文】

《小弁》诗中又说:"君子无易繇言,耳属于垣。"所谓"易言",就是心中不必相信的话。君王如果内心不坚定,必定容易疑惑,而偶然听到谗言,就会有过分表达喜怒的言辞,这时他也会说:我身为君父之尊,即使说的话有失当之处，也没有大过。可是他的话一旦说出口，别人就会信以为真。不仅仅是心怀奸诈的人庆幸有机可乘；即使是处于观望之中、没有坚定想法的人，也会认为君主喜欢这样而厌恶那样，于是趁机迎合君主的喜好，以获取他的欢心。君王对于自己身边的人，认为他们不足为惧，于是说起话来便不加选择，又哪里知道他的话一旦入了这些人的耳朵，他们就会动起心思，就像埋伏在草莽中的盗贼一样，把君主的话当成依据，而不停地相互勾结和煽动呢！君主唯有说话谨慎，别人才没办法窥探他的想法，则谗邪之人的气焰会因此收敛，而抱着忠贞之心想要进谏的人就敢进言了。李泌说："陛下回宫以后，应当自己好好地考虑此事，不要把自己内心的意图暴露给身边的人。"用的正是这首诗的道理。所以德宗流着泪说："太子仁厚孝顺，确实没有二心。"

《小弁》垂训于千载之上，而邺侯以收曲全慈孝、安定国家之至仁大孝于千载之下，故曰：《小弁》，君子之诗也。自非幽王之丧心失志，循其道而无不可动。《诗》之为教至矣哉！知用君子之道者，君子也。邺侯之为君子儒，于斯见矣。

【译文】

《小弁》这首诗向后世千年垂示教训，而邺侯运用这首诗中的道理在千年之后完成了保全父慈子孝、安定国家的大仁大孝之举，所以说：《小弁》，是君子之诗。如果不是像周幽王那样丧失了正常的心智，能够遵循此诗讲述的道理，那么就没有能够动摇父关系的。《诗经》的教育作用太大啦！知道如何运用君子之道的人，是君子。邺侯李泌是一个君子之儒，从这件事就可以看出来了。

三〇　邺侯言君相造命

君相可以造命，邺侯之言大矣！进君相而与天争权，异乎古之言俟命者矣。乃唯能造命者，而后可以俟命，能受命者，而后可以造命，推致其极，又岂徒君相为然哉！

【译文】

君王、宰相可以造就命运，李泌的这句话真是伟大啊！他使得君王、宰相可以进而与上天争权，与古时候等待命运处置和安排的议论截然不同。唯有能造就命运的人，才能谈得上等待命运的安排处置，能够接受命运的人，才可以造就命运，将这一观点推向极致，又哪里仅仅是君王、宰相才如此呢！

天之命，有理而无心者也。有人于此而寿矣，有人于此而夭矣，天何所须其人之久存而寿之？何所患其人之妨己而夭之？其或寿或夭不可知者，所谓命也。而非天必欲寿之，必欲夭之，屑屑然以至高大明之真宰与人争蟪蛄之春秋也①。生有生之理，死有死之理，治有治之理，乱有乱之理，存有存之理，亡有亡之理。天者，理也；其命，理之流行者也。寒而病，暑而病，饥而病，饱而病，违生之理，浅者以病，深者以死，人不自知，而自取之，而自昧之，见为不可知，信为莫之致，而束手以待之，曰天之命也。是诚天命之也。理不可违，与天之杀相当，与天之生相背，自然其不可移矣，天何心哉？

【注释】

①蟪蛄：一种比较小型的蝉，古人认为其春生夏死或夏生秋死，所以难以知晓一整年的时光。

【译文】

所谓天命，是有道理而没有主观意识的。有人因天命而长寿，有人因天命而早早夭折，上天又为何必须让某些人长久存在于世上而使其长寿呢？又何须担心某些人妨碍自己而要让他夭折呢？每个人或长寿或早夭，不可预知，这就是所谓的命运。而非上天一定要某人长寿，一定要某人早早夭折，身为最为高明的万物真主宰，却琐屑地与人争夺寒蝉那样的短暂生命时光。生有生的道理，死有死的道理，治有治的道理，乱有乱的道理，存有存的道理，亡有亡的道理。所谓天，就是理；所谓天命，就是根据理而流行的。寒冷会导致生病，酷暑也会导致生病，饥饿会导致生病，过饱也会导致生病，违背了生的道理，浅则生病，深则死亡，人们不自知，却是自取其果，而又自我蒙蔽，看到天命不可预知，就相信无法对其做出改变，于是束手等待其处置，将这称为天命。这确实是上天的安排。天理不可以违背，这就与上天杀害生命相当，与上天培育万物相违背，自然是不可改变的，上天哪里有主观意识呢？

夫国家之治乱存亡，亦如此而已矣。而君相之权藉大，故治乱存亡之数亦大，实则与士庶之穷通生死、其量适止于是者，一也。举而委之于天，若天之有私焉，若天之纤细而为蟪蛄争春秋焉。呜呼！何其不自揣度，而谓天之有意于己也！故邺侯之言非大也，非与天争权，自知其藐然不足以当天之喜怒，而天固无喜怒，惟循理以畏天，则命在己矣。

【译文】

国家的治乱存亡,也不过是如此而已。而君王、宰相的权势重,所以他们对治乱存亡的影响也就大,实际上这与士人、庶民个人对自身穷通生死的命运的影响程度是一致的。将治乱存亡、穷通生死都归结为上天的安排,就好像上天有私心一样,好像上天纤弱细微,要与寒蝉争春秋一样。唉!为什么自己要如此不慎加揣度,却要说上天对自己有意呢?所以李泌的话也并不伟大,君王、宰相并非是与天争权,而是知道自己渺小,不足以承受上天的喜怒,而上天本来就没有喜怒,所以唯有遵循天理而敬畏上苍,命运才能掌握在自己手中。

虽然,其言有病,唯君相可以造命,岂非君相而无与于命乎?修身以俟命,慎动以永命,一介之士,莫不有造焉。祸福之大小,则视乎权藉之重轻而已矣。

【译文】

虽然如此,李泌的话也是有毛病的,唯有君王、宰相可以造就命运,难道不是君王、宰相就不能参与到命运中去吗?修养自身以等待命运的安排,谨慎行动以保长寿,即使是一介士人,也没有不能参与造就命运的。至于其所造成的祸与福的大小,则要看权势的轻重罢了。

三一　邺侯将卒不荐敬舆自代

陆敬舆之在翰林,言无不从,及其爱立①,从违相半,其从也,皆有弗获之色焉,何也?大权者,人主之所慎予,小人之所争忮,君子之所慎处者也。敬舆之忠直明达,允为社稷之臣,而邺侯将卒,不急引以自代,盖邺侯知此位之不易居,为德宗谋,为敬舆谋,固未可遽相敬舆也。

【注释】

①爱立：指拜相。典出《尚书·说命上》："爱立作相，王置诸其
　　左右。"

【译文】

　　陆贽在翰林院的时候，他的话德宗没有不听从的，等到他被拜为宰
相后，德宗听从和不听从他的话的情况各占一半，即使是听从他的话
时，德宗脸上也常有不快的神色，为何如此呢？所谓大权，是君主谨慎
给予臣下，小人拼命嫉妒争夺，君子应该谨慎面对的事物。陆贽忠诚正
直、聪明通达，确实堪称社稷之臣，而李泌在临死之前，不急于向德宗推
举陆贽来替代自己的位置，大概是李泌知道宰相的位子不好待，认为无
论是为德宗考虑，还是为陆贽考虑，都不应当急于让陆贽当宰相。

　　宰相之重，仕宦之止境也。苟资望之可为，皆垂涎而思
得。董晋、窦参、苗晋卿所不敢相排以相夺者①，徒邺侯耳，
非能忘情而甘出其下也。邺侯以三朝元老立翼戴之功，而
白衣归山，屈身参佐，无求登台辅之心，其大服不肖者之心
夙矣。肃宗欲相之，而李辅国忌焉则去；代宗欲相之，而元
载忌焉则去；君输忱以延伫②，己养重以徘徊，乃以大得志于
多猜之主，宵小盈廷，而俯首以听命，敬舆岂其等伦哉？自
扈从以来，无日不在君侧，无事不参大议，虽未授白麻③，而
邺侯既卒，其必相也无疑矣。呜呼！欲相未相之际，奸窥邪
伺，攒万矢以射一鹄，亦危矣哉！邺侯之不荐以自代，全敬
舆，即以留德宗法家拂士于他日④，而敬舆不知也。

【注释】

①董晋(723—799)：字混成，河中虞乡(今山西永济)人。唐朝中期

名臣。唐代宗时护送崇徽公主出嫁回纥,不辱使命。德宗即位后,又在泾原兵变时游说李怀光不叛朝廷。贞元五年(789),被德宗拜为宰相,贞元九年(793)出镇宣武军,平息邓惟恭之乱。贞元十五年(799)在宣武军去世。传见新、旧《唐书·董晋列传》。苗晋卿(685—765):字元辅,潞州壶关(今山西壶关)人。唐中期大臣。出身儒学世家,进士及第,历任中书舍人、工部尚书、宪部尚书等职。安史之乱爆发后,苗晋卿因不肯出镇陕郡,被勒令致仕。长安失陷后,苗晋卿被唐肃宗召赴凤翔,拜为宰相。此后两次担任侍中,进封韩国公,并开创宰相奏对延英殿的先例。广德元年(763)以太保身份致仕。传见新、旧《唐书·苗晋卿列传》。

②延伫:引颈企立。形容盼望之切。

③白麻:指唐代由翰林学士所撰、直接从禁中发出的诏令,称为"内制",用白麻纸写成。此指正式授予相位的诏令。

④法家拂士:指忠臣贤士。法家,明法度的大臣。拂士,辅弼之士。拂,通"弼"。

【译文】

宰相地位之重,已经是一个人仕宦生涯所能达到的顶峰了。只要资历和声望足以胜任宰相的人,都对宰相之位垂涎三尺、志在必得。董晋、窦参、苗晋卿之所以不敢互相排挤以争夺宰相之位,只是因为有李泌在罢了,并不是因为他们能忘记对相位的觊觎而甘心居于李泌之下。李泌以三朝元老的身份,立下辅翼、拥戴的大功,而能够以白衣身份归隐山林,能够屈尊居于参谋僚属之位,没有想要登台拜相的野心,他使得不肖之人的心为之深深折服已经很久了。肃宗想要拜他为相,而李辅国忌妒他,他便离朝去职;代宗想要拜他为相,而元载忌妒他,他又离朝去职。君王真心实意地引颈盼望他出山,而他自己能够自养威重、从容徘徊于去就之间,因此他面对猜疑心重的君王也能实现自己的志向,虽然满朝都是宵小之辈，但他们都对他俯首听命，陆贽怎么能和他相提并论呢？陆贽自从开始扈从德宗以来，没有一天不在君王身旁，没有一件大事不曾参与谋议，虽然尚未被授予拜相的诏书，但李泌既然已死，那么陆贽将被拜为宰相是毫无疑问的。唉！在他将要成为宰相、还未成为宰相之时，奸邪之人窥伺相位，攻击排挤他，就像攒集一万支弓矢来射一只靶子，这也是太危险了！李泌之所以不举荐他代替自己，是为了保全陆贽，也是为了能为德宗留下一位忠臣贤士，以待他日之用，而陆贽对李泌的意图却不知晓。

　　今为敬舆计，邺侯在位，国政有托，而敬舆忘言，未可以去乎？董晋、窦参受平章之命，未可以去乎？窦参以贪败，物望益归于己，未可以去乎？参死，参党疑敬舆之谮，未可以去乎？与忮陋之赵憬同升①，未可以去乎？沾沾然若留身于岩廊以待枚卜之来②，则倒授指摘于人，而敬舆之危益岌岌矣。及既相也，裴延龄判度支，苦谏而不从，吴通玄腾谤书于中外③，姜公辅以泄语坐贬，贾耽、卢迈相继而登三事④，及是而引身已晚矣。然且徘徊不决，坐待贬斥，几以不保其腰领。以自全也，不宜；以靖国也，尤不可矣。何也？己被罪，而忠直之党危，邪佞之志得，祸必中于国家也。

【注释】

①赵憬（736—796）：字退翁，渭州陇西（今甘肃陇西）人。唐中期大臣。赵憬志行峻洁，不自我炫耀，曾褐衣上疏代宗，请求裁减开支，引起世人赞叹。德宗贞元八年（792），与陆贽同时拜相。赵憬怀疑陆贽仗恩特宠，排挤自己，与陆贽结下嫌隙。后来陆贽约他一道向德宗弹劾裴延龄，但赵憬到了德宗面前默然无语，不愿

出言帮助陆贽,陆贽因此事触怒德宗,被贬为太子宾客。赵憬后卒于任上。传见新、旧《唐书·赵憬列传》。

②岩廊:高峻的廊庑,借指朝廷。枚卜:指选用官员。

③吴通玄(?—792):海州(今江苏连云港海州)人。唐朝官吏。博学善文章,文采绮丽。早年举神童,又擢"文辞清丽"。德宗即位后,召为翰林学士,知制诰。他与窦参相结,谋划扳倒陆贽。德宗厌恶他的构陷之举,将其罢为泉州司马,赐死于长城驿。传见新、旧《唐书·吴通玄列传》。

④贾耽(730—805):字敦诗,沧州南皮(今河北南皮)人。唐朝中期宰相,地理学家、政治家。唐德宗贞元九年(793),被拜为尚书右仆射、同中书门下平章事,居相位十三年。贾耽为相期间,虽不能以安危大计竭诚开导君主,但"常以检身厉行以律人"。传见新、旧《唐书·贾耽列传》。卢迈(739—798):范阳(今河北涿州)人。唐德宗贞元九年(783)被拜为宰相。时大政决在陆贽、赵憬,卢迈"谨身中立",守文奉法,无所表现。传见新、旧《唐书·卢迈列传》。三事:指司徒、司马、司空三公之位。

【译文】

如今为陆贽考量,当李泌在相位上时,国家大政有所寄托,而陆贽自己无须向德宗进言,这个时候他难道不能离去吗?当董晋、窦参被拜为宰相的时候,他难道不能离去吗?当窦参因为贪腐而身败名裂,众望都归于陆贽的时候,他难道不能离去吗?当窦参死后,窦参的党羽怀疑是陆贽在背后诋毁窦参导致窦参死亡时,他难道不能离去吗?当他与鄙陋嫉妒的赵憬一同升迁为同中书门下平章事的时候,他难道不能离去吗?他沾沾自喜,好像要留在朝堂上等待拜相那一刻的到来一样,则反倒授给了别人指摘他的话柄,而陆贽的处境越发岌岌可危。等他担任了宰相以后,德宗任命裴延龄管理度支事务,陆贽苦谏德宗不要这么做,而德宗不听从他的话,吴通玄在朝野内外抄写、散布毁谤陆贽的文书,姜公辅因为泄露禁中之语而被贬,贾耽、卢迈相继登上三公高位,到了这个时候,陆贽再想抽身而退已经晚了。然而他此时尚且犹豫不决,坐着等待被贬黜、斥责,几乎保不住性命。从保全自身的角度说,他的做法是不适宜的;从安定国家的角度说,他尤其不应该这样做。为什么呢? 他自己身担罪名,而忠诚正直、与他志同道合的人就危险了,奸佞邪恶的小人会得志,国家必定会遭受祸患。

　　宰相者,位亚于人主而权重于百僚者也。君子欲尽忠以卫社稷,奚必得此而后道可行乎? 至于相,而适人间政之道诎矣。欲为绳愆纠谬之臣①,则不如以笔简侍帷帟之可自尽也②。邺侯知之,敬舆弗知也,二贤识量之优劣,于此辨矣。

【注释】

①绳愆:纠正过失。

②帷帟(yì):帷幔。借指宫闱。

【译文】

　　宰相的地位仅次于皇帝,而他的权力比百官都重。君子想要竭尽忠诚来保卫社稷,何必非要得到宰相之位后才能践行自己的志向呢? 真正做到了宰相,则因人施策、参与朝政之道反而会受到限制和阻碍。想要做纠正君王过错与谬误的人,则还不如手执笔和竹简立于帷幕之后时那样能够尽情施展自己。李泌知道这一点,而陆贽不懂得这一点,所以两位贤人见识、器量的优劣,由此就可以清晰地分辨出来。

三二　京兆边镇和籴非立国令图

　　贞元八年①,江、淮水潦②,米价加倍,畿辅公储委积,陆敬舆请减江、淮运米,令京兆边镇和籴,酌一时之缓急,权其重轻,信得之矣,然未可为立国之令图也。丰凶者,不定之数;田亩所出,则有定之获也。丰而余,凶而不足,通十年之算,丰而有余,凶而犹无不足,则远方之租米,毕令轻赍③,京边之庸调,悉使纳米可也。如其不然,则丰年之所偶余,留之民间,以待凶岁,使无顿竭之忧;奈何乍见其丰,遽籴之以空在民之藏乎?

【注释】

①贞元八年:792 年。贞元,唐德宗李适年号,使用时间为 785—
805 年。

②水潦:被水淹。洪水泛滥。

③轻赍(jī):指轻赍银,一种耗米折银。这里王夫之似指以米折银,
纳银以替代租米。

【译文】

唐德宗贞元八年,长江、淮河流域发生水灾,米价成倍增长,而京畿一带朝廷储备的粮食积聚很多,陆贽请求减少江、淮地区向都城运米的数量,命令京兆和边镇向民间高价征购粮食,斟酌一时的缓急状况,权衡各方需求的轻重,他这种做法确实是对的,但是他的这种做法却不能成为立国的根本之策。年景好坏,是没有定数的;田地所出产的粮食,则有固定的数量。遇到丰年就会产生盈余,遇到灾年则不足,如果能通计十年的产量和需求,则丰年会有盈余,遇到灾年也不至于粮食不足,如此则远方的租米,可以全部令其折银缴纳,京师周边的身庸、户调,则可以全部令其缴纳粮食。如果不这样做,则将丰年所偶然剩余的粮食,留在民间,以备遇到灾年时食用,使百姓没有粮食忽然枯竭的忧患。怎么能够刚刚看到粮食丰收,就用高价全部收上来,从而使得民间粮食储备空虚呢?

为国用计者,耕九余三,恒使有余以待凶岁。如其馈饟有限①,吏禄军食,丰仅给而凶则乏,又值京边谷余而价贱,则抑以钱绢代给,使吏与军自籴于民,犹之可尔。何也?自籴则食有节而支不糜,民尚不至虚廪困以自匮②。若官与和籴,就令无抑买捐民之弊,而必求如额以供坐食者之狼戾与窖藏之红朽③,不复念此粟者,他日小民炊烟屡绝,求粒米而无从者邪!况乎立国有经,恒畜有余以待水旱,则江、淮荐饥④,自可取足太仓,捐岁运以苏民,何事敛民之积以虚根本哉?

【注释】

①馈饟(yùn):运送粮饷。

②廪困:米仓。

③狼戾:散乱堆积。此指浪费。

④荐饥:连年灾荒。

【译文】

为国家用度谋划的人,要使得百姓耕种九年能余下足供三年食用的粮食,要使得百姓经常有盈余的粮食以防备灾年。如果百姓向朝廷运输粮食数量有限,官吏的俸禄、军队的食粮,丰年仅仅能够满足需求,灾年则用度不足,又赶上京师周边粮食有余而价格很低,则使用钱或绢来代替俸禄,使官吏和军队自行向百姓购买粮食,也是可以的。为什么呢?自己购买粮食,则食用起来有节制,不会浪费,百姓尚且不至于将谷仓里所有粮食拿出来纳税,以至于自家粮食匮乏。如果官府向百姓征购粮食,即使没有压低价格、损害百姓利益的行为,也必定会追求购满定额,以供坐食者大肆浪费粮食、谷仓里储藏的粮食发红腐朽,不再考虑如果有一天百姓做饭的炊烟屡次断绝,想要求得一粒米也无法求得呀！何况立国有常道，总是要积蓄多余的物资以防备水旱灾害的到来，如此则江、淮地区如果连年发生灾荒，朝廷自然可以从太仓里调取粮食满足需要，免去江淮地区每年向朝廷运粮的负担以使得百姓复苏，为什么要大肆收购、聚敛百姓积聚的粮食从而使根本空虚呢？

　　敬舆所陈，令江、淮斗米折钱八十，计其所赢余钱十万四千缗①，一时行之，觉为公私之两利，而国无常守之经，官操商贩之计，空内地之积，夺凶岁之储，使牟利之臣，因得营私以殃民，其失也大矣。以要言之，京边之盈余，不可聚于上而急食之也。此不易之定论也。

【注释】

　　①缗：成串的铜钱，每串一千文。

【译文】

　　陆贽所陈述的建议，即命令江、淮地区每斗米折成八十钱，总计可以盈余十万四千贯钱，这种办法短时间内施行，会让人觉得对公与私两方面都有利，而国家却会因此没有可以遵守的常道，官府像商贩一样操持起牟利之计，使内地积蓄的粮食空虚，夺走百姓为灾年储备的粮食，使得牟利的臣子，因此得以营私舞弊、祸害百姓，这其中的过失是很大的。简要来说，京师周边的粮食盈余，不应该全部收归官府而急于消耗掉它们。这是不容变易的定论。

三三　召募屯田胜府兵番戍

　　陆敬舆请罢关东诸道防秋戍卒，令供衣粮，募戍卒愿留及蕃汉子弟，广开屯田，官为收籴，自战自耕于其所守之地，此亦以明府兵番戍之徒劳而自弱，不如召募之得也。论者于敬舆所陈，则韪其说，而惜德宗之不从；乃于府兵，则赞其得三代之良法而谓不可易。贪为议论，不审事理，自相龃龉，罔天下后世以伸其无据之谈，如此者，亦奚必他为之辩哉？即其说以破之而足矣。

【译文】

　　陆贽请求罢去关东诸道防秋的戍边士卒，令他们提供衣甲、粮食，招募愿意留下的戍边士卒以及蕃汉各族的子弟，使其广开屯田，由官府收买他们生产的粮食，让他们在自己所戍守的地方边战斗、边耕种，这也足以说明府兵轮番戍守边境是徒劳，只会削弱自身力量，不如招募戍边士兵划算。议论的人对于陆贽所陈奏的建议，认为他说的很对，而惋惜德宗没有听从他的建议；可是对于府兵，则称赞这一制度继承了三代的良法，因而称府兵制不可变易。贪图做出议论，不仔细审视事情的道理，自相矛盾，欺骗天下后世，以伸张其毫无根据的言论，这样的人，又哪里需要从别的角度与其展开辩论呢？只需要就着他的说法来去破他就可以了。

　　夫折中至当之理，存其两是，而后可定其一得；守其一得，而后不惑于两是。诚不易也，就今日而必法尧、舜也，即有娓娓长言为委曲因时之论者，不可听也。诚不容不易也，则三代之所仁，今日之所暴，三代之所利，今日之所害，必因时而取宜于国民，虽有抗古道以相难者，不足听也。言府兵则府兵善，言折衣粮以召募则召募善，心无衡而听之耳，耳无准而听纸上之迹与唇端之辩，受夺于强辞，而傲岸以持己之是，唯其言而自谓允惬于天下①。呜呼！小言破道，曲说伤理，众讼于廷，文传于后，一人之笔舌，旦此夕彼，其以万世之国计民生戏邪！不然，奚为此喋喋哉？持其前后彼此之论以相参，则其无目无心，如篱竹得风之鸣，技自穷矣。

【注释】

①允惬(qiè)：妥帖，允当。

【译文】

　　所谓折中至当的道理，就是保存两种都有道理的说法，然后可以肯定其中一种是正确的说法；坚持这种正确的说法，然后就不会再为两种说法都有道理而感到迷惑。确实不容变易的说法，是就今日而言，必须效法尧、舜，即使有娓娓道来的长篇大论，宣扬要根据时势委曲从俗的论调，也不可以听从。所谓确实不容得不加以变易的，则是三代时所认为仁义的事情，今日就成了暴行，三代时所认为有利的事情，今日就成了有害的，所以必须要根据实际来采取适合国家和民众的政策，即使有用违逆古道来质疑这种行动的人，其观点也不值得听。谈论府兵则认为府兵是善政，谈论折合衣甲粮食之价以招募戍卒，则认为招募是善政，心中不曾加以衡量而仅仅是听别人说话罢了，听从他人的话、心中没有定准，而只会听取纸上的陈迹与口头上的辩驳，被强词夺理的言辞所征服，却高傲地坚持自己认定的道理，唯独认为自己的言论对天下而言最为允当。唉！小小的言论破坏大的原则，歪曲的说法损害大的道理，众人在朝廷上相互争辩，其文流传于后世，一人的笔和舌，朝秦暮楚，难道是把万代的国计民生都当成儿戏吗！不然的话，为什么要如此喋喋不休呢？将这些人前后、彼此之间的言论相参照，则可见其没有用自己的眼睛看、没有用心思考，就好像篱笆上的竹子遇到风就会发出鸣叫一样，本领自然已经穷尽了。

三四　绢缯纩布令仍输本色事理未允

自米粟外,民所输者,本色折色奚便①? 国之利不宜计也,而必计利民。利民者,非一切之法所可据为典要,唯其时而已。唐之初制,租出谷,庸出绢,调出缯、纩、布②,其后两税法行,缯、纩、布改令纳钱。陆敬舆上言:"所征非所业,所业非所征,请令仍输本色。"执常理以言之,宜无以易也;揣事理以言之,则有未允者焉。

【注释】

①本色:指原定征收的实物田赋。折色:指田赋改征其他实物或货币。

②缯:丝织品。纩:丝棉。

【译文】

除了米和粟以外,百姓向朝廷缴纳的租税,征收实物和折成钱币征收哪个更便利呢? 不应该只考虑国家的便利,而一定要考虑使民众觉得便利。有利于百姓的政策,并不是可以倚赖为固定不变准则的政策,唯有根据时势来调整政策才可以。唐初的制度是,田租出谷米,身庸出绢布,户调出丝、棉、布,后来施行两税法,丝、棉、布改令百姓缴纳货币来代替。陆贽上书说:"所征收的东西并不是百姓生产的,百姓所生产的并非官府要征收的东西,我请求您仍下令百姓交纳实物。"如果就常理而言,陆贽的话很适宜,不容变易;可是如果揣摩事理尔后再言,就有不允当的地方了。

绢、缯、纩、布之精粗至不齐矣,不求其精,则民俗之偷也,且以行滥之物输官①,而吏以包容受赇②,既损国计、导民奸;而取有用之丝枲③,为速敝之绢布,灭裂物产,于民亦病矣。如必求其精且良与?而精粗者,无定之数也,墨吏、猾胥操权以苛责为索贿之媒,民困不可言矣。钱则缗足而无可挟之辞矣,以绢、布、绵、缕而易钱,愚氓虽受欺于奸贾,而无恐喝之威,则其受抑者无几,虽劳而无大损也,此折钱之一便也。

【注释】

①行滥:唐代对官私手工业产品质量低劣的称语。

②受赇:接受贿赂。

③丝枲(xǐ):生丝和麻。枲,麻类植物的纤维,亦泛指麻。

【译文】

绢、丝、棉、布的质量非常不统一,有精致的也有粗糙的,如果朝廷不要求百姓交纳精致的织物,则百姓会习惯于苟且偷懒,而且会将粗制滥造的东西上交给官府,而官吏接受百姓贿赂、包庇他们,既损害国家财政利益,也引导百姓走向奸诈;而将有用的丝麻拿来,使其变成容易迅速朽坏的绢布,浪费物产,对于百姓来说也有害。如果朝廷一定要求百姓交纳精良的织物呢?精良还是粗糙,是没有定数的,贪污的官员、狡猾的小吏都操纵着权力苛责百姓,作为索取贿赂的手段,百姓困苦不堪、难以言表。如果是交纳货币,百姓只要交足固定数额的钱币,官吏就没有可以用来挟持他们的手段,将绢、布、绵、缕都折换成钱,则百姓虽然要受到商人的欺骗,却不必再接受官吏的恐吓,因而其受冤屈的情况也会减少,虽然辛劳但没有大的损失,这是实物折成钱币的一个便利之处。

树桑者先王之政,后世益之以麻枲、吉贝今绵花①。然而不能所在而皆植也。桑枲之土,取给也易,而不产之乡,转买以充供,既以其所产者易钱,复以钱而易绢、绘、纩、布②,三变而后得之,又必求中度者,以受奸商之腾踊③,愚氓之困,费十而不能得五也。钱则流通于四海而无不可得,此又一利也。

【注释】

①吉贝:梵语或马来语的译音。古时兼指棉花、草棉和木棉。

②绘:彩绣织物。

③腾踊:哄抬物价。

【译文】

种桑是先代圣王立下的政策,后世又加上种麻、种棉。然而不能各地都种植桑、麻、棉。产桑、麻的区域,想取得桑、麻很容易,而在不出产桑、麻的地方,就需要转买其他地区的桑、麻来满足交纳赋税的需要,先以自己区域出产的物资来换钱,再用钱来购买绢、彩绣、丝棉、布等,经过三次变换才能得到,而且还必须要买到符合官府规定的桑、麻等,这就必然受到奸商的盘剥,百姓因此遭受困苦,花费十分的成本也得不到五分的物资。货币则流通于四海之内,到处可以得到,这是赋税折银缴纳的又一个好处。

丁田虽有定也,而析户分产,畸零不能齐一①,势之所必然也。绢、缯、纩、布必中度以资用,单丁寡产尺、寸、铢、两之分,不可以登于府库,必计值以求附于豪右;不仁之里,不睦之家,挟持以虐孤寒,无所控也。钱则自一钱以上,皆可自输之官,此又一利也。

【注释】

①畸零:本指整除以后剩余的数目。明代赋役黄册制度下称鳏寡

孤独不应役者为畸零，家有资产应役者为正管，每正管一百一十户编为一图，附带管畸零户不等，共同承担赋役。

【译文】

每一个成丁的田地虽然有定数，但是一旦分户分产，就会有零星剩余而难以整齐划一，这是势所必然的。绢、彩绣、丝棉、布等必须要符合官府标准才能满足使用需要，单个成丁所缴纳的这些物资因为缺少若干尺、寸、铢、两，没办法单独缴纳到府库中去，必定要按一定数值计算，附于豪门大户名下，才能顺利上交给官府，于是乡里中不仁、不睦的豪门大户之家，借此机会敲诈、虐待普通百姓，没有办法控制。如果改为缴纳货币，则只要是一钱以上，都可以自行上缴给官府，这是赋税折银缴纳的又一个好处。

丝枲者，皆用其新者也，民储积以待非时之求，而江乡雨湿，山谷烟蒸，色黯非鲜，则吏不收，而民苦于重办；吏既受，而转输之役者民也，舟车在道，雾雨之所沾濡，稍不谨而成黦敝①，则上重责而又苦于追偿。其支给也，非能旋收而旋散之也，有积之数十年而朽于藏者矣；以给吏士，不堪衣被，则怨起于下，是竭小民机杼之劳，委之于粪土矣。钱则在民在官，以收以放，虽百年而不改其恒，此又一利也。

【注释】

①黦(yè)敝：变脏变旧。黦，色泽变坏。

【译文】

官府征收的丝麻，都需要是新鲜的才能使用，百姓平时要存储积蓄丝麻以备不时之需，而江南水乡多雨湿润，加上山谷中的烟雾蒸腾，容易使丝麻颜色变暗、不够鲜亮，这样导致官吏拒收，而百姓不得不苦于重新置办;即使官吏同意接收了,转运这些物资还是需要役使百姓,转载丝麻的车船行驶在道路上,被雨雾所沾湿,稍微不谨慎就会变脏变旧,则上级会种种责罚,百姓又苦于被官府追究,被迫赔偿。这些物资的分配使用,并不是收上来之后立即分散投入使用,会有积聚数十年而在仓库中朽烂的情况。用这些朽烂的丝麻来供给士卒,根本做不成衣被,则下面的士兵会产生怨言,这就等于将普通百姓织布纺纱的劳苦,全都丢弃在了粪土中。至于货币,则无论在民间还是在官府,无论是征收还是发放,即使经过一百年也不会腐烂朽坏,这是赋税折银缴纳的又一个好处。

积此数利,民虽一劳而永逸,上有支给而下有实利。金钱流行之世,所不能悉使折输者,米粟而已,然而民且困焉。况欲使之输中度之丝麻,累递运之劳以徒供朽坏乎?

【译文】

累计上述诸项便利,百姓虽然要忍受一时劳苦,但其后就能永远安逸了,朝廷有了足够的物资用以支出,下面的百姓也得到了实利。在金钱流行的时代,不能完全折成钱来交纳的,只有米和粟而已,然而这样百姓尚且会陷于困苦。何况是想要让百姓交纳合乎官府标准的丝麻,让他们承受层层转运的辛劳,而白白地让他们缴纳的丝麻在仓库中腐烂朽坏呢?

唐初去古未远,银未登于用,铸钱尚少,故悉征本色可也。敬舆之言,惜旧制之湮,顺愚民不可虑始之情耳。金钱大行于上下,固无如折色之利民而无病于国也。故论治者,贵于知通也。

【译文】

　　唐初离古代尚不遥远，银子还没投入使用，铸的钱也还比较少，所以赋税全都征收实物是可以的。陆贽的话，是惋惜旧制度被湮灭废弃，顺从百姓愚昧，不能与他们谋划开始施行新制度的想法罢了。当金钱通行于社会上下时，本来就不如将赋税折银缴纳更有利于百姓和国家。所以谈论治国之道的人，贵在知道变通。

三五　敬舆论税限迫促

　　陆敬舆论税限迫促之言曰："蚕事方兴，已输缣税①；农功未毕，遽敛谷租。上责既严，吏威愈促。急卖而耗其半直，求假而费其倍偿。"悲哉！乱世之民；愚哉！乱世之君也。

【注释】

　　①缣(jiān)税：丝织品的税。缣，双经双纬的织物，后亦泛指丝织品。

【译文】

　　陆贽谈论税赋期限紧迫急促的情况时说："养蚕的事情刚刚开始，已经要交纳丝织品的税了；农田的活计还没有结束，已经赶忙征收谷物的田租了。既然上级长官的管束督责是严厉的，下级官吏的欺凌暴虐也就益发紧迫。尚有东西可以纳税的人们赶忙出卖物品，因而要损耗一半的价值；没有东西可以纳税的人们求人借贷，因而要加倍还债。"悲哀啊！乱世的百姓；愚蠢啊！乱世的君王。

　　民之可悲者，聂夷中之诗尽之矣①。其甚者，不待二月而始卖新丝，五月而始粜新谷也。君之愚也，促之甚，则民益贫;民益贫,则税益逋②;耕桑之获,止有此数,促之速尽,后虽死于桁杨③,而必无以继;流亡日苦,起为盗贼,而后下蠲逋之令④,计其所得,减于缓征者,十之三四矣。何其愚也! 迫促之令,君愚而不知计,民慑而不敢违。墨吏得此以张其威焰,猾胥得此以儳其罔毒,积金屯粟之豪民得此以持贫民之生死,而夺其田庐子女。乱世之上下,胥以迫促为便,而国日蠹、民日死,夫谁念之?

【注释】

①聂夷中之诗:指唐末诗人聂夷中的诗作《咏田家》:"二月卖新丝,五月粜新谷。医得眼前疮,剜却心头肉。我愿君王心,化作光明烛。不照绮罗筵,只照逃亡屋。"

②逋:逃。

③桁(háng)杨:加在脚上或颈上的刑具。亦泛指刑具。

④蠲(juān)逋:免除积欠的租税。

【译文】

百姓的悲哀情形,在聂夷中的诗中已经表现得很详尽了。比诗中所写更严重的情况是,百姓等不到二月就要开始出卖新丝,等不到五月就要开始出售收获的新谷了。君王愚蠢无知,非常急促地逼迫百姓,则百姓愈加贫困;百姓愈加贫困,则逃税现象愈加严重。耕田种桑的收获,只有这么多,逼迫百姓,使他们耗尽这些收获,其后即使被套上刑具、拘束致死,也必定难以继续交纳税赋。他们被迫每日辛苦地流亡,于是起来成为盗贼,然后国家就下达免除积欠的租税的命令,计算国家征收赋税所得,比起缓征而减少的数量,多达十分之三四。这是多么愚蠢啊! 急促逼迫百姓纳税的命令,是君王愚蠢昏暗、不懂得计划的表现,百姓忧愁恐惧却不敢违抗命令。贪污的官员因此得以施展其威风和气焰,狡猾的胥吏因此得以实现其毒害百姓的愿望,囤积钱币、粮食的豪门大户因此得以掌控贫苦百姓的生死,趁机夺走他们的田地、庐舍和子女。乱世之中的君臣上下,都把急促地逼迫百姓当成便利的征税途径,而国家因此日益凋敝,百姓每天悲惨死亡,又有谁会考虑这些呢?

　　孟子曰:"用其一,缓其二①。"缓之为利溥矣哉!所谓缓者,非竟置之谓也,通数十百年而计之,缓者数月而已。绌邪臣急功之谋,斥帑臣吝发之说②,烛计臣卸责之私③,姑忍之,少待之,留一春夏之闲,俟之秋冬,而明岁之春夏裕矣,源源相继,实亦未尝有缓也。统计之于累岁之余,初何有濡迟之忧哉④?国家当急遽之时,自有不急之费,取此而姑忍之,少待之,可省以应急需者不患乏也,而奈何遽责之千里之遥、转输之不逮事者也?缓者,骄帅、奸臣、墨吏、猾胥、豪民之大不便,而人君深长之益也,愚者自不知耳。君愚,而百姓之可悲、无所控告矣。

【注释】

①用其一,缓其二:语出《孟子·尽心下》:"孟子曰:'有布缕之征,粟米之征,力役之征。君子用其一,缓其二。用其二而民有殍,用其三而父子离。'"全句意思是:有征收布帛的赋税,有征收粮食的赋税,有征发人力的赋税。君子征收了其中一种,就缓征其他两种。同时征收两种,百姓就会有饿死的了;同时征收三种,就会使百姓们父子相离各顾自己了。

②帑臣:主管府库之臣。

③计臣:掌管国家财赋的大臣。

④濡迟:迟滞,缓慢。

【译文】

孟子说："有征收布帛的赋税，有征收粮食的赋税，有征发人力的赋税。君子征收了其中一种，就缓征其他两种。"缓征所带来的好处是很广大的呀！所谓缓，并不是干脆置之不理，而是通计几十甚至数百年的利益来考量，需要缓的不过是几个月罢了。摒除奸邪之臣急功近利的谋划，摒斥主管府库之臣吝于动用库存的说辞，洞察掌管国家财赋之臣想要推卸责任的私心，姑且忍耐一下，稍微等待一段，给百姓留下一春、一夏的时间，捱过秋冬，等到第二年的春、夏百姓手头宽裕了，赋税便可以源源不断地收上来，实际上也并不曾有什么真正迟缓的。如果将历年的结余都统计下来，最初又哪里有什么税赋征收迟滞的忧虑呢？即使国家处于紧急窘迫的关头，也自然会有某些不急的费用，将这些费用拿过来用于开支，姑且忍耐一下，稍微等待一段时间，不必担心没有可以省下来以应付紧急开支的费用，而为什么要骤然责求于千里之外的遥远地方、使用转输这种根本无法应付急用的手段呢？缓征，对于骄横的将帅、奸邪的臣子、贪污的官员、狡猾的胥吏、豪民大族来说，会产生很大的不便，对于君王而言却具有深远的益处，只是愚蠢的人自己不知道罢了。君王愚昧，百姓的悲哀就没有地方去控诉了。

三六　德宗好疑而信谀

德宗始召叛臣之乱，中徇藩镇之恶，终授宦竖之权，树小人之党，其不君也足以亡，而不亡者，幸也。乃夷考其行[①]，非有征声逐色、沉溺不反之失也，非有淫刑滥杀、暴怒不戢之恶也，抑非有闻善不知、遇事不察之暗也；疑其可进中主而上之，以守成而保其福祚；然而卒为后世危亡之鉴者，论者以为好疑之过，是已。虽然，好疑者，其咎之流也，非其源也；穷本探源，则好谀而已矣。故陆敬舆欲释其疑，而不足以夺其心而使之悛;盖其厚有所疑者,唯其深有所信也,非无所信而一用其疑也。于卢杞则信,于裴延龄则信,于窦文场、霍仙鸣则信②,于韦渠牟则信③,败而不怒,贬而不释,死而犹追念之,推心置腹,群言交击,而爱之益坚。且不仅是也,陆贽之始,李泌之终,亦未尝不唯言是听而无有二三也。然则岂好疑为其不可解之惑哉?

【注释】

①夷考:考察。

②霍仙鸣(?—798):唐德宗时宦官。泾原兵变时,德宗仓皇逃出长安,召集禁军平叛而诸军不至,当时随行护卫他的,仅有宦官窦文场、霍仙鸣所率的宦官及左右亲王等人。德宗返回长安后,开始以宦官统率神策护军,任命霍仙鸣为右神策护军中尉,与窦文场共同执掌禁军大权。贞元十四年(798)病卒,一说为中毒身死。传见《旧唐书·宦官列传》《新唐书·宦者列传》。

③韦渠牟(749—801):京兆万年(今陕西西安)人。唐德宗宠臣。初为道士,后为僧,贞元十二年(796),因为德宗讲论佛法而开始受到德宗信赖,被擢为右谏议大夫、太常卿等。陆贽被罢免后,韦渠牟更是权倾一时,公然接受请托、安插私人。传见新、旧《唐书·韦渠牟列传》。

【译文】

唐德宗即位之初就招致叛臣作乱,在位中期纵容藩镇割据作恶,在位末期又授给宦官大权,树立小人组成的党羽,他不行君道,足以导致国家灭亡,国家没有灭亡,只是他的幸运。可是考察他的所作所为,他并没有追逐声色、沉溺享乐而流连忘返的过失,也没有滥施刑罚、滥杀无辜、暴躁易怒而不加收敛的恶行,也并没有昏庸到听到善言而不知、遇到事情不能明察的地步,这令人怀疑他至少能成为中等以上的君主,靠着守成来保住自己的福禄国祚。然而他最终却成为后世眼中招致国家危亡的典型,议论的人认为这是因为他喜好猜疑的缘故,这是对的。虽然如此,喜好猜疑,只是他的过错的表现,而不是其根源,追根溯源,不过是因为他太喜欢别人的阿谀奉承罢了。所以陆贽想要消除他的猜疑,但最终难以改变他的心意从而使他改正。大概他猜疑心非常重,正是因为他对某些事物深信不疑,并非什么都不相信而一味猜疑。他对于卢杞是信任的,对于裴延龄是信任的,对于窦文场、霍仙鸣是信任的,对于韦渠牟也是信任的,这些人做事失败他也不会发怒,这些人即使被贬他也难以割舍、释怀,这些人死了而他心中仍在追念他们,他对这些人推心置腹,众人越是群起攻击这些人,德宗对他们爱得越坚定。而且不仅是这样,在陆贽最初受德宗信任时,在李泌临死之前任相那段时间,德宗对他们也未尝不是言听计从、无所怀疑。这样看来,难道能说好猜疑是他身上解不开的迷惑吗?

　　敬舆之在奉天也,有排难之显功,言无不中,则秉义虽直,处时虽危,而志得神怡,发之于辞气颜色也,必温和而浃洽①,故罪己之诏,虽暴扬其过而不以为侮。若长源,则宛曲从容之度,足以陶铸其骄气,而使其意也消。卢杞诸奸,岂有别术以得当哉? 无宫壶之援②,无中涓之助③,唯面柔口泽,探意旨而不相违拂耳。是故德宗之得失,恒视所信而分,专有所信,则大有所疑。呜呼! 千古庸人膏肓不起之病,非以失所信而致然哉? 有大信者,必有厚疑;有厚疑者,必有偏信;或信或疑,贤奸俱不可恃,唯善谀者能取其深信,而天下皆疑矣。

【注释】

①浃洽：融洽，和睦。

②宫壸（kǔn）：帝王后宫。壸，古代宫中的道路。此借指宫内。

③中涓：初指帝王左右侍从洒扫之近臣。后代指宦官。

【译文】

陆贽在奉天随侍德宗的时候，有为德宗排除危难的显著功劳，他说的话没有不应验的，如此则虽然他秉持正义、直言不讳，虽然所处时局很危险，但他志得意满、心旷神怡，这些都会表现在他的说话口气和面部表情上，必定是面色温和，与德宗相处得和睦融洽的，所以他为德宗所拟的罪己诏，虽然暴露宣扬了德宗的过错，德宗也不认为受了欺侮。至于李泌，他委婉从容的气度，足以陶铸德宗的骄气，使得德宗的负面情绪得以消散。卢杞等奸臣，难道有什么别的办法来同样取得德宗信任吗？他们没有宫中后妃的支援，没有宦官的帮助，只是会摆出一副柔顺的面容、说出巧妙的言辞，巧妙探知君王的意志而不违逆他的想法罢了。所以德宗的得失，总是要看他信任的对象而定，他对某些人深信不疑，就会对其他人大加怀疑。唉！千古以来庸人之所以病入膏肓，难道不正是因为选择信任对象失当而导致的吗？一个人有坚信不疑的对象，必定会产生严重的猜疑心；有严重的猜疑心，必定会偏听偏信。君王或信或疑，则贤臣与奸臣他都无法依赖，唯有善于阿谀奉承的人才能取得他的深厚信任，而整个天下都会陷入疑惑。

夫人之多所疑也，皆生于不足。智不足，则疑人之己诳①；力不足，则疑人之己凌②。先自疑而旁皇无据③，四顾不知可信之人，于是谀者起而乘之，谅其所易为，测其所易知，浅为尝而轻为辨，则不足者亦优为之而掩其所短。固将曰：非与我合者，言我所不知、不能以相欺，彼即亦一道与，固非我之攸行④；且恶知其非矫诬以夺人于所不逮，而雠其异志乎？直者之疑愈厚，则谀者之信愈坚，于是偏信而无往不疑，乃以多疑召天下之离叛。故曰疑者其弊之流也，信者其失之源也。

【注释】

①诬（kuáng）：欺骗。

②凌：欺凌、侵犯。

③旁皇：同"彷徨"。

④攸行：体现柔顺利贞的美好德行。

【译文】

人之所以会多疑，都是源于自身的不足。智慧不足，就会怀疑别人欺骗自己；力量不足，就会怀疑别人欺凌自己。自己首先陷入怀疑，彷徨不定、无所依据，茫然四顾，找不到可信任的人，于是善于阿谀奉承的人乘机而入，推测他的行为习惯，揣度他的认知方式，小心试探和分辨他的性格，如此则他自己的不足之处，阿谀奉承的人也会加以恭维、替他掩盖。于是他肯定会说：不与我相合的人，谈论我所不知道、办不到的事情来欺骗我，即使他所讲的也是一种道理，那也并不符合我平素的作风，况且又怎么能知道他不是假借名义来暴露我所不擅长的事情，从而实现他们的异心呢？如此他就会越来越怀疑直言的人，越来越相信阿谀奉承的人，于是他偏听偏信、没有什么不去怀疑的，最终因为多疑而招致天下人离心离德，从而起来叛乱。所以说怀疑只是德宗过失的表现，偏听偏信才是他错误的根源。

道处于至足者，知从我者之非诚，而违我者之必有道也。故尧无疑于群臣之荐鲧，而鲧不足以病尧。下此者，皆有不足也。知不足而不欲掩,则谀我者之情穷矣。流俗之言,苟且之计,恶足以进于前哉? 此中材救过之善术也。能知此,则天下皆与善之人而奚疑乎? 天下皆与善之人而又奚有所偏信乎? 故德宗之失,失于信也。好谀而信之,虽圣哲痛哭而不救其败。纣之恶无他,好谀而信飞廉、恶来者深也。

【译文】

　　非常懂得道的人,知道顺从他的人未必忠诚,而违逆他的人必定有其道理。所以尧对于群臣举荐鲧不加怀疑,而鲧也不足以破坏尧的道。比这种人境界低的人,身上都是有不足的。知道自己身上存在不足而不去掩饰,则阿谀奉承自己的人也就无法得逞了。流俗之人的言辞,苟且偷安的谋划,又哪里能够进献到君王的面前呢? 这是中等才智之人挽救自己过失的好办法。能够知道这个道理,则天下都是可以与自己一道行善的人,又哪里值得怀疑呢? 天下都是可以与自己一道行善的人,而又哪里会有所偏信呢? 所以德宗的过失,是信任失当。他喜欢别人的阿谀奉承而相信阿谀奉承的人,即使圣哲痛哭也难以挽救他的失败。纣王的罪恶没有别的,就是太喜欢阿谀奉承而过分地相信飞廉、恶来罢了。